THE INDUSTRIAL STRUCTURE OF CHINA

A Comparative Study Based on
the Data from Chinese and American Listed Companies

中国产业结构

基于中美上市公司的比较

何志毅 等 ◎ 编著

图书在版编目（CIP）数据

中国产业结构 / 何志毅等编著. -- 北京：机械工业出版社，2021.9（2021.12 重印）
ISBN 978-7-111-69146-4

I. ①中… II. ①何… III. ①产业结构 - 研究 - 中国 IV. ① F121.3

中国版本图书馆 CIP 数据核字（2021）第 185060 号

中国产业结构

出版发行：机械工业出版社（北京市西城区百万庄大街 22 号 邮政编码：100037）			
责任编辑：顾 煦 李 昭		责任校对：马荣敏	
印　　刷：北京建宏印刷有限公司		版　　次：2021 年 12 月第 1 版第 2 次印刷	
开　　本：185mm×260mm　1/16		印　　张：31	
书　　号：ISBN 978-7-111-69146-4		定　　价：298.00 元	

客服电话：(010) 88361066　88379833　68326294　　投稿热线：(010) 88379007
华章网站：www.hzbook.com　　读者信箱：hzjg@hzbook.com

版权所有·侵权必究
封底无防伪标均为盗版
本书法律顾问：北京大成律师事务所　韩光 / 邹晓东

谨以此书献给中国产业经济学科奠基人、
复旦大学首席教授苏东水先生

前 言

（一）

在电影《1921》中，李达因为是中国共产党第一次代表大会的实际主持人，而成为第一主角。影片中李达流着眼泪说，我们反袁世凯、烧日货时，发现连点火的火柴都是日本制造的"洋火"，中国连火种都没有啊！虽然李达暗喻的火种是中国革命的火种，但中国产业状况由此略见一斑。李达曾经抱着实业救国的愿望到日本东京高等师范学校攻读理工科，后来发现，在当时实业救国的道路是走不通的。李达是幸运的，他看到了中国核工业的标志性成就：1964 年 10 月 16 日，中国第一颗原子弹爆炸成功。李达于 1966 年 8 月逝世，两个月后，中国核导弹发射成功，从此有了真正的"两弹"。四年后的 1970 年，中国第一颗人造卫星发射成功，从此有了"两弹一星"，有了我们自己的航天产业。

李达同志，您可以放心了，今天我们说的点火，是给通往无限太空的火箭点火。这火种完全是从中国共产党人心中传出的，是自己的火种！中国的航天产业走在了世界的前沿。今天中国已经有 24 个产业处于世界第一的位置，国药控股、美的、宁德时代、海康威视、中石油、平安保险、万科等企业已经稳居世界细分产业老大的地位。投资拍摄电影《1921》的腾讯公司，在全球互联网服务产业排名第三，也是中国上市公司市值第一、暂居世界第七的公司。中国今天的强大，已经不是您 1921 年参与建党之时可以想象的，也不是您 1964 年离世之时可以想象的。

李达同志，作为产业研究者我想对您说，到了建国 100 年之时，中国产业的发展水平会与美国比肩。在当年的社会环境下，实业救国是一个泡影，在今天的社会环境下，产业强国则是一条必由之路。1921 年你们点燃的星星之火已经燎原了。那时您 31 岁，请您相信今天中国的青年依然在继续奋斗。在天安门广场的中国共产党百年华诞纪念大会上，面对习近平总书记，面对全国人民，面对世界人民，中国青年喊出了"强国有我"的庄严誓言。

我羡慕腾讯公司，可以用投资重现历史；我羡慕黄建新导演，可以用艺术演绎历史；我羡慕演员们，可以用身心穿越历史。但是我认为，每一个中国共产党党员，每一个中国人，都处在第二个百年大剧开幕的历史舞台上。让我们找好自己的位置，设计好自己的每一句台词和每一个动作，为了百年后的回眸不留遗憾。

作为学者的我，此时正站在北京大学和清华大学的平台上研究中国的产业经济，用全球视野、全球数据来分析中国的产业结构、产业规模、产业绩效、产业政策以及领军企业。国家强大的基础在于经济，经济强大的基础在于产业，我的使命是做好产业发展的参与者和历史记录者。

（二）

当我以产业研究的视角面对烟波浩渺的中美上市公司数据时，一张图渐渐清晰地浮现于脑海。当我画出这张图以后，如释重负，有大功告成之感，"众里寻他千百度，蓦然回首，那人却在，灯火阑珊处"。但是，从画出第一张图到现在，四年过去了。

此研究构思于2016年，第一张图的雏形诞生于2017年初。在研究过程中，我的脑海中不时会涌现出一些新问题和新想法，因此我经常对图进行各种修订以及视觉优化，直到本书交稿。有一段时间，我把一系列图表挂满了会议室的墙壁，像军事指挥员看作战地图那样凝视和分析这些图表，真有"会当凌绝顶，一览众山小"的感觉，有时又有"横看成岭侧成峰，远近高低各不同"的视角触动，可谓数字与诗意齐飞，中美共长天一色。

只要找到了路，就不怕远。我坚信此研究会年复一年地更新，而本书会一版再版。在我画出第一张图、写出第一篇研究报告时，就有朋友劝我发表或出版，而我选择沉淀了四年。我相信，这些数据分析和结论是经得起历史检验的。历史学家经常说：创造历史难，书写历史更难。作为教授，我肯定属于书写历史的那一类人。但是，在中华民族千载难逢的民族复兴伟大机遇中，我也难免有一番参与创造历史的冲动。习近平总书记说："要把论文写在祖国的大地上，把科技成果应用在实现现代化的伟大事业中。"本研究正是秉承这样的宗旨，把论文写在大地上，将成果应用在事业中。

研究的至高境界是化繁为简、至拙至美、由此及彼、由表及里、去粗取精、去伪存真。在大数据面前，如何分类、如何取舍、如何分析、如何预测，都是难题。我相信，越简单，越明了，越好。有时候，用一种方法将数据提取出来制成图表，这些数据、图表似乎自己就会说话。例如，中国有3760家上市公司，分布在163个四级产业中，而其中，仅工业机械产业就有268家，并且没有一家是高市值公司。

再比如，在很多重要的产业里，中国一个产业的总市值、总收入不及美国同产业中一家企业的数据。这还用分析吗？结论一目了然。

本研究始于 2016 年，那时中美贸易战硝烟未起，我们是抱着向美国学习、以美国为标杆的态度来分析和看待中国企业的。而且，从产业比较优势的角度看，中国的产业结构似乎应该与美国有些错位；从竞争优势的角度看，没有必要在所有细分产业上都与美国正面竞争，而是应该形成互补，合作共赢。但是，从 2018 年开始，中美贸易摩擦愈演愈烈，至今前途未卜，全球经济格局、市场规则，甚至政治规则都有可能要重写。这也提醒了中国——作为一个世界大国，应该建立门类齐全的产业结构体系，回到自力更生、艰苦奋斗的基点上。到本书即将截稿的 2020 年初，新冠肺炎疫情在全球范围内暴发，使得世界各国都在思考或者已经开始行动，来弥补与民生有关的基础产业，如口罩、防护服、手套、消毒液等。这种重大变化也会带来全球产业的重新分工和布局，未来可能会出现若干个以某种货币为中心的全产业链阵营，如以美元为中心的 A 阵营、以欧元为中心的 E 阵营、以人民币为中心的 R 阵营。未来的全球产业链和产业生态圈由此形成三分天下的格局恐怕是在所难免。

鉴于对产业结构、产业发展和产业政策的研究处在一个不确定的环境和可能不明确的目标下，本研究原定的目标和假设的结论可能需要调整。因此，本研究采用了人类学的研究方法，即在某个时点上用某种方法解剖一只"麻雀"，至于如何看待和如何评价，则是"仁者见仁，智者见智"。

本研究的成果集中体现在"中美产业结构数据比较图"上，又称"中美产业森林全息图"（见图 0-1）。此图包含了在 GICS-Wind 产业分类中关于中美一至四级产业的 3159 对共 6318 个数据，另外还配有四张附图：①中美高市值企业分布图（见图 0-2）；②中美上市公司产业市值比较图（见图 0-3）；③中美上市公司产业领军企业图（见图 0-4）；④中国上市公司全球股市分布图（见图 0-5）。对这些图和数据进行的各种分析构成了本书的第 1 章，并与描述中国 11 个 GICS-Wind 一级产业的 11 个章节构成全书。

进行这样宏大的研究不是件容易的事情，非我一人之力所能及。如果联合其他教授进行合作，组织工作也非常困难。所幸这二十多年来，我培养的学生很多已成长为行业翘楚，例如，陈正惠博士是能源行业的专家，现任中石油天然气南方公司董事长；盘仲莹博士是医疗行业专家，长年担任和睦家医院院长；罗长青博士曾服务于国防科技部门，目前正从事与国防科技相关的创业事业；季玉恒，高级工程师，原冶金工业部资深行业政策研究员，见证并深度参与了中国钢铁工业三十年飞跃发展的历程。本书第 1 章由我撰写，第 2～12 章由上述我的学生们撰写。其间，我们进行了无数次的讨论和修改。

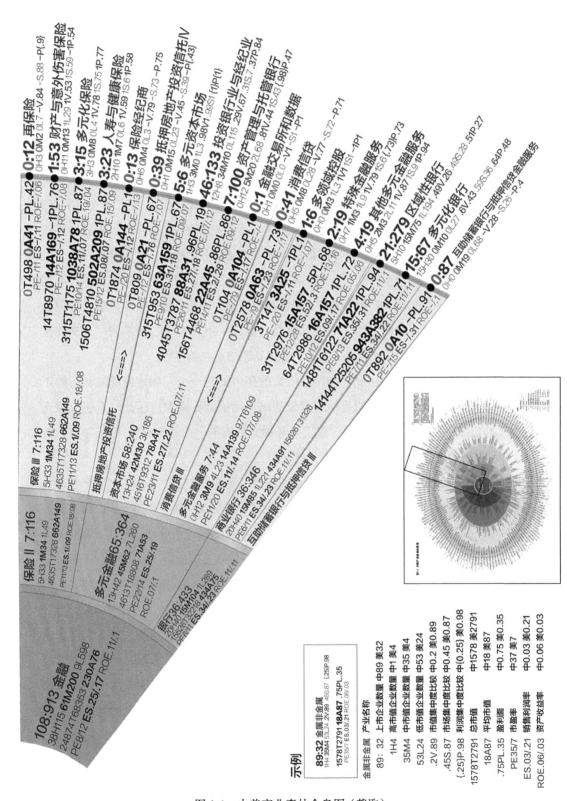

图 0-1 中美产业森林全息图（截取）

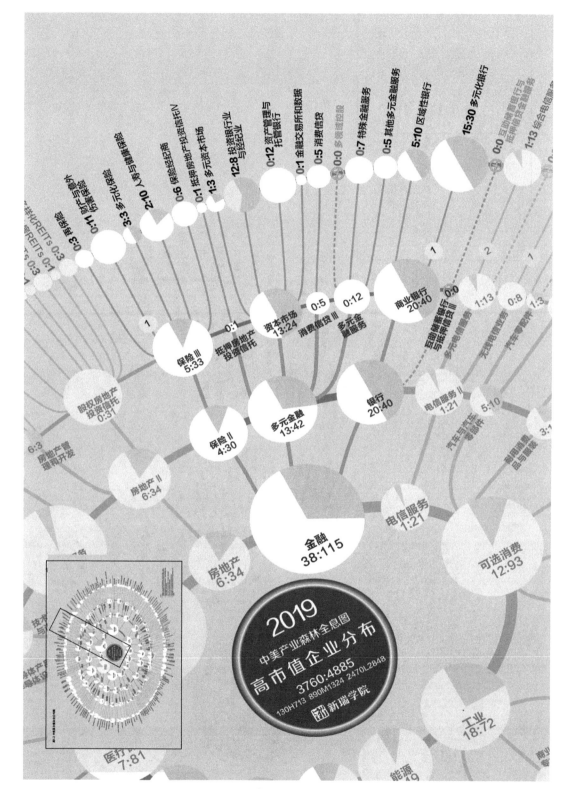

图 0-2 中美高市值企业分布图（截取）

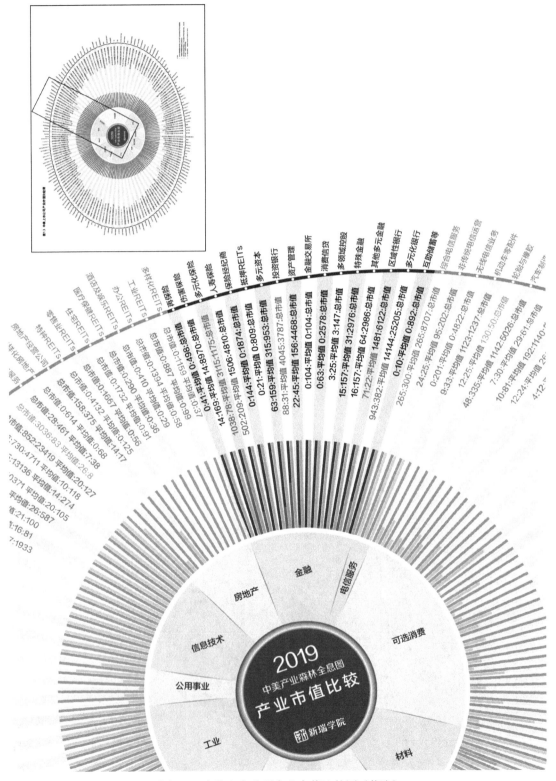

图 0-3 中美上市公司产业市值比较图（截取）

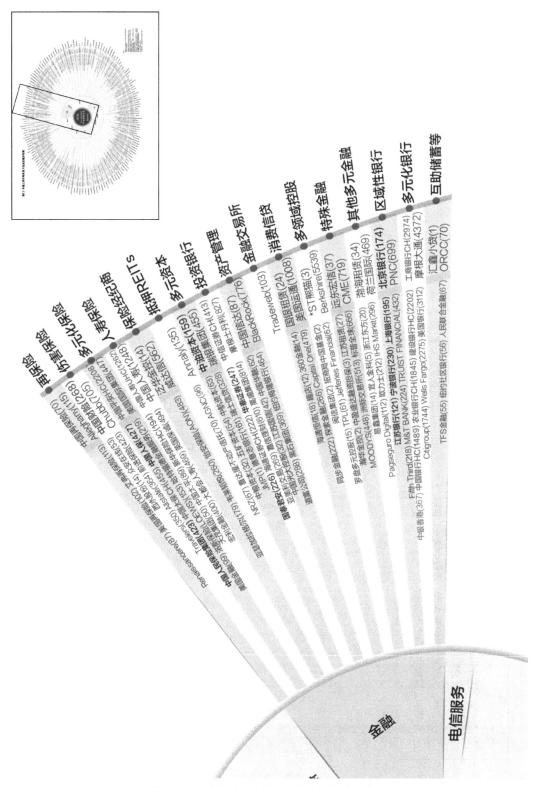

图 0-4 中美上市公司产业领军企业图（截取）

XII

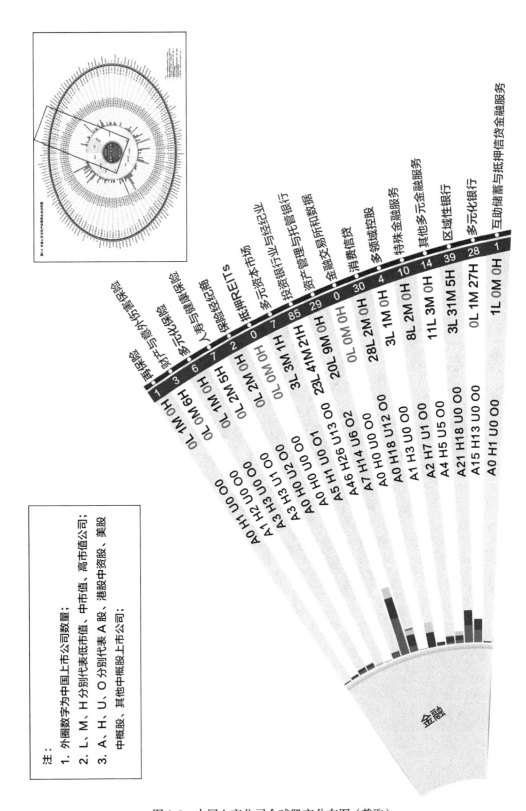

图 0-5 中国上市公司全球股市分布图（截取）

我对中美产业结构的研究源于两条线：一条明线，一条暗线。明线是创业创新教育，暗线是我的博士学科基础。我从 2010 年起开始关注创业创新教育，并注意到中国的工商管理学科下没有设立创业创新学科（entrepreneurship and innovation）。2014 年，中国政府和李克强总理大力倡导"大众创业、万众创新"，中国掀起了创业创新的热潮。毫无疑问，中国正逐渐成为全球创业创新第一大国。因此，对创业创新教育的需求也越来越强烈。2016 年，我想进一步突破 MBA 教育，根据中国的情况，创出一套创业创新教育的新模式、新课程、新方法，来培养未来各行各业领军企业的领导人。显而易见，这种教育本身也必须打破常规地创新。首先是招生创新，学生应该是正在创业的创业者，从事于国家战略新兴产业，并有可能成长为世界领军企业的创业人才。接下来的问题是：这些行业领域是什么？有多大的成长空间？其环境和竞争状态如何？进而在全球视角下，中国在这些领域里的行业环境和企业状况如何？与发达国家相比，我们的产业结构、产业规模、产业绩效、产业政策如何？企业数量、企业规模、企业绩效、企业竞争的情况如何？这就进入了产业经济学的领域。

我获得的是产业经济学博士学位，而当时中国还没有设置工商管理学博士学位。我博士论文的课题是从产业经济学的角度研究中国国有企业宏观改革战略，我的博士生导师苏东水先生是中国产业经济学的开创者之一，其所著的《产业经济学》一书仍是所在学科领域的经典教材，并且一版再版，目前已至第五版。博士毕业后，我在北京大学光华管理学院做博士后，然后留校任教，主要讲授、研究企业战略管理和营销战略。后来，我在北京大学和上海交通大学都做过行政管理工作，因此与产业经济学渐行渐远。但是这一次的研究，我产业经济学的研究功底起了天然的作用，并使我回归到了产业经济学的研究领域，我说的"暗线"，意义便源自于此。

（三）

本书跟踪分析了 2016 年、2017 年、2018 年、2019 年中美股市最后一个交易日的数据，以及中美股市各自在 4 年中最高点和最低点的数据，并提取了这 8 个时点的数据进行参照校验。为了使本研究更全面、更具可读性，除了数据分析外，我们还参照了世界经济学名著、已经出版发行了 12 版的《美国产业结构》一书，对 11 大类一级产业以产业经济学框架（产业历史、产业市场结构、产业市场行为、产业市场绩效、产业公共政策）进行了基本描述。有意思的是，我们发现即使是《美国产业结构》这样的学术著作也为了迎合市场需求进行了调整。例如，在产业分类上，它把农业这样的大类和啤酒业、音乐制品业、大学体育产业这样的小类并列。而我们斟酌再三，还是坚持采用 GICS 标准的 11 大产业分类。

本书分为 12 章。第 1 章是对 GICS-Wind 数据库里的中美上市公司在一至四级产业中的分布进行分析和研究。由此可以看到百亿美元、百亿元人民币市值的公司在不同产业中的分布；可以看到所有上市公司在不同产业中的分布；可以看到中国上市公司的全球分布；可以看到中美在不同产业领域里的各种经济数据，如市值、销售收入、利润和一些相对指标，如市盈率（PE）、销售利润率（ROS）、净资产收益率（ROE）等；可以看到每个细分产业的产业集中度、市场集中度、利润集中度、竞争度等产业经济学指标；还可以看到每个产业的盈利和亏损状态。[⊖]

本书第 2～12 章是对 GICS-Wind 的 11 个一级产业用产业经济学的基本分析方法进行的描述分析，使读者对中国这 11 个产业的产业结构、产业绩效、产业政策、产业竞争、主要企业等有一个轮廓性的了解。可以将这些内容作为产业经济学的教辅材料阅读。

这个研究经过了时间的检验。我们原计划以 2019 年股市最后一个交易日为节点，整理发布研究成果，出版著作，但是突如其来的新冠肺炎疫情延缓了原计划。其后，我们又见证了历史上罕见的美股连续四次熔断以及由此引发的全球股灾，这也给我们提供了一个观察短期内股市和不同产业、不同企业市值剧烈变化的机会。如果在四次熔断后美国股市和全球股市长期低迷，本书的很多数据和分析就要改写。然而事实是四次熔断后的中美股市低点并没有突破我们研究期间内的股市最低点，而且中美股市在短期内就恢复到了熔断前的正常范围。这也为我们提供了一个难得的观察各个产业和企业市值抗跌性的试验环境，而我们也得出了一些结论。此外，由于新冠肺炎疫情的影响，中国上市公司 2019 年年报的发布推迟到 2020 年 4 月 30 日。既然已经延后了，本书便以这个时点的最新财务数据与 2019 年股市最后一个交易日的市值进行重新配对分析，替换掉了原来的 TTM 数据（过去四个季度的财务数据），这使得各种对应分析更加准确。

（四）

如果非要给本研究下几个总体结论，我认为：第一，未来的世界将一改由某国主导的全球一体化格局，演化出二至三个产业生态圈，在生态圈中则可能形成既竞争又

⊖ 因美国上市公司财报披露时间不固定，故本书在计算相关指标时，会将未披露数据的上市公司剔除。中国上市公司无此情况。

合作的关系；第二，美国上市公司的产业结构是市场配置的结果，对中国股市的产业结构具有参照意义；第三，中国高市值企业数量及产业领军企业数量与美国相比差距巨大，与两国 GDP 的差距不相符，中国需要加速提升高市值企业及产业领军企业数量；第四，中国应该将有限的上市公司资源重点向高端产业倾斜，通过退市和并购的方式淘汰数量众多的低端产业上市公司；第五，中国众多产业领军企业的集中度指标和效益指标有较大的提升空间；第六，中国上市公司要更加注重利用全球证券市场，并减少在单一国家证券市场的比重，均衡布局若干个海外证券市场；第七，中国要加大对没有上市公司的 29 个产业的扶持力度，如抵押房地产投资信托（REITs）等。

这样的数据比较分析和研究，可以年复一年地进行，故而本书似乎可以一版再版。我非常期待，在中华人民共和国成立 100 周年之际，中美两国的产业和企业数据不相伯仲。也许，三十年太久，那便只争朝夕。

何志毅

2021 年 7 月

如果读者想获取"中美产业森林全息图"等高清全彩大图（共 6 张），请联系何志毅团队邮箱：chanyeyanjiu@xinrui.ch

推荐序一

记得三年前何志毅老师来我办公室交流时,他拿着一张中美产业上市公司的对比图,这让我知道了他正在深入研究中美产业结构。后来在两次学术交流会上,我又认真听取了他对这项研究的想法。可以说,我对何老师这几年的潜心研究还是有些了解。但直到收到《中国产业结构》的样书,我才对何老师所从事的研究工作有了真正的理解,这本书的立意、内容和将产生的影响,远远超出我的想象。我理解何老师这几年做了一项有深远意义的重大工程,我也为这项工程的阶段性完工而高兴,并向何老师的辛勤付出表达真诚的敬意。

这本书是基于中美产业结构的分析,从这个角度入手,展现了作者的智慧。中美两国是当今两个经济大国,也是处于竞争中的第一和第二的关系。选择与美国产业对标,既是我们比较现实的选择,更有着深远的历史意义。我们常讲要"知己知彼,百战不殆",在和美国的竞争中,我们必须做到心里有数,才能进退有据,而中美产业结构比较既能让我们看到自身的长处和短处,也能让我们"取人之长,补己之短"。中美竞争是客观的,也是不以人的意志为转移的,但竞争毕竟不能只靠意气用事,还得靠自身的实力。这本书会让我们清醒和理智,也会让我们闻鸡起舞、奋发图强。

这本书也对中国产业结构进行了详尽的分析,这是一项十分浩瀚的工作。2003年沃尔特·亚当斯等主编的《美国产业结构》在美国出版,共有15位教授参与了写作,而此次何老师在自己系统性研究的基础上,组织多达22名研究人员对11个大类产业展开分析,进行了长达四年的工作,这是一种怎样的投入!相信《中国产业结构》这本书对研究宏观经济和微观经济的专家和学者,对相关产业界、对资本市场、对上市公司的相关人士都会有一定的指导作用,这本书也将成为一本宝贵的工具书。

这本书以上市公司的数据为依据,这抓住了中美产业的核心点。由于中美两国的上市公司都是各自国家公司中的优等生,都是产业中的优秀代表,同时上市公司公开的数据也更翔实和准确，因此，以上市公司为蓝本进行产业结构的对比和分析是十分巧妙和极具说服力的。

《美国产业结构》并没有对比和分析中国的产业结构，而《中国产业结构》却对美国的产业结构进行了对标分析，虽然这样做是作者当时启动本项目的初衷，但今天看来，这种对标分析方法恰到好处，也成为《中国产业结构》相比《美国产业结构》的高明之处。这或许也是第一和第二心理上的区别，我也真诚地希望这种对标分析结构能继续下去，既有他山之石，也有独特的自信，这才是辩证法。

关于中美之间的比较，未来的一段时间可能还是两国和世界经济学家研究的重要课题。中美两国的比较本身就具有特殊的意义，一个是古老文明的大国，一个是年轻的国家；一个是世界最大的发展中国家，一个是世界最大的发达国家；一个是社会主义国家，一个是资本主义国家。在这种比较中，我们既不能妄自尊大，也不能妄自菲薄，实事求是才是正确的态度。

以上市公司而言，美国资本市场的历史超过了200年，而中国资本市场的历史只有短短的30年，今天中美两国的上市公司竟有一比，这是我们这些过来人当年无法想象的，虽然目前我们一些领域的上市公司还不及美国，但从趋势上来看，中国上市公司的优势会慢慢显现。截至目前，中国境内的A股上市公司已有4400多家，比书中提到的3700多家又增加近700家，中国千亿市值的A股上市公司已有近150家，两年前，我们千亿市值的A股上市公司只有60家，中国资本市场的快速发展让我们感到十分欣慰。我也希望，在今后的发展中，中国的上市公司群体能百尺竿头，为《中国产业结构》这本书的再版增加新的靓丽数据。

衷心祝贺《中国产业结构》一书的出版。

宋志平

中国上市公司协会会长

2021年7月

推荐序二

在当前全球扑朔迷离的政治、经济环境下，何志毅教授的《中国产业结构》一书出版了。显而易见，这是一个长期思考和积累的结果。产业经济处于宏观经济与微观经济之间的中观层面，任何一个有作为的企业，都至少首先追求成为自己所处产业的领军企业，承担起规范和促进这个产业发展的责任，引领这个产业发展的方向和创新。如果成为这个产业的全球领军企业，那就应该负有这个产业的全球责任。在工商管理教育方面，我们有责任教育学生从创业伊始，就学会以产业的眼光看问题，既见树木，也见森林。

从政府的角度看产业，一个国家和区域的产业结构布局、产业发展趋势、产业内的企业数量与质量、产业政策导向，都是重要的经济决策，需要用看不见的手和看得见的手共同调控。这几乎是一种共识和现实。世界各国，无论社会治理形态如何，几乎莫不如此。中国作为一个具有天下为公传统思想和社会主义理念的国家，则更当具有产业政策思维和政策引导力，这也是中国经济不断健康成长的重要因素之一。

何志毅教授应用了大量中国股市的数据作为产业分析的基础，对各个产业的各种绝对数据、相对数据进行了大量分析。我是股份制企业的倡导者，是中国《证券法》的主要起草者，被民间称为"厉股份"。中国的股市起步于1990年11月，至今已经有30多年历史，拥有4200多家上市公司，覆盖了各个产业。上市公司是各个产业的佼佼者，上市公司的表现是中国经济的晴雨表。何志毅教授的这一基于中美上市公司数据比较的产业结构研究从一个侧面证明了这一点。在任何时候我都坚信中国的股市和上市公司今天比昨天好，明天比今天好。何志毅教授的研究也给大家带来一些思考，例如一国股市的上市公司总量和总市值与哪些因素相关，一国股市中上市公司的产业分布和规模如何是合理的，国家是否需要应用上市公司资源对产业结构进行引导，中国股市中的央企、地方国企、民营和其他经济成分的上市公司数量是否需要适当配置，等等。这都有待于进一步研究。

何志毅教授 1996 年成为我的博士后，1999 年在我的劝导下留在北京大学成为教师。我为他以博士论文和博士后出站报告为基础而出版的书写过序言，今天我再为他这一本力作写序言，也以此作为我们 25 年师生情谊的见证。

是为序。

厉以宁

北京大学光华管理学院名誉院长

2021 年 4 月 25 日

推荐序三

何志毅教授自1992年至1996年是我的全日制博士研究生，专业方向是产业经济学，当时中国尚未设立工商管理学科。1992年是后来所谓"92派"下海的年份，而何志毅教授则从国有企业总经理职位上离职读博士，似乎有些逆潮流而动，但现在回头看，实属难能可贵。中国大学里有管理实践经验的教授太少了。

何志毅教授博士论文的选题是国有企业宏观改革的战略研究，研究视角是把国有经营性资产视为一个整体，从战略上把它分为三个部分——增强部分、维持部分、放弃部分，进而研究了国有企业的改革治理结构和机制，以及战略实施方案。这个研究在当时具有重大意义，也经历了三十年的时间检验。例如，何志毅教授博士论文中提出国有企业的宏观改革战略目标有四个：比重目标、效益目标、规模目标、结构目标；提出国有企业应当"搞活"与"搞大"并重、"硬件"与"软件"并重；大型企业巨型化，中小型企业民营化；提出企业组织重组、政府职能重组、产业结构重组、企业资产重组的战略思路；提出减少国有企业管理在政府部门中的委托代理链层级，改为在企业内部管理的硬约束，形成中央和省级两级管理体制，省级政府以下不管理经营性国有企业；根据对《中国国民经济核算年鉴》和《中国工业经济年鉴》等统计数据的分析，提出在国民经济分类的39个大类行业中，以6项标准作为依据，对石化等14个行业采取增强战略，对造纸等15个行业采取维持战略，对服装、文具等10个行业采取放弃战略。

之所以回顾何志毅教授三十年前的博士论文，是因为我欣喜地看到，他的这一本《中国产业结构》秉承了他博士论文研究的基本方法，体现了他产业经济学的研究功底，同时加大了以上市公司数据为基础的分析，并扩大了视野，将中美两国的产业结构进行了比较分析。通过何志毅教授的比较分析，可以看到，中美产业结构各有特色，中国领军企业规模和质量尚有待提升，但与三十年前相比，中国的产业实力和企业实力已是"三十年河东，三十年河西"了。我们可以预计，在不久的将来，中国的产业发展水平和领军企业实力将与美国不相伯仲。何志毅教授年复一年的研究将有助于推动这个过程和记录这个历史。

美国有一本经济学名著《美国产业结构》，至今已再版了十二版，我认为何志毅教授这一本《中国产业结构》与之相比毫不逊色。而且，在产业结构的系统性、数据的丰富性、比较的参照性等方面更胜一筹。何志毅教授从1992年开始就跟随我同时进行东方管理研究，在全球各地推动东方管理与西方管理平等对话，兼容并蓄。他这一本著作也是这样的成果之一，它是世界性的。

我建议何志毅教授将这项研究年复一年地持续下去，而且可以逐步将全球上市公司的产业结构和数据作为大背景纳入大系统，并且用计算机软件将其动态化。这个研究对上可以形成各种智库分析报告，对下可以作为企业竞争战略的分析基础，是一个平台性的研究成果。

作为中国产业经济学首批博士学科点的创始人，我祝贺何志毅教授这一本著作的出版，作为他的博士生导师，我乐见青出于蓝而胜于蓝。

苏东水

复旦大学首席教授，中国国民经济研究会会长

2021年5月3日

推荐序四

正如何志毅教授在书的前言部分所提到的那样，如果一个国家决定改变发展方向，那么它首先必须深刻了解其所处的世界，才能为即将做出的改变做好准备，并最终取得成功。在研究一个国家的经济时，我们可能会发现，该国现有的一些结构已不再适合其当下的情况。

结构（包括规模在内）非常重要。何教授指出，中国工业机械产业的上市公司有 268 家，没有任何一家在国际市场上占有较高的市场份额。

按照自由放任主义经济理论，每个国家都能够从自由贸易中获益，而且，所有向其他国家敞开贸易大门的国家，其国民收入也都会有所增加，这一点毋庸置疑。但这一理论并不意味着所有施行这一经济政策的国家都会实现工资收入和利润的相应增长。此外，根据自由市场的比较优势理论，中国如果在每一个分支产业都与美国展开竞争，并不会有太多收获。

但是，该书认为，这一经典理论不适用于今天的中国。何教授写道："从 2018 年开始，中美贸易战愈演愈烈，至今前途未卜，全球经济格局、市场规则，甚至政治原则都有可能要重写。"他认为，这些新的局面意味着，作为一个拥有超大规模市场的世界大国，中国应该建立起"门类齐全的产业结构体系，回到自力更生、艰苦奋斗的基点上"。

此外，2020 年初，在何教授的这本书即将完成之时，新型冠状病毒开始在全球蔓延。各国对口罩、防护服、手套、消毒剂等商品均表现出较强的进口依赖，这引发了各国对与之有关的安全问题的反思。这无疑将导致全球产业的重新划分和重新布局，并可能在未来形成多个以某种货币为中心的全产业链阵营，比如以美元为中心的 A 阵营、以欧元为中心的 E 阵营，以及以人民币为中心的 R 阵营。

当然，任何新的构想都具有两面性，其在获得收益的同时可能也需要付出相应的代价。

不难看出，这本有着大胆构想的重量级著作主张对中国经济进行调整。这一新的愿景无疑将在中国受到广泛关注，它值得人们给予认真而严肃的关注。

埃德蒙·费尔普斯

2006年诺贝尔经济学奖得主，美国哥伦比亚大学经济学教授

2021年7月8日，纽约

目 录

前 言

推荐序一（宋志平）

推荐序二（厉以宁）

推荐序三（苏东水）

推荐序四（埃德蒙·费尔普斯）

第1章　中美上市公司产业结构及数据分析　　　　　/ 1

  1.1　引言　　　　　/ 1

  1.2　中美产业森林全息图简介　　　　　/ 6

  1.3　中美高市值企业比较　　　　　/ 34

  1.4　中美产业绩效比较　　　　　/ 46

  1.5　中国领军企业分析　　　　　/ 60

  1.6　中国若干产业领军企业分析　　　　　/ 69

第2章　能源　　　　　/ 95

  2.1　中美能源产业综合比较　　　　　/ 96

  2.2　历史　　　　　/ 98

  2.3　结构　　　　　/ 100

2.4　行为　　　　　　　　　　　　　　　　　　　/ 119

　　2.5　绩效　　　　　　　　　　　　　　　　　　　/ 126

　　2.6　公共政策　　　　　　　　　　　　　　　　　/ 133

　　2.7　结语　　　　　　　　　　　　　　　　　　　/ 140

第 3 章　医疗保健　　　　　　　　　　　　　　　　　/ 142

　　3.1　中美医疗保健产业纵览　　　　　　　　　　　/ 142

　　3.2　中国医疗保健产业历史　　　　　　　　　　　/ 146

　　3.3　医疗保健产业的结构 – 行为 – 绩效分析　　　　/ 157

　　3.4　中美医疗保健产业上市公司对标分析　　　　　/ 175

　　3.5　中美医院集团案例研究：中国华润集团和
　　　　美国 HCA 医院集团　　　　　　　　　　　　 / 179

　　3.6　结论：求同存异，互助共赢　　　　　　　　　/ 185

第 4 章　信息技术　　　　　　　　　　　　　　　　　/ 188

　　4.1　信息技术产业结构与中美信息技术产业
　　　　发展概况　　　　　　　　　　　　　　　　　/ 188

　　4.2　中美信息技术产业细分领域上市公司
　　　　数据对比与分析　　　　　　　　　　　　　　/ 189

　　4.3　中美信息技术产业的发展特点　　　　　　　　/ 192

　　4.4　国家政策对中美信息技术产业发展的影响　　　/ 194

　　4.5　半导体产业分析　　　　　　　　　　　　　　/ 197

第 5 章　电信服务　　　　　　　　　　　　　　　　　/ 221

　　5.1　电信服务业概述　　　　　　　　　　　　　　/ 221

　　5.2　中美电信服务业比较　　　　　　　　　　　　/ 223

　　5.3　市场结构　　　　　　　　　　　　　　　　　/ 228

5.4　市场行为　/ 231

　　5.5　新时代、新电信、新主体　/ 234

第6章　日常消费　/ 241

　　6.1　日常消费产业结构　/ 241

　　6.2　中美日常消费产业数据比较　/ 242

　　6.3　中美日常消费产业案例比较　/ 248

　　6.4　中国乳制品产业历史　/ 248

　　6.5　中美乳制品产业结构　/ 249

　　6.6　中国乳制品产业集中度　/ 251

　　6.7　中国乳制品产品结构　/ 253

　　6.8　乳制品产业行为　/ 254

　　6.9　乳制品产业绩效　/ 257

　　6.10　乳制品产业政策　/ 258

　　6.11　结语　/ 260

第7章　可选消费　/ 261

　　7.1　可选消费产业结构　/ 262

　　7.2　汽车制造产业研究　/ 267

第8章　工业　/ 284

　　8.1　中美工业产业对比　/ 284

　　8.2　中美航空航天产业对比　/ 290

　　8.3　航空航天产业发展的建议与意见　/ 315

第9章　金融　/ 317

　　9.1　中美金融产业上市公司结构比较　/ 317

　　9.2　中美金融产业上市公司绩效数据比较　/ 319

9.3　中美金融四级产业上市公司数据比较　/ 319

9.4　中国金融产业领军企业分析　/ 321

9.5　案例："宇宙第一行"中国工商银行　/ 321

第 10 章　房地产　/ 345

10.1　产业概述　/ 345

10.2　产业结构　/ 346

10.3　中美房地产发展深层逻辑对比　/ 347

10.4　中美房地产发展水平分析　/ 356

10.5　中美头部房地产企业对比　/ 361

10.6　发展启示　/ 366

参考文献　/ 367

第 11 章　公用事业　/ 368

11.1　中美公用事业上市公司对标分析　/ 369

11.2　产业历史　/ 372

11.3　产业政策与产业结构　/ 374

11.4　产业综合分析　/ 402

11.5　经典企业案例　/ 415

第 12 章　材料　/ 422

12.1　中美材料产业的综合比较　/ 422

12.2　重新认识美国钢铁产业　/ 434

12.3　中国钢铁产业政策的形成　/ 436

12.4　稀土产业：中美贸易中的奇葩　/ 444

12.5　结语　/ 457

后记　/ 458

第1章
中美上市公司产业结构及数据分析

1.1 引言

  国家强盛之基础是经济强大，经济强大之基础是企业强大。在经济方面，2019年，美国GDP是21.43万亿美元，中国仅排其后，为14.36万亿美元，是美国的67%（见表1-1）。早在2015年，美国哥伦比亚大学教授、诺贝尔经济学奖获得者斯蒂格利茨就发表文章称，经过PPP（购买力平价指数）的调整，中国2014年GDP总量已经超过美国。即使最保守的经济学家也认为，中国的GDP在2016年已超过美国。在企业方面，2019年，按照销售规模排名，中国企业在世界500强中的数量超过美国，成为世界第一（中国129家，美国121家，日本52家，德国29家）。历史上，日本和德国都曾是世界第二大经济强国，但都未能超过美国成为第一。日本的世界500强企业数量曾经逼近过美国，后来在美国的综合反击下一蹶不振。现在全世界的目光都聚焦在中国身上，各种矛盾和压力也集中在中国身上。想必此时中国和世界各国的心情都是复杂的，"青山遮不住，毕竟东流去"。今天，中国的经济总量和企业数量已经接近美国，这恐怕已是不争的事实，但是中国企业的质量与美国差距很大。

表1-1 中美GDP与世界500强企业对比

年份	中国GDP（万亿美元）	美国GDP（万亿美元）	中美GDP比值（%）	中国世界500强企业数量（家）	美国世界500强企业数量（家）
2019年	14.36	21.43	67	129	121
2018年	13.61	20.51	66	120	126
2017年	12.14	19.49	62	115	132
2016年	11.14	18.71	60	110	134

（续）

年份	中国 GDP（万亿美元）	美国 GDP（万亿美元）	中美 GDP 比值（%）	中国世界 500 强企业数量（家）	美国世界 500 强企业数量（家）
2015 年	11.02	18.22	60	106	128
2014 年	10.44	17.52	60	100	128
2013 年	9.57	16.78	57	95	132
2012 年	8.53	16.20	53	79	132
2011 年	7.55	15.54	49	69	133

经过测算，中国的世界 500 强企业平均收入是美国的 83%，平均利润是美国的 56%，可见中国企业质量明显低于美国企业。而中国企业与日本、德国、法国企业在平均收入和平均利润上的差距不大，可见，美国企业的质量依然遥遥领先。

在国际市场上，有竞争能力的企业主要是上市公司。如果有哪一个单一指标能够说明企业的质量和实力的话，那就是市值。我们分析了 2016～2019 年四年里中美股市中市值超过百亿美元的企业数量和产业分布。我们选取了八个时点进行比较：每年最后一个股票交易日，道琼斯指数（简称道指）和上证指数四年中的最高点，道琼斯指数和上证指数四年中的最低点。每年最后一个股票交易日的比较结果见表 1-2。

表 1-2　中美超百亿美元市值企业数量

截止日期	美国企业数量（家）	中国企业数量（家）	比例
2016/12/31	592	106	5.6∶1
2017/12/31	686	117	5.9∶1
2018/12/31	620	90	6.9∶1
2019/12/31	713	130	5.5∶1

在两国股指最高点的比较：道琼斯指数最高时（2019/12/27）有 689 家，上证指数最高时（2018/01/24）有 129 家，比例为 5.3∶1。

在两国股指最低点的比较：道琼斯指数最低时（2016/02/11）有 481 家，上证指数最低时（2019/01/03）有 88 家，比例为 5.5∶1。

从企业微观数据来看，以上八个时点中美高市值（市值超过百亿美元）企业数量的平均值为：美国 630 家，中国 110 家，比例为 5.7∶1。就绝对数比较而言，美国企业的数量在股市最高点和最低点时相差 108 家，占最高点时数量的 16%；中国企业的数量相差为 41 家，占最高点时的 32%。这说明美国高市值企业的价值比中国高市值企业的价值更稳定。在中国 GDP 水平为美国的 67%、中国世界 500 强企业的数量

（规模指标）超过美国的情况下，这样的数据显然不能让我们满意。因此，从静态数据看，中国高市值企业数量与美国相比，还差500家。它们应该分布在什么产业中？哪些企业是潜在的苗子？中国企业应该以什么方式成长？作为教育工作者，我们能够为此做些什么？

当然，任何研究都有边界条件。本文研究的数据基础是中国和美国上市公司数据，而不是中国企业和美国企业的数据。我们也很难严格界定一家跨国公司的国家属性。例如，阿里巴巴集团的主要大股东、小股东皆非中国人，注册地点、上市地点皆非中国，目前主要市场在中国，实际控制人为中国人，它应该属于哪国的企业？我们也用模糊口径统计了中国在全球股市中的企业数据，并剔除了在美国上市的中国企业，然后与美国股市的上市公司相比，但数据并没有发生本质的变化。因此，本研究采取的方法是，在总体分析时采用两国上市公司数据，而在进行一些具体细分产业分析时，对中国企业在美国股市、中国香港股市等全球股市的数据进行调整。

在研究中，我们考虑过在中国内地上市公司数量中加入在中国香港和美国以及其他股市中的中国上市公司，考虑过剔除美国股市中的非美国企业并加入美国在其他股市中的上市公司，也考虑过中美股市市盈率差异和美元与人民币汇率变化的问题，等等。我们也参照了欧洲股市的相应数据，基本结论是上述因素对中美超百亿美元市值企业数量和产业分布的影响不大，具体内容将在后续章节中论述。因此，本研究中的"中国企业"和"美国企业"是指中国内地股票市场（沪深两市A股）和美国股票市场（纽交所、纳斯达克、芝加哥股票交易所）中的企业。

本章的主要价值在于：

第一，以产业研究的视角，对中美上市公司数据进行了全景式分析，提炼了从一级到四级每一个产业的相关数据，如上市公司总数量、总市值、平均市值、高市值、中市值、低市值企业数量，产业市盈率、产业销售利润率、产业净资产收益率、产业盈利面10类数据；对四级产业的分析增加了产业的市值集中度、市场集中度和利润集中度3类数据。因此，本研究在一张图内展示了中美一至四级产业对比的13类26个数据。其中有11个一级产业，各10类20组数据，共220个数据；24个二级产业，各10类20组数据，共480个数据；69个三级产业，各10类20组数据，共1380个数据；163个四级产业，各13类26组数据，共4238个数据。由此，本研究在"中美产业森林全息图"以及相应表格中提供了86组共6318个数据，形成了对中美相同产业以及产业之间全景式的清晰对比，并为进一步研究提供了基础。

第二，从2016年起，我们对中美高市值（市值超过百亿美元）企业的产业分布及数量进行了比较研究。2019年，美国占上市公司数量15%的高市值企业提供了84%的市值、78%的销售收入、90%的利润和89%的税收，可以说高市值企业是国家经济发展的重要力量，是产业发展的火车头。2019年，中国高市值企业的数量为130家，美国为713家，比例为1∶5.5。由前文进行的2016～2019年最后一个股票交易日的数据以及四年间中美两国股市最高点和最低点数据的比较得出，中美高市值企业数量比的平均为1∶5.7。由此可见，在未来，中国应该以提升高市值企业数量为重要目标，尤其是在关键产业。

第三，对每个产业进行了量化研究和中美产业对比分析。例如，在航空航天与国防产业中，中国有51家上市公司，其中高市值的1家，中市值（市值介于100亿美元和100亿元人民币之间）的20家，低市值（市值低于100亿元人民币）的30家；美国有43家上市公司，其中高市值的12家，中市值的14家，低市值的17家。中国该产业总市值为1061亿美元，美国为8603亿美元；中国该产业的企业平均市值为21亿美元，美国为200亿美元；中国该产业前四家企业的市值集中度为0.45，美国为0.59；该产业的盈利面，中国为总体亏损，企业盈利面为30%，美国为总体盈利，企业盈利面达66%；该产业的总体市盈率，中国为55倍，美国为20倍；产业销售利润率，中国5%，美国为10%；产业净资产收益率，中国为4%，美国为26%。在此基础上，还可以做进一步的比较分析，例如，2019年末，中国航空航天与国防产业上市公司的总市值甚至不如美国一家上市公司的市值；又如，中国航空工业集团控制了23家上市公司，却没有形成有效力量，等等。本研究重点分析了十余个产业，有兴趣的读者可以在本研究的基础上进行深入研究。

第四，对中美各个产业已上市的领军企业进行了全景式扫描，列出了每个产业第一名的企业，以及第二至第四名的企业。由于经济学产业集中度C4的概念选择的是前四家企业，因此本研究扩展的市值集中度指标V4、市场集中度指标S4、利润集中度指标P4也都采用产业前四家企业作为该产业的领军企业。在衡量指标方面，本研究考虑了市值中包含的丰富要素，但并不以市值为唯一指标，还兼顾了企业销售收入和利润指标。在权重上，采用市值占0.5、销售收入和利润各占0.25的方法计算企业排名，得到中美股市在所有GICS-Wind四级产业里的前四家领军企业。例如，在西药产业，中国第一名为恒瑞医药（市值561亿美元），第二至第四名分别为复兴医药（市值94亿美元）、科伦药业（市值49亿美元）、新和成（市值72亿美元）；美国第一名为默克（市值2316亿美元），第二名至第四名分别为辉瑞（市值2168亿美元)、诺华(市值 2145 亿美元)、诺和诺德(市值 1389 亿美元)。在中国企业中,新和成的市值高于科伦药业,但其销售收入和利润指标均低于科伦药业,因此按权重计算后新和成的排名位于科伦药业之后。在展示产业领军企业的图中,可以清晰地看到中美领军企业的差别,以及产业中第一名与第二至第四名之间的差距。再结合本研究中各产业 V4、S4、C4 等指标的分析,对产业内企业的各种构成分析会有较大的帮助。

第五,在研究中国上市公司的基础上,对中国在全球的上市公司情况进行了扫描,并进行了产业分布研究。至 2019 年底,中国在全球各地股票市场中上市的公司数量为 5285 家(扣除多地上市公司数量),其中中国内地 3760 家,中国香港 1145 家,美国 247 家,其他国家(地区)133 家。在 5285 家企业中,高市值企业 239 家,中市值企业 1147 家,低市值企业 3899 家。中国高市值企业与美国的比例为 1∶2.98。由于中国内地的政策因素和投资者投资习惯,部分公司会选择在中国内地以外的股票市场中上市。例如,在教育产业中,在中国内地、中国香港、美国以及其他地区上市的中国企业数量分别为 12 家、19 家、23 家、1 家;在服装、服饰与奢侈品产业中,数量分别为 56 家、2 家、32 家、2 家。因此,研究中国上市公司的产业结构已经不能仅仅局限在中国内地市场,而应该放眼全球,同时也要注意全球股市资源的利用和加强对美国股市以外的欧洲与其他金融发达地区的股票市场的重视。

在产业分类方面,163 个四级产业仍然显得粗放。例如,航空航天与国防产业可以细分,教育产业可以细分,而这种细分往往需要根据细分目的进行。我们形成了一个五级产业的细分方法,有待于在未来的智库研究和企业咨询中应用。

最后,本章摘录并列示几组中美企业 2019 年的数据:

1)美国超百亿美元市值企业的数量为 713 家,中国为 130 家,美国是中国的 5.5 倍;

2)美国超百亿美元市值企业的总市值为 404 796 亿美元,中国为 46 583 亿美元,美国是中国的 8.69 倍;

3)美国超百亿美元市值企业的总销售收入是 154 101 亿美元,中国是 38 366 亿美元,美国是中国的 4 倍;

4)美国超百亿美元市值企业的总净利润为 14 594 亿美元,中国 4696 亿美元,美国是中国的 3.1 倍;

5)在 11 个一级产业中的信息技术、医疗保健、能源、可选消费 4 个产业里,美国超百亿美元市值企业的总市值是中国企业的 20.9 倍。

我们发现,占美国上市公司数量 15% 的高市值企业,其市值、收入、利润、税收分别占美国全部上市公司总量的84%、78%、90%、89%，高于二八定律。在中国香港股市这一组数据是75%、65%、78%、71%，在中国内地股市这一组数据是47%、48%、69%、65%。由此可见，中国的高市值企业还有很大的发展空间。让我们共同期待和推动中国高市值企业的成长。

1.2 中美产业森林全息图简介

1.2.1 对产业分类与股票市场的思考

产业经济学的产业分类标准有很多种，例如：马克思两大部类分类法、农轻重产业分类法、三次产业分类法、生产要素分类法、产业功能分类法、产业发展阶段分类法、国际标准产业分类法、中国标准产业分类法，等等。在各种教科书中，都没有提及GICS分类标准。因为GICS专门针对上市公司，并不能完全代表国民经济产业分类。

但是，上市公司是国民经济的重要组成部分，各个产业内的龙头企业一般都是上市公司；上市公司数据的完整性、准确性相对而言也是最好的。因此，对上市公司进行分类分析、产业分析，既方便现实，也具有重大意义。虽然在中国，国有企业占据相当地位，但绝大多数国有企业旗下都有一家或若干家上市公司，而且其主要业务也在上市公司中。

GICS分类标准（2018年9月前版本）[1]将产业分为一级产业11个、二级产业24个、三级产业69个、四级产业157个。中国的万得（Wind，2017年3月版本）系统在此基础上将四级产业增加为163个[2]。在这个体系内，可以准确提取各个产业的企业微观数据，并可以进行中美上市公司的产业对比和企业对比。

我们注意研究了GICS分类标准与中国标准产业分类法的差别。中国标准产业分类更加注重分类的系统性和完整性，GICS更加注重市场性。例如，在GICS的信息技术产业和医疗保健产业内，既有硬件制造企业，也有服务业企业；而在中国标准产业分类中，同一个领域内的硬件制造和软件服务是分属不同产业的。另外，中国标准产业分类中的产业细分数量更多，它将产业分为20个门类、97个大类、473个中类、

---

[1] 2018年9月，GICS调整为11个一级产业、24个二级产业、69个三级产业、159个四级产业。尽管对电信、可选消费等产业进行了一定调整，但整体上不影响研究框架。

[2] 在Wind官方的分类说明中，四级产业为161个，但在对美股的实际分类中，增加了"铜""金融交易所和数据"2个产业，故合计为163个四级产业。

1381个小类，小类中的产业相当细致。例如，在农林渔牧产业门类中，畜牧业是大类，分为牲畜饲养、家禽饲养、其他畜牧业3个中类。在牲畜饲养中类里，有牛的饲养、马的饲养、猪的饲养、羊的饲养、骆驼饲养及其他牲畜饲养6个小类；在家禽饲养中类里，有鸡的饲养、鸭的饲养、鹅的饲养及其他家禽饲养4个小类；在其他畜牧业中类里，有兔的饲养、蜜蜂的饲养及其他系列畜牧业3个小类。而在GICS中，所有农产品都在日常消费一级产业的四级产业——农产品、食品加工与肉类中。GICS的分类较为粗犷，只有159个小类，因而在进行实际产业分析时，可能需要再细分。例如，航空航天与国防产业可以再细分为航空航天、航海、兵器、军事电子等，教育服务业可以再细分为幼教、K12、职业教育、成人教育等。市场上的企业和投资公司对于产业，是根据实际市场规模的大小容量用独特的市场细分变量划分的。例如，宠物市场是由宠物食品、宠物用品、宠物玩具、宠物医疗、宠物培训、宠物寄养等市场构成的；有投资机构将牙科、眼科、美容科等市场归于消费性医疗市场，是以其消费性特征为主要细分变量而界定的。

因此，在现实市场上，在现实的企业需求中，五级产业的划分将更加偏向企业实际需求，而非理论进一步划分的需要。但是，在GICS和Wind的四级产业划分基础上，形成一个五级产业的系统依然是有意义的，这也将是本研究向咨询方向延伸的一种可能性。在对比了两个分类标准的基础上，我们认为GICS与Wind框架下的五级产业数量可能在320个至480个之间，数量太少不足以描述清楚，数量过多则过于烦琐和庸杂。此外，这种分类将更注重参考企业、证券公司、投资公司对产业分类的实际需求。

美国产业经济学名著《美国产业结构》分析的13个产业分别是：农业、石油业、电力行业、烟草业、啤酒业、汽车业、音乐制品业、电信业、航空业、银行业、医疗保健业、公共会计业、大学体育业。以上13个产业在不同的产业分类中都跨越了一至四级产业，有的甚至不在四级产业范围内，例如大学体育业。

《美国产业结构》于2008年在美国出版，2011年发行中文版。这是一本比较好的产业经济学教辅书，也是一本了解美国产业结构的参考书。此书在不长时间内已经出版了12版，至少也算是一本准畅销书。这与它选择的都是与人们日常生活密切相关的产业和它追求的文风有关。

该书由美国俄亥俄州立大学的詹姆斯·W. 布罗克（James W. Brock）教授担任主编，共有15位教授参与其中。我们相信每位参与者都在特定的产业里有长时间的观察和研究。书中采用了产业经济学经典的SCP分析结构——产业结构、产业行为、产业绩效，并在每章的开始增加了产业历史，结尾增加了公共政策，最后还有个简短的结论。每个产业的描写都在35页左右。

再看看该书选择的产业。在产业经济学中有多种产业分类法，例如，中国国民经济分类是依照联合国产业（行业）分类适当调整制定，简称国标（GB）。本研究采用的是全球证券业通用的GICS标准，并用Wind适当调整，简称GICS-Wind。这两个标准都是四级分类标准：国标的分类是门类、大类、中类、小类，GICS-Wind的分类是一级、二级、三级、四级；国标共有20个门类、93个大类、437个中类、1381个小类，GICS-Wind共有11个一级产业、24个二级产业、69个三级产业、163个四级产业。

《美国产业结构》选择的13个产业在分类标准上并不均衡。按照中国国标，这13个产业的分布如下：

- 大类产业6个：农业、电力业、石油业、烟草业、汽车业、航空业；
- 中类产业3个：电信业、银行业、医疗保健业；
- 小类产业3个：啤酒业、音乐制品业、公共会计业；
- 小类外产业1个：大学体育业。

如果按照GICS-Wind，分布如下：

- 一级产业2个：电信业，医疗保健业；
- 二级产业2个：汽车业，银行业；
- 三级产业4个，石油业，电力业，烟草业，航空业；
- 四级产业2个：农业（农产品），啤酒业；
- 四级外产业3个：音乐制品业，公共会计业，大学体育业。

可以看出，一级产业涵盖的范围太大，很难用其直接进行产业分析研究，因此产业分析的合适范围是二级产业或以下。另外，无论采用哪种产业分类法，都有一些产业不在类别中。例如，尽管中国国标的小类达到了1381个，但《美国产业结构》中的"大学体育业"仍不在国标范围内，其应属于体育竞赛组织。

在参考《美国产业结构》的基础上，我们形成了一套自己的产业选择逻辑和标准，基本参照"结构-行为-绩效"（structure-conduct-performance，SCP）的框架，产业历史和公共政策也是必不可少的，并加入了一些案例以增加可读性。此外，我们允许某些产业不受这个框架的束缚，但要有理由，有更好的分析框架替代。我们也注意到，《美国产业结构》中的有些章节把行为、绩效进行了合并，有些用"表现"或者"行业表现"代替了"绩效"，用"管理实施方式"或者"经营管理"代替了"行为"，还有两章没有"历史"部分，这也说明进行产业分析不见得非要拘泥于标准框架。最重要的一点是，我们有大量的产业数据比较和中美产业的异同分析，以及对中国未来的产业分析和对蓝图的构想。

因此，产业分类，或者说产业研究的分类没有绝对标准。我们选用GICS-Wind进行分析，然后再研究出五级产业以更贴近市场需求，应该也算比较圆满了。至于企业的国家属性，这是一个比较复杂的问题，有待于进一步分析。目前，我们还没有发现界定企业国家属性的好方法，各国的国有企业除外。例如，判断什么是在海外上市的中国企业，是看股东、创始人、团队，还是看注册地、运营地、主要市场地、上市地、最大政策法规约束地？阿里巴巴最大的股东是软银，软银最大的股东是南非标准银行，南非标准银行最大的股东现在是中国工商银行；阿里巴巴在开曼群岛注册，在美国上市，总部在中国杭州，控制权由马云和团队掌握，那么阿里巴巴是哪一个国家的企业？因此，在本研究中，宏观上以中美两国股市上市公司为对象，但是在分析个别具体产业时，会适当考虑中国企业在海外上市的因素。

1.2.2　中美产业森林全息图架构解读

我们从中国和美国的全部上市公司分布状况来思考和分析中美产业结构。用大视野看中国3700多家上市公司和美国4800多家上市公司，相当于看森林；再分别看上市公司所属的163个产业，相当于看丛林；具体看每个产业的领军企业或者某家独特的企业，相当于看树木。在三者间进行比较分析，可以发现很多新东西。

以地图为例，有表达行政划分（如省、市、县等）的地图，有表达交通网（如铁路、公路、水路等）的地图，有表达地理状态（如湖泊、河流、沙漠、草原等）的地图，有表达人口密度分布（不同区域的人口密度状况）的地图，还有各种专业的地图（如表达可耕地分布、资源分布、民族分布等）。如果把它们都组合在一张图中，表达起来既困难又不直观。但是，对于宏观分析研究而言，有一张汇集了各种信息、综合绘制而成的"地图"，当然具有巨大的价值。毫无疑问，这样的图是供专业研究人员和高级指挥员研究和思考用的工具图。尽管我们有时不能事先判断这样的图、这样的信息对专业研究人员或高级指挥员会产生什么样的价值。

经过长期的思考和各种表达方法的试验，目前呈现的中美产业森林全息图已比较成熟，根据不同研究角度绘制出的四张图则更加简单明了。对这些图的视觉表达方法，包括图形、颜色、线条、数据表达方式和位置等，我们都进行了反反复复的思考和试验。

1.2.3 一级至三级产业扫描

截至 2019 年股市最后一个交易日，中国上市公司（以下所指均为沪深 A 股上市公司）有 3760 家，美国有 4885 家；中国上市公司总市值为 93 170 亿美元，美国为 455 743 亿美元，总市值比为 1∶4.89；中国上市公司平均市值为 25 亿美元，美国为 94 亿美元，平均市值比为 1∶3.76；中国上市公司总体市盈率是 14 倍，美国为 18 倍；中国上市公司总体销售利润率为 9%，美国为 9%；中国上市公司总体净资产收益率为 10%，美国为 14%。

GICS-Wind 一级产业由 11 个产业构成。由于覆盖范围太大，每个一级产业平均有 15 个四级产业，可选消费产业下更是有多达 36 个四级产业，如汽车制造业、电影娱乐业、餐馆业、酒店业等都在可选消费产业中。因此，有些数据的细分，例如产业集中度等，就没有实际意义。由此，我们在中美产业森林全息图中，比较了一级至三级产业以下 10 组数据：①上市公司总数量；②高市值公司数量；③中市值公司数量；④低市值公司数量；⑤产业总市值；⑥产业平均市值；⑦产业市盈率；⑧产业销售利润率；⑨产业净资产收益率；⑩产业盈利面。

1. 一级产业扫描

在 11 个一级产业中，上市公司数量中国多于美国的产业有 3 个：工业、日常消费、材料；上市公司数量中国略少于美国（差值在 60 家以内）的产业有 4 个：公用事业、可选消费、电信服务、信息技术；上市公司数量中国显著少于美国的产业有 4 个：医疗保健、能源、房地产、金融。

中国总市值最高的产业为金融，24 874 亿美元；美国也同为金融，68 353 亿美元。中国总市值最低的产业为电信服务，360 亿美元；美国为公用事业，12 388 亿美元。

中国平均市值最高的产业是金融，230 亿美元；美国为电信服务，225 亿美元。中国平均市值最低的产业为工业和可选消费，14 亿美元；美国为医疗保健，59 亿美元。

中国市盈率最高的产业是信息技术，37.41 倍；美国为房地产，31.62 倍。中国市盈率最低的产业是房地产，7 倍；美国为金融，12 倍。

中国销售利润率最高的产业为金融，24.65%；美国也为金融，17.23%。中国销售利润率最低的产业为能源，3.86%；美国为可选消费，4.89%。

中国净资产收益率最高的产业为日常消费，17.83%；美国为信息技术，23.60%。中国净资产收益率最低的产业为电信服务，3.61%；美国为房地产，8.33%。

尽管中国上市公司数量在 3 个产业中超过了美国，在另外 3 个产业中大致与美国相当，但是所有产业的总市值均低于美国。总市值差距最小的产业是工业，美国是中国的 2.72 倍；其次是金融，美国是中国的 2.75 倍。差距最大的是电信服务，美国是中国的 38.14 倍；其次是信息技术和医疗保健，美国都是中国的 8 倍多。在 11 个一级产业中，只有在金融业，中国上市公司的平均市值高于美国，其他 10 个产业美国均高于中国，其中，在可选消费业，美国企业的平均市值比中国企业高出 7 倍多。

具体数据见表 1-3、表 1-4、表 1-5、表 1-6。

2. 二级产业扫描

在 24 个二级产业中，上市公司数量中国多于美国的产业有 8 个：资本货物，材料Ⅱ，技术硬件与设备，汽车与汽车零部件，耐用消费品与服装，食品、饮料与烟草，运输，媒体Ⅱ；上市公司数量中国略少于美国（差值在 60 家以内）的产业有 6 个：公用事业Ⅱ，食品与主要用品零售Ⅱ，家庭与个人用品，半导体与半导体生产设备，商业和专业服务，电信服务Ⅱ；上市公司数量中国显著少于美国的产业有 10 个：房地产Ⅱ，零售业，保险Ⅱ，消费者服务Ⅱ，软件与服务，医疗保健设备与服务，能源Ⅱ，多元金融，银行，制药、生物科技与生命科学。

中国总市值最高的产业为银行，15 626 亿美元；美国为软件与服务，68 480 亿美元。中国总市值最低的产业为家庭与个人用品，153 亿美元；美国为商业和专业服务，4291 亿美元。

中国平均市值最高的产业是保险Ⅱ，662 亿美元；美国为家庭与个人用品，286 亿美元。中国平均市值最低的产业为商业和专业服务，9 亿美元；美国也为商业和专业服务，33 亿美元。

中国市盈率最高的产业是半导体与半导体生产设备，49.05 倍；美国为房地产Ⅱ，31.62 倍。中国市盈率最低的产业是银行，6.66 倍；美国为汽车与汽车零部件，4.23 倍。

中国销售利润率最高的产业为银行，33.64%；美国也为银行，22.94%。中国销售利润率最低的产业为食品与主要用品零售Ⅱ，2.42%；美国也为食品与主要用品零售Ⅱ，2.54%。

中国净资产收益率最高的产业为食品、饮料与烟草，19.74%；美国为技术硬件与设备，32.91%。中国净资产收益率最低的产业为电信服务Ⅱ，3.61%；美国为房地产Ⅱ，8.33%。

具体数据见表 1-7、表 1-8、表 1-9。

表 1-3 中美一级产业上市公司数据

(市值单位:亿美元)

一级产业	公司数量(中国,家)	占比(%)	公司数量(美国,家)	占比(%)	总市值(中国)	占比(%)	总市值(美国)	占比(%)	平均市值(中国)	平均市值(美国)
材料	575	15.29	264	5.40	8 421	9.04	17 430	3.82	15	66
电信服务	5	0.13	61	1.25	360	0.39	13 731	3.01	72	225
房地产	130	3.46	221	4.52	3 222	3.46	13 204	2.90	25	60
工业	984	26.17	552	11.30	13 765	14.77	37 443	8.22	14	68
公用事业	106	2.82	110	2.25	2 714	2.91	12 388	2.72	26	113
金融	108	2.87	913	18.69	24 874	26.70	68 353	15.00	230	76
可选消费	602	16.01	612	12.53	8 638	9.27	62 460	13.71	14	102
能源	77	2.05	325	6.65	4 203	4.51	30 172	6.62	55	93
日常消费	209	5.56	167	3.42	7 829	8.40	35 893	7.88	37	215
信息技术	648	17.23	708	14.49	12 694	13.62	109 057	23.93	20	154
医疗保健	316	8.40	952	19.49	6 450	6.92	55 610	12.20	20	59
总计	3 760		4 885		93 170		455 743		25	94

注:由于四舍五入的原因,百分比数据相加可能不足100%。

表 1-4 中美一级产业高、中、低市值公司数量

(市值单位:亿美元)

一级产业	高市值(中国,家)	占比(%)	高市值(美国,家)	占比(%)	中市值(中国,家)	占比(%)	中市值(美国,家)	占比(%)	低市值(中国,家)	占比(%)	低市值(美国,家)	占比(%)
材料	9	6.92	37	5.19	141	15.84	89	6.72	425	15.51	138	4.85
电信服务	1	0.77	21	2.95	1	0.11	17	1.28	3	0.11	23	0.81
房地产	6	4.62	34	4.77	39	4.38	103	7.78	85	3.10	84	2.95
工业	18	13.85	72	10.10	161	18.09	187	14.12	805	29.38	293	10.29
公用事业	5	3.85	38	5.33	31	3.48	41	3.10	70	2.55	31	1.09
金融	38	29.23	115	16.13	61	6.85	200	15.11	9	0.33	598	21.00
可选消费	12	9.23	93	13.04	96	10.79	183	13.82	494	18.03	336	11.80
能源	5	3.85	49	6.87	22	2.47	68	5.14	50	1.82	208	7.30
日常消费	12	9.23	44	6.17	62	6.97	46	3.47	135	4.93	77	2.70
信息技术	17	13.08	129	18.09	185	20.79	218	16.47	446	16.28	361	12.68
医疗保健	7	5.38	81	11.36	91	10.22	172	12.99	218	7.96	699	24.54
总计	130		713		890		1 324		2 740		2 848	

注:由于四舍五入的原因,百分比数据相加可能不足100%。

表 1-5 中国一级产业绩效数据汇总

一级产业	市盈率（倍）	销售利润率（%）	净资产收益率（%）	盈亏总和（亿元）	盈利总额（亿元）/企业数（家）	亏损总额（亿元）/企业数（家）	盈亏金额比（%）	盈利企业占比（盈利面，%）
材料	17.56	5.59	9.50	2 781.2	3 176.6/514	−942.4/60	29.7	89.5
电信服务	19.61	4.15	3.61	122	122.3/4	−58.4/1	47.7	80.0
房地产	7.31	12.16	14.62	2 680.4	2 894.5/112	−128.8/15	4.4	88.2
工业	15.81	4.91	8.85	4 676.8	5 875.5/865	−860.3/119	14.6	87.9
公用事业	14.55	9.91	7.51	1 250.4	1 310.9/98	−75.3/10	5.7	90.7
金融	8.40	24.65	11.22	21 191.2	21 481.3/103	−85.0/5	0.4	95.4
可选消费	17.81	6.05	10.30	2 003.9	3 135.5/500	−1 086.2/103	34.6	82.9
能源	11.05	3.86	6.98	2 559.2	2 712.9/70	−67.5/6	2.5	92.1
日常消费	27.49	11.65	17.83	1 625.3	1 923.3/178	−97.2/30	5.1	85.6
信息技术	37.41	6.48	10.34	869.3	2 160.0/547	−1 202.8/100	55.7	84.5
医疗保健	32.11	8.87	11.13	1 154.1	1 311.7/282	−279.3/35	21.3	89.0
总体	13.74	9.40	10.47	40 913.9	46 104.6/3 273	−4 882.8/484	10.6	87.1

注：盈亏金额比 = 亏损总额 / 盈利总额。

表 1-6 美国一级产业绩效数据汇总

一级产业	市盈率（倍）	销售利润率（%）	净资产收益率（%）	盈亏总和（亿美元）	盈利总额（亿美元）/企业数（家）	亏损总额（亿美元）/企业数（家）	盈亏金额比（%）	盈利企业占比（盈利面，%）
材料	14.80	9.19	12.58	803.4	917.3/158	−113.9/91	12.4	63.5
电信服务	13.03	10.58	14.42	667.0	919.2/33	−252.2/20	27.4	62.3
房地产	31.62	14.96	8.33	367.7	407.6/167	−39.9/43	9.8	79.5
工业	19.54	8.77	20.76	1 525.8	1 709.7/386	−183.9/143	10.8	73.0
公用事业	20.15	12.10	9.08	435.8	558.1/78	−122.4/23	21.9	77.2
金融	12.21	17.23	9.76	5 017.5	5 133.0/676	−115.6/75	2.3	90.0
可选消费	16.31	4.89	17.88	3 336.9	3 533.8/409	−197.0/172	5.6	70.4
能源	14.98	5.29	9.23	1 379.5	1 804.0/184	−424.4/116	23.5	61.3
日常消费	21.88	6.23	20.01	1 287.4	1 390.0/106	−102.6/51	7.4	67.5
信息技术	25.90	17.05	23.60	3 384.0	3 800.4/347	−416.4/314	11.0	52.5
医疗保健	22.80	11.02	20.15	1 410.2	2 062.6/212	−652.4/638	31.6	24.9
总体	18.27	9.08	14.01	19 615.0	22 235.7/2 756	−2 620.7/1 686	11.8	62.0

注：
1. 本书对中国股市的测算，以 2019 年各上市公司披露的年报数据为依据。
2. 本书对美国股市的测算，根据 TTM 数据（连续四个财季）得出，不包含未披露数据的企业。

表 1-7　中美二级产业上市公司数据

(市值单位：亿美元)

二级产业	上市数量(中国)	占比(%)	上市数量(美国)	占比(%)	总市值(中国)	占比(%)	总市值(美国)	占比(%)	平均市值(中国)	平均市值(美国)
材料Ⅱ	575	15.29	264	5.40	8 421	9.04	17 430	3.82	15	66
电信服务Ⅱ	5	0.13	61	1.25	360	0.39	13 731	3.01	72	225
房地产Ⅱ	130	3.46	221	4.52	3 222	3.46	13 204	2.90	25	60
商业和专业服务	96	2.55	130	2.66	846	0.91	4 291	0.94	9	33
运输	112	2.98	105	2.15	3 196	3.43	9 225	2.02	29	89
资本货物	776	20.64	317	6.49	9 723	10.44	23 928	5.25	13	75
公用事业Ⅱ	106	2.82	110	2.25	2 714	2.91	12 388	2.72	26	113
保险Ⅱ	7	0.19	116	2.37	4 635	4.98	17 328	3.80	662	149
多元金融	65	1.73	364	7.45	4 613	4.95	18 808	4.13	71	53
银行	36	0.96	433	8.86	15 626	16.77	32 218	7.07	434	75
零售业	71	1.89	169	3.46	833	0.89	28 993	6.36	12	172
媒体Ⅱ	95	2.53	90	1.84	1 314	1.41	10 580	2.32	14	118
耐用消费品与服装	219	5.82	134	2.74	3 210	3.45	6 718	1.47	15	50
汽车与汽车零部件	170	4.52	56	1.15	2 424	2.60	6 374	1.40	14	114
消费者服务Ⅱ	47	1.25	163	3.34	856	0.92	9 796	2.15	18	60
能源Ⅱ	77	2.05	325	6.65	4 203	4.51	30 172	6.62	55	93
家庭与个人用品	12	0.32	35	0.72	153	0.16	10 011	2.20	13	286
食品、饮料与烟草	173	4.60	101	2.07	7 206	7.73	18 694	4.10	42	185
食品与主要用品零售Ⅱ	24	0.64	31	0.63	470	0.50	7 189	1.58	20	232
半导体与半导体生产设备	75	1.99	102	2.09	1 999	2.15	16 678	3.66	27	164
技术硬件与设备	343	9.12	197	4.03	6 879	7.38	23 899	5.24	20	121
软件与服务	230	6.12	409	8.35	3 816	4.10	68 480	15.03	17	168
医疗保健设备与服务	75	1.99	280	5.73	1 576	1.69	23 851	5.23	21	86
制药、生物科技与生命科学	241	6.41	672	13.76	4 874	5.23	31 760	6.97	20	47

注：由于四舍五入的原因，百分比数据相加可能不是100%。

表 1-8 中美二级产业高、中、低市值公司数量

二级产业	高市值(中国)	占比(%)	高市值(美国)	占比(%)	中市值(中国)	占比(%)	中市值(美国)	占比(%)	低市值(中国)	占比(%)	低市值(美国)	占比(%)
材料Ⅱ	9	6.92	37	5.19	141	15.84	89	6.72	425	15.51	138	4.85
电信服务Ⅱ	1	0.77	21	2.95	1	0.11	17	1.28	3	0.11	23	0.81
房地产Ⅱ	6	4.62	34	4.77	39	4.38	103	7.78	85	3.10	84	2.95
商业和专业服务	0	0.00	11	1.54	13	1.46	38	2.87	83	3.03	81	2.84
运输	8	6.15	21	2.95	35	3.93	33	2.49	69	2.52	51	1.79
资本货物	10	7.69	40	5.61	113	12.70	116	8.76	653	23.83	161	5.65
公用事业Ⅱ	5	3.85	38	5.33	31	3.48	41	3.10	70	2.55	31	1.09
保险Ⅱ	5	3.85	33	4.63	1	0.11	34	2.57	1	0.04	49	1.72
多元金融	13	10.00	42	5.89	45	5.06	62	4.68	7	0.26	260	9.13
银行	20	15.38	40	5.61	15	1.69	104	7.85	1	0.04	289	10.15
零售业	1	0.77	29	4.07	13	1.46	40	3.02	57	2.08	100	3.51
媒体Ⅱ	1	0.77	20	2.81	25	2.81	20	1.51	69	2.52	50	1.76
耐用消费品与服装	3	2.31	11	1.54	30	3.37	48	3.63	186	6.79	75	2.63
汽车与汽车零部件	5	3.85	10	1.40	23	2.58	21	1.59	142	5.18	25	0.88
消费者服务Ⅱ	2	1.54	23	3.23	5	0.56	54	4.08	40	1.46	86	3.02
能源Ⅱ	5	3.85	49	6.87	22	2.47	68	5.14	50	1.82	208	7.30
家庭与个人用品	0	0.00	7	0.98	4	0.45	11	0.83	8	0.29	17	0.60
食品、饮料与烟草	11	8.46	31	4.35	48	5.39	28	2.11	114	4.16	42	1.47
食品与主要用品零售Ⅱ	1	0.77	6	0.84	10	1.12	7	0.53	13	0.47	18	0.63
半导体与半导体生产设备	5	3.85	21	2.95	29	3.26	33	2.49	41	1.50	48	1.69
技术硬件与设备	8	6.15	27	3.79	84	9.44	48	3.63	251	9.16	122	4.28
软件与服务	4	3.08	81	11.36	72	8.09	137	10.35	154	5.62	191	6.71
医疗保健设备与服务	2	1.54	40	5.61	20	2.25	61	4.61	53	1.93	179	6.29
制药、生物科技与生命科学	5	3.85	41	5.75	71	7.98	111	8.38	165	6.02	520	18.26

注：由于四舍五入的原因，百分比数据相加可能不是100%。

表 1-9 中美二级产业绩效数据汇总

二级产业	市盈率（中，倍）	市盈率（美，倍）	销售利润率（中，%）	销售利润率（美，%）	净资产收益率（中，%）	净资产收益率（美，%）
半导体与半导体生产设备	49.05	24.85	9.01	20.99	9.79	22.11
保险Ⅱ	11.35	12.72	9.77	8.88	17.76	7.94
材料Ⅱ	17.54	14.8	5.59	9.19	9.51	12.58
电信服务Ⅱ	19.61	13.03	4.15	10.58	3.61	14.42
多元金融	22.39	13.72	25.39	19.19	6.81	10.33
房地产Ⅱ	7.35	31.62	12.13	14.96	14.56	8.33
公用事业Ⅱ	14.55	20.15	9.91	12.10	7.51	9.08
技术硬件与设备	32.05	21.55	5.47	11.16	10.80	32.91
家庭与个人用品	39.99	29.14	5.90	10.16	9.45	21.69
零售业	13.63	30.75	4.15	6.57	9.00	23.10
媒体Ⅱ	25.75	15.27	9.06	14.00	7.11	17.74
耐用消费品与服装	17.48	18.83	7.39	8.01	14.11	17.80
能源Ⅱ	11.05	14.98	3.86	5.29	6.98	9.23
汽车与汽车零部件	16.91	4.23	4.58	2.72	8.21	12.95
软件与服务	45.45	28.37	9.77	21.39	9.53	21.07
商业和专业服务	24.13	22.37	10.38	9.17	8.42	19.30
食品、饮料与烟草	27.00	20.37	14.90	11.98	19.74	22.46
食品与主要用品零售Ⅱ	33.21	21.1	2.42	2.54	7.14	16.28
消费者服务Ⅱ	19.88	21.46	13.69	11.33	14.07	14.74
医疗保健设备与服务	27.63	25.01	5.17	6.69	13.00	15.15
银行	6.66	11.19	33.64	22.94	11.11	10.55
运输	15.52	17.54	7.42	8.00	8.71	21.48
制药、生物科技与生命科学	33.79	21.18	12.11	21.12	10.58	26.44
资本货物	15.45	19.9	4.28	9.08	8.94	20.75

3. 三级产业扫描

在三级产业中，中国有而美国无的产业有 1 个：多元化零售；中国无而美国有的产业有 8 个：无线电信业务Ⅲ，股权房地产投资信托，抵押房地产投资信托，互助储蓄银行与抵押信贷Ⅲ，消费信贷Ⅲ，烟草Ⅲ，办公电子设备Ⅲ，医疗保健技术Ⅲ。

在 69 个三级产业中，上市公司数量中国多于美国的产业有 26 个：化工，机械，电气设备，电子设备、仪器和元件，汽车零配件，房地产管理和开发，建筑与工程Ⅲ，食品，纺织品、服装与奢侈品，金属、非金属与采矿，交通基础设施，家庭耐用消费品，综合类Ⅲ，建材Ⅲ，通信设备Ⅲ，航空货运与物流Ⅲ，纸与林木产品，饮料，汽车，航空航天与国防Ⅲ，容器与包装，媒体Ⅲ，燃气Ⅲ，建筑产品Ⅲ，独立电力生产商与能源贸易商Ⅲ，电力Ⅲ；中美上市公司数量相当的产业有 1 个：消费品经销商Ⅲ；上市公司数量中国略少于美国（差值在60家以内）的产业有23个：水务Ⅲ，贸易公司与工业品经销商Ⅲ，计算机与外围设备，休闲设备与用品，家庭用品Ⅲ，信息技术服务，食品与主要用品零售Ⅲ，复合型公用事业Ⅲ，航空Ⅲ，专业服务，公路与铁路运输，个人用品Ⅲ，商业服务与用品，海运Ⅲ，半导体产品与半导体设备，软件，多元电信服务，综合消费者服务Ⅲ，生命科学工具和服务Ⅲ，多元金融服务，医疗保健提供商与服务，互联网与售货目录零售，能源设备与服务；上市公司数量中国显著少于美国的产业有10个：专营零售，酒店、餐馆与休闲Ⅲ，制药，保险Ⅲ，医疗保健设备与用品，互联网软件与服务Ⅲ，资本市场，石油、天然气与供消费用燃料，生物科技Ⅲ，商业银行。

中国总市值最高的产业为商业银行，15 626亿美元；美国也为商业银行，31 326亿美元。中国总市值最低的产业为家庭用品Ⅲ，43亿美元；美国为办公电子设备Ⅲ，137亿美元。

中国平均市值最高的产业是保险Ⅲ，662亿美元；美国为家庭用品Ⅲ，694亿美元。中国平均市值最低的产业为消费品经销商Ⅲ，7亿美元；美国为海运Ⅲ，7亿美元。

中国市盈率最高的产业是生命科学工具和服务Ⅲ，67.52倍；美国为医疗保健技术Ⅲ，43.37倍。中国市盈率最低的产业是商业银行，6.66倍；美国为汽车，3.61倍。

中国销售利润率最高的产业为商业银行，33.64%；美国为抵押房地产投资信托，76%。中国销售利润率最低的产业为贸易公司与工业品经销商Ⅲ，1.59%；美国为食品与主要用品零售Ⅲ，3%。

中国净资产收益率最高的产业为饮料，22.02%；美国为计算机与外围设备，53%。中国净资产收益率最低的产业为多元电信服务，3.61%；美国为交通基础设施，5%。

具体数据见表1-10、表1-11。

表1-10 中国三级产业市值与绩效数据（市值单位：亿美元）

三级产业	上市公司数（家）	总市值	平均市值	高市值公司数（家）	中市值公司数（家）	低市值公司数（家）	市盈率（倍）	销售利润率（%）	净资产收益率（%）
化工	311	3 503	11	4	54	253	19.78	7.04	10.23
建材Ⅲ	43	1 119	26	1	16	26	10.21	14.48	16.62
金属、非金属与采矿	166	3 335	20	4	64	98	19.96	3.40	7.03
容器与包装	24	209	9	0	4	20	25.71	6.77	9.77
纸与林木产品	31	255	8	0	3	28	16.60	6.55	7.94
多元电信服务	5	360	72	1	1	3	19.61	4.15	3.61
房地产管理和开发	130	3 222	25	6	39	85	7.31	12.16	14.62
商业服务与用品	63	629	10	0	11	52	24.35	9.96	7.56

（续）

三级产业	上市公司数（家）	总市值	平均市值	高市值公司数（家）	中市值公司数（家）	低市值公司数（家）	市盈率（倍）	销售利润率（%）	净资产收益率（%）
专业服务	33	217	7	0	2	31	23.50	11.81	12.31
公路与铁路运输	15	283	19	1	1	13	10.68	12.56	9.24
海运Ⅲ	11	303	28	0	6	5	13.34	7.74	8.93
航空Ⅲ	8	591	74	3	3	2	23.95	3.47	5.27
航空货运与物流Ⅲ	32	690	22	2	6	24	21.99	2.72	11.37
交通基础设施	46	1 329	29	2	19	25	13.19	24.42	9.40
电气设备	201	2 594	13	2	29	170	26.82	6.67	7.70
航空航天与国防Ⅲ	51	1 061	21	1	20	30	55.14	4.91	4.09
机械	316	3 180	10	3	35	278	20.50	7.24	9.56
建筑产品Ⅲ	37	252	7	0	2	35	25.83	8.45	9.29
建筑与工程Ⅲ	104	1 968	19	4	14	86	6.98	3.52	9.96
贸易公司与工业品经销商Ⅲ	36	308	9	0	6	30	9.06	1.59	9.15
综合类Ⅲ	31	359	12	0	7	24	15.72	13.51	9.30
电力Ⅲ	45	1 560	35	2	16	27	14.95	7.66	6.74
独立电力生产商与能源贸易商Ⅲ	19	658	35	3	4	12	12.82	20.80	9.66
复合型公用事业Ⅲ	9	124	14	0	2	7	11.14	10.81	8.60
燃气Ⅲ	19	200	11	0	5	14	23.24	8.72	8.28
水务Ⅲ	14	172	12	0	4	10	15.96	16.45	7.26
保险Ⅲ	7	4 635	662	5	1	1	11.35	9.77	17.76
多元金融服务	7	97	14	0	3	4	10.39	11.15	6.79
资本市场	58	4 516	78	13	42	3	22.90	26.84	6.81
商业银行	36	15 626	434	20	15	1	6.66	33.64	11.11
多元化零售	41	371	9	0	7	34	14.15	5.71	9.77
互联网与售货目录零售	3	63	21	0	2	1	25.26	23.96	17.60
消费品经销商Ⅲ	10	73	7	0	1	9	19.14	3.06	5.47
专营零售	17	327	19	1	3	13	11.70	3.34	8.78
媒体Ⅲ	95	1 314	14	1	25	69	25.75	9.06	7.11
纺织品、服装与奢侈品	98	736	8	0	9	89	16.23	6.61	9.48
家庭耐用消费品	102	2 340	23	3	19	80	17.35	7.67	17.35
休闲设备与用品	19	135	7	0	2	17	41.47	8.24	7.76
汽车	28	1 171	42	4	6	18	14.57	3.76	7.63
汽车零配件	142	1 253	9	1	17	124	20.01	6.46	9.04
酒店、餐馆与休闲Ⅲ	33	616	19	1	4	28	15.84	13.84	13.97
综合消费者服务Ⅲ	14	240	17	1	1	12	65.33	12.20	15.25
能源设备与服务	22	401	18	1	5	16	38.35	3.17	5.50
石油、天然气与供消费用燃料	55	3 802	69	4	17	34	10.26	3.88	7.05
个人用品Ⅲ	7	109	16	0	3	4	43.19	9.58	10.23

（续）

三级产业	上市公司数（家）	总市值	平均市值	高市值公司数（家）	中市值公司数（家）	低市值公司数（家）	市盈率（倍）	销售利润率（%）	净资产收益率（%）
家庭用品Ⅲ	5	43	9	0	1	4	33.20	3.26	8.07
食品	132	3 021	23	6	31	95	23.33	9.55	17.68
饮料	41	4 185	102	5	17	19	30.28	29.88	22.02
食品与主要用品零售Ⅲ	24	470	20	1	10	13	33.21	2.42	7.14
半导体产品与半导体设备	75	1 999	27	5	29	41	49.05	9.01	9.79
计算机与外围设备	22	484	22	0	9	13	33.76	5.12	7.14
电子设备、仪器和元件	232	4 927	21	6	55	171	30.96	5.29	11.36
通信设备Ⅲ	89	1 468	16	2	20	67	35.55	6.43	10.43
互联网软件与服务Ⅲ	43	852	20	1	17	25	41.06	6.15	10.49
软件	106	2 120	20	3	36	67	49.42	15.39	10.29
信息技术服务	81	845	10	0	19	62	40.88	8.03	7.47
医疗保健设备与用品	42	838	20	1	9	32	39.01	17.34	14.41
医疗保健提供商与服务	33	737	22	1	11	21	19.72	3.48	12.03
生命科学工具和服务Ⅲ	8	381	48	1	2	5	67.52	16.98	10.59
生物科技Ⅲ	55	1 233	22	2	17	36	47.36	21.50	12.11
制药	178	3 259	18	2	52	124	28.84	10.84	10.28

表1-11 美国三级产业市值与绩效数据 （市值单位：亿美元）

三级产业	上市公司数（家）	总市值	平均市值	高市值公司数（家）	中市值公司数（家）	低市值公司数（家）	市盈率（倍）	销售利润率（%）	净资产收益率（%）
化工	84	6 892	82	12	33	39	23.56	9	13
建材Ⅲ	19	1 664	92	4	4	11	22.41	6	10
金属、非金属与采矿	126	7 261	58	15	39	72	9.85	11	11
容器与包装	18	1 147	64	4	10	4	22.09	5	15
纸与林木产品	17	466	27	2	3	12	10.58	7	19
多元电信服务	37	8 909	241	13	9	15	13.46	10	15
无线电信业务Ⅲ	24	4 822	201	8	8	8	12.05	11	10
房地产管理和开发	53	1 533	29	3	12	38	32.14	3	8
股权房地产投资信托	168	11 671	69	31	91	46	31.56	26	8
电气设备	50	2 912	58	6	15	29	20.25	11	18
公路与铁路运输	32	4 848	152	8	12	12	19.76	17	21
海运Ⅲ	29	198	7	0	4	25	13.97	12	9
航空Ⅲ	20	1 987	99	8	9	3	10.75	7	20
航空航天与国防Ⅲ	43	8 603	200	12	14	17	20.11	10	26
航空货运与物流Ⅲ	16	1 981	124	5	4	7	26.05	4	36
机械	117	7 157	61	13	48	56	18.33	10	21
建筑产品Ⅲ	35	990	28	2	15	18	20.89	7	17
建筑与工程Ⅲ	29	580	20	1	9	19	15.43	4	11

（续）

三级产业	上市公司数（家）	总市值	平均市值	高市值公司数（家）	中市值公司数（家）	低市值公司数（家）	市盈率（倍）	销售利润率（%）	净资产收益率（%）
交通基础设施	8	211	26	0	4	4	23.40	23	5
贸易公司与工业品经销商Ⅲ	38	1 158	30	3	14	21	15.46	8	19
商业服务与用品	81	2 974	37	8	23	50	19.53	10	20
专业服务	49	1 317	27	3	15	31	28.81	7	16
综合类Ⅲ	5	2 529	506	3	1	1	27.14	14	19
电力Ⅲ	44	6 986	159	20	15	9	18.74	13	9
独立电力生产商与能源贸易商Ⅲ	18	646	36	2	8	8	14.61	9	9
复合型公用事业Ⅲ	18	3 657	203	12	5	1	22.98	12	9
燃气Ⅲ	15	533	36	1	9	5	23.78	8	9
水务Ⅲ	15	566	38	3	4	8	26.59	17	7
保险Ⅲ	116	17 328	149	33	34	49	12.72	9	8
抵押房地产投资信托	39	809	21	1	15	23	11.73	76	7
多元金融服务	44	6 109	139	12	9	23	20.13	14	8
互助储蓄银行与抵押信贷Ⅲ	87	892	10	0	19	68	14.73	31	10
商业银行	346	31 326	91	40	85	221	11.11	23	11
消费信贷Ⅲ	41	2 578	63	5	8	28	9.43	23	17
资本市场	240	9 312	41	24	30	186	11.24	22	11
纺织品、服装与奢侈品	46	3 319	72	3	19	24	26.84	9	23
互联网与售货目录零售	51	19 139	375	9	9	33	40.67	9	21
家庭耐用消费品	66	2 920	44	7	22	37	13.34	8	15
酒店、餐馆与休闲Ⅲ	116	8 619	75	21	39	56	20.74	11	15
媒体Ⅲ	90	10 580	118	20	20	50	15.27	14	18
汽车	17	5 087	299	7	5	5	3.61	3	12
汽车零配件	39	1 287	33	3	16	20	14.27	5	17
消费品经销商Ⅲ	10	386	39	2	2	6	25.14	3	16
休闲设备与用品	22	479	22	1	7	14	21.96	7	18
专营零售	94	7 710	82	14	22	58	20.44	6	30
综合消费者服务Ⅲ	47	1 177	25	2	15	30	29.77	12	15
能源设备与服务	72	1 820	25	4	11	57	25.21	5	5
石油、天然气与供消费用燃料	253	28 351	112	45	57	151	14.85	5	9
个人用品Ⅲ	24	2 378	99	2	7	15	16.58	11	32
家庭用品Ⅲ	11	7 633	694	5	4	2	39.14	10	21
食品	64	5 639	88	15	21	28	16.65	9	14
食品与主要用品零售Ⅲ	31	7 189	232	6	7	18	21.10	3	16
烟草Ⅲ	9	3 287	365	3	1	5	14.66	24	16

（续）

三级产业	上市公司数（家）	总市值	平均市值	高市值公司数（家）	中市值公司数（家）	低市值公司数（家）	市盈率（倍）	销售利润率（%）	净资产收益率（%）
饮料	28	9 767	349	13	6	9	25.90	13	32
办公电子设备Ⅲ	1	137	137	1	0	0	25.36	12	29
半导体产品与半导体设备	102	16 678	164	21	33	48	24.85	21	22
计算机与外围设备	24	14 523	605	7	3	14	20.21	15	53
电子设备、仪器和元件	102	3 573	35	8	36	58	24.20	5	14
互联网软件与服务Ⅲ	184	23 419	127	27	63	94	27.43	22	18
软件	136	27 214	200	31	46	59	28.16	27	28
通信设备Ⅲ	70	5 666	81	11	9	50	24.36	12	32
信息技术服务	88	17 847	205	23	28	38	29.75	16	19
生命科学工具和服务Ⅲ	42	3 719	89	9	9	24	34.95	13	14
生物科技Ⅲ	351	8 256	24	14	65	272	16.89	32	29
医疗保健技术Ⅲ	23	597	26	2	4	17	43.37	12	13
医疗保健设备与用品	179	14 842	84	24	30	125	32.30	16	15
医疗保健提供商与服务	78	8 411	108	14	27	37	17.08	4	16
制药	279	19 785	72	18	37	224	21.12	20	29

1.2.4 四级产业扫描

在中美产业森林全息图中，可以清晰地看到中美两国上市公司在一级到四级产业，尤其是在四级产业中的数量分布状态。这种分布在美国主要是由市场之手配置造成的，而不是规划形成的；在中国恐怕也不是规划出来的，尽管中国的企业上市实行审批制度。

至2019年末，中国四级产业的上市公司平均数量为23家，美国为31家。美国有7个四级产业的上市公司超过100家（见表1-12）。

表1-12 上市公司数量超过100家的美国四级产业

四级产业	上市公司数（美国，家）	占全部上市公司比（%）	上市公司数（中国，家）	占全部上市公司比（%）
生物科技	351	7.19	55	1.46
区域性银行	279	5.71	21	0.56
西药	279	5.71	109	2.9
互联网软件与服务	184	3.77	43	1.14
医疗保健设备	144	2.95	25	0.66
投资银行业与经纪业	133	2.72	46	1.22
石油天然气勘探与生产	105	2.15	4	0.11
合计	1 475	30.20	303	8.05

中国有8个四级产业的上市公司超过100家（见表1-13）。

表 1-13 上市公司数量超过 100 家的中国四级产业

四级产业	上市公司数（中国，家）	占全部上市公司比（%）	上市公司数（美国，家）	占全部上市公司比（%）
工业机械	268	7.13	86	1.76
电气部件与设备	177	4.71	40	0.82
基础化工	146	3.88	23	0.47
电子元件	134	3.56	42	0.86
机动车零配件与设备	131	3.48	37	0.76
房地产开发	115	3.06	10	0.20
西药	109	2.90	279	5.71
建筑与工程	104	2.77	29	0.59
合计	1 184	31.49	546	11.18

上市公司超过 100 家的四级产业，除了西药产业外，其他产业中美均不相同。可以看出，美国的剩余 6 个产业主要集中在能源业和新兴产业，而中国的剩余 7 个产业主要集中在传统制造业。

与中国的国家战略新兴产业发展规划对比，可以发现，珍贵的上市公司资源没有发挥出支持国家战略新兴产业发展的作用，因此催生了科创板。在思考上市公司和高市值企业于产业分布中的数量的过程中，我们对于上市公司总体基数进行了思考。主要是上市公司总量的范围，以及影响上市公司总量的因素。从直接因素看，上市公司数量与该股票市场的融资量和股票发行及监管政策相关；从间接因素看，与货币价值与流动性，以及国家和地区的 GDP 相关。

以 GDP 为例，美国是每 42.7 亿美元 GDP 对应一个上市公司，中国是每 36.2 亿美元对应一个上市公司。如果以美国为参照，今天中国的上市公司合理数量应为 3187 家。考虑到美国企业全球化程度高、资本流入量大的情况，以及美元的国际货币地位，中国股市的上市公司总量应该更少。在总量少的基础上，才有高市值企业的数量和产业结构布局的预测与促进。

中国股票市场的问题之一是退市机制不足和退市企业太少，这又与散户股民比例太高以及地方政府保护有关；问题之二是股票市场上的并购案例太少，难以形成高市值企业或千亿、万亿美元市值的企业，这又与第一个问题相关——已经上市的企业危机感不足。因此，中国股票市场在未来的发展中建立退市机制十分重要。以美国股市为参照，近年来，纽交所（美国主板）上市公司数大体维持在 2000 家左右，纳斯达克（美国创业板）上市公司数大体维持在 3000 家左右。从上市公司数量来看，这也许是一个成熟市场的适度规模。根据新闻媒体报道，纽交所每年有 100～300 家新公司首次公开募股（IPO），但同时也有 100～300 家公司退市。同样，纳斯达克每年有 300～500 家新公司 IPO，但同时也有 300～500 家公司退市。

表 1-14 所示为中美四级产业的绩效对比。

第1章 中美上市公司产业结构及数据分析

表1-14 中美四级产业绩效对比

四级产业	上市公司数（家）		总市值（亿美元）		高市值公司数（家）		中市值公司数（家）		低市值公司数（家）		V4		S4		P4		PE（倍）		ROS（%）		ROE（%）	
	中	美	中	美	中	美	中	美	中	美	中	美	中	美	中	美	中	美	中	美	中	美
多元化工	1	8	21	1123	0	4	1	3	0	1	1	0.9	1	0.8	1	1	9	31.4	3.00	5.80	3.50	4.90
工业气体	2	2	13	2830	0	2	0	0	2	0	1	1	1	1	1	1	55.1	38.5	12.10	11.60	7.50	13.00
化肥与农用化工	47	14	485	709	0	2	8	5	39	7	0.3	0.8	0.4	0.8	{0.85}	{0.96}	19.2	11.8	5.20	15.70	8.30	19.60
化纤	23	0	604		2		7	0	14	0	0.6		0.7		{0.72}		14.7		6.50		15.50	
基础化工	146	23	1538	599	2	1	23	7	121	15	0.3	0.8	0.3	0.8	{0.39}	0.9	20.2	10.5	7.30	8.10	9.80	25.20
特种化工	92	37	842	1632	0	3	15	18	77	16	0.2	0.6	0.2	0.5	{0.4}	0.5	26.6	25.4	12.00	8.90	9.10	16.50
建材	43	19	1119	1664	1	4	16	4	26	11	0.5	0.8	0.6	0.9	{0.69}	{0.91}	10.2	22.4	14.50	6.20	16.60	10.20
白银	1	10	4	260	1	1	0	4	1	5	1	0.8	1	0.7	−1	{1.00}		69.1		6.40		11.40
钢铁	41	30	997	1742	4	4	21	12	19	14	0.4	0.7	0.4	0.6	{0.45}	0.6	10.6	9.5	3.90	6.30	7.80	12.40
贵金属与矿石	10	11	10	42	0	0	0	1	1	10	1	0.9	1	1	−1	−0.9	25.4		1.20		7.20	
黄金	10	35	439	1790	2	4	3	14	5	17	0.9	0.6	0.9	0.6	{0.92}	{0.96}	35.6	28.9	3.00	15.70	6.60	8.60
金属非金属	89	32	1578	2791	1	4	35	4	53	24	0.2	0.9	0.5	0.9	{0.25}	1	34.8	7	2.90	21.20	6.50	3.10
铝	24	6	307	296	0	1	5	1	19	4	0.6	0.9	0.7	0.9	{0.65}	[1]	22.4	28.8	2.70	1.70	5.20	8.70
铜	0	2		339	0	1	0	0	0	1		1		1		[1]		22.2		20.80		21.60
金属与玻璃容器	15	10	118	575	0	1	3	3	12	2	0.6	0.8	0.6	0.7	{0.71}	{0.81}	27.4	23.2	6.30	4.80	8.70	18.80
纸包装	9	8	90	572	0	3	1	3	8	2	0.7	0.7	0.7	0.7	{0.94}	0.7	23.4	21.3	7.60	5.30	11.60	12.30
林木产品	10	6	68	99	0	0	0	2	10	4	0.5	0.9	0.7	0.9	{0.89}	{1}	22.2	22.3	9.60	4.20	9.20	4.60
纸制品	21	11	187	366	0	2	3	1	18	8	0.5	0.9	0.7	0.9	{0.72}	0.9	15.3	9.1	6.10	7.60	7.70	21.10
非传统电信运营商	4	8	95	202	0	0	1	5	3	3	1	0.9	1	0.9	−1	{0.88}	59	54.2	22.60	6.70	4.90	
综合电信服务	1	29	265	8706	1	13	0	4	0	12	1	0.7	1	0.7	1	0.7	16.2	13.3	3.90	10.50	3.50	15.00
无线电信业务	0	24		4822	0	8	0	8	0	8		0.7		0.7		{0.89}		12.1		10.80		9.90
多样化房地产活动	0	9		614	0	0	0	2	0	7		1		1		1		127.8		0.70		8.40
房地产服务	4	12	28	461	0	0	0	6	4	6	1	0.8	1	0.9	1	{0.96}	30.9	18.7	4.40	3.90	5.00	13.50
房地产经营公司	11	22	158	375	0	1	4	5	7	16	0.7	0.8	0.7	0.8	{0.4}	0.8	19.3	20.6	17.20	11.50	8.60	4.70
房地产开发	115	10	3036	83	6	0	35	1	74	9	0.4	0.9	0.5	1	{0.47}	1	7	24.9	12.10	5.70	15.00	4.80
办公房地产投资信托	0	24		1394	0	3	0	17	0	4		0.5		0.5		0.5		32.8		23.80		4.70
多样化房地产投资信托	0	31		1159	0	3	0	18	0	10		0.5		0.4		{0.59}		32.1		26.40		5.70
工业房地产投资信托	0	9		887	0	0	0	7	0	1		0.8		0.9		0.9		40.1		32.50		6.80

（续）

四级产业	上市公司数(家) 中	上市公司数(家) 美	总市值(亿美元) 中	总市值(亿美元) 美	高市值公司数(家) 中	高市值公司数(家) 美	中市值公司数(家) 中	中市值公司数(家) 美	低市值公司数(家) 中	低市值公司数(家) 美	V4 中	V4 美	S4 中	S4 美	P4 中	P4 美	PE(倍) 中	PE(倍) 美	ROS(%) 中	ROS(%) 美	ROE(%) 中	ROE(%) 美
酒店及娱乐地产投资信托	0	14		410	0	1	0	8	0	5		0.6		0.4		0.8		9.2		42.20		14.40
零售业房地产投资信托	0	30		1667	0	4	0	15	0	11		0.6		0.5		0.6		25.5		32.00		10.40
特种房地产投资信托	0	33		4132	0	10	0	15	0	8		0.6		0.4		0.5		41.4		19.00		10.20
医疗保健地产投资信托	0	8		290	0	1	0	6	0	1		0.8		0.8		0.9		37.8		29.90		4.60
住宅房地产投资信托	0	19		1732	0	8	0	5	0	6		0.5		0.5		0.6		36.6		28.60		7.10
安全和报警服务	0	6		426	0	1	0	2	0	3	1	1	1	1	1	1		6.2		20.70		28.70
办公服务与用品	3	16	84	277	1	1	0	4	2	11	1	0.7	1	0.6	1	0.6	41.7	17.3	7.60	4.50	14.90	16.60
环境与设施服务	44	34	425	1428	1	4	9	8	35	22	0.3	0.8	0.4	0.9	{0.38}	0.9	22.8	32.4	9.00	7.50	6.70	15.50
商业印刷	12	6	98	35	0	0	1	1	11	5	0.6	0.9	0.7	1	{0.75}	[0.95]	25.8	29.4	16.70	4.10	10.70	21.30
综合支持服务	4	19	23	808	0	2	0	8	4	9	1	0.8	1	0.6	1	0.8	15.6	28.4	30.00	10.50	8.50	20.30
人力资源与就业服务	1	24	8	446	0	0	0	8	1	16	1	0.6	1	0.7	1	0.6	32	19	5.00	4.30	17.70	19.30
调查和咨询服务	32	25	209	872	0	3	2	7	30	15	0.4	0.7	0.4	0.6	{0.37}	[0.79]	23.2	35	12.30	13.30	12.20	13.40
公路运输	10	25	53	694	0	2	0	11	10	12	0.6	0.6	0.7	0.5	{0.87}	0.6	19.2	20.5	6.90	5.60	6.80	12.20
铁路运输	5	7	230	4154	1	6	1	3	3	0	1	0.9	1	0.8	1	0.9	9.7	19.6	13.90	26.10	9.60	24.60
海运	11	29	303	198	0	0	6	4	5	25	0.7	0.7	0.9	0.6	{0.89}	{0.82}	13.3	14	7.70	12.10	8.90	8.60
航空	8	20	591	1987	3	8	3	9	2	3	0.8	0.5	0.9	0.6	0.9	0.7	23.9	10.8	3.50	6.60	5.30	20.30
航空货运与物流	32	16	690	1981	2	5	6	4	24	7	0.6	0.9	0.9	0.7	{0.60}	0.8	22	26.1	2.70	3.80	11.40	36.20
公路与铁路	20	0	387		0	0	6	0	14	0	0.6		0.5		0.5		10		32.80		10.60	
海港与服务	22	2	631	1	1	0	11	0	10	2	0.6	1	0.5	1	0.7	-1	12.4	23.4	19.80	5.30	8.20	2.70
机场服务	4	6	311	210	1	0	2	4	1	2	1	1	1	1	1	1	28.8	23.4	30.60	23.00	11.10	4.90
电气部件与设备	177	40	2217	2285	2	5	23	13	152	22	0.3	0.7	0.2	0.6	{0.35}	0.7	28.7	20.6	7.10	11.20	8.20	18.80
重型电气设备	24	10	377	627	0	1	6	2	18	7	0.8	1	0.8	1	{0.77}	1	19.4	19.4	5.30	10.10	6.10	14.60
航天航空与国防	51	43	1061	8603	1	12	20	14	30	17	0.4	0.6	0.5	0.6	{0.30}	0.6	55.1	20.1	4.90	9.70	4.10	25.90
工业机械	268	86	1977	4466	0	7	27	38	241	41	0.1	0.4	0.2	0.4	{0.17}	0.4	27.8	23.3	7.90	9.40	8.10	18.30
建筑机械与重型卡车	45	28	1188	2529	3	5	8	10	34	13	0.6	0.8	0.6	0.7	{0.74}	0.8	14.6	14.3	6.80	8.00	11.30	24.20
农用农业机械	3	3	15	162	0	1	0	0	3	2	1	1	1	1	{0.41}	1	82.3	14.5	2.20	7.60	1.50	26.20
建筑产品	37	35	252	990	0	2	2	15	35	18	0.3	0.4	0.3	0.4	1	0.5	25.8	20.9	8.50	6.70	9.30	16.70

行业																							
建筑与工程	104	29	1 968	580	4	1	14	9	86	19	0.5	0.5	0.7	0.6	0.6	{0.68}	[0.73]	7	15.4	3.50	4.30	10.00	10.80
贸易公司与工业品经销商	36	38	308	1 158	0	3	6	14	30	21	0.4	0.5	0.7	0.3	0.3	{0.70}	0.5	9.1	15.5	1.60	7.90	9.20	19.10
综合类行业	31	5	359	2 529	0	3	7	1	24	1	0.4	0.9	0.4	0.9	0.9	{0.59}	{0.95}	15.7	27.1	13.50	13.60	9.30	19.10
电力	45	44	1 560	6 986	2	20	16	15	27	9	0.6	0.4	0.5	0.4	0.4	{0.54}	0.5	14.9	18.7	7.70	13.00	6.70	9.30
独立电力生产商与能源贸易商	1	7	235	403	1	2	0	3	0	2	1	0.9	1	1	1	1	1	12.3	12.9	24.30	8.70	10.50	9.70
新能源发电业者	18	11	423	243	2	0	4	5	12	6	0.7	0.8	0.7	0.8	0.8	{0.82}	{0.99}	13.2	52.2	18.90	6.60	9.20	6.80
复合型公用事业	9	18	124	3 657	0	12	2	5	7	1	0.8	0.5	0.9	0.4	0.4	{0.97}	{0.49}	11.1	23	10.80	11.80	8.60	8.70
燃气	19	15	200	3 657	0	1	5	9	14	5	0.5	0.6	0.5	0.6	0.6	{0.58}	0.6	23.2	23.8	8.70	8.20	8.30	8.90
水务	14	15	172	566	0	3	4	4	10	8	0.6	0.8	0.7	0.9	0.9	0.7	0.9	16	26.6	16.40	16.70	7.30	7.10
保险经纪商	0	13		1 874	0	6	0	4	0	3	0.7	0.8	0.7	0.7	0.7		0.8		20.3		11.80		13.30
财产与意外伤害保险	1	53	14	8 970	0	11	0	13	1	29	1	0.5	1	0.6	0.6	1	0.5	10	11.5	10.60	11.70	19.30	7.70
多元化保险	3	15	3 115	1 175	3	3	0	8	0	4	1	0.8	0.8	0.8	0.8	−1	0.8		13.6	6.70	6.70		4.30
人寿与健康保险	3	23	1 506	4 810	2	10	1	7	0	6	1	0.6	1	0.6	0.6	1	0.6	15.3	11.8	7.90	7.40	14.60	9.20
再保险	0	12		498	0	3	0	2	0	7	1	0.8	1	0.9	0.9		{0.9}		11.1	11.00	11.00		6.10
抵押房地产投资信托IV	0	39		809	0	1	0	15	0	23	0.4	0.5	0.4	0.4	0.4	{0.43}			11.7	75.90			7.40
多领域控股	1	6	3	147	0	0	0	3	1	3	0.9	1	1	1	1	1	1		19.8		11.1		6.90
其他多元金融服务	4	19	64	2 986	5	5	2	3	2	11	1	0.9	1	0.9	0.9	1	0.9	9.9	12	8.70	17.30	5.30	6.30
特殊金融服务	2	19	31	2 976	7	7	1	3	1	9	1	0.8	1	0.6	0.6	{0.73}	0.7	11.9	27.7	51.60	30.10	13.20	16.00
消费信贷	0	41		2 578	0	5	0	8	0	28	0.8	0.8	0.8	0.7	0.7	0.7	0.7		9.4	23.10			17.00
多元资本市场	5	6	315	953	1	3	3	0	0	3	1	1	1	1	1	{1.00}	{1}	8.7	10	31.10	17.90	8.70	6.70
投资银行业与经纪业	46	133	4 045	3 787	12	8	34	10	0	115	0.7	0.7	0.7	0.7	0.7	0.4	0.8	26.4	11.1	26.50	18.20	6.50	11.50
资产管理与托管银行	7	100	156	4 468	0	12	5	20	2	68	0.8	0.4	1	0.4	0.4	{0.98}	0.5	14.3	11.4	20.40	28.00	9.30	11.90
金融交易所和数据	0	1		104	0	0	0	0	0	0	1	1	1	1	1	1	1				16.80		
互助储蓄与抵押信贷金融服务	0	87		892	0	0	0	19	0	68	1	1	1	0.3	0.3	0.4	0.4		14.7	30.60			9.80
多元化银行	15	67	14 144	25 205	15	30	15	10	0	27	0.6	0.6	0.6	0.6	0.6	0.6	0.5	6.6	10.8	33.50	21.60	11.10	10.80
区域性银行	21	279	1 481	6 122	5	10	5	75	1	194	0.5	0.5	0.5	0.5	0.5	0.5	0.3	7.5	12.6	35.20	30.90	11.40	9.90
百货商店	41	6	371	247	0	7	0	5	34	1	0.4	0.4	0.4	0.8	0.8	{0.46}	1	14.1	9.6	5.70	3.20	9.80	16.90
综合货品商店	0	8		1 511	4	0	0	2	0	2	1	0.9	1	0.9	0.9	−1	{0.98}		22.8	4.60			27.80
互联网零售	2	47	56	19 102	9	2	2	8	0	30	1	1	1	0.8	0.8	−1	0.9	22.2	40.7	8.90	30.90	24.80	21.30

（续）

四级产业	上市公司数（家）		总市值（亿美元）		高市值公司数（家）		中市值公司数（家）		低市值公司数（家）		V4		S4		P4		PE（倍）		ROS（%）		ROE（%）	
	中	美	中	美	中	美	中	美	中	美	中	美	中	美	中	美	中	美	中	美	中	美
售货目录零售	1	4	6	37	0	0	0	1	1	3	1	1	1	1	1	-1	171.3	4.8	2.00	27.10	2.30	13.90
消费品经销商	10	10	73	386	0	2	1	2	9	6	0.8	1	0.9	0.9	[0.80]	0.9	19.1	25.1	3.10	2.70	5.50	15.90
计算机与电子产品零售	4	4	154	250	1	1	0	1	3	2	1	1	1	1	{0.71}	{0.61}	11	14.2	3.30	3.60	10.40	41.80
服装零售	0	32		1 494		2		6		24		0.9		0.6		0.8		19.4		6.10		32.00
家庭装潢零售	0	4		3 828		3		0		1		1		1		1		23.5		7.70		119.60
家庭装饰零售	1	11	53	185	0	0	1	4	0	7	1	1	1	0.8	1	{0.92}	8.6	18.6	28.50	5.20	9.80	14.90
汽车零售	9	19	108	1 323	0	5	2	8	7	6	0.8	0.7	0.9	0.5	{0.93}	0.7	15.4	17.7	1.80	4.10	5.70	24.10
专卖店	3	24	12	630	0	3	0	3	3	18	1	0.8	1	0.5	{0.41}	0.7	28.7	18.9	7.50	5.30	13.70	20.10
出版	27	18	333	1 229	0	2	8	6	19	10	0.3	0.8	0.4	0.7	{0.43}	0.9	16.2	12.3	11.40	20.60	9.10	34.20
电影与娱乐	30	25	441	3 592	0	5	8	4	22	16	0.5	0.9	0.6	0.8	[0.47]	1	37.8	24	13.40	12.00	8.00	13.40
广播	0	12		4 269		7		2		3		0.9		0.9		0.9		12.9		15.80		18.70
广告	25	14	312	594	1	2	3	3	21	9	0.6	0.9	0.6	0.9	[0.72]	0.9	42	13.9	4.10	8.40	7.90	34.10
有线和卫星电视	13	21	182	895	0	4	6	5	7	12	0.5	0.7	0.6	0.7	{0.73}	0.8	26	12.1	11.30	13.50	4.00	18.30
纺织品	33	3	189	7	0	0	1	0	32	3	0.3	1	0.6	1	{0.44}	1	15.3	30.5	4.50	2.10	8.80	3.50
服装、服饰与奢侈品	56	36	491	1 529	0	2	7	14	49	20	0.3	0.6	0.4	0.4	{0.58}	0.5	15.4	22.8	8.00	7.80	10.20	18.30
鞋类	9	7	55	1 783	0	1	1	5	8	1	0.7	1	0.6	0.9	0.7	1	44.5	31.5	5.50	10.60	4.40	37.70
家庭装饰品	22	12	269	288	0	0	4	5	18	7	0.6	0.9	0.5	0.8	{0.56}	0.9	21.4	18.3	10.60	6.50	16.10	12.30
家用电器	51	7	1 842	410	3	1	9	2	39	4	0.8	1	0.8	1	{0.84}	1	16.2	10.4	8.90	6.30	19.90	27.20
家用器具与特殊消费品	9	9	37	107	0	0	0	1	9	8	0.6	1	0.7	0.9	0.8	{0.99}	27.6	33.4	7.30	1.80	7.80	3.90
消费电子产品	20	14	192	1 140	0	2	6	2	14	10	0.4	1	0.9	1	{0.75}	1	27.3	13.9	1.90	8.80	5.60	15.70
住宅建筑	0	24		975		4		12		8		0.6		0.6		0.7		11.7		8.30		14.70
摄影用品	0	1		2		0		0		0		1		1		1		1.2		14.30		45.30
休闲用品	19	21	135	478	0	1	2	7	17	13	0.5	0.6	0.5	0.6	{0.68}	{0.75}	41.5	24.2	8.20	6.50	7.80	16.90
摩托车制造	4	2	29	61	0	0	0	1	4	1	0.7	1	1	1	1	1	20.7	13.5	5.20	7.90	9.30	22.40
汽车制造	24	15	1 142	5 026	4	7	6	4	14	4	0.2	0.5	0.8	0.9	{0.93}	1	14.5	3.6	3.70	2.60	7.60	11.90
机动车零配件与设备	131	37	1 123	1 237	1	3	13	14	117	20	0.2	0.5	0.4	0.5	{0.43}	0.6	20.5	14.2	6.40	5.40	8.90	19.80
轮胎与橡胶	11	2	130	50	0	0	4	2	7	0	0.7	1	0.7	1	{0.84}	-1	16.8	20	7.00	2.60	10.00	3.90
餐馆	3	53	11	4 451	0	9	0	15	3	29	1	0.7	1	0.5	-1	0.7	81	25.6	2.50	10.60	3.00	19.90

行业																	18				
赌场与赌博	0	22		1488	0	5	0	0	0	9	0.7	0.6	0.6		0.9				11.80		14.80
酒店、度假村与豪华游轮	26	26	528	2337	1	7	3	10	22	9	0.6	1	0.7		0.7	14.6	16.1	13.40	11.90	14.20	13.50
休闲设施	4	15	78	343	0	0	1	6	3	9	0.8	1	0.5	{0.88}	0.7	34.9	25.3	40.30	13.70	12.10	12.70
教育服务	12	35	235	919	1	2	1	10	23	23	1	1	1	1	1	64.7	36.5	12.20	12.50	15.20	14.70
特殊消费者服务	2	12	4	258	0	0	0	5	2	7	0.8	0.8	0.7	{0.97}	0.5	556.1	16.9	12.30	10.20	12.90	17.50
石油天然气设备与服务	19	57	279	1642	1	4	5	8	14	45	0.7	1	0.7	1	0.7	38.3	25.2	2.50	4.60	5.10	5.10
石油天然气钻井	3	15	122	178	1	0	0	3	2	12	0.8	0.7	0.9	{0.88}	1	38.4		7.40		6.40	
煤炭与消费用燃料	34	18	1236	98	2	0	13	1	19	17	0.6	1	0.6	1	0.7	7.5	3.8	11.00	15.90	11.20	29.50
石油天然气勘探与生产	4	105	77	4339	0	10	2	22	2	73	0.5	0.6	0.7	{0.76}	0.5	16.8	10.1	12.70	20.00	7.90	13.10
石油与天然气的储存和运输	3	72	22	5643	0	15	0	19	3	38	0.4	1	0.5	1	0.4	17.2	14.1	4.90	11.20	8.20	12.50
石油与天然气的炼制和销售	11	28	122	1703	0	3	2	9	9	16	0.8	1	0.4	-1	0.8	17.3	12.3	17.20	2.80	7.60	10.80
综合性石油天然气	3	30	2344	16569	2	17	0	6	1	7	1	1	0.6	1	0.6	12.1	17.7	2.50	3.80	5.20	7.60
个人用品	7	24	109	2378	0	2	3	7	4	15	0.9	0.9	0.8	0.9	0.9	43.2	16.6	9.60	11.10	10.20	32.20
家庭用品	5	11	43	7633	0	5	1	4	4	2	0.9	0.9	0.9	1	0.9	33.2	39.1	3.30	9.50	8.10	20.50
农产品	35	16	649	696	1	2	10	4	24	10	1	1	0.9	{1.00}	0.9	21.3	19.9	6.10	2.50	12.70	6.90
食品加工与肉类	97	48	2372	4943	5	13	21	17	71	18	1	0.8	0.9	{0.64}	0.9	23.9	16.4	11.40	10.30	19.80	16.00
烟草	0	9		3287	0	3	0	1	0	5	0.5	0.9	0.5	{0.51}	0.5		14.7		24.20		15.70
白酒与葡萄酒	29	6	3912	1668	5	3	11	13	6	6	0.9	0.6	1	1	1	30.6	30.1	34.40	19.50	23.90	12.30
啤酒	7	6	188	2266	0	3	4	3	5	3	1	0.7	1	{0.84}	1	38	20.4	7.20	13.80	7.40	70.50
软饮料	5	16	85	5834	0	7	2	4	4	5	1	1	1	{0.99}	0.9	14	27.7	25.60	12.30	20.70	29.40
大卖场与超市	12	4	212	4735	1	2	4	2	2	8	0.9	1	0.8	{0.89}	1	37.5	24.6	1.70	2.80	6.10	20.80
食品分销商	4	9	48	537	0	3	2	8	3	0	1	1	1	{0.87}	1	26.6	25.1	6.30	2.20	4.20	37.20
食品零售	2	11	43	413	0	1	2	1	1	6	1	1	0.8	1	0.9	119.6	18	1.80	1.40	6.80	15.40
药品零售	6	7	167	1503	0	2	4	4	5	5	0.9	1	1	1	1	26.4	14.4	3.00	2.60	11.40	10.70
半导体产品	67	64	1798	13588	5	16	25	37	23	25	0.3	0.6	0.3	0.8	0.8	46.9	24	8.80	21.90	9.90	21.60
半导体设备	8	38	200	3091	0	5	4	10	4	23	0.9	0.8	0.9	{0.43}	0.8	80.5	29.1	13.00	17.30	8.70	25.10
办公电子设备	0	1		137	0	1	0	0	0	0	1	1	1	{0.94}	1	14	25.4	12.10			28.90
计算机存储与外围设备	6	17	55	994	0	4	1	2	5	11	0.9	1	0.9	1	0.9	34.3	9.7	5.70	7.10	6.70	21.70
计算机硬件	16	7	429	13529	0	3	8	1	8	3	0.6	0.8	0.8	{0.97}	1	33.7	21.6	5.10	17.20	7.20	57.10

(续)

四级产业	上市公司数(家)		总市值(亿美元)		高市值公司数(家)		中市值公司数(家)		低市值公司数(家)		V4		S4		P4		PE(倍)		ROS(%)		ROE(%)	
	中	美	中	美	中	美	中	美	中	美	中	美	中	美	中	美	中	美	中	美	中	美
电子设备和仪器	82	19	1372	1264	1	3	14	10	67	6	0.5	0.7	0.6	0.8	[0.61]	0.8	29.3	23.1	14.00	7.40	15.60	9.70
电子元件	134	42	2819	902	4	2	37	9	93	31	0.3	0.7	0.4	0.6	{0.31}	0.8	37.1	35	6.90	10.10	8.60	22.80
电子制造服务	6	25	621	761	1	2	2	9	3	14	1	0.7	1	0.7	1	0.7	20.9	20.9	4.50	4.90	19.40	18.20
技术产品经销商	10	16	115	646	0	1	2	8	8	7	0.6	0.6	0.9	0.7	0.8	0.8	24.5	20.2	0.60	1.80	6.80	12.90
通信设备	89	70	1468	5666	2	11	20	9	67	50	0.3	0.7	0.5	0.7	[0.82]	0.9	35.5	24.4	6.40	11.90	10.40	31.70
互联网软件与服务	43	184	852	23419	1	27	17	63	25	94	0.5	0.7	0.7	0.7	[0.75]	{0.88}	41.1	27.4	6.10	22.10	10.50	17.70
家庭网络娱乐软件	25	10	526	998	0	3	8	2	17	5	0.6	1	0.6	0.9	[0.68]	1	28.2	20.3	21.10	28.20	12.80	20.40
系统软件	1	27	26	15845	0	8	1	9	0	10	1	0.9	1	0.9	1	1	76.6	22.9	13.00	34.40	12.40	43.70
应用软件	80	99	1567	10371	3	20	27	35	50	44	0.3	0.5	0.3	0.5	{0.29}	{0.6}	64.2	53.7	12.90	13.80	9.10	11.50
数据处理与外包服务	8	48	115	13136	0	14	3	19	5	15	0.8	0.7	0.9	0.4	[0.88]	0.7	50.2	36.8	10.80	21.90	10.30	15.50
信息科技咨询与其他服务	73	41	730	4711	0	9	16	9	57	23	0.2	0.7	0.2	0.7	[0.80]	0.8	39.7	19.2	7.80	11.20	7.20	28.30
医疗保健技术	0	23		597	0	2	0	4	0	17		0.8		0.7		{0.91}		43.4		11.50		13.30
医疗保健设备	25	144	581	9785	1	18	3	21	21	105	0.7	0.5	0.6	0.5	[0.70]	0.6	40	35.1	17.30	15.20	15.30	12.20
医疗保健用品	17	35	258	5057	0	6	6	6	11	20	0.7	0.9	0.6	0.9	0.7	1	36.9	27.9	17.40	16.90	12.90	21.10
保健护理产品经销商	21	8	325	695	0	3	7	2	14	3	0.6	1	0.5	1	[0.63]	[0.99]	12.3	22.9	3.10	0.70	11.40	10.90
保健护理服务	5	35	153	1412	0	3	3	16	2	16	0.9	0.5	0.9	0.7	[0.60]	[0.82]	28.6	15.1	7.20	10.20	11.70	12.00
保健护理设施	7	24	259	900	1	2	1	6	5	16	1	0.8	0.9	0.8	[0.29]	{0.93}	80.2	13.6	16.30	6.40	22.00	15.30
管理型保健护理	0	11		5404	0	6	0	3	0	2		0.9		0.9		0.9		18		4.40		16.70
生命科学工具和服务	8	42	381	3719	1	9	2	9	5	24	0.9	0.6	0.9	0.6	0.9	0.7	67.5	35	17.00	13.00	10.60	13.90
生物科技	55	351	1233	8256	2	14	17	65	36	272	0.3	0.4	0.3	0.6	{0.40}	{0.71}	47.4	16.9	21.50	32.10	12.10	29.10
西药	109	279	2119	19785	1	18	33	37	75	224	0.4	0.4	0.2	0.4	{0.30}	{0.59}	33.2	21.1	11.00	20.00	10.20	28.80
中药	69	0	1140		1	0	19	0	49	0	0.4		0.4		{0.38}		22.9		10.60		10.30	

注：若产业净利润总额为正，P4为前4家企业净利润之和占产业净利润总额的比重；若产业内均为盈利企业，产业内占产业净利润之和的比重，加｜｜符号；若产业净利润总额为负，但产业内存在亏损企业，前4家企业净利润之和占产业内盈利企业净利润之和的比重，加 [ ] 符号；若产业净利润总额为负，前4家亏损最多的4家企业的亏损额占产业亏损总额的比重，用负数表示。

1.2.5 中国上市公司在全球股市及产业中的分布状况

根据初步统计,截至 2019 年 12 月 31 日,中国在全球各地上市公司数量为:中国内地(A 股)3760 家、中国香港(港股中资股)1145 家、美国(美股中概股)247 家、其他国家及地区(中概股)133 家,总计 5285 家(见表 1-15)。扣除多地或重复上市的公司 148 家,合计为 5137 家,境外上市公司实为 1377 家。

表 1-15 中国公司在全球上市状况简表

交易所名称	公司数量(家)	高市值公司数量(家)	中市值公司数量(家)	低市值公司数量(家)	总市值(亿美元)	平均市值(亿美元)
深圳证券交易所	2 195	40	455	1 700	34 738.79	15.83
上海证券交易所	1 565	90	435	1 040	58 430.83	37.34
香港交易所	1 145	79	220	846	55 510.27	48.48
纳斯达克交易所	163	10	22	131	3 506.82	21.51
新加坡证券交易所	90	1	2	87	288.67	3.19
纽约证券交易所	77	16	18	43	14 663.95	190.44
多伦多证券交易所	18	0	3	15	27.27	1.52
澳大利亚证券交易所	7	0	0	7	4.56	0.65
美国证券交易所	7	0	0	7	11.07	1.58
巴黎证券交易所	6	0	0	6	0.54	0.09
伦敦证券交易所	5	2	2	1	1 133.46	226.69
法兰克福证券交易所	3	1	0	2	179.39	59.80
韩国证券交易所	3	0	0	3	2.84	0.95
东京证券交易所	1	0	0	1	0.03	0.03
总计	5 285	239	1 157	3 889	168 498.49	31.88

我们重点对境外(含香港)上市公司数量多于或等于境内上市公司数量的 67 个产业进行了扫描。

1)境内外上市公司数量均为 0 的 15 个产业(见表 1-16)。

表 1-16 境内外上市公司数量均为 0 的产业

一级产业	四级产业	境内上市公司数(家)	港股中资股数(家)	海外中概股数(家)	境外合计(家)	境内外差值(家)
房地产	办公房地产投资信托	0	0	0	0	0
房地产	多样化房地产投资信托	0	0	0	0	0
房地产	工业房地产投资信托	0	0	0	0	0
房地产	酒店及娱乐地产投资信托	0	0	0	0	0
房地产	特种房地产投资信托	0	0	0	0	0
房地产	医疗保健地产投资信托	0	0	0	0	0
房地产	住宅房地产投资信托	0	0	0	0	0
工业	安全和报警服务	0	0	0	0	0
金融	抵押房地产投资信托Ⅳ	0	0	0	0	0
金融	金融交易所和数据	0	0	0	0	0

（续）

一级产业	四级产业	境内上市公司数（家）	港股中资股数（家）	海外中概股数（家）	境外合计（家）	境内外差值（家）
可选消费	综合货品商店	0	0	0	0	0
可选消费	住宅建筑	0	0	0	0	0
可选消费	摄影用品	0	0	0	0	0
信息技术	办公电子设备	0	0	0	0	0
医疗保健	管理型保健护理	0	0	0	0	0

2）境内没有上市公司境外有的产业14个（见表1-17）。

表1-17 境内没有上市公司境外有的产业

一级产业	四级产业	境内上市公司数（家）	港股中资股数（家）	海外中概股数（家）	境外合计（家）	境内外差值（家）
材料	铜	0	1	0	1	-1
电信服务	无线电信业务	0	1	2	3	-3
房地产	多样化房地产活动	0	21	0	21	-21
房地产	零售业房地产投资信托	0	0	1	1	-1
金融	保险经纪商	0	0	2	2	-2
金融	再保险	0	1	0	1	-1
金融	消费信贷	0	18	12	30	-30
金融	互助储蓄与抵押信贷金融服务	0	1	0	1	-1
可选消费	服装零售	0	2	1	3	-3
可选消费	家庭装潢零售	0	2	0	2	-2
可选消费	广播	0	4	1	5	-5
可选消费	赌场与赌博	0	4	2	6	-6
日常消费	烟草	0	1	0	1	-1
医疗保健	医疗保健技术	0	3	0	3	-3

以上共29个产业的情况，对其中的企业具有一定启示意义。

3）境内外上市公司数量基本相同的10个产业（见表1-18）。

表1-18 境内外上市公司数量基本相同的产业

一级产业	四级产业	境内上市公司数（家）	港股中资股数（家）	海外中概股数（家）	境外合计（家）
电信服务	非传统电信运营商	4	4	0	4
公用事业	水务	14	13	1	14
金融	多元化保险	3	3	0	3
可选消费	售货目录零售	1	0	1	1
可选消费	家庭装饰零售	1	1	0	1
可选消费	休闲设施	4	3	1	4
能源	石油天然气设备与服务	19	15	4	19
日常消费	食品分销商	4	4	0	4
日常消费	食品零售	2	1	1	2
医疗保健	保健护理设施	7	5	2	7

4）境外上市公司数量多于境内（超过 10 家）的 8 个产业（见表 1-19）。

表 1-19　境外上市公司数量多于境内（超过 10 家）的产业

一级产业	四级产业	境内上市公司数（家）	港股中资股数（家）	海外中概股数（家）	境外合计（家）	境内外差值（家）
可选消费	教育服务	12	23	20	43	-31
金融	消费信贷	0	18	12	30	-30
房地产	多样化房地产活动	0	21	0	21	-21
可选消费	互联网零售	2	0	18	18	-16
金融	资产管理与托管银行	7	14	8	22	-15
房地产	房地产服务	4	15	2	17	-13
信息技术	互联网软件与服务	43	15	41	56	-13
房地产	房地产经营公司	11	18	4	22	-11

这 8 个产业可以分成三类：一是境内政策管控较严的产业，例如教育服务、消费信贷、资产管理与托管银行；二是境内投资者尚不理解的产业，例如互联网零售、互联网软件与服务（境内虽然已有一定规模，达到 43 家，但在海外更多，达到 56 家）；三是业务描述不清，或海外上市有优势的产业，如在房地产业内，除了房地产开发以外，多样化房地产活动、房地产服务和房地产经营公司三个产业的境外上市公司都比 A 股上市公司多，其中绝大部分集中在香港。部分在这三个产业下的房地产公司，其主营业务仍然是物业销售；部分划分在多样化房地产活动类别下的公司，其物业销售收入占主营业务收入超过 95%；在香港及海外上市，有利于房地产公司利用多种金融工具筹集资金，这同时也表明了这些房地产公司希望的转型方向。

5）其他境外上市公司数量多于境内的 22 个产业（见表 1-20）。

表 1-20　其他境外上市公司数量多于境内的产业

一级产业	四级产业	境内上市公司数（家）	港股中资股数（家）	海外中概股数（家）	境外合计（家）	境内外差值（家）
材料	多元化工	1	2	0	2	-1
材料	白银	1	1	3	4	-3
材料	贵金属与矿石	1	3	0	3	-2
材料	黄金	10	8	4	12	-2
材料	纸包装	9	11	1	12	-3
电信服务	综合电信服务	1	5	3	8	-7
工业	综合支持服务	4	7	0	7	-3
工业	人力资源与就业服务	1	1	1	2	-1
公用事业	独立电力生产商与能源贸易商	1	8	0	8	-7
金融	财产与意外伤害保险	1	2	0	2	-1
金融	人寿与健康保险	3	3	1	4	-1
金融	多领域控股	1	3	0	3	-2
金融	其他多元金融服务	4	5	5	10	-6

(续)

一级产业	四级产业	境内上市公司数（家）	港股中资股数（家）	海外中概股数（家）	境外合计（家）	境内外差值（家）
金融	特殊金融服务	2	7	1	8	-6
可选消费	专卖店	3	3	1	4	-1
可选消费	餐馆	3	4	2	6	-3
可选消费	特殊消费者服务	2	7	0	7	-5
能源	石油天然气勘探与生产	4	6	4	10	-6
能源	石油与天然气的储存和运输	3	4	2	6	-3
能源	综合性石油天然气	3	4	3	7	-4
信息技术	计算机存储与外围设备	6	5	2	7	-1
信息技术	系统软件	1	2	1	3	-2

境内外上市公司数量差值大于 3 家的有 6 个产业。其中，综合电信服务的差异主要是由企业多地上市造成的；其他多元金融和特殊金融服务的差异是由对业务形态的认识造成的；独立电力生产商与能源贸易商在境外有 8 家上市公司，在境内有 1 家，应该是由对业务形态认识不一或分类模糊造成的；石油天然气勘探与生产以及综合性石油天然气是由海外资源分布和多地上市造成的。其他产业则有待于进一步分析。

通过上述数据，我们可以清晰地看到，一些产业的上市公司结构分析，已经不能忽略在海外上市的中国企业，例如，教育产业已形成内地、香港、海外三分天下的局面。

可以预测，中国企业在海外上市的道路将会越来越宽，中国产业布局的结构在资本市场上也会逐步形成全球化局面。在目前充满变化的国际环境中，中国上市公司区域布局应该避免在某一国家或地区的过度集中，而应该在几个国际股票市场间相对均衡地分布。

1.2.6 中国科创板发展现状

科创板的定位是服务于符合国家战略、突破关键核心技术、市场认可度高的科技创新企业，重点支持新一代信息技术、高端装备、新材料、新能源、节能环保以及生物医药等高新技术产业和战略性新兴产业。在传统产业中致力于推动互联网、大数据、云计算、人工智能（AI）和制造业深度融合，引领中高端消费，推动质量变革、效率变革、动力变革的企业都可以在科创板上市。

截至 2020 年 6 月 24 日，科创板上市了 115 家企业，分布在 29 个四级产业中（见表 1-21），按数量排序依次是应用软件、工业机械、半导体产品、生物科技、西药、电子设备和仪器、特种化工。平均市值与平均 PE 最高的产业均是半导体设备，平均营业收入与平均净利润最高的产业均是电子部件与设备。

表 1-21 中国科创板企业 2019 年年报数据 （金额单位：亿元）

四级产业	企业数量（家）	总市值	平均市值	平均 PE（倍）	营业收入	平均营业收入	净利润	平均净利润
半导体产品	9	3 493.4	388.2	62	369.9	41.1	26.3	2.9
应用软件	14	2 846.9	203.4	119.2	70.4	5	16.3	1.2
生物科技	9	1 874.2	208.2	111.3	57.6	6.4	3.8	0.4
西药	8	1 544.7	193.1	204.1	37.2	5.3	-6.2	-0.8
半导体设备	3	1 526.7	508.9	375.7	24.1	8	3.2	1.1
电子设备和仪器	8	1 113.1	139.1	87.7	67.5	8.4	13.7	1.7
通信设备	4	795	198.8	72.6	274.5	68.6	21.3	5.3
工业机械	12	773	64.4	68.8	75.5	6.3	12.4	1
互联网软件与服务	4	690.8	172.7	-734.6	24.7	6.2	2.1	0.5
电气部件与设备	2	686.8	343.4	30.2	433	216.5	43	21.5
特种化工	5	612.1	122.4	132.3	66.5	13.3	6	1.2
医疗保健用品	4	588.6	147.2	155.3	12.7	3.2	3.9	1
医疗保健设备	4	583.1	145.8	75.8	29	7.2	6.5	1.6
金属非金属	4	412.3	103.1	73.5	34.5	8.6	6.4	1.6
工业气体	2	337.7	168.8	145.8	20	10	2.6	1.3
电子元件	4	279.4	69.8	70.1	17.8	4.5	4.1	1
家用电器	1	251.1	251.1	32.5	42	42	7.8	7.8
基础化工	4	238	59.5	48.1	28.6	7.1	5.1	1.3
生命科学工具和服务	1	215.1	215.1	254.3	2.6	2.6	1.2	1.2
数据处理与外包服务	1	177.6	177.6	115.5	6	6	1.5	1.5
环境与设施服务	3	155	51.7	38	20.2	6.7	4.8	1.6
计算机存储与外围设备	1	128.3	128.3	84.8	5.2	5.2	1.4	1.4
机动车零配件与设备	2	99.2	49.6	82.9	5.8	2.9	1.2	0.6
信息科技咨询与其他服务	1	93.3	93.3	65.7	5.1	5.1	1.2	1.2
综合类行业	1	81.4	81.4	33.8	27.5	27.5	2.6	2.6
食品加工与肉类	1	58.8	58.8	48.5	3.1	3.1	1.2	1.2
钢铁	1	57.7	57.7	45.3	15.9	15.9	1.4	1.4
建材	1	46.2	46.2	55.4	4	4	0.7	0.7
航天航空与国防	1	42.3	42.3	80.6	1.9	1.9	0.6	0.6
总体	115	19 801.6	172.2	75.4	1 782.9	15.6	196	1.7

从企业市值的角度划分，高市值（高于百亿美元）企业 4 家，中市值（介于百亿美元与百亿元人民币之间）企业 49 家，低市值（低于百亿元人民币）企业 62 家。高市值企业市值总和占全部科创板市值的 24%。

以战略性新兴产业分类划分，115 家企业分布在 6 个一级分类、23 个二级分类中（见表 1-22），在新能源汽车产业、新能源产业、数字创意产业 3 个一级分类中尚未有上市公司。

表 1-22　科创板企业在战略性新兴产业中的分布

一级分类	二级分类	企业数量
高端装备制造产业		15
	轨道交通装备产业	2
	卫星及应用产业	2
	智能制造装备产业	11
节能环保产业		6
	高效节能产业	2
	先进环保产业	4
生物产业		28
	其他生物业	2
	生物农业及相关产业	1
	生物医学工程产业	8
	生物医药产业	16
	生物质能产业	1
相关服务业		1
	新技术与创新创业服务	1
新材料产业		17
	高性能纤维及制品和复合材料	1
	前沿新材料	5
	先进钢铁材料	1
	先进石化化工新材料	5
	先进无机非金属材料	3
	先进有色金属材料	2
新一代信息技术产业		48
	电子核心产业	19
	互联网与云计算、大数据服务	2
	人工智能	1
	下一代信息网络产业	7
	新兴软件和新型信息技术服务	18
	新一代信息技术产业	1
总计		115

1.3　中美高市值企业比较

1.3.1　中美高市值企业分布矩阵

我们把中美高市值企业用四个象限划分：中弱美弱，中强美弱，中强美强，中弱美强（见图 1-1）。

1）中弱美弱（20 个产业）：在产业内，中美均无高市值企业。分别是：贵金属与矿石、林木产品、非传统电信运

图 1-1　中美高市值企业四级产业分布矩阵

营商、商业印刷、人力资源与就业服务、海运、公路与铁路、多领域控股、互助储蓄与抵押信贷金融服务、百货商店、售货目录零售、家庭装饰零售、纺织品、家庭装饰品、家用器具与特殊消费品、摄影用品、摩托车制造、轮胎与橡胶、休闲设施、特殊消费者服务。

2）中强美弱（14个产业）：在产业内，中国高市值上市公司数量多于美国（见表1-23）。

表1-23 高市值上市公司数量中国多于美国的产业

四级产业	中国高市值公司数量（家）	美国高市值公司数量（家）
化纤	2	0
房地产开发	6	0
海港与服务	1	0
机场服务	1	0
新能源发电业者	2	0
石油天然气钻井	1	0
煤炭与消费用燃料	2	0
中药	1	0
基础化工	2	1
建筑与工程	4	1
投资银行业与经纪业	12	8
家用电器	3	1
白酒与葡萄酒	5	3
电子元件	4	2

3）中强美强（9个产业）：在产业内，中美高市值上市公司数量持平或差距很小（见表1-24）。

表1-24 中美高市值上市公司数量相当的产业

四级产业	中国高市值公司数量（家）	美国高市值公司数量（家）
独立电力生产商与能源贸易商	1	2
多元化保险	3	3
计算机与电子产品零售	1	1
广告	1	2
教育服务	1	2
农产品	1	2
大卖场与超市	1	2
电子制造服务	1	2
保健护理设施	1	2

4）中弱美强（120个产业）：在产业内，中国无高市值上市公司或高市值上市公司数量少于美国（差距在2家以上），具体见表1-25、表1-26。

表 1-25　中国无高市值上市公司而美国有的 90 个产业

四级产业	美国高市值上市公司数量（家）	四级产业	美国高市值上市公司数量（家）
多元化工	4	金融交易所和数据	1
工业气体	2	综合货品商店	4
化肥与农用化工	2	互联网零售	9
特种化工	3	消费品经销商	2
白银	1	服装零售	2
铝	1	家庭装潢零售	3
铜	1	汽车零售	5
金属与玻璃容器	1	专卖店	3
纸包装	3	出版	2
纸制品	2	电影与娱乐	5
无线电信业务	8	广播	7
多样化房地产活动	1	有线和卫星电视	4
房地产服务	1	服装、服饰与奢侈品	2
房地产经营公司	1	鞋类	1
办公房地产投资信托	3	消费电子产品	2
多样化房地产投资信托	3	住宅建筑	4
工业房地产投资信托	1	休闲用品	1
酒店及娱乐地产投资信托	1	餐馆	9
零售业房地产投资信托	4	赌场与赌博	5
特种房地产投资信托	10	石油天然气设备与服务	4
医疗保健地产投资信托	1	石油天然气勘探与生产	10
住宅房地产投资信托	8	石油与天然气的储存和运输	15
安全和报警服务	1	石油与天然气的炼制和销售	3
办公服务与用品	1	个人用品	2
环境与设施服务	4	家庭用品	5
综合支持服务	2	烟草	3
调查和咨询服务	3	啤酒	3
公路运输	2	软饮料	7
重型电气设备	1	食品分销商	1
工业机械	7	食品零售	1
农用农业机械	1	药品零售	2
建筑产品	2	半导体设备	5
贸易公司与工业品经销商	3	办公电子设备	1
综合类行业	3	计算机存储与外围设备	4
复合型公用事业	12	计算机硬件	3
燃气	1	技术产品经销商	1
水务	3	家庭娱乐软件	3
保险经纪商	6	系统软件	8
财产与意外伤害保险	11	数据处理与外包服务	14
再保险	3	信息科技咨询与其他服务	9
抵押房地产投资信托IV	1	医疗保健技术	2
其他多元金融服务	5	医疗保健用品	6
特殊金融服务	7	保健护理产品经销商	3
消费信贷	5	保健护理服务	3
资产管理与托管银行	12	管理型保健护理	6

表 1-26 中美均有高市值上市公司且中国少于美国的 30 个产业

四级产业	中国高市值上市公司数量（家）	美国高市值上市公司数量（家）	四级产业	中国高市值上市公司数量（家）	美国高市值上市公司数量（家）
建材	1	4	电气部件与设备	2	5
钢铁	1	4	电力	2	20
金属非金属	1	4	人寿与健康保险	2	10
综合电信服务	1	13	综合性石油天然气	2	17
铁路运输	1	6	通信设备	2	11
航天航空与国防	1	12	生物科技	2	14
多元资本市场	1	3	黄金	2	4
机动车零配件与设备	1	3	航空	3	8
酒店、度假村与豪华游轮	1	7	应用软件	3	20
电子设备和仪器	1	3	建筑机械与重型卡车	3	5
互联网软件与服务	1	27	汽车制造	4	7
医疗保健设备	1	18	食品加工与肉类	5	13
生命科学工具和服务	1	9	半导体产品	5	16
西药	1	18	区域性银行	5	10
航空货运与物流	2	5	多元化银行	15	30

此外，我们还可以分析在中国上市公司数量为零或者数量很少的产业里有没有机会。例如，在非传统电信运营商里，有一家市值超百亿元人民币的企业和两家低市值企业，分别为鹏博士（14.7 亿美元）、二六三（5.9 亿美元）、会畅通讯（3.3 亿美元）。这个产业是"通过高带网 / 光缆网络提供通信和海量数据传输业务"的产业，前景广阔，随着 5G 技术的实现，中国更有可能执产业之牛耳，出现世界级企业。这只未来的飞龙，是现在的三家上市公司之一，还是后起之秀？

需要进一步分析的是，在以上 30 个四级产业中，是否可能有市值超过百亿美元的大企业？中国人口众多，在消费领域里是否有可能产生超过美国的高市值企业？中国物流行业的发展，是否能培植出纸包装业的大企业？在人力资源与就业服务业里，能否产生大企业？在房地产业和建筑工程业里，中国都有超过百亿美元市值的大企业，在建筑产品领域是否也会产生大企业？在非传统电信运营商里是否会产生大企业？等等。这些都需要进一步分析。

此外，细分产业也正随着市场和技术的发展而变化。例如，过去没有的互联网零售业现在有了，过去的一些传统产业消失了。现在人工智能产业的迅速兴起，是否很快会形成一个独立的细分产业？

我们相信在以上的市场中存在巨大的空间。

1.3.2 中国高市值企业的全球分布

鉴于高市值（市值高于百亿美元）企业在国民经济中的重要性，以及中国企业在境外上市的实际状况，在研究中国高市值企业时，不得不考虑其在全球股市中的分布。从理论上界定企业的国家属性有难度，我们暂时采取约定俗成的界定方法。

据统计，截至 2019 年 12 月 31 日，中国在境内外多地上市的高市值企业有 130 家，其中四地上市的 1 家（中国石化分别在上海、香港、纽约、伦敦上市），三地上市的 10 家，两地上市的 119 家（A 股及港股同时上市的 108 家，A 股及美股或其他市场同时上市的 2 家，港股及美股或其他市场同时上市的 9 家）。

中国高市值企业数量为：中国内地 A 股 130 家（分布在 53 个四级产业中，另外 110 个四级产业中没有高市值企业），中国香港中资股 79 家，美国中概股 26 家，其他国家及地区中概股 4 家，总计 239 家。扣除多地或重复上市公司 61 家，实为 178 家。

综上，境外上市的中国高市值企业为 48 家。

我们将 178 家高市值企业所在的产业分为三类：第一类是境内外都有高市值企业的产业，第二类是境外有境内无高市值企业的产业，第三类是境内有境外无高市值企业的产业（见表 1-27、表 1-28、表 1-29）。

表 1-27　境内外都有高市值企业的 13 个产业

四级产业	上市地点	企业数（家）	企业简称
电子元件	境外	1	舜宇光学
	境内	4	京东方 A，立讯精密，领益智造，鹏鼎控股
多元化银行	境外	1	中银香港
	境内	15	平安银行，浦发银行，华夏银行，民生银行，招商银行，兴业银行，农业银行，交通银行，工商银行，邮储银行，光大银行，浙商银行，建设银行，中国银行，中信银行
房地产开发	境外	6	碧桂园，华润置地，龙湖，世茂地产，中国海外发展，恒大
	境内	6	万科 A，招商蛇口，保利地产，华夏幸福，绿地控股，新城控股
航空货运与物流	境外	1	中通快递
	境内	2	韵达股份，顺丰控股
互联网软件与服务	境外	5	爱奇艺，百度，腾讯，网易，微博
	境内	1	三六零
教育服务	境外	2	好未来，新东方
	境内	1	中公教育
酒店、度假村与豪华游轮	境外	1	华住集团
	境内	1	中国国旅
汽车制造	境外	1	吉利汽车
	境内	4	比亚迪，上汽集团，广汽集团，长城汽车
生物科技	境外	1	百济神州
	境内	2	长春高新，智飞生物

（续）

四级产业	上市地点	企业数（家）	企业简称
食品加工与肉类	境外	3	达利食品，中国飞鹤，蒙牛
	境内	5	双汇发展，牧原股份，温氏股份，伊利股份，海天味业
通信设备	境外	1	小米
	境内	2	中兴通讯，闻泰科技
西药	境外	2	石药集团，中国生物制药
	境内	1	恒瑞医药
综合电信服务	境外	2	中国电信，中国铁塔
	境内	1	中国联通

从以上数据可以看出，在互联网软件与服务、教育服务、西药、综合电信业务4个产业里，境外高市值企业多于境内。

表1-28 境外有境内无高市值企业的15个产业

四级产业	上市地点	企业数（家）	企业简称
互联网零售	境外	4	阿里巴巴，京东，拼多多，携程
燃气	境外	2	华润燃气，新奥能源
综合类行业	境外	2	复兴国际，中信股份
保健护理产品经销商	境外	1	国药控股
财产与意外伤害保险	境外	1	中国人保
餐馆	境外	1	百胜中国
电影与娱乐	境外	1	腾讯音乐
赌场与赌博	境外	1	新濠博亚娱乐
房地产经营公司	境外	1	香港置地
服装、服饰与奢侈品	境外	1	申洲国际
啤酒	境外	1	华润啤酒
石油天然气勘探与生产	境外	1	中国海油
水务	境外	1	粤海投资
无线电信业务	境外	1	中国移动
鞋类	境外	1	安踏体育

在这一类产业中，出现了不少中国著名企业，如阿里巴巴、京东、中信股份、中国人保、国药控股、中国海油、中国移动等，它们弥补了中国境内高市值企业在产业结构布局上的不足。

表1-29 境内有境外无高市值企业的40个产业

四级产业	上市地点	企业数（家）	企业简称
投资银行业与经纪业	境内	12	申万宏源，广发证券，国信证券，东方财富，中信证券，海通证券，招商证券，中信建投，国泰君安，华泰证券，中国银河，方正证券
白酒与葡萄酒	境内	5	泸州老窖，五粮液，洋河股份，贵州茅台，山西汾酒

（续）

四级产业	上市地点	企业数（家）	企业简称
半导体产品	境内	5	三安光电，隆基股份，汇顶科技，韦尔股份，澜起科技
区域性银行	境内	5	宁波银行，江苏银行，南京银行，北京银行，上海银行
建筑与工程	境内	4	中国铁建，中国中铁，中国建筑，中国交建
多元化保险	境内	3	中国平安，中国人保，中国太保
航空	境内	3	南方航空，东方航空，中国国航
家用电器	境内	3	美的集团，格力电器，海尔智家
建筑机械与重型卡车	境内	3	潍柴动力，三一重工，中国中车
应用软件	境内	3	科大讯飞，用友网络，金山办公
电力	境内	2	华能国际，长江电力
电气部件与设备	境内	2	宁德时代，国电南瑞
化纤	境内	2	荣盛石化，恒力石化
黄金	境内	2	山东黄金，紫金矿业
基础化工	境内	2	万华化学，宝丰能源
煤炭与消费用燃料	境内	2	中国神华，陕西煤业
人寿与健康保险	境内	2	新华保险，中国人寿
新能源发电业者	境内	2	华能水电，中国核电
综合性石油天然气	境内	2	中国石化，中国石油
保健护理设施	境内	1	爱尔眼科
大卖场与超市	境内	1	永辉超市
计算机与电子产品零售	境内	1	苏宁易购
电子设备和仪器	境内	1	海康威视
电子制造服务	境内	1	工业富联
独立电力生产商与能源贸易商	境内	1	中国广核
多元资本市场	境内	1	中油资本
钢铁	境内	1	宝钢股份
广告	境内	1	分众传媒
海港与服务	境内	1	上港集团
航天航空与国防	境内	1	中国重工
机场服务	境内	1	上海机场
机动车零配件与设备	境内	1	华域汽车
建材	境内	1	海螺水泥
金属非金属	境内	1	洛阳钼业
农产品	境内	1	新希望
生命科学工具和服务	境内	1	药明康德
石油天然气钻井	境内	1	中海油服
铁路运输	境内	1	大秦铁路
医疗保健设备	境内	1	迈瑞医疗
中药	境内	1	云南白药

境内外都有高市值企业且合计大于5家的产业有4个：多元化银行、房地产开发、互联网软件与服务、食品加工与肉类；只有1家高市值企业的产业有33个；另外，在95个产业中，中国无高市值企业。

1.3.3 美股熔断情势下的高市值企业

由于我们是以中美两国上市公司数据为基础进行中国产业结构分析的，而两国股市的异常变化会导致基本数据和分析结果的变化，因此我们特别关注美国股市产生的熔断，尤其是近来发生的历史罕见的连续四次熔断。

2020年3月18日，美国股市遭遇史上第五次熔断，标准普尔（简称标普）500指数跌至2398.10点，再次引发全球恐慌。受疫情影响（至少表面上看是如此），全球股市普遍暴跌。就美国股市而言，近四年来道指的最高点是2020年2月19日的3386.15点，最低点是2016年2月11日的1829.08点。

我们引入点位绝对值和点位相对值的概念来分析美国股市的状况（见表1-30）。我们以交易日的对应点位作为分子，以近四年最高点位作为分母，两者的比值为点位绝对值；以交易日的对应点位与近四年最低点位之差作为分子，以近四年最高点位与最低点位之差作为分母，两者的比值为点位相对值。⊖我们可以看到，2020年3月18日美股熔断后的最低点位相对值为28.99%，这意味着离最低点还有近29%的下跌空间。

表1-30　标普500指数近四年数据

交易日期	收盘点位	收盘点位绝对值（%）	收盘点位相对值（%）	备注	最低点位	最低点位相对值（%）
2020-02-19	3 386.15	100.00	100.00	近四年最高	—	—
2016-02-11	1 829.08	54.02	0	近四年最低	—	—
2016-12-30	2 238.83	66.12	26.32	16年末收盘日	—	—
2017-12-29	2 673.61	78.96	54.24	17年末收盘日	—	—
2018-12-31	2 506.85	74.03	43.53	18年末收盘日	—	—
2019-12-31	3 230.78	95.41	90.02	19年末收盘日	—	—
2020-03-09	2 746.56	81.11	58.92	第一次熔断	2 734.43	58.14
2020-03-12	2 480.64	73.26	41.85	第二次熔断	2 478.86	41.73
2020-03-16	2 386.13	70.47	35.78	第三次熔断	2 380.94	35.44
2020-03-18	2 398.10	70.82	36.54	第四次熔断	2 280.52	28.99

据媒体当时的报道，美国股市已经跌到了特朗普上任初期的点位，把特朗普上任后股市增长的价值全部跌回去了。（如果美股持续下跌，并跌破奥巴马执政时期的2016年最低点，那么我们会扩大分母的时间跨度并再次进行跟踪观察。）这个现象是否说明美国股市这几年的泡沫太大了？从绝对值来看，从2016年的最低点到现在，标普500指数涨了1.85倍，道指涨了1.89倍。

我们再看看上证指数的情况。2020年3月18日，上证指数为2728.76点，相对点数在四年高低值间24.14%位置上（见表1-31）。虽然中国没有熔断机制，但是中

⊖ 点位相对值相当于把最高点位看作100%，把最低点位看作0%。

国股市的四年相对跌幅却大于美国。

表 1-31　上证指数近四年数据

交易日期	收盘点位	收盘点位绝对值（%）	收盘点位相对值（%）	高市值企业数量（家）	备注
2018-01-24	3 559.47	100	100	129	近四年最高
2019-01-03	2 464.36	69.23	0	88	近四年最低
2016-12-30	3 103.64	87.19	58.38	106	—
2017-12-29	3 307.17	92.91	76.96	117	—
2018-12-28	2 493.90	70.06	2.70	90	—
2019-12-31	3 050.12	85.69	53.49	130	—
2020-03-13	2 887.43	81.12	38.63	—	—
2020-03-18	2 728.76	76.66	24.14	123	—

从表中我们可以看出，中国股市四年中的最高点出现在 2018 年 1 月 24 日，为 3559.47 点，最低点出现在 2019 年 1 月 3 日，为 2464.36 点，2016 年股市处在相对高位。这四年中国上证指数基本在 3000 点上下 500 点的范围内徘徊。与疫情前 2019 年 12 月 31 日的 3050.12 点相比，2020 年 3 月 18 日的收盘点位下跌了 10.5%，但是与四年中的最高点相比，上证指数的收盘点位绝对值跌落了 23.3%。为了让对比更直观，我们以标普 500 指数和上证指数在不同时间节点的收盘点位相对值为依据，绘制了图 1-2，用以观察美国股市熔断前后中美股市的变化趋势。

图 1-2　美国股市熔断及前后对比图

注：1. 纵轴坐标值 0 到 100 为中美股市四年期间最低值与最高值的相对值。以最低点为 0，最高点为 100%。
2. 美国标普 500 近四年（2016～2020 年）最高值 3 386.15，最低值 1 829.08。
中国上证指数近四年（2016～2020 年）最高值 3 559.47，最低值 2 464.36。
3. 图中标注数值为美国标普 500 指数与中国上证指数数值。

由于我们的研究是针对中美高市值企业的,因此,在中美股市较2019年12月31日同时大幅下跌的情况下,我们关注了两国高市值企业数量变化的情况。截至2020年3月18日,在中国境内A股3803家上市公司中,高市值企业有123家,美股对应的数据为531家,中美高市值企业数量之比为1∶4.32。与2019年末收盘日数据相比,2020年3月18日上证指数收盘点位绝对值下降了9.03%,相对值下降了29.35%,高市值企业减少了7家,降幅为5%;标普500指数收盘点位绝对值下降了4.36%,相对值下降了9.39%,高市值企业减少了182家,降幅为26%。从两国股市里高、中、低市值企业数量的占比看,中国的变化不明显,美国高市值企业占比减少了3.6%,中市值企业占比减少了4.2%,低市值企业占比增加了7.8%。

美国股市在短期内连续熔断,为我们的中美高市值企业研究带来了一个特殊观察时期。我们将高市值的标准从100亿美元下调到90亿美元,并搜寻了全球市值在90亿美元以上的企业。它们分布在全球24个股票交易市场上,共有647家,其中美国398家。

我们先看一看股价跌幅达50%以上的12家企业(见表1-32)。

表1-32 股价跌幅超过50%的企业(2020-03-18)

序号	四级产业	上市地点	公司名称	总市值(亿美元)	周涨幅(%)	月涨幅(%)
1	综合性石油天然气	纽约证券交易所	西方石油公司	94.2672	-28.2609	-67.8070
2	石油天然气勘探与生产	多伦多证券交易所	加拿大自然资源公司	93.7471	-43.5768	-67.5832
3	航天航空与国防	纽约证券交易所	波音公司	573.7958	-44.1774	-65.4647
4	石油天然气设备与服务	瑞士SIX证券交易所	斯伦贝谢公司	166.8341	-20.6061	-61.0119
5	石油与天然气的炼制和销售	纽约证券交易所	马拉松原油公司	108.7919	-23.9567	-60.0380
6	综合性石油天然气	纽约证券交易所	巴西石油公司	163.5776	-26.2918	-59.9174
7	综合性石油天然气	纽约证券交易所	森科能源公司	160.0808	-31.7118	-59.3032
8	综合性石油天然气	纽约证券交易所	哥伦比亚国有石油公司	137.3298	-33.6103	-59.2635
9	航天航空与国防	巴黎证券交易所	赛峰集团	249.9395	-34.1481	-55.2780
10	数据处理与外包服务	纽约证券交易所	SQUARE公司	171.9177	-34.0661	-54.2902
11	石油与天然气的储存和运输	纽约证券交易所	能源传输伙伴公司	122.6593	-21.9911	-52.6173
12	航天航空与国防	巴黎证券交易所	空中客车公司	425.4838	-27.7142	-50.2960

以上12家企业分布在7个四级产业中，从大类来看，主要是能源业、工业、软件业。

股票跌幅在30%～50%之间的高市值企业有107家，其中有8家企业的跌幅达到45%以上，近乎腰斩（见表1-33）。加上前述的12家企业，股价被腰斩的企业共有20家。在这些企业中，不乏大家耳熟能详的企业。

表1-33　跌幅介于45%～50%的企业（2020-03-18）

序号	四级产业	上市地点	公司名称	总市值（亿美元）	周涨幅（%）	月涨幅（%）
1	石油天然气勘探与生产	纽约证券交易所	先锋自然资源公司	94.076 3	-12.620 3	-49.698 6
2	汽车制造	纽约证券交易所	菲亚特克莱斯勒汽车公司	136.573 5	-36.689 9	-48.955 0
3	航天航空与国防	法兰克福证券交易所	罗尔斯-罗伊斯公司	99.987 8	-29.521 4	-48.200 9
4	航天航空与国防	伦敦证券交易所	赛峰集团	249.939 5	-23.557 3	-48.185 1
5	其他多元金融服务	阿姆斯特丹证券交易所	荷兰国际集团	183.146 5	-13.439 2	-48.077 6
6	石油天然气设备与服务	巴黎证券交易所	斯伦贝谢公司	166.834 1	-11.498 3	-47.302 9
7	综合性石油天然气	纽约证券交易所	荷兰皇家壳牌集团	897.674 2	-17.007 3	-46.193 6
8	航天航空与国防	纽约证券交易所	TransDigm集团	131.910 4	-27.056 8	-45.768 3

1.3.4　中美高市值企业数量在两国股指相对位值的比较

在2019年末，中美股指处在不同的相对点位上，美国道琼斯指数在四年高低点之间92.7%的高位上，中国上证指数在四年高低点之间53.5%的中位上。此时，中美高市值企业数量的比值为130∶713，即1∶5.5。而在美国股市历经四次熔断后，道琼斯指数的收盘点位相对值跌至30.51%，然后逐步上升到50.5%，与2019年末中国的收盘点位相对值相当，较2019年12月31日下降了近42%。美国的高市值企业数量跌至579家，减少了19%。而中国上证指数的收盘点位相对值从53.5%下降到32.5%，虽然下降了21%，但中国高市值企业仍然保持在130家，没有减少。在股指收盘点位相对值对应的情况下，这种比较显得更有意义。此时，中美高市值企业的比值为130∶579，即1∶4.5。在两国股指都处在最低点的第四次熔断日，中美高市值企业数量比值为123∶531，即1∶4.3，这是中美高市值企业数量历史上的最低比值。具体见表1-34。

第1章 中美上市公司产业结构及数据分析 45

表1-34 中美股市主要指数近四年点位数据比较

交易日期	标普500指数收盘点位	道琼斯指数收盘点位	上证指数收盘点位	标普500指数收盘点位相对值（%）	道琼斯指数收盘点位相对值（%）	上证指数收盘点位相对值（%）	中/美高市值企业数量（家）	备注
2016-12-30	2 238.83	19 762.60	3 103.64	26.32	29.50	58.38	106/592	2016年末收盘日
2017-12-29	2 673.61	24 719.22	3 307.17	54.24	65.20	76.96	117/686	2017年末收盘日
2018-12-31	2 506.85	23 327.46	2 493.90	43.53	55.20	2.70	90/620	2018年末收盘日
2019-12-31	3 230.78	28 538.44	3 050.12	90.02	92.70	53.49	130/713	2019年末收盘日
2020-03-06	2 972.37	25 864.78	3 034.51	73.43	73.46	52.06	145/656	熔断前一交易日
2020-03-09	2 746.56	23 851.02	2 943.29	58.92	58.96	43.73	138/613	美国第一次熔断
2020-03-12	2 480.64	21 200.62	2 923.49	41.85	39.90	41.93	137/570	美国第二次熔断
2020-03-16	2 386.13	20 188.52	2 789.25	35.78	32.60	29.67	125/542	美国第三次熔断
2020-03-18	2 398.10	19 898.92	2 728.76	36.54	30.51	24.14	123/531	美国第四次熔断
2020-04-01	2 470.50	20 943.51	2 734.52	41.19	38.03	24.67	123/547	4月数据跟踪
2020-04-02	2 526.90	21 413.44	2 780.64	44.82	41.42	28.88	128/553	4月数据跟踪
2020-04-03	2 488.65	21 052.53	2 763.99	42.36	38.82	27.36	125/547	4月数据跟踪
2020-05-26	2 991.77	24 995.11	2 846.55	74.67	67.20	34.90	136/650	5月数据跟踪
2020-06-16	3 124.74	26 289.98	2 931.75	83.21	76.52	42.68	147/676	6月数据跟踪
2020-06-24	3 050.33	25 445.94	2 979.55	78.43	70.45	47.04	154/666	6月数据跟踪
2020-07-03	3 130.01	25 827.36	3 152.81	83.55	73.19	62.87	165/678	7月数据跟踪

注：1. 标普500指数近四年最高值3 386.15（2020-02-19），近四年最低值1 829.08（2016-02-11）。
2. 道琼斯指数近四年最高值29 551.42（2020-02-12），近四年最低值15 660.18（2016-02-11）。
3. 上证指数近四年最高值3 559.47（2018-01-24），近四年最低值2 464.36（2019-01-03）。

1.4 中美产业绩效比较

1.4.1 中美产业绩效总体比较

在进行中美上市公司产业结构比较时，产业绩效是一个重要的比较指标。我们在前文已经分别比较了中美四级产业的 PE（市盈率）、ROS（销售利润率）、ROE（净资产收益率），在本节中，我们试图研究中美一级产业的综合绩效指标，然后客观地观察中美上市公司的综合绩效。为了有效比较，我们将产业盈利企业的利润与相应的市值、总收入以及股东权益放在一起计算，得出整个产业的 PE、ROS、ROE，再参照产业盈亏金额与盈亏企业数量比数据，可以帮助理解这些数据的意义。

1）以 PE 大于 10 倍、ROS 大于 10%、ROE 大于 10% 为标准，在中国 11 个一级产业中只有日常消费 1 个产业的三项指标都达标（见前文表 1-5），美国则有电信服务、金融、信息技术、医疗保健 4 个产业达标（见前文表 1-6）。

2）产业盈亏金额比（产业亏损总额 / 产业盈利总额）指标，中国最高的产业是信息技术，55.7%；其次是电信服务，47.7%。美国最高的产业是医疗保健，31.6%；其次是电信服务，27.4%。中国最低的产业是金融，0.4%；美国最低的也是金融，2.3%。

3）产业盈利企业占比指标，中国最高的产业是金融，95.4%；美国最高的也是金融，90%。中国最低的产业是电信服务，80%；美国最低是医疗保健，24.9%。

4）值得注意的是，中美金融产业的盈利总额占全产业盈利总额的比重分别为 47%、23%，盈亏总额（扣除亏损额后）占全产业盈亏总额的比重分别为 52%、26%。

最后，就总量而言，中国产业总 ROS 值略高于美国，总 PE 值、总 ROE 值都低于美国。盈亏金额比中国为 10.6%，美国为 11.8%，二者差别不大，都容纳了 10% 左右的产业亏损总额；但是美国的亏损企业与盈利企业数量比为 0.62，中国为 0.15，这也从另一个方面说明美国上市公司的各种集中度指标较高，高市值企业和大企业所起的作用较大。

1.4.2 中美产业销售利润率比较

在产业经济学研究中，"结构-行为-绩效"是一种标准的研究方法。这里我们会对中美两国的产业绩效进行研究，其中一个绩效指标是 ROS。我们先看以下几组数据。

1）美国 ROS 高于 30% 的产业有 9 个：抵押房地产投资信托 Ⅳ，75.90%；酒店及娱乐地产投资信托，42.20%；系统软件，34.40%；工业房地产投资信托，32.50%；

生物科技，32.10%；零售业房地产投资信托，32.00%；区域性银行，30.90%；互助储蓄与抵押信贷金融服务，30.60%；特殊金融服务，30.10%。在系统软件业中，微软以总收入1342亿美元、净利润443亿美元排名第一，ROS为33%；威睿公司ROS最高，达到67%。在区域性银行业中，ROS超过50%的企业有3家，最高为53%，介于40%～50%的企业有19家。

2）中国ROS高于30%的产业有9个：特殊金融服务，51.65%；休闲设施，40.28%；区域性银行，35.24%；白酒与葡萄酒，34.39%；多元化银行，33.51%；公路与铁路，32.78%；多元资本市场，31.05%；互联网零售，30.87%；机场服务，30.57%。在区域性银行业中，ROS超过40%的企业有3家，最高为44%。介于30%～40%之间的企业有11家，其中北京银行以总收入631亿元、净利润216亿元排名第一，ROS为34%。在白酒与葡萄酒业中，贵州茅台以总收入889亿元、净利润440亿元以及51%的ROS遥遥领先于产业内其他企业。

3）ROS高于20%、低于30%的产业，美国有19个，中国有9个；ROS在10%～20%的产业，美国有56个，中国有35个；ROS在5%～10%的产业，美国有43个，中国有43个；ROS低于5%的产业，美国有31个，中国有35个；全产业亏损的产业，美国有5个，中国有32个。

4）美国有65个产业的ROS高于中国，中国有61个产业的ROS高于美国（见表1-35、表1-36）。

表1-35 美国ROS高于中国的65个产业

一级产业	四级产业	数量（个）
材料	金属非金属、化肥与农用化工、黄金、基础化工、钢铁、纸制品、多元化工	7
电信服务	综合电信服务	1
工业	铁路运输、综合类行业、调查和咨询服务、海运、电气部件与设备、重型电气设备、航天航空与国防、工业机械、建筑机械与重型卡车、贸易公司与工业品经销商、农用农业机械、航空、建筑与工程、航空货运与物流	14
公用事业	水务、电力、复合型公用事业	3
金融	资产管理与托管银行、其他多元金融服务	2
可选消费	售货目录零售、出版、有线和卫星电视、教育服务、鞋类、餐馆、消费电子产品、广告、摩托车制造、汽车零售、计算机与电子产品零售	11
能源	石油天然气勘探与生产、煤炭与消费用燃料、石油与天然气的储存和运输、石油天然气设备与服务、综合性石油天然气、石油与天然气的炼制和销售	6
日常消费	啤酒、个人用品、家庭用品、大卖场与超市	4
信息技术	系统软件、家庭娱乐软件、互联网软件与服务、数据处理与外包服务、半导体产品、半导体设备、计算机硬件、应用软件、通信设备、信息科技咨询与其他服务、电子元件、计算机存储与外围设备、电子制造服务、技术产品经销商	14
医疗保健	生物科技、西药、保健护理服务	3

表 1-36 美国 ROS 低于中国的 61 个产业

一级产业	四级产业	数量（个）
材料	建材、工业气体、特种化工、林木产品、纸包装、金属与玻璃容器、铝	7
电信	非传统电信运营商	1
房地产	房地产经营公司、房地产开发、房地产服务	3
工业	机场服务、综合支持服务、海港与服务、商业印刷、环境与设施服务、建筑产品、办公服务与用品、公路运输、人力资源与就业服务	9
公用事业	独立电力生产商与能源贸易商、新能源发电业者、燃气	3
金融	特殊金融服务、区域性银行、多元化银行、多元资本市场、投资银行业与经纪业、多元化保险、人寿与健康保险	7
可选消费	休闲设施、互联网零售、家庭装饰零售、酒店、度假村与豪华游轮、电影与娱乐、特殊消费者服务、家庭装饰品、家用电器、休闲用品、服装、服饰与奢侈品、专卖店、家用器具与特殊消费品、轮胎与橡胶、机动车零配件与设备、百货商店、纺织品、汽车制造、消费品经销商	18
日常消费	白酒与葡萄酒、软饮料、食品加工与肉类、食品分销商、农产品、药品零售、食品零售	7
信息技术	电子设备和仪器	1
医疗保健	医疗保健用品、医疗保健设备、生命科学工具和服务、保健护理设施、保健护理产品经销商	5

1.4.3 中美产业市盈率比较

我们对中美产业绩效进行研究的另一个指标是 PE。PE 有多种算法，对于产业 PE 的计算，我们用该产业盈利企业的利润与相应的市值进行计算。至于各个产业的盈利与亏损的企业个数和盈亏总额，将在其他部分分析。此外，我们还剔除了产业内盈利企业少于 5 个的产业。这样，中国有有效 PE 的产业 99 个，占中国全产业的 76%；美国有有效 PE 的产业 146 个，占美国全产业的 91%。

1）中国 PE 高于 30 倍的产业有 30 个，占 30%（见表 1-37）；PE 介于 20～30 倍之间的产业有 30 个，占 30%；PE 介于 10～20 倍之间的产业有 31 个，占 31%；PE 小于 10 倍的产业有 8 个，占 9%。

2）美国 PE 高于 30 倍的产业有 20 个，占 15%；PE 介于 20～30 倍之间的产业有 43 个，占 33%；PE 介于 10～20 倍之间的产业有 58 个，占 45%；PE 小于 10 倍的产业有 9 个，占 7%。

3）中美 PE 均高于 30 倍的产业有 9 个，分别是电子元件、教育服务、生命科学工具和服务、数据处理与外包服务、鞋类、医疗保健设备、应用软件、白酒与葡萄酒、家庭用品。

表 1-37 中美 PE 高于 30 倍的产业

四级产业（中国）	PE（倍）	四级产业（美国）	PE（倍）
半导体设备	81	多样化房地产活动	128
保健护理设施	80	应用软件	54
生命科学工具和服务	68	医疗保健技术	43
教育服务	65	特种房地产投资信托	41
应用软件	64	互联网零售	41
航天航空与国防	55	工业房地产投资信托	40
数据处理与外包服务	50	家庭用品	39
生物科技	47	医疗保健地产投资信托	38
半导体产品	47	数据处理与外包服务	37
鞋类	44	住宅房地产投资信托	37
个人用品	43	教育服务	37
广告	42	医疗保健设备	35
休闲用品	41	调查和咨询服务	35
互联网软件与服务	41	生命科学工具和服务	35
医疗保健设备	40	电子元件	35
信息科技咨询与其他服务	40	办公房地产投资信托	33
石油天然气设备与服务	38	环境与设施服务	32
啤酒	38	多样化房地产投资信托	32
电影与娱乐	38	鞋类	32
大卖场与超市	37	白酒与葡萄酒	30
电子元件	37		
医疗保健用品	37		
黄金	36		
通信设备	36		
金属非金属	35		
计算机存储与外围设备	34		
计算机硬件	34		
家庭用品	33		
西药	33		
白酒与葡萄酒	31		

我们参考一下以下几个产业中企业的数据。

1）应用软件：PE 中国为 64 倍，美国为 54 倍。中国科大讯飞的总市值、总收入、净利润分列产业第 1、第 2、第 4，其 PE 为 109 倍；科创板金山办公的总市值位列产业第 2，总收入、净利润位列第 27 和第 10，但其 PE 高达 247 倍。美国 SAP 公司的总市值、总收入、净利润均位列美国产业的第 1，PE 为 44 倍；Adobe 公司的总市值位列产业第 2，总收入、净利润位列第 3 和第 2，PE 为 54 倍。

2）数据处理与外包：PE 中国为 50 倍，美国为 37 倍。中国拉卡拉公司总市值、总收入、净利润均为产业第 1，PE 为 43 倍。美国 Visa 公司的总市值、总收入、净利润也均为产业第 1，PE 为 30 倍。

3）通信设备：PE 中国为 36 倍，美国为 24 倍。中国中兴通讯总市值、总收入、净利润均为产业第 1，PE 为 34 倍。美国思科公司的总市值、总收入、净利润也均为产业第 1，PE 为 18.5 倍。

中国产业 PE 显著高于美国（以高 2 倍为标准）的产业有 13 个：保健护理设施、金属非金属、汽车制造、计算机存储与外围设备、广告、生物科技、半导体设备、航天航空与国防、个人用品、投资银行业与经纪业、航空、有线和卫星电视、信息科技咨询与其他服务；美国产业 PE 显著高于中国产业的有 6 个：新能源发电业者、房地产开发、建筑与工程、建材、复合型公用事业、铁路运输。

出乎我们意料的是，用股市全体盈利企业的总市值除以全体盈利企业的总利润，中国股市的整体 PE 为 13.5 倍，美国股市的整体 PE 为 18.3 倍。如果中国与美国的 PE 一样，中国产业的总市值和企业平均市值就会降低 3 倍。这就是综合观察的直接效果。

1.4.4 中美产业净资产收益率比较

中美产业绩效研究的第三个指标是 ROE。ROE 有多种算法，对于产业 ROE，我们用该产业的盈利企业利润与相应的股东权益进行计算。此外，我们还剔除了产业内盈利企业少于 5 家的产业。这样，中国具有有效 ROE 的产业 97 个，占全产业的 60%；美国具有有效 ROE 的产业 130 个，占全产业的 80%。数据比较如下。

1）美国 ROE 高于 40% 的产业有 1 个，中国没有。美国的系统软件业 ROE 高达 44%，该产业企业数量为 27 家。美国 ROE 超过中国产业 ROE 最高值的产业有 17 个。

2）中国 ROE 高于 20% 的产业有 4 个，占 4%，其中 ROE 最高的产业为白酒与葡萄酒，为 24%；ROE 介于 10%～20% 之间的产业有 47 个，占 48%；ROE 小于 10% 的产业有 46 个，占 47%。

3）美国 ROE 高于 20% 的产业有 36 个，占 28%，其中超过 30% 的产业 10 个；ROE 介于 10%～20% 之间的产业有 69 个，占 53%；ROE 小于 10% 的产业有 25 个，占 19%。

4）中美 ROE 均高于 20% 的产业有 2 个，分别是家用电器和软饮料。

中美 ROE 排在前 36 位的产业如表 1-38 所示。

表 1-38　中美 ROE 前 36 位的产业

四级产业（中国）	ROE（%）	四级产业（美国）	ROE（%）
白酒与葡萄酒	25	系统软件	44
家用电器	22	鞋类	38
软饮料	20	食品分销商	37
电子制造服务	20	航空货运与物流	36
食品加工与肉类	18	出版	34
建材	17	广告	34
家庭装饰品	17	个人用品	32
电子设备和仪器	16	服装零售	32
医疗保健设备	16	通信设备	32
房地产开发	15	煤炭与消费用燃料	30
酒店、度假村与豪华游轮	15	软饮料	29
教育服务	15	生物科技	29
家庭娱乐软件	14	西药	29
医疗保健用品	13	信息科技咨询与其他服务	28
生物科技	13	综合货品商店	28
调查和咨询服务	12	家用电器	27
商业印刷	12	航天航空与国防	26
服装、服饰与奢侈品	12	基础化工	25
航空货运与物流	12	半导体设备	25
纸包装	12	铁路运输	25
互联网软件与服务	12	建筑机械与重型卡车	24
药品零售	12	汽车零售	24
化纤	12	电子元件	23
区域性银行	11	计算机存储与外围设备	22
保健护理产品经销商	11	半导体产品	22
煤炭与消费用燃料	11	互联网零售	21
新能源发电业者	11	纸制品	21
农产品	11	医疗保健用品	21
多元化银行	11	家庭用品	21
中药	11	家庭娱乐软件	20
建筑机械与重型卡车	11	综合支持服务	20
林木产品	11	航空	20
个人用品	11	专卖店	20
公路与铁路	10	餐馆	20
生命科学工具和服务	10	机动车零配件与设备	20
铁路运输	10	化肥与农用化工	20

我们还注意到，在剔除的盈利企业数量小于 5 的产业中，美国有 12 个产业的 ROE 高于 20%，其中 ROE 超过 40% 的产业有 5 个，最高为 119.6%；而中国只有 2 个，最高值为 22%。

从总体情况来看，美国产业的 ROE 显著高于中国。

1.4.5 中美产业集中度与市值集中度分析

产业经济学里有一个产业集中度的概念，通常是指产业内前几家最大的企业所占市场份额（产值、产量、销售额、销售量、职工人数、资产总额等）的总和。我们借助这个概念计算中美股市在四级产业中的市值集中度，用 V4 来代表某一产业前四名上市公司的市值占该产业企业总市值的比重。

就销售收入而言，为了与经济学意义上的 C4 区别开，我们用 S4 来代表某一产业前四名上市公司的销售收入占该产业企业总销售收入的比重。

利润集中度 P4 的计算分为两类：当全产业净利润为正时，若产业内均为盈利企业，则取前四名企业的净利润之和与全产业净利润之和的比值；若存在亏损企业，则取盈利企业中前四名所占比值，加 {} 符号；若全产业净利润为负，但前四名企业利润之和为正，则取其在盈利企业中所占比值，加 [] 符号；若前四名企业利润之和为负，则取亏损最多的四家企业亏损额之和占亏损总额的比值，用负数表示。

在研究中，我们以上市公司的产业集中度作为与美国企业比较的指标之一，探讨大企业的成长空间；用产业中市值最高的四家企业市值之和，通过比较中美数据来推测头部企业的价值提升空间；以及用 V4 与 S4 的比较，探讨头部企业及整个产业的市值提升空间。因为我们研究的重要目的之一是提升中国高市值企业的数量，也就是提升中国高质量领军企业的数量，所以产业的成长空间是重要的外部条件。

在研究中，我们注意到中美产业存在着不同的特点。有些产业中国没有，也不需要上市公司，如博彩业、烟草业，以及金融信托与房地产结合的专门公司等；但有些产业中国应该有上市公司而目前没有，如医疗保健技术业、管理型保健护理业、安全和报警服务业等。在 163 个 GICS-Wind 四级产业里，中国没有上市公司的产业有 29 个，美国只有 3 个——公路与铁路、化纤和中药产业；中国少于 4 家上市公司的产业有 69 个，美国有 16 个。对少于 4 家企业的产业，进行 S4 和 V4 的比较研究没有意义。

具体比较见表 1-39、表 1-40、表 1-41、表 1-42。

表1-39 中国 S4 高于美国的 31 个产业

序号	一级产业	四级产业	中国 S4	美国 S4	中国企业数量（家）	美国企业数量（家）
1	材料	黄金	0.90	0.55	10	35
2	材料	纸包装	0.88	0.72	9	8
3	工业	铁路运输	0.99	0.83	5	7
4	工业	航空	0.93	0.62	8	20
5	工业	海运	0.89	0.61	11	29
6	工业	公路运输	0.69	0.45	10	25

（续）

序号	一级产业	四级产业	中国 S4	美国 S4	中国企业数量（家）	美国企业数量（家）
7	工业	贸易公司与工业品经销商	0.66	0.34	36	38
8	工业	建筑与工程	0.65	0.58	104	29
9	公用事业	复合型公用事业	0.86	0.43	9	18
10	公用事业	电力	0.49	0.40	45	44
11	金融	资产管理与托管银行	1.00	0.43	7	100
12	金融	多元化银行	0.59	0.36	15	67
13	金融	区域性银行	0.49	0.28	21	279
14	可选消费	汽车零售	0.94	0.47	9	19
15	可选消费	消费品经销商	0.92	0.91	10	10
16	可选消费	教育服务	0.74	0.52	12	35
17	可选消费	酒店、度假村与豪华游轮	0.72	0.60	26	26
18	可选消费	服装、服饰与奢侈品	0.45	0.40	56	36
19	能源	石油与天然气的炼制和销售	0.91	0.80	11	28
20	能源	石油天然气设备与服务	0.86	0.65	19	57
21	日常消费	软饮料	1.00	0.81	5	16
22	日常消费	家庭用品	0.97	0.89	5	11
23	信息技术	电子制造服务	0.99	0.72	6	25
24	信息技术	技术产品经销商	0.94	0.65	10	16
25	信息技术	半导体设备	0.91	0.67	8	38
26	信息技术	数据处理与外包服务	0.85	0.42	8	48
27	信息技术	互联网软件与服务	0.69	0.68	43	184
28	医疗保健	保健护理服务	0.94	0.70	5	35
29	医疗保健	保健护理设施	0.91	0.75	7	24
30	医疗保健	生命科学工具和服务	0.90	0.61	8	42
31	医疗保健	医疗保健设备	0.61	0.52	25	144

表1-40 中国 V4 高于中国 S4 的 29 个产业

序号	一级产业	四级产业	中国 V4	中国 S4	企业数量（家）
1	材料	钢铁	0.42	0.38	41
2	工业	海港与服务	0.59	0.48	22
3	工业	公路与铁路	0.58	0.46	20
4	工业	建筑产品	0.31	0.27	37
5	工业	电气部件与设备	0.30	0.21	177
6	公用事业	新能源发电业者	0.74	0.70	18
7	公用事业	电力	0.56	0.49	45
8	公用事业	燃气	0.51	0.48	19
9	金融	多元化银行	0.60	0.59	15
10	可选消费	教育服务	0.84	0.74	12
11	可选消费	酒店、度假村与豪华游轮	0.78	0.72	26
12	可选消费	轮胎与橡胶	0.70	0.68	11
13	可选消费	鞋类	0.65	0.64	9
14	可选消费	广告	0.64	0.52	25

（续）

序号	一级产业	四级产业	中国 V4	中国 S4	企业数量（家）
15	可选消费	家庭装饰品	0.60	0.47	22
16	可选消费	百货商店	0.39	0.34	41
17	能源	煤炭与消费用燃料	0.63	0.61	34
18	日常消费	个人用品	0.88	0.82	7
19	日常消费	白酒与葡萄酒	0.85	0.69	29
20	日常消费	大卖场与超市	0.77	0.75	12
21	日常消费	食品加工与肉类	0.52	0.41	97
22	医疗保健	保健护理服务	0.96	0.94	5
23	医疗保健	保健护理设施	0.95	0.91	7
24	医疗保健	生命科学工具和服务	0.93	0.90	8
25	医疗保健	医疗保健设备	0.73	0.61	25
26	医疗保健	医疗保健用品	0.67	0.59	17
27	医疗保健	保健护理产品经销商	0.58	0.53	21
28	医疗保健	西药	0.37	0.22	109
29	医疗保健	生物科技	0.32	0.30	55

表 1-41　中国 S4 显著低于美国的 24 个产业

序号	四级产业	中国 S4	美国 S4	倍数	中国企业数量（家）	美国企业数量（家）
1	信息科技咨询与其他服务	0.23	0.71	3.14	73	41
2	电气部件与设备	0.21	0.62	2.95	177	40
3	基础化工	0.31	0.77	2.52	146	23
4	百货商店	0.34	0.81	2.41	41	6
5	化肥与农用化工	0.35	0.80	2.28	47	14
6	投资银行业与经纪业	0.31	0.70	2.23	46	133
7	综合类行业	0.43	0.94	2.16	31	5
8	生物科技	0.30	0.61	2.04	55	351
9	特种化工	0.24	0.49	2.03	92	37
10	房地产开发	0.48	0.97	2.02	115	10
11	出版	0.35	0.68	1.93	27	18
12	金属非金属	0.45	0.87	1.93	89	32
13	西药	0.22	0.40	1.85	109	279
14	保健护理产品经销商	0.53	0.97	1.82	21	8
15	应用软件	0.26	0.47	1.80	80	99
16	半导体产品	0.33	0.56	1.71	67	64
17	广告	0.52	0.88	1.71	25	14
18	家庭装饰品	0.47	0.79	1.69	22	12
19	钢铁	0.38	0.64	1.68	41	30
20	电子元件	0.37	0.59	1.61	134	42
21	环境与设施服务	0.37	0.59	1.59	44	34
22	农产品	0.60	0.94	1.57	35	16
23	医疗保健用品	0.59	0.89	1.51	17	35
24	家庭娱乐软件	0.62	0.93	1.50	25	10

表 1-42　中国 V4 显著低于美国的 32 个产业

序号	四级产业	中国 V4	美国 V4	倍数	中国企业数量（家）	美国企业数量（家）
1	金属非金属	0.20	0.89	4.45	89	32
2	信息科技咨询与其他服务	0.19	0.70	3.68	73	41
3	工业机械	0.12	0.39	3.25	268	86
4	特种化工	0.22	0.62	2.82	92	37
5	环境与设施服务	0.28	0.77	2.75	44	34
6	基础化工	0.29	0.78	2.69	146	23
7	化肥与农用化工	0.30	0.76	2.53	47	14
8	出版	0.32	0.81	2.53	27	18
9	电子元件	0.27	0.68	2.52	134	42
10	百货商店	0.39	0.91	2.33	41	6
11	投资银行业与经纪业	0.29	0.67	2.31	46	133
12	电气部件与设备	0.30	0.69	2.30	177	40
13	房地产开发	0.38	0.87	2.29	115	10
14	消费电子产品	0.43	0.98	2.28	20	14
15	机动车零配件与设备	0.24	0.52	2.17	131	37
16	综合类行业	0.42	0.88	2.10	31	5
17	调查和咨询服务	0.35	0.72	2.06	32	25
18	通信设备	0.33	0.66	2.00	89	70
19	应用软件	0.26	0.51	1.96	80	99
20	半导体产品	0.32	0.60	1.88	67	64
21	航天航空与国防	0.35	0.64	1.83	51	43
22	纸制品	0.50	0.89	1.78	21	11
23	林木产品	0.52	0.91	1.75	10	6
24	服装、服饰与奢侈品	0.33	0.57	1.73	56	36
25	农产品	0.52	0.89	1.71	35	16
26	电影与娱乐	0.54	0.91	1.69	30	25
27	保健护理产品经销商	0.58	0.96	1.66	21	8
28	钢铁	0.42	0.69	1.64	41	30
29	计算机硬件	0.61	1.00	1.64	16	7
30	重型电气设备	0.61	1.00	1.64	24	10
31	家庭娱乐软件	0.60	0.96	1.60	25	10
32	家用器具与特殊消费品	0.60	0.96	1.60	9	9

1.4.6　中美亏损产业分析

据统计，截至 2019 年 12 月 31 日，亏损产业，即产业净利润总值为负的产业，中国有 19 个，美国有 15 个。可分为 3 类进行统计。

- A 类：产业内企业数量小于等于 4；
- B 类：产业内企业数量大于 4，前 4 家（按净利润排序）企业净利润之和为正；

● C类：产业内企业数量大于4，前4家（按净利润排序）企业净利润之和为负。

A类产业中国有8个，美国有3个；B类产业中国有11个，美国有10个；C类产业中国没有，美国有2个（见表1-43、表1-44）。

表1-43 中国亏损产业及相关数据

四级产业	净利润（亿元）	披露企业数量（家）	前4家净利润（亿元）	类型
非传统电信运营商	-48.68	4	-48.68	A
白银	-43.49	1	-43.49	A
石油与天然气的储存和运输	-39.12	3	-39.12	A
财产与意外伤害保险	-27.96	1	-27.96	A
互联网零售	-15.17	2	-15.17	A
多领域控股	-0.93	1	-0.93	A
特殊消费者服务	-0.90	2	-0.90	A
餐馆	-0.45	3	-0.45	A
化肥与农用化工	-354.05	47	65.02	B
电影与娱乐	-144.61	30	36.54	B
互联网软件与服务	-89.93	44	84.13	B
信息科技咨询与其他服务	-63.58	74	31.40	B
通信设备	-31.14	91	110.46	B
保健护理设施	-28.68	7	13.48	B
广告	-22.25	25	31.52	B
消费电子产品	-10.58	20	29.51	B
保健护理服务	-7.66	5	7.88	B
数据处理与外包服务	-4.44	8	12.79	B
消费品经销商	-3.93	10	23.26	B

表1-44 美国亏损产业及相关数据

四级产业	净利润（TTM，亿美元）	披露企业数量（家）	前4家净利润（TTM，亿美元）	类型
轮胎与橡胶	-2.25	2	-2.25	A
售货目录零售	-0.16	2	-0.16	A
海港与服务	-0.02	2	-0.02	A
石油天然气设备与服务	-202.41	54	14.99	B
保健护理产品经销商	-38.88	8	13.04	B
黄金	-13.45	34	27.67	B
新能源发电业者	-13.27	10	1.27	B
非传统电信运营商	-6.74	8	1.83	B
农产品	-3.57	15	19.23	B
建筑与工程	-2.83	28	19.79	B
白银	-2.00	10	1.10	B
商业印刷	-1.76	7	1.25	B
铝	-1.29	6	8.64	B
石油天然气钻井	-70.12	12	-2.82	C
贵金属与矿石	-2.69	9	-0.14	C

我们注意到，在中国的亏损产业中，除了企业数量为 1 的产业外，没有出现企业全面亏损的产业；而在美国，石油天然气钻井业和贵金属与矿石业里的所有企业都在亏损。

此外，在中国的 19 个亏损产业和美国的 15 个亏损产业中，相同的产业只有 2 个：白银、非传统电信运营商。美国股市的白银业有 10 家企业，其中 4 家盈利、6 家亏损；中国股市的白银业只有 1 家企业，净利润为负。美国股市的非传统电信运营商有 9 家企业，除去未披露数据的 1 家，2 家盈利、6 家亏损；中国股市的非传统电信运营商有 4 家，3 家盈利、1 家亏损。

在中国的亏损产业中，亏损额排名第一的是化肥与农用化工业，总亏损额为 507 亿元，算上盈利企业的净利润，全产业净亏损额为 354.05 亿元。在产业的 47 家企业中，亏损企业有 10 家，盈利企业有 37 家，但是亏损额大大高于盈利额。盈利企业的前 4 名为：华鲁恒升（24.5 亿元）、鲁西化工（16.9 亿元）、新奥股份（11.8 亿元）、扬农化工（11.7 亿元）；亏损企业的前 4 名为：*ST 盐湖（–466.6 亿元）、ST 柳化（–18.8 亿元）、*ST 金正（–7.4 亿元）、阳煤化工（–7.1 亿元）。

在中国的亏损产业中，亏损额排名第二的是电影与娱乐业，总亏损额为 194 亿元，算上盈利的部分，净亏损额为 144.61 亿元。在产业的 30 家企业中，亏损企业有 16 家，盈利企业有 14 家，数量基本相当，但是亏损额大于盈利额。盈利企业的前 4 名为：中国电影（12.4 亿元）、芒果超媒（11.6 亿元）、光线传媒（9.5 亿元）、横店影视（3.1 亿元）；亏损企业的前 4 名为：万达电影（–47.2 亿元）、华谊兄弟（–40.2 亿元）、北京文化（–23.2 亿元）、ST 中南（–18 亿元）。电影与娱乐业亏损额排名第二，恐怕超出很多人的意料。相对于中国电影与娱乐业的惨淡现状，美国该产业的净利润为 127.38 亿美元，盈利企业有 14 家，利润总额为 137.53 亿美元，亏损企业 8 家。

在亏损产业中，企业数量最多的是信息科技咨询与其他服务业，共有 74 家企业，其中亏损企业有 15 家，盈利企业有 59 家。然而，全产业利润总额为负，盈利企业基本为微利，而亏损企业为巨亏。盈利的企业有：千方科技（10.7 亿元）、思维列控（8 亿元）、佳都科技（6.8 亿元）、华宇软件（5.8 亿元）；亏损的企业有：天夏智慧（–50.7 亿元）、ST 工新（–38.6 亿元）、捷成股份（–23.8 亿元）、神州泰岳（–14.7 亿元）。在该产业中，盈利小于 5000 万元的企业有 12 家，盈利为 5000 万～1 亿元的企业有 16 家，因此微利企业有 28 家。这种局面造成了产业整体亏损。相对于中国，美国该产业净利润为 230.25 亿美元，盈利企业 23 家，利润总额为 231.22 亿美元，亏损企业为 13 家，亏损总额为 0.97 亿美元。

1.4.7 中美产业盈利性分析

美国净利润为正的产业有 145 个，中国有 115 个。中国有 29 个产业没有上市公司，美国只有 3 个。中国盈利产业的比重为 85.8%，美国为 90.6%。

按照产业内企业亏损总额占利润总额的比重，将产业分为绝对盈利产业（无亏损产业）、相对盈利产业（比重不超过 10%、10%～20%、20%～50%、50%～100%）2 大类（5 小类）。具体数据如表 1-45 所示。

表 1-45 中美盈利产业数量对比 （个）

国别	绝对盈利	不超过 10%	10%～20%	20%～50%	50%～100%
美国	17	79	19	25	5
中国	42	59	11	12	3

美国 17 个绝对盈利产业与中国 42 个绝对盈利产业详情见表 1-46、表 1-47。

表 1-46 美国绝对盈利产业

四级产业	企业数量（家）
办公电子设备	1
金融交易所和数据	1
摄影用品	1
工业气体	2
纺织品	3
大卖场与超市	4
机场服务	5
多领域控股	6
家用电器	6
铁路运输	7
鞋类	7
医疗保健地产投资信托	8
工业房地产投资信托	9
纸包装	9
家庭用品	11
保险经纪商	13
办公服务与用品	15

表 1-47 中国绝对盈利产业

四级产业	企业数量（家）
独立电力生产商与能源贸易商	1
综合电信服务	1
家庭装饰零售	1
多元化工	1
贵金属与矿石	1

(续)

四级产业	企业数量（家）
系统软件	1
人力资源与就业服务	1
售货目录零售	1
食品零售	2
工业气体	2
多元化保险	3
综合性石油天然气	3
人寿与健康保险	3
石油天然气钻井	3
办公服务与用品	3
农用农业机械	3
机场服务	4
其他多元金融服务	4
石油天然气勘探与生产	4
休闲设施	4
食品分销商	4
综合支持服务	4
摩托车制造	4
房地产服务	4
铁路运输	5
电子制造服务	6
药品零售	6
个人用品	7
航空	8
生命科学工具和服务	8
家用器具与特殊消费品	9
鞋类	9
技术产品经销商	10
房地产经营公司	11
石油与天然气的炼制和销售	11
水务	14
多元化银行	15
医疗保健用品	17
公路与铁路	20
区域性银行	21
海港与服务	22
投资银行业与经纪业	46

从上面的表中我们可以看到：

1）在美国的绝对盈利产业中，企业数量不超过4家的产业有6个，超过4家的产业有11个。在中国，企业数量不超过4家的产业有24个，超过4家的产业有

18 个。

在中国的 18 个绝对盈利产业（企业数量超过 4 家）中，家庭用品、软饮料、药品零售、个人用品、轮胎与橡胶 5 个产业是竞争性产业，其他基本都是资源相对垄断性产业。

在美国的 11 个绝对盈利产业（企业数量超过 4 家）中，可能只有机场服务和铁路运输是资源相对垄断性产业，其余 9 个都是竞争性产业。

2）在美国，亏损总额不超过全产业利润总额 20% 的产业占 68%，在中国占 44%。

3）在美国，虽然全产业利润总额为正，但亏损总额占利润总额 40%～50% 的产业却有 13 个，在中国有 18 个。

4）中美绝对盈利的相同产业有：工业气体、机场服务、铁路运输、家庭用品、办公服务与用品。美国经过长期竞争留下的传统产业，如纺织品、家用电器、鞋类、纸包装、家庭用品、办公服务与用品等，令人印象深刻。中国与个人消费相关的绝对盈利产业，如家庭用品、办公与服务用品、软饮料、药品零售、个人用品等，也令人印象深刻。

5）虽然全产业利润总额为正，但是亏损总额与利润总额接近的产业，美国有 5 个，分别是：抵押房地产投资信托Ⅳ、多样化房地产投资信托、复合型公用事业、家庭装饰零售、生物科技；中国有 10 个，分别是：出版、纺织品、服装、服饰与奢侈品、工业机械、环境与设施服务、教育服务、特殊金融服务、通信设备、休闲用品。

1.5　中国领军企业分析

波士顿咨询公司（BCG）曾经对美国上市公司 1950～2011 年的绩效进行了分析，发现仅有 2% 的公司市值增长无论是在顺境还是在逆境中都超过了行业平均水平。这引发了我们对中国上市公司进行同类研究的设想。美国股市始于 1811 年，至今已有 209 年历史。在过去的半个世纪里，每个行业以及整个经济社会至少遇到了一至两次重大危机。中国股市只有 25 年历史（加上试点期共 31 年），大部分上市公司的历史少于 20 年。以中国现在 3700 多家上市公司的数量计算，2% 就是 70 家左右，按 3% 计算就是 100 家左右。

好企业应当经过历史检验；好企业应当至少经历过两次以上重大危机的考验；好企业无论是在顺境还是在逆境，都应该有相对好的业绩。我们相信，国家竞争在于经济竞争，经济竞争在于企业竞争。

1.5.1 中国产业领军企业的排名

对企业数据进行排名有三个指标,一是销售收入,二是净利润,三是市值。《财富》世界500强企业的排名考察的是销售收入,所以其所涵盖企业不只有上市公司,但是最近《财富》发布的中国500强企业全部是上市公司。对于上市公司,最能反映企业价值的单一指标是市值。

销售收入反映的是企业规模,它是产生利润的基础。市值反映的是对企业未来发展的预期。净利润是企业健康或优秀程度的重要指标。如果做一个简单区分,那么销售收入代表过去对现在的积累,净利润代表当期的健康程度,市值代表对未来的预期。

对于产业领军企业的排名,在本研究中,我们以市值作为主要指标,以销售收入和净利润作为辅助指标,按0.5∶0.25∶0.25的权重进行计算。以此为依据,我们对中国130家高市值企业进行了排名(见表1-48)。

表1-48 2019年高市值企业综合指标排名

股票简称	综合排名	市值排名	销售收入排名	净利润排名	加权合计
工商银行	1	1	5	1	2
中国平安	2	2	4	5	3.25
建设银行	3	3	10	2	4.5
农业银行	4	5	11	3	6
中国石油	5	7	2	9	6.25
中国石化	6	10	1	8	7.25
中国银行	7	6	14	4	7.5
中国人寿	8	9	9	14	10.25
招商银行	9	8	23	6	11.25
邮储银行	10	12	22	12	14.5
交通银行	11	16	27	7	16.5
兴业银行	12	13	33	10	17.25
万科A	13	21	18	15	18.75
美的集团	14	15	21	28	19.75
中国建筑	15	33	3	11	20
贵州茅台	16	4	54	19	20.25
浦发银行	17	19	31	13	20.5
中国神华	18	22	25	17	21.5
中国人保	19	26	12	24	22
上汽集团	20	30	7	22	22.25
中国太保	21	24	17	25	22.5
格力电器	22	17	30	29	23.25
工业富联	23	20	16	38	23.5

（续）

股票简称	综合排名	市值排名	销售收入排名	净利润排名	加权合计
中信银行	24	31	32	18	28
平安银行	25	23	41	26	28.25
民生银行	26	32	34	16	28.5
海螺水泥	27	28	38	23	29.25
保利地产	28	40	26	20	31.5
五粮液	29	11	72	39	33.25
长江电力	30	14	73	34	33.75
光大银行	31	36	44	21	34.25
中国中车	32	38	28	48	38
中国中铁	33	60	6	27	38.25
中国联通	34	43	20	59	41.25
中国铁建	35	66	8	30	42.5
中国交建	36	65	13	32	43.75
海康威视	37	25	71	55	44
中信证券	38	29	80	53	47.75
招商蛇口	39	53	50	37	48.25
温氏股份	40	44	63	47	49.5
宝钢股份	41	68	19	50	51.25
新华保险	42	64	35	46	52.25
伊利股份	43	42	53	73	52.5
中国广核	44	50	68	44	53
万华化学	45	45	65	60	53.75
恒瑞医药	46	18	96	87	54.75
海尔智家	47	70	29	56	56.25
顺丰控股	48	49	47	82	56.75
上海银行	49	62	74	36	58.5
宁波银行	50	52	84	49	59.25
潍柴动力	51	72	36	57	59.25
三一重工	52	59	61	58	59.25
宁德时代	53	34	78	91	59.25
海天味业	54	27	101	86	60.25
华夏银行	55	79	57	31	61.5
中国国航	56	67	42	72	62
大秦铁路	57	74	60	42	62.5
北京银行	58	76	66	33	62.75
中国中免	59	46	75	85	63
华泰证券	60	47	94	65	63.25
中兴通讯	61	61	52	80	63.5
牧原股份	62	41	100	75	64.25
海通证券	63	56	85	61	64.5
洋河股份	64	48	97	70	65.75
绿地控股	65	107	15	35	66

（续）

股票简称	综合排名	市值排名	销售收入排名	净利润排名	加权合计
中信建投	66	37	107	84	66.25
迈瑞医疗	67	35	104	93	66.75
国泰君安	68	55	92	66	67
上港集团	69	63	83	63	68
恒力石化	70	82	49	62	68.75
苏宁易购	71	95	24	64	69.5
三六零	72	51	111	77	72.5
中油资本	73	86	87	41	75
华夏幸福	74	105	48	45	75.75
紫金矿业	75	85	43	90	75.75
陕西煤业	76	102	62	40	76.5
比亚迪	77	78	45	108	77.25
广汽集团	78	83	70	74	77.5
新城控股	79	104	55	51	78.5
浙商银行	80	93	76	52	78.5
上海机场	81	57	114	88	79
申万宏源	82	75	95	79	81
华域汽车	83	111	40	67	82.25
招商证券	84	81	102	71	83.75
药明康德	85	58	110	110	84
清溢光电	86	39	129	129	84
双汇发展	87	94	69	81	84.5
泸州老窖	88	69	105	95	84.5
江苏银行	89	109	79	43	85
广发证券	90	88	98	69	85.75
云南白药	91	80	93	97	87.5
新希望	92	108	59	76	87.75
东方航空	93	106	46	99	89.25
南方航空	94	110	39	100	89.75
中国重工	95	77	82	125	90.25
隆基股份	96	97	88	83	91.25
国电南瑞	97	92	90	94	92
徕木股份	98	54	130	130	92
华能国际	99	115	37	104	92.75
韦尔股份	100	71	108	124	93.5
闻泰科技	101	89	81	118	94.25
中国核电	102	117	77	68	94.75
爱尔眼科	103	73	117	116	94.75
国信证券	104	91	106	92	95
山东黄金	105	98	67	117	95
洛阳钼业	106	103	64	114	96
南京银行	107	123	89	54	97.25

（续）

股票简称	综合排名	市值排名	销售收入排名	净利润排名	加权合计
荣盛石化	108	116	58	101	97.75
中国银河	109	101	103	89	98.5
中公教育	110	84	118	113	99.75
长城汽车	111	130	51	96	101.75
东方财富	112	87	124	112	102.5
华能水电	113	119	99	78	103.75
分众传媒	114	99	112	111	105.25
汇顶科技	115	96	123	107	105.5
永辉超市	116	126	56	115	105.75
长春高新	117	100	121	106	106.75
中海油服	118	118	91	103	107.5
韵达股份	119	124	86	102	109
福光股份	120	90	128	128	109
智飞生物	121	113	115	105	111.5
山西汾酒	122	114	113	109	112.5
宝丰能源	123	129	109	98	116.25
澜起科技	124	112	126	123	118.25
科大讯飞	125	120	116	122	119.5
三安光电	126	122	120	120	121
用友网络	127	128	119	119	123.5
金山办公	128	121	127	126	123.75
方正证券	129	127	122	121	124.25
艾华集团	130	125	125	127	125.5

1.5.2　中国产业领军企业的分类

截至 2019 年 12 月 31 日，在 163 个 GICS-Wind 四级产业中，中国有 29 个产业的企业数量是 0。在这样的产业里是否有机会？这是个见仁见智的问题。例如，在营销学中有个经典的故事，说两位销售员到一个岛上推销鞋，看到岛上的渔民都不穿鞋，而他们得出了截然不同的结论：一人认为岛上没有鞋的市场，另一人则认为岛上鞋的市场很大。

此外，在 3760 家 A 股上市公司所在的 134 个产业中，有 35 个产业的上市公司数量小于或等于 4。其中有一些未必是由于垄断，我们将另做分析。

剔除以上两类产业后，我们对 99 个产业中综合排名第一的企业进行了分类：第一类市值、销售收入、净利润三个指标均位列第一，为绝对领先企业；第二类其中两项指标排名第一，为相对领先企业；第三类只有一项指标排名第一或均不是第一，为微弱领先企业。具体见表 1-49、表 1-50、表 1-51。

表1-49 46家绝对领先企业

股票简称	公司属性	市值（亿元）	销售收入（TTM，亿元）	净利润（TTM，亿元）	市值排名	销售收入排名	净利润排名	四级产业	上市公司数量（家）
工商银行	公众企业	20 518.1	8 551.6	3 133.6	1	1	1	多元化银行	15
贵州茅台	地方国有企业	14 860.8	888.5	439.7	1	1	1	白酒与葡萄酒	29
美的集团	民营企业	4 061.1	2 793.8	252.8	1	1	1	家用电器	51
工业富联	公众企业	3 627.5	4 087.0	186.1	1	1	1	电子制造服务	6
中国神华	中央国有企业	3 505.2	2 418.7	515.4	1	1	1	煤炭与消费用燃料	34
海康威视	中央国有企业	3 059.6	576.6	124.7	1	1	1	电子设备和仪器	82
海螺水泥	地方国有企业	2 853.1	1 570.3	343.5	1	1	1	建材	43
中信证券	公众企业	2 852.0	431.4	126.5	1	1	1	投资银行业与经纪业	46
上汽集团	地方国有企业	2 786.5	8 433.2	352.9	1	1	1	汽车制造	24
中国建筑	中央国有企业	2 359.0	14 198.4	632.1	1	1	1	建筑与工程	104
宁德时代	民营企业	2 349.7	457.9	50.1	1	1	1	电气部件与设备	177
迈瑞医疗	外资企业	2 211.3	165.6	46.8	1	1	1	医疗保健设备	25
中国中车	中央国有企业	1 959.4	2 290.1	138.2	1	1	1	建筑机械与重型卡车	45
药明康德	民营企业	1 511.6	128.7	19.1	1	1	1	生命科学工具和服务	8
中兴通讯	公众企业	1 390.2	907.4	57.8	1	1	1	通信设备	89
上港集团	地方国有企业	1 337.1	361.0	99.3	1	1	1	海港与服务	22
宝钢股份	中央国有企业	1 278.6	2 920.6	134.7	1	1	1	钢铁	41
爱尔眼科	民营企业	1 225.5	99.9	14.3	1	1	1	保健护理设施	7
大秦铁路	中央国有企业	1 220.6	799.2	151.7	1	1	1	铁路运输	5
恒力石化	民营企业	1 131.9	1 007.8	101.1	1	1	1	化纤	23
中公教育	民营企业	1 102.7	91.8	18.0	1	1	1	教育服务	12
紫金矿业	地方国有企业	1 100.9	1 361.0	50.6	1	1	1	黄金	10
中油资本	中央国有企业	1 099.0	331.3	152.2	1	1	1	多元资本市场	5

(续)

股票简称	公司属性	市值（亿元）	销售收入（TTM，亿元）	净利润（TTM，亿元）	市值排名	销售收入排名	净利润排名	四级产业	上市公司数量（家）
新希望	民营企业	841.1	820.5	61.8	1	1	1	农产品	35
华域汽车	地方国有企业	819.4	1 440.2	85.2	1	1	1	机动车零配件与设备	131
中国核电	中央国有企业	778.3	460.7	84.1	1	1	1	新能源发电业者	18
永辉超市	公众企业	721.6	848.8	14.5	1	1	1	大卖场与超市	12
世纪华通	民营企业	680.8	146.9	27.4	1	1	1	家庭娱乐软件	25
上海电气	地方国有企业	674.7	1 275.1	58.1	1	1	1	重型电气设备	24
青岛啤酒	地方国有企业	662.1	279.8	19.3	1	1	1	啤酒	7
紫光股份	中央国有企业	645.6	541.0	30.7	1	1	1	计算机硬件	16
乐普医疗	民营企业	589.4	78.0	17.2	1	1	1	医疗保健用品	17
中远海控	中央国有企业	583.1	1 510.6	103.5	1	1	1	海运	11
欧派家居	民营企业	491.6	135.3	18.4	1	1	1	家庭装饰品	22
上海医药	地方国有企业	478.1	1 865.7	48.3	1	1	1	保健护理产品经销商	21
浙江龙盛	民营企业	470.8	213.6	53.1	1	1	1	特种化工	92
上海石化	中央国有企业	357.2	1 003.5	22.3	1	1	1	石油与天然气的炼制和销售	11
拉卡拉	公众企业	313.9	49.0	8.2	1	1	1	数据处理与外包服务	8
养元饮品	民营企业	306.1	74.6	27.0	1	1	1	软饮料	5
江苏国信	地方国有企业	291.3	210.9	31.2	1	1	1	资产管理与托管银行	7
玲珑轮胎	民营企业	275.2	171.6	16.7	1	1	1	轮胎与橡胶	11
广汇汽车	民营企业	266.0	1 704.6	33.2	1	1	1	汽车零售	9
深圳燃气	地方国有企业	225.3	140.3	11.1	1	1	1	燃气	19
深科技	中央国有企业	179.2	132.2	4.4	1	1	1	计算机存储与外围设备	6
劲嘉股份	民营企业	167.1	39.9	9.7	1	1	1	商业印刷	12
大亚圣象	民营企业	77.5	73.0	7.4	1	1	1	林木产品	10

表1-50　39家相对领先企业

股票简称	公司属性	市值（亿元）	销售收入（TTM,亿元）	净利润（TTM,亿元）	市值排名	销售收入排名	净利润排名	四级产业	上市公司数量（家）
长江电力	中央国有企业	4 043.6	498.7	215.7	1	6	1	电力	45
恒瑞医药	民营企业	3 870.8	232.9	53.3	1	2	1	西药	109
万科A	公众企业	3 599.2	3 678.9	551.3	1	2	1	房地产开发	115
立讯精密	民营企业	1 958.3	625.2	49.3	1	3	1	电子元件	134
万华化学	地方国有企业	1 763.6	680.5	105.9	1	2	1	基础化工	146
顺丰控股	民营企业	1 641.8	1 121.9	56.2	1	2	1	航空货运与物流	32
三六零	民营企业	1 590.2	128.4	59.5	1	2	1	互联网软件与服务	43
中国国航	中央国有企业	1 288.6	1 361.8	72.5	1	2	1	航空	8
北京银行	公众企业	1 200.9	631.3	215.9	3	1	1	区域性银行	21
云南白药	公众企业	1 142.4	296.6	41.7	1	2	1	中药	69
隆基股份	民营企业	936.6	329.0	55.6	3	1	1	半导体产品	67
分众传媒	外资企业	918.8	121.4	18.6	1	4	1	广告	25
智飞生物	民营企业	794.6	105.9	23.7	2	1	1	生物科技	55
华侨城A	中央国有企业	639.0	600.3	143.4	2	1	1	酒店、度假村与豪华游轮	26
居然之家	民营企业	599.6	90.9	31.5	1	13	1	百货商店	41
美年健康	民营企业	583.7	85.3	−7.1	1	1	4	保健护理服务	5
中国铝业	中央国有企业	557.3	1 900.7	14.9	1	1	3	铝	24
江西铜业	地方国有企业	484.6	2 403.6	21.8	2	1	1	金属非金属	89
陆家嘴	地方国有企业	470.6	147.7	49.7	1	2	1	综合类行业	31
杰瑞股份	民营企业	354.0	69.3	13.9	1	5	1	石油天然气设备与服务	19
雅戈尔	民营企业	349.5	124.2	39.5	1	7	1	服装、服饰与奢侈品	56
华鲁恒升	地方国有企业	323.2	141.9	24.5	1	8	1	化肥与农用化工	47
申能股份	地方国有企业	285.4	388.4	28.3	2	1	1	复合型公用事业	9
中集集团	公众企业	283.9	858.2	25.1	4	1	1	工业机械	268
重庆水务	地方国有企业	268.8	56.4	16.7	1	2	1	水务	14
物产中大	地方国有企业	265.8	3 589.2	39.1	1	1	2	贸易公司与工业品经销商	36
太阳纸业	民营企业	255.0	227.6	22.0	1	3	1	纸制品	21
碧水源	民营企业	240.5	122.6	14.4	1	3	1	环境与设施服务	44
辽宁成大	地方国有企业	233.0	177.5	13.3	1	2	1	消费品经销商	10

（续）

股票简称	公司属性	市值（亿元）	销售收入（TTM，亿元）	净利润（TTM，亿元）	市值排名	销售收入排名	净利润排名	四级产业	上市公司数量（家）
裕同科技	民营企业	232.9	98.4	10.7	1	2	1	纸包装	9
上海家化	公众企业	207.7	76.0	5.6	2	1	1	个人用品	7
伟星新材	民营企业	207.2	46.6	9.8	1	5	1	建筑产品	37
江苏有线	公众企业	199.0	76.5	3.8	1	1	4	有线和卫星电视	13
中顺洁柔	民营企业	165.7	66.3	6.0	1	2	1	家庭用品	5
兆驰股份	民营企业	157.5	133.0	11.8	1	4	1	消费电子产品	20
奥瑞金	民营企业	103.9	93.7	6.9	3	1	1	金属与玻璃容器	15
浙江永强	民营企业	91.2	46.9	5.0	4	1	1	休闲用品	19
大众交通	其他企业	88.0	38.0	10.3	1	4	1	公路运输	10
好太太	民营企业	55.6	12.6	2.8	1	4	1	家用器具与特殊消费品	9

表 1-51　14家微弱领先企业

股票简称	公司属性	市值（亿元）	销售收入（TTM，亿元）	净利润（TTM，亿元）	市值排名	销售收入排名	净利润排名	四级产业	上市公司数量（家）
伊利股份	公众企业	1 886.2	902.2	69.5	3	1	2	食品加工与肉类	97
科大讯飞	中央国有企业	758.1	100.8	9.4	1	2	4	应用软件	80
芒果超媒	地方国有企业	622.4	125.0	11.6	1	2	2	电影与娱乐	30
宁沪高速	地方国有企业	545.0	100.8	43.0	1	2	2	公路与铁路	20
航发动力	中央国有企业	487.8	252.1	11.1	2	3	1	航天航空与国防	51
北方华创	地方国有企业	431.8	40.6	3.7	2	1	3	半导体设备	8
大参林	民营企业	281.9	111.4	7.0	1	3	2	药品零售	6
千方科技	民营企业	269.0	87.2	10.7	2	3	1	信息科技咨询与其他服务	73
小商品城	地方国有企业	210.7	40.4	12.5	2	2	1	房地产经营公司	11
凤凰传媒	地方国有企业	193.7	125.9	14.1	2	1	3	出版	27
深圳华强	民营企业	148.9	143.6	7.2	1	5	2	技术产品经销商	10
星期六	外资企业	145.3	20.9	1.6	1	3	2	鞋类	9
华孚时尚	民营企业	111.5	158.9	4.1	2	2	7	纺织品	33
苏交科	民营企业	79.4	59.7	7.4	3	2	1	调查和咨询服务	32

从表 1-49 可以看出，在公众企业里，有 3 家其实是国有企业：工商银行、中信证券、中兴通讯。因此，如果仅分为国有与非国有，在这 46 家企业里，国有企业占 57%。此外，超百亿美元市值的企业占 59%。我们可以认为，在绝对领先企业中，国有企业占据主要地位。此外，产业老大的发展空间还很大。

在表 1-50 的 39 家企业里，国有企业占 31%，超百亿美元市值的企业占 33%。可以看到，在相对领先企业中，非国有企业有较大的发展空间。

在表 1-51 的 14 家企业里，国有企业占 50%，超百亿美元市值的企业占 14%。我们认为，微弱领先企业需要加倍努力，以维持龙头地位。

由此我们认为，在领军企业中，国有企业与民营企业各占半壁江山，这是中国的特殊情况；在全产业分布中，拥有绝对领先地位的企业不多，市场期待出现更多这样的企业；在相对领先和微弱领先的企业对应的产业中，很多企业有争夺产业老大地位的空间；中国无上市公司和少于 5 家上市公司的产业数量达 64 个，企业可能的发展空间也较大。

1.6 中国若干产业领军企业分析

1.6.1 中国信息技术产业领军企业

20 世纪 80 年代初，托夫勒的《第三次浪潮》风靡全球。他在该书中宣称，信息革命到来了，穷国和富国将站在同一起跑线上。近 40 年过去了，中国这个当时的穷国现已发展成世界第二大经济体，中国的信息技术产业毫无疑问已经成为国民经济的支柱产业，在世界上也占有重要地位。但是，我们仍然与美国有巨大差距，这从两国上市公司的数据中可以略见端倪。

在信息技术产业（一级产业）里，中国有 648 家上市公司，美国有 708 家上市公司。中国上市公司平均市值是 20 亿美元，美国上市公司平均市值是 154 亿美元；超百亿美元市值的公司美国有 129 家，中国有 17 家。

我们先在信息技术产业的 16 个四级产业中选出产业的前四名企业（见表 1-52），其中系统软件业只有 1 家上市公司，办公电子设备业没有上市公司。

从表 1-52 中，我们可以一览中国信息技术产业领军企业的状况。在 16 个四级产业里，有 7 个产业有超百亿美元市值的上市公司。未来，中国在该产业还缺 100 家超百亿美元市值的企业。

表1-52　信息技术四级产业排名前四的企业

四级产业	股票简称	市值（亿美元）	营业收入（亿美元）	净利润（亿美元）	综合得分排名	市值排名	营业收入排名	净利润排名
半导体产品	隆基股份	936.6	329.0	55.6	1	3	1	1
	汇顶科技	940.2	64.7	23.2	2	2	14	2
	韦尔股份	1 238.5	136.3	7.1	3	1	8	10
	三安光电	748.8	74.6	13.0	4	5	12	3
半导体设备	北方华创	431.8	40.6	3.7	1	2	1	3
	晶盛机电	201.9	31.1	6.2	2	3	2	1
	中微公司	494.2	19.5	1.9	3	1	4	4
	捷佳伟创	121.2	25.3	3.7	4	4	3	2
计算机存储与外围设备	深科技	179.2	132.2	4.4	1	1	1	1
	新北洋	80.6	24.5	3.9	2	2	2	2
	亚世光电	34.7	4.5	0.8	3	4	5	3
	雷柏科技	36.4	4.5	-1.7	4	3	4	6
计算机硬件	紫光股份	645.6	541.0	30.7	1	1	1	1
	中国长城	455.6	108.4	11.7	2	2	4	2
	浪潮信息	388.1	516.5	9.6	3	3	2	3
	中科曙光	311.3	95.3	6.4	4	4	5	6
电子设备和仪器	海康威视	3 059.6	576.6	124.7	1	1	1	1
	大华股份	598.0	261.5	31.6	2	2	3	2
	航天信息	431.5	339.0	24.1	3	3	2	3
	大族激光	426.8	95.6	6.2	4	4	4	4
电子元件	立讯精密	1 958.3	625.2	49.3	1	1	3	1
	TCL科技	604.7	750.8	36.6	2	6	2	2
	鹏鼎控股	1 037.8	266.1	29.2	3	3	8	3
	领益智造	740.7	239.2	18.9	4	4	9	5
电子制造服务	工业富联	3 627.5	4 087.0	186.1	1	1	1	1
	环旭电子	419.0	372.0	12.6	2	2	2	2
	光弘科技	120.3	21.9	4.2	3	3	4	3
	卓翼科技	53.1	33.4	0.5	4	4	3	5
技术产品经销商	深圳华强	148.9	143.6	7.2	1	1	5	2
	神州数码	129.8	868.0	7.0	2	2	2	3
	海航科技	81.7	3 271.5	8.7	3	5	1	1
	爱施德	94.3	559.7	3.2	4	3	3	4
通信设备	中兴通讯	1 390.2	907.4	57.8	1	1	1	1
	闻泰科技	1 039.7	415.8	13.8	2	2	2	5
	传音控股	365.0	253.5	18.0	3	5	5	3
	中天科技	254.5	387.7	19.7	4	8	3	2
互联网软件与服务	三六零	1 590.2	128.4	59.5	1	1	2	1
	光环新网	309.6	71.0	8.0	2	3	6	3
	同花顺	586.6	17.4	9.0	3	2	18	2
	二三四五	186.4	24.4	7.7	4	7	12	4
家庭娱乐软件	世纪华通	680.8	146.9	27.4	1	1	1	1
	三七互娱	568.8	132.3	24.2	2	3	2	2
	完美世界	570.8	80.4	14.5	3	2	3	3
	巨人网络	365.6	25.7	8.5	4	4	6	6

（续）

四级产业	股票简称	市值（亿美元）	营业收入（亿美元）	净利润（亿美元）	综合得分排名	市值排名	营业收入排名	净利润排名
系统软件	中科创达	181.7	18.3	2.4	1	1	1	1
应用软件	科大讯飞	758.1	100.8	9.4	1	1	2	4
	用友网络	711.1	85.1	13.2	2	3	3	2
	恒生电子	624.3	38.7	14.2	3	4	11	1
	深信服	467.8	45.9	7.6	4	5	9	6
数据处理与外包服务	拉卡拉	313.9	49.0	8.2	1	1	1	1
	诚迈科技	100.5	6.6	1.7	2	3	6	3
	润和软件	110.5	21.2	-18.0	3	2	2	8
	博彦科技	52.1	36.9	2.5	4	6	2	2
信息科技咨询与其他服务	千方科技	269.0	87.2	10.7	1	3	3	1
	东华软件	321.5	88.5	5.8	2	1	2	5
	华宇软件	205.6	35.1	5.8	3	2	13	4
	佳都科技	156.7	50.1	6.8	4	8	6	3

再看软件与服务业（二级产业）的 6 个四级产业。在数据处理与外包服务业、系统软件业、互联网软件与服务业，中美总市值与企业数量都差别巨大；在应用软件业，中美企业数量接近，市值差距 2.5 倍；在家庭娱乐软件业，中国企业数量是美国的 2.8 倍，市值约为美国的 2/3；在信息科技咨询与其他服务业，中国企业数量是美国的 2 倍，市值是美国的 1/5，而且，美国市值集中度 V4 为 0.72，中国为 0.16。

我们的结论是，中国软件与服务业上市公司市值的提升空间和并购成长空间巨大。尤其是信息科技咨询与其他服务业，其 V4 是所有四级产业中的倒数第二。

1. 应用软件业领军企业

中国的应用软件业共有 80 家上市公司，占上市公司总数的 2.13%；总市值 1567 亿美元，占比 1.68%，平均市值 20 亿美元。美国在这个产业里的上市公司有 99 家，占比 2.03%；总市值 10 371 亿美元，占比 2.28%，平均市值 105 亿美元。在该产业中，美国上市公司与中国上市公司的数量差距不大，但总市值美国是中国的 6.62 倍，平均市值美国是中国的 5.25 倍，且美国超百亿美元市值的上市公司有 20 家，而中国仅有 3 家。从这些数据可以看出，中国的应用软件业与美国差距很大。

应用软件业的市场集中度指标 S4 中国为 0.27，美国为 0.47；市值集中度指标 V4 中国为 0.26，美国为 0.51。可以看到，中国的产业集中度和市值集中度与美国差距很大，这意味着在这个产业中，中国领军企业无论是在销售收入方面，还是在市值方面，都有很大的提升空间。在该产业内，中市值（市值介于百亿元人民币至百亿美元之间）公司中国有 27 家，美国有 35 家；低市值（市值低于百亿元人民币）公司中国有 50 家，美国有 44 家。这一组数据中美两国相差不大。

中国应用软件业上市公司只有 5 家央企、1 家地方国企，是民营企业占主导地位的产业，是完全竞争产业。

中国应用软件业市值超过 100 亿元人民币的企业有 30 家，销售收入超过 10 亿元人民币的企业有 39 家，净利润超过 2 亿元人民币的企业有 23 家，构成了这个产业的优秀企业阵营。该产业市值低于 30 亿元人民币的企业有 8 家，销售收入低于 5 亿元人民币的企业有 17 家（其中 9 家低于 3 亿元），亏损企业有 5 家。总体而言，应用软件业业态比较良性，产业 PE 普遍较高。

通过综合考量市值、销售收入、净利润的排名（权重为 0.5∶0.25∶0.25），我们对应用软件业的企业进行了排名，得分最高的 4 家企业为领军企业第一阵营，而同时符合市值高于 100 亿元人民币、销售收入高于 10 亿元人民币、净利润高于 3 亿元人民币的企业为领军企业第二阵营，共计 14 家企业（见表 1-53）。

表 1-53 中国应用软件业领军企业

领军企业	股票简称	市值（亿元）	销售收入（亿元）	净利润（亿元）	综合排名	市值排名	销售收入排名	净利润排名
第一阵营	科大讯飞	758.1	100.8	9.4	1	1	2	4
	用友网络	711.1	85.1	13.2	2	3	3	2
	恒生电子	624.3	38.7	14.2	3	4	11	1
	深信服	467.8	45.9	7.6	4	5	9	6
第二阵营	宝信软件	316.9	68.5	9.2	5	9	5	5
	石基信息	417.1	36.6	4.7	6	6	12	9
	金山办公	755.6	15.8	4.0	7	2	27	10
	中科软	285.9	55.0	3.9	8	12	7	12
	启明星辰	303.1	30.9	6.8	9	11	15	7
	四维图新	315.8	23.1	3.1	10	10	17	14
	朗新科技	154.0	29.7	10.8	11	17	16	3
	卫宁健康	245.8	19.1	4.0	12	13	22	11
	东方国信	137.4	21.5	5.0	13	22	18	8
	创业慧康	132.7	14.8	3.2	14	23	30	13

我们将美国应用软件业前 4 名的公司列出作为参照（见表 1-54）。

表 1-54 美国应用软件业领军企业

综合排名	公司	市值（亿美元）	销售收入（亿美元）	利润（亿美元）
1	SAP	1 653	309	38
2	Adobe	1 591	112	30
3	Intuit	682	68	16
4	Salesforce	1 443	171	1

希望不久后中国也能够出现这样规模的应用软件企业。

2. 信息科技咨询与其他服务业领军企业

中国信息科技咨询与其他服务（简称信息科技服务）业共有上市公司74家，占上市公司总数的1.97%；总市值736亿美元，占比0.78%，平均市值10亿美元。美国在这个产业里共有上市公司41家，占比0.84%；总市值4711亿美元，占比1.03%，平均市值118亿美元。中国在此产业内没有超百亿美元市值的企业，美国有9家。

信息科技服务业的市场集中度指标S4为0.23，市值集中度指标V4为0.19，产业集中度偏低。股票市场对4家头部企业价值的认同度比事实上的产业集中度更低。美国这个产业的S4为0.71，V4为0.7，产业集中度很高，而且市场集中度与市值集中度平衡。

在该产业内，销售收入低于20亿元人民币的中国企业有47家，占比63.5%，其中低于10亿元人民币的企业有30家，占比40.5%。亏损企业有15家，占比20.3%；净利润低于1亿元人民币的企业有29家，占比39.2%；亏损和微利企业合计占比59.5%。市值低于平均值（70亿元人民币）的企业有51家，占比68.9%，其中低于50亿元人民币的有33家，占比44.6%。产业处于企业小而散、小而弱的状态。

产业内央企有8家、地方国企有6家，共14家，占比18.9%。民营企业有60家，占主导地位，市场化程度很高。

通过综合考量市值、销售收入、净利润的排名（权重为0.5∶0.25∶0.25），我们对该产业的企业进行了排名，得分最高的4家企业为领军企业第一阵营，而同时符合市值高于100亿元人民币、销售收入高于10亿元人民币、净利润高于3亿元人民币的4家企业为领军企业第二阵营，共计8家企业（见表1-55）。

表1-55 中国信息科技服务业领军企业

领军企业	股票简称	市值（亿元）	销售收入（亿元）	净利润（亿元）	综合排名	市值排名	销售收入排名	净利润排名
第一阵营	千方科技	269.0	87.2	10.7	1	2	3	1
	东华软件	321.5	88.5	5.8	2	1	2	5
	华宇软件	205.6	35.1	5.8	3	3	13	4
	佳都科技	156.7	50.1	6.8	4	8	6	3
第二阵营	神州信息	143.7	101.5	3.8	5	9	1	7
	易华录	181.1	37.4	4.2	6	5	11	6
	太极股份	160.7	70.6	3.4	7	7	5	9
	华东电脑	108.2	77.8	3.4	8	12	4	8

与美国相比，中国的信息科技服务业有巨大的发展空间，并且能跟随中国企业走向世界。人工智能、区块链、云计算、大数据、物联网、金融科技和安全等技术的发展和市场需求的增长，对信息科技服务业有巨大的推动。在商业模式上，许多软件公司、平台公司甚至硬件公司都将转为服务公司。在美国，IBM 公司就被划分在这个产业里。

在这个产业里，中国的市场空间不亚于美国，未来甚至会大于美国。由于手机应用的巨大市场、5G 技术的发展以及一带一路的市场前景，未来中国在这个产业内将可能产生多家高市值上市公司以及世界级的领军企业。

3. 电子元件业领军企业

中国电子元件业有 132 家上市公司（中国平均每个产业的上市公司数是 23 家），数量在 163 个产业中排名第 4，占上市公司总数的 3.6%；总市值 2804 亿美元，占比 3.03%，平均市值 21 亿美元。可参照的美国同产业上市公司数量为 42 家（美国平均每个产业的上市公司数为 31 家），占比 0.86%；总市值 902 亿美元，占比 0.2%；平均市值 21 亿美元。在该产业里，中国上市公司总市值是美国的 3 倍，平均市值相等。中国超百亿美元市值的上市公司有 4 家，美国有 2 家。很明显，中国在这个产业里具有优势。

中国电子元件业的市场集中度指标 S4 为 0.37，美国为 0.59；市值集中度指标 V4 为 0.27，美国为 0.68。我们再一次看到，即便在中国具有优势的产业中，中国的产业集中度也比美国低很多。而且，在美国资本市场上，V4 一般高于 S4，说明资本认同头部企业；而在中国市场上，V4 基本都低于 S4，这在电子元件业尤为明显——尽管我们的超百亿美元市值企业数量多于美国，头部 4 家企业各项指标领先得相当显著。中国电子元件业高市值企业有 4 家，中市值企业有 37 家，低市值企业有 91 家，而对应美国的企业数量是 2 家、9 家、31 家。我们小而弱的企业数量偏多。

在中国的这个产业中，央企有 13 家，地方国企有 13 家，共计 26 家，占比 20%，不占主要地位。产业前 8 名都是非国有企业。企业数量多、产业集中度低、民营企业占 80%，这是个充分竞争产业。

该产业市值超过 200 亿元人民币的中国企业有 20 家，销售收入超过 70 亿元的有 21 家，净利润超过 7 亿元的有 18 家，构成了优秀企业阵营。亏损企业有 15 家，低收入（销售收入低于 10 亿元）企业有 31 家，低市值（市值低于 35 亿元）企业有 25 家，构成了企业阵营的另一端。产业中的企业太零散，质量较差，需要并购整合，进行淘汰。

通过综合考量市值、销售收入、净利润的排名（权重为 0.5∶0.25∶0.25），我们对该产业的企业进行了排名，得分最高的 4 家企业为领军企业第一阵营，而同时符合市值高于 100 亿元人民币、销售收入高于 70 亿元人民币、净利润高于 10 亿元人民币的 8 家企业为领军企业第二阵营，共计 12 家企业（见表 1-56）。

表 1-56　中国电子元件业领军企业

领军企业	股票简称	市值（亿元）	销售收入（亿元）	净利润（亿元）	综合排名	市值排名	销售收入排名	净利润排名
第一阵营	立讯精密	1 958.3	625.2	49.3	1	1	3	1
	TCL 科技	604.7	750.8	36.6	2	6	2	2
	鹏鼎控股	1 037.8	266.1	29.2	3	3	8	3
	领益智造	740.7	239.2	18.9	4	4	9	5
第二阵营	歌尔股份	646.4	351.5	12.8	5	5	5	8
	蓝思科技	587.5	302.6	24.3	6	7	7	4
	视源股份	561.9	170.5	16.1	7	8	13	6
	生益科技	476.2	132.4	15.6	8	10	15	7
	深南电路	482.2	105.2	12.3	9	9	17	9
	中航光电	418.0	91.6	11.6	10	12	18	11
	沪电股份	383.1	71.3	12.1	11	14	21	10
	合力泰	173.0	185.0	10.6	12	24	11	12

电子元件业是中国优势产业之一，而且是信息技术产业的基础，希望未来能够出现更多的优秀企业，并在资本的助力下，进一步提升市场集中度和市值集中度。

1.6.2　中国医疗保健产业领军企业

在医疗保健产业，中国有 317 家上市公司，美国有 952 家，中美上市公司数量比为 1∶3；中国企业总市值为 6457 亿美元，美国企业总市值为 55 610 亿美元，比值为 1∶8.6；中国企业平均市值为 20 亿美元，美国企业平均市值为 58 亿美元，比值为 1∶2.9。中国企业数量占上市公司总数的 8.4%，市值占总市值的 6.92%；美国企业数量占上市公司总数的 19.49%，市值占总市值的 12.2%。超百亿美元市值的中国企业有 7 家，美国企业有 81 家，比值为 1∶11.6。

医疗保健产业分为 11 个四级产业，其中，有 2 个产业中国没有上市公司：医疗保健技术和管理型保健护理。我们对其他 9 个产业的领军企业进行了简要分析（见表 1-57）。

表 1-57　中国医疗保健产业下四级产业领军企业

四级产业	股票简称	市值（亿元）	销售收入（亿元）	净利润（亿元）	综合排名	市值排名	销售收入排名	净利润排名
医疗保健设备	迈瑞医疗	2 211.3	165.6	46.8	1	1	1	1
	鱼跃医疗	203.7	46.4	7.6	2	4	4	3
	健帆生物	300.8	14.3	5.7	3	2	9	4
	南微医学	214.1	13.1	3.2	4	3	10	6
医疗保健用品	乐普医疗	589.4	78.0	17.2	1	1	1	1
	蓝帆医疗	117.0	34.8	5.2	2	5	2	2
	大博医疗	237.7	12.6	4.8	3	2	8	3
	山东药玻	164.4	29.9	4.6	4	4	3	4
保健护理产品经销商	上海医药	478.1	1 865.7	48.3	1	1	1	1
	华东医药	426.6	354.5	29.3	2	2	6	2
	国药股份	205.9	446.4	18.8	3	3	3	3
	国药一致	182.8	520.5	14.8	4	4	2	4
保健护理服务	美年健康	583.7	85.3	-7.1	1	1	1	4
	迪安诊断	137.3	84.5	5.8	2	3	2	1
	金域医学	234.5	52.7	4.2	3	2	4	3
	润达医疗	57.6	70.5	5.1	4	4	3	2
保健护理设施	爱尔眼科	1 225.5	99.9	14.3	1	1	1	1
	通策医疗	328.8	18.9	5.1	2	2	4	2
	国际医学	95.6	9.9	-4.1	3	3	3	4
	*ST 恒康	44.6	36.8	-25.0	4	4	2	7
生命科学工具和服务	药明康德	1 511.6	128.7	19.1	1	1	1	1
	泰格医药	473.3	28.0	9.8	2	2	3	2
	康龙化成	392.6	37.6	5.3	3	3	2	3
	昭衍新药	93.5	6.4	1.8	4	4	6	4
生物科技	智飞生物	794.6	105.9	23.7	1	2	1	1
	长春高新	904.5	73.7	23.5	2	1	2	2
	华兰生物	493.2	37.0	13.8	3	5	4	3
	天坛生物	292.0	32.8	8.9	4	9	5	4
西药	恒瑞医药	3 870.8	232.9	53.3	1	1	2	1
	复星医药	651.1	285.9	37.4	2	2	1	2
	科伦药业	338.2	176.4	10.2	3	4	4	9
	新和成	499.8	76.2	21.8	4	3	17	3
中药	云南白药	1 142.4	296.6	41.7	1	1	2	1
	白云山	553.0	649.5	34.4	2	2	1	2
	华润三九	310.1	147.0	21.4	3	6	3	3
	同仁堂	386.5	132.8	15.6	4	4	6	6

值得注意的是，在这 9 个产业排在首位的企业中，只有上海医药是地方国企，迈瑞医疗是合资企业，云南白药是公众企业，其余 6 家均为民营企业，按照市值排

名是恒瑞医药、药明康德、爱尔眼科、智飞生物、乐普医药、迪安诊断。相比信息技术产业的4家央企、4家公众企业、7家民营企业，医疗保健产业的民营企业市场机会更大。

医疗保健产业是重大民生事业，市场需求巨大，国家和社会需要也巨大，因此产业空间巨大。尤其是在人工智能、互联网、大数据、云计算时代，医疗保健产业更是大有可为。

对一个拥有13亿人口的不断富起来、不断老龄化的大国的医疗保健产业空间，应该如何想象？

制药业领军企业分析

中国把制药业分为两个四级产业：西药和中药。为了与美国的制药业做比较，我们暂时把中药产业的数据排除在外，尽管这样的分类未必合理。

中国在西药产业内有109家上市公司，占上市公司总数的2.9%，是数量排名第七的产业；总市值为2091亿美元，市值占比2.27%，平均市值为19亿美元。美国在这个产业里有279家上市公司，占比5.71%，是排在生物科技产业（有351家企业）之后企业数量第二多的产业；总市值为19 785亿美元，占比4.34%，平均市值为72亿美元。美国上市公司数量是中国的2.6倍，总市值是中国的9.5倍，平均市值是中国的3.8倍。在该产业里，中国超百亿美元市值的上市公司仅有1家，美国有17家。中国在该产业中排名第一的企业，其市值在美国同产业排第十四名，销售收入排第十七名，净利润排第十二名。中国该产业与美国差距很大。

在西药产业中，中国的市场集中度指标$S4$为0.21，市值集中度指标$V4$为0.37；美国的$S4$为0.40，$V4$为0.41。中美产业集中度指标差距很大；中国的$V4$明显高于$S4$，且接近于美国，这说明资本市场对西药产业的头部企业认同度较高，这是资本市场用钱投票的结果。这种现象在中国的产业里比较少见。在这个产业里，中美高市值企业数量比是1∶17，差距巨大；中市值企业数量比是33∶37，数量相当；低市值企业数量比是75∶224，美国企业的数量是中国的3倍。从长远角度来看，我们将观察企业从中市值转向高市值、低市值转向中市值的过程。

中国的西药产业上市公司有央企5家、地方国企14家，共19家，占比17.4%。在前10家企业中，只有1家为国企；在前20家企业中，只有3家是国企。因此，这个产业是民营企业主导的产业，是完全竞争产业。在这个产业中，国企的力量很弱，对此不知是喜是忧。

市值高于 100 亿元人民币的企业有 33 家，销售收入高于 70 亿元人民币的有 20 家，净利润超过 7 亿元人民币的有 13 家，构成了这个产业的优质企业群体。亏损企业有 11 家，销售收入低于 7 亿元人民币的企业有 16 家，市值低于 30 亿元人民币的企业有 16 家，构成了这个产业较弱的群体。但在中国，这是一个关乎国计民生的产业，是国家战略新兴产业。再加上制药研发成本大、投入周期长、见效慢，对该产业上市公司的衡量指标和评价标准有待于另行研究。

通过综合考量市值、销售收入、净利润的排名（权重为 0.5∶0.25∶0.25），我们对该产业的企业进行了排名，得分最高的 4 家企业为领军企业第一阵营，而同时符合市值高于 100 亿元人民币、销售收入高于 70 亿元人民币、净利润高于 7 亿元人民币的 5 家企业为领军企业第二阵营，共计 9 家企业（见表 1-58）。

表 1-58 中国制药业领军企业

领军企业	股票简称	市值（亿元）	销售收入（亿元）	净利润（亿元）	综合排名	市值排名	销售收入排名	净利润排名
第一阵营	恒瑞医药	3 870.8	232.9	53.3	1	1	2	1
	复星医药	651.1	285.9	37.4	2	2	1	2
	科伦药业	338.2	176.4	10.2	3	4	4	9
	新和成	499.8	76.2	21.8	4	3	17	3
第二阵营	安迪苏	296.6	111.4	12.6	5	7	10	7
	丽珠集团	276.7	93.8	14.6	6	8	13	5
	健康元	200.6	119.8	18.5	7	16	7	4
	人福医药	182.9	218.1	13.5	8	17	3	6
	华润双鹤	136.1	93.8	10.7	9	24	14	8

在此顺便列举一下美国制药业四巨头（见表 1-59）。

表 1-59 美国制药产业领军企业 （亿美元）

综合排名	公司	市值	销售收入	净利润
1	辉瑞制药	2 168	518	163
2	默克集团	2 309	468	98
3	诺华制药	2 145	487	117
4	阿斯利康	2 618	244	14

我们进一步将中国中药产业与西药产业的相关数据，与美国西药产业的数据进行比较。

1）上市公司数量：中国中药产业 69 家，中国西药产业 109 家，共 178 家；美国西药产业 279 家。

2）产业高、中、低市值企业数量，见表1-60。

表1-60 中美中西药产业高、中、低市值企业数量

四级产业	高市值企业	中市值企业	低市值企业
中国中药产业	1	19	49
中国西药产业	1	33	75
美国西药产业	18	37	224

3）产业总市值、平均市值，见表1-61。

表1-61 中美中西药产业总市值、平均市值　　　　（亿美元）

四级产业	总市值	平均市值
中国中药产业	1 140	16.5
中国西药产业	3 259	19.4
美国西药产业	19 785	2 119.4

4）产业 V4、S4、P4，见表1-62。

表1-62 中美中西药产业 V4、S4、P4

四级产业	V4	S4	P4
中国中药产业	0.35	0.40	0.42
中国西药产业	0.37	0.11	0.10
美国西药产业	0.21	0.20	0.29

5）产业 PE、ROS、ROE，见表1-63。

表1-63 中美中西药产业 PE、ROS、ROE

四级产业	PE（倍）	ROS（%）	ROE（%）
中国中药产业	22	12	11
中国西药产业	34	11	10
美国西药产业	21	20	29

6）产业盈利面，见表1-64。

表1-64 中美中西药产业盈利面

四级产业	盈利面（%）
中国中药产业	85.5
中国西药产业	90.8
美国西药产业	11.8

从以上数据我们可以看出，中国中西药产业上市公司共178家，美国为279家，

数量相差101家。高市值（市值超过百亿美元）企业，中国中西药产业各有1家，美国有18家，差距很大。中国中药产业总市值为1140亿美元，中国西药产业总市值为2091亿美元，比例为1∶1.83，二者之和与美国的总市值19 785亿美元相比，比例为1∶6.1，差距巨大。上市公司平均市值，中国中药产业为16.5亿美元，中国西药产业为19.2亿美元，美国西药产业为72亿美元，是中国西药产业的近4倍，差距很大。在产业集中度方面，市值集中度指标V4，中国中药产业为0.35，中国西药产业为0.37，美国西药产业为0.21；市场集中度指标S4，中国中药产业为0.40，中国西药产业为0.11，美国西药产业为0.20；利润集中度指标P4，中国中药产业为0.42，中国西药产业为0.10，美国西药产业为0.29。中国中药产业各种集中度较高，中国西药产业的V4相对于S4与P4偏高。从市盈率来看，中国中药产业为22倍，中国西药产业为34倍，美国西药产业为21倍。无论是中国的中药产业还是西药产业，其销售利润率都只约为美国西药产业的1/2，净资产收益率约为美国西药产业的1/3。关于产业盈利面，中国中药产业的盈利面为85.5%，中国西药产业的盈利面为90.8%，美国西药产业的盈利面只有11.8%，美国西药产业的亏损面较大。

中国制药业任重道远，企业要加强研发自信心，国家也应该加大对制药业各种资源的投入力度，上市公司的数量和质量都应该继续提高。

1.6.3　中国房地产业领军企业

房地产业在GICS-Wind一级产业下，分为房地产管理和开发，以及股权房地产投资信托。

股权房地产投资信托是准金融业，又分为8个四级产业，包括工业REITs、商业REITs、零售REITs、酒店及娱乐REITs、医疗保健REITs等。美国有161家REITs公司，其中31家的市值超过百亿美元。中国没有同类型企业。

房地产管理和开发又分为4个四级产业：房地产开发、房地产经营、房地产服务、多样化房地产活动。在房地产开发业，中国有112家上市公司，美国有10家；在房地产经营业，中国有12家上市公司，美国有22家；在房地产服务业，中国有3家上市公司，美国有12家；在多样化房地产活动业，中国没有上市公司，美国有9家。

在房地产开发业，美国没有超百亿美元市值的上市公司，中国有6家：万科、保利地产、招商蛇口、新城控股、华夏幸福、绿地控股；另外还有7家在港股上市的中资股房地产公司：中国海外发展、世茂房地产、龙湖集团、华润置地、碧桂园、万科企业、中国恒大。

在房地产业，中美两国的发展阶段、市场特点、产业形态都很不一样。中国虽然没有REITs产业，但不少房地产公司的业务都涉及了这个形态，万达就有类似零售REITs的性质，华夏幸福具有工业REITs性质，有些房地产开发商具有酒店REITs和办公REITs的性质，尽管在融资方法上有差别，但在主营业务重点和经营方式上没有差别。

以下是对中国房地产业四级产业里的前四名领军企业的简要分析（见表1-65）。

表1-65 中国房地产业四级产业领军企业

四级产业	股票简称	市值（亿元）	销售收入（亿元）	净利润（亿元）	综合排名	市值排名	销售收入排名	净利润排名
房地产服务	我爱我家	101.5	112.1	8.6	1	1	1	1
	世联行	76.4	66.5	1.0	2	2	2	3
	国创高新	37.9	51.4	3.0	3	3	3	2
房地产经营公司	小商品城	210.7	40.4	12.5	1	2	2	1
	招商积余	215.1	60.8	2.7	2	1	1	6
	中国国贸	176.3	35.3	9.7	3	3	3	2
	富森美	95.7	16.2	8.0	4	4	5	4
房地产开发（A股）	万科A	3 599.2	3 678.9	551.3	1	1	2	1
	保利地产	1 930.7	2 359.8	375.5	2	2	3	2
	招商蛇口	1 573.0	976.7	188.6	3	3	5	4
	绿地控股	845.7	4 280.8	209.5	6	6	1	3
房地产开发（港股中资股）	万科企业	3 599.2	3 682.0	551.3	1	1	3	1
	中国海外	2 978.7	1 642.8	427.5	2	2	4	2
	中国恒大	2 559.1	4 789.6	335.4	3	3	2	3
	碧桂园	2 442.1	4 866.9	612.0	4	5	1	5

在房地产开发业，于香港上市的中资股有78家，因此在进行领军企业分析时，我们需要将这些企业纳入其中。按照我们的排名基本框架（即以市值0.5的权重、收入与利润各0.25的权重计算），万科企业第一，中国海外第二，中国恒大第三，碧桂园第四。

如果算上REITs产业，中国有130家上市公司，占全部上市公司数量的3%；美国有221家，占美股上市公司数量的5%。中国房地产业总市值为3222亿美元，占股市总市值的3%；美国为13 204亿美元，占股市总市值的3%。如果不算REITs产业，中国有130家上市公司，美国有53家；中国房地产业总市值为3222亿美元，美国为1533亿美元。在中国香港股市上市的中资股公司有130家，占香港股市上市公司数量的5%；总市值为3890亿美元，占香港股市的4%。如此，考虑到在中国香港上市的中资股公司，中国房地产业共有上市公司260家，总市值为7122亿美元，仍然显著低于美国房地产企业的总市值。

中国房地产业的市场集中度指标S4为0.38，市值集中度指标V4为0.48，与其他产业相比偏低。

在中国，房地产业是一个争议较大的产业，仁者见仁，智者见智。

1.6.4　中国可选消费产业领军企业

可选消费产业分为汽车与汽车零部件、耐用消费品与服装、消费者服务、媒体、零售5个二级产业，又细分为12个三级产业、36个四级产业，是四级产业最多的一级产业，占163个四级产业的1/5还多。在该产业内，中美超百亿美元市值公司的数量分别为12家、93家，比例为1:7.8，差距巨大。中国在该产业中的12家高市值企业集中分布在7个四级产业内，集中度较高。中美在11个四级产业中均无市值过百亿美元的企业，占中美均无高市值企业的产业数量（20个）的一半以上。这一方面说明该产业成长空间巨大，另一方面说明在某些子产业可以实现重点突破。

中国可选消费产业有上市公司601家，占A股上市公司的1/6。在摄影用品、住宅建筑、广播、综合货品商店、服装零售、家庭装潢零售、赌场与赌博7个产业中，中国无上市公司。产业总市值8638亿美元，平均市值14亿美元，其中24个四级产业的平均市值低于全产业平均值，单兵作战实力较弱。例如，中国9家鞋类上市公司总市值为55亿美元，是Nike公司市值（1579亿美元）的3%；又如，中国57家服装、服饰与奢侈品上市公司总市值为542亿美元，仅为美国同产业前2名企业市值之和的70%，存在巨大并购机会。

消费升级包括消费对象结构升级，也包括消费理念、消费方式、消费层次等方面的广义升级。由"住、行"主导向高端化、个性化、服务化方向转移，在文化、教育、旅游、育幼等领域有较大发展机会。例如，中国餐饮业前3名的市值之和为11亿美元，其中是否会诞生出中国版的麦当劳（1488亿美元）、星巴克（1033亿美元）？中国电影娱乐业30家上市公司市值总额仅有441亿美元，是否会有中国的迪士尼出现？

总之，中国人口众多，消费市场巨大，日常消费和可选消费都是可以出大企业的大"龙池"。美国在这两个产业里产生了137家市值超过百亿美元的企业，中国目前只有24家。如果做静态比较，这里的空间就达到了100多家。这是中国最容易超越美国的一级产业。如果这些企业在占领中国市场的前提下，再向国际市场拓展，前途将不可限量。

1. 机动车零配件与设备业领军企业

中国机动车零配件与设备（简称机动车配件）业有 131 家上市公司，是上市公司数量排名第五的产业，占上市公司总数的 3.5%；总市值为 1123 亿美元，占比 1.21%，平均市值为 9 亿美元。在该产业，美国有 37 家上市公司，占比 0.72%；总市值 1237 亿美元，占比 0.27%，平均市值为 33 亿美元。超百亿美元市值的企业中国有 1 家，美国有 3 家。

机动车配件业的市场集中度指标 S4 中国为 0.42，美国为 0.5；市值集中度指标 V4 中国为 0.24，美国为 0.52。在该产业，中国与美国的 S4 相差不大，但是 V4 相差很大，这说明资本市场对产业头部企业的股票价值认同度不够，有提升的空间。中国在这个产业有 9 家央企、11 家地方国企，国有企业不占主要地位，民营企业占总量的 85%，该产业市场化程度较高。

该产业有高市值（市值高于 100 亿美元）企业 1 家、中市值（市值介于 100 亿元人民币和 100 亿美元之间）企业 13 家、低市值（市值低于 100 亿元人民币）企业 117 家，同产业美国的相应企业数是 3 家、14 家、20 家。中国在该产业有亏损企业 16 家，占比 12.2%。整个产业的企业数量偏多，企业小、散、弱。

通过综合考量市值、销售收入、净利润的排名（权重为 0.5∶0.25∶0.25），我们对该产业的企业进行了排名，得分最高的 4 家企业为领军企业第一阵营，而同时符合市值高于 70 亿元人民币、销售收入高于 50 亿元人民币、净利润高于 7 亿元人民币的 4 家企业为领军企业第二阵营，共计 8 家企业（见表 1-66）。

表 1-66 机动车零配件与设备产业领军企业

领军企业	股票简称	市值（亿元）	销售收入（亿元）	净利润（亿元）	综合排名	市值排名	销售收入排名	净利润排名
第一阵营	华域汽车	819.4	1 440.2	85.2	1	1	1	1
	福耀玻璃	588.5	211.0	29.0	2	2	3	2
	均胜电子	221.5	617.0	14.5	3	4	2	4
	威孚高科	180.0	87.8	23.0	4	7	13	3
第二阵营	星宇股份	262.3	60.9	7.9	5	3	18	8
	万丰奥威	153.1	107.9	8.1	6	9	9	7
	宁波华翔	96.8	170.9	12.7	7	15	6	5
	富奥股份	85.3	100.6	8.8	8	18	11	6

机动车零配件与设备业应该成为中国的重要产业，领军企业成长空间大，中小企

业需要整合。

2. 教育服务业领军企业

中国内地教育服务业共有 12 家上市公司，数量占上市公司总数的 0.32%；总市值 235 亿美元，占比 0.25%，平均市值 19.6 亿美元，中位数 5.6 亿美元。美国教育服务业有 35 家上市公司，占比 0.72%；总市值 919 亿美元，占比 0.20%，平均市值 26.3 亿美元，中位数 6.9 亿美元。中国香港该产业有 34 家上市公司，总市值 252 亿美元，平均市值 7.4 亿美元，中位数 4.58 亿美元。三个股市的市场集中度指标 S4 分别为：中国内地 0.73，美国 0.52，中国香港 0.33；市值集中度指标 V4 分别为：中国内地 0.84，美国 0.73，中国香港 0.54。可见，在中国内地市场上，领先企业的产业集中度及资本市场对领先企业的价值认同度都较高。市场排名第一的企业的 PE，中国内地为 103 倍，美国为 95.6 倍，中国香港为 61 倍，都比较高。

值得注意的是，在美国教育服务业的 38 家上市公司中，有 19 家是中国内地的公司，占 50%；在中国香港的 34 家上市公司里，有 23 家是中国内地的公司，占 68%；而且，美国与中国香港教育服务业上市公司的头部企业都是中国内地的公司。中国有 1 家市值超过百亿美元的公司，美国有 4 家，但其中 3 家是中国公司。因此，对这个产业的分析，需要结合三地股市综合分析。由于教育服务业上市公司的各种占比在三地都很小，故不影响股市的总体分析。

中国教育服务业在三地的股票市场中共有 54 家上市公司，其中，中国内地 12 家，占 22%；美国 19 家，占 43%；中国香港 23 家，占 35%。这些公司全部为民营企业，平均市值为 18.52 亿美元。在中国内地与美国上市的教育企业均不涉及大学学历学位教育，在中国香港上市的企业部分间接涉及。关于这一点，中国教育部正在调整政策。在 54 家上市公司里，亏损企业有 19 家，占 35.2%，其中中国内地 5 家，美国 8 家，中国香港 6 家。

结合三地股市，中国教育服务业的领军企业前三名（第一阵营）见表 1-67。

表 1-67　中国教育服务业领军企业　　　（金额单位：亿美元）

领军企业	股票简称	市值	销售收入	净利润	综合排名	备注
第一阵营	新东方	191.0	35.0	3.9	1	美国上市公司
	好未来	285.0	32.0	1.0	2	美国上市公司
	中公教育	160.0	11.6	3.0	3	中国上市公司

按照同时符合市值高于 20 亿美元、销售收入超过 1 亿美元、净利润超过 3000

万美元的标准，教育服务业综合指标较为优秀的公司还有 8 家，构成了第二阵营：中国东方教育（中国香港）、中教控股（中国香港）、跟谁学（美国）、宇华教育（中国香港）、海亮教育（美国）、博实乐（美国）、东方时尚（中国内地）、希望教育（中国香港）。

排教育服务业第一名的企业，就出自新东方与好未来。2019 年末，好未来的市值高于新东方。2020 年 2 月 25 日，好未来的市值升至 285 亿美元，与新东方的差距进一步拉大。在本书截稿前的 7 月 22 日，好未来的市值达到了 470 亿美元，大大超过新东方 233 亿美元的市值。但是，从 2010～2019 年十年的历史数据看，好未来的销售收入从未超越过新东方，净利润只在 2018 年超越过新东方。因此，新东方是教育服务业的老大。

此外，跟谁学的市值于 2020 年 2 月 25 日达到 2 亿美元，是值得注意的新兴企业。

由于文化传统和教育现状的特点，中国的教育市场很大，例如英文培训和公务员培训就可以催生出百亿美元市值的企业，相信未来还有很多机会。例如，各种在线教育、以手机终端为特色的寓教于乐的学习活动、职业教育、产教融合项目等，市场前景都很广阔。而且，已经有三个股票市场对这个产业表示了认同与接受，上市机会较多。

1.6.5 中国工业领军企业

根据 GICS-Wind 分类，工业分为商业和专业服务、运输、资本货物 3 个二级产业，又分为 24 个四级产业，四级产业数量仅次于可选消费，产业分布较广。我们将剖析几个重点产业。

1. 机械产业领军企业

在中国股市中，机械产业是上市公司最多的产业，共有 315 家上市公司。2020 年 5 月又在科创板上市了 9 家，合计 324 家。在美国股市中，机械产业上市公司数量为 117 家。机械产业分为 3 个四级产业，在这 3 个四级产业中，中国上市公司的数量（不含在科创板上市的 9 家公司）分别为：工业机械 267 家，建筑机械与重型卡车 45 家，农用农业机械 3 家。

我们对机械产业 3 个四级产业的领军企业进行了简要分析（见表 1-68）。

表 1-68　中国机械产业四级产业领军企业

四级产业	股票简称	市值（亿元）	销售收入（亿元）	净利润（亿元）	综合排名	市值排名	销售收入排名	净利润排名
农用农业机械	一拖股份	47.4	58.3	1.3	1	1	1	1
	星光农机	37.2	7.1	0.1	2	2	2	2
	弘宇股份	17.1	2.8	0.1	3	3	3	3
建筑机械与重型卡车	中国中车	1 959.4	2 290.1	138.2	1	1	1	1
	潍柴动力	1 237.5	1 743.6	119.1	2	3	2	2
	三一重工	1 436.7	756.7	114.9	3	2	3	3
	中联重科	514.5	433.1	42.8	4	4	5	4
工业机械	中集集团	283.9	858.2	25.1	1	4	1	1
	三花智控	479.3	112.9	14.3	2	1	7	4
	上海机电	156.0	221.2	17.3	3	11	3	3
	恒立液压	438.8	54.1	13.0	4	2	22	5

1）农用农业机械：一拖股份为央企，其余两家为民企，企业太少，因此难论领军企业。

2）建筑机械与重型卡车：中国中车是央企，潍柴动力是地方国企，三一重工是民企，很有代表性。在建筑机械与重型卡车产业的45家企业中，央企有9家，地方国企有19家，民企有17家，国企占62.2%，产业以国企为主体。产业中亏损或不盈利的企业有6家，占13.3%。

3）工业机械：工业机械是中国上市公司数量最多的四级产业，有267家（不含在科创板上市的9家）上市公司，但没有一家市值超过百亿美元。美国在这个产业里有86家上市公司，其中7家市值超过百亿美元。这个产业有个突出现象：其市场集中度指标S4为0.12，是163个产业中最低的，而且亏损和微利企业较多，对此我们将另做分析。

2. 电气部件与设备产业领军企业

电气部件与设备产业有178家上市公司，占上市公司总数的4.7%，在163个产业中是上市公司数量第二多的四级产业，仅次于工业机械。产业总市值为2225亿美元，占股市总市值的2.4%，平均市值为13亿美元，超过百亿美元市值的企业有2家（美国有5家）。市场集中度指标S4为0.21，市值集中度指标V4为0.3。美国这个产业的上市公司数量为40家，占比0.82%；总市值2285亿美元，占比0.5%，平均市值为57亿美元。

通过综合考量市值、销售收入、净利润的排名（权重为0.5∶0.25∶0.25），我们对该产业的企业进行了排名，得分最高的4家企业为领军企业第一阵营，而同时符合市值高于 100 亿元人民币、销售收入高于 100 亿元人民币、净利润高于 7 亿元人民币的 5 家企业为领军企业第二阵营，共计 9 家企业（见表 1-69）。

表 1-69　中国电气部件与设备产业领军企业

领军企业	股票简称	市值（亿元）	销售收入（亿元）	净利润（亿元）	综合排名	市值排名	销售收入排名	净利润排名
第一阵营	宁德时代	2 349.7	457.9	50.1	1	1	1	1
	国电南瑞	979.0	324.2	46.6	2	2	5	2
	中国通号	673.3	416.5	41.8	3	3	2	3
	正泰电器	576.5	302.3	39.7	4	4	6	4
第二阵营	特变电工	247.0	370.3	23.9	5	11	3	5
	中国动力	339.0	296.9	10.4	6	8	7	8
	欣旺达	302.1	252.4	7.5	7	9	8	13
	卧龙电驱	155.4	124.2	10.1	8	16	13	10
	阳光电源	153.4	130.0	9.1	9	17	12	12

中国电气部件与设备产业的亏损企业有 21 家，占 11.8%；市值低于 30 亿元人民币的企业有 62 家，占 34.8%；央企有 15 家，地方国企有 10 家，共 25 家，占 14%。因此，该产业是民营企业占主导的产业。

中国电气部件与设备产业上市公司的数量是全产业平均数的 7.7 倍。产业内企业数量多，市场集中度与市值集中度低，效益差，存在大的并购机会。在国内股市政策更加市场化后，众多企业存在退市风险。

3. 建筑与工程产业领军企业

建筑与工程产业共有上市公司 104 家，占上市公司总数的 2.77%，是中国上市公司超过 100 家的 8 个四级产业之一；总市值为 1993 亿美元，占比 2.11%，平均市值为 19 亿美元。美国同产业的上市公司有 29 家，占比 0.59%；总市值为 580 亿美元，占比 0.13%，平均市值为 20 亿美元。中国上市公司数量是美国的 3.6 倍，总市值是美国的 3.4 倍，平均市值低于美国。中国超百亿美元市值的上市公司有 4 家，美国有 1 家。美国在该产业排名第一的企业市值排在中国同产业的第五名，销售收入排在中国的第五名，净利润排在中国的第七名。毫无疑问，建筑与工程是中国的优势产业，尽管产业内小企业数量众多，平均市值偏低。

建筑与工程产业的市场集中度指标 S4 为 0.65，市值集中度指标 V4 为 0.47。相比美国的 0.58 和 0.54，这是中国少有的产业集中度高于美国、市值集中度接近美国的产业。在这个产业里，中国有高市值企业 4 家、中市值企业 15 家、低市值企业 85 家，美国的相应数据是 1 家、9 家、19 家。中国该产业的问题在于中低市值企业、小企业太多。

在这个产业内,有央企18家、地方国企26家,共计44家,占42.3%。在前10家企业中,有8家央企、1家地方国企、1家民企(排名第10);在前20家企业中,有11家央企、7家地方国企、2家民企。因此,这个产业是国企主导的产业,是垄断竞争性产业。

该产业市值超过100亿元人民币的企业有17家,销售收入超过200亿元人民币的有17家,净利润超过7亿元人民币的有23家,构成了较为优质的企业阵营。亏损企业有11家,市值低于30亿元人民币的企业有30家,销售收入低于10亿元人民币的有17家。

通过综合考量市值、销售收入、净利润的排名(权重为0.5∶0.25∶0.25),我们对该产业的企业进行了排名,得分最高的4家企业为领军企业第一阵营,而同时符合市值高于100亿元人民币、销售收入高于100亿元人民币、净利润高于10亿元人民币的12家企业为领军企业第二阵营,共计16家企业(见表1-70)。

表1-70 中国建筑与工程产业领军企业

领军企业	股票简称	市值(亿元)	销售收入(亿元)	净利润(亿元)	综合排名	市值排名	销售收入排名	净利润排名
第一阵营	中国建筑	2 359.0	14 198.4	632.1	1	1	1	1
	中国中铁	1 390.9	8 508.8	253.8	2	2	2	2
	中国铁建	1 325.1	8 304.5	226.2	3	4	3	3
	中国交建	1 327.9	5 547.9	216.2	4	3	4	4
第二阵营	中国电建	664.0	3 484.8	106.0	5	5	5	5
	中国中冶	544.9	3 386.4	75.8	6	6	6	6
	上海建工	315.2	2 055.0	43.1	7	8	7	8
	中国化学	317.7	1 041.3	32.9	8	7	9	9
	葛洲坝	307.6	1 099.5	65.6	9	9	8	7
	金螳螂	236.1	308.3	22.6	10	10	16	10
	隧道股份	189.9	436.2	21.8	11	11	14	11
	中国核建	187.2	637.4	14.2	12	12	10	14
	四川路桥	121.3	527.3	17.0	13	15	11	12
	中材国际	121.2	243.7	15.9	14	16	18	13
	龙元建设	111.8	214.3	10.3	15	19	20	17
	中工国际	120.3	106.6	10.5	16	17	34	16

在表中的16家企业中,有11家为央企,3家为地方国企,2家为民营企业。值得称道的是,金螳螂避开了国企的基建锋芒,以装修为长,进入建筑与工程产业前十强,可谓奇迹。

中国建筑与工程产业有赖于中国基础设施建设、城市化进程、房地产的发展。我们注意到，相比 2018 年，产业前 16 家企业的销售收入、净利润均全面提升，无一例外。随着中国企业的国际化、"一带一路"沿线市场的发展，中国建筑与工程产业还将持续发展相当长的一段时间，但这个产业的集中度空间已经不高了。

4. 航空航天与国防产业

中国航空航天与国防产业上市公司共有 51 家，从上市公司类型来看，央企和国企共 29 家，占上市公司总数的 57%，总市值占全产业市值的约 78%（见表 1-71），在综合排名中占据了前 18 位（见表 1-72），发挥着绝对主导作用。

表 1-71　中国航空航天与国防产业上市公司分布

（金额单位：亿元人民币）

集团	市值	市值占比（%）	平均市值	销售收入	净利润	上市公司数
中央企业	5 536.1	75.65	221.4	2 391.4	105.0	25
中国兵器工业集团	467.3	6.39	116.8	226.3	10.1	4
中国船舶集团	1 474.6	20.15	491.5	445.9	13.0	3
中国电子科技集团	206.0	2.81	68.7	57.0	2.7	3
中国航空发动机集团	683.1	9.33	227.7	316.9	14.1	3
中国航空工业集团	2 020.7	27.61	252.6	1 072.2	46.4	8
中国航天科工集团	164.1	2.24	164.1	40.4	7.2	1
中国航天科技集团公司	520.3	7.11	173.4	232.8	11.4	3
地方国企	202.4	2.77	50.6	36.0	-10.2	4
安徽国资委	79.2	1.08	79.2	15.0	1.0	1
湖南国资委	30.3	0.41	30.3	3.5	-1.7	1
江西国资委	23.5	0.32	23.5	2.2	0.4	1
郑州航空港	69.4	0.95	69.4	15.3	-10.0	1
民企等其他	1 579.7	21.59	71.8	204.5	-38.5	22
总计	7 318.3			2 631.9	56.2	51

表 1-72　中国航空航天与国防产业上市公司综合排名表

（金额单位：亿元人民币）

股票简称	公司属性	隶属集团	市值	销售收入	净利润	综合排名	市值排名	销售收入排名	净利润排名
航发动力	中央国有企业	中国航空发动机	487.8	252.1	11.1	1	3	1	2
中航沈飞	中央国有企业	中国航空工业集团	442.5	237.6	8.8	2	4	3	4
中航飞机	中央国有企业	中国航空工业集团	453.5	343.0	5.7	3	2	9	3
中国重工	中央国有企业	中国船舶集团	1 194.8	380.6	4.5	4	1	12	1
中直股份	中央国有企业	中国航空工业集团	281.2	158.0	5.9	5	5	6	5
中航机电	中央国有企业	中国航空工业集团	250.4	121.3	10.6	6	8	2	8

（续）

股票简称	公司属性	隶属集团	市值	销售收入	净利润	综合排名	市值排名	销售收入排名	净利润排名
中航电子	中央国有企业	中国航空工业集团	250.6	83.5	5.8	7	9	7	7
内蒙一机	中央国有企业	中国兵器工业集团	179.6	126.8	5.8	8	7	8	11
中国海防	中央国有企业	中国船舶集团	179.8	40.7	6.7	9	14	5	10
中国卫星	中央国有企业	中国航天科技集团公司	252.7	64.6	3.8	10	10	13	6
航天电子	中央国有企业	中国航天科技集团公司	162.6	137.1	5.0	11	6	11	15
航天发展	中央国有企业	中国航天科工集团	164.1	40.4	7.2	12	15	4	14
中航高科	中央国有企业	中国航空工业集团	153.5	24.7	5.6	13	21	10	16
中航重机	中央国有企业	中国航空工业集团	95.5	59.8	3.2	14	11	14	23
中兵红箭	中央国有企业	中国兵器工业集团	106.1	53.2	2.6	15	12	18	20
航发控制	中央国有企业	中国航空发动机	149.7	30.9	2.6	16	19	16	17
航天彩虹	中央国有企业	中国航天科技集团公司	105.0	31.0	2.6	17	18	17	21
中国应急	中央国有企业	中国船舶集团	100.0	24.6	1.8	18	22	21	22

中国航空航天与国防产业总市值为 1061 亿美元，相当于美国同产业排名第一的波音公司市值（1834 亿美元）的 58%，是美国航空航天与国防产业前十家公司总市值的 14%（美国该产业数据见表 1-73）。中国该产业市值排名第一的中国重工，市值为 173 亿美元，在美股中可排名第九。

表 1-73　美国航空航天与国防产业高市值企业（截至 2019 年 12 月 31 日）

上市公司	市值（亿美元）
波音	1 833.7
联合技术	1 294.5
霍尼韦尔	1 258.6
洛克希德·马丁	1 094.2
雷神技术	610.9
诺斯罗普·格鲁曼	577.3
通用动力	510.7
Transdigm 集团	300.3
海科航空 -A	133.8
Teledyne 科技	126.4
亨廷顿英戈尔斯工业	102.4
德事隆	101.8

虽然中国的航空航天与国防产业的企业主流未必由上市公司构成，如上市公司的母公司都是央企，中国商飞公司不是上市公司等，但是国防工业、混合经济、军民融合、股票市场的结合大有可为，并购整合、国际对标与国际竞合大有可为。当年，在

将航天、航空、兵器领域的央企拆分时，主要考虑的是国内市场竞争，而现在的环境是国际市场竞争。美国的波音、麦道等公司合并了，洛克希德、马丁等公司合并了，中国的航天还要继续沿着高空、低空分成两个公司吗？中国航空集团公司2019年共拥有23家上市公司，总市值为美国波音公司的1/3，其中还包含了不少非相关产业，例如手表、商场等，是否有此必要？

航空、航天、造船、电子、兵器都是国家的重要产业，民用市场空间巨大。中国在该产业中必须拥有与美国相当的世界一流企业——数量相当、质量相当、全球影响力相当。达成这一目标要用的时间会是20年吗？美国航空航天与国防产业的企业主要由少数几家美国财团投资，并且用好了股票市场。我们必须同时用好两只手——看得见的手和看不见的手，而且两手都要硬！

1.6.6 中国材料产业领军企业

1. 基础化工业领军企业

中国基础化工业有146家上市公司，占上市公司总数的3.88%；总市值1538亿美元，占比1.65%，平均市值10.5亿美元。美国有23家企业，占比0.47%；总市值599亿美元，占比0.13%，平均市值24亿美元。中国有2家超百亿美元市值的企业，美国有1家。在这个产业中，中国上市公司总市值高于美国，但平均市值仅为美国的46%。相比之下，中市值（市值在百亿元人民币与百亿美元之间）企业中国有24家，美国有7家；低市值企业（市值低于百亿元人民币）中国有120家，美国有15家。中国的总市值、高市值企业数量、中市值企业数量都大于美国，因此中国在这个产业是有优势的。

中国基础化工业市场集中度指标S4为0.32，市值集中度指标V4为0.29，市场集中度和市值集中度都有很大的提升空间。美国基础化工业的S4是0.77，V4是0.78，产业集中度较高。

中国基础化工业有央企13家、地方国企33家，共计46家，占比31.5%。央企和地方国企的企业规模差异较大，在产业内不占主导地位，因此基础化工业是市场竞争比较充分的产业。

中国基础化工业虽然企业数量多，但亏损企业较少，只有17家，占比11.6%；微利企业约为20家，占比13.7%。整个产业相对较为健康。

通过综合考量市值、销售收入、净利润的排名（权重为0.5∶0.25∶0.25），我们对该产业的企业进行了排名,得分最高的 4 家企业为领军企业第一阵营,而同时符合市值高于 100 亿元人民币、销售收入高于 100 亿元人民币、净利润高于 7 亿元人民币的 4 家企业为领军企业第二阵营,共计 8 家企业(见表 1-74)。

表 1-74 中国基础化工业领军企业

领军企业	股票简称	市值(亿元)	销售收入(亿元)	净利润(亿元)	综合排名	市值排名	销售收入排名	净利润排名
第一阵营	万华化学	1 763.6	680.5	105.9	1	1	2	1
	宝丰能源	697.4	135.7	38.0	2	2	11	2
	龙蟒佰利	312.7	114.2	26.0	3	3	13	3
	金发科技	187.4	292.9	12.6	4	7	5	6
第二阵营	巨化股份	199.8	156.0	9.2	6	6	10	11
	卫星石化	174.2	107.8	12.7	8	8	16	5
	三友化工	130.5	205.2	7.4	11	18	7	15
	亿利洁能	124.9	123.7	11.0	13	21	12	9

从表 1-74 中可以看出,万华化学的领军企业地位显著。但与美国基础化工业的领军企业利安德巴塞尔工业(其市值为 315.01 亿美元,销售收入为 347 亿美元,净利润为 34 亿美元)相比,万华化学仍要奋起直追。

2. 建材产业领军企业

中国建材产业共有 43 家上市公司,占比 1.14%;总市值 1119 亿美元,占比 1.2%,平均市值 26 亿美元,中位值 9 亿美元。美国建材产业有 19 家上市公司,占比 0.39%;总市值 1664 亿美元,占比 0.37%,平均市值 88 亿美元,中位值 9 亿美元。中国超百亿美元市值的公司有 1 家,美国有 4 家。作为建筑大国,中国在这个产业里与美国相比仍然有差距。

中国建材产业的市场集中度指标 S4 为 0.59,美国为 0.86;中国的市值集中度指标 V4 为 0.54,美国为 0.81。这说明我们头部企业的市场空间和市值提升空间还很大。该产业中国中市值企业有 16 家,低市值企业有 26 家。

中国在该产业有央企 8 家、地方国企 8 家,共 16 家,占 37.2%;有民企 22 家,占 51.2%;其他类型企业占 11.6%。在市值前 10 名的企业里,有 6 家是国企,所以该产业是国企占主导地位的充分竞争产业。

由于该产业较多企业选择在香港上市(在 21 家中有 13 家中资股,占比 62%),因此在分析该产业的基本情况和领军企业时,我们将进行合并分析。

在中国内地和香港的股票市场上,共有 61 家建材产业上市公司,其中中国内地及中资企业 46 家。如果以市值超过 20 亿美元、销售收入超过 10 亿美元、净利润超过 1 亿美元为标准,符合条件的共有 12 家企业,其中第一阵营企业的综合排名结果见表 1-75。

表 1-75 中国建材产业第一阵营企业　　(金额单位:亿美元)

股票简称	市值	销售收入	净利润	综合排名	上市地
海螺水泥	414	234	48.9	1	中国内地、中国香港
中国建材	94	348	24.5	2	中国香港
华润水泥	89	49	9.9	3	中国香港
华新水泥	67	46	10	4	中国内地

第二阵营有金隅集团(A 股、港股)、冀东水泥(A 股)、东方雨虹(A 股)、中国巨石(A 股)、中材科技(A 股)、中国天瑞水泥(港股)、西部建设(A 股)、旗滨集团(A 股)。

纵观世界市场,该产业市值在百亿美元以上的企业有 7 家,排名依次为:海螺水泥 414 亿美元,DOW(美)406 亿美元,拉法基(瑞、法)340 亿美元,CRH 水泥(美)315 亿美元,火神材料(美)191 亿美元,马丁-玛丽埃塔(美)175 亿美元,海德堡水泥(德、英)145 亿美元。中国建材排名第 8,市值为 94 亿美元。

按照销售收入排名,分别为 DOW、中国建材、CRH 水泥、拉法基、海螺水泥、海德堡水泥、火神材料、马丁-玛丽埃塔。

按照净利润排名,分别为海螺水泥、中国建材、CRH 水泥、拉法基、海德堡水泥、火神材料、马丁-玛丽埃塔、DOW。

综合排名结果如下:海螺水泥、DOW、CRH 水泥、拉法基、中国建材、火神材料、海德堡水泥、马丁-玛丽埃塔。

中国是建筑业第一大国,建材产业应该有更好的业绩表现,成为世界显著领先的产业。

注释

术语

高市值：市值超过百亿美元。

中市值：市值介于百亿美元和百亿元人民币之间。

低市值：市值低于百亿元人民币。

产业市盈率：产业内盈利企业净利润之和与盈利企业市值之和的比值。

产业销售利润率：产业内企业净利润之和与营业收入之和的比值。

产业净资产收益率：产业内盈利企业归属母公司的净利润之和与盈利企业股东权益之和的比值。

产业盈利面：产业内盈利企业数量占全产业企业总数的比重。

市值集中度 V4：产业内前 4 家企业市值之和占全产业企业总市值的比重。

市场集中度 S4：产业内前 4 家企业的销售收入之和占全产业企业总销售收入的比重。

利润集中度 P4：若产业净利润总额为正，产业内均为盈利企业，P4 为前 4 家企业净利润之和占产业净利润总额的比重；若产业净利润总额为正，但产业内存在亏损企业，P4 为前 4 家企业净利润之和占产业内盈利企业净利润之和的比重，加 {} 符号；若产业净利润总额为负，但前 4 家企业净利润之和为正，P4 为前 4 家企业净利润之和占产业内盈利企业净利润之和的比重，加 [] 符号；若产业净利润总额为负，前 4 家企业利润之和亦为负，P4 为亏损最多的 4 家企业的亏损之和占产业亏损总额的比重，用负数表示。

数据说明

1. 本章中的中美上市公司报表资料取自 Wind，市值数据截至 2019 年 12 月 31 日。中国上市公司销售收入与利润数据取自 2019 年年报，美国的数据为 TTM（连续四个财季）数据，中国香港和其他国家及地区的数据也是 TTM 数据。

2. 人民币兑换美元的汇率为中国人民银行公布的 2019 年交易中间价格全年平均值。

3. 本章中的价格数据若无特殊标明，均为人民币元。

第 2 章

能　源

陈正惠　上海交通大学安泰经济与管理学院 2010 级博士，中国石油天然气销售南方
　　　　分公司总经理
邬　曦　上海交通大学安泰经济与管理学院 2010 级博士，知一书院研究员
王科宇　上海交通大学安泰经济与管理学院 2009 级博士，知一书院研究员

　　天上飞的，路上跑的，海里游的，工厂转的，灶台跳的……温暖如春的寒冬，星光璀璨的夜幕，我们生活的每一分钟，我们移动的每一寸轨迹，我们向往的每一篇华章，都需要一个叫作能源的天使鼎力相助，寸步不离。

　　我国是能源大国，能源资源在全世界占有较大比重，在推动国家经济发展方面发挥了重要作用。我国也是人口大国，看似高比重的能源储备在人均水平上却不能傲视群雄。随着我国经济近几十年的高速增长，经济总量已经达到了世界第二位，经济发展进入"放缓速度、调整结构"的新常态时期，所有工作都将关注的重点转移到对生态环境的保护和国家经济的高效可持续发展。"绿水青山就是金山银山"，如何一面持续发展经济，提高人民生活水平，一面适应经济发展新常态，更好地调整经济结构和发展绿色经济，成为新时代的新任务。国家在 2015 年 11 月明确提出了"供给侧结构性改革"，通过调整能源供给结构，来优化能源生产和利用方式，使得我们在大力发展经济的同时，还地球清新清爽的本来面目。

　　传统意义上的能源包括煤炭、石油、天然气，在 1978 年 12 月 20 日第三十三届联合国大会上，第 148 号决议为地球的能源家族增添了新能源和可再生能源，它们包括：太阳能、地热能、风能、潮汐能、波浪能、海洋能、薪柴、木炭、生物质能、畜力、油页岩、焦油砂、泥炭和水能。这里除油页岩、焦油砂和泥炭是非常规矿物能源外，其他 11 种都属可再生能源。新能源的利用，帮助人类在能源消耗与生存延续的矛盾中

找到了平衡点，为我们在赖以生存的地球上持续健康发展提供了更大更久远的可能。

现代社会的能源生产和消费是一个复杂的产业链系统，不同的国家有不同的能源行业划分标准。根据 GICS-Wind 的分类标准，能源作为一级产业，其二级产业依旧是能源，到三级产业分为"能源设备与服务"和"石油、天然气与供消费用燃料"两类。其中，"能源设备与服务"在四级产业分为"石油天然气设备与服务"和"石油天然气钻井"，"石油、天然气与供消费用燃料"在四级产业分为"煤炭与消费用燃料""石油天然气勘探与生产""石油与天然气的储存和运输""石油与天然气的炼制和销售"以及"综合性石油天然气"。

2.1 中美能源产业综合比较

截至 2019 年 9 月，中国能源企业在 A 股上市的共有 76 家，其中，能源设备与服务业企业 21 家，石油、天然气与供消费用燃料业企业 55 家。相比而言，美国能源设备与服务业企业 59 家，石油、天然气与供消费用燃料业企业 194 家（指在美国本土注册登记的能源企业）。对应的四级产业企业数量分布见表 2-1。

表 2-1 中美能源企业上市公司数量对比

一级产业	二级产业	三级产业	四级产业	上市公司数量（家）	
				中国（A 股）	美国
能源	能源	能源设备与服务	石油天然气设备与服务	18	53
			石油天然气钻井	3	6
			合计	21	59
		石油、天然气与供消费用燃料	煤炭与消费用燃料	34	14
			石油天然气勘探与生产	4	99
			石油与天然气的储存和运输	3	43
			石油与天然气的炼制和销售	12	24
			综合性石油天然气	2	14
			合计	55	194

资料来源：Wind，2019 年 9 月。

根据对中美能源产业上市公司市值的统计，从三级产业来看，占主要份额的是石油、天然气与供消费用燃料业（见图 2-1）。继续分析可以发现，在中美能源四级产业中，虽然综合性石油天然气市值占比都是最高的，但其他四级产业在两国的市值分布上存在很大差异。中国市值第二的能源四级产业是煤炭与消费用燃料，而美国是石油天然气勘探与生产、石油与天然气的储存和运输，这与两国的能源禀赋、能源生产及消费结构密切相关。中国政府已经出台了一系列优化能源结构、加快能源转型的政策，可以预见，中国将加大清洁能源的开发利用，加大天然气的引进；煤炭在一次能源消费中的比例处于下降态势，但在今后相当长的时期内，煤炭仍将起到重要的基础性作用，而美国因为开发利用了大量石油天然气资源，已经大幅削减了煤炭在本国的消费比重。这也体现出两国在能源生产上的明显差异性。

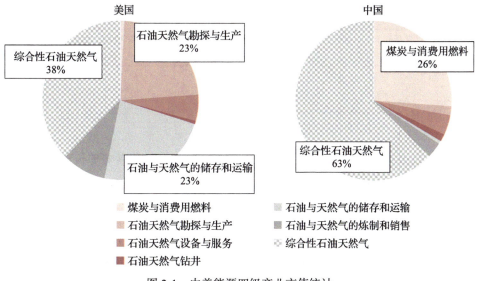

图 2-1　中美能源四级产业市值统计

美国能源产业营业收入排在前十的企业集中在石油、天然气与供消费用燃料三级产业里，而中国前十的企业则分布在不同的三级产业中（见表 2-2）。

表 2-2　中美营业收入前十企业名录

中国			美国		
名称	三级产业	四级产业	名称	三级产业	四级产业
中国石化	石油、天然气与供消费用燃料	综合性石油天然气	埃克森美孚（Exxon Mobil）	石油、天然气与供消费用燃料	综合性石油天然气
中国石油			雪佛龙（Chevron）		
中国神华		煤炭与消费用燃料	瓦莱罗能源（Valero Energy）		石油与天然气的炼制和销售
兖州煤业			菲利普斯 66（Phillips 66）		
上海石化		石油与天然气的炼制和销售	马拉松原油（Marathon Petroleum）		
中煤能源		煤炭与消费用燃料	能源运输（Energy Transfer）		石油与天然气的储存和运输
中油工程	能源设备与服务	石油天然气设备与服务	全球燃料服务（World Fuel Services）		石油与天然气的炼制和销售
石化油服			康菲石油（ConocoPhillips）		石油天然气勘探与生产
陕西煤业	石油、天然气与供消费用燃料	煤炭与消费用燃料	企业产品合伙人（Enterprise Products Partners）		石油与天然气的储存和运输
淮北矿业			全美平地管道（Plains All American Pipeline）		

根据前十家能源企业的营业收入,可以计算出中美能源企业的集中度。可以看出,中美前十家能源企业的集中度都超过了40%(见表2-3)——这是竞争性市场转向垄断型市场的门槛。相比而言,中国能源企业的集中度高于美国。

表2-3 中美能源企业集中度对比

指标	中国		美国	
	全部企业	前十家企业	全部企业	前十家企业
营业总收入(亿美元)	10 130.230 88	9 237.350 6	15 459.927 5	9 829.855
集中度(%)	91.2		63.6	

2.2 历史

煤炭从19世纪中叶开始大量使用,并于20世纪初取代薪柴等传统生物质能成为世界主导能源(煤炭最高比例曾达48%),保持了近60年的高速增长。此后,随着其他能源品种的大量使用,煤炭在能源结构中的比重逐渐下降。煤炭的霸主地位第一次被撼动,是由于石油催生了"石油革命"。20世纪60年代中期,石油在一次能源消费中的比重提高到39.4%,超过了煤炭(38.9%)而居首位,人类对能源的消费由以煤炭为主的"煤炭时代"步入了以石油和天然气为主的"石油时代"。1973年,石油在世界一次能源消费中的比重已经提高至47.2%,天然气的比重也达到了18.2%,煤炭降为28.2%,下降了近20%。1970年以来,核能加快增长,核能催生的"核能革命"使煤炭地位再次受到动摇。1994年,在世界一次能源消费结构中,核能上升为7.2%(1973年为0.8%),煤炭下降为27.2%,石油下降为40%,天然气上升为23%。进入21世纪,洁净低碳技术催生了"新能源革命",以太阳能、风能、地热能、海洋能和氢能等可再生能源为代表的新能源开始规模化使用,使煤炭在能源结构中的比重再次出现下降。

中国能源结构的发展经历了三个阶段。第一个阶段是以化石能源为主的阶段,化石能源占到90%以上,其中煤炭占60%以上。第二个阶段是多元能源结构阶段,此阶段中国能源结构与全球不一样,不以石油和天然气为主,而是煤炭、石油、天然气和可再生能源并存。目前,天然气约占7%,石油占17%～18%,所以为多元能源结构阶段,该阶段估计要延续几十年。第三个阶段将是以非化石能源为主的阶段。近年来,随着新能源产业的发展,虽然煤炭在国家一次能源消费结构中的占比有所下降,但仍徘徊在60%左右,这揭示了煤炭产业在国民经济中的重要基础性地位(见图2-2)。在多元能源结构经历几十年的此消彼长之后,低碳能源未来在中国会逐渐成为主流，届时中国将呈现以非化石能源为主的能源结构状态。

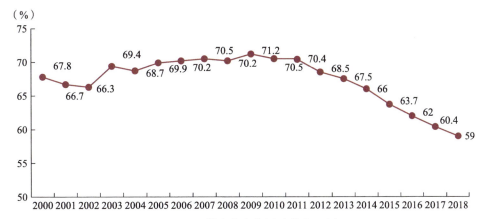

图 2-2　原煤消费占能源消费的比例

资料来源：根据国家统计局数据整理。

联合国新能源和可再生能源会议（1981 年 8 月 10 日至 21 日由联合国在肯尼亚首都内罗毕主持召开的研究能源问题的大型国际会议）为新能源和可再生能源做了明确的描述：以新技术和新材料为基础，使传统的可再生能源得到现代化的开发和利用，用取之不尽、周而复始的可再生能源取代资源有限、对环境有污染的化石能源，重点开发太阳能、风能、生物质能、潮汐能、地热能、氢能和核能（原子能）。

《中华人民共和国可再生能源法》规定，可再生能源指风能、太阳能、水能、生物质能、地热能、海洋能等非化石能源。

早在 20 世纪 70 年代，波及全球的石油危机就使得美国、日本、英国、德国等发达国家对能源战略做出了实质性转变，能源多元化、开发可替代能源成为各国能源政策中不可或缺的一部分。在之后的 40 多年里，发达国家推动绿色能源发展的努力从未间断。

1978 年，美国开始建设绿色能源（太阳能和可再生能源）生产基地，并用税收、利息等金融工具鼓励消费太阳能等可再生能源。从一开始，美国推动绿色能源政策就有整体设计的特点，技术研发、生产和消费齐头并进，促进绿色能源上下游产业协调发展。进入 21 世纪，美国绿色能源进入快速发展轨道，《2003 年能源税收激励法案》是一部推动美国绿色能源发展的具有里程碑意义的法案，也是美国第一部比较有体系的绿色能源发展规划。在这部法案中，美国对氢能技术、混合动力机车技术、燃料电池技术等清洁能源技术研发的支持力度全面加强，对核电、太阳能、风能、生物质能等绿色能源生产的支持力度全面加强，对可替代能源消费的鼓励力度全面加强。

20 世纪 80 年代，在中国第六个五年计划期间，新型可再生能源技术开始被列入国家重点科技攻关计划，由中央政府拨给资金。当时，中国拥有丰富的煤炭等资源，而新能源还处在研究开发阶段，无法实现大规模应用，因此到了 21 世纪，中国的能源与环境问题日益凸显，并成为制约经济发展的一个重大因素。2006 年，中国通过并实施了《中华人民共和国可再生能源法》，以立法的形式确立了可再生能源在未来中国经济发展、可持续发展和能源发展中的战略地位，也为新能源发展的重点和配套的政策法规指明了方向。

2.3 结构

能源结构包括能源生产结构和能源消费结构。

我国能源生产总量呈现上升趋势，从 2008 年的 27.74 亿 tce[①] 上升到 2017 年的 35.90 亿 tce，增长了 29.42%；能源生产结构中的煤炭、石油占比呈现下降趋势，分别从 2008 年的 76.89%、9.8% 降到 2017 年的 69.9%、7.6%；天然气、一次电力及其他能源占比呈现上升趋势，分别从 2008 年的 3.9%、9.5% 升到 2017 年的 5.4%、17.4%。

我国能源消费总量呈现上升趋势，从 2008 年的 32.07 亿 tce 上升到 2017 年的 44.90 亿 tce，增长了 40.01%；能源消费结构中的煤炭占比呈现下降趋势，从 2008 年的 71.5% 降到 2017 年的 60.4%；石油、天然气、一次电力及其他能源占比呈现上升趋势，分别从 2008 年的 16.7%、3.4%、8.4% 升到 2017 年的 18.8%、7%、13.8%。

可见，我国能源的生产结构和消费结构均以煤炭为主。虽然天然气、一次电力及其他能源的生产与消费有所提高，煤炭的生产与消费有所下降，但现阶段我国仍以煤炭作为主要能源。

改革开放 40 多年来，我国能源产业由弱到强，由传统能源加速向新能源转变，能源生产结构由以煤炭为主加速向多元化、清洁化转变，逐步形成了煤炭、石油、天然气、可再生能源多品种的能源生产体系（见表 2-4）。

表 2-4　1978 年和 2017 年我国各品种能源生产结构对比

年份	占比（%）			
	原煤	原油	天然气	一次电力及其他能源
1978	70.3	23.7	2.9	3.1
2017	69.6	7.6	5.4	17.4
变化	-0.7	-16.1	2.5	14.3

资料来源：国家统计局。

[①] tce 即吨标准煤当量。

2.3.1 生产结构

1. 煤炭生产结构

煤炭在中国的能源结构中始终占有重要地位。在计划经济时代，体制单一、矿井数量众多但产能规模小、布局分散是当时整个行业的基本形态。

1978年全国国有煤矿有2263处，产量46 428万吨，平均单井规模20.52万吨。到20世纪80年代，全国煤矿数量一度达到8万多处，但平均单井规模大幅下降，如1988年的平均单井规模只有1.52万吨，其中乡镇煤矿快速发展到6.3万处，但平均单井规模仅为0.56万吨。

我国煤炭产业集中度偏低，产业前8位大型煤炭企业的集中度（CR8）近年来一直未能超过30%，产业前4位大型煤炭企业的集中度（CR4）一直未能超过20%。对比我国煤炭产业的CR4和CR8，可以看到，我国煤炭产业是典型的竞争型产业，前8位大型企业的市场影响力和支配力不足，中小型企业的产量份额仍然较大，使得市场的过度竞争性特点突出。

随着煤炭经济改革的深入推进，煤炭大型基地建设和企业兼并重组步伐加快，煤炭产业转型升级不断取得新进展。全国煤矿数量由20世纪80年代的8万多处减少到2019年的5800多处；前8家大型企业原煤产量14.9亿吨，占全国的40.5%；全国平均单井规模由每年不足5万吨提高到每年90万吨以上；年产量超过2000万吨的企业由2家发展到28家（其中亿吨级企业7家），产业集中度显著提升。中国煤炭工业协会参照国际通行做法，通过企业自主申报与协会统计指标数据相结合的方式，以企业2017年年度营业收入及煤炭产量为标准，排出了2018年中国煤炭企业50强和煤炭产量50强。

2018年中国煤炭企业50强榜单显示，国家能源投资集团排名第一，2017年营业收入为5059.01亿元；山东能源集团排名第二，2017年营业收入为3085.27亿元；陕西煤业化工集团排名第三，2017年营业收入为2600.89亿元。冀中能源集团、兖矿集团、山西晋城无烟煤矿业集团、阳泉煤业集团、山西潞安矿业集团、河南能源化工集团、大同煤矿集团入围前10名（见表2-5）。在上榜企业中，2017年营业收入超千亿元的企业有15家。

从2018年煤炭企业产量50强榜单看，产量在1亿吨以上的企业有6家，产量在5000万吨至1亿吨的有11家（见表2-6），产量在1000万吨至5000万吨的有19家，产量在1000万吨以下的有14家。

表 2-5　中国煤炭企业 50 强前 10 名

企业名称	地区	主要产品或服务	营业收入（万元）
国家能源投资集团有限责任公司	北京	煤炭、电力、交通运输、煤化工、科技环保、金融	50 590 077
山东能源集团有限公司	山东	煤炭、房屋租赁、新能源、医疗、养老、金融、地产	30 852 723
陕西煤业化工集团有限责任公司	陕西	煤炭、钢铁、煤化工、电力、装备制造、水泥、物流	26 008 890
冀中能源集团有限责任公司	河北	煤炭、电力、化工、装备制造、医疗、物流	22 430 330
兖矿集团有限公司	山东	煤炭、煤化工、装备制造、金融、物流贸易	19 919 956
山西晋城无烟煤矿业集团有限责任公司	山西	煤炭、合成氨、氮肥、尿素、煤层气	16 665 833
阳泉煤业（集团）有限责任公司	山西	煤炭、煤化工、煤电铝、物联网、智慧服务业、金融	16 080 629
山西潞安矿业（集团）有限责任公司	山西	煤炭、焦炭、煤化工、光伏电池组件、电力	16 074 995
河南能源化工集团有限公司	河南	煤炭、甲醇、氧化铝	16 017 486
大同煤矿集团有限责任公司	山西	煤炭、电力、煤化工	16 016 237

资料来源：国家统计局。

表 2-6　煤炭企业产量 50 强（5000 万吨以上）

排名	企业名称	原煤产量（万吨）	备注
1	国家能源投资集团有限责任公司	51 340	
2	中国中煤能源有限公司	16 368	
3	山东能源集团有限公司	14 139	1 亿吨以上（共 6 家）
4	陕西煤业化工集团有限责任公司	14 010	
5	兖矿集团有限公司	13 511	
6	大同煤矿集团有限责任公司	12 700	
7	山西焦煤集团有限责任公司	9 610	
8	阳泉煤业（集团）有限责任公司	8 200	
9	山西潞安矿业（集团）有限责任公司	8 058	
10	冀中能源集团有限责任公司	7 930	
11	晋能集团有限公司	7 366	
12	中国华能集团有限公司（煤炭板块）	7 107	5 000 万吨～1 亿吨（共 11 家）
13	淮南矿业（集团）有限责任公司	6 816	
14	山西晋城无烟煤矿业集团有限责任公司	6 487	
15	内蒙古伊泰集团有限公司	6 424	
16	河南能源化工集团有限公司	6 166	
17	开滦（集团）有限责任公司	6 132	

资料来源：国家统计局。

2. 石油天然气生产结构

自然资源部 2018 年 7 月发布的《全国石油天然气资源勘查开采情况通报》显示，2017 年全国石油与天然气新增探明地质储量均出现明显下降。石油新增探明地质储量 8.77 亿吨，同比下降 4.1%。石油新增储量大于 1 亿吨的盆地分别为鄂尔多斯盆地、准噶尔盆地和渤海湾盆地海域。尽管石油年新增探明地质储量多年保持在 10 亿吨以上，但探明可采储量平均仅为 2 亿吨。2017 年天然气新增探明地质储量 5554 亿立方米，同比下降 23.6%，天然气新增探明地质储量大于 1000 亿立方米的盆地只有鄂尔多斯盆地。2001 年以来，天然气年新增探明地质储量平均在 6000 亿立方米以上。

和美国相比，中国石油和天然气剩余探明可采储量大约是美国的一半（见图 2-3 和图 2-4）。

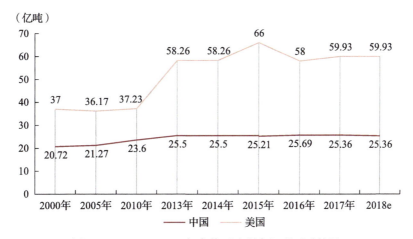

图 2-3　2000～2018 年中美石油剩余探明可采储量

注：剩余探明可采储量 = 探明可采储量 - 累计采储量。

图 2-4　2000～2018 年中美天然气剩余探明可采储量

2018年，受资源禀赋条件、低油价下高成本资源经济效益欠佳、上游投资不足等影响，中国原油产量继续下降，前11个月下降1.4%，全年下降1%，产量约1.89亿吨。原油生产仍主要聚集在大庆、胜利、新疆、辽河等老油区。美国的原油产量在2018年攀升到6.5亿吨（见图2-5）。

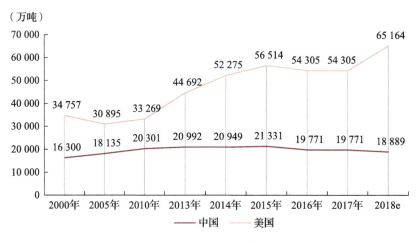

图 2-5　2000～2018年中美原油产量

2018年，全球天然气产业仍处于产能集中投产期，天然气全球产量为3.97万亿立方米，增速进一步提升至4.5%（见表2-7），高于上一年的2.7%。北美受美国需求增加和出口需求的推动，产量增幅最大，增速达9.1%；欧亚大陆产量同比增长5.5%。北美和欧亚大陆产量合计占全球产量的一半。

表 2-7　2014～2018年世界分地区天然气产量

（产量单位：亿立方米）

区域	2014	2015	2016	2017	2018e	2018年产量增速（%）
北美	9 753	10 110	9 997	10 064	10 981	9.1
中南美	1 670	1 693	1 744	1 684	1 615	-4.1
欧洲	2 806	2 735	2 679	2 750	2 733	-0.6
欧亚	8 050	8 040	8 006	8 475	8 939	5.5
中东	6 329	6 584	6 698	6 597	6 799	3.1
非洲	2 135	2 114	2 178	2 343	2 407	2.7
亚太	5 282	5 379	5 614	6 039	6 196	2.6
合计	36 025	36 655	36 915	37 954	39 670	4.5

资料来源：中国石油集团经济技术研究院。

中美两国的天然气产量一直处于上升趋势。2018年，美国天然气产量是中国的5倍多（见图2-6）。

图 2-6　2000～2018 年中美天然气产量

3. 石油天然气加工结构

2018 年，世界新增炼油能力继续保持增长，新增能力主要来自中国和越南。中国恒力石化每年 2000 万吨炼化一体化项目建成投产，越南第二座炼厂宜山（Nghi Son）炼厂建成投产，伊朗波斯湾之星炼厂二期建成投产，新增凝析油加工能力每年 600 万吨。中国地方炼厂淘汰炼油能力约每年 1165 万吨。2018 年世界炼油能力净增 4530 万吨，总炼油能力增至每年 49.64 亿吨（见表 2-8）。

表 2-8　2018 年世界炼油能力增减情况

增减	国家和地区	公司名称	地点	新增能力（万吨）
新增	中国	恒力石化、中石油华北石化等		3 390
	越南	越南宜山炼油和石化公司	宜山	1 000
	伊朗	伊朗国家石油公司	大不里士炼厂	175
	伊朗	伊朗国家炼油与分销公司	阿巴斯港南部港口	600
	伊拉克	舒艾巴（Shuaiba）炼油厂	巴士拉港	350
	美国			180
	世界新增合计			5 695
减少	中国	新海石化、东营联合石化等		1 165
	世界减少合计			1 165
世界净增能力				4 530

资料来源：中国石油集团经济技术研究院。

进入 21 世纪，中国的原油加工能力快速提高。2000～2018 年，中国原油加工能力已提高近 3 倍，接近美国的原油加工能力（见图 2-7）。

2018 年，中国的原油加工量较 2005 年提高了 1 倍以上，与美国的原油加工量相比虽然还有差距，但差距一直在缩小（见图 2-8）。

从全球范围看，美国和中国的炼油能力排在前列。在世界最大的 50 家石油公司中，美国有 10 家公司上榜，我国 3 大能源公司也榜上有名（见图 2-9、表 2-9）。

图 2-7　2000～2018 年中美原油加工能力

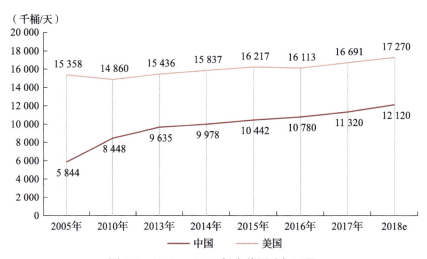

图 2-8　2000～2018 年中美原油加工量

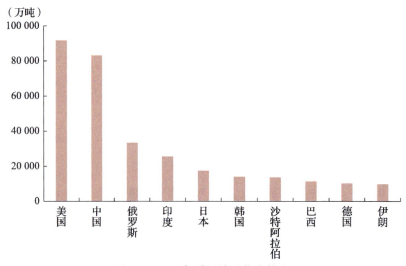

图 2-9　2018 年世界炼油能力排名

表 2-9 2018 年世界最大的 50 家石油公司中的中美公司

综合排名	公司名称	石油储量 位次	石油储量 储量(亿吨)	天然气储量 位次	天然气储量 储量(亿立方米)	石油产量 位次	石油产量 产量(万吨)	天然气产量 位次	天然气产量 产量(亿立方米)	炼油能力 位次	炼油能力 能力(万吨)	油品销量 位次	油品销量 销量(万吨)
3	中国石油	8	45.9	8	35 671	5	17 205	3	1 287	2	24 635	11	10 704
4	美国埃克森美孚	12	16.8	15	15 617	7	11 415	7	1 055	3	24 590	3	25 231
11	美国雪佛龙	21	9.2	23	8 704	16	8 615	12	623	18	8 690	8	12 273
20	中国石化	43	2.2	47	1 981	26	4 025	27	258	1	29 440	4	18 633
31	美国康菲	33	4.3	32	3 371	25	4 160	20	338				
32	中国海油	30	4.8	41	2 336	21	5 325	45	134	49	1 200	50	867
39	美国戴文能源	47	1.6	49	1 695	43	1 715	47	124				
39	美国 EOG 资源	41	2.5	55	1 207	40	2 125	50	114				
43	美国安特罗资源	52	1.4	34	3 143	69	525	40	167				
44	美国西方石油	40	2.7	60	1 085	36	2 335	61	84				
46	美国切萨皮克	70	0.7	39	2 435	61	740	29	249				
48	美国安纳达克石油	54	1.3	65	915	37	2 270	44	135				
48	美国山脉资源	55	1.2	35	2 906	67	555	43	139				

资料来源：美国《石油情报周刊》，2018 年 11 月 19 日。

为贯彻巴黎气候大会精神，应对更严格的环保法规，不少国家的炼油商继续大量投资以生产更清洁的燃料，满足新的硫含量要求和排放法规的要求（见表 2-10）。

表 2-10 清洁燃料发展动向

国家及地区	内容
美国	美国执行Ⅲ级（Tier3）标准，汽油含硫量不得超过 10 微克/克
中国	乙醇汽油试点从 11 个省扩大到 26 个省市，到 2020 年将在全国范围基本实现全覆盖。2018 年是汽柴油国Ⅵ标准攻关年，2019 年 1 月 1 日起将全面实施汽柴油国Ⅵ标准
俄罗斯	俄罗斯国内炼厂继续加快升级改造，生产符合欧洲标准的清洁燃料
印度	越过中间的巴特拉标准 -5（BS-5），从 BS-4 直接升到 BS-6（相当于欧Ⅵ），从 2020 年 4 月提前至 2018 年 4 月开始执行
马来西亚	2018 年 10 月 1 日起对 95 号汽油实行欧 4M 汽油标准
中东	中东正在大力投资增加欧Ⅳ标准燃料的生产。沙特阿拉伯正建造多个清洁能源项目，以使柴油和汽油含硫量减少到 10 微克/克，使汽油中的苯含量降低到 1%
非洲	到 2020 年用 AFRI-4 规范生产燃料，使柴油和汽油的最大含硫量分别降至 50 微克/克和 150 微克/克

资料来源：中国石油集团经济技术研究院。

从地区布局看，我国的华北、东北、华南、华东仍然是炼油集中地，截至 2019 年，合计炼油能力达到每年 6.73 亿吨，占总能力的 80.9%；东北地区炼油能力占比较上年提高了 2 个百分点，其他地区的占比均有所下降。随着恒力石化等民营企业的建成投产，成品油流向或将呈现"北油南下进一步加大，西油东运进一步受阻"的局面，整体区域布局调整，产业集中度有所提高。

4. 可再生能源市场结构

2017年全球可再生能源发展再创历史纪录，实现了有史以来最大的增长。2017年，全球可再生能源年新增发电装机达到1.78亿kW，同比提高了9%，占当年全部新增发电装机容量的70%。截至2017年底，全球可再生电力总容量约为21.95亿kW。可再生能源总装机容量最多的国家是中国，其次是美国、巴西、德国和印度。可再生能源年新增发电装机连续3年超过化石能源发电装机，进一步表明电力系统结构正在逐步转变，可再生能源电力已成为全球电力装机的主力（见表2-11）。

表 2-11 全球可再生能源累计装机容量和产量

项目	2013	2014	2015	2016	2017
含水电可再生能源装机（亿kW）	15.78	17.12	18.49	20.17	21.95
水电累计（亿kW，不含抽水蓄能）	10.18	10.55	10.64	10.95	11.14
风电累计（亿kW）	3.19	3.70	4.33	4.87	5.39
光伏发电累计（亿kW）	1.38	1.77	2.27	3.03	4.02
太阳能热电累计（亿kW）	340	440	480	480	490
生物质能发电装机（亿kW）	0.88	0.93	1.06	1.14	1.22
地热能装机（万kW）	1 210	1 280	1 320	1 350	1 280
生物乙醇年产量（亿公升）	878	940	983	1 030	1 055
生物柴油年产量（亿公升）	263	297	301	308	310

资料来源：21世纪可再生能源政策网络（REN21）。

2017年，可再生能源发电量占全球发电量的26.5%，较2016年提高了2个百分点。其中水电发电量约占16.4%，风电发电量约占5.6%，生物质能发电量约占2.2%（见图2-10）。

图 2-10 全球可再生能源发电量占全部发电量的比重

资料来源：REN21，2018年全球可再生能源统计报告。

5. 新能源生产组织结构

（1）风电

根据全球风能理事会（GWEC）的统计，截至2017年底，全球已有90多个国家开发了风电，其中有9个国家的风电装机容量超过了1000万kW，有30个国家超过了 100 万 kW。2017 年，全球风电累计装机容量达 5.39 亿 kW，年复合增长率达 11%。

自 2009 年新增风电装机容量超过美国之后，中国的风电市场连续 9 年位居全球第一。2017 年，中国风电新增装机容量 1966 万 kW，风电全年发电量 3057 亿 kW·h，同比增加 27%，占全国总发电量的 4.8%，仅次于火电和水电。同时，中国风电弃风限电问题有所改善，全国平均弃风率降到 12%，风电弃风电量 419 亿 kW·h，风电平均利用小时数 1948 小时，比 2016 年增加了 203 小时。中国风电市场的布局继续优化，中东部地区的新增装机占到 55%，地区转移趋势明显。

推动美国风电市场发展的主要动力是成本下降，2017 年风电发电成本较 2009 年下降了 69%。在美国许多地区，风电已经成为成本最低的新能源。技术的进步推动美国风电在 5 年里实现了 8% 的年复合增长，拉动新投资 500 亿美元。截至 2017 年底，美国风电累计装机容量 8908 万 kW，超过水电成为美国最大的可再生能源发电技术。同时，针对海上风电，美国也开始行动。例如，纽约州计划到 2030 年建成 240 万 kW 的海上风电装机容量。截至 2017 年底，美国有处于 14 个不同阶段的海上风电项目正在进行中，总装机容量超过 1250 万 kW。

（2）太阳能光伏发电

2017 年，全球光伏发电市场再创新高，全年新增光伏安装量达到 9800 万 kW，累计安装量达 4 亿 kW。亚洲已成为全球光伏市场最主要的区域，占世界市场的 75%。中国连续两年成为全球市场规模增长贡献最大的国家，2017 年占到全球新增市场的 54%；其他新兴市场如拉丁美洲、非洲、东南亚等也增长较快。美国 2017 年新增光伏安装量 1060 万 kW，累计装机突破 5000 万 kW，位居全球第二位。2017 年，太阳能光伏成为全球新增装机规模最大的电力能源，太阳能光伏在全球电力结构中的作用愈发重要（见表 2-12）。

表 2-12　2017 年全球新增光伏装机容量前 10 的国家

序号	国家	2017 年新增光伏装机容量（GW）
1	中国	53
2	美国	10.6
3	印度	9.1
4	日本	7
5	土耳其	2.6
6	德国	1.8
7	澳大利亚	1.25
8	韩国	1.2
9	英国	0.9
10	巴西	0.9

资料来源：IEA-PVPS。

（3）太阳能热发电

太阳能热利用技术可广泛应用于热水、供暖制冷和工农业用热等热能供给领域，在越来越多的国家得到普及。但 2017 年全球太阳能热利用市场仍然面临着增长压力，市场规模持续下降，新增太阳能热装机容量为 35GWth，相当于集热面积 5000 万平方米，同比下降 3%。同年，全球运行的太阳能热利用热装机容量累计达到 472GWth，相当于集热面积 6.74 亿平方米（见表 2-13）。

表 2-13　2013～2017 年全球太阳能热利用市场规模

项目	2013	2014	2015	2016	2017
集热总面积（亿平方米）	4.71	5.8	6.2	6.5	6.74
运行的热装机容量（GWth）	330	406	435	456	472

资料来源：REN21。

2017 年，中国仍然是世界太阳能热利用保有量最多的国家，远远高于其他国家，占全球保有量的 71.2%。同时，中国也是全球太阳能热利用新增装机量最多的国家，其次为土耳其、美国等国（见表 2-14）。

表 2-14　2017 年全球太阳能热利用新增装机容量前 10 的国家

序号	国家	2017 年新增装机容量（MWth）
1	中国	53
2	土耳其	10.6
3	印度	9.1
4	巴西	7
5	美国	2.6
6	德国	1.8
7	澳大利亚	1.25
8	墨西哥	1.2
9	以色列	0.9
10	希腊	0.9

资料来源：REN21。

（4）生物质能

生物质能形式多样、应用广泛，涵盖电力、热力、交通等多个领域。生物质能是可再生能源体系中的重要组成部分。据国际可再生能源机构（IRENA）的预测，2030 年可再生能源在全球能源消费总量中的占比将达 36%，其中生物质能将占可再生能源的 60%。目前生物质能大规模开发受生态环境、粮食安全、技术进步、开发经济性等多重因素影响，若要充分挖掘生物质资源潜力，仍需在生产生活方式、技术研发、社会经济等方面努力。

根据REN21的估算，2016年全球生物质能利用总量约占全球能源消费总量的11%。其中，生物质供热占比最大，约45EJ，占生物质能总量的77%。生物质发电装机容量约12 200万kW，发电量555TW·h。生物液体燃料总量约1.1亿吨，生物质颗粒燃料产量约2800万吨。

（5）水电

2017年是近5年来全球新增水电装机容量最少的年份，年新增装机容量2190万kW，同比下降了30%，总装机容量达到12.67亿kW（含抽水蓄能）。2017年，全球水电总发电量约为4.19万亿kW·h，同比上升了约2%。水电仍是规模最大的可再生能源发电技术，发电量占全球总发电量的16.4%，发电装机容量占全球可再生能源发电装机容量的近60%。

中国是2017年新增水电装机容量最多的国家，新增水电装机容量912万kW，其中200万kW为抽蓄电站（见表2-15）。巴西水电取得重大进展，其目前最大的、规划容量为1120万kW的Belo Monte水电项目的第一个发电机组已经于2016年投产。

表2-15　2017年全球新增水电装机容量前10的国家

序号	国家	2017年新增装机容量（万kW）
1	中国	912
2	巴西	337.6
3	印度	190.8
4	葡萄牙	105
5	安哥拉	101.8
6	土耳其	59.2
7	伊朗	52
8	越南	37.3
9	俄罗斯	36.4
10	苏丹	32

资料来源：REN21。

2.3.2　消费结构

1. 石油天然气消费结构

近年来，全球能源消费进一步向清洁化发展，天然气和可再生能源消费占比稳步上升，煤炭占比持续下降。

中国一次能源消费在世界的占比已经由2000年的11%提升到2018年的25%，

而美国的一次能源消费占比从 2000 年的 24% 降低到 2018 年的 17%（见图 2-11）。

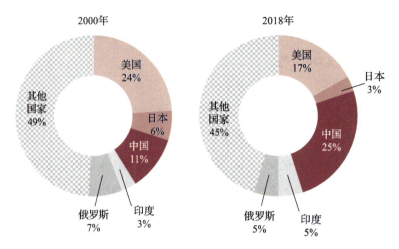

图 2-11　中美两国一次能源消费占比变化

2018 年中国能源消费总量为 47.1 亿吨标准煤（合 33.0 亿吨油当量），增速为 4.8%，为此前 7 年最快增速。其中，煤炭消费 39.1 亿吨，同比增长 1.0%；石油消费 6.25 亿吨，同比增长 7.0%；天然气消费 2766 亿立方米，同比增长 16.6%；非化石能源发电 1.8 亿千瓦时，同比增长 8%（见图 2-12）。

图 2-12　2011～2018 年中国能源消费量

资料来源：国家统计局，中国石油集团经济技术研究院。

2000 年至今，中国的石油消费量一直在攀升，2015 年增速放缓，但也处于稳中有升的状态（见图 2-13）。美国的石油消费量在 2005 年之后出现明显锐减，然后保持稳定。

图 2-13　2000～2018 年中美石油消费量

2018 年，在中美两国消费大幅增长的带动下，全球天然气消费量约为 3.86 万亿立方米，增速为 5.3%，远高于过去 5 年平均水平。从图 2-14 可以看出，中美天然气消费量都是在 2005 年之后开始提升的，至今还保持着一定的增长趋势。北美和亚太消费增幅分别为 9% 和 8%，欧洲消费增速放缓至 2%。亚太天然气消费在中国、韩国等国的带动下快速提升。其中，中国天然气消费受煤改气政策的推动，持续快速增长；由于能源政策和天气原因，韩国的城市燃气和电用气拉动全国天然气消费持续增长；日本核电站重启数量从上一年的 5 座增加到 9 座，天然气消费量下降。

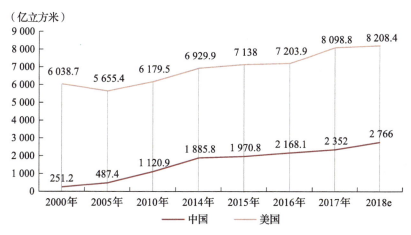

图 2-14　2000～2018 年中美天然气消费量

2. 石油天然气消费结构进出口变化

中国石油和天然气消费继续快速增长，2017 年成为世界最大原油进口国，2018年超过日本成为世界最大天然气进口国。2019 年石油净进口量为 4.4 亿吨，同比增长

11%,对外依存度为 69.8%;天然气进口量为 1254 亿立方米,同比增长 31.7%,对外依存度升至 45.3%。

2018 年,美国成为世界第一大油气生产国,对全球油气市场的影响力明显增强。特朗普政府奉行"美国优先"的单边主义政策,通过制裁伊俄、联合沙特阿拉伯等手段,力图使油气行业运行服从美国利益。2019 年,美国与减产联盟的博弈、中美贸易摩擦等进一步促使国际油气秩序重构。

中国的原油进口量自 2000 年起一直在增长,而美国的原油进口量却自 2005 年后逐年下降,2016 年之后,中国的原油进口量超过美国(见图 2-15)。

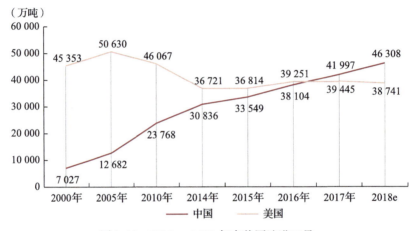

图 2-15　2000～2018 年中美原油进口量

中国的原油出口量自 2000 年起一直在下降,2014 年达到近 20 年的最低点,而美国的原油出口量在 2010 年后急速攀升。截至 2018 年,美国的原油出口量已是中国的 36.8 倍(见图 2-16)。

图 2-16　2000～2018 年中美原油出口量

中国的天然气进口量从 2010 年开始一直在增长,而美国的天然气进口量自 2005 年以后逐年下降。2016 年之后,中国的天然气进口量超过美国(见图 2-17)。

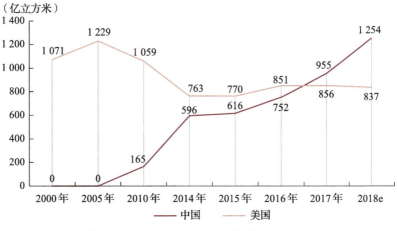

图 2-17　2000～2018 年中美天然气进口量

中国的天然气出口量很小,而美国的天然气出口量逐年攀升。截至 2018 年底,美国的天然气出口量已接近中国的 24 倍(见图 2-18)。

图 2-18　2000～2018 年中美天然气出口量

3. 石油天然气运输结构

从 2005 年开始,中国油气管道的建设进入一个新的阶段。截至 2018 年底,中国天然气长输管道总里程近 7.6 万公里,原油和成品油管道近 3 万公里(见图 2-19)。

亚太地区是液化天然气(LNG)的主要生产区。全球现有和在建 LNG 项目产能为每年 4.624 亿吨,亚太地区为每年 1.643 亿吨,占全球份额超过 1/3。亚太 LNG 项目主要分布在澳大利亚、马来西亚、印度尼西亚和巴布亚新几内亚等国。

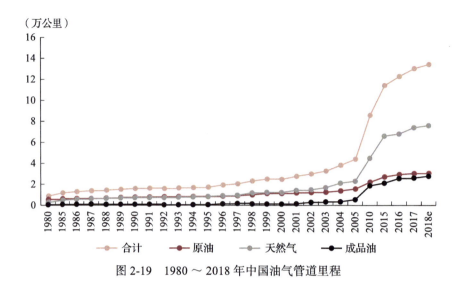

图 2-19　1980～2018 年中国油气管道里程

2016～2018 年，亚太地区共有 15 条生产线投产，产能合计每年 5910 万吨，占亚太现有产能的 36%。在投产项目中，澳大利亚的项目有 7 个，产能为每年 5380 万吨，占此前 3 年投产项目产能的 9 成以上。

截至 2018 年底，我国已经投产的 LNG 接收站项目已达 17 家（见表 2-16），接收能力如图 2-20 所示。

表 2-16　2018 年中国已投产 LNG 接收站项目

项目名称	所在位置	设计能力（万吨/年）	投产时间	所属单位
广东大鹏 LNG 项目	深圳大鹏湾	680	2006	中海油
福建莆田 LNG 项目	莆田湄洲湾	630	2008	中海油
上海洋山 LNG 项目	洋山深水港	300	2009	中海油
江苏如东 LNG 项目	如东洋口港	350	2011	中石油
辽宁大连 LNG 项目	大连大孤山半岛	300	2011	中石油
浙江宁波 LNG 项目	宁波白峰镇中宅	300	2012	中海油
珠海金湾 LNG 项目	珠海高栏港	350	2013	中海油
天津浮式 LNG 项目	天津港南疆港区	220	2013	中海油
河北曹妃甸 LNG 项目	唐山港曹妃甸港区	650	2013	中石油
山东青岛 LNG 项目	青岛胶南董家口	300	2014	中石化
海南 LNG 项目	洋浦经济开发区黑岩港	300	2014	中海油
北海 LNG 项目	广西北海市铁山港区南港池石化作业区	300	2016	中石化
广东粤东 LNG 项目	广东省揭阳市惠来县	200	2017	中海油
江苏启东 LNG 项目	江苏南通港吕四港区	60	2017	新疆广汇
天津南港	滨海新区南港	300	2018	中石化
深圳迭福	深圳大鹏新区	400	2018	中海油
新奥舟山	浙江舟山	300	2018	新奥集团

资料来源：中国石油经济技术研究院。

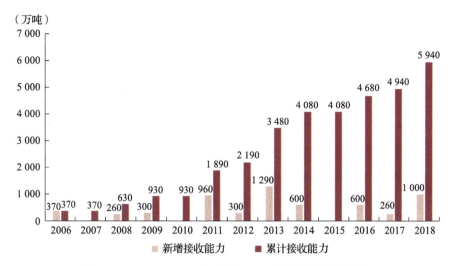

图 2-20　2006～2018 年中国 LNG 接收能力发展状况

未来 5 年，亚太地区 LNG 待建项目很少，LNG 产能增长有限。

2018 年，美国 LNG 出口 2105 万吨，同比上升 63%；俄罗斯天然气产量增加，多条出口通道打通在即。美俄天然气出口竞争加剧，对卡塔尔、澳大利亚等传统供应国形成挑战。随着 LNG 现货市场的快速增长，天然气市场全球化进程会加快，消费的来源选择会更多。

4. 新能源消费结构及变化

虽然中国能源消费结构还是以煤炭为主，但可再生能源占比已然凸显。2017 年煤炭消费量占能源消费总量的 60.4%，天然气、水电、核电、风电等清洁能源消费量占能源消费总量的 20.8%；2018 年天然气、水电、核电、风电等清洁能源消费量占能源消费总量的比重已提高到 22.1% 左右，而煤炭的消费占比首次降到 60% 以内，约为 59% 左右（见图 2-21）。

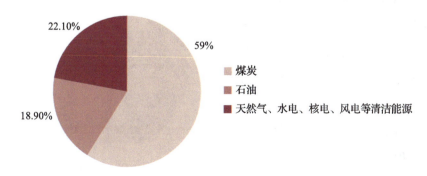

图 2-21　2018 年中国能源消费结构

资料来源：国家能源局。

从中国能源消费结构看，清洁能源占比在 20% 左右，新能源利用程度仍然不够高，煤炭在我国能源消费中仍占有很大比重。因此，国家发展和改革委员会及国家能源局在 2017 年印发的《能源生产和消费革命战略（2016—2030）》中指出，到 2020 年，清洁能源将成为能源增量主体，非化石能源占比将为 15%，能源消费总量控制在 50 亿吨标准煤以内，新增能源需求主要依靠清洁能源满足，大力发展可再生能源将是中国长期坚持的能源战略。

中国新能源发电规模持续扩大。截至 2017 年底，中国可再生能源发电装机容量为 6.5 亿 kW，相比 2010 年的 2.54 亿 kW 增加了 1.56 倍，占全部电力装机容量的比重也从 2010 年的 26.1% 提高到 2017 年的 36.6%。其中，水电装机（含抽水蓄能）容量为 3.41 亿 kW，风电装机容量为 1.64 亿 kW，光伏发电装机容量为 1.30 亿 kW，生物质能发电装机容量为 1476 万 kW。2017 年可再生能源发电量为 16 979 亿 kW·h，相比 2010 年提高了 1.23 倍，占全部发电量的 26.5%。新能源将是未来中国能源发展不可阻挡的趋势。

美国作为世界上的能源消费大国，化石燃料一直是其消耗最多的能源品种。近年来，美国能源政策的调整及先进能源技术的不断涌现推动了美国非常规油气资源的大规模开采和可再生能源的蓬勃发展。据美国能源信息署统计，2017 年，美国一次能源消费量为 35.21 亿吨标准煤，其中化石能源约占 80.1%，核电约占 8.6%，可再生能源约占 11.3%，化石能源比例继续稳步下降，核电比例波动不大，可再生能源比例略有增加。从发电量方面看，煤炭和天然气发电仍占据主要市场，核电占 20.86%，可再生能源电力占 16.90%。从新增装机容量看，新增天然气发电装机容量占新增总装机容量的 39%，光伏以 32% 位居第二，风电以 26% 位居第三，煤电新增装机为零。

美国可再生能源产业稳步发展。2017 年底，美国可再生能源生产总量已达到 4 亿吨标准煤，约为美国一次能源生产总量的 12.7%；可再生能源消费总量约为 3.96 亿吨标准煤，占一次能源消费总量的 11.3%，生产与消费持平。从发电量方面看，2017 年美国可再生能源发电所占比例为 16.90%，且在稳步增加；风电与传统水电仍然是可再生能源发电的大头，占比约为 85%（见图 2-22 和图 2-23）。

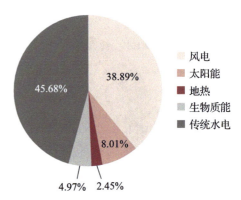

图 2-22　2017 年美国可再生能源发电结构
资料来源：美国能源信息署。

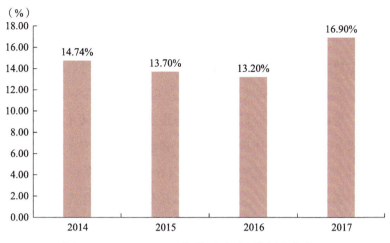

图 2-23　2014～2017 年美国可再生能源发电占比
资料来源：美国能源信息署。

美国新能源发电规模持续扩大。截至 2017 年底，美国共有近 54 000 台风机在运行，累计装机容量为 8897 万 kW，占总电机装机容量的 8%。2017 年美国风力发电量达 2540 亿 kW·h，相当于 2400 万美国家庭的年用电量，创下了年度发电量的新纪录。同时，美国拥有巨大的海上风能资源，技术开发潜力超过 2000GW，几乎是目前美国发电量的 2 倍。自 2016 年底美国第一个海上风电项目投产以来，美国海上风电行业开始蓬勃发展。2017 年，共有 14 个处于不同开发阶段的拟议海上风电项目，分布在美国东海岸和五大湖区，这些项目代表了超过 12 500MW 的潜在海上风电。

同时，美国政府积极制定相关政策及发展目标，例如，建立可再生燃料配额制度（RFS），规定 2022 年美国交通部门可再生能源燃料消费量需达到 360 亿吨加仑[①]，以及 2050 年美国可再生能源消费量达到 80%。

2.4　行为

2.4.1　世界领先石油公司的"五个坚持、一个转型"

坚持油气业务的核心地位，重新加大上游投资；显著加大对勘探业务的投入，重返大项目。2018 年，一批大型油气项目实现了预定投资计划。世界领先石油公司批准的 2019～2020 年大型油气上游项目已达到 3000 亿美元，高于 2015～2017 年上游投资总额。

---

① 1 加仑 = 0.003 785 4 立方米。

坚持资产持续优化，向低成本高盈利项目集中。在资产类型上，向深水资源、非常规资源和天然气资源集中。在深水领域，世界领先石油公司大举进入巴西深水，收购了巴西海上区块的股份，增加了美国墨西哥湾和加勒比海地区的开发投入，预计未来 10 年，深水产量比重将占油气总产量的一半以上。在非常规领域，随着非常规技术的逐渐成熟，世界领先石油公司的规模优势逐步显现，雪佛龙和埃克森美孚大幅增加非常规开发投入，快速提升产量。在天然气领域，重点开发大型天然气项目，在英国 BP 公司 2020 年的 17 个大型项目中，有 14 个是天然气项目。在地域上，北美二叠盆地成为世界领先石油公司的投资热土。二叠盆地是世界领先石油公司产量增长计划的核心，埃克森美孚、雪佛龙、壳牌和 BP 公司在美国的非常规油气产量将从 2017 年的每日 100 万桶油当量升至 2025 年的每日 300 万桶油当量。预计到 2025 年，国际大石油公司将超越中小石油公司成为非常规增产的主要贡献者。

坚持发展天然气业务，加快提高 LNG 规模。天然气是石油公司低碳转型的最佳选择，对其投资的力度持续加大。近年来，世界领先石油公司天然气产量占比逐年上升，从 2007 年的 35% 上升到 2017 年的 43%，预计到 2027 年将上升至 47%。在 LNG 领域，2018 年国际大石油公司曾计划在亚洲、东非等地区收购或开发一批 LNG 项目，互换优势资源，确保对市场的主导地位（见表 2-17）。

表 2-17　2018 年各公司 LNG 战略

公司	行为
BP	以 105 亿美元收购必和必拓在美国的页岩资产，与康菲实施资产互换
埃克森美孚	出售墨西哥湾地区油气田资产，计划集中优势开发莫桑比克 LNG 项目，并计划与俄罗斯、印度和日本的公司共同建造一个投资规模为 150 亿美元的 LNG 工厂
壳牌	处置墨西哥湾、委内瑞拉等地 100 亿美元的低效上游资产，签署 15 年合同购买塞浦路斯和以色列的海上天然气
道达尔	15 亿美元收购法国 Engie 公司的 LNG 业务；与壳牌签署在印度的 LNG 资源互供协议；收购俄罗斯大型天然气项目 10% 的股份，成为全球第二大液化气供应商
雪佛龙	位于澳大利亚的第二条 LNG 生产线投产

资料来源：各家公司官网。

坚持做精做优炼化业务，向"两区"集中。在北美墨西哥湾沿岸，埃克森美孚将进一步扩大其聚丙烯产能，道达尔组建了新的石化公司生产聚乙烯；在中东，道达尔与沙特阿美将合建一个大型石化联合体生产乙烯；在亚太，埃克森美孚投资了数十亿美元扩大新加坡炼油石化联合体的产能（该炼化厂是公司在全球最大的清洁燃料和润滑油生产厂之一），并计划在中国浙江舟山和广东惠州投资建设大型乙烯和石化联合装置项目。壳牌明确表明要推动下游业务转型升级，提升盈利能力，以 9.5 亿美元出售了阿根廷的下游业务。

坚持优化销售业务布局，扩大新兴市场份额。国际领先石油公司秉承"销售终端资源越多，价值创造能力越强"的理念，加快布局销售终端网络。一方面，制定重点地区加油站扩增计划，扩大优化销售网络；另一方面，全面加强气、电的销售，快速布局多样化能源产品的销售，使加油站向综合加"能"站转变。

加快向综合性能源公司转型，充分发挥公司自身优势，走有特色的转型道路。在转型过程中，世界领先石油公司选择性发展公司具有技术优势且与油气业务具有较强协同性的新能源业务。在战略制定上，欧洲石油公司的低碳战略以发展新能源业务为主，2018~2020年，其支出占总支出的5%~13%；而对于埃克森美孚和雪佛龙等美国石油公司，其低碳战略则以提高能效为主，多家公司还选择在各种新能源领域进行小额投资。

2.4.2 国内石油公司投资和发展动向

2018年，国内石油公司的动作主要有以下四个方面。第一，发力勘探开发，保障国家能源安全。2018年，国内石油公司加大了投资力度，其中中石油2018年上半年用于勘探开发的成本支出增加了18.3%；中石化、中海油2018年前三季度的勘探开发成本分别同比增加了81.36%、9.33%。第二，加快顺北、塔河、玛湖等新发现大油气田的勘探开发，同时努力实现老油田稳产，控制产量递减。第三，推进页岩气和致密油气等非常规资源的增储上产。中石油计划用两年的时间将页岩气产量由60亿立方米增加到120亿立方米；川南、贵州等页岩气勘探开发工作稳步提速增效。第四，加快布局有潜力的资源。中海油积极建设天然气水合物国家重点实验室；继2017年在可燃冰勘探开发领域取得突破后，中石油继续开展工作、积累经验，为大规模商业性开发打牢基础；中石化成立了国家页岩开采研发中心，着手探索研究，对我国储量大、分布面积广的油页岩进行商业化开发利用。

2018年，中国民营石油炼化企业继续发展、崛起。以山东地方炼厂为代表的传统民营炼油企业加快了重组整合，采取各种积极措施补齐基础设施短板，促进技术进步，发展炼化一体化，推进对外合作，努力提高竞争力，已有一些企业跻身中国企业500强。以恒力石化、荣盛石化、盛虹石化为代表的民营石化企业则以规模化、基地化、技术先进、具有国际竞争力为目标，加快推进世界级大型炼化一体化项目建设。其中，恒力石化每年2000万吨的炼油装置已于2018年底建成投料，浙江石化项目在2019年建成投产，盛虹石化项目业已开建，恒逸石化文莱一期每年800万吨的炼油项目已经建成，二期每年 1400 万吨的项目业已着手推进建设。

随着国家市政公用事业与能源产业市场化改革力度的加大，LNG 成为民企近年来继油服、炼化、燃气等领域以外着力发展的又一重点领域。2018 年，首个由国家能源局核准，民企投资、建设和管理的大型 LNG 接收站——新奥舟山 LNG 接收站宣布进入运营阶段。该项目现已建成一期工程，年处理 LNG 能力达到 300 万吨，二期工程计划于 2021 年完工，处理能力可增至每年 500 万吨，未来有望增至每年 1000 万吨。广汇能源 LNG 分销转运站储罐项目开工，建成后可实现年 LNG 周转量 1000 万吨的目标。宝塔石化蓬莱 LNG 接收站项目经过前期调研、论证分析、方案设计，也正式步入快速推进阶段。北京燃气继 2017 年获得俄罗斯石油公司下属油气田公司的股份后，2018 年又宣布将与俄罗斯合资在俄罗斯境内建设和运营连锁加气站，之后，又计划在天津南港建设 LNG 接收站，建设天然气应急储备及外输能力。我国 LNG 领域逐步形成了市场主体多元化的竞争格局。

2.4.3 神华集团与"互联网+"

2015 年 3 月，李克强总理首次提出"互联网+"行动计划，该计划旨在推动移动互联网、云计算、大数据、物联网等与现代制造业的结合，促进电子商务、工业互联网和互联网金融健康发展。

"互联网+"是互联网融合传统产业并将其改造成具备互联网属性的新模式的过程，其本质是传统产业的在线化、数据化。"互联网+"是信息化与工业化深度融合的继承、发展和延伸，在安全、效率、成本、销售等核心管理问题上，"互联网+"将推动传统能源业务加速朝着自动化、数字化、移动化、可视化、智能化的方向发展。

神华集团是以煤为基础，集电力、铁路、港口、航运、煤制油与煤化工为一体，产运销一条龙经营的特大型能源企业，是我国规模最大、现代化程度最高的煤炭企业，在世界煤炭供应商中名列前茅。然而面对煤炭行业的下行压力，神华集团也陷入了收入和利润双降、煤炭销售低迷的困境。数据显示，神华集团在全国煤炭市场的占比由 2013 年的 15% 下降到 2015 年的 9%，在北方港下水煤市场的占比由 2013 年的 41% 下降到 2015 年的 38%。

从 2012 年 11 月开始，神华集团组织实施煤炭交易电子商务平台建设项目，并于 2013 年 5 月 8 日正式上线运行。该平台建成了神华集团煤炭及化工产品网上交易渠道、品牌宣传渠道、客户沟通渠道，并拓展了销售流程，提高了经济效益，迅速成长为煤炭行业领先的电商平台之一。截至 2018 年，该平台已实现超过 2 亿吨的成交量，积累了大量解决问题的经验，为未来电子商务平台的进一步建设和升级提供了有力支持。

对于全国煤炭市场而言，中小型客户需求量占到近半，相较之下，神华集团的中小型客户比例明显偏低。对于拥有较强全产业链盈利能力的神华集团而言，如何吸引更多中小型客户是提升煤炭销量的关键。中小型客户具有需求小、数量多、地域分布广等特点，传统销售模式已无法有效整合此类零散需求，而互联网通道和数字化销售是提升中小型客户数量的有效手段。根据近年来的趋势，大型企业整合上下游企业，打通信息流、资金流和物流，提供集成供应链管理已成为 B2B 电子商务的主流模式。面对中小型客户所占份额越来越大的煤炭行业，加快重构煤炭市场化交易方式，提高煤炭产品销售及物资采购的电子商务占比是必然趋势。

神华集团通过建立电子商务平台，集合同质、同类化需求，降低成本服务客户，为中小型客户提供了更便捷和个性化的服务。借助"互联网+"思维，神华集团电子商务平台的升级以便捷高效、清晰全面、信用权威为核心要素，支持挂牌销售、竞价销售、撮合交易等交易模式，还可针对不同客户主体设计不同的销售模式和采购模式（如针对大型煤炭采购商和供应商的年度订货模式以及返利模式），未来可依托"互联网+"从目前的"大销售"体系战略向分级分类、多元化的销售管理模式转变，同时建设供应链金融体系，促进产融结合发展。

2.4.4　精准开采

煤炭精准开采是将煤炭开采扰动影响、致灾因素等统筹考虑的煤炭无人（少人）智能开采与灾害防控一体化的未来采矿技术，是基于透明空间地球物理，以多物理场耦合、智能感知、智能控制、物联网、大数据、云计算等为技术支撑，以风险判识、监控预警与处置功能等安全开采技术为保障的智能安全开采。

近年来，依靠科技进步，我国煤炭安全开采形势持续好转。在煤炭产量逐年增加（从 2000 年的 13 亿吨增加到 2017 年的 35.4 亿吨，增幅达 172.3%）的同时，煤炭安全开采形势依然严峻。虽然煤矿瓦斯、顶板、水害等事故率逐年大幅下降，但重特大事故仍然时有发生，社会影响恶劣。煤矿百万吨死亡率与世界发达国家相比仍存在较大差距，目前是美国的 5 倍，是澳大利亚的 11 倍。

为解决这些问题，就需要以精准开采方式推进绿色煤炭资源发展，同时最大限度地保护资源、生命和环境。绿色煤炭资源量是指能满足煤炭安全、技术、经济、环境等综合条件,并支撑煤炭科学产能和科学开发的煤炭资源量。基于现有技术条件,我国可供开采的绿色煤炭资源量较少,只有5048.95亿吨,不到探明煤炭储量的一半,占全国预测煤炭资源量5.97亿吨的1/10。考虑到国家能源需求和煤炭资源回收现状,绿色煤炭资源量仅可开采40~50年,未来或将大面积进入非绿色煤炭资源赋存区开采,煤矿安全势必面临巨大难题。安全、智能、精准一个不能少。

随着新形势的发展,煤炭精准开采增加了新的内涵。首先,要考虑在安全方面实现精准开采;其次,要实现智能化。过去,我国煤矿根本谈不上智能化,连最基本的机械化也有很大不足,平均采煤机械化程度只有45%,国有重点企业为82.7%(见图2-24)。相比其他行业,煤矿信息化、无人化、智能化水平尚处于起步阶段。未来,煤炭产业必须由高危劳动密集型升级为高精尖技术密集型:每个矿的工作人数在100人以内,90%的人在地面作业,10%的人在井下做生产准备、巡检;信息化、自动化、智能化水平以及回收率、效率等指标会达到较高水平。但仅仅智能化仍然不够,最终还是要实现精准开采,对煤矿资源、开采之后的状况做到先知先觉,对开采过程中的机器设备、系统运行都能够实时了解,达到航空航天同等的水平。

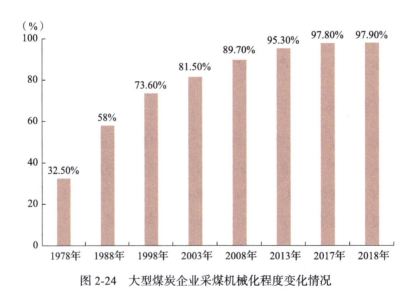

图2-24 大型煤炭企业采煤机械化程度变化情况

2.4.5 煤炭进出口

2000~2007年,我国煤炭进出口较平稳,个别年份有所波动。2008~2013年,我国煤炭进口快速增长;2013~2015年,我国煤炭进口量下降;2016年我国煤炭进口量快速提升，2017年增长放缓（见图2-25）。2017年5月起，我国采取措施加强了煤炭进口管控，全年进口煤炭2.71亿吨，同比增长6%，增幅收窄19.2个百分点。2018年1～6月，全国进口煤炭1.46亿吨，同比增加1300万吨，增长9.9%。

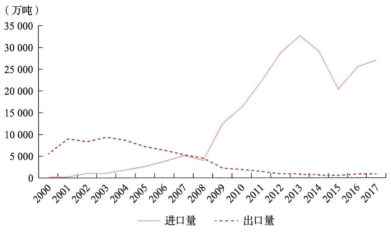

图2-25　2000～2017年我国煤炭进出口情况

在同美国的贸易战中，我国出台的政策拟对煤炭征收25%的关税，这会直接减少我国从美国进口的煤炭数量。但2009～2017年，我国从美国进口煤炭数量平均为每年391万吨，仅占全国进口煤炭总量的1.61%，因此，中美贸易战对中美两国煤炭行业的影响并不是实质性的。贸易战抑制从美国进口煤炭，而国内煤炭需求较为旺盛，这首先会刺激国内煤炭行业的发展，提升煤炭的价格，其次会增加从其他煤炭出口国进口煤炭的数量。2017年我国煤炭进口总额为220亿美元，其中排在前6名的国家分别是澳大利亚、印度尼西亚、俄罗斯、蒙古国、加拿大和美国。

未来我国煤炭出口仍然会比较少。一方面，我国对煤炭需求较高，加之减少从美国的煤炭进口会促使我国煤炭价格上涨，引导我国煤炭经济振兴发展；另一方面，我国对煤炭出口目前没有鼓励政策。

2.4.6　其他重大事件和产生的结果

可再生能源已经成为全球主要经济体能源转型的核心。2017年10月底，在根据《巴黎协定》提交了国家自主贡献（NDC）的168个缔约方中，有109个提出了量化的可再生能源目标（见表2-18），另有36个表示会涉足可再生能源行动。在联合国可持续发展目标（SDG）的框架内，2017年创建了全民可持续发展流动组织（SuM4All），其目标是在运输部门推广实施可持续发展目标。

表 2-18　主要国家和地区可再生能源发展目标和重点领域

国家和地区	可再生能源发展目标	重点领域和措施
欧盟	2020年可再生能源占能源消费总量的20%，2050年达到50%	推进风能、太阳能、生物质能等，实施碳排放交易（ETS）
英国	2020年可再生能源占终端能源消费的15%，40%的电力来自绿色能源领域	积极发展陆上风电、海上风电、生物质能发电等，推广智能电表及需求侧输电技术
德国	2020年可再生能源占终端能源消费的18%，2050年达到60%	扶持风电、光伏发电、储能，扩建输电管网设施，扩大能源储存能力；推行可再生能源固定上网电价（FIT）
美国	2030年电力部门二氧化碳排放在2005年的基础上削减30%	推动风电、太阳能发电、生物燃料、智能电网建设；30余个州实行可再生能源配额制政策（RPS）
中国	2020年和2030年非化石能源占一次能源比重分别达到15%和20%	支持水电、风电、太阳能发电、可再生能源热利用和新能源燃料；实施新能源发电的固定上网电价，分布式光伏发电度电补贴

2.5　绩效

2018年，全球经济增长3.7%，与上一年持平。世界石油需求同比提高了每日140万桶，低于2017年每日150万桶的同比增量。美国挑起与中国及其他主要贸易伙伴之间的贸易摩擦，成为经济增长的重要障碍。同时，金融环境收紧、地缘政治局势紧张以及石油进口成本上升加大了新兴经济体经济下行的压力，加之国际油价总体水平回升，世界石油需求增长受到一定影响。

中国和美国是2018年石油需求增长的重要力量，分别同比提高了每日81.5万桶和每日48万桶。美国在2018年的需求增长较快，经济复苏加快、石化行业乙烯装置建成投产较多应该是美国石油需求大幅增长的重要原因。与之相反，由于新兴经济体货币贬值提升了国内油价，抑制了石油消费，欧洲各国石油需求增量消失，部分国家的石油需求不增反降。

2018年，美国原油产量达到每日1088万桶，同比提高了每日153万桶，远高于2017年每日52万桶的同比增量。2018年11月中旬，美国周度原油产量达到了每日1170万桶，超越俄罗斯成为全球最大的原油生产国。美国石油产量提升、出口量增加，并不断向"石油独立"的目标迈进，其对国际石油市场的影响力进一步增强。美国通过制裁伊朗、牵制沙特阿拉伯、挑起贸易摩擦等手段给世界经济和国际油价走势带来了严重扰动。沙特阿拉伯、俄罗斯和美国已成为左右国际油价走势的主要供应博弈方。

近几年，我国天然气产量增长很快，但是消费增长更快，国内供需矛盾越来越大，仅靠国内产量增长远远无法满足消费增长的需要。为了弥补国内日益增长的需要，我国天然气进口量不断增长，天然气的进口（包括 LNG 的进口）在弥补国内供需矛盾上正在发挥越来越重要的作用。2017 年中国天然气对外依存度已经达到 39%，2018 年超过 40%，未来进口量还会继续增长。

我国三大石油公司以高质量发展为工作主线，全面推进建设世界一流的综合能源公司。在勘探开发领域，加大重点地区投入，加快新油田产能建设，搞好老油田稳产，提速页岩气和致密油气等非常规资源开发，布局可燃冰、油页岩等潜力资源开发；在炼化领域，积极打造炼化大基地，深入推进精深加工、结构调整和优化升级；在绿色发展领域，积极发展天然气，加快油品升级，介入新能源发展，编制和启动绿色发展行动计划；在国际合作领域，以"一带一路"国家为重点，抓好现有项目运营，稳步推进大型项目建设，谨慎获取新项目，扎实推进海外业务高质量发展。此外，2018 年三大石油公司深入推进体制机制改革，在三项制度改革、销售及海外业务管理体制改革、共享中心建设、扩大内部矿权流转等方面均取得了重大突破，基本完成了"三供一业"的剥离。

技术的进步、认识的突破，使美国页岩气得以快速发展。世界天然气产量不断增长，天然气剩余可采储量也在不断增加。根据英国石油公司的统计，1997 年底世界天然气剩余探明可采储量为 128.1 万亿立方米，2017 年底上升到 193.5 万亿立方米。2017 年世界天然气产量达到了 3.68 万亿立方米。

美国是全球天然气产量增长的最大贡献者。页岩气革命使得美国超过俄罗斯，成为全球最大的天然气生产国。随着美国页岩气的快速增长，美国 LNG 液化能力也快速增强。2016 年美国开始出口 LNG，当年出口 379 万吨，2017 年出口 1457 万吨。资料显示，到 2025 年左右，美国 LNG 液化能力有可能达到 1.8 亿吨，成为全球 LNG 液化能力最强的国家。长远来看，全球 LNG 供需形势应该是比较宽松。

根据我国国家能源发展规划，到 2030 年天然气在一次能源消费中的比例要达到 15%。2004～2017 年，天然气消费量年均增长 151 亿立方米，年均增速 14.5%。鉴于天然气发电具有环保、高效、启停灵活便于电网调峰等优势，其可与风电及太阳能发电等实现协同发展，未来天然气在居民、工业、交通和电力等领域的利用率将稳步提升，预计 2035 年天然气需求量可达到 6500 亿平方米左右。

2.5.1 煤炭产量

改革开放以来，我国煤炭查明资源储量逐年增加（见图 2-26），同时，在"十二五"之前，我国煤矿新增生产能力也处于增长的趋势。在"十二五"到"十三五"

期间,煤炭新增生产能力下降。我国煤炭年产量在 2013 年以前始终呈现上升趋势(见图 2-27)。

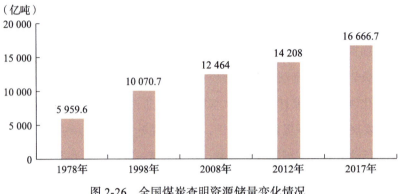

图 2-26 全国煤炭查明资源储量变化情况

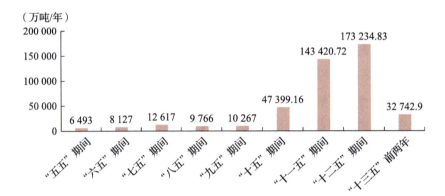

图 2-27 改革开放以来全国煤矿新增生产能力

2013 年以后,宏观经济增长幅度回落,耗煤产业产品产量的增速放缓,煤炭产量也出现了下降(见图 2-28),同时,清洁能源、可再生能源对煤炭的替代作用持续增强。为了应对气候变化,我国不断加强对环境的保护,因此,煤炭的消费量出现了下降。

图 2-28 改革开放以来全国煤炭产量变化情况

通过对比 1949 年以来中美的煤炭产量可以发现（见图 2-29），美国煤炭产量在前 65 年呈平稳发展、缓慢递增的趋势，在近几年略有下降；而我国煤炭产量自 1949 年以来基本呈上升趋势，尤其是在 2001 年以后，我国煤炭产量骤增，平均年增产 2 亿吨左右，增速较快，煤炭产业迎来快速发展的 10 年。中美煤炭产量在 2000 年以前较为接近，我国在 1985 年后超越美国，2014 年美国煤炭产量为 90 690 万吨，而我国达 387 400 万吨。但也可以看到，自 2013 年起，我国煤炭产量停止了大幅度的增长，并在 2014 年首次出现 2.6% 的降幅。

图 2-29　1949～2014 年中美煤炭产量对比

2.5.2　可再生能源发电成本持续快速下降

可再生能源发电（未补贴）的成本竞争力持续增强，许多可再生能源技术（如水电、生物质能源、地热发电和热利用）早已被确立为主流或者有成本竞争力的能源。尤其是太阳能发电和风力发电多年来成本持续下降，在满足新的发电需求方面越来越具有竞争力，甚至表现出比化石能源发电和核能发电更强的市场竞争力。IRENA 的报告指出，2017 年全球范围内新的大型光伏电站的平均成本已经降到每千瓦时 0.1 美元，相较 2010 年下降了 73%；海上风电和太阳能热发电的平准化度电成本（LCOE）也分别下降了 18% 和 33%。

在近年各国的可再生能源招标中，太阳能光伏发电和风电的最低投标价已低至每兆瓦 30 美元以下，且屡创新低，进一步说明可再生能源竞争力的增强以及由技术进步带来的成本快速下降，同时也反映了市场对可再生能源的认同。在市场和技术的共同作用下，可再生能源发电经济性的改善将进一步驱动可再生能源大规模发展。

2.5.3 中国新能源产业公司分析

1. 金风科技

金风科技 2018 年国内新增装机容量超过 6.7GW（含海上的 400MW），国内市场占有率 32%，连续 8 年国内排名第一。同时，金风科技 2018 年新增装机位居全球第二。

公司致力于将电站向非限电区域转移，风电场规模稳步提升。截至 2018 年，公司国内外累计并网的自营风电场权益装机容量为 4722MW，其中有 34% 位于我国西北地区，同比降低 7 个百分点；有 33% 位于我国华北地区；有 22% 位于我国华东及南方地区，同比增长 5 个百分点。2018 年国内权益在建容量 1552MW，南方和华东等消纳较好的地区占比超过 60%。2018 年国内新增权益核准容量为 889MW，2018 年底国内已核准未开工的权益容量为 2012.21MW。风电场利用小时数为 2244 小时，同比提升 250 小时。公司 34% 的权益装机位于我国西北地区，西北消纳情况持续改善，利用小时数持续提升。

公司积极进行海外市场开拓，进一步打开市场空间。截至 2018 年，公司海外在手外部订单为 737.7MW，新增订单主要来自土耳其、阿根廷、南非等新兴市场国家。与此同时，公司在澳大利亚的 Cattle Hill、Moorabool 等多个风电场项目顺利开工建设，为可持续发展奠定了基础。同时，Stockyard Hill 风电场将使用 149 台金风科技自产的 3S 平台风力发电机，额定容量为 527.5MW，项目建成后将成为南半球容量最大的风电场。

自 2009 年以来，金风科技营业收入实现了 10.34% 的年复合增长，净利润实现了 6.25% 的年复合增长。2018 年，公司营业收入达 287.31 亿元，净利润达 32.83 亿元（见图 2-30）。

2. 阳光电源

阳光电源是一家专注于太阳能、风能等可再生能源电源产品研发、生产、销售和服务的国家重点高新技术企业。公司是中国目前较大的光伏逆变器制造商、国内领先的风能变流器企业，拥有完全自主知识产权，并致力于提供全球一流的光伏电站解决方案，其主要产品有光伏逆变器、风能变流器、储能系统、电动车电机控制器。

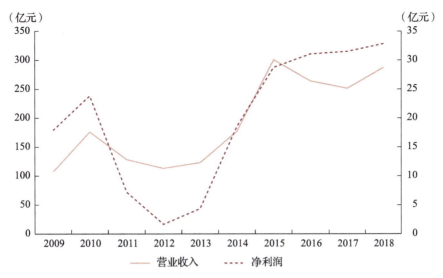

图 2-30　2009～2018 年金风科技营业收入与净利润
资料来源：金风科技年报。

公司积极进行高研发投入，打造产品优势，并在海外市场全面发力。公司 2018 年研发投入 4.82 亿元，同比增长 36.92%；研发人员达 1367 人，较上一年增加 384 人。2018 全年新增 266 项专利权，并发布了 10 多款新品逆变器，涵盖户用、分布式、扶贫、领跑者、大型地面电站等市场，在转换效率、运维成本等方面领先业界。2018 年公司阳光电源逆变器全球出货量 16.7GW，同比增长 1.2%，其中国内出货量 11.9GW，同比下跌 9.8%，国外出货量 4.8GW，同比增长 45.5%。截至 2018 年底，公司逆变设备全球累计发货超 79GW。2018 年 7 月，阳光电源在印度班加罗尔投资建设的光伏逆变器制造基地正式投产，年产能达 3GW，标志着公司在印度乃至整个海外市场的业务进入一个新的发展阶段。

公司储能业务进军国际市场，有望成为新的业务增长点。阳光电源目前可提供单机功率为 5～2500kW 的储能逆变器、锂电池、能量管理系统等储能核心设备，同时推出了能量搬移、微电网和电力调频等一系列先进的系统解决方案。公司立足国内市场，积极拓展海外市场，储能业务同比实现近 5 倍的增长，继续保持高速发展态势。目前公司储能产品及系统广泛应用在中国、美国、德国、日本、英国、澳大利亚、加拿大等国家。

2009～2018 年，阳光电源营业收入实现了 49.96% 的年复合增长，净利润实现了 36.95% 的年复合增长。2018 年，公司营业收入为 103.68 亿元，净利润为 8.17 亿元（见图 2-31）。

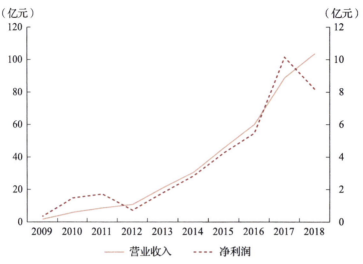

图 2-31　2009～2018 年阳光电源营业收入与净利润

资料来源：阳光电源年报。

3. 隆基股份

隆基股份是全球最大的单晶硅生产制造商。公司始终专注于单晶硅棒、硅片的研发、生产和销售，经过十多年的发展，目前已成为全球最大的太阳能单晶硅光伏产品制造商，产业涉及单晶硅、光伏、新能源、清洁能源等，覆盖光伏全产业链。

公司持续推进单晶硅片、电池片、组件产能投放。截至 2018 年底，公司单晶硅片、电池片、组件产能分别为 28GW、4GW、8.8GW。公司单晶硅片国内市场占有率在 40% 左右，目前公司单晶硅片的在建产能、规划产能在行业中仍保持领先地位，预计未来几年仍将保持市场占有率第一名。

由于产能不断投放，单晶硅片非硅成本快速下降。公司单晶硅片非硅成本为行业最低，截至 2018 年底，平均非硅成本控制在每片 1 元以内，拉晶环节平均成本同比下降 10.49%，切片环节平均成本同比下降 27.81%。

公司积极扩张全产业链产能，打造新能源龙头。公司修订了 2018～2021 年的产能扩张计划，其中硅产能扩张规划为"28GW—36GW—50GW—65GW"，电池片扩张规划为"4GW—10GW—15GW—20GW"，组件扩张规划为"8.8GW—16GW—25GW—30GW"。

公司电池片效率为行业最优，是公司的竞争优势。公司单晶高效电池片当前效率达 22.2% 以上，实验室最高效率达 24.06%，属于业内最优水平，效率优势能保障公司的溢价能力。

2009～2018年，隆基股份的营业收入实现了39.91%的年复合增长，净利润实现了37.61%的年复合增长。2018年，公司营业收入为219.87亿元，净利润为25.67亿元（见图2-32）。

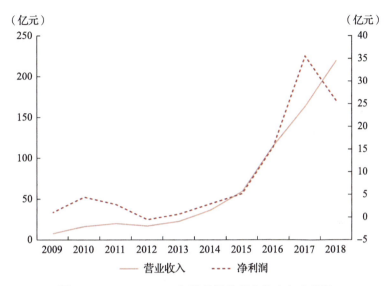

图2-32　2009～2018年隆基股份营业收入与净利润

资料来源：隆基股份年报。

2.6　公共政策

2.6.1　美国的能源政策

美国推行"能源独立"战略，对世界油气市场的控制力日益增强。2009年美国超越俄罗斯成为全球第一大天然气生产国。2018年，美国退出伊核协定，并要求各国在11月前停止对伊朗石油的进口，伊朗石油出口量自此开始逐渐下降，并引发减产联盟增产应对。增产实施后，减产联盟实际增产幅度高出伊朗和委内瑞拉两国产量降幅，加之美国在正式制裁伊朗后给予了部分国家和地区暂时豁免、美国原油产量不断突破历史新高等因素，全球石油市场再度出现供应过剩。

美国自2018年1月1日起正式实施《减税与就业法案》，大幅度下调企业所得税税率至21%，给予提高采收率和边际井优惠政策，提升了美国油气行业的竞争力（见表2-19）。随着"能源独立"和"美国优先"战略的推行，未来美国对世界油气市场的控制力将日益增强。

表 2-19 美国税改部分内容

项目	具体内容
企业所得税有关条款	企业所得税税率：自 2018 年 1 月 1 日起，企业联邦所得税税率由 35% 降至 21%
	净利息费用扣除：2021 年以前（含 2021 年），可扣除的净利息费用限额为息税折旧摊销前利润的 30%；2021 年以后（2022 年开始），该限额为息税前利润的 30%
	投资资产成本的处理：允许企业将 2017 年 9 月 27 日至 2023 年 1 月 1 日期间投入使用的特定资产的支出在当期 100% 费用化，但从 2023 年后逐步降低费用化比例，至 2027 年降至零
油气行业有关条款	提高石油采收率的税收抵免政策：因提高石油采收率产生的开支的 15% 可以在应纳税额中进行抵免
	边际井税收抵免政策：符合条件的边际井可享受税收抵免政策，抵免额为原油 3 美元/桶，天然气 0.5 美元/千立方英尺[①]

① 1 千立方英尺 = 28.316 8 立方米。

资料来源：《2018 年国内外油气行业发展报告》。

奥巴马政府曾倡导大力发展清洁能源，2017 年特朗普执政后，能源政策发生了巨大转变。特朗普政府发布了以化石能源开发为核心的"美国第一能源计划"，作为新一届政府能源政策的总纲领，该计划强调"能源独立"和"美国优先"。同时，为促进就业，特朗普政府推行了增加化石能源开采、放松对油气公司的管制、开发更多联邦土地供能源开发、拯救煤炭产业等政策。2017 年 6 月 1 日，特朗普正式宣布退出《巴黎协定》；同年 10 月，奥巴马签署的旨在减少燃煤发电厂温室气体排放的"清洁能源计划"（CPP）也被正式废除。

面对特朗普政府重点发展化石能源的做法，美国许多州采取了自主行动，继续发展清洁低碳能源，并表示将推动落实《巴黎协定》。2018 年 9 月 10 日，加利福尼亚州州长签署了一项法案，该法案规定，2030 年加利福尼亚州全州可再生能源发电占比的目标将从原来的 50% 提高到 60%，2045 年将实现碳中性和电力需求 100% 由可再生能源与零碳能源供应的目标。加利福尼亚州作为目前全球定下 100% 清洁电力与碳中性目标最大的地区，其政策将对全球的大宗商品与电力市场产生重要影响，并带动美国其他州推行类似的政策。此前，在加利福尼亚州出台零排放车辆政策后，美国其他九个州紧随其后，发起了类似的项目，继续推动能源绿色转型。

2.6.2 消费国主要能源政策

2018 年，消费国倡导多样、高效、灵活、可靠的能源来源，建设"清洁低碳、安全高效"的现代化能源经济模式。据 21 世纪可再生能源政策网络（REN21）统计，在全球 197 个国家中，有 64 个国家的可再生能源占终端能源比重的目标已经就位，而丹麦是唯一一个已将该目标最终设定至 100% 的国家。到 2030 年，欧盟国家可再生能源占比将超过 30%（见表 2-20）。

表 2-20　部分国家和地区未来可再生能源占比计划

国家和地区	时间	可再生能源占比计划（%）	国家和地区	时间	可再生能源占比计划（%）
欧盟	2030 年	32.5	韩国	2030 年	20
德国	2050 年	50	印度尼西亚	2025 年	23
丹麦	2030 年	50	墨西哥	2024 年	35
日本	2030 年	22～24	土耳其	2023 年	30
意大利	2030 年	28	卢森堡	2020 年	11
澳大利亚	2030 年	28～36	法国	2030 年	32
巴西	2023 年	45			

资料来源：《2018 年国内外油气行业发展报告》。

为保证风电和光伏等可再生能源在发电等领域的应用，包括美国在内的诸多消费国开始大力投资储能技术和分布式能源，以解决可再生能源的间歇性问题（见表 2-21）。

表 2-21　部分国家储能发展计划

国家	政策
法国	法国电力公司计划在 2018～2035 年投资 80 亿欧元发展储能，计划到 2035 年在全球范围内部署 10 吉瓦的储能容量，为零售电力行业的客户提供蓄电池产品
英国	英国 2017 年投入数百万英镑的资金用于研究和发展储能。预计到 2021 年，英国的电池储能装机规模可达 12 吉瓦
美国	美国可能会于 2020 年在电池储能系统规模方面创造新纪录，届时 Vistra Energy 公司将开通运营一个 300 兆瓦的 4 小时锂电池储能系统，这将成为太平洋天然气和电力公司采用储能设施取代天然气发电厂计划的一部分
德国	德国正在研究一种城市规模的储能系统，其总容量达到 700 兆瓦，据称足以为柏林供电一小时
韩国	LS 工业系统公司和麦格理资本韩国公司赢得了合同，在 7 月宣布为钢铁企业世亚集团建造和运营一个 175 兆瓦时的电池储能系统

资料来源：《2018 年国内外油气行业发展报告》。

2.6.3　我国的能源政策

2018 年，正值我国改革开放 40 周年，党和国家领导人多次对石油战线做出重要批示，明确要加大国内油气勘探开发力度，增强保障国家能源安全的能力。国家出台了对页岩气资源税减征 30%、将致密气纳入补贴范围、对页岩气的补贴政策延续到"十四五"等财税扶持政策，鼓励增储上产。

近年来，安全保障与绿色转型问题是我国能源供给侧的两大核心问题。国务院提出了打赢蓝天保卫战的时间表和路线图，加快发展天然气成为构建我国多元能源供应体系的重要环节，围绕天然气发展的政策频繁出台，为建设美丽中国提供了政策保障。

为解决当前我国天然气产供销体系不完备、产业发展不平衡不充分的问题，2018年9月，国务院印发《关于促进天然气协调稳定发展的若干意见》（见表2-22），并提出了加大国内勘探开发力度、健全天然气多元化海外供应体系、构建多层次储备体系等10个方面的具体措施。文件规定，到2020年底前国内天然气产量达到2000亿立方米以上，以保障国家清洁能源的供应。

表2-22 《关于促进天然气协调稳定发展的若干意见》主要内容

内容	项目	具体目标及意见
加强产供储销体系建设，促进天然气供需动态平衡	加大国内勘探开发力度（产）	力争到2020年底前国内天然气产量达到2 000亿立方米以上，全面实行区块竞争性出让
	健全天然气多元化海外供应体系（供）	天然气进口贸易坚持长约、现货两手抓
	构建多层次储备体系（储）	以地下储气库和沿海LNG接收站为主，以重点地区内陆集约规模化LNG储罐为辅；供气企业到2020年形成不低于其年合同销售量10%的储气能力
	强化天然气基础设施与互联互通（销）	加快天然气管道、LNG接收站等项目建设；出台油气管网体制改革方案；积极发展沿海、内河小型LNG船舶运输
深化改革，建立健全协调稳定发展体制机制	建立天然气供需预测预警机制、天然气发展综合协调机制、天然气需求侧管理和调峰机制、天然气供应保障应急体系，理顺天然气价格机制，强化天然气全产业链安全运行机制	

目前，我国地下储气库工作气量仅为全国天然气消费量的3%，国际平均水平为12%～15%；LNG接收站罐容占全国消费量的2.2%（约占全国LNG周转量的9%），日韩为15%左右；各地方基本不具备日均3天用气量的储气能力。尽快形成与我国消费需求相适应的储气能力，并形成完善的调峰和应急机制，是保障天然气稳定供应，提高天然气在一次能源消费中的比重，构建清洁低碳、安全高效能源体系的必然要求。

2018年4月，国家发展改革委发布《关于加快储气设施建设和完善储气调峰辅助服务市场机制的意见》，要求到2020年，供气企业形成不低于其年合同销售量10%的储气能力，城镇燃气企业形成不低于其年用气量5%的储气能力，县级以上地方人民政府指定的部门至少形成不低于保障本行政区域日均 3 天需求量的储气能力。

1. 使用煤炭清洁化技术

2014 年 6 月，习近平总书记在讲话中指出，"要用好煤炭，重点要做好煤炭的规划、煤炭的发展、煤炭的清洁利用"，要"立足国内多元供应保安全，大力推进煤炭清洁高效利用"。

2018 年 7 月 3 日，国务院印发了《打赢蓝天保卫战三年行动计划》，根据该计划，到 2020 年，全国煤炭占能源消费总量比重要下降到 58% 以下；北京、天津、河北、山东、河南五省（直辖市）煤炭消费总量比 2015 年下降 10%，长三角地区下降 5%，汾渭平原实现负增长；新建耗煤项目实行煤炭减量替代。按照煤炭集中使用、清洁利用的原则，重点削减非电力用煤，提高电力用煤比例，2020 年全国电力用煤占煤炭消费总量比重达到 55% 以上。继续推进电能替代燃煤和燃油，替代规模达到 1000 亿度以上。按照习总书记提出的"四个革命、一个合作"的重大能源战略思想和国务院行动计划的部署，实现煤炭能源清洁开发利用和近零排放，是未来中国煤炭发展的唯一道路。

2. 降低煤炭在一次能源中的消费比重

国家发展改革委、国家能源局在 2017 年联合发布了《能源生产和消费革命战略（2016—2030）》，明确到 2020 年，能源消费总量控制在 50 亿吨标准煤以内，煤炭消费比重进一步降低，清洁能源成为能源增量主体，能源结构调整取得明显进展，非化石能源占比 15%，单位国内生产总值二氧化碳排放比 2015 年下降 18%。

从公布的数据来看，我国能源结构正由以煤炭为主向多元化转变，能源发展动力正由传统能源增长向新能源增长转变。

从规模来看，截至 2017 年底，全国发电装机总量累计达 17.8 亿千瓦，可再生能源发电装机容量达到约 6.5 亿千瓦。2017 年，全国光伏年发电量首次超过 1000 亿千瓦时，天然气产量约 1500 亿立方米，从世界第十八位上升至第六位。

从质量来看，在供给侧，清洁能源开发正从资源集中地区向负荷集中地区推进，集中与分散发展并举的格局正逐步形成；在消费侧，党的十八大以来，煤炭消费比重累计下降 8.5 个百分点，清洁能源消费比重大幅提升。2017 年，非化石能源和天然气消费比重分别达到 13.8% 和 7%，累计上升 4.1 个百分点和 2.2 个百分点；电能替代量达 1000 亿千瓦时以上，天然气替代量达 300 亿立方米。

从效率来看，利用效率快速提升。以光伏为例，目前我国常规单晶硅电池和多晶硅电池转换效率分别达到 19.8% 和 18.6%，先进技术单晶电池和多晶电池转换效率分别达到 21% 和 19.5% 以上，技术水平和经济性全球领先。

3. 煤炭进出口主要政策

2000 年发布的《出口煤炭检验管理办法》规定，要对出口煤炭质量进行检验和监督；2004 年发布的《煤炭出口配额管理办法》对煤炭出口正式进行配额管理，每年的煤炭出口要在国家规定范围内进行，并且从 2003 年到 2010 年配额数额逐年降低。2010 年以来，我国实行对煤炭进口的自动进口许可管理制度。

2003 年鼓励出口创汇，规定煤炭出口退税率为 11%；2005 年受国内煤炭需求拉动，国内煤炭产能提高，出口退税率降低为 8%；2006 年紧缩煤炭出口，开始增加进口政策，取消对煤炭的出口退税，同时对煤炭出口加征 5% 的出口关税；2007 年后，国家倡导节能减排，推进产业结构转型，以降低本国煤炭生产对环境造成的污染，增加煤炭进口，进口税率由 3%～6% 调整为 0%～3%；2008 年发布的《关税实施方案》取消了煤炭进口关税，开始鼓励煤炭进口；2013 年后，由于煤炭经济下行压力增加，国内产能过剩，取消了零关税，实施 3% 进口税率；2014 年煤炭经济下行压力继续增大，由于煤炭企业亏损严重，取消了无烟煤、炼焦煤等零税率，实施 3% 的进口税率；2015 年，我国煤炭出口关税下调至 3%。

4. 新能源政策

组织实施光伏"领跑者"计划和风电平价上网示范项目，推动技术进步和成本下降。2016 年，国家能源局在总计 18.1 吉瓦的新增地面光伏发电指标中，下发了 5.5 吉瓦的第二批"领跑者"计划，占比超过 30%。第三批"领跑者"计划涉及 10 个基地共 5 吉瓦指标，于 2018 年 4 月全部招标完毕，中标电价最低至每千瓦时 0.31 元，甚至低于当地的燃煤标杆电价（如青海的每千瓦时 0.3247 元）。同时，"领跑者"计划采用的光伏组件在效率、衰减等关键指标上均明显优于普通的光伏组件，有效地推动了先进技术的大规模产业化。在风电方面，根据国家能源局综合司《关于开展风电平价上网示范工作的通知》，2017 年 9 月国家能源局公布了河北、黑龙江、甘肃、宁夏、新疆等地的风电平价上网示范项目，总规模为 70.7 万千瓦，并要求示范项目的上网电价按当地煤电标杆上网电价执行。

大力开展北方地区清洁能源供暖。2016 年 12 月，习近平主席在主持中央财经领导小组⊖第十四次会议时强调，推进北方地区冬季清洁取暖是能源生产和消费革命、

⊖ 2018 年 3 月，中央财经领导小组改为中央财经委员会。

农村生活方式革命的重要内容，要尽可能利用清洁能源，加快提高清洁取暖的比重。李克强总理在 2017 年政府工作报告中指出，要坚决打好蓝天保卫战，全面实施散煤综合治理，推进北方地区冬季清洁取暖，完成以电代煤、以气代煤 300 万户以上，全部淘汰地级以上城市建成区燃煤小锅炉。2017 年 5 月，财政部、住房和城乡建设部、环境保护部[⊖]、国家能源局联合启动中央财政支持北方地区冬季清洁取暖试点工作，重点支持京津冀及周边地区大气污染传输通道"2+26"城市。支持内容包括：推进清洁方式取暖替代散煤燃烧取暖，同步开展既有建筑节能改造，实现试点地区散煤取暖全部"销号"。同时，国家能源局提出，到 2020 年，全国可再生能源取暖建筑面积达 35 亿平方米，可再生能源供热总计约 1.5 亿吨标准煤。

2.6.4 中美贸易战对油气行业的影响

自 2018 年 7 月 6 日起，美国不顾多方反对，三次对中国价值 2500 亿美元的产品加征了关税，征税清单涉及 LNG、成品油及化工产品、油气装备等。中国在反制措施中，对美国 1100 亿美元的产品加征了关税，征税清单涉及汽油、柴油、天然气、润滑剂等 108 项油气及化工产品（见表 2-23）。

表 2-23 中美贸易战涉及的油气及化工产品清单

批次	美国		中国	
	美国征收关税清单	税率	中国征收关税清单	税率
第一批 340 亿美元（7 月 6 日）	没有直接纳入能源产品，只涉及海上石油和天然气钻井和生产平台的零件	25%	主要涉及水产品、大豆等农产品、汽车等，对石油行业影响甚微	25%
第二批 160 亿美元（8 月 23 日）	在第一批的基础上，增加了部分润滑油、润滑油脂、润滑制剂、石油树脂等	25%	涉及化工品颇多，包括车用汽油和航空煤油、石脑油、柴油、润滑油、润滑脂、液化乙烯、丙烯、丁烯、气态天然气、石油沥青、润滑剂等	25%
第三批 美国 2000 亿美元，中国 600 亿美元（9 月 24 日）	能源类产品加征范围扩大，包含了部分油气化工产品、多种石油气及烃类气、油气装备设备零件等产品，如石油原油、石脑油、轻质油、煤油、液化天然气、气态天然气、石油沥青、装压缩气体或液化气体用的钢铁容器和铝制容器等	10%（2019 年 3 月 2 日午夜 12 时 1 分关税提高到 25%）	包括液化天然气、非不锈钢制石油或天然气套管、纵向埋弧焊接石油、天然气粗钢管、石油或天然气钻探机用零件、石油测井车、压裂车、混砂车等	10% 或 5%

资料来源：《2018 年国内外油气行业发展报告》。

⊖ 2018 年 3 月，环境保护部被撤销，组建生态环境部。

从进口方面看，中国是美国油气货物的第三大买家，是美国在亚太地区首要的原油和 LNG 目标出口国，两国政府有意加强 LNG 贸易合作。在特朗普总统 2017 年 11 月来华访问期间，美国能源公司与中国石油企业签署了多项 LNG 大单。中国考虑大量增加对美国农业、工业和能源等领域的进口，以减少中美贸易顺差。若双方无法达成协议，在关税压力下，中国石油企业可能会减少或放弃进口美国油气。此外，加征关税缩小了进口材料和国产石化产品之间的竞争优势，为国产石化产品市场份额和价格上涨腾出空间，中国石油企业面临的国内市场机会增多。

从出口方面看，中国石油企业如石油机械企业主要出口钻井设备、石油机械及其配件等产品，加征关税后，已签订长期供货协议的企业在美国市场销售难度增加，失去与美国本土企业同台竞争的优势。关税上涨可能会使印度、韩国等国家的产品将有更多机会进入美国市场替代中国产品，对市场销售的影响程度会在今后几个月中逐渐显现出来。

2.7 结语

2019 年 2 月 25 日，由国际能源署（IEA）和中国国家能源集团联合举办、中国神华承办的《全球煤炭市场报告（2018—2023）》发布，报告指出，当前煤炭仍然是全球能源系统的核心，由于价格实惠、储量丰富和便于运输等优点，煤炭依然是很多国家的主体能源，尤其是在中国、南亚和东南亚地区；煤炭还拥有能源安全和能源普及功能，可以支持当地经济的发展。报告预测，未来五年，全球煤炭需求将保持稳定；欧洲和美国市场煤炭消耗将下降，但其下降的份额将被印度和其他亚洲国家的增长抵消；煤炭对全球能源结构的贡献将从 27% 下降至 25%，其主要替代能源为可再生能源和天然气。中国是全球煤炭市场的主要参与者，但目前中国经济处于结构转型期，煤炭需求将出现平均每年不到 1% 的结构性下降。煤炭未来的可持续发展取决于碳捕获、利用和储存。我国煤炭行业改革发展还面临许多深层次的矛盾和问题：全国总体煤炭产能相对过剩的态势没有改变，市场供需平衡的基础还比较脆弱，行业发展不平衡不充分的问题突出，生产力水平有待提升，去产能和"三供一业"分离移交难、人才流失与采掘一线招工接替等问题仍然突出，煤炭行业改革发展仍然任重道远。

从需求上看，一方面，中国经济稳中向好、稳中有进的长期发展态势没有改变，经济增长正在向高质量发展转变，这将进一步拉动能源需求，电力在终端能源消费中的比重越来越高,电煤需求预计还将有所增加;另一方面,国内外经济发展的不确定因素增加,同时,由于科技进步、国家治理大气环境、节能减排,非化石能源对煤炭的替代作用不断增强,煤炭消费增速将有所下降。

从供给上看,当前煤炭产能仍然较大,但结构性问题依然突出,总体产能相对过剩将成为今后一段时期的常态。随着煤炭新增产能的不断释放,煤炭产量将进一步增加,2019年企业安排新增煤炭产量为1亿吨左右。铁路部门积极落实"调整运输结构"的要求,煤炭铁路运力将进一步增加。与此同时,随着煤矿安全生产设施不断完善、环保措施逐步到位,产能利用率提高,煤炭有效供给质量不断提升。

在中国,面对日益严峻的环境与资源压力,产业经济的结构调整、能效水平的大幅提升、工业与交通领域的电能替代将是未来不可阻挡的趋势。因此,化石能源消费大幅缩减,新能源消费显著上升将成为主流。同时,未来可再生能源供能主要集中在电力部门,太阳能与风能将主导电力供应,相关产业将成为新蓝海。

第3章

医疗保健

盘仲莹　和睦家北京区总经理，北京和睦家医院院长，北京大学光华管理学院1999级MBA，科罗拉多大学丹佛分校卫生管理专业MBA，清华–约翰霍普金斯大学医疗管理博士在读

3.1　中美医疗保健产业纵览

无论是以希波克拉底为代表的西方医学，还是中医为代表的传统经验医学，都以关注人类生存和发展需要为主旨，与之相关的词汇也随之衍生出来，如医疗、健康、公共卫生、医疗保健等。为了与GICS-Wind标准保持一致，本章主要使用"医疗保健"一词。

医疗保健产业的四级产业保健护理设施包含了公立及私立的医院、诊所等医疗服务机构，作为服务供给、服务需求、资源、技术汇集落地中心，与服务价值链和产品供应链各方皆有交集。本章内容将以讨论保健护理设施为主，按照市场"结构–行为–绩效"框架进行分析，希望达到窥斑见豹的效果。

根据GICS-Wind标准分类，医疗保健作为一级产业，有2个二级产业：医疗保健设备与服务，制药、生物科技与生命科学；下辖6个三级产业、11个四级产业（见表3-1）。

表3-1　医疗保健产业分级

一级	二级	三级	四级
医疗保健	医疗保健设备与服务	医疗保健技术	医疗保健技术
		医疗保健设备与用品	医疗保健设备
			医疗保健用品

（续）

一级	二级	三级	四级
医疗保健	医疗保健设备与服务	医疗保健提供商与服务	保健护理产品经销商
			保健护理服务
			保健护理设施
			管理型保健护理
医疗保健	制药、生物科技与生命科学	生命科学工具和服务	生命科学工具和服务
		生物科技	生物科技
		制药	西药
			中药

在医疗保健产业的上市公司数量和构成上，美国对中国具有碾压式的优势。根据 Wind 数据库，截至 2018 年底，市值百亿美元以上的上市公司，美国共有 69 家，而中国仅有 4 家，涵盖医院、诊所的保健护理设施四级产业下的上市公司数量比为 3∶0——这个数据不包括在香港上市的内地医药公司，由此可见，数据搜集和资料来源是产业对比分析的困难所在。

从一级产业各项指标的宏观对比分析（见表 3-2），可以发现以下现象：

- 无论是上市公司数量、员工总数还是总市值，美国医疗保健产业目前的规模都远大于中国；
- 美国在医疗保健产业的研发投入高于中国。结合平均营业收入分析，美国倾向于高成本的研发投入、高营收的医疗保健产品和服务。而相比之下，中国在研发上的投入低。中国虽然在平均营业收入上不及美国，但是在平均净利润和平均资产收益率方面胜出。

表 3-2　医疗保健产业中美指标对比

指标	中国	美国
公司总数（家）	296	866
员工总数（人）	1 103 496	4 342 439
平均资产（亿美元）	10.41	40.51
平均负债（亿美元）	4.50	25.30
平均资产负债比	2.31	1.60
平均净利润（亿美元）	10.88	-3 204.45
平均净资产收益率（%）	7.56	-74.07
平均资产收益率（%）	8.34	-43.87
平均营业收入（亿美元）	7.14	35.54
平均研发费用（亿美元）	0.17	2.33
平均所得税（亿美元）	0.12	0.55
总市值（亿美元）	4 510.71	45 862.77
平均市值（亿美元）	15.23	53.20

注：数据截至 2019 年 7 月 23 日。

有鉴于中美两国在二级产业中的公司数量、业务属性和规模相差甚远，我们在市值和营业收入上计算两国的产业集中度（Concentration Ratio，CR），可以看到中国的制药、生物科技与生命科学产业的 CR4 和 CR8 都低于 30%，属于竞争型产业；美国的制药、生物科技与生命科学产业，无论是在市值上还是在营业收入上，CR8 都大于 40%，属于低级中寡占型产业（见表 3-3）。这说明，在该二级产业，中国尚未出现龙头公司，市场进入门槛较低，美国则有具备垄断地位的龙头公司，如全球药业巨头辉瑞、诺华、默克等。

表 3-3 中美制药、生物科技与生命科学产业集中度

指标	中国	美国
上市公司总市值（亿美元）	3 436.981 9（共 229 家）	26 506.137 1（共 612 家）
前 4 家上市公司总市值（亿美元）	610.036 8	7 829.984 0
上市公司市值 CR4（%）	17.75	29.54
前 8 家上市公司总市值（亿美元）	918.475 7	12 489.544 7
上市公司市值 CR8（%）	26.72	47.12
上市公司总营业收入（亿美元）	1 138.695 0	6 278.758 2
前 4 家上市公司总营业收入（亿美元）	171.089 2	1 818.600 0
上市公司营业收入 CR4（%）	15.02	28.96
前 8 家上市公司总营业收入（亿美元）	277.464 9	2 880.766 0
上市公司营业收入 CR8（%）	24.36	45.88

注：数据截至 2019 年 7 月 23 日。

无论是以市值还是以营业收入计算，中美两国医疗保健设备与服务业的 CR8 都大于 40%、小于 70%（见表 3-4），属于低级中寡占型市场。这说明中美两国在该二级产业中皆有占据庞大市场份额的大型龙头公司，美国有强生、联合健康集团等，中国有迈瑞医疗、爱尔眼科等，产业进入门槛高。

表 3-4 中美医疗保健设备与服务业集中度

指标	中国	美国
上市公司总市值（亿美元）	1 073.732 4（共 67 家）	19 356.640 2（共 254 家）
前 4 家上市公司总市值（亿美元）	419.104 3	8 318.754 8
上市公司市值 CR4（%）	39.03	42.97
前 8 家上市公司总市值（亿美元）	583.882 3	10 911.329 2
上市公司市值 CR8（%）	54.37	56.36
上市公司总营业收入（亿美元）	976.946 1	15 501.053 4
前 4 家上市公司总营业收入（亿美元）	422.110 7	7 453.146 4
上市公司营业收入 CR4（%）	43.20	48.08
前 8 家上市公司总营业收入（亿美元）	613.864 2	10 360.286 4
上市公司营业收入 CR8（%）	62.83	66.83

注：数据截至 2019 年 7 月 23 日。

中美医疗保健产业的规模和发展水平虽有不小的差距,但在21世纪两国却面临着共同的医疗卫生挑战。新型冠状病毒肺炎(COVID-19)在2020年成为全球流行传染病,考验着各国医疗卫生体系的综合能力,也牵动着国际政治的敏感神经。

美国医疗卫生费用占其国内生产总值比重已经接近20%,尤其是在2000～2013年,美国医疗卫生费用从13 780亿美元增至29 190亿美元,年增速达6%,而对应的国内生产总值增速为3.8%,居民消费价格指数(consumer price index,CPI)从168.9增至229.3。[一]2010年3月,在时任美国总统奥巴马的努力下,旨在推行全民医疗保险的《平价医疗法案》(Affordable Care Act,ACA)被国会通过。然而,反对的声音认为,该法案非但无法扭转医疗卫生费用持续增长的现状,反而可能加速其增长,给财政带来压力,使医疗卫生费用变得更加难以控制与承担。2020年上半年,在新冠肺炎疫情的冲击下,美国失业率攀升(见表3-5),导致为低收入者提供医疗服务的"医疗补助计划"(Medicaid)申请者同步激增,防疫成本居高不下,持续加重美国联邦政府及州政府的医疗财政负担。

表3-5 美国各年龄人群失业率及"医疗补助计划"新增申请数

项目	2020-02	2020-03	2020-04	2020-05	2020-06
20岁及以上失业率(%)	3.2	4.0	14.2	12.6	10.7
25岁及以上失业率(%)	2.9	3.5	13.1	11.6	9.7
55岁及以上失业率(%)	2.6	3.3	13.6	11.8	9.7
"医疗补助计划"新增申请数	1 613 574	1 901 560	—	—	—

资料来源:美国劳动部网站 https://stats.bls.gov/news.release/empsit.t10.htm,美国"医疗补助计划"网站 https://data.medicaid.gov/Enrollment/2020-03-Preliminary-applications-eligibility-deter/phve-rdfg/data。

中国2018年的医疗卫生总费用占国内生产总值的6.4%,人均4148元[二],远低于美国。在经历了将近30年的经济快速增长之后,中国迎来了人口老龄化时代,人口结构变化推动民众对于医疗保健的需求和支出持续增长。推行多年的医疗改革和城镇职工以及城镇居民基本医疗保险、新农村医疗合作计划实现了一定程度的基本医疗保障和公共卫生服务的广泛覆盖,从限制到鼓励社会资本办医的政策转向刺激了私有经济在医疗保健领域的投资,医疗保健设施产业化成为可能。新冠肺炎疫情给中国医疗保健产业同时带来了正面和负面影响,一方面,疫情在短时间内提高了产业对医药研发的重视,促进了医药电商的加速转型、商业保险和健康管理的普及;另一方面,受

[一] SHI L, SINGH D A. Essentials of the U.S. Health Care System [M]. Boston: Jones & Bartlett,2010.

[二] 国家卫生健康委员会规划发展与信息化司. 2018年我国卫生健康事业发展统计公报 [R]. 北京:国家卫生健康委员会,2019.

疫情防控和人群推迟就诊的影响,医疗机构的门诊量和住院量下降,从国家医疗保障局公布的数据可知,2020年1～5月全国医保基金支出同比有所减少。

医疗保健产业经历了从计划经济走向市场化的快速转变,并在平衡经济效益和社会效益中前进。接下来将简述医疗保健产业的发展史,知往鉴今。

3.2 中国医疗保健产业历史

3.2.1 中国医疗保健产业概况

"没有全民健康,就没有全面小康。"当前,中国已然面临"未富先老"的严峻挑战。根据国家统计局发布的《2018年国民经济和社会发展统计公报》,2018年中国60周岁及以上人口24 949万,占总人口的17.9%,首次超过了0～15周岁的人口,[一]这一反超现象说明社会人口结构正朝着老龄化转变(见图3-1)。2015年,中国的老年抚养比接近15%,而在世界卫生组织(WHO)发布的《世界人口展望2019》中,中国的这一数据为20%,这意味着能够支付医疗费用的中青年劳动力占比在迅速减少。

图3-1 中国人口的年龄构成

资料来源:《2018中国卫生健康统计年鉴》。

医疗资源是快速老化的社会需要的社会保障之一。数据显示,[二]无论是两周患病率(高卫生服务需要,见图3-2)还是慢性病发病率(高疾病负担和高服务需要),65周岁及以上群体都明显高于65周岁以下的群体,这也导致老龄化人群所需要的年均

[一] 梁宙.中国60岁以上人口首超15岁以下人口,老龄化进程加速 [EB/OL].(2019-03-02) [2020-11-24]. https://baijiahao.baidu.com/s?id=1626868371317498334&wfr=spider&for=pc.

[二] 国家卫生健康委员会. 2019中国卫生健康统计年鉴 [M].北京:协和医科大学出版社,2019.

医疗费用远高于孩童和青壮年。应对老龄化医疗需要的康复、长期照护等，此前几乎是空白，存在不小的缺口。为此，《"十三五"健康老龄化规划》提出了"2020年，65 周岁及以上老年人健康管理率达到 70% 及以上"的目标，并计划在 35% 的二级以上综合医院设立老年病科。[⊖]

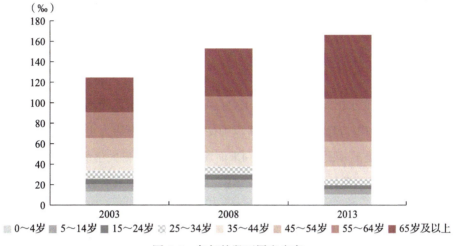

图 3-2　各年龄段两周患病率

资料来源：《2018 中国卫生健康统计年鉴》。

医疗需求将持续带动医疗费用和医疗资源投入双增长。多年来，对于医疗保障体制改革究竟应该是由政府主导还是由市场决定，一直争论不休。面对日益增长的医疗需求，引入社会资本办医是实际需要。

中国医疗保健产业的市场化格局的出现并非一日之功。20 世纪 50 年代至改革开放初期，医疗保健产业一直是政府公办的福利性公益事业，完全由政府包办，鲜有私人医院、私人诊所存在。到了 80 年代末 90 年代初期，卫生部与经济贸易部公布《关于开办外宾华侨医院、诊所和外籍医生来华执业行医的几条规定》，一批小型的诊所、私立医院应运而生。2000 年正式出台了《关于城镇医疗机构分类管理的实施意见》，提出应该对医疗机构按照营利性和非营利性分类管理，为社会办医提供了更为清晰的路径，政府设立的公立医院为非营利性，社会办医可以是非营利性和营利性两种，政府鼓励设立非营利性民营医院。2017 年 1 月，国务院颁发了《"十三五"卫生与健康规划》。2017 年 5 月，国务院办公厅颁发了《关于支持社会力量提供多层次多样化医疗服务的意见》，以落实十九大提出的"实施健康中国战略"和 2018 年颁发的《"健

⊖ 国家卫生计生委等 13 部门. 关于印发"十三五"健康老龄化规划的通知（国卫家庭发〔2017〕12 号）[Z]. 2017-11-02.

康中国 2030"规划纲要》，奠定了由政府包办向政府主导、社会力量参与的多元化、市场化的政策基础。

民营医院发展初具规模优势，2015 年机构数量已经超过公立医院，但在服务能力上与公立医院存在明显差距，①离实现"到 2020 年打造一大批有较强服务竞争力的社会办医疗机构，逐步形成多层次多样化医疗服务新格局"②的目标还有一定的距离。

3.2.2 公办医疗：福利性公益事业

从清朝末年到新中国成立，中国的医疗保健产业是在资源匮乏、政权动荡的环境下缓慢前进的。中国传统的行医方式多以师徒传承、个人开店为主，而以西方医学为基础的现代医院是随着西方传教士的到来而建立的。据耶鲁大学统计，1800～1950 年，在中国成立的现代医院大约有 500 多家，其中 300 多家具有教会背景，包括著名的协和医院、华山医院、中山医院等。

新中国成立初期，人口死亡率较高，人均预期寿命不足 35 岁。③对于当时处于"启蒙"阶段的医疗保健产业来说，建立一个现代化的医疗和公共卫生体制的关键是控制和预防传染病、降低人口死亡率，尤其是重点解决大量农村人口的医疗保健需求，改善农村缺医少药、卫生条件落后的状况，提供基本的以预防为主的现代医疗保障，如注射疫苗、伤口处理、新式助产等成本低廉的服务，并推广群众卫生运动。④

在计划经济时期，中国致力于农村医疗保健网的建立和完善，到 20 世纪 60 年代中期初步形成了以集体经济为依托的农村初级医疗保健系统，县设医院，公社设卫生院，大队（村）设卫生室。当时的农村医疗卫生保健系统将合作医疗、保健站和赤脚医生合称"三大法宝"，合作医疗模式在全国行政村覆盖率超过 90%，初步解决了当时农民"看不上病"和"看不起病"的问题。⑤

"文化大革命"期间，医疗保健产业的发展总体停滞并遭受打击，作为医疗服务核心生产力的医护专业人员严重不足，医疗技术和设备落后，影响了医疗服务水平的

---

① 薛晓林，赵淳，叶全富，陈晓红. 中国民营医院发展报告（2017）[M]. 北京：社会科学文献出版社，2018.
② 国务院办公厅. 国务院办公厅关于支持社会力量提供多层次多样化医疗服务的意见 [A/OL]. (2017-05-23) [2020-11-24]. http://www.gov.cn/zhengce/content/2017-05/23/content_5196100.htm.
③ 刘树茂，文历阳，刘德章. 中国实用卫生事业管理大全 [M]. 人民卫生出版社，1996.
④ 侯杨方. 侯杨方：民国时期的医疗卫生建设 [EB/OL]. (2014-05-27) [2020-11-24]. https://view.news.qq.com/a/20140527/009318.htm.
⑤ 周毅. 国际医疗体制改革比较研究 [M]. 北京：新华出版社，2015.

提高。按照"把医疗卫生工作的重点放到农村去"的指示，合作医疗模式在全国农村广泛推行。合作医疗模式与当时农村普遍贫困的情况相适应，并得到了政治上的有力支持，一定程度上解决了农村缺医少药的窘境。[一]

20世纪70年代末期，中国重新集中力量促进经济发展，在经济体制改革的大背景下，农村家庭联产承包责任制应运而生，生产单位回归家庭，合作医疗模式中集体"统销统购"的服务和集资模式被分解。原本高覆盖率的合作医疗失去支撑，农村再次面临缺医少药、"病不起"的困境。在发展社会主义市场经济的背景下，农村合作医疗模式改革势在必行。在1993年十四届三中全会上，《关于建设社会主义市场经济体制若干问题的决定》提出"完善和发展农村合作医疗制度"。在世界卫生组织的倡导下，经过全国多地点的试点示范，1997年国务院批转了卫生部、民政部、农业部、财政部等多个部委联合制定的《关于发展和完善"新农合"的若干意见》，决定以政府和地方财政投入为主，结合集体扶持和个人缴费，健全农村三级医疗服务网络。1997年末，农民"参合"比例不足10%。[二]20世纪90年代末至2000年初，正是市场化发展下医疗费用高涨的阶段，政府在医疗保健领域的支出占比减少，个人卫生支出压力增加，"看病贵，看病难"成为社会焦点。政府持续推进"新农合"试点的推广，以县为单位统筹资金，设置起付线、封顶线，"以大病统筹为主，兼顾小病"，避免农民因病致贫，在2010年实现了"新农合"基本覆盖全国农村的目标。

随着时间的推移，"新农合"参合人数逐渐下滑。一方面，受持续推进的城镇化影响，部分农村居民变为城镇居民；另一方面，"新农合"作为一种自觉自愿参保并缴纳的方式，缺少了计划经济时期的动员力量，只对高患病风险的农民有吸引力，其他人则持观望态度，使得资金基础受到影响。此外，保障大病并无法满足多数人对于小病初级医疗服务的即时需求，许多生病的农民无法得到及时照顾；医疗费用报销封顶无法完全照顾到大病患者的支付需求，降低了农民持续参保的意愿。[三]

"新农合"的缴费标准持续上涨，报销比例和范围同时也不断提升。为了推动城乡一体化，将"新农合"与城镇居民医疗保险合并为城乡居民医疗保险的呼声越来越高，部分地区已经开始了试点工作，并轨的时间已经越来越近。

[一] 夏杏珍. 中国农村合作医疗制度的历史考察［EB/OL］.（2009-06-29）［2020-11-24］. http://www.hprc.org.cn/gsyj/yjjg/zggsyjxh_1/gsnhlw_1/sanguoshilxswj/200906/t20090629_12884.html.
[二] 杜清. 贫困地区乡镇卫生院补偿渠道研究［J］. 中国妇幼保健，2003（8）：455-457.
[三] 侯翔，李婵娟，孙蕾. 新型农村合作医疗参合农民缴费意愿研究：来自山东省入户调查的证据［J］. 科技致富向导，2009（7X）：5-6.

3.2.3 政府举办，社会统筹：从计划到市场

从计划经济到市场经济，城镇医疗保健体系发生了从公费包干、单一劳保到城镇医疗保险试点和多元化支付体系的变化。王虎峰、白重恩教授等将这一过程总结为中国医疗体制市场化的初期、中期、中后期和后期。以 2009 年国务院发布《关于深化医药卫生体制改革的意见》为界，可分为医改和新一轮医改两个时期。○

公费医疗和劳保医疗是基于国有企业和集体所有制机构设立的，是"雇主型保险"，并非中国独创。20 世纪 50 年代初期，通过学习苏联等国家的经验，中国在计划经济的基础上建立了职工医疗保健制度，为国家机关、行政事业单位、国有企业、大集体企业的职工提供公费医疗和劳保医疗，覆盖了约 1.7 亿人，每年支出近 500 亿元。○

"文化大革命"时期，全国各项事业发展缓慢，医疗保健产业也停滞不前、百废待兴。与农村医疗状况持续改善不同的是，许多城镇医疗机构设施设备落后，医生护士比例失调，知识老旧。不少地方疾病多发，医疗卫生状况每况愈下。

1978 年开始的经济体制改革并没有立即给医疗保健产业带来巨大的变化，"断奶式"措施导致了一些未预期到的后果，不得不进行部分"恢复性"的改革。1979 年，全国卫生厅局长会议指出，改革开放后医疗卫生工作的具体方针和工作重点是"以预防疾病为主，提高医疗质量""解决好 8 亿农村人口的防病治病问题""运用经济手段管理卫生事业""采用各种形式和途径把基层卫生工作搞活"，等等。卫生部的领导在接受新华社采访时指出，要"运用经济手段管理卫生事业"，医院要告别依赖政府包办、独办的思维。1979 年，中国政府实际卫生支出为 39.08 亿元，仅占实际财政支出的 3.17%，○可见医疗保健领域并未获得足够的财政支持。尽管财政投入的力度不足，但政府给予了政策，打开了医疗保健市场化的这扇窗。

长期以来，公立医院按照国家计划指导编制卫生财务计划，实行全额预算或者差额预算。公立医院会根据社会经济发展状况，以及医疗、预防、保健、科研等需求，制定收入计划和支出计划。收入计划涉及款项包括上级的差额预算拨款、专项拨款和单位的业务收入，严重依赖于国家或地方财政投入。在市场化改革的初期阶段，国家财政对公立医院的投入没有跟上，财政直接投入年均增长率仅 10.6%，因此越来越多的医院开始实行差额预算。○医院不得不自谋出路，应对措施之一是减员增效。1979

○ 魏子柠. 最难的改革 [M]. 北京：中国发展出版社，2016.
○ 刘树茂，文历阳，刘德章. 中国实用卫生事业管理大全 [M]. 北京：人民卫生出版社，1996.
○ 蓝英，罗秀，李伟. 中国政府卫生支出与财政支出的动态关系研究 [J]. 医学与哲学，2015,36（21）：56-59.
○ 周毅. 国际医疗体制改革比较研究 [M]. 北京：新华出版社，2015.

年，卫生部、财政部、国家劳动总局三部委联合发布了《关于加强医院经济管理试点工作的意见的通知》，实施"五定一奖"（定任务、定床位、定编制、定业务技术指标、定经济补助、完成任务奖励）和对医院"定额补助、经济核算、考核奖惩"的办法；之后，卫生部颁布文件提出了"公立医院承包制"，明确医院自负盈亏等。这一阶段，医院的经济属性大于公益属性，医疗保健人才等资源迅速聚集，但给往后公立医院"以药养医"、片面追求规模致使效率低下埋下了祸根。

1980年，卫生部上报了《关于允许个体开业行医问题的请示报告》，获得国务院批准，为医疗机构所有制多元化发展打下行政立法的基础。

3.2.4 医疗改革元年：开启医疗市场化

1985年被称为"医疗改革元年"。1985年4月，国务院批转卫生部《关于医疗卫生工作改革若干政策问题的报告》，提出"医疗体制必须改革放权，政策灵活，精兵简政，多路集资，拓宽医疗卫生事业发展的路子，把医疗卫生工作搞上去"，开启了将近20年"医疗市场化"的是非之争。

市场化转型，除了要打破政府包办的模式，也要同步建立医疗保险制度作为"合理补偿机制"。1988年，《职工医疗保险制度改革设想（草案）》出台。1989年，《关于扩大医疗卫生服务有关问题的意见》出台，提出加快发展医疗产业，拓宽发展路径，运用市场激励机制调动医务人员积极性，实行"以副补主，以工助医"等办法，调整医疗服务价格体系，并允许药物生产流通遵循市场运营方式。同年，《医院分级管理办法》颁布，将医院划分为三级十等，推动了医院之间的合作和竞争。1993年，《中共中央关于建立社会主义市场经济体制若干问题的决定》提出建立多层次的社会保障体系，开启了职工医疗保健制度改革的序幕。在计划经济体制下，公立医院医疗服务价格带有国家福利性质，定价权受到包括卫生局、物价局、发改委等部门的管控，如不少医院的挂号费只有5元、10元，根本无法体现医生与医疗知识的价值，医院运营的财务压力最终由政府买单。市场化指令一下，医院挥别了过去政府的统收统支，自行承担起运营和收支压力，政府的财政补助仅占医院收入的不到10%。此时，从20世纪50年代起一路推行的药品加成政策成了医院收入的救命稻草，颇受诟病的"以药养医"成了医院收入增长的捷径。各家医院收取的医疗服务费用缺少规范和严格的定价标准。⊖ 医疗供需双方的信息不对等，患者成为弱势的买单方，这为后

⊖ 王娟娟，孙瑞玲，申俊龙. 公立医院医疗服务定价机制探讨［J］. 中国医药导报，2016，13（10）：150-152.

续的"天价医药费"埋下隐患。

3.2.5 给政策不给钱：市场化的是与非

民众对于健康的需求带动了医疗消费总体支出的持续提高。1998～2007年，我国医疗保健消费人均支出年均增速高达14.59%，超过人均可支配收入10.92%的年均增速（见表3-6）。

表3-6 1998～2007年我国居民医疗保健消费人均支出

年份	医疗保健消费人均支出（元）	人均可支配收入（元）	医疗保健消费人均支出占人均可支配收入的比重（%）
1998	205.16	5 425.05	3.78
1999	245.59	5 854.02	4.20
2000	318.07	6 279.98	5.06
2001	343.28	6 859.58	5.00
2002	430.08	7 702.80	5.58
2003	475.99	8 472.20	5.62
2004	528.15	9 421.61	5.61
2005	600.85	10 493.03	5.73
2006	625.54	11 759.45	5.32
2007	699.09	13 785.81	5.07
年均增速（%）	14.59	10.92	—

资料来源：《2010年中国卫生统计年鉴》。

全国卫生总支出的结构变化（见图3-3）显示了1980～2018年政府、社会（包含医疗机构）、个人在承担医疗卫生支出上的压力变化和彼此之间的互动关系。政府卫生支出，指各级政府用于医疗卫生服务、医疗保障补助、卫生和医疗保险行政管理、人口与计划生育事务等各项事业的经费支出。社会卫生支出，指政府外的社会各界在卫生事业上的资金支出，包括社会医疗保障支出、商业健康保险费、社会办医支出、社会捐赠援助、行政事业性收费等。个人卫生支出，指城乡居民在接受各类医疗卫生服务时的支出，包括享受各种医疗保险制度的居民在就医时自付的费用。1992～2009年，个人卫生支出一直高于政府卫生支出和社会卫生支出，在一段时间内占比超过50%（2017年个人卫生支出占比仍然超过30%），故而我国属于个人卫生支出比重相对较高的国家。政府卫生支出比重逐年下降，一度低于20%，说明在这段时间内政府财政补贴缺位，而民众的直观感受是"看病贵"。2008年，我国政府卫生支出开始逐年增长，2017年比重达到30%。

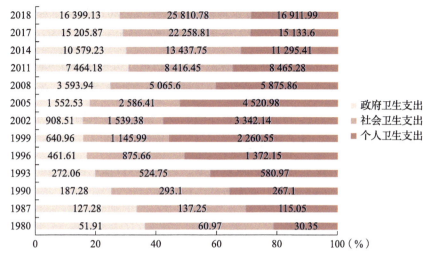

图 3-3　1980～2018 年全国卫生总支出（金额单位：亿元）

资料来源：《2019 中国卫生健康统计年鉴》。

从 1998 年公立医院的收入构成中，可以窥见不断攀升的医疗费用的主要流向。作为核心服务的医疗服务收入仅占 38.2%，[1] 而受药品加成和"以副补主"政策的影响，药品收入和其他收入之和超过总收入的一半——作为医疗服务的供给方，医院的主营业务却成了"开药"。这些"非直接"医疗服务产生的成本往往以自费药品的形式加在患者身上，加重了"看病贵"的压力。

2005 年，国务院发展研究中心和世界卫生组织"中国医疗卫生体制改革"课题研究报告结论认为"医改基本不成功"。[2]

3.2.6　新医改：提高医疗的可及性和可支付性

2009 年是新医改元年，我国计划 3 年内实现全民上医疗保险，初步建立国家基本药物制度（基本药物全部纳入医疗保险药品报销目录），健全基层医疗服务体系，促进基本公共卫生服务均等化（提高可及性和可支付性）以及推进公立医院改革试点等。受医疗保险广泛覆盖的影响，社会卫生支出快速增加，基本医疗保险、商业健康保险和社会办医等支出的增速在新医改后提升，并在 2010 年后超过个人卫生支出，对个人和家庭医疗支付压力起到了一定缓解作用。人力资源和社会保障部的数据显示，2000 年医疗保险收入只占医疗机构业务收入的 3%～4%，之后逐年提高，2005 年达到 24.3%，2009 年提高到 37%，2013 年突破半数，达到了 51.2%。以医疗保险

---

[1] 医学界智库. 改革开放 40 年，中国公立医院发展史 | 一图读懂［EB/OL］.（2018-11-25）［2020-11-24］. https://mp.weixin.qq.com/s/wNKJmYtfXHBhSBeLZWNmsQ.

[2] 葛延风. 中国医改［M］. 北京：中国发展出版社，2007.

为主的第三方支付正在成为中国医疗发展的主要推动力。2018年国家医疗保障局的成立，标志着医疗保健治理体系的重大变革，医疗筹资和服务体系完全分开。国家医疗保障局局长胡静林指出，2018年医疗保险收入已占医疗机构业务收入的60%。○

　　医疗支付方式的改变，使现有的三级医疗服务的架构受到挑战。作为基础保健的诊所和一级医疗机构理应承担起基层诊疗的服务，然而服务网络、服务能力尚未能有效建立，机构数虽多，患者量却远不及二、三级医院（见图3-4、图3-5）。而处在金字塔尖的具备高精尖技术的三级医院数量最少，本应该以治疗高危重症或疑难病为主，实际却承担了大量的常见病、多发病的诊疗任务。

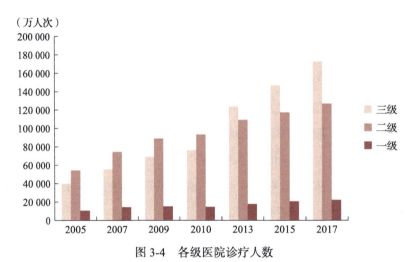

图 3-4　各级医院诊疗人数

资料来源：《2011中国卫生统计年鉴》《2018中国卫生健康统计年鉴》。

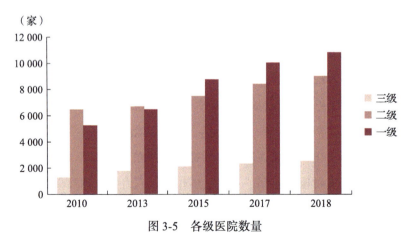

图 3-5　各级医院数量

资料来源：《2011中国卫生统计年鉴》《2018中国卫生健康统计年鉴》。

○　南方都市报. 国家医保局局长谈医保改革：将促进慢病健康管理，增强门诊保障［EB/OL］. （2019-06-11）［2020-11-24］. https://xw.qq.com/cmsid/20190611A0I79700?f=newdc.

患者纷纷涌向三级医院,而为了满足迅速增长的医疗需求,这些三级医院的规模越来越大,床位数量迅速增多。如果没有足够的财政支持,政府设立的公立医院就难以应对。为了解决这一矛盾,许多地方将资源集中在少数有规模、有技术、有人才的大型公立医院上,将部分规模较小的公立医院进行转制,并且鼓励社会资本投资办新的医疗机构,以分担政府的医疗成本、提高服务供给量、增加服务层次和可及性。2015年民营医院的数量首次超过公立医院(见图3-6)。

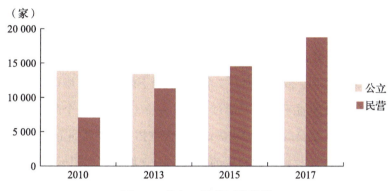

图 3-6　公立、民营医院数量

资料来源:《2018中国卫生健康统计年鉴》。

但是在服务体量上,民营医院和公立医院仍然有极大的差距。2010年,公立医院承担了91.8%的诊疗需求,2018年降至85.1%。从图3-7中可以看到诊疗需求从公立医院向民营医院分流的缓慢变化。新医改以后的变化也预示着在提高医疗可及性和可支付性后,未来将着重强调医疗服务的质量、机构的公益性和成本管控能力。民营医院在先进的管理和业务发展的灵活性上有一定发挥空间。

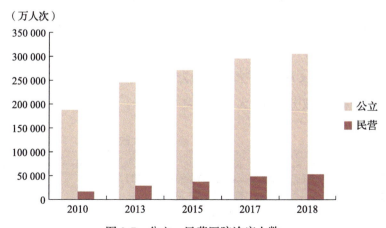

图 3-7　公立、民营医院诊疗人数

资料来源:《2018中国卫生健康统计年鉴》《2018年我国卫生健康事业发展统计公报》。

2015年以后,"以药补医"在各地逐步被取消。2017年3月,《北京市医药分开综合改革实施方案》正式发布,北京所有公立医疗机构都将取消挂号费、诊疗费、药品加成,设立医事服务费,正式结束了运行50多年的药品加成政策,推动医院的收入结构向调整医疗服务收费和增加政府补贴转移。

在取消药品加成后,国内又迎来了规范药品流通机制、从根源挤出药价"水分"的举措。2018年11月14日,中央全面深化改革委员会第五次会议审议通过《国家组织药品集中采购试点方案》,明确了国家组织、联盟采购、平台操作的总体思路。由11个试点地区委派代表组成的联合采购办公室在11月15日发布了《4+7城市药品集中采购文件》,试点地区有北京、天津、上海、重庆4个直辖市,以及沈阳、大连、厦门、广州、深圳、成都、西安7个城市(以下简称4+7城市)。

所有参与招标的药企药品都要通过一致性评价,站在同一个起跑点上竞争报价,这对药品质量提出了更高的审核要求。试点医院在招标后要按照上报的采购量进行相应的采买,不可减量,保证中标药企的权益。4+7城市一起招标,无论是对中标的药企还是对流标的药企影响都很大。这样做的目的是在停止药品加成后,继续降低药价,为患者去除不必要的中间成本,同时助推药品采购流程的完善,反向推动医疗机构规范用药,优化用药结构。据报道,带量采购的中选药品平均降价幅度在52%,最大降幅超90%。○

上述举措让各家制药企业喜忧参半。一致性评价是参与竞标的前提,赢者通过"以量换价"赢得市场,没有资格参与或未中标者则需要思考转型以应对新规。过去重销售、轻研发的模式受到挑战,中国医药企业需要打破依靠仿制药赚钱的现状,参与创新药甚至原研药的研发,才能够进入到更好的赛道,获取更高的利润。

凡此总总,均是对各项国际经验的应用或有中国特色的实践探索。2019年《柳叶刀》发表了哈佛大学叶志敏等人撰写的《中国新医改的十年:全民健康覆盖的成就、经验与挑战》,该文章将上述探索总结为"迈向系统性改革的探索"。

我国医疗保健领域历年的重大政策如表3-7所示。

表3-7 医疗保健领域重大政策

发布时间	政策
1979年	《关于加强医院经济管理试点工作的意见的通知》
1980年	《关于允许个体开业行医问题的请示报告》
1985年	《关于医疗卫生工作改革若干政策问题的报告》

○ 健识局. 4+7带量采购再出细则:未中标药品全面降价!降幅最高30%![EB/OL].(2019-01-20)[2020-11-24]. http://www.sohu.com/a/290281810_564023.

（续）

发布时间	政策
1988 年	《职工医疗保险制度改革设想（草案）》
1989 年	《医院分级管理办法》
	《关于扩大医疗卫生服务有关问题的意见》
1993 年	《中共中央关于建立社会主义市场经济体制若干问题的决定》
1994 年	《医疗机构管理条例实施细则》
1997 年	《国务院批转卫生部等部门关于发展和完善农村合作医疗若干意见的通知》
1989 年	《卫生部、经贸部关于开办外宾华侨医院、诊所和外籍医生来华执业行医的几条规定》
2000 年	《关于城镇医疗机构分类管理的实施意见》
	《中外合资、合作医疗机构管理暂行办法》
2009 年	《中共中央 国务院关于深化医药卫生体制改革的意见》
2010 年	《关于进一步鼓励和引导社会资本举办医疗机构的意见》
2012 年	《"十二五"期间深化医药卫生体制改革规划暨实施方案》
	《关于做好区域卫生规划和医疗机构设置规划促进非公立医疗机构发展的通知》
2014 年	《关于加快发展商业健康保险的若干意见》
2016 年	《"健康中国 2030"规划纲要》
	《"十三五"卫生与健康规划》
2017 年	《北京市医药分开综合改革实施方案》
	《关于支持社会力量提供多层次多样化医疗服务的意见》
	《"十三五"健康老龄化规划》
2018 年	《国家组织药品集中采购试点方案》《4 + 7 城市药品集中采购文件》
2019 年	《国务院关于实施健康中国行动的意见》《健康中国行动组织实施和考核方案》《健康中国行动（2019—2030 年）》

3.3 医疗保健产业的结构 – 行为 – 绩效分析

3.3.1 "医疗健康"作为国家战略

国家健康战略反映出一个国家对其国民健康的总体价值观和愿景。美国有"健康公民"（Healthy People）计划，中国则提出"健康中国 2020"和升级的"健康中国 2030"。

"健康中国 2020"战略的规划周期为 15 年，其指导思想为"健康中国，多方共建，全民共享"，亦即不再单一依赖医疗保健系统作为保障全民健康的唯一力量，而是动用各产业，让全社会参与其中，覆盖面广而全。⊖ 面对复杂的挑战，2016 年 10 月 25 日，国务院印发了《"健康中国 2030"规划纲要》，进一步强调"把人民健康放在优先发展的战略地位"。这是新中国成立以来第一次将健康议题上升到国家战略层

⊖ 健康中国 2020 战略研究报告编委会. "健康中国 2020"战略研究报告［M］. 北京：人民卫生出版社，2012.

面，说明改善社会医疗保健水平、提升人民健康水平刻不容缓。

中国的医疗保健发展面临着两轨并行、发展不对等的情况。一方面，中国作为发展中国家，医疗体系尚处于"塑形"阶段，医疗资源分配依然不均，健康意识重治疗、轻预防；另一方面，快速的经济社会发展带来了许多挑战和压力，以慢性非传染性疾病为主的健康威胁、吸烟饮酒和久坐不动等高风险生活方式、环境污染的外部影响等，给人们的健康带来日益严重的危害。同时，中国消费结构转型升级加快，人民群众对医疗保健的需求和质量要求不断提升，拉动医疗保健费用持续增长。[1]

美国的"健康公民"计划作为一项健康促进计划，从1980年起，每10年发布一次，至今已发布了4次。从每一次的重点可以发现，美国的健康战略目标是每10年解决不同目标人群的重要卫生健康议题。1990年的目标人群为婴儿和孕产妇；2000年的目标人群增加了残疾人士、低收入人群、少数族裔；2020年的目标人群新增了青少年、老年人，以及特殊人群。历经40年，美国期望在国家战略层面做到基本覆盖全部人群。[2]

从两国关注的主题领域看，"健康中国2030"关注的主题接近于美国"健康公民2010"关注的主题，这可以解读为中美在公共卫生目标上有近20年的差距。美国对于细分领域的关注走在前沿，如青少年健康、超重、睡眠、压力、社会外部因素、全球健康、基因组学等，内涵更丰富；中医药服务和应急能力则为中国独有的主题领域。

从两国的健康卫生指标看，中国"健康中国2030"的指标设定较为宽泛，关注医疗资源分配和广大人群的基础健康问题。2019年7月15日国务院办公厅印发的《国务院关于实施健康中国行动的意见》《健康中国行动组织实施和考核方案》《健康中国行动（2019—2030年）》3份文件，将战略目标拆解成实施步骤，提出了具体的目标考核方案和时间线。美国在目标设定、指标类型、人群划分上做得更明确、更细致，有"拥有初级保健服务提供者的人群比例""HIV患者对自我感染状态了解情况""12～17岁青少年严重抑郁症比例"等细分指标。

从两国的国家战略层面看，中美双方在医疗保健发展进度上仍有差距，中国仍处于满足基本医疗保健需求的阶段，未来可以借鉴美国在细分专科、防病与健康管理、指标设计等方面的先进经验。发展有差距，但需求仍有许多共性，总的来说，中美双

---

[1] 世界银行集团，世界卫生组织，中国财政部，中国国家卫生和计划生育委员会，中国人力资源和社会保障部．深化中国医药卫生体制改革，建设基于价值的优质服务提供体系［R］．北京，2016：9-14．

[2] 尹纯礼，吴静雅，邹佳彤，等．中美国家健康战略比较分析及启示［J］．中国卫生政策研究，2017，10（5）：45-52．

方在国家战略层面关注的共同点包含：
- 自然环境对健康的影响；
- 慢性病防治；
- 性传染病防治；
- 妇幼和老年等人群的健康需求；
- 以家庭和学校为主的社会支持网络。

自2000年以来，受到全球化、信息爆炸、生活方式改变等影响，公共卫生挑战更容易在国家间牵一发动全身，突破传统国家安全的边界，如2003年的"非典"、2009年的甲流、2014年的埃博拉病毒以及2019年的新冠肺炎。2007年发布的《奥斯陆部长宣言》（Oslo Ministerial Declaration），对各国将公共卫生议程上升到国家战略和全球卫生治理层次产生了深刻影响。各国越来越重视医疗外交，并将其看作一种跨语言、跨人道主义、跨情绪的外交合作方式。

3.3.2 医疗保健产业结构

本节将不逐一介绍全球产业分类标准中医疗保健产业下的四级产业，而是会对支撑医疗保健产业运行的三个部分进行组合说明，期望能更好地在"结构 – 行为 – 绩效"框架下解释产业之间的互动关系。这三个部分分别是：以医院为主的服务方；基本医疗保险、商业健康保险、自费三种支付方式；药品、医疗器械等增值产品。

1. 以医院为主的服务方

在中美医疗保健产业结构对比中，最困难的部分就是保健护理设施产业中的医院。提到医院，就不得不说到医生。与中国的医生几乎都是医院雇员的模式迥异，美国的医生与医院存在竞争与合作等各种关系——雇员模式（staff model）、医生集团模式（group model）和IPA⊖模式以及与保险结合形成的独特的健康管理（managed care）组织。

由于中国的医疗服务机构是按行政级别区分的，并在分级诊疗政策引导下发展，因此不同级别的医疗服务机构负责不同疾病的救治，按照"基层首诊，双向转诊，急慢分治，上下联动"的方式运行。医疗服务需要医患间面对面，考量到患者便利性和就诊及时性，一般鼓励群众选择附近的机构就医，这也符合国家医疗保障体系的引导方向——朝着"小病不出村，常见病不出乡，大病不出县，急危重症和疑难杂症不出区"的目标努力。医疗服务机构的知名度和权威性越高，服务半径就越大。在各地方

⊖ IPA（independent practice association）为独立执业医师协会。独立执业的医生可以加入IPA，由协会代为和健康管理组织签约，独立执业的医生也可以在健康管理组织体系外看诊，这就是IPA模式。

政府的规划和管理下,各地方发展出独特的医疗服务生态和市场结构。总体来说,根据规模和属性的不同,医疗服务机构分为医院、基层医疗机构、专业公共卫生机构三类。[一]医院按照经济类型又分为公立医院和民营医院,其中公立医院在医疗服务供给侧占有强势主导地位。被纳入政府财政预算管理的公立医院,背靠医疗教育资源和国家科研项目,成为医疗保健技术人才的聚集地,对患者有强磁吸效应,为产业中的强势主导方和资源核心。

以全国医疗重心北京为例,用市场集中度指标测算1990～2005年北京市综合医院市场的竞争强度,发现无论是在门诊、住院还是在手术等方面,北京市医疗服务市场的竞争态势都已经较为激烈和充分,占据市场份额排名靠前的皆为公立医院。随着竞争的逐步加剧,医疗费用也存在着明显的上升趋势,"看病贵"的现象并不能仅仅以"缺乏竞争"或"存在大医院垄断"来解释,[二]激烈竞争导致的服务加价行为对患者和支付方(政府、商业健康保险公司、患者自己)的影响值得进一步思考。

自2009年以来,新医改一直在推行分级诊疗,开放医师多点执业,鼓励社会资本参与办医,以解决公办医疗资源紧张的问题,赋予供给侧的民营医疗服务机构更多成长空间。民营医院数量已经超过公立医院,民营医疗机构的患者占比也逐步增加(见图3-8)。此外,医院诊疗人次占总诊疗人次的比例持续提升,说明患者对医院的依存度持续提高(见图3-9)。

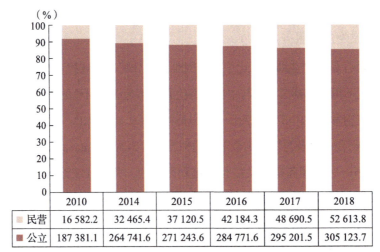

图3-8　公立、民营医院诊疗人次(单位:万人次)及占比

资料来源:《2019中国卫生健康统计年鉴》。

[一] 中华人民共和国国家统计局. 2018中国统计年鉴[M]. 北京:中国统计出版社,2018.
[二] 毛阿燕,雷海潮. 北京市医疗服务市场竞争态势研究[J]. 中国卫生经济,2010,29(1):49-51.

图 3-9　医院、基层医疗机构诊疗人次占总诊疗人次的比例

资料来源：《2019 中国卫生健康统计年鉴》。

进一步分析可以观察到，三级医院正逐步挤压二级医院的患者量（见图 3-10）。

图 3-10　各级医院年诊疗人次占比

注：计算方法为用当年各级医院诊疗人次数除以当年总诊疗人次数。因为四舍五入的原因，加总不一定为 100%。

资料来源：《2019 中国卫生健康统计年鉴》。

结合基层医疗机构患者量占比持续下降的动态变化，提出几个思考方向：

- 在医院数量持续增加的情形下，三级医院去规模化，将重心放在整合医疗、教学、科研能力上，提供特色专科服务解决危重疑难病症；为三级以下医疗机构提供技术培训，国家提供相应的科研和教学财政支持。
- 引导三级医院按照病种分流患者，结合医疗保险支付体系，重点接收复杂病种患者，将轻中度病种、慢性病等下沉至二级医院或其他机构。
- 持续增多的基层医疗机构并未带来基层就诊患者占比的增加，这说明吸纳患者的基层医疗能量有待显现，一级医院以及基层医疗机构之间的分工需要更明确。

- 缺乏高水平的人才，影响了基层医疗机构的服务质量，对患者的就医选择难以形成拉力。从 2018 年各级医疗机构的人员学历构成（见图 3-11）中可以看到，基层医疗机构受过大学以上教育的医务人员比例较低。人才缺乏会影响基层医疗服务的质量和患者的信任，加上分级诊疗制度并非强制的，给了群众选择弹性，因此群众依然倾向去大医院就医。基层医疗机构作为"健康守门员"的角色仍需要更多高素质的医疗卫生人才支持才能更好地发挥作用。

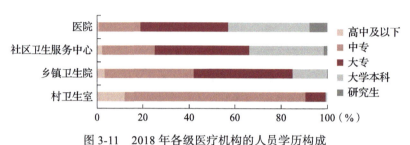

图 3-11　2018 年各级医疗机构的人员学历构成

注：村卫生室一项的中专包含中专学历及中专水平，大学本科包含大学学历及以上水平。
资料来源：《2019 中国卫生健康统计年鉴》。

除了传统的机构服务方，市场上还有许多新形态的平台和组织加入了供给端，如互联网医疗、医生集团等。2014 年以来，医生集团作为一种新兴的办医模式在我国政策的鼓励下得到发展，并诞生了一些知名案例，如张强医生集团、冬雷脑科医生集团、深圳博德嘉联等。[一]医生集团又称医生执业团体，或医生执业组织，是由多个医生组成的联盟或组织机构。两三个医生联合起来就可以团体执业，团体执业的特点是团队内部成员共享彼此的收入、共享设施设备、共担损失，因此这是一个同进共退的执业团队。

继 2016 年 10 月医生集团被写入《"健康中国 2030"规划纲要》后，2017 年 4 月 1 日，《医师执业注册管理办法》正式实施，医师多点执业模式在法律层面不再有阻碍。[二]作为医疗服务方的"引擎"，医生的执业选择不再是"公立或私立"的零和游戏，他们能够自由地在多种不同类型的机构中以兼职或全职的身份工作，医生集团也是选择之一，这促进了优质医疗人才的流动，社会医疗机构和团体能以不同的医疗理念、福利待遇、工作模式吸引人才加入。2018 年注册医生集团已超过 800 家。[三]

[一] 王建秀. 国内七大医生集团的运营模式和心得都在这儿了［EB/OL］.（2016-03-01）［2020-11-24］. https://www.huxiu.com/article/140399/1.html?f=wangzhan.

[二] Unicorn 独角兽. 90% 的医生集团都会死！这不是耸人听闻［EB/OL］.（2018-05-19）［2020-11-24］. https://www.iyiou.com/p/72742.html.

[三] 看医界. 中国医生集团数量现井喷态势［EB/OL］.（2018-08-03）［2020-11-24］. http://www.sohu.com/a/245085066_456062.

2. 基本医疗保险、商业健康保险、自费三种支付方式

在探讨支付选项的细节前,先横向比较一下中国与其他发达国家在医疗费用支付方式上的不同。中国的自费支付比例高于其他国家(见图 3-12)。与政府基本医疗保险支付比例相近的美国相比,中国的商业健康保险支付比例较低,还处在初级发展阶段。想要降低自费支付的压力,单靠政府的财政支持远远不够,商业健康保险的力量亟待发挥。

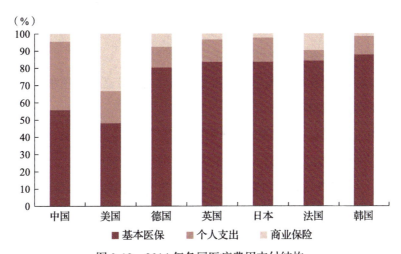

图 3-12 2014 年各国医疗费用支付结构
资料来源:艾瑞咨询,2017 年中国商业健康险行业研究报告。

中国的基本医疗保险制度原有城镇职工医疗保险制度、城镇居民基本医疗保险制度和新型农村合作(简称新农合)医疗保险制度。2016 年,国务院印发《关于整合城乡居民基本医疗保险制度的意见》,整合城镇居民基本医疗保险和新农合两项制度,建立统一的城乡居民基本医疗保险制度,期望推进医药保健体制改革,实现城乡居民公平享有基本医疗保险权益,促进城乡经济社会协调发展。根据《中华人民共和国 2020 年国民经济和社会发展统计公报》发布的数据,到 2020 年末,参加基本医疗保险的有 136 101 万人,其中,参加城镇职工基本医疗保险的有 34 423 万人,参加城乡居民基本医疗保险的有 101 678 万人,基本医疗保险几近达到全民覆盖。

基本医疗保险本身的定位主要有两点:一是政府社会福利的一部分,为患者就医提供资金层面的支持和保障;二是为需求方(广大患者)代言,帮助患者以更合理、更低廉的价格,获得更高质量的医疗服务。在过去很长一段时间内,医保基金将关注点放在了提高覆盖率和控制费用、保障结余等方面,在承担需求方代言人角色、推动医疗服务质量提升、引导患者分级就医、促进现代化医院管理方面成效不足。全国各地基本医疗保险基金表现苦乐不均，部分地区已经出现累计结余为负的情况。基本医疗保险欠费、拒收有基本医疗保险的患者等事件更是引发了众人对于基本医疗保险可持续性和控制费用能力的讨论。加之普遍的人口老龄化和疾病谱变化，医疗保险系统面临着持续增长的压力，覆盖率虽高，但改革仍在进行时。○

除了基本医疗保险，商业健康保险（下称健康险）也是一种正在成长中的支付方式，它能为患者提供进阶的医疗服务费用报销。健康险主要有以下三种：

- 重疾险：保障特定重大疾病的理赔，理赔范围涵盖治疗以外的损失，属于长期投保；
- 医疗险：保障疾病治疗相关费用，保障期较短；
- 意外险：保障意外情况导致的身故、伤残或医疗救治，理赔范围涵盖治疗以外的损失，保障期较短。

保险业常用"密度"和"深度"来描述各个国家保险的成熟度。健康险的密度等于健康险的保费收入除以年末总人口，健康险的深度等于健康险的保费收入除以年度国内生产总值。从健康险的密度和深度可以看出，中国健康险市场持续成长（见图3-13），而支持这一显著增长的动力包括国民健康意识的觉醒、可支配收入的提升、医疗服务需求层次的提高，以及政策对私立医疗服务机构和商业保险的鼓励与支持等。○

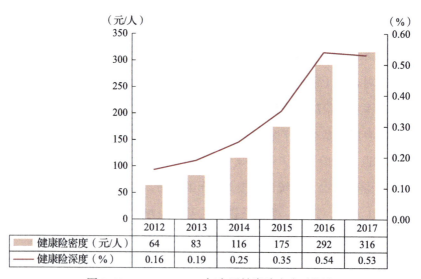

图3-13　2012～2017年中国健康险密度及深度

资料来源：《上海保险》2018年9月刊。

○ 朱恒鹏．医疗价格形成机制与医保支付方式演变：国际比较及启示［EB/OL］．（2018-01-19）［2020-11-24］．https://www.thepaper.cn/newsDetail_forward_1958032．

○ 杨博．调查报告：中国商业健康保险市场潜力巨大［EB/OL］．（2016-08-26）［2020-11-24］．http://insurance.hexun.com/2016-08-26/185716379.html?from=rss．

与其他国家相比,中国健康险的密度和深度还不够。上海保险交易所的研究指出,2017年,中国健康险的密度为316元/人,深度为0.53%,远低于国际成熟健康险市场的水平:美国2013年健康险的密度为16 800元/人,德国2013年健康险的密度为3071元/人。[1]中国健康险市场集中度高,2017年健康险市场80%的保费收入来自排名前8%的公司。从保费数量级看,有2家健康险保费收入在600亿元以上的公司,保费收入共1457.08亿元,占整个市场的33.2%。

社会卫生支出（包含基本医疗保险和商业健康保险）在卫生总支出中的占比逐年增加（见图3-14），这与基本医疗保险全民覆盖和商业健康保险市场在政策鼓励下发展有正相关关系。

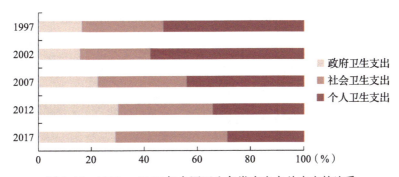

图3-14　1997～2017年全国卫生各类支出占总支出的比重
来源:《2018中国卫生健康统计年鉴》。

健康险作为一种支付方式的补充,其作用在于通过市场的调节力量补充基本医疗保险的不足,帮助医院合理控制费用,为国家医保基金和患者个人分担压力。基本医疗保险的保障项目有限,并且报销有门槛和上限,而健康险产品能够覆盖许多基本医疗保险不予支付的部分（如进口药、自费医疗、国际医疗等），满足消费者多层次的医疗需求。[2]

在美国,企业是购买健康险的主力,可享受相应的税收优惠。而中国目前并没有针对企业购买健康险的优惠政策。企业为员工购买的健康险无法在税前列支,员工个人还要再额外支付个人所得税,实际是双重征税,无法起到促进购买的作用,因此健康险大多是由高需求、高风险的个人购买。

如何理解商业健康保险、医院和患者三方的关系？商业健康保险本质上是营利性

---

[1] 上海保险交易所. 2020年达1.3万亿商业健康险如何探寻蓝海[J]. 中国卫生,2018(10): 48-49.
[2] 艾瑞咨询. 2017年中国商业健康险行研究报告[R/OL].（2017-05-04）[2020-11-24]. http://www.199it.com/archives/588472.html.

的，其成本在于为医疗机构提供的服务买单，要求是医院在提供高质量的医疗服务以满足患者需要的同时，做到"有限医疗"[一]，这就要建立保险公司和医院的信任关系；患者作为商业健康保险的购买方，在面临就医需求时会追求保险效益的最大化，压低自费成本，换取最好、最多的医疗服务；医院作为三者共构的利益链中的一环，担任平衡三方生态的角色，对患者的医疗需求负责，并在确保服务质量的同时，做好服务成本的控制。

3. 药品、医疗器械等增值产品

药品和医疗器械作为医疗保健产业中的增值产品，是服务方（主要是医院）提供给患者的除了服务外的重要价值部分。单纯的药品加成政策养痈成患，催生了扭曲的"以药养医"收入结构，价格虚高的药品成了医院的盈利点，占了医药费将近一半的部分。数据显示（见图3-15），2013～2017年药费占比下降，这说明在新医改取消药品加成政策后情况逐渐改善。2018年底开始推进的4+7带量采购政策，为企业的发展提出了更紧迫的目标：匹配创新产品线，管控上下游产业链（尤其是原料药），全面提升药品供应保障能力及风险管理能力。

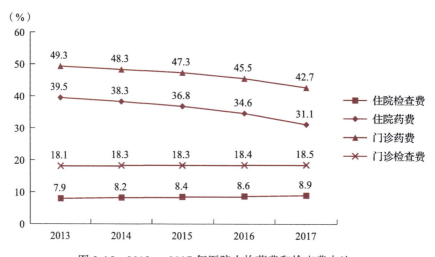

图3-15　2013～2017年医院人均药费和检查费占比

资料来源：《2018中国卫生健康统计年鉴》。

值得注意的是，虚高的药费得到了控制，检查费占比呈现上升趋势。造成这一结构变化的因素有很多，如医患关系紧张——为避免重大疾病漏诊和误诊，检查项目成了让医患双方安心的"盾牌"。此外，由于药费被压制，医疗服务费和政府补贴的

[一]　有限医疗即不过度治疗、不过度检查、不过度用药、不过度收费。

提升还不足以弥补收入缺口，因此检查费上升补位。[一]在药费降下去后，"以查补医"的情况仍需持续关注。

2018年中国医疗器械市场规模约为5304亿元，同比增长19.86%。[二]总的来说，进口器械较国产器械有品牌和技术上的优势，市场规模较大。然而在国家鼓励研发创新的政策助推下，在局部器械领域出现了进口替代的现象。此外，人工智能、互联网诊疗、机器人在医疗器械领域的应用也提供了产品创新和市场增长的新机遇。

继取消药品加成政策之后，中国部分省市推出了"耗材零加成"措施，其目的近似于取消药品加成政策，都是通过挤压耗材流通链条中的不必要加价，降低医院收入，倒逼机构内部降本增效。

3.3.3 医疗保健产业行为

1. 投资并购：鼓励创新、聚焦专科和上下游整合

根据相关产业研究，从体量上看，2018年中国医疗保健产业融资事件数量及金额再创新高。融资事件主要发生在天使轮、A轮、B轮及战略融资阶段，高密度集中于项目早期发展阶段，再加上政策对创新药、医疗器械研发的支持，预计未来会有更多社会资本进入医疗保健产业，并继续向早期发展阶段聚集。通过观察投资动向可以发现，资本持续看好医药与医疗器械的研发端，和国家政策鼓励医药和医疗器械自主研发创新的方向保持一致。[三]

战略融资的投资方主要以整合医院资源及利益链条、追求协同效应为驱动，期望掌控和更多参与医院的管理，收购医院的重心从以前的进入医养行业转向重视医院管理，价值投资特点更明显。行业研究发现，一些上市医药集团在铺垫好医药、物流配送、医疗器械、医疗技术之后，会自建或收购医院以达到成本最优。2018年已披露的交易金额同比有所下降，减少了约5%。[四]

过去20年，社会资本投资医院有三个时期：准备期、高峰期及调整期（见图3-16）。准备期主要是各项政策红利起作用；在高峰期，医院并购交易的规模日益扩大，交易金额在2016年达到高峰；在调整期，民营医院在资本市场进行了火热的

[一] 央广网. 患者就医"113"现象何解警惕检查费用升上来[EB/OL].（2018-04-13）[2020-11-24]. https://baijiahao.baidu.com/s?id=1597595209937465548&wfr=spider&for=pc.
[二] 医械研究院. 中国医疗器械蓝皮书[R]. 医械研究院，2019.
[三] E药经理人研究院，投中研究院. 2019医疗产业投资指南[R]. E药经理人研究院&投中研究院，2019.
[四] 普华永道. 中国境内医院并购活动回顾及展望·2013年—2018年[R]. 普华永道，2019：11-13.

投资并购，2018年已披露的医院交易金额达144亿元人民币。

图 3-16　2013～2018年境内医院并购交易

资料来源：普华永道《中国境内医院并购活动回顾及展望·2013年—2018年》。

中国境内医院已披露的交易金额在2016年大幅度增长后，在随后的2年内均有所下滑。行业研究报告指出，专科医院最受资本青睐，其盈利性及可复制性强，是2016～2018年的投资案例增长大户，2018年已披露的交易金额达到约77亿元人民币；综合医院在2017年、2018年受到上市公司的青睐，交易金额达到32亿～35亿元人民币；而受整合难度大、难以做出特色、可复制性差的影响，医疗管理集团的交易金额及交易数量逐渐减少（见图3-17）。其中较为典型的战略并购交易包括新风天域对和睦家医疗的并购。2019年7月30日，新风天域集团旗下纽交所上市的战略并购公司——新风天域公司宣布了对中国规模最大的综合性高端私立医疗机构之一和睦家医疗集团的整体收购。新风天域将作为和睦家医疗新的战略合作方，帮助和睦家继续致力于在中国提供优质与全面的医疗保健服务，以及通过内生性增长及战略性收购等方式实现持续发展。

医学院里有句顺口溜："金眼科，银牙科，千万别干小儿科。"其在一定程度上说明了不同专科业务的服务差异。眼科患者自我诊疗意识高，容易沟通，并且愿意以优质的医疗资源解决疾病问题。口腔科患病率高，需要经常回诊，补牙风险相对较低，复制成本低，多以连锁专科形式开展，有议价空间。而儿科患者一般不会说明自身的疾病情况，孩童在检查时常常不配合，药品利润低，容易引起医疗纠纷、激化医患关系。截至2018年，妇幼专科的累计交易金额为各专科中最高的，而随着妇幼专科的投资逐渐饱和、生育率下降、人口老龄化，眼科、肿瘤及脑科等技术壁垒高、服务周期长、服务附加值高的专科也开始受到综合型上市公司及医疗管理集团的追捧，未来走向值得持续关注。①

图3-17　2013～2018年境内民营医院投资

资料来源：普华永道《中国境内医院并购活动回顾及展望·2013年—2018年》。

2. 医疗装备竞赛与进口替代

中国医疗保健产业持续市场化，医疗装备竞赛成了医疗机构提升竞争力的选择之一。配置高精尖的医疗设备可以带动临床医疗保健服务、科研、教学，并吸引医疗人才，打造医院特色服务。研究指出，以北京市为例，北京医疗保健服务市场存在"医疗装备竞赛"的现象，计算机断层、核磁共振型医用设备的配置已经达到或超过了部分发达国家的配置水平。②

医疗器械领域作为高技术、高投入、回报周期长的高科技领域，长期以来是由国外品牌引领的高精尖市场。外国医疗器械厂商在研发创新、技术成熟度、售后服务等方面均具有优势，中国国产医疗器械在实现"进口替代"的路上仍须加强研发能力，突破销售和品牌等竞争外力。值得关注的是，新冠肺炎疫情发生后，许多中国国产医疗器械公司集体投入相关防疫生产和检测工作，为抗击疫情做出了显著贡献。各家产品集体亮相也成了医疗器械领域吸引资本关注的加速器。③

---

① 普华永道. 中国境内医院并购活动回顾及展望·2013年—2018年[R]. 普华永道，2019：14.
② 毛阿燕，雷海潮. 北京市医疗服务市场"医疗装备竞赛"现象验证[J]. 中国卫生经济，2009，28（11）：88-90.
③ 易凯资本. 请回答2020：新冠疫情对中国健康产业的影响【易凯观点】[EB/OL].（2020-02-15）[2020-11-24]. https://www.sohu.com/a/373509145_487521.

3. 控制费用和服务质量

医疗服务定价一直是个复杂的难题，医疗保健的公益性与市场化需求之间的矛盾使得医疗服务价格攀高。公立医院公益性较强，社会资本吸纳受限，医疗服务的价值未能通过价格体现。在市场化阶段的前期政府财政投入不足，公共医疗只得"另辟蹊径"，通过在药品和医疗器械上加价，增加收入以支撑机构运营，由此延伸出各种环环相扣的利益链条。俞炳匡博士在《医疗改革的经济学》中特别提到了哈佛大学纽豪斯教授关于美国医疗费用增长原因的分析，结论之一认为"医疗技术进步"是医疗费用上涨的主要原因，而老龄化、医疗保险、国民收入、医生数量、医疗保健产业与其他产业在生产率提高上的差异为次要原因。

患者是医疗保健服务的需求方，同时受信息不对称的影响，很难发现不同平级机构相同服务之间的价格差异，甚至是服务质量的差异。患者为各项加价后的服务付费，却不知道在医疗层面是否有必要，有时承担了额外的医疗支出负担却享受不到高质量的服务。

医保机构和保险公司在服务供需方之间扮演了平衡三方的角色，它们的议价能力可以平衡医院的收费行为，因此也考验着它们作为服务采购方的控费和谈判能力。医保机构通过对医疗保险总额预付进行限制，以及推动耗材和药品降价，给医院和科室盖上了基本医疗保险支付上限的顶盖，限制了药品和耗材加成费用的利润空间，不断挑战医院的成本管理和运营能力。

4. 服务质量优化：国际认证

在医院数量持续增加、竞争日益激烈的环境中，为了获得更多患者的认可和选择，不断提升医疗服务质量是医院的立根之本。

影响医疗服务质量的要素涉及医疗的方方面面，如患者护理、感染管理及控制、患者及其家属的权利和教育、设施管理与环境安全、医疗护理人员的资格和教育、品质改进、医院决策及领导、信息管理等。评价质量的标准除了监管部门日常的检查和合规监管外，还有各项考核，如医疗机构年度校验、三级公立医院绩效考核以及民营医院的星级评审等。

除了政府和行业的考核，不少医院会选择第三方评审，如美国医疗机构评审联合委员会国际部（JCI）、挪威船级社（DNV）等的评审，[1]借鉴成熟的国际医疗服务质

---

[1] 搜狐网. 公立医院参评JCI或将迎来限制！[EB/OL]. (2017-10-22) [2020-11-24]. http://www.sohu.com/a/199523534_456062.

量认证体系和标准指南，提升机构自身的管理能力和国际化水平。^①当然，在大批医院接受国际认证的潮流下，也不乏部分医院抱着为机构的信誉"镀金"的心态追求认证。

截至 2018 年 12 月，全球通过 JCI 认证的医疗机构共计 1060 家。按数量高低排序，阿联酋最多，后面是中国、沙特阿拉伯、泰国、巴西、土耳其和印度。^②然而，世界医疗水平排名靠前的国家和地区多集中在欧洲、北美洲和大洋洲。对于拥有较多国际认证的医疗机构的国家而言，提升医疗服务水平和技术依然任重道远。

近年来，中国不乏禁止公立医院接受国际机构评审的声音，主要是顾虑国家医疗数据外流的安全隐患，同时寻求国际认证又有旷日费时、消耗财力打造"政绩工程"的嫌疑。对比欧美为人熟知且具有国际公信力的认证考核体系，符合中国国情的评审制度还在建设和完善中。中国现行的评审制度和 JCI 有相同之处，也有许多不同，比如三级评审，同样是为了确保医院的等级资格匹配服务质量；JCI 强调以患者为中心的服务和医院管理标准，三级评审则强调医院硬件水平，有床位数要求等硬指标。无论医院选择哪种形式，持续再认证或复审都为医院提供了检验和保障医疗服务质量的方法，也为患者的就医选择提供了参考依据。

5. 跨领域发展：接轨教育、体育、养老、高新科技、数字化等领域

国家战略层面已明确指出，建设健康中国不能只依赖医疗保健系统，还要各行业乃至全社会的参与。体医融合、环境治理、食品安全、健康教育、医养结合已是时下热议话题。

未来医疗保健产业的发展，离不开技术引领、数据驱动，中国医院数字化建设已经在路上。根据行业研究分析的预测，2012～2022 年，中国医疗保健产业的 IT 投入规模将呈现连年增长态势，预计 2022 年可达 657.2 亿元。投入领域从基础设施搭建、业务流程重塑到信息平台与服务建设，最终深入到数据挖掘和智能应用，将为患者、医生、医院和政府解决医疗资源分配、医疗资源可及性、多渠道的医疗信息汇总、数据整合与分析等问题。^③

许多互联网公司也陆续加入医疗保健产业。阿里巴巴表示未来的主要发力点在物联网、海外业务、文体、大健康上；腾讯会更多地在建立超级大脑上花费更多精力，

---

① 【JCI 专题】中国医院进行 JCI 认证的意义和挑战分析 [EB/OL]. (2017-09-13) [2020-11-24]. http://www.360doc.com/content/17/0913/16/30693532_686810295.shtml.
② 健康界. 10 万美元的国际医院认证：金标背后谁在买单 [EB/OL]. (2018-12-22) [2020-11-24]. https://www.cn-healthcare.com/article/20181222/content-512859.html.
③ Analysys 易观. 中国医院数字化专题分析 2018 [R]. 2018.

并为工业、零售、金融、医疗等行业提供智慧解决方案，主要发力人联网、物联网、智联网技术。

在新冠肺炎疫情期间，互联网医疗企业在信息查询、线上问诊、在线购药、居家观察指导4大方面也有突出表现。丁香园的实时疫情地图、好大夫的在线远程医疗、阿里健康的药品配送到家等服务，在迎来大批新用户之余也培养了用户习惯，给解决流量变现难题带来新的契机。

随着老龄化问题的加剧，许多地产商以"医养结合"的模式入局医疗保健产业，透过运营养老机构、自建医疗护理团队以及对接医院或社区卫生服务站的形式，为老年客户提供生活所需的医疗和护理服务。

3.3.4 医疗保健产业绩效

1. 公益定位和自负盈亏的悖论

公立医院本身自带公益属性，必须承担起国家政策目标，以"服务广大群众的健康需求、完成政府设立的指标"为先，应该设定自身的中长期目标并具备维持目标可持续性的能力。

在中国国家基本医疗保险主导的医疗收费体制下，公立医院如何在竞争激烈的环境里保持公益主体性，同时实现自负盈亏的目标、提升医疗服务质量，成了运营的难点。数量庞大的民营医疗机构需要摸索出规模化、差异化的发展道路，挑战更是艰巨。市场中存在的非价格竞争行为，如扩大机构规模、装备高精尖医疗设备、争相聘请名医等，都是包含争夺市场份额考量的操作。

面对产业结构的重塑和动态变化，国家自上而下赋予了基层医疗机构和民间新兴办医模式灵活的发展空间，并鼓励资本市场开放，新的供给侧格局也推动着公立医院扮演新的角色。⊖

- 不再作为服务体系核心位置的孤立机构及首诊地，也不再提供"一站式服务"，而是日益成为服务网络的一部分，与基层医疗机构、诊断中心和社会服务机构等服务方协作，将基础服务下沉到基层，引导患者寻求基层机构解决首诊就医需求；
- 在将初级医疗保健需求引导至基层的同时，健全危急重症救治能力、提升服

⊖ 世界银行集团，世界卫生组织，中国财政部，中国国家卫生和计划生育委员会，中国人力资源和社会保障部. 深化中国医药卫生体制改革，建设基于价值的优质服务提供体系［R］. 北京，2016：25-26.

务质量、提高运营效率、开展特色专科服务;
- 肩负健全医疗服务生态的责任,开放人力资源流动,大医院与基层机构实现人员共享,为基层提供技术支持和培训;
- 提高公立医院的管理水平,政府赋予公立医院更多决策自主权,使医院的绩效和行为与政府的工作重点相一致。

2. 作为"系统性问题"的医疗质量

医疗质量日益被视为"系统性问题",而不仅仅是个体医生、科室或机构的责任。医疗质量的主要问题是,存在诱导服务方抬高成本的机制,对患者没有强有力的财务保障,存在看不起病、因病致贫或返贫的风险。对医疗服务的关注不足,"防病胜于治疗"的理念依然在政策鼓励和推广阶段;[一]患者倾向于入院治疗而不是获取基层医疗机构的帮助,各层级间(如三级、二级和基层医疗服务之间)仍需加强服务整合与协作。

人均寿命延长、社会人口结构转变等因素的交互作用带来流行疾病谱的变化,未来全社会无疑将面对以高发的慢性非传染性疾病为主要原因的死亡。在"慢病高发"的情况下,财务无法得到保障,医疗服务的质量有待提升,再加上基层缺乏合格的医务人员,也限制了疾病预防、病例发现、早期诊断和服务一体化等医疗保健核心功能的发挥。上述种种意味着患者无法得到最优的治疗效果。[二]

尽管中国政府已经下大力度解决药价虚高的问题,但是医学检查和高科技医疗服务的过度使用依然存在。医疗机构能够从这些服务中获得大量收入,加上财政支持的力度有限,长此以往就会形成对服务方的经济激励。医学检查的过度发展还有两个趋势:第一,小病大治,将门诊原本能够覆盖的项目改为住院检查治疗,这会大幅度提高医疗费用,增加医保基金的压力;第二,为了增加检查收入(也为了提升自身实力)加剧进行"装备竞赛",设备的购入速度和人才到位的速度并不匹配,一些地方虽然有了机器,但缺乏专业的人才,导致检查结果不准确或者不到位。因此,单纯的医学检查和"装备竞赛"并不能带来服务能力的提升。

小病大治、重复检查、过度医疗等不良情况的改善,需要良好的数据传输系统,以保证基本医疗保险和医院之间的信息畅通。对医学检查合理性和必要性的评估涉及

[一] 周毅. 国际医疗体制改革比较研究 [M]. 北京:新华出版社, 2015.
[二] 世界银行集团, 世界卫生组织, 中国财政部, 中国国家卫生和计划生育委员会, 中国人力资源和社会保障部. 深化中国医药卫生体制改革,建设基于价值的优质服务提供体系 [R]. 北京, 2016:2-12.

精细化的病种分类、临床路径和检验匹配，这需要支付方的深度介入。[1]

3. 基本医疗保险支付的可持续性问题

伴随着医疗支出的不断上涨，中国部分地区的医保基金表现不佳，陷入了入不敷出的困境。虽然从全国平均水平来看，三大基本医疗保险的基金均有结余，但各地苦乐不均，部分地区已经出现累计结余为负的情况。城镇居民和农村居民的人均医疗保健支出不断走高（见表3-8），加之普遍的人口老龄化和疾病谱变化，无论是医保基金已出现赤字的地区，还是尚可维系的地区，均面临着支出持续增长的压力。

表3-8 城镇和农村居民的人均医疗保健支出情况

年份	城镇居民			农村居民		
	人均年消费支出（元）	人均医疗保健支出（元）	医疗保健支出占年消费支出的比重（%）	人均年消费支出（元）	人均医疗保健支出（元）	医疗保健支出占年消费支出的比重（%）
2000	4 998.0	318.1	6.4	1 670.1	87.6	5.2
2005	7 942.9	600.9	7.6	2 555.4	168.1	6.6
2010	13 471.5	871.8	6.5	4 381.8	326.0	7.4
2011	15 160.9	969.0	6.4	5 221.1	436.8	8.4
2012	16 674.3	1 063.2	6.4	5 908.0	513.8	8.7
2013	18 487.5	1 136.1	6.1	7 485.1	668.2	8.9
2014	19 968.1	1 305.6	6.5	8 382.6	753.9	9.0
2015	21 392.4	1 443.4	6.7	9 222.6	846.0	9.2
2016	23 078.9	1 630.8	7.1	10 129.8	929.2	9.2
2017	24 445.0	1 777.4	7.3	10 954.5	1 058.7	9.7

资料来源：《2018中国卫生健康统计年鉴》。

在全民覆盖基本实现的情况下，基本医疗保险基本上没有了太多扩展的空间，因此医保基金"开源"难度较大，"节流"成为更重要的举措。提高基本医疗保险控制费用的能力和基金使用效率、合理引导医患双方的诊疗行为、在初级医疗保险和大病保险之间进行协调、地区公平性问题、政府补贴可持续性问题都是未来需要关注的重点。[2]国家医疗保障局通过各地支付体系改革的试点来实现控费增效，包括按病种付费、基于病种复杂程度的总额预付制、鼓励日间手术等非住院医疗服务、对基层医疗服务采取基于病情调整的按人头付费、药品和耗材带量采购降价等。

---

[1] 健康界. 合理检查或成医疗控费的下一个重点 [EB/OL].（2018-04-16）[2020-11-24]. https://www.cn-healthcare.com/articlewm/20180416/content-1024287.html.

[2] 朱恒鹏. 医疗价格形成机制与医保支付方式演变：国际比较及启示 [EB/OL].（2018-01-19）[2020-11-24]. https://www.thepaper.cn/newsDetail_forward_1958032.

4. 商业健康保险如何更好地满足市场个性化需求

从国际经验来看，中国商业健康保险仍处于发展初期，成长空间广阔，产品迭代快速，盈利模式仍在摸索阶段。相比基本医疗保险的"广覆盖、保基本"，为人民群众减轻就医经济负担，商业健康保险则基于个人意愿购买，保大病，满足多元化、个性化的医疗保健需求。从社会发展的实际情况看，人口年龄结构、生活习惯、新治疗技术和创新药、疾病谱变化等因素都在推动民众卫生支出不断增长，商业健康保险作为补充保障的刚性需求越来越大。在需求驱动下，商业健康保险产品呈现百花齐放的态势，但也存在产品定位不清、同质化严重、盈利困难的情况。消费者在购买商业健康保险的过程中，会面对健康条件审核、产品繁杂细分、赔付规则复杂等门槛；在支付的过程中，会面临治疗和收费信息不对称、增值服务体验不如预期的问题。商业健康保险公司如何在理赔之外为消费者展现健康管理等额外价值，也是一个值得思考的问题。

5. 医院投融资火热下的问题

在分级诊疗政策下，医疗投融资集中在医院等机构的合并或增设，如此是否有助于更均匀有效地分流患者到基层医疗机构就医是个问题。普华永道的研究报告指出，在医院投资领域，资本方和院方之间存在多方面的矛盾，如管理流程和资本投入之间的矛盾——投资者对医院投资及整合的流程预期是简单化的，希望投入少、收益高，但实际操作过程以及医院实际管理流程是精细化的，医院管理层希望投入资金提高医院的整体水平，所以投资及整合成本会超出投资者的预期。⊖各利益相关方的运营理念和目标也存在一定的差距，一般而言，投资者是以盈利为导向的，医院管理层通常是以长远发展为导向的（更加关注公益性、品牌建设、门诊量以及收入），患者关注疗效、服务和费用，政府关注的是社会效益和医院对城市的贡献。

3.4　中美医疗保健产业上市公司对标分析

中美两国医疗保健产业超百亿美元市值公司数量比为4∶68，由此可见中美大健康资本市场规模差距悬殊。在中国的4家公司中，有3家集中在制药、生物科技与生命科学产业中（见表3-9）。截至2019年7月23日，在中国全部的医疗保健产业上市公司中，有67家属于医疗保健设备与服务业，229家属于制药、生物科技与生命

⊖ 普华永道. 中国境内医院并购活动回顾及展望·2013年—2018年［R］. 普华永道，2019：25.

科学产业。

表 3-9　中国医疗保健产业市值超百亿美元的公司

公司名称	二级产业	四级产业	总市值（亿美元）
恒瑞医药	制药、生物科技与生命科学	西药	283.001 5
迈瑞医疗	医疗保健设备与服务	医疗保健设备	193.463 4
药明康德	制药、生物科技与生命科学	生命科学工具和服务	124.450 7
云南白药	制药、生物科技与生命科学	中药	112.224 5

注：数据截至 2019 年 7 月 23 日。

美国 68 家超百亿美元市值的公司，属于医疗保健设备与服务业的有 37 家，属于制药、生物科技与生命科学产业的有 31 家，分配较平均。此外，这些公司覆盖了 11 个四级产业中的 10 个，仅不涉及中药产业（见表 3-10）。由此可见，美国作为发达国家在大健康市场的细分领域已经形成了较为全面均衡的布局，而中国还在初级阶段，产业布局和资本偏好还有"挑食"的情况，这也从侧面说明中国的医疗保健产业是一片有待发掘的巨大"蓝海"。

表 3-10　美国医疗保健产业市值超百亿美元的公司

公司名称	二级产业	四级产业	总市值（亿美元）
强生	医疗保健设备与服务	医疗保健用品	3 435.729 1
辉瑞制药（Pfizer）	制药、生物科技与生命科学	西药	2 495.470 5
联合健康集团（UnitedHealth）	医疗保健设备与服务	管理型保健护理	2 391.552 0
诺华制药	制药、生物科技与生命科学	西药	1 990.210 5
默克集团（Merck）	制药、生物科技与生命科学	西药	1 980.974 7
艾伯维（Abbvie）	制药、生物科技与生命科学	西药	1 363.328 2
雅培制药（Abbott）	医疗保健设备与服务	医疗保健设备	1 269.839 5
安进（Amgen）	制药、生物科技与生命科学	生物科技	1 225.642 3
礼来（Eli Lilly）	制药、生物科技与生命科学	西药	1 223.899 9
美敦力（Medtronic）	医疗保健设备与服务	医疗保健设备	1 221.634 1
诺和诺德	制药、生物科技与生命科学	西药	1 128.715 0
赛诺菲-安万特	制药、生物科技与生命科学	西药	1 081.303 5
葛兰素史克	制药、生物科技与生命科学	西药	1 014.018 3
阿斯利康（AstraZeneca）	制药、生物科技与生命科学	西药	940.704 1
赛默飞世尔科技	制药、生物科技与生命科学	生命科学工具和服务	899.908 1
百时美施贵宝	制药、生物科技与生命科学	西药	844.155 2
吉利德科学	制药、生物科技与生命科学	生物科技	801.891 0
信诺（Cigna）	医疗保健设备与服务	管理型保健护理	723.450 9
安森（Anthem）	医疗保健设备与服务	管理型保健护理	675.998 0

（续）

公司名称	二级产业	四级产业	总市值（亿美元）
碧迪	医疗保健设备与服务	医疗保健设备	606.253 6
生物基因（Biogen）	制药、生物科技与生命科学	生物科技	593.414 2
史赛克（Stryker）	医疗保健设备与服务	医疗保健设备	586.872 0
直觉外科（Intuitive Surgical）	医疗保健设备与服务	医疗保健设备	548.363 4
波士顿科学	医疗保健设备与服务	医疗保健设备	489.311 2
新基（Celgene）	制药、生物科技与生命科学	生物科技	448.758 2
艾尔建（Allergan）	制药、生物科技与生命科学	西药	444.553 2
因美纳（Illumina）	制药、生物科技与生命科学	生命科学工具和服务	440.897 1
HCA医疗保健（HCA Healthcare）	医疗保健设备与服务	保健护理设施	426.733 1
福泰（Vertex）	制药、生物科技与生命科学	生物科技	422.846 1
硕腾（Zoetis）	制药、生物科技与生命科学	西药	410.217 6
再生元（Regeneron）	制药、生物科技与生命科学	生物科技	407.138 5
费森尤斯医疗	医疗保健设备与服务	保健护理服务	397.300 8
哈门那（Humana）	医疗保健设备与服务	管理型保健护理	388.371 4
百特国际（Baxter Intl）	医疗保健设备与服务	医疗保健设备	337.656 0
爱德华兹生命科学（Edwards Lifesciences）	医疗保健设备与服务	医疗保健设备	318.134 1
康西哥（Centene）	医疗保健设备与服务	管理型保健护理	237.793 6
艾昆纬（Iqvia）	制药、生物科技与生命科学	生命科学工具和服务	229.435 8
亚力兄（Alexion）	制药、生物科技与生命科学	生物科技	217.599 6
安捷伦（Agilent）	制药、生物科技与生命科学	生命科学工具和服务	214.882 4
麦克森（Mckesson）	医疗保健设备与服务	保健护理产品经销商	211.909 4
捷迈邦美（Zimmer Biomet）	医疗保健设备与服务	医疗保健设备	211.588 8
塞纳（Cerner）	医疗保健设备与服务	医疗保健技术	172.752 9
梯瓦制药	制药、生物科技与生命科学	西药	168.078 0
艾利科技	医疗保健设备与服务	医疗保健用品	167.079 1
施乐辉	医疗保健设备与服务	医疗保健设备	164.336 3
瑞思迈	医疗保健设备与服务	医疗保健设备	163.151 8
IDEXX实验室	医疗保健设备与服务	医疗保健设备	160.163 2
美源伯根	医疗保健设备与服务	保健护理产品经销商	157.002 9
拜玛林制药	制药、生物科技与生命科学	生物科技	151.782 4
阿比奥梅德	医疗保健设备与服务	医疗保健设备	146.456 7
迈兰（Mylan）	制药、生物科技与生命科学	西药	141.328 9
梅特勒-托利多	制药、生物科技与生命科学	生命科学工具和服务	140.953 6
沃特世（Waters）	制药、生物科技与生命科学	生命科学工具和服务	137.931 4
因塞特医疗	制药、生物科技与生命科学	生物科技	135.621 4
卡地纳健康（Cardinal Health）	医疗保健设备与服务	保健护理产品经销商	132.908 0

（续）

公司名称	二级产业	四级产业	总市值（亿美元）
维我（Veeva）	医疗保健设备与服务	医疗保健技术	129.783 3
基立福	制药、生物科技与生命科学	生物科技	126.235 1
库珀医疗	医疗保健设备与服务	医疗保健用品	125.295 6
美国控股实验室	医疗保健设备与服务	保健护理服务	124.970 0
泰利福	医疗保健设备与服务	医疗保健设备	118.942 2
亨利香恩（Henry Schein）	医疗保健设备与服务	保健护理产品经销商	118.880 6
精心护理计划（Wellcare Health Plans）	医疗保健设备与服务	管理型保健护理	118.029 0
礼来动保（Elanco Animal Health）	制药、生物科技与生命科学	西药	115.287 5
奎斯特诊疗	医疗保健设备与服务	保健护理服务	112.414 5
豪洛捷（Hologic）	医疗保健设备与服务	医疗保健设备	109.870 2
德康医疗	医疗保健设备与服务	医疗保健设备	107.820 0
环球健康服务	医疗保健设备与服务	保健护理设施	106.477 3
瓦里安（Varian）	医疗保健设备与服务	医疗保健设备	103.338 7

注：数据截至2019年7月23日。

对比中美两国前10大医疗保健产业上市公司，可以发现以下几个方面的差异。

- 市值规模：美国前10名医疗保健龙头公司全部是千亿美元级市值的公司，而中国的医疗保健龙头公司却仍缺席"千亿美元俱乐部"。
- 资本市场经验：美国前10名龙头公司中的近半数在20世纪初期至中期就上市成为"玩家"了，而在中国的10家龙头公司中，有8家都是在2000年后才上市的，论资本市场经验，美国胜出中国一大截。
- 公司属性：美国前10名龙头公司皆为民营公司，而中国是6家民营公司、1家外资公司、1家公众公司、2家国有公司。这体现出中国公司资本结构的多元性，以及国家力量战略扶持特定产业的特殊性。
- 独特优势：中国具有能够同时涉足中、西药领域的产业基础。

除了上述差异，中美两国的龙头上市公司也有共性——中美医疗保健产业在二级产业内的市场倾向是一致的。美国的医疗保健设备与服务业有254家上市公司，制药、生物科技与生命科学产业的上市公司则多达612家，比例约为1∶2.4；中国的情况则是67家上市公司属于医疗保健设备与服务业，229家属于制药、生物科技与生命科学产业，比例约为1∶3.4。从中美两国前10大医疗保健公司阵容中也可以得到相同的结论（见表3-11）。

表 3-11　中美医疗保健产业前 10 大公司

排名	美国公司	市值（亿美元）	二级产业	四级产业
1	强生公司	3 435.72	医疗保健设备与服务	医疗保健用品
2	辉瑞制药	2 495.47	制药、生物科技与生命科学	西药
3	联合健康集团	2 391.55	医疗保健设备与服务	管理型保健护理
4	诺华制药	1 990.21	制药、生物科技与生命科学	西药
5	默克集团	1 980.97	制药、生物科技与生命科学	西药
6	艾伯维	1 363.32	制药、生物科技与生命科学	西药
7	雅培制药	1 269.83	医疗保健设备与服务	医疗保健设备
8	安进	1 225.64	制药、生物科技与生命科学	生物科技
9	礼来公司	1 223.89	制药、生物科技与生命科学	西药
10	美敦力	1 221.63	医疗保健设备与服务	医疗保健设备

排名	中国公司	市值（亿美元）	二级产业	四级产业
1	恒瑞医药	283.00	制药、生物科技与生命科学	西药
2	迈瑞医疗	193.46	医疗保健设备与服务	医疗保健设备
3	药明康德	124.45	制药、生物科技与生命科学	生命科学工具和服务
4	云南白药	112.22	制药、生物科技与生命科学	中药
5	爱尔眼科	91.33	医疗保健设备与服务	保健护理设施
6	智飞生物	90.36	制药、生物科技与生命科学	生物科技
7	复星医药	84.39	制药、生物科技与生命科学	西药
8	白云山	81.12	制药、生物科技与生命科学	中药
9	片仔癀	76.17	制药、生物科技与生命科学	中药
10	美年健康	67.99	医疗保健设备与服务	保健护理服务

注：排名按市值，数据截至 2019 年 7 月 23 日。

3.5　中美医院集团案例研究：中国华润集团和美国 HCA 医院集团

产业结构分析离不开案例研究，而对应的医疗机构选择颇费周章。市值增长最快也是市值最高的中国公司非爱尔眼科莫属，但其仅为眼科专科医疗集团。而华润集团有着与 HCA 医院集团类似的医院并购组合上市史，所以尽管华润集团是中国香港的集团，产业对比数据中不包含其信息，但经与本书编委讨论，我们一致认为华润集团经营主体在中国内地，可从运营角度与 HCA 医院集团进行对比分析。如有误导，还请见谅。

3.5.1　中国华润集团

新医改政策推动了社会资本办医的发展，国有企业办医疗机构作为特定历史条件下的产物，在新医改浪潮下成为改革的重点之一。2017 年国资委等六个部门联合印发《关于国有企业办教育医疗机构深化改革的指导意见》，指出工作目标是"对国有企业办教育机构、医疗机构分类处理，分类施策，深化改革，2018年底前基本完成企业办教育机构、医疗机构集中管理、改制或移交工作"。

在指导意见发布前，华润（集团）有限公司（简称华润集团）便已开始布局，以合资、收购、新建等方式整合医院资源。华润集团的前身是于1938年在香港成立的"联和行"，1948年改组更名为华润公司，1983年改组成立华润（集团）有限公司。华润集团的业务涵盖大消费、大健康、城市建设与运营、能源服务、科技与金融五大领域。华润医疗控股有限公司（简称华润医疗）是华润集团在医疗健康的主平台，与中信医疗、北大医疗、复星医疗并称"国内四大非公医疗集团"。拥有独特的背景资源是华润医疗的优势，在民营资本方眼中，与其合作能够打通公立医院优质的存量资源，带来扩张性保障。在改革的压力下，国有企业办医院寻求突破，引进外部力量和经验，希望能提升效率、改善运营能力，华润医疗与社会办医凤凰医疗的重组便是最引人注目的案例。

凤凰医疗是民营企业中较早开展带资托管（investment-operation-transfer，IOT）办医模式的。在此模式下，投资方对医院进行固定投资，用以改善医院的基础建设和医疗服务，并在合同期间内获得其运营权和管理权，收取相关管理费用（依据管理医院和诊所的收益或收支结余的百分比计算），在协议结束后，投资方将运营权和管理权交还给医院所有人。

2016年4月，拥有丰富社会办医经验的凤凰医疗公告称，有国企背景的华润医疗将入主成为控股股东，公司更名为"华润凤凰医疗控股有限公司"（简称华润凤凰）。2018年9月，由于凤凰医疗的创始股东已经全部从上市公司退出，董事会对管理层做出重大调整，将"华润凤凰医疗控股有限公司"更名为"华润医疗控股有限公司"。

1. 加速扩张整合医疗网络，确保规模领先地位

为了进一步扩大在医疗保健领域的产业规模，巩固其龙头地位，华润医疗计划利用国有企业办医院改革的历史性时机，依托专业的投后管理和集团管控体系，加快对外的投资并购，积极推进医疗机构网络扩张。从2016年华润凤凰的年报信息可以得知，战略股东华润医疗的背景优势促成的一大收获是确立了华润凤凰在中国社会办医领域的行业领先地位。

原先凤凰医疗的业务范围仅在京津冀一带，合并后华润凤凰的业务范围扩展到了珠三角和泛长三角2个经济最发达、人口最众多的重要区域，在业务规模和网络布局上取得了突破性发展。2015年,凤凰医疗在京津冀范围内经营管理医疗机构60家,运营床位数5780张,年诊疗人次数557.7万。重组后,截至2016年底,华润凤凰投资、管理及签约的医疗机构有103家,运营床位数近11 772张,年诊疗人次数逾千万,提供的服务也更多样、全面,覆盖临床诊疗、健康管理、公共卫生、医养结合等医疗健康服务领域,集团旗下医疗机构营业额合计59.26亿元。

华润医疗在年报中指出,截至2018年12月31日,集团管理运营着112家医疗机构,旗下医院年门诊量和住院量分别同比增长了5.6%和2.0%,至8 222 421人次和248 048人次;在均次费用提升的影响下,医院的医疗业务总收入同比增长了6.8%,至66.8亿元;集团共拥有1120名全职雇员。

2. 收入引擎:以供应链和管理费主导的精益运营创收

华润医疗致力于构建优质的医疗产业集群,以形成医疗保健领域其他业态难以企及的稳定和庞大的服务人口规模,占据中国医疗保健产业的核心和枢纽地位。医院规模扩张是进行集团内部资源和需求整合、在规模化的医院集团基础上探索培育连锁医疗服务体系的重要基础。

截至2018年12月31日,华润医疗年度共实现商品及服务收入20.6亿元,同比增长了9.7%;年度净利润4.40亿元,每股盈利0.34元。商品及服务收入主要有三部分:第一部分为旗下营利性医院提供住院服务及门诊服务的收入(综合医疗服务收入);第二部分为举办权医院与IOT医院的医院管理费用以及第三方供应链管理费用(医院管理服务收入);第三部分为对旗下医院的药品耗材集中购销业务产生的收入(GPO⊖业务收入)。⊖

政府和社会资本合作(public-private partnership,PPP)模式对于资本方的一大挑战是公立医院产权不能私有化。在此情况下,华润集团采用"流量优势+管理输出",避开了棘手的产权问题。针对非营利性医院的投资有两种投资模式,一是通过投资获得标的医院的举办权,例如对广东三九脑科医院、武钢医院集团、淮矿医院集团、徐矿医院等举办权的投资;二是通过投资获得标的医院的运营管理权,例如对燕化医院集团、京煤医院集团、门头沟区医院集团等的IOT投资。

2018年上半年,华润医疗旗下IOT模式的医院和举办权医院贡献的收入占医院

⊖ GPO即集中购销组织(group purchasing organizations)。GPO业务即通过整合旗下所有医院医疗物资和非医疗物资的采购数量,与上游生产商、经销商进行谈判,从而显著降低医院采购成本的业务。
⊖ 华润医疗集团|公司深度研究[R].云锋金融,2018.

总收入的比重超过八成。GPO业务虽为集团规模化发展的衍生性业务，但收入可达各类业务收入的近四成，这也体现出医院管理的专业价值所在。

然而，模式并非完美无缺，对于IOT模式的质疑和观望态度也有出现，这对华润医疗而言是一大挑战。IOT模式因为绕开了产权，所以能大范围推开，但也正是因为没有产权捆绑，其稳固性大受影响，毕竟经营方式没有控股权作为保障，双方的IOT合作协议是不稳定的，一旦医院发展得不好或一方违约，IOT模式就会面临极大的不确定性。而且，由于医疗属于政策监管变动密集的领域，这种没有法律保障、游走在模糊地带的盈利模式很容易被政策变动影响。

3. 创新健康产业业态，创造更大的医院集团衍生价值

医院集团不仅提供医疗保健服务，还有巨大的产业衍生价值。华润医疗以医院集团为基础，向产业上下游延伸，打造"医院集团+"的商业模式，①即"医院集团+集中购销业务""医院集团+医生集团""医院集团+互联网医疗""医院集团+健康险""医院集团+养老""医院集团+快捷诊疗诊所（urgent care clinic，UCC）"等诸多衍生业务模式，并创造新的衍生价值，实现医院集团商业模式的价值最大化。

3.5.2　美国HCA医院集团

1. 美国医院有限公司的发展情况

在医院集团领域，美国大型营利性医院集团——美国医院有限公司（Hospital Corporation of America，HCA）可说是老前辈了，其前身是由托马斯·弗里斯特（Thomas Frist）医生在田纳西州的纳什维尔建立的公园景观医院（Park View Hospital），公司从只有200张床位一路发展成医院集团，三次上市运用资本力量助力集团扩张（见表3-12）。②

表3-12　HCA发展历史

年份	重大事件
1961	弗里斯特医生等人在田纳西州建立公园景观医院
1968	HCA成立
1969	HCA首次公开募股

---

① 搜狐网. 华润凤凰医疗定调"医院集团+"，加速并购增床位[EB/OL].（2017-03-27）[2020-11-24]. http://www.sohu.com/a/130575265_556386.
② 新浪财经. 跟我进军美股系列之：美国最大的私立医院HCA是如何炼成的？[EB/OL].（2016-03-24）[2020-11-24]. http://finance.sina.com.cn/stock/hkstock/hkstocknews/2016-03-24/doc-ifxqsxic3146691.shtml.

(续)

年份	重大事件
1988	第一次退市,完成杠杆私有化
1992	第二次上市
1994	与哥伦比亚医院管理公司合并,拥有约350家医院
2006	第二次退市
2010	第三次上市

资料来源:新浪财经。

HCA 主要经营医院、独立的外科诊疗室、透视成像诊疗中心、肿瘤放射治疗中心、康复理疗中心及各种不同的保健设施。根据 HCA 的年报,截至 2018 年底,HCA 已在美国境内和英国运营了 175 家综合医院(general, acute care hospital)、3 家精神病医院(psychiatric hospital)、1 家康复医院(rehabilitation hospital)、142 个日间手术中心(ambulatory and GI surgery center)、84 个独立的诊疗中心(free-standing emergency room)、130 个急诊中心(urgent care center)和 1120 间诊所(physician clinic),注册床位 47 199 张。2017 年集团床位占美国总床位数的 5%。[一]在铺开市场范围后,HCA 的发展战略重心转向了下属机构的功能合并,逐步建立起一个强大的会诊网络,并成为医疗市场最重要的主导力量之一。

据报道,美国有 5%～6% 的医疗支出归于 HCA。在 2018 年 HCA 年报公开的收入构成中,联邦医疗保险(Medicare)占 32.9%,医疗补助计划(Medicaid)占 8%,商业保险占 52.4%。HCA 在美国境内的所有综合医院皆与联邦医疗保险和医疗补助计划的系统对接,可见 HCA 无论是在政府还是在私立保险机构间都获得了认可。[二]

2. 何以成功? 优势分析

1)HCA 在细分领域定位合理,精准把握住了医疗保健产业的本质,选择内科和住院服务为主攻方向,与美国的医疗支出结构高度吻合。HCA 的这一定位为规模化发展提供了足够的空间,而随着规模的扩大,HCA 的服务项目也不断丰富,已介入外科创伤、精神康复等领域。[三]

2)美国的医疗支付体系结构更多元,比如在联邦医疗保险和医疗补助计划之

[一] American Hospital Association. Fast Facts on U.S. Hospitals [EB/OL]. https://www.aha.org/statistics/fast-facts-us-hospitals.

[二] 健康第一频道. 美国 HCA:世界最大医院集团是如何炼成的? [EB/OL]. (2014-02-18) [2020-11-24]. https://mp.weixin.qq.com/s/GiljWhgSo0c9PW8U9itd6A.

[三] 新浪财经. 跟我进军美股系列之:美国最大的私立医院 HCA 是如何炼成的? [EB/OL]. (2016-03-24) [2020-11-24]. http://finance.sina.com.cn/stock/hkstock/hkstocknews/2016-03-24/doc-ifxqsxic3146691.shtml.

外，还有私立保险公司承担的管理型医疗保险（Managed Care），后者可以形成不同类型的保障方案，如健康管理组织（health maintenance organizations，HMOs）、优选医疗机构保险（preferred provider organizations，PPOs）、按服务收费（private fee-for-service）等模式。管理型医疗保险也对医生和医院的医疗行为进行控制，避免过度依赖和收费，有利于降低总体的医疗费用，但也存在限制患者就医路径和就医选择的情况。根据 HCA 的年报，2017～2019 年管理型医疗保险和其他商业健康保险是其收入的最大来源，占比超过 50%，其次为联邦医疗保险。

3）由于规模化的发展，HCA 从每年 3200 万的患者人次中积累了庞大的患者数据和临床数据，集团有专门的团队进行数据分析，助力优化临床工作和诊断，用数据驱动策略提高服务质量和效率。[⊖]

4）稳定的支付结构和庞大的医院体量带来了现金流，HCA 将其投入硬件设施、科研技术、对新医疗机构的并购等方面，不断改善自身的运营环境，扩充规模。

3. 不可忽视的竞争和压力

在医疗福利水平相对较高的美国，营利性医院和非营利性医院的定位、运营环境大不相同。美国非营利性医院在数量上占据主导地位，并享受税收减免优惠，还垄断了高利润项目，而营利性医院照章纳税且业务多集中于低利润项目和慈善医疗服务。HCA 作为营利性医疗集团，通过不断并购和新设医疗机构扩大市场占有率，吸引更多门诊患者流量，转化为手术、检查和住院收入。HCA 2019 年报显示，在其医疗网络中已有超过 2000 个门诊服务点。

3.5.3　华润医疗和 HCA 两大集团比较

华润医疗和 HCA 在发展历程上有不少共性：

- 引入专业医院管理团队，提高总体运营效能。
- 在发展前期都看重规模效益，持续并购扩大集团规模，成员医院错落分布在不同的省份（州）和城市，形成了集团化联合运营网络。
- 医疗机构都对接国家医疗保险计划（华润医疗对接基本医疗保险，HCA 对接联邦医疗保险和医疗补助计划），随着国家医疗保险计划覆盖率的提升，医院业务需求增加。

⊖ LIVINGSTON S. HCA's success over 50 years banks on sticking with the basics [EB/OL]. (2018-10-06) [2020-11-24]. https://www.modernhealthcare.com/article/20181006/NEWS/181009941/hca-s-success-over-50-years-banks-on-sticking-with-the-basics.

- 都注重成本控制，整合产业链资源，产业链协同能力强，集团可实行统一采购和销售，议价能力强，可降低成本。
- 都关注医疗服务质量，凭借集团的运营实力与庞大规模，可进一步提高医生质量，如集团总院可以聘请到年富力强的高级职称医生。[○]
- 都要面对控制医疗费用的挑战。对中国医疗市场而言，控制医疗费用已经是改革的一部分了，如取消药品加成、取消耗材加成、医疗保险支付方的改革等，这对医疗机构的服务能力和盈利能力带来了极大的考验。美国也有同样的情况，为了降低联邦赤字，2011 年的《预算控制法案》（Budget Control Act）要求联邦医疗保险每财年减少 2% 的支出，实施到 2027 年，可见联邦医疗保险也面临着庞大的支出压力。美国商业保险公司要求医院给予更高额度的支付折扣，并且对医疗资源使用情况有了更严格的要求和管控。

两者发展的差异有：

- 由于隶属国资委，拥有政策的加持和保障，华润医疗的发展有战略高度，有央企天然的发展优势；而 HCA 属于资本市场中的民营上市公司，在限制条件较多的医疗保健市场中需要依靠资本优势和资源取得发展。
- 华润医疗的发展战略在于产业链的整合，并发展出许多医疗保健周边的衍生业务，产业铺开面广；而 HCA 的战略转型更多地关注医疗服务机构自身的效率优化和精益运营，对社区医疗服务的重视程度更高，对非核心业务的重视有所减少甚至剥离。

3.6 结论：求同存异，互助共赢

尽管 2018 年以后中美两国漫长的贸易战似乎成了印证"修昔底德陷阱"理论的案例，但无论其他国家的政策如何波动，中国市场都会加大开放力度，欢迎外国资本和先进经验参与中国的产业升级，中国（北京）国际服务贸易交易会（简称京交会）、中国（上海）国际技术进出口交易会（简称上交会）、"一带一路"国际合作高峰论坛、博鳌亚洲论坛等国际大会上的开放气象已获全球瞩目。大国之间的国际政治角力是事实，但并非所有的发展和进步都会给其他国家带来结构性的压力。相反，中国和国外

○ 中商情报网. 2018 中国非公医院集团 80 强排行榜：华润凤凰医疗取代爱尔眼科排名第一［EB/OL］.（2018-07-02）［2020-11-24］. http://baijiahao.baidu.com/s?id=1604847205413462116&wfr=spider&for=pc.

各产业共同把握好这第二波"开放契机"互助共赢才是正解。

对于医疗保健产业而言，中国的资本市场将更加开放包容，也有许多鼓励性政策出台。2018年4月底，港交所推出了25年来最重大的一次上市改革——发布了新修订的《新兴及创新产业公司上市制度》，公开融资的大门首次向未盈利的生物医药公司敞开，促进了生物医药公司的发展创新，已有一部分内地医药公司奔赴香港上市，如歌礼制药、华领医药、信达生物、百济神州等。2019年，上交所推出了科创板上市的5套标准，大幅提升了对科技创新型公司的包容性和适应性，未盈利医药公司上市融资的政策更加开放。

对于开放外国资本准入而言，2020年1月1日《中华人民共和国外商投资法》正式施行，许多行业降低了准入门槛，给外资开了绿灯。然而，在现实执行中仍有许多门槛待跨越，外资进入中国办医是否迎来了春天仍有待观察。首先，医疗保健设施（医院、诊所等）仍在《外商投资准入特别管理措施（负面清单）（2019年版）》中。其次，外资进入中国办医需要适应本地监管要求，且医疗机构投资平均需要5年多才可能回本，甚至更久。最后，外资医疗机构涉及独立注册并课税，成本很高，影响集团化发展，不如本土社会办医能享受国民待遇。医疗保健作为高投入、慢回报的领域，仍需要更多支持性政策才能更好地吸引国外优秀资本和技术。

中美两国的资本市场和医疗保健体制有本质上的不同，很难比较孰优孰劣。美国资本市场有200多年的经验，孕育了成熟的监管机制、专业的机构投资人，催生出许多大型医药公司，科研能力领先全球。中国的资本市场发展不到40年，医疗保健服务受政府的统筹管辖，以确保其在市场化的路上兼顾公益性、公平性、可及性。

中美两国面临的医疗改革难点也不同。美国居高不下的医疗费用并未带来与之相匹配的医疗质量。中国的改革难点则是系统性、多层次的，除了医疗保险支付问题，还涉及医药改革和医疗机构改革等"深水区"。两国在产业结构、服务质量、公共卫生目标上的差距甚大，不可以简单地进行对比。美国的医疗保健产业在服务意识、对价值医疗的重视、人才培养和激励机制、教育和创新科研等诸多领域都有值得中国借鉴之处。

除了中国产业政策的变化，中美两国之间的经济贸易谈判进程也值得持续关注。美国东部时间2020年1月15日，中美双方在美国华盛顿签署了《中华人民共和国政府和美利坚合众国政府经济贸易协议》，其中提到要将美国药品进入中国市场的准入政策调整得更为宽容：中国会于2020年4月1日前取消寿险、养老保险和健康险领域的外资股比限制，允许美国独资保险公司进入上述领域。

中美两国人口总数占全球的 1/5 以上，人口老龄化是两国在医疗保健领域面对的共同挑战。老龄化势必带来家庭抚养、社会劳动力、医疗保健服务供给、社会福利等全方位的挑战。

在全球化的趋势下，"医疗无国界"。各国医疗保健挑战牵一发而动全球，2020年漫长的新冠肺炎疫情抗击"战役"已是有目共睹。中美两国作为负责任的大国，需要引领人类社会一起携手面对挑战。总结本章的诸多论述，我们有以下展望和建议：

- 医疗保健人力资源战略储备：日益老龄化的社会除了带来医疗需求的增长，也让已是稀缺的医疗保健技术人才储备雪上加霜。为避免"无医可治"的窘境，需要将人口结构变化和劳动经济学上升到国家战略层次，以寻求应对方案。
- 新商业模式的挖掘与投资：将医疗保健服务拓展至医院以外的场景——院前的疾病预防和健康管理，以及出院后的医疗照护、养老等服务。
- 加大国家财政支持力度与鼓励投资：医疗保健产业的特性注定是长期布局、重投资、慢回报，需要政府财政和政策方面的支持，以及良好的营商环境。
- 以新技术、大数据作为创新解决方案：将人工智能、虚拟现实、机器人、区块链等技术作为医疗保健产业的增值服务和提高效率的工具；技术应用下的大数据将帮助建立标准化诊疗和管理体系。
- 跨产业共商合作：对医疗保健体系的讨论极少会把其他产业的发展现状纳入考量，建议汇总临床、教育、科研技术、社会学、劳动力研究、商业、法律等不同领域的意见，众人拾柴火焰高。
- 中美全球医疗保健外交：中美两国有着携手合作的基础，如两国曾一同抗击过艾滋病、禽流感、猪流感、埃博拉等疾病。2019 年 4 月，首届中美医院合作峰会在北京召开；6 月，中美卫生合作论坛在苏州举办。合作交流不断，期望未来全球医疗保健领域将得益于双方的经验分享与互补。

第 4 章

信息技术

宗　华　北京飓芯科技有限公司首席执行官，北京大学物理学院 2012 级博士
杜　波　中科院微电子研究所高级工程师，北京飞利信信息安全技术有限公司副总经
　　　　理，北京大学光华管理学院 2002 级 MBA

4.1　信息技术产业结构与中美信息技术产业发展概况

信息技术产业的二级产业分为半导体产品与半导体设备、技术硬件与设备、软件与服务（见表 4-1）。从产业结构上讲，先有半导体材料与生产设备，然后利用半导体材料制备的芯片器件组装出计算机等重要设备，最后在设备上建立系统、形成服务。半导体产品与半导体设备产业由半导体产品和半导体设备两个四级产业组成；技术硬件与设备产业由办公电子设备，计算机与外围设备，电子设备、仪器和元件，通信设备 4 个三级产业组成；软件与服务业由互联网软件与服务、软件、信息技术服务 3 个三级产业组成。接下来的内容将会针对信息技术产业的 3 个二级产业展开论述，并对比中美上市公司的一些数据。

表 4-1　信息技术产业分级

二级产业	三级产业	四级产业
半导体产品与半导体设备	半导体产品与半导体设备	半导体产品
		半导体设备
技术硬件与设备	办公电子设备	办公电子设备
	计算机与外围设备	计算机存储与外围设备
		计算机硬件
	电子设备、仪器和元件	电子设备和仪器
		电子元件
		电子制造服务
		技术产品经销商
	通信设备	通信设备

（续）

二级产业	三级产业	四级产业
软件与服务	互联网软件与服务	互联网软件与服务
	软件	家庭娱乐软件
		系统软件
		应用软件
	信息技术服务	数据处理与外包服务
		信息科技咨询与其他服务

20世纪90年代初，互联网的广泛应用成为美国信息技术发展强有力的催化剂。1992年提出的具有划时代意义的"信息高速公路计划"使美国的信息技术产业进入了快速发展轨道。2012年提出的"工业互联网"计划，基于互联网技术，将机器设备和网络与信息世界的大数据分析相结合，为工业领域和信息技术领域带来了革命性转变。美国信息技术产业占据的市场份额与经济比重不断增加，英特尔向全世界提供芯片，微软和甲骨文占据了软件业的基础市场。美国是世界上信息技术产业最发达的国家之一，信息技术产业总体规模约占全球的1/3，这也是美国发展最迅速的产业之一。美国信息技术产业具有完整的产业体系，涉及软件（尤其是系统软件）、数据库、互联网服务、咨询（如工程咨询和管理咨询）等领域，在信息技术产业核心领域具有全球领先地位。美国的信息服务机构通过为客户提供各种增值服务和技术改善了企业的运作，降低了企业的成本，提高了企业的市场竞争力，并通过为其他产业的发展提供信息技术支撑，带动了相关产业竞争力的提升。

在中国，国家统计局公布的数据显示，2017年中国信息传输、软件和信息技术服务业增加值为2.75万亿元，同比增长26%，涨幅远远高于金融业与房地产业。随着人工智能、云计算和5G商用的进一步发展，数字经济逐渐体现出其在经济发展中的主体作用，驱动着信息技术产业加快发展。互联网普及率的提高，促进了数字经济在服务和消费领域的不断深入发展，网络平台经济（如网络视听、共享经济等）发展迅猛，移动支付与共享经济等创新信息服务模式已领先世界。由此可见，中国信息技术产业发展速度较快、势头强劲，有希望在新一代信息技术产业实现弯道超车，但与其他老牌信息技术强国相比，还有欠缺，提升空间巨大。

4.2 中美信息技术产业细分领域上市公司数据对比与分析

表4-2列举了2018年中美两国各自在信息技术产业四级产业内市值排名前10的上市公司。美国有许多公司的市值在千亿美元以上，而中国公司的市值大都在百亿美

元以下,公司体量差异较大。从估值上看,美国公司 2018 年的市盈率大多在 20 倍以内,少数龙头公司估值比较高,如英伟达的市盈率在 50 倍以上。中国公司 2018 年的市盈率多数是 30 倍左右,部分公司是 20 倍多。

表 4-2　中美信息技术产业上市公司数据对比

四级产业排名	美股上市公司	市值(亿美元)	对标 A 股上市公司	市值(亿美元)	四级产业	三级产业
1	台积电	2 087	隆基股份	127	半导体产品	半导体产品与半导体设备
2	英特尔	2 010	汇顶科技	84		
3	博通(Broadcom)	1 148	三安光电	59		
4	德州仪器	1 002	协鑫集成	43		
5	英伟达(Nvidia)	953	紫光国微	40		
6	美光科技	399	中环股份	39		
7	亚德诺(ADI)	373	纳思达	38		
8	超威半导体(AMD)	297	韦尔股份	34		
9	恩智浦半导体	271	兆易创新	32		
10	赛灵思(Xilinx)	266	士兰微	31		
1	阿斯麦	847	北方华创	44	半导体设备	
2	应用材料	400	晶盛机电	22		
1	苹果	8 696	紫光股份	81	计算机硬件	计算机与外围设备
2	惠普	286	中科曙光	52		
3	慧与(Hewlett Packard)	197	浪潮信息	44		
1	戴尔科技	499	深科技	17	计算机存储与外围设备	
2	美国网存(Netapp)	171	新北洋	12		
3	西部数据	131	雷柏科技	4		
1	思科(Cisco Systems)	2 412	中兴通讯	163	通信设备	通信设备
2	高通(Qualcomm)	991	*ST 信威	62		
3	爱立信	337	亨通光电	45		
1	佳能	309	海康威视	380	电子设备和仪器	电子设备、仪器和元件
2	安费诺(Amphenol)	274	航天信息	62		
3	康宁(Corning)	235	大华股份	58		
1	泰科电子	302	工业富联	380	电子制造服务	
2	Trimble	101	环旭电子	39		
1	Fortive	270	京东方 A	166	电子元件	
2	是德科技	154	立讯精密	128		
1	CDW	152	深圳华强	22	技术产品经销商	
1	斑马技术	97	无	无	办公电子设备	办公电子设备
1	微软	9 814			系统软件	软件
2	甲骨文	1 863	中科创达	19		
3	威睿	836				
1	SAP	1 565	科大讯飞	91	应用软件	
2	奥多比(Adobe)	1 366	用友网络	82		
3	赛富时(Salesforce)	1 192	恒生电子	73		
1	动视暴雪	355	世纪华通	63	家庭娱乐软件	
2	艺电	290	巨人网络	53		

（续）

四级产业排名	美股上市公司	市值（亿美元）	对标A股上市公司	市值（亿美元）	四级产业	三级产业
1	谷歌	8 092	三六零	201	互联网软件与服务	互联网软件与服务
2	Facebook	5 289	同花顺	62		
1	Visa	3 256	拉卡拉	35	数据处理与外包服务	信息技术服务
2	万事达卡（Mastercard）	2 580	润和软件	14		
3	Paypal	1 325	仁东控股	11		
1	IBM	1 191	千方科技	37	信息科技咨询与其他服务	
2	埃森哲	1 139	东华软件	32		

4.2.1 半导体产品与半导体设备：竞争优势差异大，少数中国公司估值接轨美国

从龙头公司所处细分领域来看，美国龙头公司主要集中在芯片设计、半导体材料和设备等领域，如全球知名的英特尔、英伟达、博通、高通等公司；而中国龙头公司主要集中在 LED 芯片、太阳能硅片、芯片制造和封装等领域，芯片设计领域有少数体量较小的公司。LED 芯片方面有三安光电、木林森等；太阳能硅片方面有隆基股份、中环股份等；芯片制造和封装方面有中芯国际（港股）、长电科技等；芯片设计方面有汇顶科技、士兰微等。

比较下来，中国与美国之间的差异还是挺大的，尤其是在高附加值的芯片设计、半导体材料和设备领域。中国的竞争优势集中在 LED 芯片和太阳能硅片等应用领域，在芯片制造和封装领域也具有一定的竞争力。在半导体产品与半导体设备产业内，部分中国高市值公司的估值已经与美国接轨，具备一定的吸引力。

4.2.2 技术硬件与设备：中国公司竞争力相对较强，估值有一定吸引力

中美技术硬件与设备产业龙头公司的估值差异要小一些。美国龙头公司 2018 年的市盈率大多在 20 倍以内，而中国龙头公司 2018 年的市盈率大多在 30 倍以内，其中也有相当多公司的市盈率在 20 倍出头，包括京东方、大华股份。在该领域中，中国已有较多公司与美国公司在估值上基本靠拢，具备明显的吸引力。

从产业内的优势公司来看，美国主要是具有全球品牌的硬件消费品公司，如苹果、思科、惠普、西部数据等；中国主要是制造领域的公司，既有中兴通讯、联想集团、海康威视、京东方等具备较强国际竞争力的公司，也有立讯精密、工业富联等消费电子产业链上的精密制造公司，此外，还有华为等正在快速发展的具备较强品牌的

未上市公司。

比较下来，美国龙头公司的优势在于其强大的品牌，这是长期建立起来的优势，这些公司目前仍然具备较强的全球竞争力。中国公司的优势则是制造能力，部分公司的品牌影响力已经得到提升。我们认为，随着中国本土市场的消费升级和相关公司加大投入，未来中国技术硬件与设备产业的公司将进一步提升品牌影响力，并在新兴的细分领域内达到甚至超越美国的水平。

4.2.3 软件与服务：估值和竞争力差异都较大

中美软件与服务业公司之间的估值差异比较大，彼此之间的竞争力差异更大。美国软件与服务业龙头公司 2018 年的市盈率大多在 30 倍以上，其中包括谷歌、微软和 Facebook；也有少数公司的市盈率低于 20 倍，如 IBM、甲骨文。中国龙头公司 2018 年的市盈率大多在 30 倍以上，其中 A 股市值最高的科大讯飞的市盈率超过 100 倍，港股市值最高的腾讯的市盈率为 46 倍；当然，也存在少数市盈率为 20 倍左右的公司。

美国在该产业内有全方位的优势，在操作系统、搜索、社交、服务器、咨询、支付、游戏等领域都有具备全球竞争力的公司，微软、谷歌、Facebook、IBM、埃森哲、Paypal、暴雪等都是非常知名的品牌。中国该产业的公司的竞争力相对要弱许多，大多数公司都只是在国内某些细分领域建立了一定的竞争优势，如科大讯飞、恒生电子等。腾讯和阿里巴巴两家公司已经建立起庞大的网络，在国内打造了双寡头格局，在国际市场也具备初步的影响力。

4.3 中美信息技术产业的发展特点

4.3.1 美国信息技术产业的发展特点

1. 技术基础夯实

美国在信息技术产业的发展基础上有着先发优势。作为现代信息技术革命的发源地，以电子计算机、半导体和电子技术为代表的硬件技术基本都源于美国。美国拥有以 IBM、英特尔、苹果为代表的面向全球市场的信息产品制造公司，还有以微软、甲骨文、谷歌、Facebook、雅虎为代表的软件生产商和信息技术服务公司。仅由微软开发的操作系统就占有全球操作系统 80% 以上的份额，树立了操作系统的标准，引领了技术发展方向，使美国在信息技术产业内有着强大的市场竞争力。信息技术产业市场需求明显，上至政府，下至企业，信息技术的应用已渗透至生产与生活的方方面面，巨大的需求为信息技术产业的飞速发展提供了基础。

2. 科技优势明显

在全球科技水平排名中，美国是当之无愧的第一名。按科学贡献度对全球大学进行排名，在前 20 所大学中，美国占了 17 所；美国拥有全球近 70% 的诺贝尔奖获得者；美国拥有大量的全球顶尖实验室，引进了一流的科研人员，装备了一流的技术设备；全球信息技术领域排名前 10 的公司，美国占 9 家；互联网公司世界前 10 强，美国占 6 席。美国用无可匹敌的科技实力和压倒性的技术优势站在信息技术产业的顶端。

3. 政策环境良好

自 20 世纪 80 年代起，美国制定了一系列促进信息技术产业发展的战略规划，在财政、金融等方面给予了大力支持，有效地推动了美国信息技术产业的快速发展。美国还出台了一系列旨在保护信息技术产业有序发展的法律法规，构建了良好的竞争环境，使各企业的技术水平与服务质量得到改善，同时，将信息技术市场向国外开放，引入国际竞争。政府与企业共同合作，以政府的名义建设具有权威性的协调机构，为企业的资金需求做好后续保证；政府还利用政策杠杆引导经济发展环境，并对税收政策等进行了相应完善。

4. 资金实力雄厚

美国信息技术产业主要以"自然增长"的发展模式为主。信息技术产业有着高科技、高利润的特点，在快速发展的初期会得到风险投资家的特别关注，故而美国形成了独特的风险投资机制与投资环境：一是资金来源多样，除了政府、金融机构、企业和投资基金的投资资金外，还有保险公司、个人、养老金和海外投资等多种形式的资金；二是资金来源以私营风险投资公司为主，投资风险由公司自行承担，公司可通过专业协调机构降低投资风险；三是风险投资退出机制完善，可通过公开上市、收购兼并、签订执行偿付协议 3 种方式撤回投资。正是一大批有眼光、有魄力的风险投资企业家，造就了美国信息技术产业的发展壮大。

4.3.2 中国信息技术产业的发展特点

中国信息技术产业得以迅速发展、中国数字经济得以快速实现大规模商业化发展的主要原因是庞大的市场需求和年轻化的市场基数。但是，中国信息技术产业的综合实力并不强，存在许多局限性。

1. 部分信息服务模式局限于国内

以移动支付为代表的部分信息技术服务领域的业务还停留在国内市场，尚未在国际市场上取得突破。长期开放的市场竞争格局也逐渐向垄断竞争转变，成为制约市场开放和创新的主要因素。

2. 综合竞争力不强

中国信息技术产业的规模已经位居全球第一位，部分电子信息产品的销量也位居全球第一位，但综合来看，中国信息技术产业的综合竞争力仍需提高。在人才、软件、专业设备、核心技术等方面，中国信息技术产业都存在不足之处；核心基础产品主要源于全球进口采购，信息操作系统主要依赖国外软件；产业内的企业主要以加工整合为主；具有国际竞争力的本土知名企业数量较少。

3. 信息安全防范急需加强

随着信息数据使用与收集的公开化，云计算、大数据与物联网的发展，对于信息安全的要求越来越高，网络攻击成为对信息技术产业的主要威胁之一。许多发达国家对于信息安全已高度重视，甚至将网络信息安全的管理等同于军事安全管理，颁布了一系列法律法规保证信息与数据使用的安全。中国在信息安全防范方面则较为落后，与发达国家尚存在较大差距。尤其是在具体行动方面远远落后，亟待加强。

4.4 国家政策对中美信息技术产业发展的影响

从宏观角度看，国家政策是引导信息技术产业发展最重要的因素。中美基本国情与政策的差异造成了中美信息技术产业发展的程度与侧重点的不同。

4.4.1 信息技术产业专项政策的重要性

20 世纪七八十年代，从信息技术所依赖的产品的生产角度看，日本与美国的差距并不大，在数码产品、家电、汽车等领域，日本甚至超过了美国。然而，从 90 年代开始，尤其是在 1993 年"信息高速公路计划"实施后，美国的信息技术产业取得了举世瞩目的成就。1995～1997 年，美国信息技术产业贡献了美国 1/3 以上的经济增长，达到了前所未有的高度，极大地带动了其他行业的发展。虽然日本出台了"今后十年科学技术振兴政策"等相关政策，但美日在信息技术领域内的差距依然十分明显，日本的国际地位开始下降，美国的国际地位不断提升。美国能占据世界头号强国地位的主要原因是美国在开发信息技术及运用信息技术优化社会组织、优化生产资源配置、控制资金流向新的经济增长方向、提高信息技术产品研发能力方面比日本等其他国家有更高的效率，也就是说，美国的信息技术政策更有利于信息技术的应用、发展和普及。20 世纪 90 年代，美国的崛起和日本的衰落可以很好地体现出信息技术政策尤其是符合国家经济发展实际状况的信息技术政策的积极作用。

4.4.2　中美信息技术政策的宏观对比

美国信息技术产业处于市场自由调节与宏观调控相结合的环境下，国家主要利用规划和政策引导，发挥地方政府和企业的实干作用，鼓励信息技术产业各部门和企业自由经营和发展，间接调控发展规模、速度和方向，控制结构和总量，并且很重视在信息技术方面的直接和间接投资。政府对信息技术产业的宏观调控并不占主导地位，占主导地位的是其成熟的市场机制。在新中国成立初期，计划经济主导着中国的市场，随着改革开放的进行，市场虽趋于完善，但还存在一些不足。很长一段时间，中国的信息技术企业多数为国有企业或国有控股企业，信息技术产业的构架是在政府的宏观调控下建设完成的，政府调控了企业发展的全过程，渗透到企业内部，并调节了信息技术产业的资源布局、投资、分配和发展步骤等。

美国是世界上信息立法较早、较完备的国家，它有一套完善的立法架构，在立法执法方面公开透明，目的就是为信息技术产业的发展提供一个良好的外部支持环境。自 1967 年《信息自由法》颁布后，美国相继颁布了涉及计算机软件保护、电子通信、因特网、电子商务等领域的一系列法律法规，重视信息安全、个人隐私及知识产权，强调信息的传播与利用。中国政府也非常重视对信息技术产业的立法，但是，该产业是新兴产业，缺乏系统性的国家政策支持，因此没有得到足够的重视。中国的信息技术政策初始于 1956 年的《1956—1967 年科学技术发展远景规划纲要（修正草案）》（简称"12 年科学技术发展远景规划"）。目前，中国已颁布了关于商标权、著作权、计算机软件等方面的法规，但尚未建立公开制度，大量的资源还得不到及时、合理的流通和利用。

4.4.3　中美信息技术政策实例对比

1. 中国"863 计划"

1986 年 3 月 3 日，4 位科学家向国家提出跟踪世界先进水平、发展中国高技术的建议，之后《高技术研究发展计划（863计划）纲要》顺利出台，"863计划"由此诞生。这个计划是一个以政府为主导、以一些有限的领域为研究目标的国家级基础研究计划。在计划实施过程中，国家出台了一系列政策，如《高技术研究发展计划（863计划）纲要》《国家高技术研究发展计划（863计划）管理办法》《"十五"期间国家高技术研究发展计划（863计划）纲要》《国家高技术研究发展计划（863计划）"十一五"发展纲要》《国家高技术研究发展计划（863计划）"十二五"发展纲要》《国家中长期科学和技术发展规划纲要（2006—2020年）》等，它们对保障"863计划"的顺利实施发挥了积极的作用。30多年来，"863计划"在信息技术领域取得的成果已经开始服务于中国的社会经济发展，并取得了良好的效益。

2. 美国"信息高速公路计划"

1993年9月，美国政府出台了《国家信息基础设施行动纲领》，宣布实施一项新的高科技计划，即"信息高速公路计划"。该计划的主要内容是：不迟于2015年，投资4000亿美元，建立起一个联结全美几乎所有家庭和社会机构的光纤通信网络，服务范围包括教育、卫生、娱乐、商业、金融和科研等，并将采取双向交流的形式，使信息消费者成为信息的积极提供者。为了有效实施"信息高速公路计划"，美国政府修改了电信法案以彻底消除对有线电视、电话、电视和卫星等领域的各种电信工业企业施加的行政和法律限制，此后政府又相继颁布了《全球电子商务框架文件》《2002年电子政府法案》《国家技术转移与升级法案》《技术转让商业法》等一系列信息技术法律法规。依托信息技术政策的有力支持，"信息高速公路计划"对美国的社会经济发展和民众的日常生活都产生了积极的影响。

3. "863计划"与"信息高速公路计划"的对比

这两项国家级计划的共同点为：①顺应科技发展潮流，及时转变发展思路；②预期目标明确，行动步骤清晰；③由政府主导实施，鼓励企业参与；④注重高端科技人才的培育；⑤信息技术政策与财政政策相配合；⑥积极倡导和探索产学研相结合的信息技术开发道路。

这两项国家级计划的不同点为：①政策的时效不同；②政策的内容不同；②成果产业化政策的完善程度不同。

以成果产业化政策的完善程度为例，虽然已有的政策在很大程度上保证了"863计划"快速取得研究成果，但是由于缺乏完善的成果产业化扶持政策的支持，"863计划"中的企业多是经过层层筛选之后留下的有一定经济实力的企业，众多中小型高新技术企业无法加入产业化基地，阻碍了成果产业化率的提高。截至 2010 年，在已通过鉴定的科技成果中，得到应用的成果仅占 38.2%，真正形成产品的只有 10%，有较大经济效益的只有 2.5%，有近 90% 的科研项目不能转化为实实在在的生产力。在"信息高速公路计划"的实施过程中，美国出台了《国家技术转移与升级法案》《技术转让商业法》等扶持政策，形成了一套比较完整的信息技术政策体系，协调了各方面的利益，保证了核心政策的有效贯彻和计划的顺利实施。2000 年，其成果转化率就已经达到 80%。

4.4.4 新一代信息技术政策

在以往多年的信息技术政策制定与摸索实践中，中国取得了丰富的经验，并重点布局了 7 个战略性新兴产业，新一代信息技术就在此列。新一代信息技术具体分为六个部分：下一代通信网络、物联网、三网融合、新型平板显示、高性能集成电路和以云计算为代表的高端软件。新一代信息技术的发展是互相促进、不可分割的。当然，政策利好也是保证国内相关产业快速发展的前提。在新一代信息技术方面中国已经推出了各种政策与标准，这将全面推动新一代信息技术的快速、高质量发展。

半导体产品与半导体设备被视为信息技术产业的基石，也是关系各国国家命脉的核心技术。中国是世界第一大芯片进口国，芯片进口额超过石油进口额。在如此重要的领域内，自主研发替代进口是摆在国家面前的重要课题。接下来将以半导体产品与半导体设备为例，系统地对中美半导体产品与半导体设备产业（以下简称半导体产业）进行梳理与分析，展现现状、差距、机会与努力的方向。

4.5 半导体产业分析

人们常说，芯片是"信息技术产业皇冠上的明珠"，芯片的加工设备是"工业皇冠上的明珠"，这说明了芯片的重要性和研制难度。就拿热门的 7 纳米工艺来说，单晶硅纯度要大于 99.999 999 999%，这是地球上最纯净的物质；生产环境要达到净化 10 级，即每立方米空间尘埃颗粒小于 10 个；光刻尺寸精度要达到 2 纳米，大约是 17 个硅原子的尺寸（硅原子直径为 0.117 纳米）；硅片的化学机械抛光（CMP）平整度在亚纳米（小于 1 纳米）级别，这就好比从北京到上海修路的起伏不能超过 1 毫米。

芯片是信息技术产业的"粮食"，是现代化信息社会运行的基石，业界有"每 1 元的芯片产值能带动 10 元的信息技术产值，带动 100 元的 GDP 贡献"的说法，其重要程度不言而喻。

作为芯片的发明者,美国在半导体产业的诸多核心领域保有统治力,比如在材料、设备、设计工具、软硬件生态系统、高端芯片及生产制造等领域,美国全面把控着上游环节。

中国整体处于落后的状态,在不同环节落后于美国和世界先进水平3～15年,所以要认清差距、脚踏实地、快步追赶。当然也不需悲观,中国有全球最大的市场做支撑,有巨大的战略纵深可以腾挪,有强大的国力作为后盾,有具备大智慧的领路人和聪明的从业者齐心协力。

老战场,逐步逼近;新战场,齐头并进。

4.5.1 半导体产业介绍

1. 半导体产业

半导体产业是综合了多种学科的产业,包括电子、机械、光学、热力学、信息、化工、材料等,几乎要用到各学科最先进的技术,需要理论上的开拓创新。从环节上划分,半导体产业由设备、原材料、设计工具、芯片设计、芯片代工、封装测试等环节构成(见图4-1)。

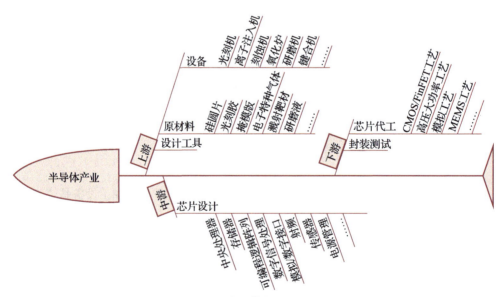

图 4-1 半导体产业鱼骨图

2. 半导体产业的全球分布情况

1957年,"晶体管之父"威廉·肖克利的8个门徒在硅谷创立了仙童半导体公司（Fairchild），发明了人类历史上第一块硅基集成电路，同时硅谷的德州仪器公司（Texas Instruments，TI）发明了锗基集成电路，硅谷因此成为全世界半导体技术的发源地，美国引领了半导体技术的发展。

历史上曾发生过几次半导体产业的转移：20 世纪七八十年代，半导体制造大量转移至日本；90 年代后，半导体制造转移至韩国和中国台湾。目前，半导体产业已经成为一个全球化的产业，产业的各个环节分布在美国、欧洲、日本、韩国、以色列、中国等国家，全球主要半导体厂商如表 4-3 所示。大家在技术上你追我赶，又保持通力合作，造就了当前半导体产业蓬勃发展的局面，促进了人类社会的信息化和智能化进程。

表 4-3 全球主要半导体厂商

设计制造		芯片设计		芯片代工		封装测试		设备	
厂商	国家/地区	厂商	国家/地区	厂商	国家/地区	厂商	国家/地区	厂商	国家/地区
英特尔	美国	高通	美国	台积电	中国台湾	日月光	中国台湾	应用材料	美国
三星	韩国	博通	美国	格罗方德	美国	安靠	美国	阿斯麦	荷兰
海力士	韩国	联发科	中国台湾	台联电	中国台湾	长电科技	中国大陆	泛林半导体	美国
美光	美国	英伟达	美国	中芯国际	中国大陆	矽品	中国台湾	东京电子	日本
德州仪器	美国	AMD	美国	力晶	中国台湾	力成科技	中国台湾	科磊半导体	美国
恩智浦	欧洲	海思	中国大陆	高塔	以色列	华天科技	中国大陆	斯科半导体	日本
东芝	日本	苹果	美国	先进	中国台湾	通富微电	中国大陆	日立高新	日本
英飞凌	欧洲	迈威	美国	华虹	中国大陆	京元电子	中国台湾	尼康	日本
意法半导体	欧洲	赛灵思	美国	东部高科	韩国	南茂科技	中国台湾	日立	日本
索尼	日本	紫光展锐	中国大陆	SSMC	新加坡	联合科技	新加坡	太平洋技术	荷兰

资料来源：WSTS，SIA，ICinsight。

在全球 20 大半导体公司中，美国独占 8 席，并且基本都是掌握核心技术的关键性公司，处于绝对的霸主地位。在设备领域，全球前 5 美国独占 3 席——应用材料、泛林半导体、科磊半导体；在高端芯片（包括高速 ADC/DAC、FPGA、高速光通信接口、射频器件等芯片）领域，高通、博通、德州仪器、赛灵思、亚德诺、思佳讯等都是美国公司，都拥有雄厚的技术积累；在芯片设计软件领域，铿腾（Cadence）、明导（Mentor）和新思（Synopsis）占据了 95% 以上的市场份额，它们皆诞生于美国；在生态系统领域，有 3 种主流的 CPU 芯片架构 X86、MIPS 和 ARM，前两种都是美国血统。美国的半导体制造也很强，代工厂格罗方德排全球第二，英特尔、美光、德州仪器、亚德诺等芯片厂商都有自己的代工厂和独特的工艺，它们的高端产品很难被模仿与追赶。

欧洲有恩智浦、英飞凌、意法半导体等世界领先的芯片公司，还有博世、西门子等公司。荷兰著名的阿斯麦是全球唯一的沉浸式极紫外光源（EUV）高端光刻机供应商。日本的半导体制造虽然被韩国超越，但是在产业上游的半导体设备、原材料领域仍保持绝对的领先地位。2018年第一季度，韩国的三星和海力士供应了全球70%以上的存储器产品，三星在芯片制造技术上紧追台积电，是第二家7纳米工艺量产的代工厂。

中国台湾的台积电有业界最先进的5纳米工艺，2021年准备试产3纳米，占据了全球半导体代工的半壁江山。在封装测试领域，有中国台湾的日月光、矽品等公司。在芯片设计领域，有中国台湾的联发科、联咏、瑞昱等，都是世界前列的半导体公司。

中国大陆在半导体领域加大了投入，通过各种方式快速追赶，克服国外的技术封锁，自力更生，艰苦奋斗，已经有不少公司（如海思、中芯国际、长电科技、中微公司等）正在快速接近世界先进技术水平。

4.5.2 中美半导体产业对比

1. 上市公司数据对比

美国创造了半导体产业，又有健全完善的资本市场和强大的国力作后盾，一直保持着既有优势地位。中国的半导体产业真正获得重视和资源支持，即使从2000年《鼓励软件产业和集成电路产业发展的若干政策》（业内称18号文件）的发布算来，也只是近20年的事情，技术产品积累不够，产业体量也不够大。虽然相关公司数量众多，但能走上资本市场的公司还是极少数。好在科创板开板了，今后半导体上市公司会越来越多，数据会越来越准确。表4-4所示是截至2018年底的中美半导体产业头部上市公司的对比。

表4-4 中美半导体产业头部上市公司

美国公司	市值（亿美元）	公司简介	中国公司	市值（亿美元）	公司简介
英特尔	2 120	全球最大的个人计算机零件和CPU制造商	三安光电	67	产品涵盖半导体分立器件、半导体太阳能光伏、集成电路
博通	1 035	为无线通信、有线基础设施、工业及其他等三个主要目标市场提供产品	汇顶科技	52	面向智能移动终端市场提供领先的人机交互和生物识别解决方案，已成为安卓阵营全球指纹识别方案第一供应商

（续）

美国公司	市值（亿美元）	公司简介	中国公司	市值（亿美元）	公司简介
德州仪器	893	世界上最大的模拟电路技术部件制造商，产品涵盖万种模拟芯片、高性能数字信号处理器、数字光源处理器等	兆易创新	26	生产各类存储器、控制器及周边产品，产品为 NOR Flash、NAND Flash 及 MCU
英伟达	814	图形处理技术的市场领袖，主要产品有显卡芯片和人工智能芯片	紫光国微	25	在智能安全芯片、高稳定存储器芯片、安全自主可编程逻辑芯片、功率半导体器件、超稳晶体频率器件等领域已具备领先的市场地位
高通	688	全球领先的通信技术公司，业务涵盖技术领先的3G、4G、5G芯片组、系统软件以及开发工具和产品、技术专利的授权	韦尔股份	19	主要产品包括开关器件、信号放大器件、系统电源及控制方案、系统保护方案、电磁干扰滤波方案、分立器件
美光	355	全球领先的存储器供应商，主要产品是 DRAM、NAND 闪存、其他半导体组件以及存储器模块	长电科技	19	面向全球提供封装设计、产品开发及认证，以及从芯片中测、封装到成品测试及出货的全套专业生产服务
亚德诺	317	数据转换和信号调理技术全球领先的供应商，产品包括数据转换器、放大器和线性产品、无线射频芯片等	士兰微	16	主要产品包括集成电路、半导体分立器件、发光二极管产品三大类，是国内为数不多的采用设计制造一体化模式的综合型半导体产品公司
应用材料	313	全球最大的半导体生产器材制造商，产品包括：半导体圆片的化学蒸气沉积（CVD）系统设备、半导体薄片装配、蚀刻及离子植入设备和单芯片处理设备等	中微公司	99	核心产品包括：用于芯片领域的等离子体刻蚀设备、深硅刻蚀设备；用于发光二极管芯片领域的金属有机气相沉积设备。等离子体刻蚀设备已广泛服务于国际一线客户
泛林半导体	209	半导体产业提供晶圆制造设备和服务的主要供应商之一。产品用于在硅片上沉积特殊薄膜，并在蚀去某些薄膜部分后形成电路设计	中环股份	29	致力于半导体节能领域和新能源领域，主营产品有中环6寸硅圆片、中环单晶硅棒、中环单晶硅片、中环高压硅堆等
科磊半导体	136	业务包括晶片制造、晶圆制造、光罩制造、互补金属氧化物半导体和图像感应器制造等	北方华创	25	中国最大的半导体设备供应商，提供集成电路工艺设备、太阳能电池制造设备、气体质量流量控制器、薄膜晶体管制造设备、真空热处理设备、锂离子电池制造设备等系列产品

注：数据截至2018年12月31日。

截至 2018 年底，在美国上市的半导体芯片公司有 66 家，从业人员 59 万人，其中市值超百亿美元的公司有 16 家，市值最高的是英特尔，市值 2119 亿美元；上市的半导体材料与设备公司有 38 家，从业人员 14 万人，其中市值超百亿美元的公司有 4 家，市值最高的是光刻机厂商阿斯麦，市值 655 亿美元，美国本土公司市值最高的是应用材料，市值 314 亿美元。

在中国上市的半导体芯片公司有 27 家，从业人员 10 万人，市值最高的是三安光电，市值 67 亿美元；上市的半导体材料与设备公司有 7 家，从业人员 2 万人，市值最高的是中微公司，市值 99 亿美元。由于该产业股市波动加大，因此表 4-5 提供的中美半导体上市公司数据仅供参考。

表 4-5 中美半导体上市公司数据对比

指标	美国		中国	
	半导体芯片	半导体材料与设备	半导体芯片	半导体材料与设备
上市公司数量（家）	66	38	27	7
从业人数（万人）	59.0	14.0	10.0	2.0
总市值（亿美元）	10 146.0	1 645.0	370.0	99.0
总营业收入（亿美元）	3 011.0	661.0	141.6	35.7
总研发费用（亿美元）	465.0	74.0	9.9	1.7
人均产值（万美元）	51.3	47.3	14.1	19.3
人均研发费（万美元）	7.9	5.3	1.0	0.9
人均成本（万美元）	24.4	26.4	13.6	17.9

注：中国半导体上市公司有相当一部分是太阳能光伏发电、LED 照明领域的公司，这些公司在此次分析统计中没有考虑。数据截至 2019 年 6 月 30 日。

仅看上市公司的数据，中国的半导体公司实在是弱小。美国半导体芯片上市公司的总市值超万亿美元，而中国半导体芯片上市公司总市值为 370 亿美元，相当于美国的 3.6%；半导体芯片上市公司的总营业收入美国为 3011 亿美元，中国为 141.6 亿美元，相当于美国的 4.7%。中国半导体材料与设备公司的总市值约是美国的 6%，总营业收入约是美国的 5.4%。

当然，中国还有像海思、紫光展锐、长江存储、豪威、中兴微电子、矽成、华虹、智芯微电子等前几名的公司没有上市，因此数据不能完全反映产业现状，但一些人均指标的对比还是有相当参考价值的。

1）人均产值。2015 年中国半导体产业的发展规划是，到 2020 年国产芯片产品自给率达到 40%，到 2030 年自给率达到 70%。根据《中国集成电路产业人才白皮书（2017—2018）》，截至 2017 年底，国内半导体产业从业人员在 40 万人左右：设计约 14 万人、制造约 12 万人、封装测试约 14 万人。2018 年中国进口半导体产品 3120

亿美元，40%的自给率就是1248亿美元，中国的人均产值为14.1万~19.3万美元，按照人均16万美元的产值计算，中国半导体产业需要77.5万从业人员，整个产业的人才缺口达到30多万人。培养肯定来不及，挖人也没有那么多。

美国半导体产业的人均产值达到47.3万~51.3万美元，远远高于中国。按照人均50万美元的产值计算，供给1248亿美元的产品需要25万人就够了。因此，中国唯有多管齐下，培养人、挖人、提高效率和人均产值，才能提升半导体产品的自给率。

2）人均研发费用。美国公司在研发投入上的人均研发费用为5.3万~7.9万美元，是中国公司的6~8倍，它们的人均产值也相当高。有一段时间，华为和海思处于风口浪尖，华为的待遇和研发支出也呈现在公众面前。开出200万元的年薪招揽毕业生，开出翻倍的薪资从谷歌手中抢人，这都是真金白银的投入。华为2018年研发投入1015亿元人民币，按照18万人计算，人均研发费用为56万元人民币，合8万多美元。人们赞赏华为的任正非，拿真肉喂狼，铸就了一支战狼铁军，有了核心技术，有了全球竞争力，有了对抗打压的底气和能力。

中国的其他半导体公司也应该放眼未来，在研发上增加投入，提高从业人员创造价值的能力，掌握真正的核心技术。

3）人均成本。数据显示，美国半导体公司的人均运营成本高出中国公司约1倍，考虑到汇率、公司经营情况、税收、生活成本、购买力水平等因素，中国半导体产业的人均运营成本正在快速上升到接近美国的水平，这是一个不利因素，公司只有轻装上阵才能加快追赶世界先进水平的脚步。

2. 设备

一条晶圆制造新建产线的资本支出情况如下：厂房20%、晶圆制造设备65%、组装封装设备5%、测试设备7%、其他3%。半导体设备制造具备极高的门槛和壁垒，中国的半导体设备国产化率低于20%（见表4-6）。核心设备市场，如光刻机、刻蚀机、物理气相沉积（PVD）、化学气相沉积（CVD）、氧化扩散等设备市场被美国、日本、荷兰等国家的巨头垄断，各市场前3家公司的市占率之和普遍在90%以上，这些公司包括应用材料、泛林半导体、阿斯麦、东京电子等。国外高精密的半导体设备都在《瓦森纳协定》的管制下对中国禁运，从而导致中国大陆的半导体制程落后于先进水平至少一代半。中国公司曾在购买阿斯麦的高端EUV光刻机（可用于10纳米以下工艺制程）时受到重重阻挠。

表 4-6　中国半导体设备国产化率

设备	国产化率（%）	国内供应商
单晶炉	20	北方华创、中电科 48 所、晶盛机电、华盛天龙
光刻机	10	上海微电子、中电科 45 所、沈阳芯源
刻蚀机	10	中微半导体、北方华创
离子注入机	10	中电科、中科信
CVD、PVD 设备	10～15	北方华创、中电科 48 所、中电科 45 所
氧化扩散设备	10～15	上海微电子、北方华创、中电科 48 所、中电科 45 所
键合机	20	上海微电子、中电科 45 所、中电科电子装备
划片机	20	中电科 45 所、大族激光、中电科电子装备
减薄机	20	中电科 45 所、方达研磨、中电科电子装备
检测设备	20	上海微电子、长川科技、华峰测控
分选机	20	中电科 45 所、长川科技
探针台	20	中电科 45 所、长川科技

美国半导体设备公司应用材料是全球最大的半导体生产器材制造商，其产品包括：半导体圆片的化学气相沉积系统设备、半导体薄片装配设备、蚀刻及离子注入设备等。泛林半导体是半导体产业提供晶圆制造设备和服务的主要供应商之一，产品用于在硅圆片上沉积特殊薄膜，并在蚀去某些薄膜部分后形成设计电路。科磊半导体的业务包括晶片制造、晶圆制造、光罩制造、互补金属氧化物半导体（complementary metal oxide semiconductor，CMOS）和图像感应器制造等。

中国的半导体设备公司有中微半导体，其主要产品刻蚀机已具备全球顶尖水平，是唯一进入台积电生产线的国产设备，广泛用于国际先进的 14 纳米、7 纳米和 5 纳米生产线。中微半导体拥有自主产权的金属有机气相沉积（MOCVD）设备，打破了美国和德国的技术垄断，实现了国产替代。北方华创是国内生产集成电路高端工艺装备的公司，其主要产品有硅刻蚀机、PVD、CVD、清洗机、炉管等，涵盖了半导体生产的前道和后道工艺中的关键环节，其最先进的设备可用于 14 纳米的生产线。中国其他设备厂商还有中电科、上海微电子、华峰测控等，它们生产的设备主要用在中低端的生产线上，距离国际先进水平还有较大的差距。

3. 原材料

1）硅圆片。硅圆片是半导体产业的基础材料，集成电路使用的高纯度电子级硅圆片是制造门槛极高的尖端高科技产品。硅圆片有 6 英寸（150 毫米）、8 英寸（200 毫米）、12 英寸（300 毫米）、18 英寸（450 毫米）等不同的尺寸，目前 70% 的硅圆片是 12 英寸的，全球只有大约 10 家公司能够制造，市场基本被日本、德国、韩国、中国台湾的厂商垄断，前 5 大硅圆片供货商的全球市占率达到了 92%，它们分别是日本信越半导体、日本胜高科技、德国 Silitronic、韩国 LG、中国台湾环球晶圆。对芯片来说，集成度越高，采用工艺越先进，就需要用更大尺寸的硅圆片来生产以降低成本、降低功耗、提升性能。

中国大陆 12 英寸硅圆片的月需求量约为 80 万～100 万片，几乎 100% 依赖进口，8 英寸硅圆片的月需求量约为 70 万～100 万片，本土化率也仅为 20%。硅圆片被视为国家安全战略发展的关隘，中国发展硅圆片迫在眉睫。

上海新昇 12 英寸大硅圆片已经陆续通过了华力微电子、中芯国际和武汉新芯的验证并实现销售。中国大陆规划中的 12 英寸大硅圆片合计 145 万片，包括：上海新昇 30 万片、金瑞泓 10 万片、中环领先 15 万片、京东方 30 万片、宁夏银和 10 万片、郑州合晶 20 万片、超硅 30 万片。规划中的 8 英寸大硅圆片合计 168 万片，包括：金瑞泓 40 万片、宁夏银和 25 万片、郑州合晶 20 万片、中环领先 65 万片、安徽易芯 8 万片。

美国原来有一家较大的生产 8 英寸和 12 英寸圆片的 SunEdison Semiconductor，2016 年底被中国台湾的环球晶圆收购。

2）生产原材料。中国除了硅圆片供应依赖进口外，在其他先进工艺用的半导体材料方面也依赖进口。日本公司持续不断的研发投入，使其在精细化学领域打遍天下无敌手，半导体材料大多数由日本公司供应。

在光掩膜版方面，全球 80% 以上的市场份额被美国的福尼克斯（Photronics）、日本的大日本印刷（DNP）和凸版印刷（Toppan）3 家占据，用于集成电路制造的高端光掩膜版则被这些公司垄断。

在湿化学品方面，中国的技术水平相对较低，大部分产品来自进口。湖北兴福的电子级硫酸技术攻关取得重大突破，产品品质超越 SEMI C12 级别（适用于 0.09～0.2 微米工艺技术的制作），与国际电子化学品最大供应商巴斯夫的产品处于同一级别，并且能够向部分国内 12 英寸代工厂稳定供货。

在光刻胶方面，市场一直以来都被美日公司高度垄断，国产光刻胶在 8 英寸及以上半导体工艺中占有率不足 1%，还有许多需要攻克的关键技术。

在靶材方面，国家制定了一系列产业政策推进靶材技术的发展，效果显著。2019 年国内 12 英寸半导体工艺用的溅射靶材本土化率约为 18%。

在化学机械抛光材料方面，产品主要是抛光液与抛光垫。安集微电子是中国唯一一家能提供 12 英寸芯片抛光液的本土供应商，它在铜制程上有一定优势，2018 年完成了多个具有世界先进水平的集成电路材料的研发及产业化应用，但在更高端的浅沟道隔离制程上，尚没有掌握核心原材料研磨粒的制备技术。

在封装材料方面，中国在高端键合丝、封装基板、引线框架等产品上仍高度依赖进口，2018年国内公司主要在低端领域有所突破，封装形式的转变也给国内公司提出了新的要求。

4. 设计软件

电子设计自动化（Electronics Design Automation，EDA）软件在整个集成电路产业链条中拥有重要的地位，芯片设计和制造都需要，尤其是现在大规模的芯片设计更是离不开EDA软件。全球三大EDA软件巨头铿腾、明导和新思占据了中国国内95%以上的市场份额，三者皆为美国公司。2016年底，明导被西门子以45亿美元收购。

EDA软件领域是我国半导体产业的一大短板。在中央及地方的支持下，中国研发EDA软件的有华大九天、广立微、芯禾科技、蓝海微等公司。华大九天成立于2009年，其业务起步于原华大电子"熊猫"EDA设计平台，是我国规模最大、技术最强的EDA软件龙头公司，提供全流程数模混合信号芯片设计系统、片上系统后端设计分析及优化解决方案、平板显示器（flat panel display，FPD）全流程设计系统、知识产权（intelligent property，IP）模块以及面向代工厂的相关服务，在国内外有近200家客户，其数模混合设计平台可以支持40纳米芯片的设计，但尚不能支持28纳米与20纳米芯片的设计，与国际最先进的7纳米设计技术相比尚落后三代至四代。我国其他厂商的产品主要以单项功能工具为主，缺乏全面支撑产业发展的能力。

5. 芯片设计

芯片设计公司是指根据市场或客户需求，利用EDA软件设计芯片电路和版图，并委托加工厂完成生产和封装测试，最终制成芯片产品的公司，也称为无晶圆厂设计公司（Fabless），处于半导体产业最能体现人的创造能力和价值的环节。

市场研究机构DIGITIMES Research发布的2018年全球前10大芯片设计公司排名显示（表4-7），2018年全球芯片设计产值同比增长8%，达到1094亿美元。

表4-7 2018年全球前10大芯片设计公司

排名	公司名称	国家/地区	2017营收（百万美元）	2018营收（百万美元）	增长率（%）
1	博通	美国	18 824	21 754	15.6
2	高通	美国	17 212	16 450	-4.4
3	英伟达	美国	9 712	11 716	20.6
4	联发科	中国台湾	7 826	7 894	0.9
5	海思	中国大陆	5 645	7 573	34.2
6	超微	美国	5 329	6 475	21.5

（续）

排名	公司名称	国家/地区	2017营收（百万美元）	2018营收（百万美元）	增长率（%）
7	迈威	美国	2 409	2 931	21.7
8	赛灵思	美国	2 476	2 904	17.3
9	联咏	中国台湾	1 547	1 818	17.5
10	瑞昱	中国台湾	1 370	1 519	10.9

资料来源：DIGITIMES Research。

从地区分布来看，2018年美国在全球芯片设计领域的市场占有率约为68%，居世界第一；中国台湾的市场占有率约为16%，居世界第二；中国大陆的市场占有率约为13%，居世界第三；其他地区的市场占有率仅约为3%。

在美国公司方面，英特尔是个人计算机和服务器CPU领域绝对领先的供应商，和AMD在这个领域形成了双寡头垄断；博通是有线和无线通信领域的领先者，有高性能的技术产品，并且善于资本运作，仅次于英特尔；高通是移动通信技术的发明者和芯片供应商，主要依靠专利授权和高性能芯片销售；美光的主要产品是存储器，是世界前三的存储器产品供应商；英伟达的显卡芯片和人工智能芯片是世界上最强的；赛灵思是现场可编程门阵列（field-programmable gate array，FPGA）芯片技术的发明者，占据超过半数的市场份额；德州仪器有数万种模拟和混合信号产品，是高性能数字信号处理器（digital signal processor，DSP）的供应商；亚德诺是高性能模数转换器/数模转换器（ADC/DAC）的芯片厂家。一些著名的半导体公司，如英特尔、德州仪器、博通、亚德诺，采用垂直整合制造工厂（integrated device manufacture，IDM）模式，有自己的代工厂和独特工艺，它们的高端产品很难被模仿与追赶。

中国已经有1600多家芯片设计公司，虽然已有个别产品达到了世界领先水平，如汇顶的指纹芯片，但是大量公司还集中在中低端产品和技术领域。华为旗下的海思是国内前10大芯片设计公司中增长最快的，2018年销售额同比增长34.2%，达到75.73亿美元，销售收入超过国内其他前10大芯片设计公司销售收入的总和，可见国内芯片设计公司的体量都还比较小。

图4-2所示是中国2013～2019年芯片进出口额。

2018年中国累计进口芯片4175.7亿个，同比增长10.8%，进口额达到3120.6亿美元，同比增长19.8%，占全球产值的2/3；累计出口芯片2171亿个，同比增长6.2%，出口额达到846.5亿美元，同比增长26.6%。芯片贸易逆差进一步扩大到2274.1亿美元，与2017年的1932.6亿美元相比，增加了17.7%。其中，处理器及控制器进口额1274亿美元，占芯片进口额的41%；其次是存储器，由于存储器涨价，进口额达到 1230.6 亿美元，占芯片进口额的 39%。处理器及控制器和存储器进口额共占芯片进口额的 80%。国产芯片仅能满足不到 10% 的需求，且主要集中在中低端产品上，与国外的差距还是很大的，在核心高端芯片领域更是几乎一片空白，当然，这跟中国半导体产业起步晚、技术积累不够有关系。

图 4-2　中国 2013～2019 年芯片进出口额

资料来源：赛迪研究院、半导体协会、中国海关。

近年来，中国在这些领域加大了投入，有关公司也铆足了劲奋力追赶。长江存储和合肥长鑫都在存储器芯片方面取得了非常不错的进展，2019 年各自的存储芯片已经开始量产。当然，各家公司在技术上还有差距，需要继续投入研发，在产能上要满足中国庞大的市场需求，也需要时间。

中国生产国产 CPU 的公司有兆芯、龙芯、飞腾、申威以及海思，在多年研发投入下，这些公司的产品的性能逐渐接近世界先进水平，并在不同领域逐步替代国外的产品，尤其是海思的鲲鹏服务器芯片，已经开始量产并用于服务器和消费级台式机了。随着国产 CPU 性能的提升和国产操作系统的逐渐成熟，技术问题和安全问题将得到解决。

6. 代工

芯片设计完成后，会委托给半导体代工厂加工。代工厂的建设是资金密集型的硬投入，设备和厂房占投入的比例大于 70%，比如建设一条 28 纳米的生产线要投入超过 50 亿美元，台积电的 3 纳米工厂需投入超过 200 亿美元。

1987 年之前，全世界半导体公司采取的都是 IDM 模式，英特尔、三星、德州仪器、东芝等巨头会自己设计芯片，在自有的代工厂生产，并且自己完成芯片的测试与封装——全能而且无可匹敌。美国共有 30 多家半导体公司，它们自用的晶圆厂有 70 余座。

张忠谋创立的台积电开创了晶圆代工模式，并与台联电一路你追我赶，共同进步。英特尔、台积电、台联电一度是世界前 3 大半导体公司。晶圆代工模式的出现，催生了大量的芯片设计公司，极大促进了半导体产业的发展。三星也成立了独立的代工部门，与台积电并驾齐驱。2018 年台积电和三星率先实现了 7 纳米工艺量产，台积电更是在 2020 年实现 5 纳米工艺量产，并计划在 2021 年试产 3 纳米的工艺；三星也不甘示弱地公布了最新的 5 纳米、3 纳米工艺技术路线图。

美国专业代工厂格罗方德（又称格芯）排名全球第二，中国台湾的台联电排名第三。这 2 家代工厂都已经宣布无限期推迟 12 纳米以下的工艺开发，集中精力优化现有的加工工艺，为客户提供更具性价比的加工服务。

2000 年成立的中芯国际是世界领先的芯片代工公司之一，也是中国大陆规模最大、技术最先进的芯片制造公司，世界排名第四，其最新的工艺技术水平为 14 纳米，与世界先进技术的差距在三代左右。此外，中国比较领先的代工厂还有华虹半导体，工艺技术水平为 28 纳米，其前身是 1997 年"909 工程"期间上海华虹与日本电器（NEC）合资成立的华虹 NEC。

半导体的生产制造是中国需要重点发展的领域，大基金[一]一期投资额度的 2/3 都在生产制造板块。2017～2020 年，全球新增半导体生产线 62 条，其中 26 条在中国大陆，占比 42%；新增的 12 英寸硅圆片产能，中国占了一半。

从 2018 年的数据可以看出（见表 4-8），在半导体代工领域，台积电一家独大，独占近 6 成市场份额，遥遥领先于所有其他代工厂。

表 4-8 2018 年全球前 20 大半导体代工厂排名

（金额单位：百万美元）

2018 年排名	2017 年排名	公司	2016		2017		2018		
			销售额	占比(%)	销售额	占比(%)	销售额	占比(%)	同比增长(%)
1	1	台积电（中国台湾）	29 488	58	32 163	59	34 208	59	6
2	2	格罗方德（美国）	5 495	11	5 860	11	6 209	11	1
3	3	台联电（中国台湾）	4 582	9	4 898	9	5 021	9	3
4	4	中芯国际（中国大陆）	2 914	6	3 100	6	3 195	6	3
5	5	力晶科技（中国台湾）	1 275	3	1 498	3	1 633	3	9
6	6	华虹集团（中国大陆）	1 184	2	1 395	3	1 542	3	11

[一] 即国家集成电路产业投资基金。

（续）

2018年排名	2017年排名	公司	2016		2017		2018		
			销售额	占比(%)	销售额	占比(%)	销售额	占比(%)	同比增长(%)
7	7	高塔半导体（以色列）	1 250	2	1 388	3	1 311	2	-6
8	8	世界先进（中国台湾）	800	2	820	1	959	2	17
9	9	东部半导体（韩国）	669	1	601	1	615	1	2
10	10	X—Fab（欧洲）	513	1	582	1	586	1	1
11	11	稳懋（中国台湾）	423	1	563	1	577	1	2
12	12	SSMC（新加坡）	436	1	405	1	390	1	-4
13	13	武汉新芯（中国大陆）	205	<1	255	<1	300	<1	18
14	14	TSI Semi（美国）	245	<1	250	<1	260	<1	4
15	15	SkyWater（美国）	170	<1	210	<1	250	<1	19
16	16	SilTerra（马来西亚）	180	<1	185	<1	190	<1	3
17	17	先进半导体（中国大陆）	120	<1	150	<1	180	<1	20
18	18	宏捷科技（中国台湾）	70	<1	55	<1	64	<1	16
—	—	Altis（欧洲）	161	<1					
—	—	Lfoundry（中国大陆）	145	<1					
		其他	101	<1	122	<1	138	<1	13
		合计	45 427	100	50 253	100	54 231	100	5

注：以上排名仅限于独立代工厂，因此没有三星、英特尔，实际上三星的代工业务已经超过格罗方德。
资料来源：IC Insights。

7. 封装测试

硅圆片在代工厂加工完成后，需要封装测试，才能形成最终的产品——芯片。封装测试在技术难度上比芯片的代工生产要低很多。不过，单颗芯片的功能要求越来越复杂，需要高密度3D芯片级封装和晶圆级封装技术，将多颗管芯封装到单芯片中组成完整的系统，封装的技术难度越来越高。

根据公司总部所在地划分，在2018年全球前10大封装测试公司中，中国台湾有5家（日月光、矽品精密、力成科技、京元电子、顾邦科技），市场占有率为41.61%；中国大陆有3家（长电科技、华天科技、通富微电），市场占有率为20.91%；美国有1家（安靠），市场占有率为15.62%；新加坡有1家（联合科技），市场占有率为2.81%。前10大封装测试公司市场占有率合计为80.95%，市场高度集中。

在封装测试领域，以长电科技、华天科技、通富微电为龙头的中国公司在大基金和资本市场的支持下，依托国内电子加工领域巨大的市场需求，通过加强研发和并购，已经成长为接近或达到世界先进水平的公司。

4.5.3 中美半导体产业环境及其他

1. 美国半导体产业环境

美国作为半导体的发明者，在半导体产业持续保持领先。虽然在发展过程中，美国曾经有段时间被日本超越，但是在强大的政府干预下，很快重夺首位并保持至今。

美国高度重视基础学科和基础研究工作，有美国国家科学基金会（National Science Foundation，NSF）带头，资助国家基础研究项目与科学教育，在促进研究成果的同时大范围培养人才，加深基础研究，形成了"研究领先—拥有人才培养实力—更多人才投入—积累突破"的良性循环。除了美国国家科学基金会每年固定投资的几个基础项目外，美国先后投入数十亿美元实施"超越摩尔定律的科学与工程""国家纳米技术"等计划以维持自身在全球范围内的领导地位。

良好的基础研究成果和宽松的人才环境，使得美国先后发明了晶体管、集成电路、大型集成电路、超大型集成电路、个人计算机、智能终端等。美国公司作为半导体技术的发明者，除了开拓无人占领的新兴市场，还会对后来者设定市场准则，既是游戏规则制定者，又是游戏玩家和裁判员。

由于新技术的发明与转化存在资金需求大和风险高的问题，私人企业无法承担，因此美国政府的采购在半导体产业的发展过程中发挥了重要作用，美国的国防部、军方、航空航天局等都是新技术的采购大户。政府采购的经费分为直接拨款与承包合同两种，给予了企业足够的订单和资金。在企业产品得到初步回报后，政府降低了采购力度，企业借助市场效应扩大规模，形成自我生存的循环。

美国政府对于国外的产业发展始终保持关注和警惕，一旦其他国家有所超越就动用国家力量进行打压，以保持自己在半导体技术方面的领先地位。20 世纪 80 年代，日本以动态随机存取存储器（dynamic random access memory，DRAM）为切入点，无论是在产量、技术上还是在价格优势上均反超了美国，以后来者的身份逆袭成为世界霸主。对此，美国政府迅速做出了战略调整，与日本签订了《美日半导体贸易协议》，以"反倾销"的名义使日本政府调整了产业政策，强迫日本企业采用美国框架与产品。同时，美国在国内组织了"美国半导体科技与制造发展联盟"，整合资源，加强信息、技术与人才交流，互通有无，促进了与设备制造厂商之间的合作。最终，美国重新超越日本回归第一。

美国注重法律保护，在半导体方面实施了多项政策，直接或间接地影响了半导体产业在融资、投资、税收、专利保护、科技研发等方面的进程，其中就包括制定了《半导体芯片保护法》《国外伪冒商品阻止法案》。美国还有外国投资委员会、美国国家安全委员会等机构对企业间并购尤其是外国企业对国内企业的并购进行审查和干预,保护美国的企业和核心技术不会流失。

2. 中国半导体产业环境

1991年的海湾战争,一下子让国人警醒——现代化战争是科技战、信息战。

1995年,国内确定了一个中国电子工业有史以来投资规模最大、技术最先进的国家项目——"909工程":投资100亿元,建设一条8英寸晶圆、0.5微米工艺技术起步的集成电路生产线。

2000年,"十五"计划设立了超大规模集成电路设计专项。

2000年,《国务院关于印发鼓励软件产业和集成电路产业发展若干政策的通知》(国发〔2000〕18号)(业界称"18号文件")给出了一系列促进产业发展的优惠政策和措施。这一年可以认为是中国半导体产业发展的元年。随着鼓励政策的实施,国内从事芯片设计的公司从1999年的几十家迅速增加到了2003年的近500家(见图4-3)。

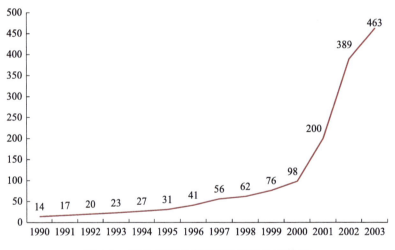

图4-3 2000年前后中国芯片设计公司数量

1)"01专项"和"02专项"(2006年)。半导体产业的集中度呈加强趋势,领先的国外半导体企业不断挤压处在发展中的我国集成电路产业的生存空间。我国高端人才缺乏,严重影响了国内集成电路产业的发展。集成电路产业是高投入、高回报、高风险的产业,特别是晶圆制造业,固定资产投入巨大,并且要持续投资,投资压力极大,使得多年来国内投融资市场望而却步。

面对集成电路产业国产化道路上的诸多挑战，我国给予了高度重视，出台了多项鼓励政策并从财政税收、基础建设等多方面支持其发展。

国务院于2003年启动了中长期科技发展规划的制定工作，并于2006年发布了《国家中长期科学和技术发展规划纲要（2006—2020年）》（以下简称《规划纲要》）。《规划纲要》确定了核心电子器件、高端通用芯片及基础软件、极大规模集成电路制造技术及成套工艺、新一代宽带无线移动通信、大型飞机、载人航天与探月工程等16个重大专项，完成时限为15年左右。这些重大专项是我国到2020年科技发展的重中之重，其中第一和第二专项均与半导体产业相关，业内称"01专项"和"02专项"。

"01专项"简称"核高基重大专项"，涉及核心电子器件、高端通用芯片及基础软件产品，其主要目标是：在芯片、软件和电子器件领域，追赶国际技术，实现产业的迅速发展。

"02专项"是"极大规模集成电路制造装备及成套工艺"专项，重点进行45～22纳米关键制造装备攻关，开发32～22纳米互补金属氧化物半导体工艺、90～65纳米特色工艺，开展22～14纳米前瞻性研究，形成65～45纳米装备、材料、工艺配套能力及集成电路制造产业。

截至2017年，核心电子器件关键技术取得了重大突破，与国外的差距由专项启动前的15年以上缩短到5年，一批重大产品使我国核心电子器件长期依赖进口的"卡脖子"问题得到缓解，军品基本实现了自给自足。

但是这还不够，国家开始意识到应该充分激活并发挥社会资本和市场的力量，来全面扭转落后的局面。

2）"4号文件"（2011年）。2011年1月底，国务院颁布了《进一步鼓励软件产业和集成电路产业发展的若干政策》（国发〔2011〕4号）（业界称"4号文件"，又称"新18号文件"）。文件进一步明确了软件产业和集成电路产业是国家战略性新兴产业，是国民经济和社会信息化的重要基础。国家从财政、税收、研发、人才引进、进出口、知识产权等各方面全面支持软件和半导体集成电路的产业发展。

3）大基金（2014年）。2014年6月，国务院颁布了《国家集成电路产业发展推进纲要》，提出设立国家集成电路产业投资基金（简称大基金），将半导体产业新技术研发提升至国家战略高度，明确提出到2020年，集成电路产业与国际先进水平的差距逐步缩小，全产业销售收入年均增速超过20%，企业可持续发展能力大幅增强；到2030年，集成电路产业链主要环节达到国际先进水平，一批企业进入国际第一梯队，实现跨越式发展。

资本是国内集成电路产业发展不可或缺的"血液"。大基金一期总投资金额为1387亿元，投资项目覆盖集成电路设计、制造、封装测试、材料装备等各个环节，实现了在产业链上的完整布局。在大基金之外，多个省市也相继成立了集成电路产业投资基金，由大基金一期撬动的地方集成电路产业投资基金规模达5145亿元。大基金一期累计投资了71个项目，直接持有17家上市公司的股权，间接持有6家上市公司及上市公司相关主体的股权，投资了22家未上市公司、23家产业基金。

大基金一期主要投资于芯片制造、芯片设计、封装测试，以及部分材料、设备厂商等。

2019年10月22日，国家集成电路产业投资基金二期股份有限公司（即大基金二期）正式注册成立，注册资本2041.5亿元人民币。大基金二期承接一期的职责继续投资国内半导体企业。

千亿资金不算少，可是集成电路产业是一个投资密集型的产业，国外集成电路第一梯队企业的投资强度都非常大，英特尔、三星、台积电等一线龙头企业一年的投资额就高达上百亿美元，因此对投资的项目，大基金一定要做好统筹，在产业链内要做好布局，设计、制造、封装测试、设备、材料和零部件都需要布局。要认真研究项目，筛选出好项目，了解团队，集中投资，把资金花在刀刃上，真正打造出有实力的产业链。

4）科创板（2019年）。半导体产业这样的高精尖产业要想发展，政府的政策和资金支持是决定性因素。政策和资金支持主要体现在两方面：一是2014年推出的推进我国集成电路产业发展的大基金，二是2019年开通的科创板。

总体来看，大基金是先导，更侧重于"国字号"或"准国字号"的大项目，政府主导的意味更浓。虽然大基金的所有权为国家集成电路产业投资基金股份有限公司，且该公司采取的是公司制的经营模式，与以往的补贴模式有着本质上的不同，但是市场化程度和资金投入依然远远不够，面对民营半导体企业普遍融资难的问题，还是无法完全覆盖和满足。以三星为例，2018年三星在半导体方面支出了280亿美元布局前沿技术，而我国的中芯国际只支出了20亿元左右，与国际巨头相比差距明显。因此，国内半导体企业要想跟上全球产业发展的脚步，研发和资本投入一定要跟上，特别是大量的民营半导体企业更是需要长期、稳定的资本支持，这就需要市场化程度更高的政策和资金对半导体产业进行支持。

科创板并不是为半导体产业专门推出的，它支持的是实体高科技产业，不过创业板也明确指出，以半导体集成电路为代表的信息技术产业是其重点支持的对象。

3. 日本、韩国、中国台湾的产业环境

以日本、韩国、中国台湾为代表的追赶者，在每次产业变迁中抓住了需求的变动，依靠产业政策或财阀领导实现了跨越式升级。

日本半导体产业的崛起始于 20 世纪 70 年代，在美国的大力支持下实现了经济复苏，并在大型机时代以物美价廉的优势在 DRAM 市场赶超美国。日本政府集合资源、整体规划、统一认识，以相关采购政策间接影响采购，并出台了一系列如《电子工业振兴临时措施法》《特定电子工业及特定机械工业振兴临时措施法》《特定机械情报产业振兴临时措施法》等以贸易保护为主的法律法规。1986 年，日本在 DRAM 市场上的占有率达到 80%，反超美国成为世界半导体第一强国。然而，受到金融危机以及在美国打压下签订的《广场协议》《美日半导体贸易协议》的影响，1998 年后日本半导体产业逐步衰退。

从 20 世纪 70 年代开始，韩国政府陆续出台了《半导体工业扶持计划》《半导体产业育成计划》《半导体工业振兴计划》《超大规模集成电路技术共同开发技术》《21 世纪电子发展规划》《半导体设备国产化 5 年计划》《半导体芯片保护法》《半导体设计人才培育项目》等多项半导体产业政策。从 90 年代开始，美国为分化日本实力，开始支持韩国。在美国的支持下，韩国抓住了大型机到消费电子的转变期对新兴存储器与代工的需求，多次实施"逆周期"投资，取得了快速发展。韩国的快速发展还得益于其独特的财阀推动作用：在发展前期，在美国的帮助下，韩国的财阀主动模仿吸收新技术，并持续对设备、材料、人才进行投资；在发展中后期，在政府参与时，研发依旧在财阀内部完成，政府基本上只起到基金调配作用而并非领导作用。截至 2017 年，韩国以 22% 的全球半导体市场份额成为仅次于美国的半导体超级大国。韩国的三星和海力士是排在全球前三的半导体公司，主要产品为存储器，两者合计占全球市场 70% 以上的份额。

中国台湾依靠早期为在台建厂的美日厂商做基础低端加工起步，积累了所需知识与技术。20 世纪 80 年代末，中国台湾抓住美国逐渐转向无晶圆设计模式、推行全球纵向分工的机会，将利润不高、投资金额大的芯片制造、封装测试转到岛内。台积电在首创芯片代工厂模式后，以代工切入市场，国际地位迅速攀升。随着产业的发展与技术的提升，中国台湾在 90 年代以芯片代工为主逐渐完善上中下游产业链。中国台湾在发展初期引进半导体技术与招商引资，制定半导体产业发展的整体规划，制定税

收和人才优惠政策,建立工研院,实行技术指引与组织交流职责,筹建以半导体产业为核心的新竹科技园区,并从管理、税收、风投方面吸引高科技企业;牵头加强信息技术沟通,通过互相竞争提高中国台湾的整体核心竞争力;海外人才的吸引、高校的合作提供了丰富的人才储备。据统计,2017年中国台湾半导体产业总产值898亿美元,其中一半来自芯片代工,占全球代工市场的76%,在全球半导体产业的地位无可取代。中国台湾的芯片设计公司有联发科、联咏、瑞昱,它们均排在世界前列。

他山之石,可以攻玉。政府在半导体产业中的主导角色不可缺位,且无可替代。我们已经意识到且走在正确的路上了。

4.5.4 中国半导体产业的前景与机遇

1. 机会与泡沫

中国拥有全球最丰富的消费电子产品门类,产业配套、技术应用和服务能力全球领先。中国是全球最大的消费电子生产国、出口国和消费国。2017年全球主要家电产品的生产量为75 284万台,其中中国制造的多达42 318万台,占总体的56.2%。2018年,中国生产手机18亿部、计算机3亿台、彩电2亿台,手机、计算机和彩电的产量分别占全球总产量的90%以上、90%以上和70%以上,均稳居全球首位。此外,全球几乎所有的印制电路板(printed circuit board,PCB)都由中国制造。

中国每年消耗全球芯片的2/3,但能够自给自足的只有10%,半导体产业的成长空间巨大,应该能够诞生很多家百亿美元、甚至千亿美元市值的半导体公司。

然而,半导体产业是高投入、高风险、慢回报的产业,投资界曾一度对芯片概念敬而远之。在大基金成立后,北京、上海、深圳、南京、厦门、无锡、合肥、武汉、成都等地陆续建立了政府主导或参与的投资基金,于是局面发生了转变,民间资本也被充分激活,积极参与到产业的长期投资。

相比资本,公司更需要的是人才、技术、公平稳定的市场环境。

根据半导体协会的数据,2010年全国有580家芯片设计公司,2014年有680家,2016年有1360家,2018年有1698家,2020年达到2218家,呈现高速增长态势。

芯片产品的研发投入高,但边际成本低,制造1颗芯片与制造100万颗芯片,相差的只是硅材料的成本,因此,这个产业的集中度越来越高,赢家通吃。在任何一个领域内,都是老大老二吃饱,老三老四吃好,剩下的够吃就不错了。全球半导体产业发展呈现的规律是从业公司数量越来越少,集中度越来越高。长远看,国内的半导体公司在 5～10 年后可能只剩下 10%～20%。当然，长江后浪推前浪，将来会不断有"新人"加入。

站在国家的大局来看，半导体产业是底层的基础产业，就像当年的"两弹一星"一样，我们必须自己掌控核心。就像任正非说的，要敢于在战略机会点上，聚集力量，实施饱和攻击，确保拿下！

2. 后摩尔时代

1965 年，英特尔联合创始人戈登·摩尔（Gordon Moore）提出了以其名字命名的摩尔定律，意指集成电路上可容纳的元器件的数量每隔 18～24 个月就会翻一番，性能也将翻一番。在 10 纳米之前，半导体技术的发展与摩尔定律比较吻合，但随着硅片上线路密度的增加，其复杂性和差错率也呈指数增长，同时也使得全面且彻底的芯片测试变得十分艰难，产品的研发成本也变得十分高昂，很难达到功耗、性能、面积、成本更好的平衡。10 纳米芯片的开发成本超过了 1.7 亿美元，7 纳米芯片的开发成本接近 3 亿美元，5 纳米芯片的开发成本更是超过 5 亿美元。如果要基于 3 纳米开发复杂的处理器或者神经元芯片，开发成本将高达 15 亿美元，很难有公司能够承受得起。半导体工艺已经走到 5 纳米，再往下是 3 纳米和 2 纳米，台积电已经宣布研发建设 2 纳米工艺线，预计于 2024 年量产。硅基集成电路的工艺尺寸、物理性能已经接近物理极限，一旦芯片上线条的宽度达到 1 纳米数量级，尺寸只相当于几个原子的大小，材料的物理、化学性能就会发生质的变化。源漏极间漏电、发热、量子隧穿效应等使得采用现行工艺的半导体器件不能正常工作，如果没有革命性突破，摩尔定律将在几年内走到尽头。

后摩尔时代，需要寻找硅材料的替代品，才能使芯片继续朝着速度更快、功耗更低、规模更大的方向发展。在众多可能成为硅的继任者之中，碳基材料如石墨烯、碳纳米管的呼声最高，各方面的研究也一直在持续进行。

革命性新材料替代硅基半导体材料的产业化还需要很长时间，这给追赶中的中国半导体产业以喘息之机，大家在相同的工艺平台上做产品设计，这将十分有助于中国快速缩小与外国的差距。

3. 前景预测

产业的发展是有规律的，半导体产业也不例外。中国的半导体产业在强有力的政府政策的引导下，统筹规划产业发展方向与技术路线，统一目标与认知，继续加强投资与并购，大力度培养人才，坚持政策自主，保持发展独立性。未来 5～10 年，中国必将成为世界半导体产业的一股重要力量，中国的半导体产业将足以保障中国的经济、科技、社会快速发展的需要。

中国半导体产业应该持续不断加强研发投入、技术积累和技术创新，在新的战略机会窗口来临之际，抓住机会，迎头赶上，一定能实现弯道超车。

4. 人工智能

1950年，阿兰·图灵（Alan Turing）一篇里程碑式的论文《计算机器与智能》（Computing Machinery and Intelligence）为人类带来了一个新学科——人工智能，图灵也因此被称为"人工智能之父"。人工智能是集哲学和认知科学、数学、神经生理学、心理学、计算机科学、信息论、控制论、不定性论等于一身的综合科学，它利用计算机的超级算力，对人类大脑的思考和行为模式进行模拟，因此其根基是硬件和软件，也就是强大的半导体芯片和软件算法。

人工智能的里程碑事件之一是1997年IBM的"深蓝"击败了当时的世界象棋冠军加里·卡斯帕罗夫（Garry Kasparov），里程碑事件之二是2017年"阿尔法围棋"（AlphaGo Zero）以3∶0的比分完胜地表最强围棋选手柯洁。人工智能到了技术变革的拐点，迈向实用，并且呈现加速发展的趋势。

人工智能是技术发展的必然趋势，无论我们是害怕它还是拥抱它，人工智能革命即将到来，未来的社会形态可能会发生翻天覆地的变革。普华永道估计，人工智能将对世界经济产生巨大影响，到2030年可为全球增加15.7万亿美元的GDP。

人工智能的技术领域已经是世界各国的重点战略布局方向，中美遥遥领先于其他国家。在2019年全球人工智能公司中，估值达10亿美元以上的独角兽公司有11家，其中5家为中国公司，几乎占了一半。

在2018年融资最多的3家人工智能公司里，有2家来自中国。商汤科技以16.3亿美元的融资额高居榜首，旷视科技以6.08亿美元的融资额位列第二，排名第三的是美国的Zymergen，其2018年融资额为5.74亿美元。

在人工智能的技术投入产出、创业公司数量、融资方面，中国紧随美国之后排在第二，这也是为数不多中国与美国齐头并进的技术领域。美国的人工智能公司在技术（尤其半导体技术）上处于领先位置，美国大学的人工智能研究水平在世界上居于前列。中国则拥有最大的用户市场，有海量的数据供人工智能技术做训练，为算法更快的迭代升级提供了条件，中国的人工智能公司在深度学习方面的应用规模已跟美国非常接近，有些地方甚至超越了美国。然而，在基本算法、芯片、传感器等方面，中国不但落后于美国，而且局部落后于英国、德国、日本等发达国家，因此从业者还是需要扎扎实实做好基础研究和技术理论创新的工作。

中美如能积极合作，共同制定规则，开发安全、可靠、负责任的人工智能，就都能从中受益，也会让整个人类社会更快地进入智能时代。

5. 量子计算

1982年，美国著名物理学家理查德·费曼（Richard Feynman）在一次公开演讲中提出利用量子体系实现通用计算的新奇想法。1985年，英国物理学家戴维·多伊奇（David Deutsch）提出了量子图灵机模型。理查德·费曼当时就想到，如果用采用量子系统的计算机来模拟量子现象，运算时间就可大幅减少。量子计算机的概念诞生了。

量子计算机是一类遵循量子力学规律进行高速数学和逻辑运算、存储及处理量子信息的物理装置。量子计算机独特的并行计算是经典计算机无法比拟的，它使量子计算机的运算速度高出经典计算机很多个数量级，而且随着量子比特的增多，其算力将呈指数增加。

设想一下，有一台使用100量子比特的量子计算机的云端服务器（其算力是目前世界上所有计算机算力之和的几百万倍），运行着ARK操作系统，配上我们的5G网络和通信终端，此时所有的计算都在云端完成，人们可以像使用自来水和电一样，按需要购买流量和算力。那时，就不再需要Wintel（Windows-Intel）和安卓（Android）了吧。

可以说，量子计算机芯片是"终极"的芯片，是通往未来世界的钥匙。

在量子计算的研究上，中国的量子密码技术开发领先于日美欧，由中国提出的制定量子密码安全国际评估标准的构想已经获得国际标准化组织（international organization for standardization，ISO）的批准。

量子计算机的研发是国际科技竞争的热门领域，谷歌、IBM、微软、英特尔、华为、阿里巴巴等高科技公司都为此投入了大量研究力量，中国的进展不比国外差。

在2018年的国际消费电子展（international consumer electronics show，CES）上，英特尔宣布成功设计、制造和交付了49量子比特的超导测试芯片Tangle Lake。

同年3月，谷歌公布了72量子比特的量子芯片，并表示已经开始了72位量子计算机的测试。百度成立了量子计算研究所，重点关注量子信息理论和量子计算，逐步将量子计算融入业务。

5月，微软在 Build 开发者大会上宣布，要在 5 年内造出第一台拥有 100 个拓扑量子比特的量子计算机，并将其整合到微软云 Azure 中。

9月，阿里巴巴达摩院在云栖大会宣布着手进行超导量子芯片和量子计算系统的研发。

10月，华为在全联接大会期间正式发布量子计算模拟器 HiQ 云服务平台。

2019年2月，中国科学技术大学杜江峰院士团队首次在室温大气条件下实现了可编程量子处理器的运行。

在 2019 国际消费电子展上，IBM 向世人展示了当时全球唯一一台脱离实验室环境运行的量子计算机 IBM Q System One，算力级别在 20 量子比特。

同年 8 月，浙江大学、中科院物理所、中科院自动化所、北京计算科学研究中心等单位组成的团队开发出具有 20 个超导量子比特的量子芯片，并成功操控其实现了全局纠缠，刷新了在固态量子器件中生成纠缠态量子比特数目的世界纪录。

虽然 IBM 在量子计算机商用的大门上撬开了一个缝隙，但无论是在国内还是在国外，量子计算机的高性能运算依然面临着棘手的难题，量子计算机对普通人来说更是遥不可及。不过，为了找到打开未来世界之门的那把钥匙，全世界的科研人员都在不懈地努力。

或许在不远的将来，我们将迎来量子计算机真正商用的那一刻，量子计算和人工智能一起，会把人类社会带入新的历史阶段。

未来已来，拭目以待吧！

第 5 章

电信服务

袁初成　新华都商学院 2013 级 EMBA，上海缔安科技公司董事长

电信服务业通常是指利用有线、无线的电磁系统或者光电系统等各种通信网络资源，提供语音通话服务，传输、发射、接收或者应用图像、短信等电子数据和信息的业务活动，是人类社会政治、经济、文化等领域赖以发展的关键驱动力。20 世纪后 20 年，尤其是 20 世纪 90 年代，中国电信服务业实现了飞速发展。

在电信服务业内部，传输是至关重要的环节，业内一般会从速度、质量和安全性方面对电信传输进行衡量。对传输方式的优化探索，是中国自改革开放以来未曾间断的追求：从 2G 时代采纳国际标准的全球移动通信系统（GSM）网络演变为 3G 时代由中国自主研发的时分同步码分多址（TD-SCDMA）网络，从独家机构垄断供应演变为多家网络商用牌照运营制，从电信服务业的国企"混改"演变为 5G 基站大规模建设……随着时代的推进，中国电信服务业生命力旺盛、蓬勃发展，一大批具有"中华基因"的民族企业（中国移动、中国联通、中国电信、华为、中兴等）也逐渐"出海"。随着互联网时代的进一步演化，电信服务业作为互联网行业的重要参与方，需要与互联网行业深度融合，构建协同并进、共谋发展的产业生态系统。

5.1　电信服务业概述

5.1.1　电信服务业结构

电信服务业在发展过程中既受到了互联网的冲击，也得到了科技不断升级的正

面促进，由此发生了巨大的改变，其中以多元电信服务这一三级产业的变化最为明显。该产业的 2 个四级细分产业综合电信服务、非传统电信运营商的服务内容愈发多样化，产业覆盖范围不断扩张——从传统的固话、短信服务升级到无线网络、光纤宽带、卫星通信服务，并积极涉足多媒体服务（如在线视频、直播）、软件定义网络（software defined network，SDN）传输等新业务。

在 5G 全球发展的浪潮下，加上政府相关部门积极推进"三网融合"（电信网、计算机网、有线电视网的融合），中国电信服务业有望实现自身技术研发实力的快速攀升，并角逐国际电信服务业中的优势地位。

根据 2018 年 8 月的 GICS-Wind 标准，电信服务业细分为多元电信服务和无线电信业务这 2 个三级产业（见表 5-1），并再细分成 3 个四级产业，占 163 个四级产业的 2%，属于四级产业最为集中的一级产业。

表 5-1　电信服务业分级

一级产业	二级产业	三级产业	四级产业
电信服务	电信服务	多元电信服务	综合电信服务
			非传统电信运营商
		无线电信业务	无线电信业务

5.1.2　产业重心

截至 2019 年 7 月，在中国电信服务业四级产业市值分布中，无线电信业务占中国电信服务业总市值的 60%，综合电信服务占 39%，非传统电信运营商占 1%（见图 5-1）。

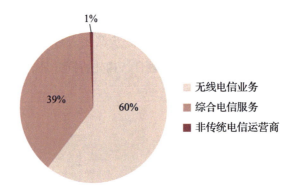

图 5-1　中国电信服务业四级产业市值分布情况

资料来源：Wind，2019 年 6 月 30 日。

美国的情况则略有不同，综合电信服务占美国电信服务业总市值的 82%。因此，在后面的分析中，中国头部企业将以无线电信业务为主，美国头部企业则以综合电信服务为主。

5.2 中美电信服务业比较

5.2.1 中美电信服务业综合数据比较分析

1. 总市值

2019年7月的数据显示，中国电信服务业的总市值明显低于美国：美国电信服务业总市值达到5866.69亿美元，而中国电信服务业的总市值为2652.90亿美元，总市值之比为2.21∶1（见表5-2）。

表5-2 中美电信服务业市值对比

产业	市值（亿美元）		比值（美国/中国）
	中国	美国	
全产业	2 652.90	5 866.69	2.21
无线电信业务	1 972.06	932.89	0.47
非传统电信运营商	23.82	149.20	6.28
综合电信服务	657.02	4 784.60	7.27

资料来源：Wind。

中美差距最大的四级产业是综合电信服务，市值之比为1∶7.27。相对而言，中国的无线电信业务要强于美国，市值之比为1∶0.47，主要原因是美国的综合电信服务覆盖了大量的无线电信业务。

2. 市场集中度

中美电信服务业均已形成寡头式的经营模式，但中国电信服务业的集中度更高：截至2019年6月30日，两国前3家电信企业的总市值均占全产业市值的90%以上，中国前3家企业的市值占比比美国稍高约4%（见表5-3）。

表5-3 中美电信服务业集中度对比

指标	中国		美国	
	全部企业	前3家企业	全部企业	前3家企业
市值（亿美元）	2 652.90	2 616.70	5 866.69	4 942.11
前3家市值集中度（%）	98.64		94.21	

资料来源：Wind，2019年6月30日。

3. 公司数量、营业收入与净利润

公司数量、营业收入与净利润是反映一个产业体量与活力的重要指标，中美两国电信服务业的公司数量、营业收入与净利润如表 5-4 所示。

表 5-4 中美电信服务业公司数量、营业收入与净利润

指标	中国	美国	比值（美国/中国）
公司数量	7	32	4.57
总营业收入（亿美元）	2 078.66	4 416.44	2.12
总净利润（亿美元）	217.44	321.58	1.47
净利润率（%）	10.46	7.28	—

资料来源：Wind，2019 年 6 月 30 日。

可以看出，中国电信服务业在公司数量、营业收入和净利润上均落后于美国。其中，美国电信服务业的公司数量是中国的 4 倍以上，营业收入是中国的 2 倍以上，净利润接近中国的 1.5 倍。但是，从净利润率上来看，中国电信服务业的表现更优秀，达到 10.46%，而美国电信服务业仅为 7.28%。

4. 资产周转率

资产周转率是评价一个产业资产利用情况的重要指标，反映了该产业是否可以有效地利用其资产创造更多的营业收入。中美两国资产周转率的对比情况如表 5-5 所示。

表 5-5 中美电信服务业资产周转率

指标	中国	美国
总资产（亿美元）	4 062.86	11 412.51
总营业收入（亿美元）	2 078.66	4 416.44
资产周转率（%）	51	39

资料来源：Wind，2019 年 6 月 30 日。

中国电信服务业的资产周转率为 51%，与美国的 39% 相比，表现得更好，说明中国电信服务业的资产利用效率较高。

5. 总资产与总负债

从中美电信服务业的总资产和总负债上看（见表 5-6），中国电信服务业的总资产低于美国，总负债也低于美国，整体资产结构较为保守，权益乘数比美国要高。这说明中国电信服务业的负债率较低，资产结构相对更为健康。

表 5-6　中美电信服务业总资产与总负债

指标	中国	美国
总资产（亿美元）	4 062.86	11 412.51
总负债（亿美元）	1 529.64	7 970.04
权益乘数（总资产/总负债）	2.66	1.43

资料来源：Wind，2019 年 6 月 30 日。

6. 净资产收益率

净资产收益率可以衡量一个产业单位资产创造价值的能力。一般单位资产创造的价值越多，投资回报就越高，产业就越能吸引更多的投资，获得更快的发展。中美电信服务业的净资产收益率指标如表 5-7 所示。

表 5-7　中美电信服务业净资产收益率

指标	中国	美国
总净利润（亿美元）	217.44	321.58
总所有者权益（亿美元）	2 533.22	3 442.47
净资产收益率（%）	8.58	9.34

资料来源：Wind，2019 年 6 月 30 日。

可以看出，中国电信服务业的净资产收益率低于美国，这说明美国电信服务业的资产收益情况更加良好，能吸引更多的投资，发展潜力更大。

7. 研发费用

研发费用是一个产业进步的主要动力之一。研发投入越大，该产业的技术能力就越强，竞争力也就越强，因此研发费用是一定程度上反映产业今后发展趋势的重要指标。中美电信服务业的研发费用指标如表 5-8 所示。

表 5-8　中美电信服务业研发费用

指标	中国	美国
平均研发费用（亿美元）	0.51	0.31

资料来源：Wind，2019 年 6 月 30 日。

基于中国近年来在科技领域上的不断创新以及相关政策的鼓励，中国电信服务业的平均研发费用已经超过了美国，在研发上的投入更积极。

5.2.2　美国前 10 家企业分析

美国电信服务业前 10 家企业信息与对标中国企业信息如表 5-9 所示。

表 5-9　美国电信服务业前 10 家企业信息与对标中国企业信息

排名	企业	市值（亿美元）	对标中国企业	市值（亿美元）	四级产业	三级产业
1	威瑞森电信（Verizon Communications）	2 323.03	中国移动	1 969.67	无线电信业务	无线电信业务
			中国电信	413.29	综合电信服务	多元电信服务
2	美国电话电报（AT&T）	2 078.30	中国移动	1 969.67	无线电信业务	无线电信业务
			中国联通	233.73	综合电信服务	多元电信服务
3	T-Mobile 美国（T-Mobile US）	540.80	中国移动	1 969.67	无线电信业务	无线电信业务
4	斯普林特（Sprint）	237.32	中国移动	1 969.67	无线电信业务	无线电信业务
5	世纪电信（CenturyLink）	163.65	中国电信	413.29	综合电信服务	多元电信服务
6	Altice 美国（Altice USA）	117.13	中国联通	233.73	综合电信服务	多元电信服务
7	铃盛（RingCentral）	66.81	鹏博士	14.67	无线电信业务	无线电信业务
8	Zayo 集团控股（Zayo Group Holdings）	53.64	鹏博士	14.67	非传统电信运营商	多元电信服务
9	美国蜂窝（United States Cellular）	44.69	中国移动	1 969.67	无线电信业务	无线电信业务
10	GCI 自由（GCI Liberty）	43.84	中国电信	413.29	综合电信服务	多元电信服务

资料来源：Wind，2019 年 6 月 30 日。

美国电信服务业前 10 家企业可分为四类。

1）跨界综合电信服务商（提供电信、有线、媒体综合服务）。这一类企业以威瑞森电信、美国电话电报为代表。威瑞森电信有效地整合了固定电话、移动电话、光纤宽带，并搭建了美国覆盖面最广和品质最好的通信网络，是美国市值最大的综合电信运营商之一。美国电话电报的服务范围最广，并积极向电视媒体领域发展，有效地整合了卫星服务与媒体服务。其于 2015 年以 60 亿美元收购了 DirecTV，超过当时美国最大的有线公司康卡斯特（Comcast），成为美国最大的付费电视运营商和有线行业的新"大鳄"；2018 年进一步以 854 亿美元成功收购时代华纳（Time Warner），成功转型为电信媒体企业，成为用户数量最多的美国运营商。

2）大型无线电信运营商（合资企业）。这一类企业的体量相对较小，属于提供区域性服务的无线电信运营商，以 T-Mobile 美国、斯普林特为代表——这两家企业均为合资企业，其中，截至 2018 年，T-Mobile 美国 62% 的股权由德国电信（Deutsche Telekom）持有，斯普林特 83% 的股权由日本的软银（Softbank）持有。㊀由此可见，美国电信服务业比中国电信服务业更加开放，并且鼓励非本地电信运营商参与竞争。

3）中型区域性运营商（主要提供区域性服务）。这一类企业以世纪电信、Altice 美国、GCI 自由、美国蜂窝为代表。与中国电信服务业不同，美国电信服务业依然存

㊀ 2020 年 4 月，斯普林特被 T-Mobile 美国并购。

在众多区域性运营商为中西部或者阿拉斯加地区提供专属服务,这种区域性运营商的格局类似于原中国电信拆分后的"南中国电信,北中国网通"的产业格局。

4)非传统电信服务商。这一类企业以 Zayo 集团控股、铃盛为代表。Zayo 集团控股作为唯一进入前 10 名的美国非传统电信运营商,其服务范围主要在北美和澳大利亚,业务主要分为三大类:一是提供高带宽/光缆网络通信和海量数据传输服务,包括物理基础设施业务、光纤到基地站业务;二是提供云计算及相关服务;三是提供网络连接和技术服务,包括软件定义广域网(SD-WAN)、IP 连接等服务。其服务对象包含电信运营商、政府部门、金融机构、医疗机构、教育机构等客户。

总部位于硅谷的铃盛属于美国非传统电信服务商的后起之秀,它是一家商业通信"服务解决方案"提供商,通过提供云业务通信解决方案以及自动接听、语音信箱、呼叫、协同办公、移动应用、云视频会议等多种办公通信应用软件(APP)服务,有效满足商务人士对移动办公、分布式办公等的业务要求。截至 2019 年 3 月,铃盛已连续 5 年被全球权威 IT 研究与顾问咨询公司 Gartner 评为"全球统一通信即服务行业"(UCaaS)的领袖,打败微软、谷歌、思科等美国软件和通信巨头。中国方面提供云业务通信解决方案的对标企业为鹏博士,其云产品服务于众多大型政企客户,曾在 G20 峰会中助力世界 30 多个国家和组织进行空中会议。

5.2.3　中国前 7 家企业分析

中国电信服务业前 7 家企业信息如表 5-10 所示。

表 5-10　中国电信服务业前 7 家企业信息

排名	企业	市值(亿美元)	四级产业	三级产业
1	中国移动	1 969.672 4	无线电信业务	无线电信业务
2	中国电信	413.293 7	综合电信服务	多元电信服务
3	中国联通	233.730 3	综合电信服务	多元电信服务
4	鹏博士	14.672 7	非传统电信运营商	多元电信服务
5	二六三	5.861 1	非传统电信运营商	多元电信服务
6	会畅通讯	3.289 4	非传统电信运营商	多元电信服务
7	泰盈科技	2.384 7	无线电信业务	无线电信业务

资料来源:Wind,2019 年 6 月 30 日。

中国电信服务业前 7 家企业可分为拥有国企背景的企业和非国企背景的企业,其中以拥有国企背景的企业为主。拥有国企背景的企业又以 3 大电信运营商(中国移动、中国电信、中国联通)为主,这 3 家企业归工信部直接管理,提供多元化的电信服务,并主导着中国电信服务业的发展。

5.3 市场结构

5.3.1 市场集中度：寡头垄断市场

电信服务业和电力、水务、燃气这些涉及公共生活资源的产业相似，具有天然的公用事业特征和一定的垄断属性。"打破垄断"一直是一个行业焦点话题，而在电信反垄断这件事上，美国一直走在全球实践的前列。

美国电话电报（以下称 AT&T）曾经是全球最大的电信公司，1983 年该公司的资产总额超过了美国另外三家大公司（艾克森、美孚、通用汽车）的资产总和。这样一家被称作"电信王国"的公司，迫于反垄断的压力，于 1984 年被一分为八——1 家继承了母公司名称、专营长途电话业务的新 AT&T 和 7 家本地电话公司（分别是西洋贝尔、西南贝尔、西部贝尔、太平洋贝尔、南方贝尔、亚美达科和纽约纽英伦，俗称"贝尔七兄弟"）。美国电信服务业从此进入了竞争时代。1995 年，AT&T 又主动一分为三，将成立于 1925 年的贝尔电话实验室和计算机公司 NCR 剥离了出去，拆分后的 3 家公司分别是 AT&T（从事电信业务）、朗讯（通信设备制造业务）和 NCR（计算机业务）。2001 年，AT&T 又主动分拆成 AT&T（从事企业服务和个人业务）、AT&T 移动和 AT&T 宽带。

尽管美国电信服务业为打破垄断进行拆分的产业行为引发了不少争议，但这种激进的产业行为的内在基础是：电信服务业在通话服务和信息传输这两个层面正持续经历着一系列技术革命，并成为近 30 年全球信息科技革命的"火药桶"。美国人首先通过非市场行为引爆了这个"火药桶"，为新兴的信息科技特别是技术转化和应用扫平了市场障碍，为 21 世纪那些伟大的独角兽企业的诞生开辟了道路。

1994 年 7 月 19 日，中国电子工业部、电力工业部、铁道部 3 部发起，10 个部委共同出资，成立了一家新的电信运营商——中国联通。在很短的时间内，中国联通便拥有了电信业务全牌照，可以经营所有的电信业务，这是之后成立的中国移动、中国网通、中国电信等运营商都不具备的。在评估了形势之后，中国联通深知在固网切入面临着诸如资金要求高、市场压力大等难题，于是决定把移动通信作为自己的主要市场。很快，中国联通宣布在中国 30 个省会城市建立 2G 通信的 GSM。在这个节点，邮电部加快跟进、加紧部署，准备在中国 50 个重点城市铺开 GSM。这一竞争结果大大加快了中国 2G 网络的建设速度，让中国在移动通信发展上进一步提速。从表面上看，打破垄断、进行市场竞争给广大用户带来了实惠；从更深层次的意义上看，竞争加快了电信技术的迭代，驱动电信服务业不断升级。

1994 年之后，从原邮电部中拆分出中国电信和中国移动，接着中国电信又拆分为南方的中国电信和北方的中国网通，之后中国网通又与中国联通合并。最终，中国电信、中国移动和中国联通"三足鼎立"的竞争格局形成。

相较之下，中国移动具有绝对优势。2018 年，中国移动的营业收入为 7368.19 亿元，同比增长 1.8%；归属于上市公司股东的净利润为 1177.81 亿元，同比增长 3.1%。中国联通的营业收入为 2908.8 亿元，同比增长 5.8%；归属于上市公司股东的净利润为 40.8 亿元，同比增长 858.3%。中国电信的营业收入为 3771.24 亿元，同比增长 3%；归属于上市公司股东的净利润为 212.1 亿元，同比增长 13.9%。中国移动的营业收入和归属于上市公司股东的净利润均超过中国电信和中国联通的总和。

除了前文提及的市值集中度之外，用户数也是反映电信服务业市场集中度的重要指标。2018 年，在移动用户市场，排名第一的中国移动表现突出，累计移动用户数达到 9.25 亿，占移动用户市场 60% 的份额。排名第二和排名第三的中国联通和中国电信竞争激烈，差距甚微。中国联通累计移动用户数为 3.15 亿，中国电信累计移动用户数为 3.03 亿，各自占有移动用户市场 20% 的份额。

在宽带市场，中国移动的表现非常亮眼。2015 年底，中国移动进入宽带市场，通过"移动+固网"产品所带来的协同效应以及价格补贴策略，在 2016 年 10 月完成了对中国联通宽带用户数的超越，又于 2018 年 9 月成功超越中国电信跃居行业第一。

至此，中国移动顺利成为通信市场上的"双料冠军"，中国电信服务业形成了"三强并立，一强占优势"的产业格局。三大运营商的业务边界越来越宽，无论是中国移动重点发展宽带业务，还是中国电信、中国联通挺进移动业务市场，都是为了扬长避短、构筑"护城河"。这也意味着，三大运营商的竞争会日趋激烈——尽管中国电信服务业高度集中。

5.3.2 进入壁垒

中国电信服务业能够形成三大运营商寡头垄断的格局，极高的进入壁垒是重要的决定因素。中国电信服务业的进入壁垒主要有 5 个方面：资本规模壁垒、网络规模壁垒、通信设备专用性壁垒、普通服务性壁垒和牌照壁垒。其中，最关键的是网络规模壁垒和牌照壁垒。

1. 网络规模壁垒

电信服务业除了能提供通信资源传送服务之外，其另一个本质特征是全程全网。电信服务业有明显的规模效益，随着网络用户的增多，人们不但获得了网络的自有价值，还获得了信息流通的协同价值，因此人们总是倾向于选择覆盖范围更广的电信网络。现有的电信运营商已经拥有了一定的网络和用户规模，因此"坚持竞争、拒绝合作"往往是在位电信运营商的选择，而这一特性无疑会把新进企业拒之门外，哪怕新进企业有极强的背景和实力，如中国网通和中国铁通等。

自1999年成立后，在中科院、上海市政府等机构的参与下，中国网通把宽带建设作为一个大的发展方向，采用了先进的管理模式，从海外引进了大量人才，希望能够建设在技术上更为先进的宽带网络。中国网通具有一定的资金实力和政府背景，理念很新，声势很大，非常有冲击力，在技术上也占据一定制高点。

中国铁通自2000年成立后，也就进军电信服务业进行了尝试，并拿到了电信服务业的运营牌照，在自己原有的通信资源基础上进行了市场深耕。一时间，中国铁通成为专网的一面旗帜，多家专网仿效中国铁通，也去申请运营牌照，进入电信服务市场。在这个阶段，出现了中国电信服务业硝烟四起的局面。

至此，中国电信服务市场汇聚了中国电信、中国联通、中国移动、中国网通、中国铁通、中国吉通、中国卫通等数家电信运营商，形成了"百家争鸣"的竞争格局。在这种格局下，几大运营商迅速进入全面竞争状态，采用各种手段压制对手，以取得市场主导地位。竞争手段也是多方面的，包括互联互通、市场宣传、价格竞争等。2000年之后，中国电信服务的价格大战开启，平均资费呈现逐年下降的态势。

在激烈的价格竞争中，缺乏实力的小运营商基本无法在市场中生存。很快，几家电信运营商开始面临破产风险。以中国网通为例，其在出现巨额亏损后面临破产风险，一旦破产，不但会对以打破垄断为目的的电信改革造成巨大冲击，高达百亿的资产也会付之东流。除此之外，中国铁通也面临着巨大的困难，其资金、人才、技术、资源都面临着问题，连其创始人也被突然解职。

有了中国网通和中国铁通的例子，那些原本打算进入电信服务业的专网都放弃了这个打算。这一轮改革调整其实也让国外的运营商和民营资本进一步认清了中国电信服务业的网络规模壁垒。

2. 牌照壁垒

牌照壁垒也是中国电信服务业重要的进入壁垒。

3G 时代，国家对 3G 牌照资源的分配决定着运营商的命运。在 2G 时代拥有绝对优势的中国移动获得了由中国自主研发的 TD-CDMA 牌照，而中国联通则拥有源自欧洲、全球主流的 WCDMA[⊖]牌照，这使得中国联通在 3G 时代得以"弯道超车"，在移动电话业务领域逐渐获得能与中国移动相抗衡的实力和地位。

在 3G 时代初期，中国移动缺少宽带接入和固定电话这 2 个牌照，因此在与中国电信的竞争中处于明显的劣势地位。面对中国电信整合移动电话、固定电话、有线宽带业务的天翼"我的 e 家"这个家庭产品，中国移动几乎受到全方位的打击。自从中国电信推出这个家庭产品后，其新增的移动电话用户有 70% 来自中国移动原有用户，对中国移动存量用户的分流效应明显。

到了 4G 时代，依靠良好的移动网络传输品质和广阔的网络覆盖面积，中国移动在用户数上重新占据了优势。2015 年中国移动拿到了宽带接入牌照，之后仅用了短短 3 年时间，就迅速超过中国联通和中国电信。2019 年，中国移动用户数的增长依旧很快，逐渐拉开了和另外 2 家运营商的距离。

有关电信服务业牌照壁垒最具爆炸性的消息还属 2019 年 6 月 6 日中国广电获得中国移动、中国联通和中国电信之外的第 4 张 5G 牌照，自此，中国电信服务业又多了一个重量级的玩家。中国广电拿到的是 5G 频段中的黄金频段：700MHz 频段。700MHz 频段频谱宽、传播特性好，同时建网成本低，如果中国广电用该频段部署 5G，大约能节省千亿元的投资。

5.4 市场行为

5.4.1 定价策略

电信服务业定价分为线性定价和非线性定价两种模式。线性定价指消费量 × 单位价格，2G 时代的神州行即采用这种定价模式，电费、水费、燃气费采用的也都是类似的定价模式。非线性定价指价格由固定价格部分和线性价格部分组成，中国电信服务业的绝大部分个人业务采用的都是这种定价模式，即"月租费 + 月通信费"的模式，2G 时代的全球通品牌业务就是这样定价的。

随着电信业务竞争的加剧，非线性定价模式也在持续迭代。以中国移动为例，其"动感地带"品牌业务率先采用了包月套餐定价模式，即套餐价格部分 + 线性价格部

⊖ WCDMA 为宽带码分多址技术。

分，在某一消费量限额内只收取数额不变的固定资费，超过这个限额要加收与消费量成正比的费用；如果用户月内消费量不超过限额，基本费用的余额不会退回；如果消费量超过限额，则超过部分需按照线性价格方式加收费用。通常，这种限时包月的方式一经推出都是一组套餐方案，例如中国移动"全球通"99套餐，不但有99元的基本档，还有199元、299元、399元、499元和599元5个档次，用户可以根据自己的消费情况选择最适宜的方案。对于电信运营商而言，非线性定价模式属于市场细分策略，其设定的每一档次的平均实际资费水平是不一样的。这样的资费方案通常具有一个特点：档次越高，平均单位话费越低，并且用户可以根据自己的使用量选择最适宜的档次，以便节省开支，这就达到了电信运营商保有一定电话使用量和刺激电话使用量增长的目的。

套餐以其多样性、个性化等优势成为各大电信运营商的主要定价选择。在语音服务日益成熟、数据业务逐渐成为主流的趋势下，运营商开始尝试以无限流量服务这一水平线性定价模式吸引客户，增加客户黏性。例如，在4G业务推广上，中国电信向4G用户推出了播放全频道内容、流量全免的政策，这种水平线性定价模式以无限的产品和服务吸引竞争对手的存量客户，成为电信运营商在存量客户竞争时代新的定价竞争策略。

5.4.2　价格管制

自由定价和价格上限管制是过去常见的资费管制手段。自由定价是一种传统的手段，其关注的重点是社会和经济目标。传统的自由定价是一种不存在明确法规基础的管制手段。价格上限管制通常指管制机构为运营商确定一定期限内其提供的服务所能收取的最高价格的计算公式，原则上价格只能在这个最高价格以下自由变动。

电信服务业一直是价格管制比较严格的产业。对于社会较为敏感的电信资费问题，政府几乎年年都会出台政策。《中华人民共和国电信条例》的实施，使得政府对电信资费的管制由行政管制转向法制管制。

5.4.3　价格歧视

当企业拥有市场力量时，它们就可以通过差别定价的手段去提高利润，这又被称作价格歧视。中国电信服务业是典型的在给客户提供同质化的语音和数据通信资源的基础上运用价格歧视策略的产业。

以中国移动为例，通过多品牌实现价格歧视是其自 2G 时代延续下来的价格歧视策略。针对原有的高端客户推出"全球通"品牌，以月租费＋通信费的非线性定价模式，确保高端客户通信费用贡献水平稳定。同时，通过 1 元购机、全球通机场贵宾厅等补贴服务对竞争对手的价格竞争设置门槛。此外，推出"动感地带"和"神州行"这两个品牌业务分别面向学生 / 年轻人群体和普通大众客户，通过降低通信费快速吸引新增用户入网，以价格战扼制竞争对手的新用户增长和利润增长。

5.4.4 业务捆绑

业务捆绑是电信运营商进行价格歧视的另一重要策略，它将运营商语音、数据和宽带业务进行捆绑，客户购买业务组合的平均价格要低于分别购买单项业务的总价。

这一策略的典型案例就是中国电信在拿到 3G 牌照后针对强势的中国移动推出的"我的 e 家"家庭产品。在此之前，一部分移动电话用户每个月都会有 2 项刚性通信支出，即固定电话月租费和宽带包月费。当"我的 e 家"产品推出后，移动电话费和固定电话月租费、宽带包月费被捆绑在一起，大大降低了中国电信用户在后 2 项服务上的家庭开支。而中国移动用户仍不得不面对同时分别支出通信费用的尴尬局面。这一价格歧视竞争使得大量中国移动存量用户和潜在新增用户放弃中国移动业务，削弱了中国移动的客户黏性和通信费用贡献。

5.4.5 排挤和压制

1. 运营商之间的挤压和压制

运营商之间排挤和压制最典型的手段就是利用"互联互通"。早在 2G 时代初期，移动电话业务还是双向收费的时候，运营商就对自身同网客户和竞争对手的来电进行过差别定价。直到 2002 年 1 月 21 日，中国移动与中国联通就"网间短消息互通"一事达成协议：2 月 10 日之前，北京、上海、吉林的两网用户实现网间短消息互通；到 2002 年 5 月 1 日，全国所有本地网实现移动通信网点间短消息互通。中国移动、中国联通用户互相不能发送短消息的障碍被扫除。2002 年 3 月 28 日，《中国移动通信集团公司与中国电信集团公司电话网网间互联及结算协议》正式签订，国内最大的固话网和移动电话网的网间互联及结算有了协议保障，双方在包括互联互通在内的各个领域的合作关系也得到了进一步的加强。

2. 运营商外部的挤压和压制

电信运营商一直面临着外部入侵者的威胁。1997年3月，福州马尾区市民陈某通过网络下载了网络电话软件net2-phone，并将自己组装的586兼容机与住宅电话通过调制解调器连接在一起设置成网络电话。9月，陈某利用网络电话为其弟弟经营的诚信家用电器商场促销商品，提出凡到诚信电器商场购买家用电器便可免费利用网络电话与在国外的亲友通话五分钟。在了解到有些顾客存在想要通话更长时间的需求后，陈某在10月申请了一部公用电话，并将公用电话设置成网络电话，通过电信163开始对外经营长途电话业务。

2个月后，福州马尾电信局在检查公用电话时发现此事，立即向福州市公安局马尾分局报案称电话用户陈某利用微机互联网通话软件，对外开办国际长途电话业务，按不同国家、地区每分钟收取6～9元的通话费，违反了长途通信业务和国际通信业务由邮电部门制定的经营规定，严重损害国家和邮电企业的利益，扰乱了电信市场秩序，也给国家安全带来严重威胁，请求立案侦查，依法追究刑事责任。马尾公安分局经调查，认为报案内容属实，对该案刑事立案。

当年，法庭控方认为竞争者没有电信经营许可，涉嫌非法经营，而辩方认为竞争者并没有使用现有的电信资源进行经营，而是使用互联网进行经营，互联网国际电话与电子邮件的传输技术是相同的，不存在倒卖现有电话业务的情形。此后，针对网络电话到底是受国家管制的电话业务还是开放的互联网业务一直存在争论。直到2014年11月11日，腾讯推出微信电话，掀起了免费电话冲击运营商的高潮。此后，各互联网巨头纷纷推出免费电话。至此，电信运营商已经失去了挤压跨界竞争对手的内在动力和客观环境，因为中国电信服务业已经从语音时代进入了流量时代。在这个时代，电信运营商和外部跨界竞争者已不再是博弈的关系，而是要追求竞合与共生。

5.5 新时代、新电信、新主体

目前，国内新电信业务的竞争态势愈发激烈，电信市场格局正在发生着实质性变化，移动接入用户数量突飞猛进。随着新技术的诞生与新业务的涌现，电信业务的分流和替代性竞争日益加剧，传统的固话、固线通信的服务市场逐渐被新崛起的移动、无线通信蚕食。互联网业务领域迅速扩张，其骨干网络业务、接入服务、信息服务、应用服务均保持着强劲的增长势头，内容的实用性、方式的多元性进一步提升，为消费者提供了更多维度的选择。

同时，传统的电信设备制造商、互联网头部公司、新技术开发商纷纷加入运营服务提供阵列，和传统的电信运营商一起竞相提供订阅式新兴电信服务。

基于电信业务的根本属性，即基础数据世界由计算、存储、传输三部分构成，我们通过对计算、存储、传输三大领域的代表厂商进行分析，揭示新电信业务在这三大领域内的具体表现形式，了解新电信业务对于电信服务业业态的影响。

5.5.1 电信服务业新结构

1. 计算

第一次工业革命以蒸汽机的发明为物理标志，以机械化为特征，标志着人类进入"蒸汽时代"；第二次工业革命以内燃机的发明为物理标志，以电气化为特征，标志着人类进入"电气时代"；第三次工业革命以计算机的发明为物理标志，以信息化为特征，标志着人类进入"信息时代"。如今，信息技术爆炸性发展的现代社会赢来了第四次工业革命，其特征是全面云化、互联网产业化、智能化、自动化，人类进入"智能时代"。随着技术的不断迭代，相伴而生的是海量的计算需求。数据的计算、分析和处理能力已经成为电信运营商的一项基础能力，面对亿兆级规模的数据，互联网数据中心（internet data center，IDC）已经无法有效对全部数据进行高效的计算处理，而需要在互联网的支撑下进行分布式、虚拟化、更细粒度的数据计算，以解决数据处理不及时、不全面、无反馈等问题。

创立于2009年的阿里云以其市场优势成为目前国内最大的云计算平台。在2015年的Sort Benchmark世界排序竞赛中，阿里巴巴用自研的分布式计算平台ODPS在377秒内完成了100TB的数据排序，刷新了Apache Spark1406秒的世界纪录。由全球部署的阿里云数据中心支撑的阿里云计算平台以足够低的成本、商业化的模式解决了大量数据计算处理问题，实现了真正的业务高效运转。

以阿里巴巴业务线中最为知名的产品淘宝为例，其庞大的交易记录和产品数据都需要计算的支持，如果计算能力落后，就无法保障用户的下单、付款流程顺利进行。2008年，阿里巴巴急需更换传统的由IBM、甲骨文、易安信提供的IT基础计算架构。基于此，阿里巴巴内部提出云计算计划，即阿里云，以期通过云计算系统制造出具有极强弹性计算力的基础设施，保障业务的稳定运行。阿里云提出"云梯计划"：以"飞天"系统（2008年阿里云的云计算系统）为基础，为淘宝网设计大规模数据计算系统。随着研发的深入，阿里巴巴逐渐意识到云计算系统所能产生的庞大计算力及其背后巨大的市场潜力，因此，"飞天"系统被赋予了包含分布式存储、任务调度、结构化存储与处理、监控、命名与协同、部署、网络通信、安全管理等能力在内的功能特性，不再局限于满足淘宝网的数据计算需求，而是被试图开发成具有行业普适性的系统。2009年，阿里云大版本升级过后，其巨大的计算力直接促成了阿里金融的发展。不过，对于技术大关——5000台机器的集群调度，阿里云仍然未能实现。2013年，由于业务的爆炸式增长，计算能力的瓶颈亟待突破，阿里云发力自研架构"云梯2"（后更名为ODPS），成功突破5000台机器大关并实现断电后数据无损，ODPS成为阿里巴巴各项业务通用的计算平台。突破计算能力瓶颈后，ODPS在几个月后又实现了单集群10 000台的集中调度，并于2018年实现数万台的规模。

以2013年为转折点，机器的叠加不再是提升算力的手段，云计算逐步替代了传统的IDC，以稳定性、安全性、极高速保障了计算，经历了如央视春节扫码领红包、天猫双十一狂欢节等极端场景的考验，进一步对计算能力进行了优化提升。随着技术的提升以及中国国内不断增长的计算需求，另一个巨头腾讯云也于2010年加入了云计算市场，并依托其在游戏、支付等垂直领域的经验积累进行了快速的市场扩张，目前与阿里云的差距正在逐渐缩小。

在美国，2006年3月，亚马逊推出了弹性计算云（Elastic Compute Cloud），比阿里云早三年时间。2009年许多美国政府部门（包括互联网服务商店Apps.gov）也开始试水云计算。2009～2011年，世界级的供应商无一例外地参与到云市场的竞争中。亚马逊在2013年底选中宁夏中卫，建设中国的亚马逊云服务中心并于2015年开始正式提供服务。截止到目前，亚马逊的基础云计算服务仍然居于全球第一的位置。

2. 存储

随着数据量呈指数级增长，数据存储能力逐渐成为考验各厂商服务能力的重要标准。面对数量巨大、来源分散、格式多样的数据，需要有适当的存储能力对其进行采集、存储和关联分析，并从中发现新知识，创造新价值。原有的存储管理技术已经无法适应现代电信服务业的需求，数据存储速度、存储手段多样性、存储量、准确性、可视性、合规性等特征需要同时被满足，这对现代电信服务提供商提出了全新的技术要求。同时，海量的数据已经成为运营商的一项核心战略资产，丰富的数据资源有助于其对行业进行深度业务分析和需求挖掘，为运营商带来了更好地服务客户、为客户提供新价值的机遇。

在国内存储领域的竞争中，华为云处在较为领先的位置。2019年5月，华为云数据库获得两项行业创新大奖，其多模NoSQL服务以华为云存储为统一数据底座，具备按需弹性伸缩、跨区域容灾、自驱动等特点，实现了软硬件的深度全栈垂直整合。华为云数据库可大规模应用于互联网、电商、游戏、政务、企业应用、金融等场景，能够有效实现数据的存储整合。企业应用的加速上云推动着数据库向云进行迁移，传统数据库管理系统不再依赖IDC的物理实体拓展能力，而是以云上的演进作为驱动力。华为使用云盘进行基于存储的快照和基于块级的增量备份处理，使用云盘的原子写解决半写对时延的依赖，通过持续的内核优化、运用云上软硬件的进一步垂直整合提升性价比，保障了存储的强扩展性、高可靠性以及高容灾性。相较传统的IDC，云数据库的存储服务更能解决用户的需求，打破数据库部署时的高成本、长周期、扩容缓慢等桎梏，在保有IDC能力的前提下，提供更强大、丰富的功能。

在云存储市场中，美国值得关注的企业是Akamai，该企业已经在全球范围内设置了CDN（内容交付网络）节点，虽然不同于通常意义上的存储，但其基础设施的完整性便于其向基础存储服务、边缘计算服务、云安全等领域拓展。

3. 传输

在讨论传输前，需先了解私有云、公有云、混合云的含义。"云"是抽象意义上的网络。私有云是用户自行开发或者云计算公司为用户单独使用而开发的云，安全性强，管控集中，便于企业内部使用，但开发成本极高。公有云是大家都能够接入的云，一般情况下会对用户收取少量的费用或免费。目前市面上三大运营商所使用的云即为公有云，它的接入十分方便、迅速，不过安全性无法得到保障。混合云是私有云和公有云的融合，是目前市场中的热门概念，它能同时实现私有云的安全、独立、可靠以及公有云的资源共享。目前，诸多领域的企业已经逐步向混合云迁移。

不论是私有云、公有云还是混合云，都离不开传输。与过去不同，如今的传输手段不再局限于物理实体线路构建的拓扑结构，而是逐渐向虚拟化、智能化转型。其中，由SDN概念衍生出的SD-WAN在传输层面尤为关键。相较美国企业更多地将业务进行混合云部署，中国的多数企业尤其是大型企业更倾向于依赖自身长期以来建设的IT路线和规范，较少使用公有云资源。不过这一现象正在逐渐发生变化。随着混合云安全性的上升以及成本优势，越来越多的中国企业开始向混合云迁移，这也带来了新的市场机遇。在这一市场机遇中，传输是主角，SD-WAN是其技术背书。

SD-WAN作为业界逐步认识的新一代云传输技术，在美国最早开始流行，其中的代表者 Aryaka 公司，在美国市场开放性的支撑下，一度获得年收入翻倍的增长效率。同时，因业界对于 SD-WAN 技术的热捧，Viptela、Versa、Velocloud 等大批 SD-WAN 云传输服务提供商加入市场竞争中。

国内传输领域已从蓝海变为一片红海，上海缔安科技凭借多年的行业积累在众多 SD-WAN 厂商中占据优势地位。2007 年创立的缔安科技在创立伊始便提出分布式计算的构架理念，而这一理念其实反映了 SD-WAN 的"胚胎期"状态。通过在各地广泛架设节点资源，缔安科技在国内铺开一张大网，利用"平台即服务"（PaaS）的理念，创立了基于因特网云平台，并利用自研的防火墙防御 DDoS 攻击机制，协助企业转移日益增长的业务流量，保障在互联网中传输的数据，保证高效、高质量和高可靠性。缔安科技"运营服务"的模式将 SD-WAN 为企业带来的利益进一步扩大，有效协助企业节省 IT 运维人力成本和购买设备后的升级维护成本、设备置换成本等，帮助企业进行云、管、端全覆盖的监控管理，保障业务的连续性。同时，运营服务提供商必备的服务等级协议（SLA）保证了缔安科技 SD-WAN 服务的质量与可靠性。

在国内，计算与存储市场几近饱和，传输市场依旧火热。谁能够成为国内 SD-WAN 传输领域的佼佼者，尚待实践的考验与时间的沉淀。

5.5.2 电信服务业新玩家：SD-WAN 虚拟云网络运营商

随着 SDN 技术的普及应用，SD-WAN 的概念诞生，它继承了 SDN 软硬件解耦、控制与转发分离、快速部署、集中管控等理念，是一种应用于广域网（WAN）传输连接、可通过软件化的方式将广域网的功能进行虚拟化集中整合并简化广域网拓扑的网络部署方式，基于部署灵活简单、流量可视化、提供 SLA 服务质量保障、低成本、高效率等优势，SD-WAN 已成为当下乃至未来企业级广域网运营的重要业务模式。基于这样的市场机遇，一批 SD-WAN 虚拟云网络运营商应运而生，从事新电信业务中传输的部分，针对企业级客户的组网需求提供服务。而随着服务的深入，个性化的服务，诸如网络监控、路由策略、安全防护、内容精细化分析等，被作为不同运营商的增值筹码附加在传输业务之上。SD-WAN 适用于混合云，能够协助企业将业务分发到不同路径中并进行优化，实现不同地理区域分支机构的集中管控和自动化配置，实现基于网络状态的应用部署和调度，能够增强企业构建广域网的灵活性，协助企业降低组网成本。目前，SD-WAN 虚拟云网络运营商面临的主要问题是统一标准的缺失。由于技术的新颖性，国际上缺乏通用的 SD-WAN 标准，导致业内 SD-WAN 虚拟云网络运营商的水平参差不齐，影响了服务质量，同时也使得企业在面临大大小小的

SD-WAN 虚拟云网络运营商时难以做出符合其实际需求的选择。即使如此，SD-WAN 技术依旧受到业界追捧，其在广域网部署领域将获得持久而强劲的发展。

根据目前市场中 SD-WAN 虚拟云网络运营商的状况，可以粗略地将其分为三类：以提供 SD-WAN 设备为主的设备供应商，以提供 SD-WAN 解决方案为主的解决方案提供商，以提供 SD-WAN 运营服务为主的运营服务提供商。

1. 设备供应商

设备供应商主要负责提供 SD-WAN 网关设备，基于企业自身雄厚的设备生产水平，借助 SD-WAN 技术能力，为大型企业客户提供设备，但一般不承担后续的组网及运维工作。这一模式对其服务的企业客户内部的 IT 团队提出了挑战，企业内部 IT 运维人员的技术实力间接决定了企业的 SD-WAN 设备投入是否能获得其应有的价值。另外，设备售卖基本是一次性的交易，对企业之后的种种需求变动难以及时跟进，且难以给出 SLA 级别的保障。

2. 解决方案提供商

解决方案提供商注重 SD-WAN 的部署，基本覆盖接入、调度、协同编排三大场景，能够协助企业实现分支机构按需组网、骨干网业务调度和转移、超大型企业与多厂商异构环境的融合业务编排的需求。

针对接入，由于传统的专线业务难以满足目前的需求，面向分支的、灵活的 SD-WAN 接入能够使接入时长极大缩短并降低成本。许多企业虽然短期内不会将专线业务转移到 SD-WAN 中，但是会借助 SD-WAN 的接入能力作为其"最后一公里"的接入选择。这类解决方案的提供商多会将 SD-WAN 控制器与 CPE 硬件盒子松耦合，并通过入网点（point-of-presence，PoP）与多协议标签交换（multi-protocal label switching，MPLS）节点对接实现端到端的 SLA 保障。

针对调度，解决方案提供商的方案更适用于多租户的服务和管理，尤其是大型运营商和大型企业的核心骨干网业务调度。这类方案会对所需流量进行判断并有效针对业务需求进行负载调整，解决了 MPLS 专线业务负载过多以及业务流量需要自动计算、调整、转发的问题。

针对协同编排，解决方案提供商主要解决客户不希望被单一厂商绑定的需求，以及多厂商之间的资源统一管理问题。由于对技术的要求更高，目前这一部分的解决方案相较其他两类解决方案在市场中占比较少，不过随着 SD-WAN 的发展和多厂商部署模式的日益增加，这类解决方案将在日后被高频率地提及并运用。

3. 运营服务提供商

售卖 SD-WAN 设备无法使其随时跟进客户的最新需求，而售卖解决方案又受到客户行业的种种限制，因此运营服务提供商提出了"售卖服务"的概念，根据企业客户的需求定制个性化的服务，服务范围覆盖前期的咨询、测试，中期的软硬件部署，以及后期的故障处理、产品升级、流量分析监控等。这一模式通过租用数据中心，在基础层网络（业内称 underlay）上建立一个由多 PoP 点组成的上层网络（业内称 overlay），使客户能够就近接入并实现智能路由优化，业务传输时经由的网络路径的质量得到有效提升，运维人员对网络的可控性进一步增强。此外，运营服务提供商就其服务提供 SLA 保障，使服务受到标准化的管理，更容易保证服务质量，进一步提升客户的满意度。

以 SD-WAN 技术为代表的综合云网服务商的竞争和最终赢家的崛起将可能改变整个电信运营服务业的格局。

第 6 章

日常消费

黄向平　北京大学光华管理学院 2004 级 MBA，国美在线前副总裁
邬　曦　上海交通大学安泰经济与管理学院 2010 级博士

日常消费品指的是日常生活中最基本的、必要的消费品，包括食品、饮料、烟草等。与能源、科技、工业等产业不同的是，日常消费产业的产品是很多人日常会使用的产品，面对消费者这一共同的终端市场，受经济环境的影响较小，产品的使用频率趋于稳定。

6.1　日常消费产业结构

由于发达国家与新兴市场的资本市场结构并不一致，因此，要了解日常消费产业的状况，就需要清楚选择的基准。为了横向对比的规范性，我们采用 GICS-Wind 标准。根据 GICS-Wind 标准，日常消费产业有 3 个二级产业：食品与主要用品零售，食品、饮料与烟草，家庭与个人用品；6 个三级产业：食品与主要用品零售、食品、饮料、烟草、家庭用品、个人用品；12 个四级产业：药品零售、食品分销商、食品零售、大卖场与超市、农产品、食品加工与肉类、啤酒、白酒与葡萄酒、软饮料、烟草、家庭用品、个人用品。

日常消费产业的市场份额通常不到 10%，与美国日常消费产业比较，中国日常消费产业的市值仍然较小。用标普 500 作为美国大盘股的代理变量，用罗素 2000 作为美国小盘股的代理变量，与中国的沪深 300 与中证 1000 做比较。数据显示，美国大盘股的日常消费占比高于美国小盘股，而中国小盘股的日常消费占比高于美国。从数量占比看，中证 1000 的日常消费占比为 6%，远高于罗素 2000 的 3%；从市值占

比看，中证 1000 的日常消费占比为 8%，显著高于罗素 2000 的 3%。

与中国相比，美国日常消费各细分产业的分布较为均衡，而中国日常消费产业集中于食品与饮料两个子行业。受白酒行业的影响，中国饮料产业的占比明显高于美国，尤其对沪深 300 而言，仅白酒行业的市值就占据了整个成分股的 5%、日常消费产业市值的 65%、饮料产业市值的 98%。对食品产业而言，无论是中国还是美国，无论是大盘股还是小盘股，农产品的占比均低于食品加工及肉类。

6.2 中美日常消费产业数据比较

中美两国日常消费产业超百亿美元市值公司的数量比为 11∶47，比例约为 1∶4。从市值比较看，中国日常消费产业与美国差距巨大。中国这 11 家公司主要集中在 4 个四级产业中，集中度较高（见表 6-1）。

表 6-1 中国日常消费产业超百亿美元市值公司

公司名称	市值（亿美元）	四级产业	二级产业
贵州茅台	1 654	白酒与葡萄酒	食品、饮料与烟草
五粮液	600	白酒与葡萄酒	食品、饮料与烟草
海天味业	372	食品加工与肉类	食品、饮料与烟草
温氏股份	274	食品加工与肉类	食品、饮料与烟草
伊利股份	269	食品加工与肉类	食品、饮料与烟草
洋河股份	261	白酒与葡萄酒	食品、饮料与烟草
牧原股份	181	食品加工与肉类	食品、饮料与烟草
泸州老窖	164	白酒与葡萄酒	食品、饮料与烟草
永辉超市	138	大卖场与超市	食品与主要用品零售
双汇发展	120	食品加工与肉类	食品、饮料与烟草
新希望	108	农产品	食品、饮料与烟草

在日常消费上市公司中，食品加工与肉类、白酒与葡萄酒、农产品最多。从上市公司的数量看，排名前三的分别是食品加工与肉类（46%）、农产品（17%）、白酒与葡萄酒（14%），三者合计占到全部日常消费上市公司数量的 77%。从上市公司的市值看，排名前三的分别是白酒与葡萄酒（46%）、食品加工与肉类（33%）、农产品（10%），三者合计占到全部日常消费上市公司市值的 89%。

白酒与葡萄酒这一细分产业的 ROE 水平远高于其他日常消费四级产业。在剔除白酒后，食品加工与肉类、软饮料、个人用品的业绩表现明显优于其他日常消费子产业，它们 2010 年以来的 ROE（TTM）均稳定在 10% 以上。食品分销商、家庭用品、大卖场与超市的业绩表现较差，ROE（TTM）在 5% 左右波动。

相较而言，美国日常消费产业前 10 家公司分布在大卖场与超市、软饮料、家庭用品、药品零售四大细分产业（见表 6-2），这四个细分产业代表着美国人的日常生活方式和对美好生活的向往，并对全球产生了巨大的影响力。

表 6-2 美国日常消费产业前 10 家公司

美国公司	市值（亿美元）	对标中国公司	市值（亿美元）	四级产业	二级产业
沃尔玛	2 894	永辉超市	139	大卖场与超市	食品与主要用品零售
宝洁	2 695	立白	未上市	家庭用品	家庭与个人用品
可口可乐	2 099	加多宝	未上市	软饮料	食品、饮料与烟草
百事	1 830	王老吉	未上市	软饮料	食品、饮料与烟草
好市多	1 092	高鑫零售	97	大卖场与超市	食品与主要用品零售
亿滋国际	752	洽洽食品	16	食品加工与肉类	食品、饮料与烟草
西维斯健康	687	益丰药房	35	药品零售	食品与主要用品零售
高露洁	618	纳爱斯	未上市	家庭用品	家庭与个人用品
雅诗兰黛	607	上海家化	28	个人用品	家庭与个人用品
沃尔格林联合博姿	478	大参林	33	药品零售	食品与主要用品零售

在美国前 10 家头部公司中，大卖场与超市类公司占了 2 家，分别是沃尔玛和好市多，市值均超过千亿美元。其中，沃尔玛以近 3000 亿美元的市值成为美国日常消费产业中的霸主，但它面临着新零售的挑战。2018 年沃尔玛的营业收入为 4800 亿美元，但市值只有美国电商零售巨头亚马逊的 40%，这一数据也反映出美国人民生活方式的更替和变迁。

在大卖场与超市这个细分产业中，中国与美国的对标公司差距巨大。中国头部公司永辉超市和大润发（高鑫零售）的市值与美国的沃尔玛和好市多相差 1 个数量级，仅有百亿美元级的市值水平，且同样面临新零售崛起带来的挑战。中国大卖场还处于发育期，这就为与国际互联网零售产业几乎同步发展的中国互联网零售巨头提供了并购的标的。2017 年底，阿里巴巴正式宣布以 224 亿元（约 28.8 亿美元）拿下中国最大超市大润发，直接和间接持有高鑫零售 36.16% 的股份，以大润发、欧尚为代表的中国最大商超卖场集团将从商业模式和资本结构上双通道加入由阿里巴巴推动的新零售革命。中国的零售业正在经历着大变天，"线上 + 线下"的珠联璧合已经将商超和电商进行了联姻。无独有偶，京东与沃尔玛的合作成为沃尔玛在中国市场开展 O2O 电商模式的重要砝码。广州、深圳等地的 20 多家沃尔玛购物广场作为首批门店介入"京东到家"平台。未来中国线上线下零售业的融合将成为一种趋势。

日常生活中的饮料和食品属于日常消费产业下的四级产业——软饮料和食品加工与肉类。在这两个四级产业中，美国诞生了千亿美元市值的饮料公司可口可乐、百事，以及亿滋国际这种市值700多亿美元的食品公司。

1997年，《经济学人》杂志上的一则分析称：可口可乐的消费不仅代表了一个国家全球化的程度，更与该国的国力、人民生活水平（以美国制定的标准进行衡量）息息相关。在顾客至上主义在全世界发展的过程中，可口可乐总是能紧随其后。可口可乐是21世纪当之无愧的饮料代表，它见证了美国的崛起、资本主义的兴盛以及全球化的发展。无论你对这种饮料持有什么态度，有一点你无法否认，那就是它对整个世界有一种无法抗拒的魅力。

在中国软饮料这一细分产业中，由于娃哈哈、加多宝、王老吉这些软饮料头部公司没有独立上市，因此还没有一家具备一定规模市值的软饮料公司可以和可口可乐、百事对标比较。如果我们考虑母公司白云山而把王老吉视为准上市公司的话，那么在中国市场，王老吉凉茶的销售额已超过可口可乐。2018年11月29日，在190周年创新发展大会上，王老吉发布了新产品，同时提出了"下一个190年"的战略目标：打造全球排名第一的饮料。与此同时，王老吉宣布入选央视国家品牌计划，与阿里巴巴零售通签约合作，未来将在大数据、渠道等方面与阿里巴巴零售通达成合作共赢，促进渠道数字化升级，积极探索新零售。据广药集团董事长李楚源透露，王老吉已经成为民族饮料第一品牌和行业名副其实的领导者，市场份额达到7成以上，年销售额200亿元，已超过可口可乐在中国的销售额。

亿滋国际作为一家具有全球领导力的零食公司，覆盖160个国家，2017年全年净收入高达260亿美元。亿滋国际旗下知名品牌，如奥利奥、焙朗、露怡、吉百利、妙卡等，均为中国大众所熟知。其产品包罗万象，一应俱全。只要这家年收入高达260亿美元的巨头继续保持当前的势头，紧跟消费者日新月异的偏好，就能借零食行业的蓬勃发展趋势，更上一层楼。亿滋国际的目标是到2022年零食版块的收入增长到1亿美元。"我们目前的公司战略，就是要探索和发现消费者喜欢的新型零食产品。"亿滋国际执行副总裁、首席增长官蒂姆·科弗（Tim Cofer）表示，"我们要把握消费潮流，整合创意人才和先进科技，去挖掘小品牌的巨大潜力，以满足消费者日新月异的消费需求。"

"飘柔，就是这么自信""海飞丝，让头屑不再烦恼"，这些家喻户晓、耳熟能详的广告语让中国人民了解和接触到宝洁——一家市值近2700亿美元的美国日化巨头。宝洁的前身只是一个生产肥皂和蜡烛的小作坊，象牙香皂的创意及热销使宝洁认识到产品研发对公司发展的重要性。1890年宝洁成立了历史上最早的公司实验室，随后就开始了它不停歇的创新、新产品的研发、生产、营销及不间断的市场调研的一体化发展。纵观宝洁的发展过程，就会发现它对市场、消费者的调研从未间断过。抓住市场中出现的每一个细节所透漏出的机会，深入消费者的日常生活，去发现他们心中最需要的东西，这就是宝洁的产品总能领先同行一步且与消费者所需相契合的原因。

宝洁能成为产业巨头，在于它在自身实力十分壮大时不盲目扩张，而在竞争处于劣势时出奇的冷静，理性而果断地做出判断，采取了一系列恰到好处的举措，使自己重新回到"老大"的宝座。同时，宝洁无缝隙的市场运作，不放过每一个市场空白点，其运作采取因地制宜的方式，在各个不同的国家和地区都有对应的"招数"来适应当地的消费习惯。

宝洁不搞产业多元化，而是聚焦日化产业基础上的多品类经营。宝洁的产品覆盖了日化产品、保健品、食品、医药、妇女卫生用品、饮料、织物、家居护理、个人清洁用品，并依据现状对自己的各大品类进行理性的"增或减"。通过严密的市场调查，该增加的品种就果断"增"，哪怕需要巨大的财务投入（如大手笔将吉列公司收入囊中）；没有较大发展空间的产品该"减"掉的就果断"减"掉，以便轻装上阵，更利于前进和竞争。

宝洁的广告创意总是新颖别致，每年广告投入预算也比较大。其产品质量和广告质量一致，让消费者感到的确"物有所值"，这使得宝洁在每一次世界性经济危机中都能保持整体的高利润增长，从而又进一步地增强了自身的实力，巩固了自己的"老大"地位。

在美国，因为实行的是严格的医药分离制度，医院是没有药房的，只能开处方，患者要拿着处方去药房抓药。这时候，绝大多数的美国人会去美国药品行业巨头西维斯健康集团（CVS Health）旗下的CVS药店抓药。

西维斯健康集团是一家美国家喻户晓的公司，主要从事药品零售业务和医药福利管理。截至2018年，它在全球范围内共有9800多家门店，门店数量比麦当劳还多。西维斯健康集团于1963成立，总部位于美国的罗德岛。根据2018年《财富》杂志世界500强排名，西维斯健康集团以1847亿美元的营收高居全球第17位，比电子商务巨头亚马逊（排名18）和汽车行业巨头通用汽车（排名21）都要高。而2017年，西维斯健康集团更是高居全球第14位。

原来的西维斯健康集团只是一家做药品生意的公司，体量也远不如今日。但2006年，西维斯健康集团收购了医药福利管理公司Caremark，而这次收购让西维斯健康集团的业务扩展到了美国医药行业的三大版块：配药服务（pharmacy service）、零售药店（retail pharmacy）和医药福利管理（PBM）——也就是做代理，靠管理费赚钱，而药店是卖药的，靠销售赚钱。其中零售药店和医药福利管理这两大块业务基本涵盖了美国药品行业的全部职能，一举奠定了西维斯健康集团美国医药行业龙头老大的地位。

不仅如此，凭借着制胜法宝——一流的IT技术、良好的声誉、庞大的零售终端、大量的专业人员、互补的两大块业务（药品零售和医药福利管理），西维斯健康集团还赢得了美国消费者的信赖，逐步培养了用户的消费习惯——买药就到CVS药店。另外，与中国药店非常不一样的是，CVS药店不仅卖药品，还出售日用品、文具、零食、饮料、季节性商品、贺卡以及所有欧美药房都会出售的美容和化妆品，还提供照片整理服务。可以说CVS药店甚至承担了便利店的角色，进一步影响了美国人的生活习惯。

当然，对于企业来说，不断扩大经营范围是巩固市场地位的重要手段。面对头号对手沃尔格林联合博姿（Walgreens）的挑战，西维斯健康集团于2015年以19亿美元的价格收购了在美国排名第二、仅次于沃尔玛的零售企业塔吉特（Target）旗下的药房业务，进军百货药店；2017年又以690亿美元收购了美国第三大医疗保险公司安泰（Aetna），进军医疗保险行业。

西维斯健康集团拥有十多家全资子公司，包括CVS Pharmacy（全美最大零售连锁药店）、MinuteClinic（CVS零售诊所）、CVS Caremark（CVS综合处方福利管理服务中心）、CVS Specialty（特别药物服务部门）、DrogariaOnofre（巴西连锁药店）、Accordant（慢性病服务中心）、Coram（全美最大的输液服务中心）等。而为了巩固市场地位，西维斯健康集团在资本市场上的收购似乎会不断进行。

截至2018年，中国药店零售市场年销售额是4000亿元，药店总数量约是44万家，有一半是单体药店，也就是夫妻店，还有22万家属于连锁药房。单体药店和连锁药房各占一半江山，且连锁药房中的大部分是几家药房联合在一起的小型连锁药房。行业前五名的连锁药房的药店总数约为2万家，占连锁药房总数量的不到10%，占全部药店总数量的不到5%。

与4000亿元的药店零售市场相对的是，2018年中国药店零售行业前五家公司的营业收入总和不足400亿元，占全行业的不到10%，所以这个行业还非常分散，集中度可提升的空间非常大。

不过，从A股四家连锁药企（益丰药房、一心堂、大参林、老百姓）的财务状况可以看出，它们自身的资金并不充裕，总体负债率约为50%，流动比率和速动比率皆偏紧，自身并购和新开店的资金并不宽松，业务拓展的方式主要是靠举债或股权融资开新店或并购。举债会加重财务负担，股权融资则会摊薄股东权益，所以，未来5～10年，尽管药店行业的集中度的确会大幅提高，A股连锁药店的营收和利润也会有较大提高，但是股票价值的涨幅可能没那么大，因为行业集中主要不是靠内生增长，而是靠举债或股权融资，而股票价值主要取决于内生增长，因此，单位股份的价值增长可能跟不上公司营收规模的增长。

药店零售受电商冲击小，因为物流配送要求高，很多药品需要在低温情况下运输。另外，实体店购买更能取悦客户，所以，药店零售行业受电商影响较小。大型连锁药店较单体药店的优势在于，可以使用医保卡。大药店通常都提供刷医保卡消费的服务，这给有资格的药房带来较大的顾客群体，比如，大参林约80%的药店都具有各类医保消费资格。大型连锁药店还有品牌优势，且其药品质量相对更令人放心一些，在同等条件下，客户更倾向于选择名声大的连锁药店。

行业开店门槛太低，基本上谁都可以开店，既可以是公司，也可以是个人。夫妻店的开店成本也不高，门槛低，开店多，对顾客分流就大。中国大概有44万家药店，竞争非常激烈，就是因为行业的进入门槛非常低。虽然开店门槛低，但是租金和人员成本高。药店作为店铺，其支付的租金水平不仅受同行业药店竞争的影响，也受其他所有行业竞争的影响，谁能支付高租金，谁就能租下店铺。打个比方，假如某条街其他店铺的利润都很高，能付得起高租金，如果药店的利润不够高，则很可能这条街开不起药店，所以，在最旺的商业街里，药店可能反而不多，甚至没有，因为药店支付不起太昂贵的租金。

行业竞争日趋激烈。大约从2014年开始，连锁药店陆续上市，各公司获得了大量资金，纷纷跑马圈地，几年间，A股四家连锁药店各自都新开设或并购了几百家门店。2018年，与这四家公司相关的大小并购事件多达50余起，其中益丰药房19起，老百姓和大参林均为14起。从市场并购数据来看，并购成本比较高，并购一家门店的成本约为200万元，而新开一家店的成本大约是50万元。开新店通常是第一年亏损、第二年持平、第三年基本赚回本金。大参林以前开新店大约要12个月才能开始盈利，现在大约要18个月才能盈利，开店边际效益明显下降。

除了四家上市公司之外，行业还有许多资本进入。高瓴资本、基石资本都想进来分一杯羹，资本支持下的高济医药、全亿健康等出手更是凶猛。药店行业是强监管、微利润的行业，用投资思维做药品零售，效果恐怕难说理想，做零售是需要靠节约每一分钱来创造利润的。资本蜂拥而入，每个参与者能分到的蛋糕也就少了。

6.3 中美日常消费产业案例比较

通过对中美日常消费产业数据的综合分析可以发现，因为日常消费与人们的生活休戚相关，所以不同国家、不同环境下的日常消费产业的侧重有很大差异。为了对中美日常消费产业有更直观的认识，我们通过分析具体案例做进一步讨论。

在中国日常消费产业的 3 个二级产业中，食品、饮料与烟草的上市公司数量最多。上市公司数量排名前三的四级产业——食品加工与肉类（46%）、农产品（17%）、白酒与葡萄酒（14%）也都属于食品、饮料与烟草。从上市公司市值看，排名前三的四级产业分别是白酒与葡萄酒（46%）、食品加工与肉类（33%）、农产品（10%）。因此，我们在食品、饮料与烟草产业中选择可研究对象。

在白酒与葡萄酒、食品加工与肉类 2 个四级产业中，我们选择后者。原因是，虽然在中国市值最高的前 10 家日常消费类企业中有 3 家酒类企业，但是美国市值排名在前列的企业没有一家酒类企业。同时，中国的这 3 家酒类企业无一例外都是白酒企业，白酒行业的特殊性和白酒在中国的独特性，使得这类企业无法与美国企业进行对标。不过，在中国市值最高的前 10 家日常消费类企业中，还有 5 家食品加工与肉类企业，其中有 2 家乳制品企业：伊利与蒙牛。因此，我们将研究对象锁定为乳制品产业。

随着消费者生活水平的不断提高，从全球视角看，人们对乳制品的关注度和消费量都越来越高。尤其是在新冠疫情发生后，乳制品更是成为公认的增强免疫力的健康食品，这比食品加工与肉类的其他几个子产业（调味品、肉类等）更受关注，更具有研究价值。

6.4 中国乳制品产业历史

中国 20 世纪初就有了专门从事牛奶经营的公司，但直到解放初期，牛奶的消费依然主要集中在北京和沿海的少数几个大城市为数不多的富裕家庭和某些特殊人群。改革开放后，中国社会工业化和城市化的快速发展，为食品工业带来了广阔的市场机遇和需求。大量先进技术装备的引进和投资力度的提高，使得中国食品工业在 20 世纪 90 年代开始全面提速。20 世纪 80 年代，在农学、园艺学、畜牧兽医学等学科的基础上组建的食品科学系和食品专业，也为后来的高速发展提供了理论基础和人才储备。随之而来的是牛奶消费的普及。20 世纪 90 年代，瑞典利乐公司把无菌复合纸包装带到了中国，直接推动中国乳业进入"黄金 10 年"，牛奶成了家庭必备的日常饮品。

在改革开放的第二个10年，大中型食品企业通过引进成套技术装备，提高了生产水平和产品质量，并通过对先进技术的吸收消化和再创新，推广和应用了一大批高新技术，如生物工程、超高温杀菌、冷冻速冻、超临界萃取等，这些技术都有力地促进了乳制品产业生产技术水平的提高、产品的更新换代加速、产业集中度的提高。2000年，全国前10家乳制品企业液体乳产量占全国销售总量的49%，乳制品加工领域的技术装备水平已经接近发达国家20世纪90年代初期的先进水平，与发达国家的差距在一天天拉近。

2008年，中国乳制品产业受到内外夹击。因为三聚氰胺事件的影响，市场对国产品牌乳制品的购买力和信任度都大幅下降，加之进口乳制品的冲击，乳制品产业国际化发展进程不断加快。国内液态奶市场转向"红海"，一二线城市的液态奶市场趋于饱和，三四线城市的市场处于习惯性消费培育阶段，液态奶整体增速有所放缓，乳制品产业进入整体恢复期。

从2014年开始，受消费需求质变、产品同质化严重、国际化冲击明显等因素影响，中国乳制品产业开始加快产品结构升级，同时加快产品结构调整。当基本需求得到满足之后，大家开始将更多的注意力转移到饮食营养和健康的角度上，人们重视的不再是"怎么吃饱饭"，而是"怎么吃得好"。这种对饮食健康的重视比过去任何一个时代都要高。因此，更多具有新鲜度、营养价值和独特风味的产品受到消费者的青睐，低温奶、低温酸奶、配方液态奶、有机奶粉以及奶酪、黄油等产品逐渐走上中国人的餐桌，成为居民消费升级的重要选择。在一些城市，奶酪、奶油的消费在逐渐上升，人们在乳制品领域的消费也在悄然升级。从市场规模来说，排在前两位的升级品类是高端常温酸奶和高端有机纯牛奶。其中，高端常温酸奶的代表产品是伊利的"安慕希"，年销量达到160亿元，紧随其后的是蒙牛的"纯甄"，年销量为110亿元，之后是光明的"莫斯利安"，年销量为40亿元。高端有机纯牛奶的代表产品为蒙牛的"特仑苏"，年销量为120亿元，以及伊利的"金典"，年销量为100亿元。

6.5 中美乳制品产业结构

6.5.1 中国乳制品产业结构

1. 消费结构不断升级

在乳制品市场上，越来越多的创新品类满足了消费者的需求升级。2017年，乳酸菌饮料和酸奶细分市场的零售额合计同比增速为 15.6%，并在随后继续保持较快增长。随着乳制品市场的不断细分以及细分市场消费规模的逐步扩大，新增品类将带动乳制品市场整体持续健康发展，国内乳业已进入品质升级和创新发展的新阶段。

在整个乳制品消费结构中，液态奶和奶粉的占比较高。2012～2016 年，在经过快速增长之后，我国液态奶和奶粉的消费量趋于稳定状态。在我国的液态奶消费结构中，巴氏杀菌乳占 10%，超高温灭菌乳占 40.6%，发酵乳占 21.3%，调制乳占 28.1%。美国、澳大利亚等国的巴氏杀菌乳占液态奶消费总量的 80% 以上，我国仅为 10%，相对偏低。未来，我国消费升级和消费结构的优化将在低温领域为乳制品加工企业提供新的发展契机。区域性乳企相比全国性乳企，更专注于特定区域的渠道和消费者口感需求，在低温领域形成了较为显著的本地品牌优势。未来，借助消费者驱动，区域性乳企在低温领域将具备长期高速可持续的增长潜力。

2. 三四线城市及农村市场消费潜力巨大

近年来，我国农村居民消费水平持续快速提高。随着收入的增加，农村居民在膳食结构上减少了粮油，增加了有利于健康的其他食品。乳制品在消费量上的增速远高于蛋类、水产品和瓜果类，已逐渐成为农村居民膳食结构的重要组成部分。

2017 年，农村居民人均消费支出同比增速达 8.1%，高于城镇居民 2.2 个百分点，有效带动了三四线城市及农村市场乳制品消费的增长。三四线城市及农村市场液态类乳制品零售额比上年同期增长 8.8%，明显高于一二线城市同类产品零售额增速，成为拉动乳制品消费规模增长的新引擎。

3. 市场规模进一步扩大

随着中国人民生活水平的逐渐提高，乳制品市场会不断扩大并趋于成熟，中国将成为世界上乳制品消费量最大的潜在市场，这同时将刺激中国乳制品产量进一步提高。从乳制品产量情况来看，除 2014 年产量呈负增长之外，其余年份产量都呈正增长态势。其中，2017 年我国乳制品产量达 2935 万吨，累计增长 4.2%。

6.5.2 美国乳制品产业结构

美国奶牛养殖业主要分布在西部和东北部地区。加利福尼亚州、威斯康星州、纽约州、明尼苏达州和爱达荷州是产奶量最高的 5 个州。

由于 2007 年全球金融危机，乳制品的需求降低，美国原料奶价格从 2007 年的每千克 0.424 美元下降到 2009 年的 0.285 美元。随着国际乳制品需求量的逐渐回升,美国的原料奶价格一路走高,2014 年达到最高点 0.531 美元。2015～2016 年,由于美国国内经济状况不乐观,原料奶价格再次走低,于 2016 年达到低点 0.36 美元。从产量来看,2013～2017 年,美国黄油产量呈下降趋势,年增长率的平均值为 -0.26%;而液态奶、奶酪、全脂奶粉、脱脂奶粉的产量则呈现不同程度的上升趋势(见表 6-3),年平均增长率分别为 1.75%、2.9%、13.6% 和 2.7%。全脂奶粉产量增长波动较大,2014～2016 年增长率逐年下降,2016 年出现了负增长,而 2017 年增长率提升为 22.22%。液态奶、黄油、奶酪、脱脂奶粉的产量增长平稳,但有逐年下降的趋势。

表 6-3　2013～2017 年美国乳制品产量　　　　　　　　(万吨)

种类	2013 年	2014 年	2015 年	2016 年	2017 年
液态奶	9 127.7	9 348.5	9 461.9	9 634.3	9 784.0
黄油	84.5	84.2	83.9	83.4	83.8
奶酪	503.6	522.2	536.7	551.5	564.6
全脂奶粉	3.3	4.7	4.9	4.5	5.5
脱脂奶粉	95.6	104.7	102.9	104.9	106.5

美国液态奶人均消费量逐年下降(见表 6-4),2015 年液态奶人均消费量同比下降 1.67%,与 2010 年相比下降 11.21%。而美国干酪、黄油人均消费量逐年上升,2015 年干酪、黄油人均消费量同比分别上升 2.68% 与 5.71%,与 2010 年相比分别上升 4.67% 与 14.10%。

表 6-4　美国乳制品人均消费量　　　　　　　　(公斤)

种类	2010 年	2014 年	2015 年
液态奶	92.80	83.80	82.40
干酪	15.00	15.29	15.70
奶油	2.27	2.45	2.59

6.6　中国乳制品产业集中度

我国乳制品产业自 20 世纪 90 年代中期以来得到了迅速发展,涌现出伊利、蒙牛、光明等大型乳制品企业,产业集中度不断提高。2006～2008 年,市场集中度一直呈上升趋势。但在 2008 年三聚氰胺事件后,三鹿退出市场,对其余一线品牌的市场份额均有不同程度的影响,二线品牌则以此为契机进行整合重组,因此 2008～2009 年的市场集中度有所下降。经过行业发展的"冬季",各大品牌的市场份额都有所提高,市场集中度也开始上升。到 2011 年,几个大型乳制品企业的市场份额增加，市场集中度加强。

我国乳制品产业在国内外的双重竞争压力下逐步发展，市场结构趋于稳定。伊利以全球化的供应链管理及"品质即生命"的品控理念处于乳制品产业的领先位置，蒙牛则以高端产品和多元化战略与伊利相抗衡。光明、三元等企业依靠其区域优势，在某一地区有明显的竞争优势，也有较好的发展。外资的雀巢等品牌以其良好的信誉和优质的产品也逐渐占领了一些市场份额。而其他相对较小的企业如果没有好的发展，市场份额就会逐渐萎缩，直至被其他企业兼并。

纵观中国主要的22家乳企2016～2018年的营业收入可知，伊利、蒙牛、光明3家乳企的总营业收入均超过了22家乳企总营业收入的70%（见表6-5），伊利的营业收入更是保持在22家乳企总营业收入的33%左右。蒙牛2018年的营业收入虽然与伊利的差距达到百亿元以上，但是在22家乳企的总营业收入中的占比还是保持在29%左右。而光明的占比则从2016年的10.83%下降到8.73%，与伊利、蒙牛这对"乳业双雄"的差距进一步拉大。

表6-5 乳制品企业营业收入 （亿元人民币）

企业名称	2016年	2017年	2018年
伊利	606.09	680.58	795.5
占比（%）	32.48	33.34	33.09
蒙牛	537.8	601.56	689.77
占比（%）	28.82	29.47	28.70
光明	202.07	216.72	209.9
占比（%）	10.83	10.62	8.73
22家乳企总额	1 866.15	2 040.94	2 403.79

伊利、蒙牛两大巨头发展势头强劲，各种并购行为使得乳制品产业向大型企业集中。对于乳制品产业来说，奶源是产品质量的重要保障，但是奶源又是非常稀缺的资源。正是这种稀缺性，造成了乳制品产业集中度的提高。

必要的资本量壁垒也是集中度提高的原因之一。生产乳制品的企业必须具备雄厚的资金基础来保障技术的不断创新，保障卫生安全和科研开发，不断满足多样化的市场需求。尤其是在2008年三聚氰胺事件后，企业更需要投入大量资金来保障技术的升级。因此，乳制品产业的资本量壁垒比较高。

成本优势壁垒也使得乳制品产业集中度高。中国乳制品产业三大巨头伊利、蒙牛、光明通过技术创新，都控制了最新的生产工艺，培养了许多相关技术人员和专业人才。而且这些大型企业已经占有了几乎所有的奶源，控制了低成本投入物的供应渠道。新企业很难在短时间内建立自己的品牌，很难培养出自己的科研团队，也很难从在位企业那里抢夺奶源，因此很难拥有核心竞争力，从而无法进入乳制品市场。

再有就是规模经济壁垒。从中国三大乳制品企业的市场占有率来看，伊利、蒙牛、光明占有了超过一半的乳制品市场，具有一定的规模经济效益。不过，一些区域性、地方性的品牌正在不断崛起，不断追赶前面的大企业，市场占有率正在逐年提高。

当然，在中国各地还是有一些依靠本地消费者支持的当地品牌，比如三元、新希望等。乳制品是一种很特殊的产品，它对奶源、生产、配送和保鲜都有特殊的要求，本地品牌在保证奶源和降低配送成本方面有一定的优势，因此，它们在一些品类的奶制品（比如低温奶）的市场份额上占据一定优势。

6.7 中国乳制品产品结构

从产品结构上来说，以奶酪、奶油为代表的固体乳深加工需求呈现增长趋势，近几年，奶酪市场年均增长率一直保持在20%～25%，2017年消费总量突破14万吨；2014～2016年，稀奶油年均增速约为40.7%，2017年消费量突破20万吨。据中国海关统计，2017年我国进口干乳制品176.88万吨，同比增长16.2%，进口额同比增长37.9%。其中，进口奶酪10.8万吨，同比增加11.1%；进口奶油9.16万吨，同比增长11.9%。

国内深加工固体乳消费主要表现为"间接消费"，以工业食品添加物、餐饮、烘焙为主，占70%～80%。黄油、稀奶油、奶酪、炼乳、奶昔等高端化深加工产品通过餐饮渠道走上人们的餐桌（如通过肯德基、星巴克、必胜客、西餐厅、烘焙店、西饼屋等渠道进入居民饮食生活），且占比越来越高。

液态奶、全脂奶粉和脱脂奶粉（包括消费者直接购买的和工业奶粉）是我国主要的乳制品消费产品，将全脂奶粉和脱脂奶粉按1∶8折算成原奶，三者占比分别为48%、46%和6%，总体消费量从2000年到2016年增长了3.6倍至3231.4万吨。我国液态奶的人均消费量为18公斤，远低于澳大利亚和新西兰人均110公斤的消费量，也仅为美国、欧盟、加拿大等地区消费水平的1/4。同时，中国整体乳制品（涵盖奶粉、奶酪和黄油等）人均消费量约为31公斤，远低于美国208公斤的人均消费量。我国和韩国、日本地处亚洲东部，乳制品消费习惯较为接近，以韩国和日本成熟的乳制品人均消费量来估算中国乳制品市场的潜在空间是较为合理的方式。韩国和日本的液态奶人均消费量分别维持在33公斤和31公斤，是我国人均消费量的1.8倍和1.7倍，对标韩国和日本，我国传统乳制品消费能力还有将近 1 倍的增长空间。

根据第三方机构的调查，我国一线城市的液态奶（高中低端白奶、低温/常温酸奶、乳饮料）渗透率已达到 90% 以上，人均消费量在 31 公斤左右，消费刚性较好，但增长空间有限；省会城市、二线城市和部分三线城市的渗透率已达到 70% 以上，人均消费量约为 23 公斤；大部分三四线城市的乳制品渗透率仅在 50% 左右，人均消费量约为 16 公斤；而农村地区仅为 7 公斤，渗透率在 20% 左右。按地区来看，我国东部和南部较发达地区的液态奶人均消费量已趋近韩国和日本的平均消费量，增长空间有限；而欠发达地区（如西部和中部地区）的人均消费量仅为 12 公斤和 13 公斤，上升空间较大。

6.8 乳制品产业行为

6.8.1 中国乳制品产业创新行为

作为亚洲乳业第一的伊利集团，"不创新，无未来"是每一位伊利员工耳熟能详的口号。多年来，伊利集团倡导"全链创新"，深度发掘科技潜力，成功跻身全球乳业第一阵营，成为公众身边最熟悉的品牌之一。

2014 年，伊利集团在瓦赫宁根大学设立了欧洲研发中心，2018 年，伊利集团将这一中心升级为伊利欧洲创新中心。伊利的"全链创新"体系，是在创新思维指导下，以消费者需求为导向，深化管理创新，建立起覆盖上中下游全产业链的创新体系，最终与消费者和产业链合作伙伴共享创新价值。截至 2017 年底，伊利拥有科技人员 2257 人，在集团创新中心开展工作的高级专家 10 余人，博士近 20 人。在这样的创新网络之下，伊利累计专利授权量为 2201 项，先后有 3 项专利获得中国专利优秀奖，专利保护覆盖液态奶、奶粉、酸奶、冷饮、原奶等领域；累计获得国内外注册商标 5251 件，拥有驰名商标 5 件、著名商标 7 件。

乳业的创新成果不仅仅停留在纸面上，传统的饲养方法和牛奶的采集生产方式都产生了翻天覆地的变化。牛犊一出生即建养殖档案，保证每天饲喂情况有据可查，挤奶完全机械化，牛奶运输全程可视化 GPS 跟踪，机器人在智能仓储车间完成牛奶码垛存放，大数据平台实时跟踪观察消费者深层次的购买需求。

作为工信部颁布的首批互联网与工业融合创新试点企业，伊利在行业内建立了覆盖全产业链的产品追溯程序，并和国家信息平台进行对接，从而实现全产业链食品安全;通过"互联网+"提前精准识别关键风险点,从而发挥风险预判功效。同时,伊利与京东联手打造协同仓、区块链产品追溯及线下无人超市创新实践,实现传统企业与新零售的融合发展,从而让"互联网+"创造更多的新型业务形态。

蒙牛和中国农业大学合作的"创新的青年最美丽"公益项目,旨在将创新的理念传播到尚在读书的大学生当中。项目安排专业的导师团,对同学们想象出来的创新产品进行配方研发设计、产品命名、包装设计,还手把手教同学们进行产品定价。这样的创新实战,其实是学习提升与竞争并行,既帮助年轻人在未来的创新道路上打下坚实的基础,也为企业本身输入了新鲜的理念和灵感。

6.8.2 美国乳制品产业信息化行为

美国先进的科技水平应用在农业领域极大地提高了农业的机械化和信息化程度,实现了每个人能负责一百多头牛的水平,提高了生产效率,节约了人工成本。机械化体现在饲料生产、奶牛饲喂、挤奶、粪便清理等环节,基本实现了自动化。随着机器人的普及,美国牧场使用的机器人的数量也在逐渐增加。信息化体现在电子信息技术的普及。农户可通过电子计算机进行生产管理和监控,通过联网获得有价值的数据,方便对生产做出决策。

美国乳制品生产服务体系完善,奶牛业的专业化分工十分细致,生产的大小环节都可以找到专门的机构或公司,如奶业协会、种公牛站和奶牛改良中心等。各种奶业从业人员或企业自愿组成的民间协会等非营利组织,在本行业的生产与管理、技术推广与咨询、加工与销售等方面起着重要的桥梁作用。

6.8.3 中国乳制品产业升级

伊利的"ADD模式"中的A指的是"品质至上"(all for quality),在消费升级的浪潮下,消费者已经从价格敏感型演变为品质敏感型。第一个D指的是"多元需求"(diversified demand),随着经济的快速发展和生活水平的不断提高,消费者对产品的需求越来越多元化,产品不仅要满足消费者最基本的功能需求,还要兼顾更多的个性化需求。第二个D指的是"深度体验"(deep experience),消费者的需求已经从过去的"买产品"逐步转向"买服务",在这个过程中,用户体验发挥着至关重要的作用。

伊利集团董事长潘刚在第三次到哈佛授课时,提出搭建"全球农业合伙人平台"的倡议,这个倡议不仅有助于打造全球农业合作的"新生态圈",也体现了潘刚作为一名中国企业家的责任与担当——联合产业链上的所有力量,共同推动全球农业的发展，为全球农业谋一个更好的未来。

伊利在中国企业中率先提出了完全对标联合国提出的"可持续发展目标及路径"，"可持续的能力是企业的生命力，代表了企业未来的领导力。对伊利来说，可持续发展不仅是事业，更是一份使命，点亮每一个生命，为他带去健康活力。"

近年来，伊利遵循产业链共赢原则，搭建起覆盖乳业上下游的融资平台，主动为合作伙伴提供融资服务，推动了全链条业务的持续健康发展。2018 年，公司发放融资款约 143.5 亿元，为 3593 个上下游合作伙伴提供了融资服务。公司自 2014 年正式启动产业链金融业务以来，累计发放融资款约 282 亿元，累计服务客户近 4400 户。与此同时，公司依托奶牛学校平台，积极整合国际优质资源，全面升级了现代牧场人才的培养模式，开发了覆盖青贮制作、奶牛健康管理等牧场各生产环节的网络课程，培训供应商达上万人次。2016～2018 年，公司帮助奶农将奶牛日均单产提升了 2 公斤，每公斤牛奶养殖成本下降了 0.4 元，通过上述"一升一降"，公司为奶农增收 30 多亿元。

从 2013 年开始，蒙牛开展"壹块扫霾"公益行动，邀请环保界人士、植物学教授、网络招募的大学生等，一起努力，唤起人们对环保的关注。2014 年，蒙牛拉开了"蒙牛爱心井"的序幕。在一些牧场上，用水难的问题始终困扰着当地群众。"蒙牛爱心井"将甘泉引入大草原，解决缺水地区群众的饮水问题，缓解地区干旱状况，用大爱和责任反哺草原。

2018 年，由中国农业大学、蒙牛集团、国家奶牛产业技术体系、奶业技术服务联盟共同发起的"奶业生态圈互助联盟"在北京成立。这是 D20 峰会之后从奶源建设角度的又一次重要行动，该联盟以优化资源、携手共赢、可持续发展为宗旨，努力创新新技术服务模式，协调奶业全产业链利益各方，创造共生、共发展的多赢环境，探索中国特色奶业利益一体化可持续发展的新机制。

6.8.4　美国乳制品产业定价策略

美国主要依靠两项乳业政策来实现对原奶价格的管理和控制。一个是根据 1937 年《农业调整法》（Agricultural Adjustment Act）设立、依据 1949 年《农业法》（Agricultural Act）成为永久性计划的价格支持计划（Price Support Program）。另一个是根据 1937 年《农产品营销协议法》（Agricultural Marketing Agreement Act）设立的《联邦奶经销法令》（Federal Milk Marketing Order，FMMO）。

价格支持计划包含了对原奶的价格支持，形成了原奶的基础价（floor price），该价格在政府采购乳和乳制品用于国内和国际食品援助计划时使用，1999 年起固定在

9.90 美元 /100 磅原奶，大约是 2007 年原奶平均价格的 1/2。

《联邦奶经销法令》规定，由美国农业部根据干酪、奶油、脱脂奶粉和乳清粉批发价（由美国国家农业统计局统计发布），综合考虑制造成本、乳制品水分含量和成分贡献等因素，利用经济学公式推算出原奶价格。原奶价格每月发布，作为原奶使用人（乳和乳制品的加工制造者）支付的最低价格。因此，市场中所有参与方都非常明确地知道美国的原奶价格会沿着国家农业统计局发布的最低奶价运行。

6.9 乳制品产业绩效

6.9.1 中国乳制品产业绩效

1. 原料乳质达到世界先进水平

奶源是保障乳制品质量安全的基础，这是三聚氰胺事件铁的教训。十多年来，中国乳制品产业大力发展规模饲养，逐步淘汰"庭院式饲养、副业式经营"的散养模式；倡导企业实施全产业链管理新模式，大力发展企业自有奶源；大力推广机械挤奶，对奶站进行整顿提升等。原料乳的质量安全不仅得到了保障，而且得到明显提升，达到世界先进水平。

2. 乳制品加工技术装备达世界先进水平

如今，我国乳制品生产企业，特别是婴幼儿配方乳粉企业的技术装备水平、检测检验能力、科技研发能力、企业管理水平等均处于世界先进水平。真正做到了：原料来源可溯源，产品质量可追责，产品去向可追踪。

3. 行业规模、乳制品产量大幅度增长

国内规模以上乳制品企业 2018 年产量约为 3078 万吨，同比增长约 4.6%，五年复合增长率为 2.7%；2018 年乳制品产业销售总额约为 3700 亿元，同比增长 3%，五年复合增长率为 5%。行业增速放缓趋势明显。

此外，行业集中度越来越高。2018 年伊利和蒙牛的行业份额占比分别为 23.6% 和 22.4%，两家企业占据行业近半份额。从近年来伊利和蒙牛的年度增长速度看，这种趋势还将进一步加剧。

4. 产品质量稳定向好

在三聚氰胺事件后，中国乳制品产业砥砺前行十年，乳制品、婴幼儿配方乳粉质

量稳定向好，在国家监测的 32 大类食品中，合格率是最高的。

6.9.2 美国乳制品产业绩效

美国乳业最大的公司迪恩食品的市值从 2007 年高峰时的 62 亿美元跌至 9000 万美元左右。该公司拥有 50 多个地方性和地区性乳制品品牌，可加工、分销乳制品，其大部分收入来自液体奶。其 2019 年第一季度财报数据显示，实现营业收入 17.95 亿美元，净亏损 6157 万美元，每股收益为 –0.67 美元，毛利润为 3.69 亿美元，市盈率为 –0.25。在供应杂货店自有品牌的激烈竞争中，迪恩食品的利润率日渐稀薄，2015～2019 年的平均利润率只有 3.8% 左右。在其关键客户沃尔玛宣布建立自己的乳制品加工厂后，该公司的情况进一步恶化。

此外，导致迪恩食品股价下跌的另一个重要原因是美国人不再喝那么多的牛奶了。这一现象使得美国整个乳制品产业处境艰难。由于消费量的下降和生产的扩张，牛奶价格在过去几年中一直在下跌。根据美国奶农公司（DFA）的数据，2018 年美国牛奶销售额下降了 11 亿美元，从 2017 年的 147 亿美元下降到 136 亿美元。DFA 主席兼首席执行官里克·史密斯称，消费者对素食替代品的兴趣日益增长是牛奶销量下滑的一个重要因素。统计数据也支持了史密斯的这一理论：2018 年 7 月，美国植物食品协会发布了尼尔森零售研究公司的定制数据，数据显示，植物奶的销量在过去 12 个月里增长了 9%，占牛奶总销量的 15%，而同期牛奶销量下降了 6%。

6.10 乳制品产业政策

6.10.1 中国乳制品产业政策

1. 整体规划

国家发改委颁布的《食品工业"十二五"发展规划》提出，中国乳制品产业要加快调整结构，积极引导企业通过跨地区兼并、重组，淘汰落后产能，培育技术先进、具有国际竞争力的大型企业集团，改变乳制品产业企业布局不合理、重复建设严重的局面，推动乳制品产业结构升级。乳制品产业要调整优化产品结构，逐步改变以液体乳为主的单一产品类型局面，鼓励发展适合不同消费者需求的特色乳制品和功能性产品，积极发展脱脂乳粉、乳清粉、干酪等市场需求量大的高品质乳制品，根据市场需求开发乳蛋白、乳糖等产品，延长乳制品加工产业链。

规划对乳制品产业的布局提出了设想，指出按照乳制品加工企业选址与奶源基地相衔接、企业规模与乳制品生产能力相匹配、产业布局与需求市场相符合的原则，调整优化乳制品产业布局，发挥传统奶源地区的资源优势，加快淘汰规模小、技术落后的乳制品加工产能，推动形成特色鲜明、布局合理、协调发展的乳制品产业新格局。

对于大城市周边产区，原则上不再布局新的加工项目。支持乳制品加工科技的研究与产业升级，率先实现乳业现代化；鼓励新型乳制品的开发，主要发展巴氏杀菌乳、酸乳等低温产品，适当发展干酪、奶油、功能性乳制品。

在东北、内蒙古产区，应该重点发展乳粉、干酪、奶油、超高温灭菌乳等产品，根据市场需要适当发展巴氏杀菌乳、酸乳等产品。严格控制建设同质化、低档次的加工项目，扶持建设有国际竞争力的大型项目。

在华北产区，要合理控制加工项目建设，重点发展乳粉、干酪、超高温灭菌乳、巴氏杀菌乳、酸乳等产品。

在西北产区，应该合理控制加工项目建设。主要发展便于贮藏和运输的乳粉、干酪、奶油、干酪素等乳制品，适度发展超高温灭菌乳、酸乳、巴氏杀菌乳等产品，鼓励发展具有地方特色的乳制品。

在南方产区，应根据原料奶资源情况，合理布局乳制品加工企业。要发展巴氏杀菌乳、干酪、酸乳，适当发展炼乳、超高温灭菌乳、乳粉等乳制品，鼓励开发水牛乳加工等具有地方特色的乳制品。

2. 食品安全

为了保证食品安全，保障公民身体健康和生命安全，2008年10月6日《乳品质量安全监督管理条例》发布执行。2009年2月28日《食品安全法》及《食品安全法实施条例》颁布实施，2015年4月24日第一次修订。相关部门发布了《奶业整顿和振兴规划纲要》等一系列政策法规。2010年以来，国家卫生和计划生育委员会陆续颁布的乳制品安全国家标准有74项，其中产品标准21项、生产规范标准3项、检验方法标准50项。

这些法规政策和标准在乳制品产业得到了认真贯彻执行，规范了行业的生产经营活动，提升了乳制品、婴幼儿配方乳粉的整体质量与安全水平，推动了乳业的健康稳定发展。

3. 行业监管

在中国乳制品产业改造升级的过程中，国家对乳制品企业实行了严格的监管。

2013 年，国家食品药品监督管理总局[○]对生产许可审查细则进行了修订，第四次换发生产许可证。新修订的审查细则在企业规模、生产工艺、生产条件、设备设施、检测检验能力、科研能力、员工队伍能力、企业管理、储藏运输等方面提出了更高的要求，同时要求企业必须建立并实施 HACCP、ISO 管理体系和制度。这是整个行业技术装备水平、管理水平的一次飞跃和提升。在第四次换发生产许可证后，乳制品企业由之前的 139 家减少到 108 家。

6.10.2 美国乳制品产业政策

美国政府通过了一系列对奶业的支持政策（如牛奶收入损失合同项目、乳制品价格支持项目、乳制品利润保障计划和乳制品捐赠计划等），以保护奶农的利益，提高奶业的生产效率。美国财政支持的"学校营养餐计划"的推行进一步提高了奶农的生产积极性，保障了奶农的利益，有利于提升原料奶的质量。

美国政府还加大了对科技的投入力度。相关科研机构的科研经费均有联邦政府的资助，大学的教育也开始注重理论成果的推广和应用，推广站人员的经费充足。

6.11 结语

2008 年，对于中国乳制品产业来说，无疑是跌入冰点的一年。很多食用了三鹿奶粉的婴儿被发现患有肾结石，随后在奶粉中发现了化工原料三聚氰胺。这一事件使得消费者对我国乳制品的信心锐减，乳制品产业遭受巨大挫折，整个行业处于生死存亡的危难时期。到 2011 年，中央电视台《每周质量报告》调查发现，仍有七成中国民众不敢买国产奶。

事件发生十多年以来，乳制品产业在党中央、国务院的关怀下，在政府相关部门的正确领导下，开展了彻底的改造升级，在提升产品质量安全水平、恢复消费者信心方面取得了巨大成就。目前，乳制品产业已成为法规标准完善、技术装备先进、企业管理规范、产品质量稳定向好、具有世界先进水平的现代食品制造业。

近几年，国内消费需求已实现从"温饱型"向"品质型"的跨越，有质量的消费成为新时期下产品升级的重要内容，消费者更加注重商品质量和服务质量，关心产品品牌和美誉度，注重消费体验和精神愉悦感。在消费升级的推动下，我国乳制品产业全面升级，质量安全水平大幅提高，乳制品消费信心稳步提升。

○ 国家食品药品监督管理总局于 2018 年 3 月被撤销，另组建国家市场监督管理总局。

第 7 章

可选消费

魏　民　北京大学光华管理学院 1999 级 MBA
陈　伟　北京大学光华管理学院 2004 级 MBA，知一书院研究员

幸福是生活的"导数"，也就是生活品质的改善程度。几十年来，中国一直处于不断的消费升级与迭代之中，而人们生活的改善主要体现在可选消费领域。当城里新一代的宅男宅女习惯于上网课时，他们无法想象自己的父母是如何走半小时的路去上学的。当村里的大爷大妈们使用拼多多购物时，他们再也不用像父辈一样纺纱织布。人们看的屏幕从小到大，再从大到小。最早看北京电视台节目的幸运儿，用的是"9寸"⊖黑白电视机。一度拥有"21 摇"的家庭每晚都会自豪地开放"家庭影院"，与街坊邻里一同追剧。现今电视机的尺寸已经超过了"50 寸"，而我们更多的时候盯着"5 寸"屏幕的手机。

可选消费的变化是生活改善的风向标，孕育着上市公司的新机遇。伴随着一轮轮消费浪潮，中国在家用电器、汽车制造、电子商务等领域不断有公司上市，A 股的海尔电器、美的集团、格力电器、上汽集团、广汽集团、比亚迪等公司是其中的代表。

在中国人的生活发生翻天覆地的变化的时候，美国人的生活则主要因互联网而改变。同时，美国公司仍然保持着全球影响力，因此在可选消费领域的高市值上市公司中，出现了传统与创新并存的局面。美国既有福特汽车、通用汽车、迪士尼、耐克、麦当劳这样的传统巨头，也有苹果、亚马逊、特斯拉、星巴克这样的新锐公司。

面临世界格局的变化，中美两国可选消费公司都面临着机遇与挑战。美国政府更加注重恢复国内的制造能力，中国公司则更多地在世界各地寻找新的市场。

⊖　这里的"寸"指的是英寸。

7.1 可选消费产业结构

根据 GICS-Wind 分类标准,消费品分为日常消费品和可选消费品。如果说日常消费品用来满足生活最基本的需求,那么可选消费品就是更高层次的需求,而且可选消费品是消费升级的最大受益者。只有在最基本的需求被轻松满足并有一定经济实力后,消费者才会大量购买可选消费品,可选消费品的发展空间才会被真正打开。

可选消费产业作为一级产业可分为汽车与汽车零部件、耐用消费品与服装、消费者服务、媒体、零售业 5 个二级产业,细分为 12 个三级产业、36 个四级产业(见表7-1),有最多的四级产业,占 161 个四级产业的比例超过 1/5。中国居民消费专注度最高的汽车、数码产品、服饰、奢侈品、机票酒店、教育培训都属于可选消费产业。

表 7-1 可选消费产业分级

二级产业	三级产业	四级产业
汽车与汽车零部件	汽车零配件	机动车零配件与设备
		轮胎与橡胶
	汽车	汽车制造
		摩托车制造
耐用消费品与服装	家庭耐用消费品	消费电子产品
		家庭装饰品
		住宅建筑
		家用电器
		家用器具与特殊消费品
	休闲设备与用品	休闲用品
		摄影用品
	纺织品、服装与奢侈品	服装、服饰与奢侈品
		鞋类
		纺织品
消费者服务	酒店、餐馆与休闲	赌场与赌博
		酒店、度假村与豪华游轮
		休闲设施
		餐馆
	综合消费者服务	教育服务
		特殊消费者服务
媒体	媒体	广告
		广播
		有线和卫星电视
		电影与娱乐
		出版
零售业	消费品经销商	消费品经销商
	互联网与售货目录零售	售货目录零售
		互联网零售

（续）

二级产业	三级产业	四级产业
零售业	多元化零售	百货商店
		综合货品商店
	专营零售	服装零售
		计算机与电子产品零售
		家庭装潢零售
		专卖店
		汽车零售
		家庭装饰零售

7.1.1 中美可选消费产业比较

中美两国可选消费产业超百亿美元市值公司的数量比为9∶82，比例约为1∶9。从市值比较看，中国可选消费产业与美国差距巨大（见表7-2）。

表7-2 中美可选消费产业部分上市公司市值

排名	美国公司	市值（亿美元）	中国对标公司	市值（亿美元）	四级产业	二级产业
1	亚马逊	7 374	阿里巴巴	3 525	互联网零售	零售业
			京东	399	互联网零售	零售业
			拼多多	238	互联网零售	零售业
2	家得宝	1 941	美凯龙	63	家庭装潢零售	零售业
3	迪士尼	1 645	万达电影	49	电影与娱乐	媒体
4	康卡斯特	1 541	芒果超媒	61	广播	媒体
5	麦当劳	1 362	海底捞	199	餐馆	消费者服务
6	耐克	1 169	安踏	173	鞋类	耐用消费品与服装
7	奈飞（Netflix）	1 169	爱奇艺	133	互联网零售	零售业
8	星巴克	801	瑞幸咖啡	42	餐馆	消费者服务
9	缤客（Booking）	786	携程	191	互联网零售	零售业
10	劳氏（Lowe's）	867	美凯龙	63	家庭装潢零售	零售业
11	特许通讯	642	东方明珠	51	广播	媒体
12	特斯拉	367	比亚迪	188	汽车制造	汽车与汽车零部件
13	TJX公司	643	海澜之家	56	服装零售	零售业
14	通用汽车	525	上汽集团	432	汽车制造	汽车与汽车零部件
15	金沙集团	466	—	—	赌场与赌博	消费者服务
16	RELX公司	452	中南传媒	32	出版	媒体
17	万豪国际（Marriott）	435	锦江股份	32	酒店、度假村与豪华游轮	消费者服务
18	宣威－威廉斯	402	美凯龙	63	家庭装潢零售	零售业
19	塔吉特（Target）	363	供销大集	22	综合货品商店	零售业
20	福特汽车	311	上汽集团	432	汽车制造	汽车与汽车零部件

中国A股前10家上市公司主要集中在36个四级产业中的6个产业里，集中度

较高（见表 7-3）。

表 7-3 中国可选消费产业超百亿美元市值的 A 股上市公司

公司名称	市值（亿美元）	四级产业	二级产业
美的集团	487	家用电器	耐用消费品与服装
格力电器	479	家用电器	耐用消费品与服装
上汽集团	432	汽车制造	汽车与汽车零部件
中国国旅	219	酒店、度假村与豪华游轮	消费者服务
比亚迪	188	汽车制造	汽车与汽车零部件
广汽集团	154	汽车制造	汽车与汽车零部件
苏宁易购	150	计算机与电子产品零售	零售业
青岛海尔	143	家用电器	耐用消费品与服装
分众传媒	122	广告	媒体
中公教育	107	教育服务	消费者服务

7.1.2 美国前 10 家头部企业比较

美国可选消费产业前 10 家企业主要分布在互联网零售、TMT、零售连锁、泛文化产业领域，这四个可选消费产业的细分领域塑造了美国在全球的国家形象，它们代表着传统的美国与科技的美国。

在美国前 10 家头部企业中，互联网零售企业占了 3 家，分别是亚马逊、奈飞和缤客。其中，亚马逊以 7000 多亿美元的市值成为美国可选消费产业当之无愧的霸主，接近后 9 家企业的总市值。互联网零售巨头的出现，代表着商业服务形态和生活方式的创新，是人民向往的美好生活的重要组成部分之一。同时，互联网零售企业取代美国传统的汽车制造业成为可选消费产业的龙头，也意味着可选消费产业在美国的变迁和时代的演进。曾经代表美国产业标志的通用汽车和福特汽车已被挤出可选消费产业前 10 名，市值徘徊在 300 亿～500 亿美元。传统汽车制造业在美国已成为明日黄花，而新生的新能源汽车产业正在崛起，作为代表的特斯拉的市值已超过通用汽车和福特汽车。

互联网零售是可选消费产业下的四级产业，在这个产业中，中国拥有与美国头部企业进行对标的互联网零售企业，产业布局和产业结构高度相似。美国有亚马逊，中国有阿里巴巴、京东和拼多多；美国有缤客，中国有携程；美国有奈飞，中国有爱奇艺。这意味着从全球范围看，中国在互联网零售产业基本实现了与美国同类产业的同步。

阿里巴巴在中国可选消费产业的地位完全类似于美国的亚马逊，以 3000 多亿美元的市值成为该产业中的霸主，且超过后 9 家企业的总市值。中国庞大且不均衡的消费市场以及强大的基础设施甚至还允许第二家、第三家互联网零售企业巨头的存在，于是诞生了具有强大物流配送能力的京东和紧抓分级消费市场的拼多多。中国企业在互联网零售领域显现出的强大的本土创新能力表明中国企业有能力满足人们对美好生活的追求。

如果说互联网零售代表美国可选消费产业的未来并一直在引领未来，那么家庭装饰零售则代表美国对工业时代强大实力的坚守。家庭装饰零售属于二级产业零售业下的三级产业专营零售，其在美国可选消费产业对应的百亿美元级企业还涉及多元化零售这一三级产业，其中具有代表性的是：

- 专营零售—家庭装饰零售/服装零售/汽车零售/计算机和电子产品零售

  家得宝：1941 亿美元

  劳氏：867 亿美元

  TJX 公司：643 亿美元

  宣威-威廉斯：402 亿美元

  塔吉特：303 亿美元

  奥莱利汽车（O'Reilly Automotive）：276 亿美元

  百思买（Best Buy）：185 亿美元

- 多元化零售—综合百货商店

  罗斯百货（Ross Stores）：358 亿美元

  达乐（Dollar General）：310 亿美元

  美元树（Dollar Tree）：239 亿美元

在上述众多百亿美元级的零售业巨头中，家得宝作为家庭装饰零售业的代表，以 1941 亿美元的市值跻身美国可选消费产业前 10。21 世纪开启了互联网时代，美国传统零售业依旧保持活力，在可选消费产业前 10 家企业中，专营零售类企业仍然占有一席之地，家庭装饰零售巨头家得宝和劳氏便厕身其间，向世人昭示着美国传统零售业的强大影响力。

美国可选消费产业前 10 家企业中的康卡斯特、排名第 11 位的特许通讯虽然按照 GICS 标准归为媒体产业下的广播产业，但它们代表着美国独特的"三网合一"营业模式。康卡斯特是一家为客户提供有线电视、宽带网络及 IP 电话服务的综合供应商，通俗地说，相当于电信运营商＋有线电视网＋电视台。从康卡斯特的成长可以看出美国 TMT 产业形成和发展的路径。康卡斯特起家是一家有线电视运营商，和传统产业的同业整合不同，康卡斯特通过不断的跨界并购整合，进入宽带接入和IP电话服务领域，从而具有了电信运营商的特质。康卡斯特在21世纪继续跨界整合，通过扩充频道资源和文娱体育内容建设，将内容服务建设作为自己的核心业务，最终成为美国可选消费产业下广播产业的巨头，市值达1500多亿美元。

在美国可选消费产业前10家企业中，虽然耐克归类于耐用消费品与服装下的鞋类，麦当劳和星巴克归类于消费者服务下的餐馆，迪士尼归类于媒体下的电影与娱乐，但它们本质上都属于美国泛文化产业。电影也好，鞋子也好，餐馆也好，游乐园也好，都是美国文化的载体和道具。

7.1.3　中国可选消费头部企业概述及典型细分产业

在中国A股上市的前10家可选消费企业中，具有代表性的企业分布在耐用消费品与服装、汽车与汽车零部件这两大二级产业中，有美的、格力、海尔这3家市值百亿美元级的家电制造巨头，以及上汽集团、比亚迪、广汽集团这3家市值百亿美元级的汽车制造巨头。再算上在香港上市的服装代工巨头申洲国际和汽车零部件制造巨头福耀玻璃，这些企业奠定了中国制造业大国的产业地位，同时也体现了中国制造业在自有品牌制造、合资品牌制造和贴牌代工制造这三个领域的分布格局。与美国可选消费产业对比可见，美国没有同级别的像美的、格力、海尔这样的家电巨头和像申洲国际这样的服装代工巨头。

在汽车与汽车零部件产业，中国企业与美国企业在市值规模上可谓并驾齐驱。福特汽车开启了美国汽车制造业的百年历史，通用汽车和福特汽车在漫长的时间里称霸世界市场。在2009年金融危机之后，美国汽车制造商在世界市场失去了不小的份额，但在美国政府的强力支持下，仍然保持着在世界汽车制造业的重要地位，因此通用汽车和福特汽车仍然保持着较高的市值。特斯拉则因投资者对新能源汽车的偏好异军突起。

20世纪70年代以来，中国汽车制造业从无到有，再到世界第一大汽车制造国，发生了翻天覆地的变化。特别是在加入世界贸易组织之后，快速增长的市场需求带动了中国汽车制造业的持续高速发展，全球汽车品牌以及零部件制造商也纷纷汇聚中国市场。中国汽车制造商不断在技术、市场、品牌、服务等方面提高自身水平，以应对日益激烈的市场竞争。与美国汽车企业疲于应对财务风险相比，中国汽车制造企业则表现出良好的盈利水平。汽车制造业是规模经济的典型案例，这在后面的章节中将进一步分析。

在前 10 家中国可选消费产业 A 股企业中，位列第 10 的是 1 家从事职业培训的教育企业——中公教育。再加上在美国上市的从事 K12 辅导的好未来和从事教育培训的新东方，中国可选消费产业在消费者服务下的教育服务这一细分产业就共有 3 家市值过百亿美元的教育企业。相比之下，美国在该领域内没有一家市值过百亿美元的教育企业，最大的一家教育服务企业是 2013 年上市、从事早幼教的明亮地平线家庭解决方案（Bright Horizons Family Solutions），市值约为 78 亿美元（见表 7-4）。

表 7-4 美国教育服务产业头部企业信息

企业名称	市值（亿美元）	细分领域	对标中国企业
明亮地平线家庭解决方案	78	早幼教	红黄蓝
大峡谷教育	55	职业高等教育	民生教育、新高教集团、中教控股、新华教育
战略教育（Strategic Education）	38	职业教育教育	
劳瑞德教育（Laureate Education）	37	职业高等教育	
Adtalem 全球教育（Adtalem Global Education）	24	职业高等教育	
2U 公司	23	教育科技	慧科集团

与可选消费其他细分产业中动辄百亿、千亿美元市值的产业巨头相比，美国教育服务产业的整体规模较小，市值在 20 亿美元以上的企业只有 6 家。当然，这并不意味着美国教育产业落后。众所周知，美国是全球顶尖的教育强国，拥有诸多知名学校和优秀的教育资源，但是美国的教育主体几乎完全是非营利性机构，留给营利性企业的发展空间并不大。

7.2 汽车制造产业研究

在过去的 40 年中，中国乘用车[⊖]市场从红旗、北京吉普、上海等手工打造的国产车起步，从每年最高几万辆的产量，到 2017 年产销量近 2500 万，成为世界第一汽车市场。从以办公用车为主，到现在以私人购车为主；从 100% 国产化到全面进口，到合资生产，再到进一步开放私营企业进入市场，方方面面都发生了翻天覆地的变化。最核心的变化是，经过多年的发展，中国乘用车制造商在领先集团中实现了规模经济。

2017 年，中国汽车商品零售总额达 42 222 亿元，占全国社会消费零售总额的 11.5%，中国汽车制造产业对国民经济的综合贡献接近 5%。以整车制造为中心，汽车制造产业链向上拉动了汽车零部件制造业以及与汽车零部件制造相关的基础行业，

⊖ 本章的乘用车概念包括轿车、运动型多功能汽车（sport/suburban utility vehicle，SUV）、多用途汽车（multi-purpose vehicle，MPV）以及交叉型乘用车在内的车型，其共同特点是比较适合家庭使用。

如钢铁、石化、橡胶、玻璃、电子等行业；向下则延伸至汽车销售、维修、汽车金融、成品油、出行服务、旅游等行业。从发展趋势看，随着汽车制造产业的发展，每增加一个汽车制造产业工人，约可增加 10 个相关行业的就业人员。汽车制造产业已经成为国民经济中重要的支柱产业。

7.2.1 产业历史

1. 中国汽车工业的摇篮

新中国成立初期，百废待兴。我国是一个以农业为主的国家，工业化起点非常低。在新中国成立初期与苏联达成的工业援建项目中，有一个年产 3 万辆吉斯 150 中型货车的汽车制造厂。国家在综合考虑了工业基础、铁路交通以及钢铁、煤炭、电力等资源的情况下，最后选在长春孟家屯火车站西侧兴建第一汽车制造厂（简称一汽）。一汽全套引进苏联的设备和零件，并由苏联专家手把手地教中国技术人员和工人安装、调试及组织生产。1956 年 7 月 13 日，崭新的总装线装配出第一辆"解放"牌汽车。直到 1965 年，一汽的生产能力才首次突破年产 3 万辆。1965 年，全国共生产汽车 40 542 辆，其中载货汽车 38 054 辆，占 93.9%。在载货汽车中，一汽解放牌中型车和越野车占 89.7%。年产 3 万辆没有达到规模经济，扩产成为必然，一汽制定的长期目标是年产 15 万辆。1965 年，国家批准一汽扩产到 6 万辆。使用自研和部分进口设备，配合工艺的改进，1971 年一汽达到 6 万辆的产量。从 0 到 1，一汽完成了中国建立汽车工业的第一步。

规模经济是指随着企业生产规模的扩大，其长期平均成本呈下降趋势。汽车制造产业是典型的规模经济产业。1962 年，马克斯和斯尔伯斯在《汽车工业》中给出了如图 7-1 所示的马克斯 – 斯尔伯斯曲线，横轴代表产量，纵轴代表长期平均成本。对 1954 年英国某汽车制造公司的研究发现：成本在开始时会快速下降，从 1 千辆增加到 5 万辆，成本会下降 40%，从 10 万辆增加到 20 万辆，成本会下降 20%；在曲线的中间部分，成本下降减缓，从 20 万辆增加到 40 万辆，成本会下降 5%，之后下降的比例更小。

2. 一拥而上

1958 年，南京汽车制配厂研制出 NJ230 载重 1.5 吨轻型越野车，命名为"跃进"，南京汽车制配厂也改名为南京汽车制造厂。从此，地方汽车工业一拥而上制造轻型卡车的热潮开始了，北京、上海、沈阳、天津等工业基础较好的地区都在轻型卡车市场占有了一席之地。上海还同时研制了"凤凰"牌轿车,也就是"上海"牌轿车的前身。中国汽车工业回到了世界汽车工业早期的作坊模式。

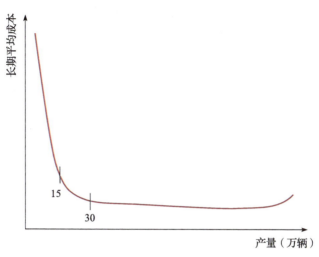

图 7-1　马克斯 – 斯尔伯斯曲线

南京汽车制造厂面临着严重的质量问题。几千个零件都靠手工敲敲打打完成,装配时拼拼凑凑,管理上松松垮垮,修理工转成的制造工人也缺乏质量意识。于是,1958～1960 年生产的 1707 台汽车质量极差,各部分松动,一走就到处响,雨天漏水、晴天漏油,有的车甚至刚生产出来就无法开动。因此,南京汽车制造厂进行了停产整顿。整顿过后,虽然恢复了生产,但是修理工变成了制造工人,需要修理工时他们都在造车,而制造出的车不经常修理就开不了。在很长一段时间里,中国的汽车就处于这样的使用环境。这要求司机必须会处理简单的常见修车问题,以至于司机在学习驾驶时要学习半年的机械常识,也就是基础的修车技能。

除了技术问题,在有限的需求之下,众多小厂分散手工生产的模式严重违反了汽车制造产业的规模经济规律。从 1965 年的数据看,除去一汽 3 万多辆的产量,其他小厂的总产量只有 6000 多辆。参考年代相近的马克斯和斯尔伯斯的研究,这些小厂的成本比一汽高 60% 以上,这是对当时稀缺生产资源的严重浪费。

3. 车到山前必有路

1978 年,中国仍是全球最大的"自行车王国",自行车是老百姓的第一代步工具。长安街上的自行车"洪流"曾经是北京的一道风景线。在那个经济短缺的时代,自行车不仅是代步工具,还是身份和地位的象征。自行车、手表、缝纫机被称为"三大件",是一个家庭富裕的标志。拥有一辆"永久 28 锰钢车"是无数人的梦想。

红旗牌轿车是首长的专车,省部级坐上海牌轿车,县团级可以配备北京吉普。政府机关经常用北京吉普来接待来宾,而条件好的大队干部的主要机动车是拖拉机。当时汽车的生产计划很好做,只需向组织部门了解一下明年的干部提升安排,就有明确的生产数量了。那时,中国千人轿车保有量在全球位列倒数,红旗牌轿车和上海牌轿车一年的产量不超过5000辆,北京吉普的最高年产量约为1.5万辆。

忽如一夜春风来,1984年国家放开了对县级以下单位的配车管制,汽车的进口也放开了,强劲的需求带动了进口轿车的大卖。20世纪80年代中期,是日本进口轿车的黄金年代。进口轿车整体市场占有率一度高达95%,而红旗牌轿车停产了,理由是油耗过高。1958～1981年,红旗牌轿车只生产了1500多辆。如此小的生产量,成本高昂是必然的,红旗牌轿车的成本位于马克斯-斯尔伯斯曲线的最高处。一汽以解放牌养红旗牌的模式,维持红旗牌轿车的研发与生产。

4. 中国合资企业的诞生

1978年10月,美国通用汽车董事长在访问第二汽车制造厂(简称二汽)时,建议中国采用建立中外合资企业的方式发展汽车工业,这一建议获得了采纳。合资企业是美国人首创的,却在中国开了花。在推进汽车国产化时,中国一缺先进的汽车制造技术,二缺资金,中外合资企业的方式解决了这两个难题。

20世纪80年代,中国乘用车市场以公务车为主,需求少,这让世界主要的汽车制造商看不到中国市场的希望。以通用汽车为代表的美国"三巨头"认为中国还不需要汽车。同时,中国汽车零配件的工业基础太差,没有生产条件,以丰田为代表的日本汽车企业则沉浸在出口整车的巨大成功之中,不愿意办合资企业。因此,早期与中国合资的三家企业在世界汽车制造的版图上属于第二阵营。

第一批合资企业有三家,分别是北京汽车制造厂与美国AMC、上海汽车拖拉机厂与德国大众、广州汽车与法国标致合资成立的。三家企业都从CKD散件组装开始,设计年产能分别是1.5万辆、3万辆、1.5万辆,都不超过经济规模产量30万辆的10%。汽车的选型也各不相同,北京选择了一款中高端越野车,上海在一机部的帮助下按照当时中国轿车的需求和技术水平选择了一款三厢轿车,广州的首款车是标致505旅行轿车。

5. 千里之行,始于足下

1987年"五一"前夕,北京市政府邀请50位劳动模范登上天安门城楼观光。北京汽车制造厂受邀代表登上城楼,居高俯视,感慨万千。情不自禁地数了数穿过天安门前的100辆轿车,其中进口车97辆,国产车3辆。类似的新闻不断刊登,给了政府决策者不小的压力。此外，进口汽车的贸易逆差使可用外汇迅速减少。严格控制汽车进口、推进汽车国产化提上了日程。

1987年5月，在湖北十堰举办了由政府主管部门、汽车厂厂长和经济学家参加的"轿车论证会"，给出的建议是应当着手建立中国的汽车工业。一汽和二汽都提出了目标年产量30万辆的生产计划。同年8月，北戴河会议就建立汽车工业给出了具体的执行方案，"轿车生产主要依靠一汽、二汽，上海大众公司首先把国产化搞上去。在全国范围内不再安排新的轿车生产点"。从此，严格控制增加汽车项目成为中国政府管理的基调，其背后的经济原理就是规模经济，这在论证过程和汽车厂的规划中都有充分的体现。一汽经历了与克莱斯勒的不愉快之后，与德国大众建立了合资企业生产奥迪和大众品牌的轿车，起步产能年产3万辆，目标15万辆。东风汽车与法国雪铁龙建立了合资企业，计划年产30万辆，主要用于出口创汇。再加上已经存在的北京吉普、天津大发、广州标致，中国汽车产业形成了"三大三小"的格局。

1994年是一个关键的年份，国家制定了《汽车工业产业政策》。对合资企业生产的轿车，国产化率明确要求要大于40%。政策的变化让汽车制造商遭遇冰火两重天。以上汽大众、一汽大众、东风雪铁龙为代表的高国产化率车型获得了明显的竞争优势，广州标致受到了冲击。到1997年，桑塔纳、捷达、富康是15万元以内的主力车型，8万元以内的是夏利和奥拓，私人轿车的选择不多。由于进口整车的高关税，日美厂家的类似车型完全没有价格竞争力。这是大众汽车在中国最美好的年代，50%以上的市场占有率保持了多年，奥迪品牌也长期在豪华轿车市场占有统治地位。

这一时期国家仍然着力控制汽车制造的规模，并以汽车目录的形式控制各厂家一拥而上的冲动。另一边，看到中国汽车市场的增长，世界最大的几家汽车制造商纷纷谋求进入中国市场的机会。美国通用汽车牵手上汽建立了合资工厂，并建立了合资研发中心。日本本田汽车以2亿美元接手了广州标致，在处理了巨额债务之外还买断了广州标致的库存。到2002年，一汽大众的捷达年销售量超过10万辆，成为销量最大的汽车，但仍未达到15万辆的规模经济起步产量。广州本田建立了24万辆年产能的工厂，通用汽车也推出了别克系列车型。虽然合资企业的产能增加了，但是由于需求的增长以及关税和进口配额的保护，中国乘用车市场还是形成了一种短期平衡的状态。

6. 入世的挑战与机遇

在加入世界贸易组织的过程中，中国政府非常担心刚刚建立的中国汽车工业无法应对世界级汽车制造商的冲击。5年的过渡保护期是否足够？进口配额的取消，会让中国回到进口汽车主导的时代吗？由于有20世纪80年代中期的前车之鉴，国家的担心是有依据的。

加入世界贸易组织，所落实的协议为中国汽车制造商提供了适当的保护——自2002年1月1日起，分5年将70%～80%的进口关税降低到25%，零件从25%降到10%。中国汽车行业的策略是"技术换市场"，也就是希望国际汽车制造商将技术和资金投入到合资企业中，最终形成中国自己的汽车制造产业，以补偿中国汽车制造商的市场份额损失。在这一过程中，几乎所有的世界级汽车制造商都找到了在中国的合作伙伴。一些新的中国制造商也加入了竞争的行列，如奇瑞、吉利、比亚迪等。中国汽车市场从此进入了一个竞争激烈的时代。2002～2007年，随着关税的不断下降、国内居民可支配收入的增加，以及更多汽车车型的供应，中国汽车市场快速增长。

2007年，中国汽车销售量达到了879万辆，从2001年的世界第6位攀升到了第2位。最终，中国汽车制造业通过迅速提高生产效率、减低成本等方法，在加入世界贸易组织之后仍然保持了高速发展势态。

7. 世界第一汽车市场

金融危机是中美汽车制造产业势态转换的分水岭。2008年的金融危机使美国汽车市场产销量大幅下滑。2008年美国通用汽车、福特、克莱斯勒本土销量分别下降了23%、21.8%和近30%。尽管有美国政府的出资相助，通用汽车仍然经历了破产重组，然后以新的架构再上市。克莱斯勒也被菲亚特收购，只有福特幸存了下来。

拉动汽车消费是中国应对金融危机的主要措施之一。为应对金融危机对中国汽车制造产业的冲击，2009年国家制定了《汽车产业调整和振兴计划》。2009年1月20日至12月31日，对1.6升以下小排量乘用车减征车辆购置税到5%。同时，汽车下乡、加快老旧汽车报废更新、清理限购的不合理规定等措施对汽车消费起到了巨大的推动作用。2009年，中国汽车市场产量达到了1379万辆，销量1364万辆，一举成为世界第一大汽车市场。近十年来，中国汽车市场在多数的年份里实现了平稳增长，2018年和2019年中国汽车销量略有下降，但仍保持汽车产销量世界第一。

由于汽车制造还包括载货汽车等领域，涉及不同的产业结构、产业行为和产业绩效等，本章后续内容将主要讨论乘用车相关内容。

7.2.2 产业结构

中国乘用车制造产业最重要的特征涉及几个方面：消费者的需求、品牌及产品的差异化；竞争性制造商的数量及集中度；规模经济；阻碍新竞争者进入的门槛。

中国作为汽车消费的新兴市场，新增的买家长期以来是市场主要的购买者，直到近几年替代性需求才随着汽车保有量的增加而改变。购买一辆新汽车的预算通常要十几万元，无论是对中国家庭还是对个人来说，都是除了房产以外最大的一项支出。所以，新车的需求和家庭的可支配收入相关，对汽车的价格也较为敏感。

进入21世纪，中国消费者在购买第一辆车时偏好长轴距的三厢车，而且更倾向国际品牌。近年来，SUV的需求明显增长，在这个领域中国品牌的产品有良好的表现。对汽车动力性能的需求也呈提高趋势。

1. 非典型的寡头垄断

由于大量合资企业的存在，中国乘用车市场特点鲜明。近十年来，中国乘用车市场的制造商生产量集中度较高，但品牌销售量的集中度却体现出充分的竞争。中国加入世界贸易组织的策略形成了今天乘用车市场的产业结构，中国消费者的倾向性决定了如今的品牌格局。总体来说，中国乘用车市场呈现出一个竞争激烈的形态。

上汽集团已成长为中国最大的乘用车制造商之一，一度是中国市值最高的汽车上市公司。2017年，上汽集团的乘用车产量为618.8万辆，市值超过3000亿元人民币。从产量的角度看，一汽集团、东风汽车、长安汽车、吉利汽车位列中国乘用车制造商的第2~5位。从制造商生产量角度看，2017年中国乘用车制造商的产业集中度CR5为65%，中国汽车制造产业（包括乘用车制造产业）一直保持着较高的集中度（见表7-5）。

表7-5 中国汽车制造产业CR5（以生产量计算）

年份	第1名	第2名	第3名	第4名	第5名	CR5（%）
2017年	上汽集团	一汽集团	东风汽车	长安汽车	吉利汽车	65
2012年	上汽集团	一汽集团	东风汽车	北汽集团	长安汽车	73
2007年	上汽集团	一汽集团	东风汽车	长安汽车	北汽集团	65
2002年	上汽集团	一汽集团	天津夏利	东风汽车	广州本田	58
1997年	一汽集团	上海大众	东风汽车	天津汽车	北京汽车	58
1988年	北京吉普	上汽	广州标致	天津夏利	一汽	98
1977年	一汽	北京吉普	上海汽车	—	—	>90
1965年	一汽	—	—	—	—	>84

注：1988年、2002年、2012年、2017年采用的是乘用车制造产业数据。
资料来源：《中国汽车工业产销快讯》，中国汽车工业协会。

然而，从乘用车品牌的角度看则有很大的不同。在狭义乘用车市场上，2017年位列第1的大众集团只有16%的市场占有率。上汽集团、通用汽车、现代汽车、吉利汽车分列第 2～5 位，CR5 只有 45%。较低的品牌集中度说明中国乘用车市场竞争激烈。

从 20 世纪 80 年代开始建立的合资企业最终成为中国乘用车市场的主导力量。随着世界主要汽车制造商的并购重组以及中国政府准入政策的调整，中国合资汽车制造商也在不断变化。在日益激烈的市场竞争中，有一些国际合资方退出了中国市场。近十年来，基本形成了相对稳定的合资势态。

2. 规模经济

汽车制造产业是具备规模经济特点的典型产业。自从马克斯和斯尔伯斯发表了他们的研究成果之后，在世界范围内，无论是研究机构还是主流汽车制造商，都很清楚汽车制造的经济规模所在。中国政府的相关管理部门在制定汽车制造产业政策的过程中也非常重视规模经济，并一直努力匹配乘用车需求与产能的增长。

从统计上看，通常一个乘用车制造厂的起步经济规模在年产 15 万辆，低于这个规模工厂就面临亏损的可能性。有竞争力的制造厂的设计产能通常在年产 24 万～30 万辆之间，实际生产量在此规模以上，赢利的机会才较大。与几十年前相比，汽车的平台化、模块化以及柔性生产技术的广泛应用，让汽车制造商对单款畅销产品的依赖有所降低。乘用车消费者的差异化趋势让每个品牌都在尽量提供更多的车型以提高市场竞争力，如何平衡差异化的需求与产能的规模经济是每个乘用车制造商都要面临的难题。只有市场领导者才有机会在中国市场拥有多款年销量 20 万辆以上的产品，因此领先的制造商获得了更高的利润。部分学者认为，单个乘用车公司的经济规模在年销量 200 万辆比较合理。

在加入世界贸易组织之前，中国政府对汽车制造项目的严格控制让中国汽车制造顺利达到起步经济规模——从 20 世纪 70 年代只有一汽达到 6 万辆以上的年销量，到 2002 年出现第二家年产量 10 万辆以上的汽车厂。之后，中国汽车制造产业在发展过程中借鉴了世界各主要汽车生产和消费大国的经验，产业政策始终重视经济规模带来的影响。在乘用车领域，2017 年中国前五名的制造商已经拥有较为合理的生产厂产能经济规模和单个公司的总规模。以上汽集团为例，2017 年上汽大众、上汽通用、上汽通用五菱的总产量均在 200 万辆左右；单个生产厂的产能以 30 万辆为主，产能利用率多数超过了 100%。

在竞争激烈的中国市场，规模经济问题必然存在。无论是在二线中国品牌制造商还是在二线合资企业，生产厂达不到起步经济规模的现象比比皆是。在加入世界贸易组织后，汽车制造领域的开放，以及主流世界级制造商对大众集团中国南北双合资战略的模仿，形成了部分富余产能。在中国乘用车制造产业开始进入成熟期的今天，销量的波动会让产能过剩的问题日益突出，因此新的汽车产业政策应更重视控制乘用车制造商的产能扩充，而制造商也应合理利用好现有的产能。

3. 进入门槛

自从福特公司采用流水线组装汽车以来，高效率的大规模生产为汽车制造产业设置了高进入门槛。赢者通吃的行业特色让乘用车制造领域的领先企业为后来者设置了极高的盈利门槛。

中国汽车制造产业早期的主要进入门槛是技术门槛。引进苏联生产线解决了汽车制造的基础技术难题，与德国大众合作解决了如何更好地制造汽车的问题。在汽车几十万公里的生命周期中，如何既保证产品的耐用性又实现低成本采购是要认真学习的技巧。新时代的汽车制造厂的建设资金投入是巨大的，如上汽大众投资了170亿元人民币建设年产能30万辆的新能源汽车制造厂，与此相比，中国在1978年之前对汽车产业的总投资只有10亿元人民币。

中国市场的领先企业几十年以来所培植的产品满意度、服务水准以及品牌忠诚度，同样成为后来者难以逾越的进入门槛。德国大众率先进入中国市场，至今仍然在轿车领域保持着市场领导者的地位，并以此为基础在世界乘用车制造领域攀升为领军企业。

此外，中国政府对汽车特别是轿车制造项目的审批制度也进一步提高了进入门槛。

7.2.3 产业行为

1. 从计划到市场

自20世纪70年代以来，中国汽车市场的定价大致分两个阶段：在加入世界贸易组织之前基本由国家定价，之后则进入市场定价阶段。

在1978年之前，汽车的价格和生产计划都是国家安排的，分配方式是"按需分配"。在建立合资企业之后，一段时间内汽车的价格仍主要由国家制定，以税收方式进行调节。在加入世界贸易组织之后，在保持单个企业生产规模较高门槛的基础上，国家开放了定价体系。由于德国大众在中国市场积累了经济规模、市场占有率和品牌优势，因此大众的定价体系实际上是其他制造商的参考指标。竞争对手参考大众的定价，采用同等价位提供新型号的产品或是以"相近价格，更大车型"的方式，为中国市场的消费者展现价值。市场领导者通过降价促销以捍卫其市场占有率的行为在 2019 年仍然有效。

2. 从紧缺到平衡

在加入世界贸易组织之前,政府按需定产的总体策略一直在按照稳健的预测控制着乘用车制造商的产能。而中国乘用车市场消费量的增长在多数情况下超出了预期,于是形成了一段长时间乘用车紧缺的市场。在市场紧缺时期,制造商通过提供标准化的产品、延长产品生命周期来实现其利润最大化,消费者则面临着较少的产品选择。无论是私人轿车的购买者、出租公司的采购员还是政府机关,都只能在桑塔纳、捷达、富康、夏利等有限的几个车型中做选择。这体现出寡头垄断时期主要制造商的行为趋同性。

在加入世界贸易组织之后,开放的中国乘用车市场让产品的竞争日趋激烈。三厢加长轿车不再是中国消费者的必然选择,各种类型的 SUV 拥有更多的拥趸。SUV 结合了传统越野车的通过性和轿车的舒适性,符合现代城市居民希望在原野上放飞自我的心理需求,同时也更适应中国道路的现状。中国 SUV 的销量从 2007 年的 35.74 万辆增长到 2016 年的 893.5 万辆,复合增长率达 43%。长城哈弗 H6 系列产品连续 5 年多占据 SUV 品类销量冠军的位置(见图 7-2)。同时在市场上销售的哈弗 H6 产品达到 30 款,多样化的产品策略不仅让消费者眼花缭乱,而且让竞争对手感到困惑。

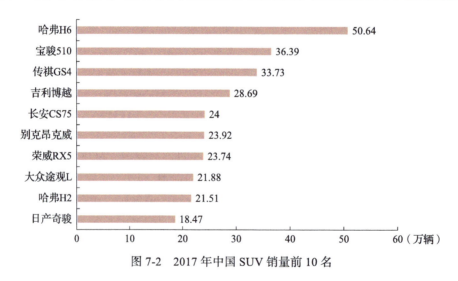

图 7-2　2017 年中国 SUV 销量前 10 名

2018 年有 578 款新产品上市,其中全新车型 154 款。开放的中国乘用车市场为中国消费者提供了丰富的产品选择,同时加大了制造商的竞争压力,这使中国乘用车市场更接近一个充分竞争的市场。

7.2.4 产业绩效

在中国汽车制造产业发展早期，全国遍布着大量汽车作坊。这样原始的生产方式更类似于汽车刚刚诞生时的生产方式，制造出的汽车质量问题频发，谈不上生产效率，也难有技术进步。即使是最大的制造商第一汽车制造厂，也一直没能达到汽车产业公认的经济规模。上海牌轿车的最高年产量还不及当今一款畅销轿车一周的销量。

在引进技术和资金建立合资企业、按"三大三小"的布局实现了规模化生产后，中国乘用车领域的产业绩效才开始逐步提高。在加入世界贸易组织之后，随着竞争的加剧，中国市场成为制造商展现其技术实力的战场。任何在技术上的保守策略都会被竞争对手超越。近年来，在新能源汽车领域，中国品牌主导了国内市场，并在资本市场和地方政府的支持下不断尝试将新技术应用到新的乘用车上。

1. 生产效率

从生产效率的角度看，几十年来中国汽车制造产业的单位人工产量有了明显的提高，从落后提升到与世界乘用车制造商平齐的水准（见表7-6）。早在1911年，福特汽车就将其T型车的单位人工产量从1908年的3.1辆提高到了8.5辆。而上海汽车的单位人工产量在相对较好的1988年也只是接近福特汽车1908年的水平。当然，20世纪80年代初的福特汽车和通用汽车同样面临低生产率的问题。

表7-6 乘用车生产效率的进步

公司	单位人工产量（辆）
20世纪80年代	
上海汽车	2.5
福特汽车	4.2
通用汽车	4.5
丰田汽车	16.4
2010年以后	
上汽集团	34.6
一汽大众	52.9
通用汽车	43.1
丰田汽车	22.5

注：20世纪80年代，上海汽车为1988年数据，福特汽车、通用汽车和丰田汽车为1980～1983年的平均值；2010年以后，一汽大众为2013年数据，上汽集团、通用汽车、丰田汽车为2010年数据。

资料来源：《中国汽车工业史话》《世界汽车制造商年鉴2012》。

2. 企业绩效

关于乘用车制造商的企业绩效，我们选择了5年的平均净资产收益率来比较。中国市值前 3 的乘用车制造商的情况如表 7-7 所示。

表 7-7　2014～2018 年乘用车制造商平均净资产收益率

公司	2014 年资产收益率（%）	2015 年资产收益率（%）	2016 年资产收益率（%）	2017 年资产收益率（%）	2018 年资产收益率（%）	平均净资产收益率（%）
上汽集团	17.74	17.01	16.68	15.27	15.36	16.41
比亚迪	1.71	8.74	9.86	7.39	5.04	6.55
广汽集团	9.02	10.97	14.36	15.55	14.24	12.83

总体来说，中国市值领先的乘用车制造商普遍拥有较好的企业绩效，市场领导者占据明显的绩效优势。除了较高的品牌溢价能力等原因外，良好的绩效主要归结于合理的规模经济效应。仅 SUV 一个品类，2017 年上汽集团就有宝骏 510、别克昂克威、荣威 RX5 和大众途观 L 4 款车型年销售量在 20 万辆以上，广汽集团的广汽传祺 GS4 甚至超过了 30 万辆。

3. 技术进步

中国乘用车市场的技术进步呈现出逐渐加速的态势。早期由于基础薄弱，中国汽车制造产业在生产制造上能够应对基本的使用需求已属不易。合资企业早期的主要精力在产业链的国产化上，而引进二手设备的方式使得制造设备通常落后一到二代。经过几十年的发展，中国乘用车制造商已经追上了世界的脚步（见图 7-3），在智能制造的道路上越走越快。

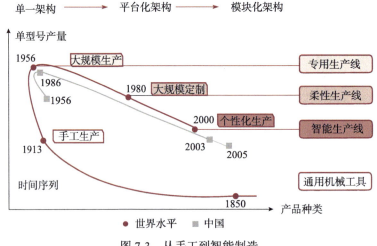

图 7-3　从手工到智能制造

在加入世界贸易组织之前，中国政府为乘用车制造商提供了一个良好的保护期，这让南北大众有充分的时间全面掌握桑塔纳和捷达的生产技术。较好的市场需求也使德国大众减缓了新产品在中国市场的投放，这让本田这样的后来者有机会以同步引进最新车型的方式冲击市场。自此，中国市场成为各大乘用车制造商展示最新技术的舞台。任何在技术上的保守态度，都有可能导致在中国市场失去市场份额。随着一系列合作、并购以及世界顶级零部件供应商在中国市场投入的加强，中国品牌在传统汽车制造技术（包括发动机等核心技术）上不断缩小与世界先进水平的差距。在新能源汽车技术方面，中国品牌表现得更好。

4. 新能源汽车

经过多年的高速发展，像北京这样的超级城市突然面临严重的雾霾问题，其中机动车尾气的增加是原因之一，而发展纯电动汽车是减少北京尾气排放的最佳方案。其他几个超级城市虽然侧重点各有不同，但也都为新能源汽车的发展提供了强有力的支持。

过去十多年是中国建立新能源汽车技术优势的时期。传统汽车的核心技术是发动机，而新能源汽车的核心技术是电池。像比亚迪这样从锂电池制造切入汽车制造领域的厂商，使得中国的汽车用锂电池技术始终保持着与世界同步的水平。在公共交通领域（包括公交车和出租车）的大规模试用，让中国制造的锂电池组在各个方面得到了足够的考验。同时，实际使用也淘汰了一些国外的供应商，培养了宁德时代这样强势的汽车用锂电池供应商（见图7-4）。当美国和欧洲的制造商在锂电池供应上面临瓶颈时，中国制造商有相对从容的选择。中国统一了充电桩标准，使大规模建设公共充电桩成为可能。尽管中国的充电桩数量现在还没达到桩车比1∶1以上，但新增的大量充电桩仍然支撑了新能源汽车的发展。

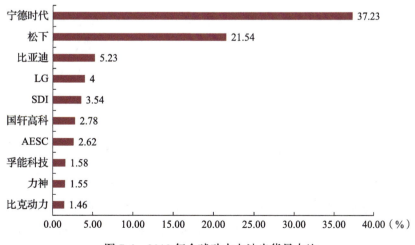

图 7-4　2018年全球动力电池出货量占比

资料来源：高工产研。

7.2.5 产业政策

1. 国家政策

控制汽车制造产业的总体规模是我国政策制定的核心内容，目的是避免汽车制造产业的一拥而上，这一核心宗旨始终未变。正是对这一核心宗旨的长期坚持，带来了今天中国乘用车制造产业相对合理的高速发展模式。

1994 年制定的《汽车工业产业政策》明确提出要实现规模经济，汽车产品产量居国内前三的企业的销售量在国内市场占有率达到 70% 以上，并将国家重点支持的门槛抬高到了 1995 年底年产汽车 10 万辆以上、年销售量达到 8 万辆。有能力达到如此高门槛的企业不超过 5 家。从政策实施的结果看，规模经济的目标基本实现了。

2004 年的《汽车产业发展政策》是决定今天中国汽车制造产业格局的关键文件。文件在技术上明确了"国家引导和鼓励发展节能环保型小排量汽车"的要求，提及了纯电汽车、车用动力电池、混合动力汽车、新型车用燃料等多个新技术发展方向；更注重品牌的建设和保护，让中国品牌的乘用车有了更大的发展空间；明确了乘用车需要通过品牌 4S 店销售；乘用车制造商的生产线投资门槛稍有降低到"装载 4 缸发动机 50 000 辆"。这些政策都产生了深远的影响，让民营企业有机会加入乘用车制造的行列，并最终引导中国汽车制造产业走向世界第一。

2. 新能源汽车政策

谈到新能源汽车政策就不能孤立地分析乘用车制造产业，还要理解国家的整体发展战略。节能减排是国家的整体战略之一，而燃油车的保有量也确实影响着国家能源安全战略。中国从石油自给自足到主要依赖进口，乘用车的高速发展是主要原因之一。而电动车所需电力的能量来源包括煤炭、水力、光能、风能等，均不依赖国际供应商，所以全面发展电动车是中国重要的能源战略之一。为此，国家首先推出了新能源汽车补贴政策以培养电动车技术的进步，然后制定了"双积分政策"促进整个产业转型。

从 2019 年开始正式实施的"双积分政策"对乘用车市场会有深远的影响，特别是对在技术和市场两方面准备不足的传统乘用车制造企业提出了新的挑战。在"双积分政策"下，新能源汽车销量不足的乘用车制造商需要从新能源积分富裕的制造商处购买新能源积分。在 2017 年乘用车销量排名前 3 的制造商中，只有上汽集团的新能源汽车销量进入了前 5。所以，"双积分政策"必然会推动传统乘用车制造商在新能源汽车领域投入更多的资源。"双积分政策"如能引领中国新能源汽车更迅速地走向规模化生产的道路，就会对汽车制造产业有更大的促进作用。

7.2.6 中美汽车制造商对比

从世界汽车贸易的总体格局上看，美国是汽车进口量最大的国家。日本、德国、韩国是主要的汽车出口国。中国制造的汽车主要供应中国市场，从数量上看进出口量较为平衡。

由于全美汽车工人联合会（UAW）的强势存在，美国汽车制造产业的"三巨头"长期担负着远高于全球竞争对手的人力成本，包括高工资、更好的福利以及优厚的养老金等。不堪重负的通用汽车和克莱斯勒在金融危机中破产重组，美国政府出手挽救了美国汽车制造产业。由于汽车制造产业起到了巨大的产业带动作用，美国政府对本土汽车制造商一贯采取保护和扶持的政策。

1. 市场与效率

作为老牌的汽车王国，美国从19世纪90年代起就拉开了汽车制造产业的序幕。相对于马车行业，那时的汽车制造先驱们也应当算是造车新势力了。1908年，福特T型车诞生，以标准化大规模生产单一车型的模式推动美国进入汽车时代。T型车的单价从最初的850美元迅速降低到360美元，销售量的增加让福特汽车一度占据了美国75%的市场份额，成为世界第一汽车制造商。1908～1927年，T型车共生产了1500万辆，这一纪录直到1972年才被大众的甲壳虫超越。从制造商的角度看，福特汽车的经营战略非常符合规模经济规律。一百多年来，汽车制造产业的"巨头"们都或多或少地追随着福特汽车的这一经营模式。当美国的汽车市场发展起来之后，消费者需求出现了明显的差异化。通用汽车通过"为每一个消费者以及每一种用途生产一种适合的汽车"的策略，逐步蚕食了福特T型车的市场，从而在1928年成为美国同时也是世界最大的汽车制造商。1962年，通用汽车在美国市场的占有率为50.7%，第二名是福特汽车。

第二次世界大战之后，美国汽车市场成为典型的寡头垄断市场，寡头共谋所形成的惰性与美国政府的贸易保护相结合，让美国汽车制造产业逐步失去了生产效率与汽车技术的优势。自20世纪70年代石油危机以来，日本和德国的汽车制造商就一直在增加美国市场的份额，它们相对于美国"三巨头"的竞争优势主要体现在较高的生产效率。即便多年来一直努力改善生产效率，美国"三巨头"与日本企业在美工厂相比始终存在差距。在 2008 年金融危机前,由于高成本、低效率以及在国际市场的过度扩张,福特汽车形成了巨额的亏损。福特汽车通过"一个福特"(One Ford)战略顺利渡过了金融危机,其核心是精简产品线。近年来,福特汽车放弃了普通轿车的生产,专注于皮卡等大型车的制造。这样的战略选择是福特汽车百年以来经营理念的回归,也符合汽车制造产业的规模经济规律。

通用汽车作为长期以来的世界第一大汽车制造商,自进入 21 世纪以来就显现出规模过大带来的低效率。在金融危机中,销售收入的剧降、人力成本的居高不下、全球扩张带来的巨额资本支出,终于拖垮了通用汽车。在金融危机之后,重组过的新通用汽车采用更合理的办法解决制造的规模经济问题,其中型车直接采用中国合资企业的成熟型号在国际市场及美国推广。这是自由贸易为中美制造商和消费者提供的利益,也是通用汽车 20 多年来在中美两国战略布局的经济学因素。在美国销售的别克昂克威就是典型代表,2017 年别克昂克威在中国的销量近 24 万辆,而同年在美国市场的销量只有 4 万多辆。4 万多的产量远远达不到在美国组织生产的规模经济数量,于是通用汽车选择在中国生产别克昂克威然后出口到美国。

2018 年通用汽车再度亏损,公司关闭了北美地区的 5 家工厂并宣布了在美国本土新的裁员计划。通用汽车加拿大工厂在 2018 年产量低于 15 万辆(见图 7-5)后就被"停止安排生产计划"。从经济的角度看,通用汽车做出了正确的选择。

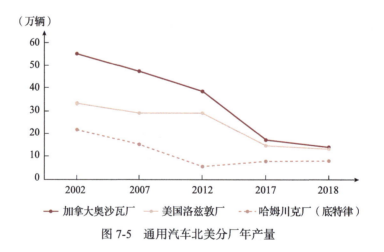

图 7-5 通用汽车北美分厂年产量

2.中美乘用车制造商市值分析

中美百亿美元以上市值的公司数量比为 4∶3(如果不算在香港上市的吉利汽车,数量比为 3∶3)。中国的 4 家是:上汽集团、比亚迪、广汽集团、吉利汽车;美国的

3 家是：通用汽车、特斯拉、福特汽车。

先对比 2 家传统的汽车制造商：通用汽车与上汽集团。2018 年 12 月 31 日，通用汽车的总市值为 525 亿美元，市盈率为 5.86（2018 年亏损）；上汽集团的总市值为 432 亿美元，市盈率为 9.95。在通用汽车 2017 年的汽车总产量中，有 400 多万辆来自与上汽集团合资的公司——上汽通用和上汽通用五菱。同时，通用汽车和上汽集团在中小排量汽车发动机方面有广泛而持续的合作。由于全美汽车工人联合会通过罢工等手段施加压力以提高工会工人的工资和福利，通用汽车在美国的生产成本仍在增长，盈利情况不稳定；上汽集团则一直在持续盈利之中。

再看看 2 家新能源汽车的代表：特斯拉与比亚迪。2018 年 12 月 31 日，特斯拉的总市值为 367 亿美元，持续年度亏损；比亚迪的总市值为 188 亿美元，市盈率为 32.5。比亚迪使用本厂生产的锂电池，在动力电池方面的技术优势明显；特斯拉虽然开启了电池的研发与生产工作，但主要供应商仍然是松下。比亚迪是一家持续盈利的上市公司。2019 年第三季度，特斯拉上市以来第一次实现盈利。其主要原因是前三季度 Model 3 的总交付量达到了 20.82 万辆，特斯拉终于有了一款达到经济规模的车型，比亚迪需要这样的"爆款"车型。2019 年比亚迪销售量最高的新能源车比亚迪元 EV 前 11 个月的总销量为 6.05 万辆。

7.2.7　结语

从汽车市场 100 多年的发展历史看，无论是中国的汽车制造商还是美国的汽车制造商，都应尊重规模经济规律。通用汽车和福特汽车在国际化的道路上都不同程度地偏离了规模经济规律。作为现今最大的乘用车生产国，中国已经成为世界的成本标杆，中国品牌的乘用车必将走向国际市场。希望中国品牌在国际化的道路上能够避免通用汽车和福特汽车走过的弯路，在世界各地差异化的需求与汽车的规模经济效应之间找到理想的平衡点。

第8章

工 业

罗常青 北京理工大学通信与信息系统专业博士，北京大学光华管理学院 MBA，北京和熵通信科技有限公司创始人

曾 涛 北京大学光华管理学院 2001 级，河北省惠信大数据科技服务有限公司首席数据官

工业反映了一个国家的现代化水平和经济发展水平，而航空航天产业是一个国家工业的心脏，其发展水平直接代表着这个国家的综合发展水平。本章先从工业的产业结构进行分析比较，再重点展开中美航空航天产业的对比分析，最终就航空航天产业的发展给出建议与意见。

8.1 中美工业产业对比

工业是一个国家的心脏，工业上市公司数据能反映国家的科技创新、基础建设、战争潜力等多方面的水准。本节的数据分析将着重于中美差异最大的工业三级产业的市值、营业收入、资产收益率、研发费用等多个数据的差异化对比，并选择其中差异化程度最大的部分做深入分析，以揭示中美工业的现状、成因、未来趋势和战略机会。

8.1.1 工业产业结构

根据 GICS-Wind 截至 2018 年 8 月的分类标准，工业作为一级产业，下分为商业和专业服务、运输、资本货物 3 个二级产业，并再细分成 14 个三级产业、25 个四级产业（见表 8-1）。

表 8-1　GICS-Wind 工业产业分类

一级产业	二级产业	三级产业	四级产业
工业	商业和专业服务	商业服务与用品	安全和报警服务
			办公服务与用品
			环境与设施服务
			商业印刷
			综合支持服务
		专业服务	人力资源与就业服务
			调查和咨询服务
	运输	公路与铁路运输	公路运输
			铁路运输
		海运	海运
		航空	航空
		航空货运与物流	航空货运与物流
		交通基础设施	公路与铁路
			海港与服务
			机场服务
	资本货物	电气设备	电气部件与设备
			重型电气设备
		航空航天与国防	航天航空与国防
		机械	工业机械
			建筑机械与重型卡车
			农用农业机械
		建筑产品	建筑产品
		建筑与工程	建筑与工程
		贸易公司与工业品经销商	贸易公司与工业品经销商
		综合类	综合类行业

8.1.2　中美工业产业市值比较

中美工业二级产业的总市值对比如表 8-2 和图 8-1 所示。

表 8-2　中美工业产业总市值比较　　　　　　　　（亿美元）

二级产业	美国	中国
商业和专业服务	3 360	712
运输	7 234	2 606
资本货物	18 752	7 891

经测算，中国的资本货物产业总市值占中国股市总市值的 11.4%，是中国工业总市值的 71%，是商业和专业服务产业和运输产业市值总和的 2.4 倍。美国情况类似。因此，本节的头部企业将从资本货物产业中选出。

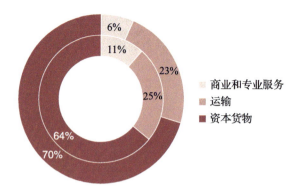

图 8-1 中美工业二级产业总市值对比图

注：1. 外环代表中国，内环代表美国。
　　2. 由于四舍五入，相加不一定为100%。

受产业空心化的影响，美国工业总市值占全产业总市值的比例仅为中国的一半，为7.8%。由此可见，美国若想振兴工业，让工作岗位回到产业工人身边，可谓任重道远。

1. 总市值差距较大

中美两国工业产业市值之比为 1∶2.6（见表8-3），即美国工业总市值比中国多了1.6倍，这个比例与整体股市总市值的中美比值接近。

表 8-3 中美工业产业市值分析

项目	市值（亿美元）		占全部产业百分比（%）		美中比值
	中国	美国	中国	美国	
工业全产业	11 208.63	29 345.72	16.09	7.73	2.6
商业和专业服务	712.30	3 360.38	1.02	0.88	4.7
运输	2 605.52	7 233.67	3.74	1.90	2.8
资本货物	7 890.82	18 751.67	11.32	4.94	2.4

差距最大的是商业和专业服务产业，这说明中国在工业的支持服务上与美国有较大的差距。

2. 中国工业企业从竞争趋向垄断

从表8-4中可见，中国工业企业的集中度高于美国，中国工业整体正处于从竞争型市场转向垄断型市场的门槛。

表 8-4 中美工业企业集中度对比

指标	中国		美国	
	全部	前四	全部	前四
营业总收入（亿美元）	16 160.69	4 776.43	23 764.74	3 642.96
CR4（%）	29.56		15.33	

考虑到这个行业的庞大市场规模和微薄利润，未来的中国工业企业注定要在激烈

的竞争和并购的炮火中顽强生长。

3. 中国工业市场规模与利润率均低于美国

在工业领域，"中国制造"并不如想象的那么强大。中美工业营业收入和净利润的相关对比如表 8-5 所示。

表 8-5　中美工业企业营业收入与净利润的相关对比

（金额单位：亿美元）

指标	工业		全产业		工业占全产业百分比（%）		美中比值	
	美国	中国	美国	中国	美国	中国	工业	全产业
营业收入	23 765	16 161	227 144	68 245	10.5	23.7	1.47	3.33
净利润	1 358	612	18 312	5 561	7.4	11.0	2.22	3.29
净利润率（%）	5.7	3.8	8.1	8.1	—	—	—	—

同样的数据在全产业上的差距更大：美国上市公司营业收入是中国的 3.33 倍，是美国与中国 GDP 比值 1.53 的 2 倍以上。中国工业企业的净利润率比美国低 1.9%。

4. 中国工业企业资产使用效率低于美国

表 8-6 给出了中美工业企业资产使用效率的对比。

表 8-6　中美工业企业资产使用效率对比（金额单位：亿美元）

指标	工业		全产业		美中比值	
	美国	中国	美国	中国	工业	全产业
总资产	33 126	26 290	833 130	364 346	1.26	2.29
营业收入	23 765	16 161	227 144	68 245	1.47	3.33
资产周转率（%）	71.7	61.5	27.3	18.7	—	—

中美工业企业资产周转率均远高于全产业资产周转率，中国工业企业资产周转率要比美国低约 10%。

5. 财务杠杆指标相当

如表 8-7 所示，中美工业企业拥有相差不大的财务杠杆指标，美国工业企业的负债率略微超出中国同行。

表 8-7　中美工业企业财务杠杆指标对比（金额单位：亿美元）

指标	工业		全产业		美中比值	
	美国	中国	美国	中国	工业	全产业
总资产	33 126	26 290	833 130	364 346	1.26	2.29
总负债	23 593	17 076	665 572	304 430	1.38	2.19
负债率（%）	71.2	65.0	79.9	83.6	—	—

但从全产业的维度看,美国企业的负债率要略微低于中国企业。

6. 中国工业企业投资回报偏低

如表 8-8 所示,美国工业企业的净资产收益率接近中国工业企业的 2 倍,这揭示出中国工业企业大而不强的现状。

表 8-8　中美工业企业净资产收益率对比

指标	美国	中国
净利润(亿美元)	1 358	612
资产总额(亿美元)	33 126	26 290
净资产收益率(%)	4.1	2.3

7. 中国工业企业研发投入远超美国

表 8-9 和图 8-2 给出了中美工业企业在研发投入方面的对比情况。

表 8-9　中美工业企业研发投入

项目	美国	中国
研发费用(亿美元)	227	274
营业收入(亿美元)	23 765	16 161
研发费用占营业收入比重(%)	0.96	1.70
销售净利润率(%)	5.7	3.8

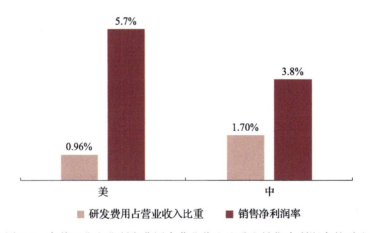

图 8-2　中美工业企业研发费用占营业收入比重和销售净利润率的对比

与美国相比,中国工业企业在研发投入上处于领先地位。对比相对较低的销售净利润率,能有这么大的研发投入是难能可贵的,也让我们看到了中国工业科技创新的希望。

8. 头部企业比较

表 8-10 所示为中美两国在资本货物二级产业内的头部企业。

表 8-10　工业－资本货物产业的头部企业

企业	所属三级产业	企业	所属三级产业
中国市值 10 强		美国市值 10 强	
中国建筑	建筑与工程	波音	航空航天与国防
中国中车	机械	3M 公司	综合类
中国交建	建筑与工程	霍尼韦尔国际	航空航天与国防
宁德时代	电气设备	联合技术	航空航天与国防
中国中铁	建筑与工程	洛克希德·马丁	航空航天与国防
中国铁建	建筑与工程	卡特彼勒（Caterpillar）	机械
中国重工	航空航天与国防	丹纳赫（Danaher）	机械
三一重工	机械	通用电气	综合类
潍柴动力	机械	迪尔（Deere）	机械
国电南瑞	电气设备	通用动力	航空航天与国防
中国营业收入 10 强		美国营业收入 10 强	
中国建筑	建筑与工程	通用电气	综合类
中国中铁	建筑与工程	波音	航空航天与国防
中国铁建	建筑与工程	联合技术	航空航天与国防
中国交建	建筑与工程	卡特彼勒	机械
物产中大	贸易公司与工业品经销商	洛克希德·马丁	航空航天与国防
中国电建	建筑与工程	韩国电力	电气设备
中国中冶	建筑与工程	霍尼韦尔国际	航空航天与国防
建发股份	贸易公司与工业品经销商	布鲁克菲尔德商业合伙公司（Brookfield Business Partners）	建筑与工程
中国中车	机械	通用动力	航空航天与国防
厦门国贸	贸易公司与工业品经销商	迪尔	机械

从资本货物产业的对比可知，中美头部企业的竞争是一场建筑与工程产业和航空航天与国防产业的不对称竞争。

8.1.3　小结

从以上数据对比中能清楚地发现，中美工业企业对比是中美国家经济实力对比的缩影，中国市场规模大、增速快、资本使用效率高，但是也要看到问题——大而不强，"萝卜快了不洗泥"。中国工业企业在利润率、资产回报等多个企业管理素质指标上都远远落后于美国。

中国工业企业集中度已提升至"寡头型"市场格局的门槛，企业面临着激烈的竞争兼并。向数字化、精细化管理要效率，向产业链上游进军，贴近最终消费者，这些都给予中国工业企业以极大的空间和战略机遇。

从表 8-10 的中美资本货物产业的对比中发现，中国头部企业集中在建筑与工程产业，而美国头部企业集中在航空航天与国防产业。这个差异一方面说明中国工业的优势建立在建设的基础上，另一方面也说明中国在航空航天与国防领域落后于美国。近年来，中国航空航天产业取得了长足的发展，发挥着越来越重要的作用。在新中国成立后的计划经济时期，中国航空航天产业相关企业大部分是中央企业或者地方国有企业，对外公开的生产经营数据比较有限。尽管近年来航空航天产业相关企业在市场公开和资本化方面做了大量的工作，但是产业相关企业在资产证券化方面与美国同行仍然存在较大的差距。客观上讲，我们不能简单地以国内上市公司的市值进行分析，来简单地评估航空航天产业的综合实力和发展潜力。

从美国工业的头部企业来看，航空航天与国防产业是新技术应用和产业升级最先落地的领域，对国家整体工业技术水平和产业引领的作用是巨大的，对国家的经济发展和国土安全具有同样重要的意义。下文将详细分析对比中美航空航天产业，这对促进中国产业升级、加快技术与资本市场的创新有着重要的借鉴意义。

8.2 中美航空航天产业对比

8.2.1 产业发展历史回顾

1. 美国航空航天产业发展历史回顾

航空航天产业涉及众多技术领域，上下游产业链条长，相关产品的附加值高，体现了一个国家的科技综合实力。目前，美国航空航天产业的综合实力和技术水平排名全球第一。

美国有十大军工集团，其中著名的波音、洛克希德·马丁、诺斯罗普·格鲁曼和雷神都是航空航天产业的国际头部企业。雷神主要从事国防和电子业务，其他三大集团都是从航空产业起家的航空航天与国防领域的国际巨头。

美国航空航天与国防产业的企业主要为私营企业，这些企业之所以能够不断成长为军工巨头，一方面得益于美国军方不断增长的军事采购需求，另一方面得益于不断的资本运作和并购重组，加快了企业的发展。

（1）第二次世界大战期间美国航空产业的兴起

第二次世界大战（简称二战）的爆发为美国的航空产业带来了大量的订单。珍珠港事件爆发后美国正式参战，美国各军工企业的军品订单进一步爆发式增长。在整个二战期间，美国航空产业实现了突飞猛进的增长。以生产数量为指标统计，美国在二战期间的十大飞机制造企业如表 8-11 所示。

表 8-11　二战期间美国十大飞机制造企业

排名	企业
1	北美航空（North American Aviation）
2	综合 - 伏尔提公司（Consolidated Vultee Aircraft Co）
3	道格拉斯飞机公司（Douglas Aircraft Company）
4	寇蒂斯 - 莱特公司（Curtiss-Wright Corporation）
5	格鲁曼飞机工程公司（Grumman Aircraft Engineering Corporation）
6	波音公司
7	洛克希德飞机公司（Lockheed Aircraft Company）
8	共和航空公司（Republic Aviation Corporation）
9	贝尔飞机公司（Bell Aircraft Corporation）
10	格伦·马丁飞机公司（Glenn Martin Company）

（2）冷战后美国航空航天产业的发展与并购

在 20 世纪冷战期间，美国主要的航空企业面临订单量快速下滑的困境。与此同时，航空航天产业的技术升级换代加快，民用航空航天需求提升。在此期间，各航空航天企业不断进行收并购，产业集中度有了较大的提升，具体情况如表 8-12 所示。

表 8-12　主要飞机制造企业二战后的发展情况

公司名	战后发展情况
北美航空	直到 20 世纪 50 年代，北美航空一直是美国最大的航空制造企业。1967 年与罗克韦尔合并，更名为"北美 - 罗克韦尔"，之后其电子业务与柯林斯合并，分拆成独立的"罗克韦尔 - 柯林斯"，1973 年航空、航天、火箭发动机及防务业务更名为"罗克韦尔国际"；1996 年并入波音公司
综合 - 伏尔提公司	战后，综合 - 伏尔提公司更名为"康维尔"，1953 年并入通用动力，1972 年推出经典的 F-16 "战隼"，1994 年并入洛克希德。目前属于洛克希德·马丁
道格拉斯飞机公司	1967 年，道格拉斯飞机公司与主要生产军用飞机的麦克唐纳公司合并，成为著名的麦道公司，1997 年麦道公司与波音公司平等合并
寇蒂斯 - 莱特公司	寇蒂斯 - 莱特公司于 1929 年由两家公司合并而成，这两家公司都成立于 1916 年，是美国航空先驱创立的公司。寇蒂斯 - 莱特公司至今长期位居"全球航空航天 100 强排行榜"
格鲁曼飞机工程公司	1994 年与诺斯罗普公司合并，成为现在的诺斯罗普·格鲁曼公司
波音公司	全球航空航天企业第一名
洛克希德飞机公司	全球军工企业第一名
共和航空公司	1965 年被费尔柴尔德飞机公司收购，2003 年并入 M7 航空航天，2010 年被以色列埃尔比特系统公司收购
贝尔飞机公司	贝尔飞机公司在战后专注研发与生产直升机，公司也更名为"贝尔直升机"，目前属于德事隆集团
格伦·马丁飞机公司	战后的格伦·马丁公司主要发展导弹和太空业务，1961 年与玛丽埃塔公司合并，1995 年与洛克希德公司合并，成为现在的洛克希德·马丁公司

受益于美国国防支出的不断加大和全球军事采购的持续增长，美国航空航天与国防产业迎来了一波发展高潮，大型并购交易时有发生。

2018年10月，哈里斯公司（Harris Corp.）和L3科技公司（L3 Technologies Inc.）宣布合并，这是史上规模最大的国防行业并购案。两家公司的市值合计约335亿美元，交易规模超过150亿美元，超过了1997年美国波音公司和麦道公司的合并交易。

2018年6月，美国诺斯罗普·格鲁曼公司以78亿美元的价格收购了美国航天设备制造商轨道ATK公司，使其有更多机会获得利润丰厚的政府合同，并扩大其导弹防御系统和太空火箭的兵工厂。

2018年4月，美国通用动力公司以97亿美元收购信息技术提供商CSRA公司，以扩大其政府服务业务。

2019年6月，美国雷神公司与联合技术公司达成协议，通过全部股票交易平等合并，合并只涉及联合技术公司旗下的柯林斯、普惠等航宇业务板块，不涉及奥的斯（Otis）和开利（Carrier）等工业系统业务。合并后的公司命名为雷神技术公司（Raytheon Technologies Corporation）。雷神公司计划将四项业务整合为两个业务板块：情报、空间与机载系统，综合防御与导弹系统。

2. 中国航空航天产业发展历史回顾

（1）新中国成立前的一穷二白

1909年9月21日，冯如驾驶自制的飞机"冯如一号"，在美国奥克兰市上空成功首飞，揭开了中国航空史的第一页。

1910～1949年，中国虽然在航空领域有一些积累，但从未形成独立的航空产业。在此期间，中国先后经历了抗日战争和解放战争，设备损失殆尽，工厂残破瓦解。在新中国刚成立时，除了少量航空技术人才，新中国没有任何航空产业基础。

（2）计划经济时期的军事优先

新中国的航空产业在抗美援朝战争中诞生，主要是修理军用飞机以保障战争需要，有力地支援了抗美援朝战争。

新中国自行设计并研制成功的第一架飞机是歼教1，于1958年7月26日首飞成功。我国第一架喷气式战斗机是歼5型飞机，于1956年7月19日首飞成功，同年交付部队正式服役。

20世纪六七十年代，中国航空产业进入完全依靠自己的力量、独立自主建设和发展的时期。到70年代后期，中国航空产业不仅在东北、华北、华东有了比较强的飞机及其配套生产能力，而且在中南、西南、西北等地的"三线"地区建成了能够制造歼击机、轰炸机、运输机、直升机及其发动机、机载设备的成套生产基地。航空产业布局发生重大变化，形成了比较完整配套的生产能力。

中国的航天事业始于20世纪50年代，那时的新中国百废待兴。在当时极其艰苦的条件下，党和国家领导人高瞻远瞩，提出中国一定要发展自己的航天事业。要开展航天活动首先必须具备进入空间的能力，而这种能力的起步往往是从研究导弹开始的。1956年10月8日，中国第一个导弹研究机构——国防部第五研究院正式成立，标志着中国航天事业的创建，钱学森任院长，梁思礼负责导弹控制系统的研究。

中国航天产业的发展史是一部自力更生、艰苦奋斗的创业史，是千万热爱祖国的中华儿女无私奉献、勇于攀登的拼搏史。计划经济时期的航天发展大事件如表8-13所示，其中"东方红一号"的成功发射迈出了中国发展航天技术的第一步，标志着中国已正式进入航天时代，并使中国成为世界第五个可以独立研制和发射卫星的国家。

表 8-13 计划经济时期航天发展大事件

序号	时间	事件
1	1956年2月	著名科学家钱学森提出《建立中国国防航空工业的意见》
2	1956年4月	成立中华人民共和国航空工业委员会，统一领导中国的航空和火箭事业
3	1960年2月	我国自行设计制造的试验型液体燃料探空火箭首次发射成功
4	1960年11月	我国仿制的苏联P-2导弹首次发射试验获得成功
5	1964年6月	我国成功地发射了第一枚生物火箭
6	1966年10月	导弹核武器发射试验成功
7	1968年2月	空间技术研究院成立
8	1970年4月	"东方红一号"人造卫星发射成功
9	1971年9月	洲际火箭首次飞行试验基本成功
10	1975年11月	我国发射了第一颗返回式人造卫星

（3）新时期下的航空航天产业

进入21世纪后，中国经济蓬勃发展，中国科研及国防受到更多政策与资本的关注，取得了一大批具有世界先进水平的成果，弥补了过去基础研究的众多弱项。到"十二五"末，中国航空产业取得了跨越式的发展。

- 航空产业规模快速增长。"十二五"期间，民用航空产业规模迅速扩大。中国民用航空产业规模达到660亿元，"十二五"期间年均增速为31%。
- 重点型号的研制取得突破。中国在研的国家重点民机型号为C919大型客机和大型灭火/水上救援水陆两栖飞机，两款国家重点型号的研制在"十二五"期间均取得了重大进展。

- 支线飞机商业化运营取得新进展。ARJ21 新支线飞机正式交付成都航空公司，取得历史性突破。"新舟"系列飞机形成了多型并举、多用途发展的新格局，运营在非洲、拉美、东南亚与南太平洋 18 个国家的 300 余条航线上，已具备了一定的品牌形象和市场影响力。
- 通用航空产业全面开花。通用航空飞行时间增加到 2015 年的 73.5 万小时，年均增速为 15%。机队规模增加到 2015 年的 2235 架，年均增速为 17%。
- 实现了美欧市场的突破。运 12 系列批量进入发达国家市场，出口成交 47 架，获得美国 20 架订单，并出口俄罗斯 15 架，客户遍布全球 33 个国家。
- 航空运营业保持较快增速。"十二五"期间，航空运输保持安全飞行 3480 万小时。航空总周转量增长到 849.9 亿吨公里，年均增速为 9.6%。航空运输人次增加到 4.4 亿人次，年均增速为 10.4%。航空货运量增加到 629 万吨，年均增速为 2.3%。航空运输规模稳居全球第二。

中国航天产业在后来的发展中也取得了瞩目的成就。

- 运载火箭技术迅速发展。20 世纪 80 年代初，中国自行研制的运载火箭日趋成熟。1980 年 5 月 18 日，我国第一枚洲际弹道导弹向太平洋海区发射成功；1984 年 4 月 8 日，"长征三号"运载火箭将第一颗同步通信卫星送入地球静止轨道，集中体现了我国现代火箭技术的最新成就。20 世纪 80 年代后期，我国的运载火箭开始进入国际卫星发射市场。1999 年 11 月 20 日，我国第一艘试验飞船"神舟一号"遨游太空，掀开了中国载人航天工程飞行试验史的第一页。我国的运载火箭品种已呈系列化，小到几十公斤、大到五吨重的卫星，都可以准确地送入预定轨道。中国的航天技术目前在世界上已处于一定的领先地位。
- 卫星技术飞速发展。1984 年 4 月 8 日，中国试验通信卫星发射成功，开创了中国卫星通信的新时代。1988 年、1990 年和 1999 年，中国先后发射了 3 颗风云 1 号极轨气象卫星，1997 年发射了首颗风云 2 号静止轨道气象卫星。1975 年 11 月 26 日～1996 年 10 月 20 日，中国共发射 17 颗返回式卫星，其中 16 颗安全回收，回收成功率达 94%。1999 年 10 月 14 日，长征 4 号运载火箭成功将中巴联合研制的首颗地球资源卫星送入预定轨道，标志着中国传输型遥感卫星研制已获得突破性进展，填补了中国没有自主陆地资源遥感卫星的空白。

8.2.2 全球航空航天产业现状与发展趋势

不同国家对"航空航天"的定义各不相同,有些国家定义的范围非常广泛(几乎包括所有航空航天业务),有些国家的定义则比较狭窄(只包括航空航天产品生产,并不包括技术服务等)。

1. 全球航空航天产业发展现状

美国空气动力学咨询公司和蒂尔集团对航空航天领域曾进行过调查研究,明确定义航空航天产业为"所有与飞机和航天器的开发、生产、维护和支持有关的活动"。

在这一定义被明确以后,产业规模的统计至少有了统一的标准。而在这个标准之下,该调查结果表明,2017年全球航空航天产业市场规模达8380亿美元,比之前的大多数估计都要大。如图8-3所示,这8380亿美元的组成是:飞机制造业占54%,包括原始设备制造商(OEM)、一级和二级供应商(即飞机系统与部件制造商);卫星和空间占7%;导弹和无人机占5%;最令人惊讶的是维护、维修和运行(MRO)部分的贡献占27%,价值2263亿美元,涉及维护、升级和相关的部件和服务。

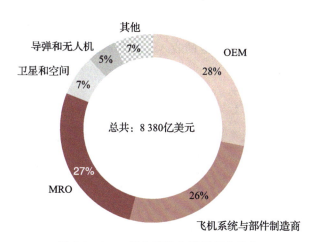

图8-3　2017年全球航空航天产业分布

美国占据绝对的第一,产业规模达4080亿美元,独占全球航空航天产业的49%,超过后面25个国家的总和。大量的原始设备制造商和供应商、大规模的国防开支和高达1300亿美元的航空航天出口支撑了美国的领先地位。短期内,美国的领先地位是不可撼动的。

法国排名第二,产业规模达690亿美元。法国在喷气式客机、战斗机、公务机、直升机、空间和导弹领域拥有极其多样化的能力,也拥有很多原始设备制造商和高级供应商。

中国排名第三，航空航天产业估值为612亿美元。中国航空航天产业的大部分产值集中在飞机和航天器的国内市场销售以及C919等新客机项目的研发。中国航空工业集团（简称航空工业）是中国航空领域最大的供应商，此外还有航天科技、航天科工和中国商飞等大型航空航天企业。美国空气动力学咨询公司和蒂尔集团的调查报告还指出，在未来10年，中国很可能成为全球航空航天产业排名第二的国家。

在中国之后，英国以488亿美元、德国以462亿美元的产业规模分列第四、五位。虽然英德都是制造业强国，但这两个国家缺乏整机制造商，绝大部分企业都是零部件供应商，这不可避免地影响了两个国家航空航天产业的营收。在此之后，俄罗斯、加拿大、日本、西班牙和印度分列市场第六到十位。前十个国家的航空航天市场规模达7310亿美元，占全球规模的87%，可以说主导了全球市场。当然，从最近的市场回报和前景看，全球航空航天市场仍然足够大，每个国家仍然有足够的空间进行发展。

如表8-14所示，《财富》500强也对航空航天产业的企业进行了排名，波音和空中客车是航空航天产业里排名前两位的企业。中国的中国兵器工业集团、中国兵器装备集团、航空工业、航天科技、航天科工、中国电科等企业入围，但由于这些军工集团有大量的非航空航天产业的收入，排名不能完全说明其在航空航天产业的实力。

表8-14　2018年《财富》世界500强排行榜中的航空航天企业

2018年排名	2017年排名	企业名称	营业收入（百万美元）	所属国家
64	60	波音	93 392.00	美国
105	94	空中客车	75 260.80	荷兰
140	135	中国兵器工业集团	64 646.30	中国
159	155	联合技术	59 837.00	美国
161	162	航空工业	59 262.50	中国
200	178	洛克希德·马丁	51 048.00	美国
242	101	中国兵器装备集团	44 785.40	中国
343	336	航天科技	34 253.60	中国
346	355	航天科工	34 073.00	中国
383	345	通用动力	30 973.00	美国
388	400	中国电科	30 175.50	中国
461	440	诺斯罗普·格鲁曼	25 803.00	美国
467	449	雷神	25 348.00	美国
498	452	BAE系统	23 591.60	英国

德勤的调研报告给出了 2017 年全球航空航天与国防产业收入的主要驱动因素，如图 8-4 所示。

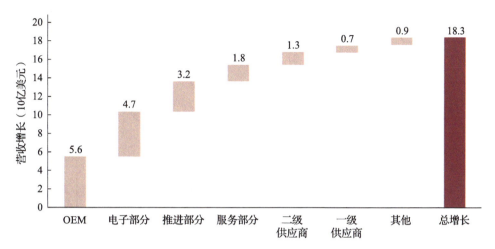

图 8-4　2017 年全球航空航天与国防产业收入的主要驱动因素

注："其他"包括航空结构和三级部门的收入增长。

2017 年全球航空航天与国防产业核心经营利润的主要驱动因素如图 8-5 所示。

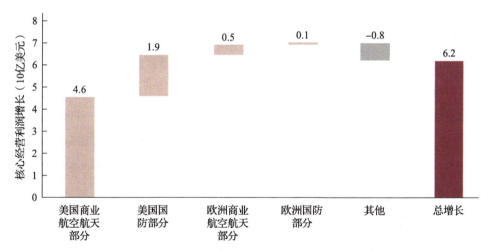

图 8-5　2017 年全球航空航天与国防产业核心运营利润的主要驱动因素

注：核心经营利润中的"其他"来自巴西、加拿大、以色列、日本、新加坡、中国大陆、韩国、澳大利亚、中国台湾、印度和土耳其。

德勤的报告指出，全球航空航天与国防产业 20 强公司的收入占 2017 年整个产业总收入的近 73.6%，与 2016 年的 73.8% 持平，表明该产业继续集中。

图 8-6 给出了 2012～2017 年全球航空航天与国防产业的收入、核心营业利润和利润率。

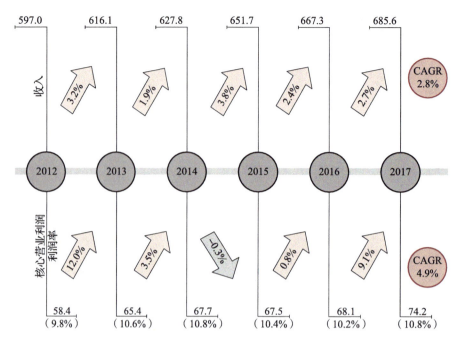

图 8-6 2012～2017 年全球航空航天与国防产业收入、核心营业利润和利润率
注：金额单位为十亿美元；CAGR 为复合年均增长率。

2. 未来航空航天产业发展展望

在商业航空领域，自 2018 年起，预计未来 20 年全球将生产约 38 000 架飞机，商用飞机订单将大量积压。由于飞机积压量达到峰值，预计制造商将提高生产率，从而推动该行业的增长。

随着对商用飞机需求的不断增长，俄罗斯和中国等国家出现了一些新的商用飞机制造商。这些新进入者在较长时间内可能会对空中客车和波音的双寡头垄断形成挑战，但是在短期内，这些新进入者会面临一系列的挑战，如获得航空公司的采购订单、管理成本和进度、取得全球监管机构的认证。

空间正成为整个国防工业生态系统的一个重要组成部分，因为全球日益紧张的局势可能对卫星等空间资产构成威胁，而卫星可以用于军事行动，包括监视、通信和导弹瞄准。因此，保护这些资产变得很重要，这可能会导致空间军事化。美国、中国和俄罗斯已经开始在空间领域建立主导地位，其他国家如朝鲜、印度也在逐步效仿。

此外，自由贸易对航空航天产业十分重要，尤其对发达国家的公司而言，飞机和武器的出口推动了收入增长。但随着美国引发的系列报复性关税的征收，一些航空航天领域的公司可能会考虑转移其制造业，以避免征收关税扰乱供应链并推迟交货。在这种存在不确定性的环境下，航空航天领域的公司将通过培养整个工业基础的长期稳定合作伙伴关系和管理其全球供应链关系而取得良好的业绩。

过去几年，航空航天领域发生了一些重大的并购活动。原始设备制造商继续向供应商施加压力，要求它们降低成本并提高生产率，这反过来又促使许多供应商在规模、成本效益和谈判能力方面进行整合。这一趋势可能会持续下去，因为原始设备制造商仍专注于扩大利润率，因此高度分散的供应商基础很可能在短期内变得更加集中。我们还可能看到一些大型企业将重点放在垂直整合上。除此之外，大型主承包商预计将考虑收购中小型公司，以获取新技术和市场。即使该产业公司的估值很高且接近金融危机前的水平，并购活动还是有可能持续增加。

8.2.3 美国航空航天与国防产业发展现状与趋势分析

1. 美国航空航天与国防产业分类

美国航空航天与国防产业分为商用和通用航空、军用飞行器、空间系统、地面系统及造船业。

（1）商用和通用航空

商用和通用航空领域由设计、制造和服务商用飞机、商用喷气式飞机、直升机、私人飞机、无人驾驶飞行器及其子系统和组件（如发动机、航空电子设备、原材料）的私营公司组成。总之，商用和通用航空是美国航空航天与国防领域最大的细分市场，其特点是供应链由2万多家供应商组成，其中大多数是中小型企业。

（2）军用飞行器

军用飞行器是与民用航空器的设计和生产直接相关的军用航空器部分，是指作战和非作战航空器及相关系统，包括运输机、战斗机、巡逻机、轰炸机、直升机、无人机系统和其他平台。该领域还包括专业航空电子设备、雷达、发动机、制导和控制系统、侦察和监视系统以及导航系统的设计和制造。

（3）空间系统

归功于罗伯特·戈达德（Robert Goddard）在20世纪20年代的早期研究和技术开发以及美国国防部和美国航天局（NASA）在20世纪50年代的研究和技术开发，今天的航天产业已经成为美国国家安全的重要支柱和现代经济的驱动力。目前，美国航天产业的定位是为商界和政府设计、制造和运行航天运载火箭、卫星、航天器和地面系统。

（4）地面系统

美国军方依赖一系列地面平台和系统，这些平台和系统旨在满足美国作战人员和美国武装部队的需求，包括坦克、战术车辆、运输工具以及相关平台和系统的制造，还包括小型和轻型武器以及相关组件和供应品的制造。

（5）造船业

美国航空航天与国防产业的造船部门由少数几家服务于美国军用船舶的公司组成，服务范围包括潜艇、驱逐舰、航空母舰、巡洋舰、运输船和两栖攻击运输船。该行业的起源可以追溯到1794年，当时美国第一任战争部长亨利·诺克斯（Henry Knox）为美国海军订购了六艘护卫舰。

2. 美国航空航天与国防产业的支柱作用

美国航空航天与国防产业在设计、开发和制造技术先进的飞机、航天系统和防御系统方面世界领先。自莱特兄弟1903年第一次飞行以来，航空航天与国防产业发展突飞猛进，并取得了标志性的成就（如登上月球、改造现代交通工具），为现代计算机、电信和医学奠定了技术基础。航空航天与国防产业在就业、收入和工资等方面对美国国家经济基础做出了重大贡献，是美国制造业实力的支柱之一。

美国航空航天与国防产业在美国工业产业中占据着举足轻重的地位，以2016年为例：

- 美国航空航天与国防产业为240万个美国就业岗位提供支持，约占美国总就业基数的2%，占美国制造业劳动力的13%。
- 系统制造商占整个产业就业岗位的35%（84.5万个），该产业的供应链占剩余的65%，即约160万个就业岗位。
- 美国航空航天与国防产业创造了8720亿美元的销售收入。系统制造商占总销售额的52%，而该产业的供应链占总销售额的48%。
- 美国航空航天与国防产业创造了3070亿美元的增值产品和服务，占美国国内生产总值的1.8%。出口额达到创纪录的1460亿美元，在过去5年中增长了52%。
- 美国航空航天与国防产业是领先的净出口产业，2016年创造了创纪录的900亿美元贸易余额。
- 美国航空航天与国防产业占美国商品出口总额的10%，是美国第二大出口产业。产业雇员的平均工资比全国平均工资高44%。
- 美国航空航天与国防产业贡献了417亿美元的联邦税收和209亿美元的州和地方税收。

3. 美国航空航天与国防产业重点上市公司分析

表 8-15 所示是美国航空航天与国防产业前十大上市公司的介绍。可以看出，美国的航空航天与国防产业集中度很高，前十大公司的产值都在百亿美元以上，其核心产品与核心业务与航空航天与国防产业紧密相关。

此外，美国主要的航空航天与国防公司的盈利能力普遍较强，资产证券化率较高，资本市场很好地支持了公司的经营发展。这些公司的股东基本上以机构股东为主，有些公司的机构股东占比达到 90% 以上。而相关机构股东以美国道富集团（State Street Corp）、美国先锋投资集团（Vanguard Group Inc）、贝莱德集团（Blackrock Inc）、美国银行（Bank Of America Corp）、远景资产管理公司（Longview Asset Management）等投资机构为主。资本在推动美国航空航天与国防产业的技术创新、产品开发、系统整合乃至公司间的收并购等方面起到了功不可没的作用。

表 8-15 美国主要航空航天与国防产业上市公司简介与财务数据

公司	总市值（亿美元）/ 股价（美元/股）	市盈率	公司简介	2018 年财务数据（百万美元）
波音	2 119/375.46	21.03	波音制造商用飞机，提供国防装备。该公司总部设在芝加哥，在商业航空领域与空中客车，在国防领域与洛克希德·马丁、诺斯罗普·格鲁曼等公司竞争。其在商用飞机和国防市场的销售额分别约占公司销售额的 70% 和 30%。2017 年，该公司销售额超过 930 亿美元	总收入 101 127 净利润 10 460 资产总额 339
联合技术	1 160/134.55	20.70	联合技术是一家多样化经营的工业集团公司，销售航空和建筑材料及系统。旗下的普惠发动机公司制造军用和商用飞机引擎，航空系统公司制造刹车、着陆装置、飞行控制系统、内饰、航空电子设备和其他飞机部件，奥的斯是世界最大的电梯制造商	总收入 66 501 净利润 5 269 资产总额 38 446
洛克希德·马丁	873/308.71	17.55	洛克希德·马丁是全球最大的国防承包商。在 2001 年被授予 F35 战斗机项目后，该公司成为下一代战斗机毫无争议的市场领导者。公司在 2017 年的总销售额达 500 亿美元。航空部门是其最大的业务板块，占销售额的 40%	总收入 53 762 净利润 5 046 资产总额 1 394
通用动力	497/172	15.38	通用动力位于弗吉尼亚州福尔斯彻奇，生产潜水艇、装甲车、信息技术系统和湾流商用直升机。通用动力的业务主要分为五个部分：航空航天（24%）、战斗系统（16%）、海洋系统（23%）、信息技术（25%）和任务系统（12%）。公司 2017 年的销售额达 309 亿美元	总收入 36 193 净利润 3 345 资产总额 11 732

（续）

公司	总市值（亿美元）/股价（美元/股）	市盈率	公司简介	2018年财务数据（百万美元）
雷神	516/182.76	18.01	雷神是美国主要的国防承包商，它的业务含五个板块：一体化国防系统、智能和信息、导弹系统、空间和机载系统、网络安全。针对美国政府的销售额约占整体销售额的70%	总收入 27 058 净利润 2 909 资产总额 11 472
诺斯罗普·格鲁曼	476/280.22	15.16	诺斯罗普·格鲁曼的三大业务领域分别为：航空航天系统、任务系统和技术服务。航空航天系统（占销售额的43%）包括飞机和太空系统；任务系统（销售额的41%）由雷达、传感器和监视瞄准系统组成；技术服务（占销售额的16%）为政府客户提供网络安全和信息技术以及各种产品的物流与维护服务	总收入 30 095 净利润 3 229 资产总额 8 187
德事隆集团	120/51.41	10.64	德事隆集团是一家价值140亿美元的多元化公司，其业务覆盖航空航天、国防和工业市场。德事隆集团旗下知名的品牌包括赛斯纳（商务喷气机和涡轮螺旋桨飞机）和贝尔（直升机）。虽然德事隆在持续多样化其产品组合，但是航空航天与国防业务依旧为公司带来了约75%的收入	总收入 13 972 净利润 1 222 资产总额 5 192

注：市值和股价的数据截至2019年5月。

（1）波音：重点民品，军民用业务融合协同发展

波音以军用飞机起家，通过并购麦道公司，将军用飞机和民用飞机业务进行横向合并，一举成为全球最大的民用和军用飞机制造商。目前，波音的主要业务有民用飞机、军用飞机、电子和防御系统、导弹、火箭发动机、卫星、通信与信息系统等。

波音先是通过对外并购对集团组织架构进行了重组，以提升军民用业务板块的管理效率，随后对防务、空间和安全业务进行了大规模整合，以适应集团的整体发展战略。

在军用飞机领域，波音大量利用民用飞机的技术与生产线，通过对民航飞机生产线进行局部改造，在民航飞机大批量生产需求和军用飞机小批量定制化生产需求之间取得了最佳的平衡。例如，波音向美国海军交付的P-8A"海神"飞机和波音737-800客机就来自同一生产线。

波音也积极地推动军用技术向民用领域的转化，在产品研发和零部件生产中大量采用军机技术。例如，波音707飞机就是在美国大型加油机KC-135基础上的派生型号。

波音通过对外并购，不断拓展公司业务领域，扩大盈利模式。在民用航空服务领域，波音收购了澳大利亚普雷斯航空解决方案公司、陆地图像公司、杰普逊公司等民用飞机客服公司，拓宽了波音民用航空的赛道。在宇航防务领域，波音收购了休斯公司的太空和通信部门、罗克韦尔公司的宇航和防务部门，布局了完整的航天产业链。

波音民品业务营收占比约70%，利润占比超过60%，是一家民品优先、军民协同发展的集团公司。

（2）洛克希德·马丁：立足军品核心，适度拓展民品业务

洛克希德·马丁的核心业务涉及航空航天、导弹、安全系统等领域。作为美国第一大国防供应商，洛克希德·马丁的军品订单源源不断。即便如此，洛克希德·马丁仍然在提升核心业务能力的基础上，将企业的业务领域合理有效地向外延伸和扩张，奠定了其市场优势地位。如洛克希德·马丁成立了信息系统与全球服务部，将业务领域拓展到系统集成和IT产品。2015年，洛克希德·马丁收购了西科斯基公司，将产品拓展到直升机领域。

洛克希德·马丁以军品为核心，在美国和全球范围内获得的订单十分充足；民品以直升机、民用卫星等军民融合类产品为主，产品具有鲜明特色和一定技术优势。从业务结构上来看，公司的民品业务主要是为了充分利用军民融合类产品产能，扩大收入规模，提升公司整体效益。

（3）诺斯罗普·格鲁曼：专注军品，以军促民，军民融合产业架构清晰

作为美国主要的航空航天飞行器制造厂商，诺斯罗普·格鲁曼在电子和系统集成、军民用飞机整机及零部件、海军舰船、精密武器和信息系统等领域具有较强的技术积累，公司产品也具有较高军民融合度。

公司下设先进技术和设计中心以及五个分部，包括电子传感器和系统分部、数据系统和服务分部、民用飞机分部、电子和系统对抗集成分部、军用飞机系统分部。

军品业务贡献了诺斯罗普·格鲁曼的一大半收入，近年来营收占比逐年提升，主要归因于国防订单的增加。

（4）雷神：在军转民和民促军中前行，当下聚焦军品业务

雷神1922年创立于马萨诸塞州，原名美国机械公司。早期的雷神在从事民用制冷技术失败后，转而生产电子管并大获成功。1925年公司更名雷神，发展至今已成为军工行业龙头。

雷神在军转民领域成果颇丰。基于军用技术开发的民用产品广泛应用于空中交通管制、数据、图像与信息管理、交通与通信领域。例如，雷神基于军用雷达技术开发了机场多普勒气象雷达，可以探测机场附近致命的风切面；基于潜艇声呐技术开发了商业捕鱼设备，可以探测海底的鱼群种类和分布情况；基于红外夜视技术开发了汽车驾驶、治安、搜索与救援等领域的民用产品。

20 世纪 90 年代起，雷神调整战略方向，专注于军品业务，陆续出售了一些民品业务，并先后收购了德州仪器的电子防务资产、休斯公司的军工资产。经过这一系列的收购，雷神的军品业务收入占比超过 90%，成为美国军品占比最高的军工集团。2019 年 6 月，雷神与联合技术合并，新成立的雷神技术公司成为美国航空航天产业新的"巨无霸"。根据当时福布斯年收入 500 强排名，雷神技术公司的年销售额仅次于波音，排在洛克希德·马丁公司之前。

（5）通用动力：海陆空天全领域军民融合

通用动力的业务涵盖四大领域：一是船舰系统领域，主要是制造军舰和核潜艇；二是航空航天领域，主要是公务机；三是信息系统和技术领域；四是作战系统领域，主要是攻击性武器的制造。军品业务是通用动力的核心，营收占比超过 70%，利润占比约 60%；民品业务主要是"湾流"系列公务机，民用船舶业务体量不大，以高附加值船型为主。

8.2.4 中国航空航天产业发展现状与趋势分析

1. 中国航空航天产业整体概述

（1）航空产业

我国客机研发技术整体提高。2017 年，我国客机相关专利新公开数量为 146 个。在 2017 年 5 月首飞成功的 C919 飞机中，有 100 多项技术专利为我国所有。新客机的研发生产串联起了国内完整的飞机制造产业链，涵盖了整个航空产业体系，覆盖了 16 家材料制造商和 54 家标准件制造商，汇集了整机集成商、系统级综合供应商、特殊材料供应商，涉及相关上市公司超过 20 多家。

民航市场发展迅速。我国于 20 世纪 90 年代初期开辟了 437 条航线，截至 2016 年底，我国共有定期航班航线 3794 条。1990 年我国共有民用运输飞机 425 架，到 2010 年，已拥有 1597 架，到 2017 年，总规模达到 3261 架。

未来十多年，中国民用飞机产业将迎来一个快速发展时期。中国民用飞机产业将在研制大型客机和商用航空发动机的同时，加快支线飞机、直升机、通用飞机的产业化系列化发展，促进机载设备及系统、配套零部件和原材料的协调发展，加强航空科技创新能力和基础能力建设，形成具有较强自主创新能力和完备的配套保障能力的航空研制生产体系，进一步加强适航能力建设，提高航空产品质量和可靠性。

中国已经是全球第二大民用航空市场，中国机队规模预计将保持5.5%的平均年增长率，到2024年，中国就将超过美国成为全球最大的民用航空市场。未来20年，中国将需要约6000架新客机与货机，价值9450亿美元。

（2）航天产业

2018年12月29日，我国长征二号丁火箭在酒泉卫星发射中心顺利升空，鸿雁星座首颗试验星成功入轨，中国航天的2018年完美收官。这一年，全球航天发射达到114次，年度发射总次数重新回到百次时代，开创了近30年来的历史最高纪录。

全球登顶，数量第一。2018年，中国航天发射次数共39次，占全球发射次数超过1/3，较2017年的8次翻了两番有余，不仅创下了中国年度航天发射频次纪录，更是首次超越美国，位居全球第一。发射次数的突破是国家航天实力的重要标志。

代表人类，首登月背。2018年12月8日，嫦娥四号月球探测器成功发射，并在月球背面顺利着陆。人类虽曾多次造访月球，但均停留在月球正面。由于信号受月球本体阻隔，在月球背面登陆比正面登陆要难得多。中国利用中继卫星"鹊桥号"作为信息中转站，打破了月球背面通信受阻的障碍，成功实现了月球背面软着陆，不仅检验了远端通信和轨道精确控制技术，也为2019年嫦娥五号的登陆及返回打下了坚实的基础。美国航天局局长吉姆·布里登斯廷当天发文称：这是人类史上的首次，更是一项"令人印象深刻的成就"。

刷新纪录，中国速度。365天，11次发射，20颗北斗卫星，最短发射间隔17天，这就是"中国速度"。2018年，我国长征系列火箭先后为北斗卫星导航系统完成了11次发射任务，将19颗北斗三号星和1颗北斗二号星送入预定轨道，实现了北斗三号全球组网基本模式，正式向"一带一路"国家和地区提供基本导航服务。北斗三号导航定位精度提升至2.5～5米，较北斗二号提升了1～2倍。

民营升空，虽败犹荣。星际荣耀、零壹空间等民营企业先后发射了固体亚轨道火箭和探空火箭。2018年10月27日，蓝箭航天的"朱雀一号"在酒泉卫星发射中心搭载着微小卫星"未来号"发射升空，成为我国首枚尝试入轨的民营运载火箭，开创了中国民营火箭参与航天事业的先河。但由于三级火箭出现异常，卫星最终未能入轨。虽然此次发射任务失败，但民营火箭公司已打通了火箭发射全过程中的能力链、供应链、体系链及发射链是不争的事实。

2. 中国航空航天产业的资本化和商业化之路

2017年7月，国防科工局组织召开军工科研院所转制工作推进会，会议解读了《关于军工科研院所转制为企业的实施意见》，宣布启动首批41家军工科研院所转制工作。会议指出，军工科研院所改革是中央分类推进事业单位改革的一项重要任务，也是全面深化国防科技工业改革的一项重要举措。《关于军工科研院所转制为企业的实施意见》的印发，标志着军工科研院所转制工作正式启动，军工科研院所改革进入关键的实施阶段。

（1）军工资产证券化持续推进，板块从量变走向质变

军工资产证券化正从体量发展向品质提升跨越，未来将继续深入推进。随着军工资产证券化的不断推进，军工集团在二级市场的资产类型已从民品、军民通用向核心军品发展，同时军工资产体量也稳步提升，二级市场已经拥有一批以军品业务为主导的军工上市公司。目前各军工集团资产证券化水平差距较大，且仍有一部分优质军工资产没有注入上市公司。这些资产具备较高的军品占比及较强的盈利能力，是具有高技术溢价的核心资产，未来这些资产的注入可能将为上市公司带来巨大活力。

（2）从民品到军品，资产证券化稳步推进

军工企业资产证券化主要是针对军工资产进行产业化重组，以股份或者债券的方式在市场上出售。目前，最常见的军工资产证券化方式是军工集团通过向控股上市公司注入核心军工资产来实现，资产注入的主要方式仍将延续。从历史上看，军工资产注入是一个逐步推进的过程，按照军工资产的参与程度，先从民用资产开始，然后过渡到军民两用资产，最终发展到军用资产。

（3）核心资产初具规模，从体量发展向品质提升跨越

二级市场核心军工资产初具规模，军工资产纯度提升。截至2017年底，国内军工集团主要上市公司的收入总规模约为8153.78亿元，同比增加2.16%。同时，大部分注入集团上市公司的军工资产为军工领域的总装资产或者关键零部件、配套系统，即核心军工资产，军工资产的纯度进一步提升。

军工集团资产证券化率仍较低，未来提升空间巨大。各大军工集团已有部分军工资产完成了资产证券化，但仍有一批优质军工资产尤其是科研院所等研发类资产仍未上市。截至2018年，我国整体军工资产证券化率仍然不足45%（按总资产口径计算），与国外约70%的资产证券化率相比仍具备较大潜力。

军工资产证券化将从体量发展向品质提升跨越。虽然各军工集团的资产证券化水平相差较大，呈现不均衡的发展特点，但是经过"十二五"的加速发展，市场细分领域的军工资产证券化已显现出体量发展向品质提升的转变。以中国航空工业集团为例，自 2008 年底开始，中国航空工业集团通过分板块运作的方式，先后成立了中航防务公司、中航飞机公司、中航发动机公司、中航直升机公司、中航机电系统公司、中航航电系统公司等多家二级子公司，将各专业化公司的相关业务及资产分别注入相应业务板块的上市公司。未来军品总装资产有望通过资产注入方式完善产业链并实现核心资源整合。

（4）资产证券化预期逐步升温，有望再次发力

军工集团资产证券化率水平与之前的预定目标相差较大。随着首家生产经营类军工科研院所转制为企业获批，以及国家政策对军工科研院所转制工作的不断推动，军工资产证券化预期逐渐增强。

（5）政策支持力度持续加大，引领军工企业改革发展

国家政策对军工企业资产证券化积极推动，有望引领军工企业的持续发展。通过资产证券化提高军工企业资产流动性和增加军工企业融资渠道，能够帮助企业提升自我造血功能，实现提高企业效率、技术水平、综合竞争力的最终目的。

资产证券化是军工集团的重要改革任务之一，国家政策持续支持。利用资产证券化加速改革，推动军工集团提升资产收益率，健全现代企业制度，在非核心领域实现军民深度融合是军工集团亟待破题的重要改革任务。近年来，在中央全面深化改革不断推向深入的背景下，中共中央、国务院、中央军委接连发布政策性文件支持军工资产证券化。

资产证券化能拓宽军工企业融资渠道，并推动现代军工企业制度的建立。一方面，军事装备的研制具有高投入和高风险的特征，单纯依靠自身力量或完全依靠国家资金支撑都很难顺利发展并形成产业。通过合理利用资本市场，鼓励民间资本和国际资本参与军工企业的发展，可以拓宽军工企业社会投融资领域。另一方面，军工企业国有法人股过于集中的现象普遍存在，在公司治理中难以形成有效制衡，而通过资产证券化将单一投资主体的军工企业改造为多元投资主体的企业，有利于将军工企业逐步转换为适应市场经济要求、产权明晰、政企分开、管理科学的现代企业，从而使军工企业成为真正的市场主体。

从世界军事强国的发展实践来看，军工企业通过资产证券化，筹集资金扶持核心军工资产发展，能解决制约产业发展的资金瓶颈问题，助力和补充有限的财政性国防投入，推动企业自身的快速扩张和产业整合，成为建设现代国防的强大推力。在 2016 年斯德哥尔摩国际和平研究所（SIPRI）选出的前 100 家军工企业中，美国的军

工企业占据了近半数席位。这100家企业有68家为上市公司，且前10家全部为上市公司，这凸显出军工资产证券化对军工企业发展的重要作用。

（6）航空工业：机载系统和军品总装是未来重要关注方向

中国航空工业集团的资产证券化水平最高。截至2016年底，中国航空工业集团的资产证券化率为65.19%。集团公司主要采用分板块运作方式，中直股份定位为集团直升机业务平台，中航飞机定位为集团大中型飞机整机业务平台，中航电子和中航机电分别为集团的航电系统和机电系统业务整合平台。我国重要歼击机研制生产基地沈飞集团也在2017年完成了整体上市。

机载系统院所资产和军品总装资产较为优质，后续注入可期。虽然中国航空工业集团资产证券化率处于较高水平，但是仍有相当规模和数量的机电系统和航电系统科研院所未注入上市公司。这些研究所具有明显的专业领域竞争优势，壁垒较高，盈利能力较强。未来随着院所改制政策的落实，相关资产有望注入上市公司，推动相关产业的快速发展，提升企业的盈利能力。在军工总装资产证券化方面，2017年军机总装企业沈飞集团整体注入上市公司，军工集团资产证券化进入更深层次。未来随着军工资产证券化的深入推进，作为优质战斗机总装资产的成飞集团和军用直升机总装资产的昌飞、哈飞值得期待。

（7）航发集团：证券化节奏较难把握

航发集团院所资产较为优质，但注入节奏难以把握。为落实创新驱动发展战略，加快推进航空发动机产业自主创新发展，2016年国务院正式批复组建中国航发集团。中国航发集团旗下有三家上市公司，分别是作为航空发动机整机、航空发动机控制系统和航空发动机零部件业务整合平台的航发动力、航发控制和航发科技。截至2016年底，集团资产证券化率为48.96%，体外资产主要有从事发动机及控制系统研发的科研院所和部分零部件制造公司。由于国家高度重视航空发动机技术的发展，中国航发集团的主要任务是突破航空发动机核心技术，集中精力做强做优航空发动机主业。因此，虽然集团体外资产规模较大，但资产证券化存在不确定性，未来资产注入节奏较难把握。

（8）航天科技：证券化目标差距明显，航天电子和航天机电资产注入值得期待

航天科技旗下有A股上市公司10家。截至2016年底，集团资产证券化率为22.57%，距集团"十三五"资产证券化率目标45%存在较大差距；航天电子控股股东航天时代作为航天电子专业领域整体上市试点单位，未来随着院所改制的稳步推进，存在进一步专业化整合的可能；航天机电作为航天八院的航天技术应用产业化重要平台，体外航天产业规模大，未来值得重点关注。

（9）航天科工：配套类科研院所资本运作空间大

资产证券化率低，配套类科研院所资本运作空间大。中国航天科工集团拥有A股上市公司7家。截至2016年底，集团资产证券化率为25.51%，资本运作空间较大。虽然2017年公司重大重组失败，但不排除未来仍会通过资产注入的方式提升集团资产证券化水平。

3. 中国航空航天产业的发展趋势

放眼全球航天市场，商业航天产业稳步增长，已居于全球航天经济的核心领导地位。商业航天是指以市场为主导，具有商业盈利模式的航天活动。它旨在通过市场化竞争，降低航天活动成本，近20年在美国的引领下掀起发展大潮。

商业航天涵盖五大方向：运载火箭、人造卫星、载人航天、深空探测以及空间站。从国家来看，美国的商业航天发展最为全面完善，发展水平全球领先。我国商业航天潜力逐渐释放，2014年以来，我国制定了一系列航天政策促进商业航天的发展，并鼓励民营企业进入航天领域。

我国商业航天发展模式仍在探索中，目前主要有三种模式：第一，航天商业化，这是目前最主要的模式，将现有的航天基础设施面向社会服务，涉及通信卫星、遥感卫星、导航卫星的应用；第二，政府与市场合作，如政府与企业共同出资，共同发射，卫星由企业运营，政府采购数据，是一种创新托管模式，可节约政府资金；第三，纯民营投入，也就是由民营企业提供航天产品、服务或航天活动，这是未来发展的主流方向。

中国航天科技集团与中国航天科工集团两大"国家队"是商业航天市场上的主力军。中国航天科技集团已经建立起从制造、发射、地面到系统应用的全产业链商业实践，并向"互联网+""航天发射+"等技术融合方向拓展；中国航天科工集团推进了"五云一车"的商业航天新格局并积极探索太空经济新领域，在技术融合方面也已推出天基物联网及航天云网项目。民营企业正在启航，在短短的几年里，信威、翎客、零壹、蓝箭等民营航天公司相继成立，腾讯、阿里巴巴、百度等互联网巨头也涉足了商业航天活动。

我国商业航天国际发射具有可靠性高、履约能力强、保险费率低三大优势，拥有"天地一体化"系统解决方案，尼日利亚、巴基斯坦、白俄罗斯、老挝等国家均采用了我国的发射服务，但由于"沃尔夫条款"的限制，我国商业航天国际发射市场与其能力并不匹配，随着我们自身硬实力的逐渐增强与相关国家政策的开放，国际商业市场发射份额可进一步提升。

我国卫星通信商业化开发尚不成熟,国内卫星通信产业规模偏小,应用深度和广度不足。未来我国通信卫星的增长点将主要来自卫星电视直播、宽带卫星业务以及移动通信卫星业务三个方面。根据测算,我国全球卫星移动通信系统的潜在用户数量将达到 1300 万,卫星移动通信终端每年市场空间将达 50 亿元量级。

"一带一路"为我国商业遥感带来发展机遇。"一带一路"沿线卫星遥感需求潜力巨大,沿线国家仅印度、泰国、越南、沙特阿拉伯、以色列、阿联酋和俄罗斯等建有遥感卫星系统,其余近 60 个国家的遥感应用需求巨大。保守估计,2025 年"一带一路"国家商业遥感市场规模将接近 60 亿元人民币,若考虑地理信息系统建设、解决方案等业务,将突破百亿元人民币。

北斗带动了产业的腾飞。近年来,我国卫星导航产业发展迅速,2016 年产业总产值突破 2000 亿元大关,达到 2118 亿元。由于国家"一带一路"倡议的影响,北斗产业迎来了前所未有的发展机遇。

8.2.5　中美航空航天产业综合实力对比

1. 军工企业

我国军工企业主要分布在十大军工集团内,包括航天产业、航空产业、兵器产业、船舶制造业、核工业和电子工业等多个子类别。从总资产占比看,军工企业主要集中在船舶、航空、航天三大领域。

从军工产业发展现状来看,我国军工产业经过多年持续发展,无论是在营业收入、资产规模、增长态势,还是在技术能力、军民融合发展等方面都取得了长足进步,并将成为我国培育增长新动能的重要引擎和未来最具发展前景的行业领域。

对比 2016 年中美两国主要军工上市公司的毛利率和销售净利率(见表 8-16),可以看出,中国军工上市公司的经营规模与盈利能力整体有待提升。

表 8-16　2016 年中美主要军工上市公司对比

序号	公司	毛利率(%)	销售净利率(%)
1	洛克希德·马丁	10.7	11.2
2	诺斯罗普·格鲁曼	23.6	9.0
3	通用电力	19.9	9.4
4	雷神	25.4	9.0
5	中直股份	14.1	3.5
6	中航飞机	7.1	1.7
7	中国重工	8.3	0.1

这种局面与我国军工产业长期在计划经济体制下发展不无关系。军队体制编制、军品定价机制、军民融合、军工科研院所改制等改革稳步推进，军工产业改革进程加快，将有助于提升上市公司竞争力与盈利能力。

2. 航空产业

我国航空产业展现出来的技术与世界先进水平相比，差距巨大。

根据使用性质，航空飞机可以分为军用飞机与民用飞机。在军用飞机方面，从数量来看，我国现役飞机约 4500 架，是美国的 33%，排名仅次于俄罗斯位于全球第三。从飞机种类来看，我国军用飞机种类基本齐全，对比美国仅缺少在战略指挥机上的布局。从优势机种来看，我国偏向战斗机与无人机，战斗机数量全球第三，无人机全球第二，这与我国以国土防御为主的策略相一致；而美国以全球为目标安排布局，所以跨航运输能力强的加油机与运输机是美国航空称霸全球的资本之一，我国这两类机种暂时无法赶超美国。以运输机为例，美国运输机 22 个系列共 998 架，中国 5 个系列约 100 架，总量仅为美国的 1/10，且其中 18 架伊尔 76 购自俄罗斯。

在民用飞机方面，我国现役飞机共 5593 架，约为美国的 1/20。在运输机即客运飞机方面，我国小型客运飞机自主化程度较高，但大型客运飞机基本依靠进口。

在通航产业方面，从通航飞机保有量看，美国为 21 万台，中国 2017 年仅 2984 台；从通用机场看，美国拥有 2 万座，而中国截至 2018 年 6 月已取证的通用机场仅 168 座；从通用飞行时长看，美国达 2480 万小时，中国 2017 年仅 81 万小时。中国通用航空产业发展与经济发展水平严重不符。

造成上述军用飞机与民用飞机上的中美差异、制约我国航空产业发展的关键因素之一是航空发动机技术的发展。

对比航天发动机，我国航空发动机自主创新能力不强，新研制动力进程缓慢，现有发动机难以满足飞机日益增长的动力需求，动力多依靠进口。除了自国外引进的飞机，我国超半成现役飞机使用的是国外或仿制改版的二代发动机，而这些发动机的技术约为 20 世纪八九十年代的水平，在美国和其他航空发达国家已经基本被淘汰。

此外，发动机产品系列不全，军用发动机不够先进，民用发动机领域则是空白。军用大推力发动机型号研制有短缺，整体性能与美国同类型相比差距较远。我国大推力涡扇发动机较成熟的是 WS-10 系列，与美国 F-110 系列在推力上相差数十千牛，适用性较窄。四代的 WS-15 的性能与美国的 F-135 也有较大差距。民用发动机关键技术尚未突破，大涵道比涡扇发动机研制尚是空白，全部依赖进口。大涵道比涡扇发动机适用于大型运载飞机,由于核心发动机无法自主研发,我国大飞机之前几乎全部引自波音与空中客车,直至自主研发的 C919 试飞成功,才填补了我国大飞机项目的空白。剖析整体,我国攻克了整体设计、气动外形、机身材料等 100 多项核心技术,拥有自主知识产权,但是动力系统来自美法合资 CFM 公司,尚无独立研制同水平发动机的能力。

3. 航天产业

航天科技可以分为空间技术、空间应用和空间科学。从整个产业链角度来看,空间技术集中在航天器制造和发射,空间应用集中在地面设备和运营应用,空间科学基于两者去太空探索新知识,三者相辅相成。

从政府活动(政策支持力度、预算开支情况、国际合作情况等)、人员和航天器(宇航员人数、相关学科大学及以上储备人才数量、在轨航天器数量等)、相关工业(制造能力、发射能力、地面操控能力等)这三方面能力进行评定,2017 年我国航天实力指数为 27.93,较 2016 年有所提升。美国航天实力指数为 89.3,居全球首位,但近年来有所下降。综合来看,我国航天实力仍处于第二梯队。

(1)空间科学:部分领域领跑全球,但整体较为薄弱

我国空间能力最为薄弱的是空间科学,这可以从理论基础与研究手段两方面来看。

与航天相关性强的天文学与天体物理、物理学等基础研究较为薄弱。从各国与所在国相关科研机构在基本科学指标(Essential Science Indicators,ESI)数据库 180 个重点热点前沿领域产出论文的数量和论文影响力来看,在物理学的 20 个重点热点前沿领域,美国引领数达到 11 个,中国仅 2 个;在天文学与天体物理的 12 个重点热点前沿领域,美国引领数达到 10 个,中国尚无斩获。

科学卫星是空间科学研究的重要基础和手段,我国科学卫星起步晚,成效不如美国。在时间上,美国 1958 年发射的第一颗人造卫星即是用于科学探测的"探险者号"科学卫星,中国最早用于科学探测的是 1971 年发射的"实践"系列卫星。在探测距离上,美国"探险者号"系列卫星已探测过整个太阳系,并向银河系进发,中国目前距离最远的探测地是火星。在卫星数量上,截至 2017 年,中国科学卫星数量约 50 颗,其中大部分是早期发射的"实践"系列卫星,美国方面则达到 180 颗以上,在 2017 年发射的 108 颗科学卫星中,美国约占 18%,而中国约占 4%。

(2)空间技术:基本掌握核心技术,发展最为迅速

作为空间科学与空间应用的操作基础和实现手段,空间技术是最为核心的部分。

从全球视角来看，我国的空间技术发展最为迅速，成效最为显著。

空间技术不单单指某项具体的技术，而是指囊括了从火箭与航天器制造、航天器发射到稳定运行航天器的过程中涉及的各项技术。最有代表性的为重型火箭技术、载人航天技术、空间站技术与深空探测技术。我国是全球为数不多能够独立实施登月计划、载人航天计划、空间站计划的国家，这说明我国航天产业攻克核心技术数量多，涉及范围广。但与美国相比，我国仍需要在总体效率与质量上继续提升。由于载人航天、空间站与深空探测均需要以重型火箭技术为基础，下文便以重型火箭技术为例具体分析我国的空间技术实力。

重型火箭是指具备发射低、中、高不同地球轨道，可以运载不同类型卫星和载人飞船，并且 LEO 载荷能力（近地轨道运载能力）超过 18 吨的火箭。是否具备该领域的技术可以被看作能否挤进航天强国的重要指标。全球现役的重型火箭包括长征五号（中国）、重型猎鹰（美国）、德尔塔 4（美国）等。从整体性能与性价比来看，我国长征五号排全球第三。

从整体设计能力看，根据重型火箭运载能力的要求，目前世界主流的是模块化组装法，即把多级火箭以类似搭积木的方法构建成一个大型的火箭，美国的土星五号、重型猎鹰与中国的长征五号等都运用此法。

我国在拟定的载荷能力下对成本和可靠性的把控较为突出。对比史上各大重型火箭，我国长征五号以较低的发射成本和高达 98% 的可靠性，显示出我国在这一环节的技术能力。

从整体动力系统看，长征五号 LEO 载荷能力为 25 吨，仅次于重型猎鹰与德尔塔 4。在运载系数[⊖]方面，长征五号的 LEO 运载系数仅为 0.0288，与重型猎鹰的 0.0451 相距甚远，说明我国发动机性能与美国差距大，技术需要提升。

（3）空间应用：中国发展迅速，美国增速放缓

空间应用是以卫星应用为主（约占全球空间经济的 80%）、其他相关产业为辅的空间衍生服务产业。从卫星产业链来看，空间应用覆盖卫星制造与卫星发射的上游，以及卫星服务与地面设施的下游。美国卫星产业协会（SIA）2018 年全球卫星市场报告显示，2017 年全球卫星行业市场规模约 2686 亿美元，其中卫星服务 1287 亿美元，占比 48%，排第一，地面设施 1198 亿美元，占比 45%，排第二，两项总和超 90%。美国卫星行业收入占比持续多年超 40%，但近年来增速放缓，占比有所下降，中国

⊖ 运载系数即最大有效载荷与起飞重量之比，数值越大，表明同重量火箭的载荷越多，运载能力与效率越高。

卫星行业则以每年超20%的收入增速发展。

1）卫星制造与卫星发射：门槛高，参与者少，美国为第一垄断者。卫星制造与卫星发射对资金、人才、技术都有高要求，该领域的全球公司或者政府部门约有30个，其中欧美六大制造商占80%以上的市场份额。以GEO商业通信卫星制造订单为例，美国波音、劳拉、轨道ATK与洛克希德·马丁占62%，垄断过半市场。

2）卫星服务与地面设施：中国具备后发优势。卫星服务与地面设施门槛较低，拥有超1700家公司参与，市场规模庞大，增长迅速。地面设施行业表现最为突出，市场规模从2012年的754亿美元涨至2017年的1198亿美元。全球四大卫星导航系统①逐渐完善成熟，卫星导航与物联网、5G、大数据等高新科技结合使得导航产业蓬勃发展。

以导航系统为例，比较中国的北斗与美国的GPS。在技术上，北斗安全高效。北斗是我国自主研发的，无论是在军事还是在民事方面均安全、自主、可控。北斗采取分布开通模式，即"发射部分先使用"，与GPS必须整体系统建成才能投入使用对比，更高效灵活。对比GPS的双频信号，北斗使用的三频信号能带来更可靠与精准的定位能力，数据处理能力也进一步增强。此外，北斗拥有原创的短报文通信服务，适用于紧急情况下的位置文字通报。在市场规模上，北斗打破了GPS的垄断局面，但挑战GPS依旧困难。从国际视角来看，我国导航系统发展最为迅速，2012～2015年市场份额提升了4%；从国内视角来看，截至2017年底，我国卫星导航与位置服务产值达2550亿元，增长20.4%，其中北斗对产业核心产值的贡献率达80%，市场占有率提升至15%，但即便如此，GPS依旧保持着超80%的市场份额。

4. 差距原因

通过分析中美航空航天产业，可以发现差距背后有以下深层次的原因。

1）工业基础薄弱，关键零部件需要进口。由于技术封锁，我国航空航天技术研发均是在困难条件下自主攻克的，即使吸收了其他国家成功与失败的经验，也无法弥补落后几十年的工业基础。例如，航天级的核心芯片FPGA②芯片被国外的赛灵思（Xilinx）、阿尔特拉（Altera）、莱迪思（Lattice）等公司垄断，无法购买到最先进的版本。因此，我国的研发从立项到成熟落地，周期远远长于其他发达国家。

---

① 美国全球定位系统（Global Positioning System，GPS）、欧洲伽利略（Galileo）卫星导航系统、俄罗斯格洛纳斯（GLONASS）卫星导航系统、中国北斗卫星导航系统。
② 现场可编程门阵列（field programmable gate array）。

2）研发投入不够使得许多预先工作做得不深入、不彻底，费用仅为美国的 1/8。从数据来看，无论是相对值还是绝对值，我国的航天航空预算都远不如美国。以航天为例，我国的预算为美国的 1/10，如果考虑美国国防航天部分的预算，差距将进一步扩大。此外，除了政府的高额度拨款，美国航天事业还有约 20% 的资金来自资本投资，约占全球航天风险投资（VC）和私募股权投资（PE）的 65%。

3）缺少专业人才。我国在专业人才培育体系与人才支持上有所欠缺，从业人数差距更大。2016 年，我国航空、航天及设备制造业从业人数为 35 296 人，而美国为 617 420 人，相差十几倍之多，与航天相关的服务业人数差距更大。

4）军民转化程度不高，无法有效市场化。以北斗为例，北斗开通仅 5 年，对比美国二十多年的发展，无论是在设备稳定性、可靠性、实用性还是在商业模式上，都难在短时间内突破。

8.3　航空航天产业发展的建议与意见

8.3.1　航空产业

航空产业兼顾科技与消费，在带动投资、促进消费、推动转型等方面能够发挥重要作用。改善航空产业投资环境，建议从空域管理体制、空域资源规划、机场建设、飞机制造、区域试点 5 个方面推进。

1）理顺国家空域管理体制，划分军航民航空域的权力责任，改进现行空域管理模式，从体制上解决空域管理问题。应重新界定军民航在低空空域管理改革中的飞行安全责任，在民航交通管制区域内的通航飞行活动，应由民航全权负责，使军航从繁重的飞行安全责任中解脱出来，消除军航对低空管理改革的安全顾虑。建立军民空管联合运行机制，完善空域管理法律法规，加强低空管制能力建设，逐步减少通航审批环节与运营限制。

2）强化国家空域顶层设计，加强国家空域资源的统一规划，实现全国空域分类划设和管理。积极借鉴航空发达国家经验和做法，综合考虑军航民航空域使用需求，对全国空域进行统一规划。同时加强全国干线航路网规划，推进单向大通道航路规划和实施，推进终端管制区建设，加快繁忙终端区空域优化。努力在空防安全、飞行安全与通航飞行之间找到最优方案，满足民用运输航空、通用航空和军事航空的空域需求。

3）补足通用机场建设短板，科学谋划，按需布局，调动各方投资建设的积极性。未来通用机场布局应贴近市场、服务需求，着眼于完善综合交通运输体系，加强区域协作，合理搭配民用运输机场与通用机场，统筹服务保障设施建设。通过放松管制、税收补贴等配套政策，调动地方政府、民间资本等参与方积极性。

4）提升研发制造能力，鼓励科技创新，构建完整的通航产业制造体系。建议通过出台配套产业政策，构建国家级通航研发体系、创业平台、工程中心，支持具有自主知识产权、质优价廉、适用于我国通航需求的飞机整机与关键部件的生产制造，提升我国航空制造业水平，全方位降低我国飞机购置成本。

5）结合各地区需求特点，侧重不同通航业务发展。东部地区人口稠密、经济发达，公务飞行、医疗救援等需求旺盛；西部地区地广人稀、地面交通不便，亟待发展短途运输服务，方便民生出行、货物运输，同时还可为国防维稳与应急救援提供飞行基地。

8.3.2 航天产业

1. 统筹推进军用、民用、商业航天深度融合

加强军民空间基础设施统筹规划，建立和完善天、地、应用协调发展机制，完善卫星轨位、频率资源、空间数据资源的统筹开发利用机制。通过商业化卫星发展，集成大量卫星资源，形成产业化服务。通过遥感信息云，对数据信息进行加工；利用云计算能力，定期提供信息服务；通过实施云，为产业创新创业者提供云部署，最终打造出完整生态圈。

大力支持商业航天发展。民营航天领域虽出现了不少有益的探索，但有重复建设的迹象。在产业初期，民营企业有重复的布局、追求"关注度"和"流量"也无可厚非，这引进了资本，推动了产业的发展，"大浪淘沙"是发展的常态，发展到一定阶段，就会启动创新。对商业航天的发展要持宽容的态度，一方面容忍产业初期的无序，另一方面容忍探索中的挫折。

2. 激发航天科研院所活力，破解军转民动力不足难题

航天产业投资大、风险高的特点决定了从业企业大部分是国有企业和科研院所，航天军用高技术大部分掌握在航天科研院所手中。提高航天军用高技术转化率，必须要激发航天科研院所的活力，提高航天科研院所技术转化的积极性和主动性。在保障国家战略安全的前提下，应加快构建股权多元化、权责利分明的现代企业制度，鼓励科研人员持股和社会资本投资，调动科研院所技术转化的积极性。

第 9 章

金　　融

邬　曦　上海交通大学安泰经济与管理学院 2010 级博士，知一书院研究员
叶　晨　新瑞学院教研总监

金融产业在 GICS-Wind 标准下分为 17 个四级产业。截至 2019 年 12 月 31 日，中国共有 108 家金融产业上市公司，占全部上市公司的 2.87%，美国共有 913 家上市公司，占 18.09%。中国金融产业上市公司总市值为 24 874 亿美元，占全部上市公司总市值的 26.7%，美国上市公司总市值为 68 354 亿美元，占 15%。

由于 2019 年和 2020 年国际金融形势变化较大，国内政策变化也较大，本章暂不对金融产业进行全面分析，仅对 2019 年中美金融产业上市公司数据进行比较分析，并以中国工商银行为案例，分析中国银行业的发展。

9.1　中美金融产业上市公司结构比较

金融产业分为 3 个二级产业：保险、多元金融、银行，并再分为保险、抵押房地产投资信托、资本市场、消费信贷、多元金融服务、商业银行、互助储蓄银行与抵押信贷 7 个三级产业，然后再细分为 17 个四级产业，详见表 9-1。

表 9-1　金融产业结构目录　　　　（金额单位：亿美元）

二级产业	三级产业	四级产业	上市公司数（家）		总市值	
			中国	美国	中国	美国
保险	保险		7	116	4 635	17 327
		保险经纪商	0	13	0	1 874
		财产与意外伤害保险	1	53	14	8 970

（续）

二级产业	三级产业	四级产业	上市公司数（家）		总市值	
			中国	美国	中国	美国
		多元化保险	3	15	3 115	1 175
		人寿与健康保险	3	23	1 506	4 810
		再保险	0	12	0	498
多元金融			65	364	4 614	18 808
	抵押房地产投资信托	抵押房地产投资信托	0	39	0	809
	多元金融服务		7	44	98	6 109
		多领域控股	1	6	3	147
		其他多元金融服务	4	19	64	2 986
		特殊金融服务	2	19	31	2 976
	消费信贷	消费信贷	0	41	0	2 578
	资本市场		58	240	4 516	9 312
		多元资本市场	5	6	315	953
		金融交易所和数据	0	1	0	104
		投资银行业与经纪业	46	133	4 045	3 787
		资产管理与托管银行	7	100	156	4 468
银行			36	433	15 625	32 219
	互助储蓄银行与抵押信贷	互助储蓄与抵押信贷金融服务	0	87	0	892
	商业银行		36	346	15 625	31 327
		多元化银行	15	67	14 144	25 205
		区域性银行	21	279	1 481	6 122
总计			108	913	24 874	68 354

注：表内数据截至 2019 年 12 月 31 日。

在再保险、保险经纪商、抵押房地产投资信托、金融交易所和数据、消费信贷、互助储蓄与抵押信贷金融服务 6 个四级产业里，中国没有上市公司，美国有 193 家上市公司。

中美上市公司数量差距比较大的产业有财产与意外伤害保险、投资银行业与经纪业、资产管理与托管银行。在财产与意外伤害保险产业里，中国有 1 家上市公司，美国有 53 家；在投资银行业与经纪业产业里，中国有 46 家上市公司，美国有 133 家；在资产管理与托管银行产业里，中国有 7 家上市公司，美国有 100 家。

在金融产业里，中国共有上市公司 108 家，美国有 913 家。高市值公司中国有 38 家，美国有 115 家；中市值公司中国有 61 家，美国有 200 家；低市值公司中国有 9 家，美国有 598 家。可以看到，美国中小金融上市公司数量远多于中国。

9.2 中美金融产业上市公司绩效数据比较

截至 2019 年 12 月 31 日,中国金融产业上市公司总市值为 24 874 亿美元,平均市值为 230 亿美元;美国金融产业上市公司总市值为 68 354 亿美元,平均市值为 75 亿美元。金融产业 PE 值中国为 8 倍,美国为 12 倍,低于中美股票市场的整体 PE 值(中国为 13 倍,美国为 18 倍)。销售利润率中国为 25%,美国为 17%;净资产收益率中国为 11%,美国为 10%。

中国金融产业盈亏总额为 21 192.2 亿元,103 家公司盈利,盈利总额为 21 481.3 亿元,5 家公司亏损,亏损总额为 85 亿元。产业盈亏金额比为 253∶1,盈利公司占比 95.4%,是中国 11 个一级产业中最高的。全产业 108 家公司的平均盈利为 196.2 亿元。

美国金融产业盈亏总额为 5017.5 亿美元,676 家公司盈利,盈利总额为 5133 亿美元,75 家公司亏损,亏损总额为 115.6 亿美元。产业盈亏金额比为 44∶1,是美国 11 个一级产业中最低的,盈利公司占比 90%,是美国 11 个一级产业中最高的。全产业 913 家公司的平均盈利为 5.5 亿美元,约为 40 亿元人民币。由此可见,中国金融产业上市公司的平均利润是美国的 5 倍左右。

9.3 中美金融四级产业上市公司数据比较

在多元化银行产业里,中国有 15 家上市公司,美国有 67 家上市公司。中国的 15 家公司都是高市值大型银行,美国是 30 家高市值公司、10 家中市值公司、27 家低市值公司。在各项效益指标和集中度指标方面,中国公司都优于美国公司,但产业整体 PE 值却只有 6 倍,是中国所有产业中最低的。

在区域性银行产业里,中国有 21 家上市公司,其中高市值公司 5 家,中市值公司 15 家,低市值公司 1 家;美国有 279 家上市公司,其中高市值公司 10 家,中市值公司 75 家,低市值公司 194 家。产业销售利润率中国为 36%,美国为 31%;净资产收益率中国为 10%,美国为 10%。可以认为,中国的区域性银行数量偏少。截至 2018 年 12 月末,区域性银行主要是为区域性中小公司服务的,中国有 134 家城商行、812 家农信社,相关政策部门应加大利好区域性银行上市的扶持力度。

在金融产业中,中国 PE 值最高的产业是投资银行业与经纪业,为 26.44 倍,在美国是金融交易所和数据的 79 倍以及特殊金融服务的 27.65 倍。中国销售利润率最高的产业是区域性银行，达到36%，美国是抵押房地产投资信托，为76%。中国净资产收益率最高的是多元化保险，为19%，美国是消费信贷，为17%。中美金融产业部分PE值及部分产业绩效指标对比如图9-1和图9-2所示。

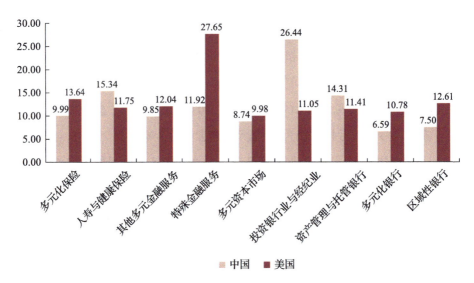

图9-1 中美金融部分四级产业PE值对比

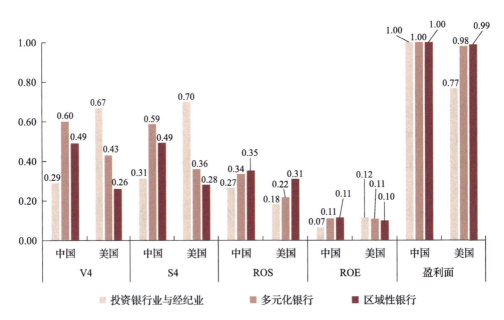

图9-2 中美金融四级产业绩效指标对比

在上市公司数量和产业布局合理性方面，中美金融产业的差距较大。因此，中国金融产业在上市公司资源配置方面的提升空间较大。

9.4 中国金融产业领军企业分析

在投资银行业与经纪业、多元化银行、资产管理与托管银行三个产业中,中信证券、中国工商银行、江苏国信在市值、营业收入、净利润三个指标中均排名第一,处于绝对领先的位置;在区域性银行产业中,北京银行在营业收入、净利润指标中排名第一,市值排名第三,综合排名第一,宁波银行在市值排名中位居产业第一(见表9-2)。

表9-2 中国金融四级产业领军企业数据

四级产业	证券简称	市值（亿元）	营业收入（亿元）	净利润（亿元）	综合排名	市值排名	营业收入排名	净利润排名
投资银行业与经纪业	中信证券	2 852	431	126	1	1	1	1
	华泰证券	1 707	249	91	2	3	4	3
	海通证券	1 532	344	105	3	5	2	2
	国泰君安	1 562	299	91	4	4	3	4
多元化银行	工商银行	20 518	8 552	3 134	1	1	1	1
	建设银行	15 187	7 056	2 692	2	2	2	2
	农业银行	12 725	6 273	2 129	3	3	3	3
	中国银行	10 272	5 492	2 019	4	4	4	4
区域性银行	北京银行	1 201	631	216	1	3	1	1
	上海银行	1 348	498	203	2	2	2	2
	宁波银行	1 584	351	138	3	1	4	4
	江苏银行	836	450	150	4	4	3	3
资产管理与托管银行	江苏国信	291	211	31	1	1	1	1
	爱建集团	156	38	13	2	4	2	2
	陕国投A	176	18	6	3	3	4	4
	九鼎投资	110	22	8	4	5	3	3

在上市公司数量少于7家的多元化保险、人寿与健康保险、其他多元金融服务、特殊金融服务、多元资本市场几个产业中,中国平安、中国人寿、渤海租赁、江苏租赁、中油资本的各项指标分别位列第一,处于行业领先地位。在只有1家上市公司的财产与意外伤害保险、多领域控股两个产业中,西水股份、*ST熊猫的净利润均为负,市值均未超过百亿元人民币。

9.5 案例:"宇宙第一行"中国工商银行

中国工商银行(简称工商银行)成立于1984年1月1日。总行位于北京复兴门内大街 55 号，是中央管理的大型国有银行，国家副部级单位。工商银行的基本任务是依据国家的法律和法规，在国内外开展融资活动筹集社会资金，加强信贷资金管理，支持企业生产和技术改造，为我国经济建设服务。

2017 年 2 月，Brand Finance 发布 2017 年年度全球品牌价值 500 强榜单，工商银行排名第 10 位。2018 年 6 月 20 日，《中国 500 最具价值品牌》分析报告发布，工商银行排名第 4 位。2018 年 7 月，英国《银行家》杂志发布 2018 年全球银行 1000 强排名榜单，工商银行排名第 1 位。2018 年《财富》世界 500 强排名第 26 位。2018 年 12 月 18 日，世界品牌实验室编制的《2018 世界品牌 500 强》揭晓，工商银行排名第 43 位。2019 年 6 月 26 日，工商银行等 8 家银行首批上线运行企业信息联网核查系统。

9.5.1 工商银行成立

1949～1983 年是工商银行发展的第一个阶段。在这个阶段里，工商银行虽然尚未成立，但是已在中国人民银行（简称人民银行）母体中，在体制上属于国家机关，在性质上是国家经济建设资金供应渠道中从属于财政的渠道之一，任务是为国家经济建设计划配套资金。

在 1978 年 12 月十一届三中全会召开以后，我国金融体制改革的步伐加快。随着各类金融机构恢复建立和对金融服务需求的多样化，为解决人民银行既承担货币政策制定和金融监管职能又从事具体业务经营的矛盾，1983 年 9 月国务院正式决定，人民银行专门行使中央银行职能，另组建工商银行，承接原由人民银行办理的工商信贷和储蓄业务。经过紧张筹备，1984 年 1 月 1 日，工商银行正式成立，这标志着我国国家专业银行体系的最终确立。

1984～1993 年是工商银行发展的第二个阶段，即国家专业银行时期的工商银行。此时工商银行正式成立，处于发展的初创期，国家融资渠道由以财政为主转变为以银行为主，国家专业银行与中央银行分离，中央银行和商业银行的"两级银行"体系形成。快速成长与大幅增长是这个时期的主要标志。在这个时期，工商银行在体制上属于国家专业银行，在性质上是公司化经营的国家融资渠道和金融宏观调控工具，主要任务是筹集资金、供应资金、支持经济增长和保持社会稳定。

自 1984 年起，各省、市、自治区先后开始了人民银行和工商银行的分设工作。经过一年的积极努力，至 1985 年初，全国除青海、海南（当时尚未建省）外，其余各省、市、自治区都完成了人民银行与工商银行的机构分设任务。

根据国务院的决定，人民银行开始向新成立的工商银行划转工商信贷和储蓄业务。截至 1983 年底，人民银行划转工商银行的流动资金贷款约占同期国家银行流动资金贷款余额的 64.6%，划转工商银行的固定资产贷款约占同期国家银行固定资产贷款余额的 86.7%，划转工商银行的城镇储蓄存款约占同期国家银行储蓄存款余额的 87.8%。此外，划转给工商银行的工商企业存款余额达 745.58 亿元，相关资金账户的划转工作完成。

9.5.2 专业银行时期

工商银行在成立后的第一个 10 年处在国家专业银行时期，企业化改革取得了巨大成绩，通过广泛吸纳社会资金，充分发挥了融资主渠道作用。工商银行坚持"择优扶植"信贷原则，以支持国有大中型企业为重点，积极开拓，存、贷、汇等各项业务取得了长足发展，成长为中国第一大银行。信用卡、国际业务等新兴业务从无到有，电子化建设初见成效，经营效益不断提高，较好地完成了国家赋予的宏观调控任务和政策性贷款任务，有力地支持了国民经济发展和改革开放的推进。

1986 年 1 月，国家体改委、人民银行在广州联合召开沈阳、广州、重庆、武汉、常州 5 城市金融体制改革试点座谈会，正式部署了专业银行的企业化改革。此后，包括工商银行在内的国家专业银行开始了长达近 10 年的以"企业化"为目标方向的管理体制改革。从 1986 年起，工商银行以城市行为基本经营核算单位，下放"六权"（业务经营权、信贷资金调配权、利率浮动权、干部任免和奖惩权、劳动组织和工资奖金形式的决定权、利润留成支配权），实施了以搞活城市行为中心环节的管理体制改革。在管理机制上开始尝试建立权责利相结合的责任约束机制以及以"目标经营"和"利润留成"为主要形式的激励机制，开始建立自我约束的资金管理体制和贷款风险管理责任制。建立了会计管理基础和财务预算体系，开始讲求经济效益与成本核算。初步建立了稽核管理基础，建立了严格的管理制度和业务检查制度。经营机制开始向企业化转变。

在这一时期，工商银行各项主要业务伴随着国民经济高速发展的金融需求，以范围、规模的迅速扩大和对国民经济各领域全方位渗透为特征，存贷款业务和结算业务快速发展，资金实力迅速壮大，经营效益不断提高。1984 年成立当年，工商银行各项存款余额 1696.16 亿元，各项贷款余额 2470.22 亿元，当年利润 54.27 亿元。经过 10 年的发展，截至 1993 年底，工商银行各项存款余额 8844.44 亿元，与 1984 年相比增长了 4.2 倍，年均增长率为 20.1%；各项贷款余额 11 128.23 亿元，与

1984年相比增长了3.5倍，年均增长率为18.2%；1984～1993年，10年共实现纯利润1111.83亿元，年平均实现纯利润111.18亿元；截至1993年底，工商银行各项存款余额占国内银行业存款总额的38.1%，各项贷款余额占国内银行业贷款总额的42.1%，保持了中国第一大银行的地位，为促进国民经济的发展和改革开放的推进做出了巨大贡献。

9.5.3 国有商业银行时期

1994～2004年，工商银行进入国有商业银行时期。在这个时期，国家成立了政策性银行，确定了国家专业银行转变为国有商业银行的改革目标。在体制上，尽管转变的过程较长，但是工商银行已经转变为国有商业银行；在性质上，工商银行已经成为国有的货币经营企业，其主要任务开始由以支持经济发展为主向以追求稳健经营和经营效益为主转变；在发展上，工商银行经历了由盈利到亏损再到盈利的大起大落，规模增长由高速到低速，处在由成长期向成熟期过渡的阶段；长期积累的不良资产问题得到充分暴露，并在国家政策的帮助下开始得到根本性解决；增长方式开始由以规模扩张为主向集约的内涵扩大转变，经营结构开始由传统银行向综合银行转变，发展战略开始由追求"大"到追求"优"、由满足国内领先到追求国际领先转变。

1. 商业银行时期的战略转型

从1994年开始，工商银行致力于改革调整国家专业银行体制下形成的经营管理粗放的组织机构体系，再造以市场为导向、以客户为中心、以防范风险为主线、以效益为目标的业务流程和管理流程，机构发展模式由总量扩张转为压缩调整，大幅度精简机构，分流人员，实行集约化经营，逐步建立起符合现代商业银行要求和工商银行实际情况的经济、合理、精简、高效的组织机构体系。

2. 商业银行时期面临的问题

到了20世纪90年代中期，包括工商银行在内的国家专业银行基本上还是维系按行政区划设置机构的组织框架体系，机构重叠、人员冗余、管理不善、资产质量和经营效益低下的问题比较突出。

（1）分支机构臃肿

分支机构数量多、层次多，经营难度大。据统计，到1997年底，工商银行的组织机构达41 990个，其中一级分行30个，大中城市分支行247个，地区中心支行142个，县（市）支行1940个，城郊办事处1971个，分理处6889个，集镇办事处

2547个，储蓄所27 309个。全行机构摊子大，机构层级多达7级，导致了资金使用分散、工作力量分散、成本开支大、人均效益低的问题。

（2）决策链条过长

以银行产品为中心和按部门设计的业务管理流程以及由此决定的组织机构体系，与市场距离远，不能及时把握和满足客户的要求，决策链条过长，给经营管理带来困难，经营效率低下。而且，分支机构职权过大，准法人化现象严重，不利于总行一级法人机制的贯彻实施，不利于全行资金的统一调度和集中管理，不利于全行整体功能和综合优势的发挥。

（3）县支行亏损面大

县支行亏损持续时间长，亏损数额大，少数支行不良资产比例高达70%～80%，有不少县支行连续3年以上亏损，扭亏无望。据统计，1996年底全行共有县支行1981个，其中半数以上出现亏损，1/4县支行的人均亏损在5万元以上。此外，县支行经营效率低下，1996年县支行共有职工21.8万人，占全行职工人数的39%，其中2/3的职工的日均业务量不足130笔，仅有不到10%的职工的日均业务量在200笔以上。

（4）约束机制不健全

工商银行内部自我约束机制不健全，尚没有形成对分支行机构完整有效的工作绩效评价、检查、监督、稽核制度。由于政策性因素和经营性因素混在一起，难以确切地评价分支机构经营的好与坏，影响了各种责任制的落实和经营指标的完成，导致成本约束不强，效益不佳。

（5）人员冗余

职工队伍过分庞大，最多时达57万人。随着计算机日益广泛地在经营管理各环节上的应用和推广，职工总量过多的问题日益突出。但是，精通现代商业银行经营管理的高级管理人员不多，懂得综合经营、财务管理、国际金融、电子计算机和法律等知识的专业人才和复合型人才匮乏，员工队伍素质还不适应商业银行业务经营和发展的需要。

（6）组织架构调整

为了提高资产质量和经营效率，省市级分行机构改革从1998年开始，到1999年结束，调整的重点是实施省级分行与省会城市分行合并。

第一，实施省级分行和省会城市分行的合并。将省（市、自治区）分行与所在地省会城市分行合并为一级分行，原省会城市分行改建为省分行的营业部。省市分行合并后业务全部划归省分行营业部管理。省分行营业部在原省会城市分行的基础上组建，统一命名为所在省分行营业部。

第二，实行主辅分离的后勤体制改革。工商银行于 2000 年启动了后勤体制改革工程，先后制定下发了《中国工商银行后勤体制改革试点工作的指导意见》和《关于委托地做好人员分流和后勤体制改革工作的通知》，坚持后勤服务社会化方向，实行经营职能与后勤服务职能分离，经营主体与后勤服务机构分离，转换后勤服务管理体制和运行机制，逐步实现后勤服务社会化。对于后勤服务公司占用的银行资产实行所有权与经营管理权的规范分离，做到产权明晰、责权明确，确保银行资产的保值与安全。

第三，进行省一级分行和直属分行的内部机构改革。这一改革的重点是调整原有按产品和专业设置机构的模式，以客户为中心重组信贷和市场营销部门。组建以不同客户群体为目标的业务营销部门，把后台管理部门和前台营销部门分开，突出市场营销功能；重组客户服务体系，分设了个人业务、公司业务和机构业务三大客户部门，分别负责对个人、公司和机构客户的业务拓展；以风险控制为主线，围绕三大客户部门运作，整合专业管理机构，强化风险控制，按照事前风险预防、事中风险控制和事后风险化解流程，设立了信贷管理、评估咨询和资产风险管理等职能部门。

1996 年以后，工商银行对二级分行进行了机构调整与改革。精简在同一地区重复设立的地、市、县分支行，重视规模效益，减少管理层次，把二级分行办成"三个中心"，即辖内范围的财务管理中心、资产清算中心和信贷经营中心，真正成为工商银行的基本经营核算单位。而实行地、市、县分支行合并是指把二级分行与其所在地同城重叠设立的市、县支行进行合并，同一地（市）只设立一个分行，负责所辖城区与县（市）支行的管理。二级分行机构改革的另一项内容是逐步打破行政区划，按照商业银行经营管理要求，按经济区划设置二级分行。

第四，县支行的改革与撤并。从 1996 年开始，工商银行对连续 3 年亏损的县支行进行了"明留暗收"的改革试点工作，主要做法是对亏损行的费用支出实行报账制，上收贷款权，精简管理人员，只设正副职各一名。从 1997 年开始，县支行原则上不再扩建营业网点，营业网点向县（市）城区中心收缩，对短期内达不到保本点的储蓄所进行撤并，保留下来的逐步转变为多功能分理处；对亏损严重、扭亏无望的县支行在内部降低机构规格，减少干部职数，有条件的挂靠或归并到相邻的县支行。同时，对县支行内设机构进行了改革，规定人日均工作量达到 200 笔、人均存款达到

200万元的县支行内设机构控制在5个以内,其余县支行内设机构必须压缩到二部一室(营业部、业务部、办公室)。

根据人民银行《国有独资商业银行分支机构改革方案》对撤并效益差的县支行的有关部署,工商银行规定,截至1996年底,县支行(不含县级市支行)符合连续亏损5年以上、亏损总额超过1000万元、人均亏损超过10万元这3个条件之一并经一级分行认定在2000年以前扭亏无望的,列入撤并范围。

第五,营业性网点的优化整合。随着向商业银行的逐步转变,盈利成为国有商业银行的主要经营目标。以效益为中心,工商银行重点实施了营业性网点的优化整合工作。通过对营业网点的优化整合,到2000年,工商银行共撤并亏损或低效营业网点4742个,其中二级分行所属网点65个,县支行所属网点984个,其他各类网点3693个。2001年,工商银行共撤销城区支行17个,降格115个;撤销城郊办事处17个,降格20个;撤销分理处426个,降格16个;撤销集镇办事处51个,降格1个;撤销储蓄所2862个;同时,增设和改建了78个支行,将1018个储蓄所升格为分理处。

2002年,工商银行全年共撤并低效机构2415个,对一批地理位置偏远、金融资源匮乏、长期处于保本点以下的营业机构实施了市场退出,全行机构总量降至25 960个。2003年,工商银行在经济欠发达、经营风险集中的地区,共撤并各类低效营业性机构网点1860家,全行机构总量压缩到24 129家。

从1998年开始的组织机构调整改革,使得工商银行的机构规模出现大幅理性回落。到2004年底,工商银行境内机构总数从1997年的41 990个减到21 223个,减幅近50%。

1998年,工商银行对总行内设机构进行了第三次改革。本次调整的重点是探索建立风险内控管理机制,使前后台业务与职能分开,形成后台对前台业务的制约机制,试行经营职能与管理职能分离,新建了评估咨询部、资产风险管理部;加强法律和风险控制体系建设,成立了法律事务部,将稽核部调整为稽核监督局;充实市场营销部门,新建了资金营运部、银行卡业务部,改储蓄部为零售业务部;将全行的计划管理和财务管理合并改组成计划财务部,突出了成本核算和效益管理在管理框架中的中心地位(见图9-3)。

2000年以后,工商银行加快了建设现代金融企业制度和转变经营模式的步伐,对总行内设机构做了进一步的改革调整,有计划、分步骤地推进核心业务流程改造,完善市场营销系统,强化风险系统,优化支持保障系统。

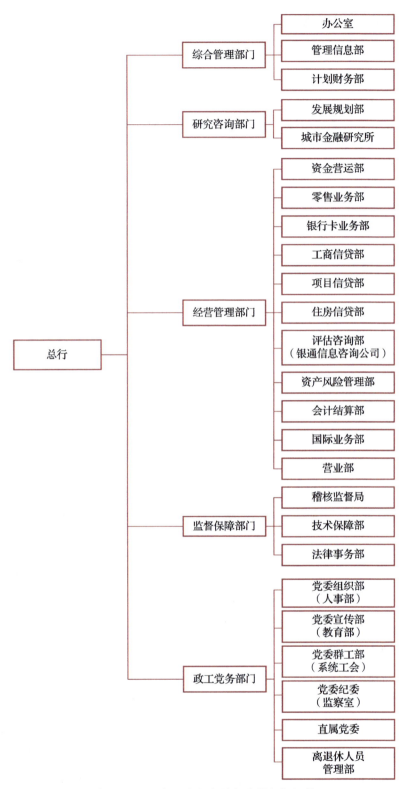

图 9-3　1998 年工商银行总行内设组织机构

工商银行推进了核心业务流程重组，建立了三大营销系统：公司业务部、机构业务部以及个人金融业务部。大力发展非信贷业务，组建非信贷业务营销系统，成立投资银行部、基金托管部、企业年金中心以及电子银行部。设置各种中心，强化总行集中管控能力，以加强总行对系统的集中管控能力为目标，本着提高效率、节省成本的原则，对非直接营销的管理部门进行了调整和优化。探索按产品线垂直管理和集中风险控制的新模式，实行票据业务的专业化经营，实行银行卡业务的专业化经营。成立了九个专业委员会：资产负债管理委员会、风险管理委员会、财务审查委员会、信贷政策委员会、信贷评估委员会、中间业务委员会、内部审计委员会、技术审查委员会以及分支机构管理委员会。重新整合决策支持和研究咨询职能部门。

通过几年自上而下的内部机构设置改革，工商银行打破了按产品、按部门设立业务的流程，初步形成了以客户为中心的产品开发和市场营销体系，基本分离了前后台，形成了前台营销面向市场综合化，后台业务处理专业化、集中化，符合现代商业银行经营管理要求的组织机构体系（见图9-4）。

3. 组织变革与业务创新

为了适应改革要求，工商银行在这一时期还进行了其他一系列的改变和革新。

第一，完成了统一法人制度的建立与管理体制改革。1995年《商业银行法》颁布，该法第22条明确规定商业银行为统一法人，其分支机构不具有法人资格，在总行授权范围内依法开展业务，其责任由总行承担。统一法人制度是我国商业银行的基本制度之一，法人授权是这一制度的核心。工商银行在业内最早实行了统一法人制度，并在实践中通过不断探索，推进下级分支机构监控模式的改革以及资金管理体制、信贷管理体制、财务管理体制、风险管理体制等方面的改革，完善统一法人制度，构造起责权利明确、管理科学、运作高效的现代商业银行经营管理体系。

第二，建设与确立了内控管理制度。工商银行内控管理制度是随着业务发展和内外部环境变化建立起来，并不断变革、日臻完善的。特别是在20世纪90年代中后期，随着向商业银行的逐步转变，工商银行不断加大内控制度建设的力度，通过建立由总行垂直领导、相对独立、直接向法定代表人负责的稽核监督体制，并通过建立统一法人制度下的资产负载管理体系、经营管理绩效考勤机制、完善的法律制度、信息披露制度和保卫制度，建立起以三道监控防线为基本框架的内部控制监督体系和对风险进行事前防范、事中控制和事后评价的风险管理机制。

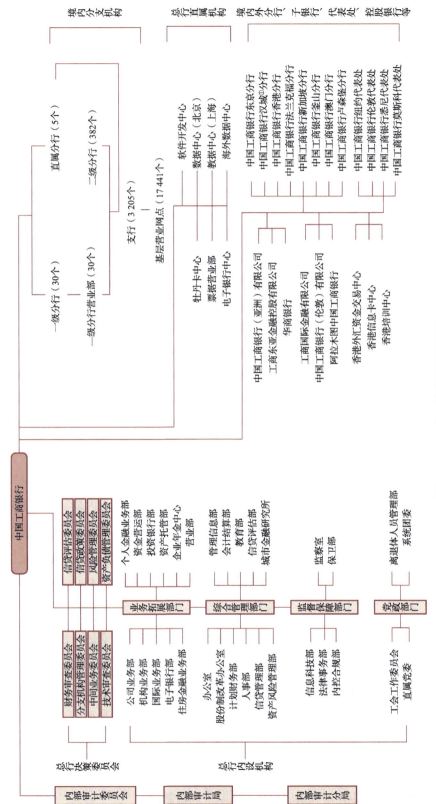

图 9-4 2004 年工商银行组织结构

① 2005 年汉城更名为首尔。

第三，完成了存款业务的市场化再造。20世纪90年代以后，通过储蓄网点的市场化再造、推行柜员制、发展多功能储蓄所、加快储蓄网点的电子化建设、创新个人金融品牌以及加强储蓄所标准化建设等工作，工商银行实现了传统储蓄业务的集约化改造。进入21世纪后，随着市场化转变步伐的加快，工商银行抓住社会居民对个人理财需求日趋迫切的有利时机，在管理机构职能、服务方式、营销方式和产品开发等方面，完成了储蓄业务向个人金融业务的战略转型，进入了个人金融服务的新时期。在对公存款方面，工商银行适应新的形势，努力寻求在存款格局变动中增加存款，通过发展和完善对公存款工作机制、抓大促重、服务优质客户、稳定增加企业存款、开拓财代理业务、拉动财政性存款增长、开拓同业存款等多项措施，形成了对公存款"一体化"经营的新格局。

第四，在结构调整中拓展信贷市场及中小企业信贷市场。1994～2004年是国有经济实行战略改组，国民经济健康、快速发展的时期，同时也是国家专业银行向国有商业银行转变的时期。这个时期工商银行信贷工作的重点，一是积极支持国有企业改革，满足国家"抓大放小"改组国有企业的需要，集中资金支持国有大型企业和企业集团，打造中国工业的"航空母舰"；二是以效益为核心，以防范风险为重点，以信贷结构调整为主线，全面加强信贷政策指导，创新贷款营销方式，再造信贷业务和管理流程，实施贷款退出战略，努力拓展优质信贷市场。工商银行人民币各项贷款余额由1993年底的11 139亿元，增长到2004年底的34 684.6亿元（剔除剥离因素为38 761.6亿元），增加了23 545.6亿元，增长了2.11倍，平均年增长率为10.9%；不良资产率（按五级分类口径）由1999年6月底最高的47.59%下降到2004年底的21.16%。

国家对中小企业的政策支持大致分成两个阶段。一个是1997年东南亚金融危机后，国家稳定经济，强调支持中小企业。1998年1月，中共中央、国务院转发了《国家计划委员会关于应对东南亚金融危机，保持国民经济持续快速健康发展的意见》，提出了支持中小企业发展的意见。同年5月，经国务院批准，人民银行下发了《关于改进金融服务、支持国民经济发展的指导意见》，明确提出"积极支持中小企业发展，促进再就业工作"，要求各商业银行积极为中小企业（包括国有中小企业、城镇集体中小企业、乡镇企业、民营企业和个体私营经济等）提供信贷服务；支持有关部门成立中小企业贷款担保机构，切实解决中小企业担保难问题。另一个阶段是国家发布"十五"计划以后，国家发展改革委颁布的《关于国民经济"十五"计划纲要》明确指出，"十五"期间，我国要进一步放开搞活国有中小企业，进一步发展劳动密集型产业，积极发展集体和个体私营企业，以提供更多的就业岗位。2002年党的十六大报告又提出：充分发挥个体、私营等非公有制经济在促进经济增长、扩大就业和活跃市场等方面的重要作用。放宽国内民间资本的市场准入领域，在投融资、税收、土地使用和对外贸易等方面采取措施，实现公平竞争。

工商银行是最早办理包括个体经济在内的中小企业信贷业务的国有银行。为有效地支持中小企业包括非国有小企业的发展，根据"区别对待，分类指导"的原则，工商银行针对中小企业不同于大中型企业的独特性，在深入调查研究、认真总结多年来中小企业信贷实践经验的基础上，创造性地建立了一套有别于大中型企业的小企业信贷制度。

2004年1月，工商银行下发了《关于印发中小企业信贷经营管理有关制度的通知》，随文印发了《中国工商银行小型企业信贷管理实施意见（试行）》《中国工商银行微型企业贷后管理办法（试行）》《中国工商银行中小企业贷款分类和专项准备管理意见（试行）》《中国工商银行中小企业经营管理机构运行模式（试行）》《中国工商银行中小企业监测考核管理意见（试行）》《中国工商银行小型和微型企业信贷业务营业部操作流程（试行）》7个制度办法。

在工商银行的鼎力支持下，一大批长期与工商银行合作的小企业茁壮成长，其中有的跃升为"小巨人"或集团公司，成为行业中的龙头骨干企业，有的成为上市公司或全国知名企业，有的成为出口创汇的生力军，有的生产的品牌被评为中国驰名商标。这些企业已成为工商银行的优质客户，创造了银企双赢的良好局面。

第五，完成了资产风险管理的历史性转身。随着经济体制变革等大环境的影响，工商银行的不良资产经历了从无到有、从少到多、逐步暴露的演变过程。1993年以前，工商银行处于国家专业银行时期，这一时期国家银行信贷工作的主要任务是支持国民经济高速增长，在国家计划和规模性控制下，严格执行国家统一的信贷政策，积极发放贷款，支持工业尤其是国营工业的发展，支持扩大商品流通，满足市场供应和城乡人民提高生活水平的需要，支持企业技术改造和科技进步。事实上，在这一时期，银行贷款的风险就已经积累起来了。一方面，由于经济高速发展，固定资产投资需求过旺，社会总供求关系开始从供不应求向供过于求转变，生产过剩导致企业产品销售日渐困难；另一方面，企业生产、销售逐步面向市场，大量企业不适应市场机制，导致经营困难。为了保证经济增长和社会安定团结的大局，国家实行了银行统一管理和供应企业流动资金的体制，通过银行信贷资金供给，维持企业生产的平稳改制，致使企业对银行信贷资金的依赖度达到历史最高水平。1997年后，受亚洲金融危机的负面影响，我国国民经济发展进入下行阶段，企业破产倒闭现象出现，造成银行贷款呆账、坏账急剧增加，工商银行的贷款风险集中暴露并达到高峰。按"一逾两呆"的口径统计，工商银行逾期、呆滞、呆账三项不良贷款余额由1994年底的2557.7亿元急剧上升到1999年底的8514.8亿元，5年增加了5957.1亿元，增长了2.3倍；不良贷款率也由1994年底的21.05%上升至1999年底的34%，增加了12.95个百分点。1999年6月底，工商银行的不良贷款余额和不良贷款率达到历史最高水平。

1994年10月，工商银行总行分别从工交信贷部、商业信贷部、技术改造信贷部、稽核部和法律事务部抽调了部分业务骨干，组建了风险贷款保全处。这是工商银行也是全国金融系统成立的第一个维护金融资产安全、保全银行资产的专门机构。1996年7月，工商银行在总行机构改革中将工交信贷部风险贷款保全处升格为资产保全部，作为二级部门挂靠在工交信贷部。

1998年4月，工商银行总行资产保全部升格为一级部门，更名为资产风险管理部，成为独立经营的专业风险管理部门。

为适应我国银行业监管的新要求，全面提升风险管理水平，工商银行早在1999年就开始跟踪研究《巴塞尔新资本协议》及内部评级法体系，密切关注国外商业银行实施《巴塞尔新资本协议》的动态和成果。2002年，工商银行组织完成了"《巴塞尔新资本协议》与我行实施内部评级法的构想"这一课题的研究，为工商银行启动内部评级法工程打下了坚实的理论基础。

2004年8月，工商银行正式印发了《中国工商银行全面风险管理框架（试行）》，明确了构建以风险管理委员会为核心的全面风险管理组织体系、扩大风险管理覆盖范围、提高风险管理技术水平的发展方向。该管理框架涵盖信贷风险、利率风险、操作风险、流动性风险、信息科技风险，是国内商业银行制定的首个全面风险管理框架。

第六，开拓非信贷业务。1996年和1998年，全国统一的同业拆借市场和银行间债券市场相继建立。工商银行首批进入同业拆借市场和银行间债券市场，把加强资金的市场化运作、发展货币市场业务作为重要的经营手段，先后确立了"授权经营，规范操作，防范风险，兼顾效益"的原则，授权一级分行加入同业拆借市场；参与人民银行公开市场操作，开展债券回购交易，率先向证券和基金短期融资；发展债券投资，积极认购和承销国债，发挥了国债发行的主渠道作用。2000年，工商银行在全国银行间市场中的债券承销、资金拆出、债券回购和现券买卖等业务的市场占有率均排名第一。2000年以后，面对我国货币市场和资本市场的快速发展、利率市场化、存差资金扩大、银行净息差收窄等局面，工商银行积极调整资产结构，创新同业融资产品，探索票据专营机制，在国有商业银行中率先成立全国性票据专营机构，工商银行票据融资金额和占比均居同业之首，资金交易成为工商银行第二大盈利业务。

第七，国际业务走向世界。1994年，我国进一步改革外汇管理体制，实行结售汇制。工商银行根据外汇业务经营环境的变化，提出了建设本外币结合的外汇经营运作机制的任务，将其列为向国有商业银行转变的五项改革之一。1994～1999年，工商银行对外汇业务管理体制进行了一系列改革，建立起"集中管理，授权经营"的管理体制、"集中经营，统一管理"的外汇资金管理机制以及自我约束的外汇信贷风险防范机制，克服了亚洲金融危机的影响。2000年，工商银行立足于中国加入世界贸易组织的大背景，提出了跨国经营战略，并于2002年进一步制定了国际业务战略和全球化经营的战略目标，先后确立了"壮大亚洲、巩固欧洲、突破美洲"的跨国经营布局战略，并通过新兴市场与成熟市场并举、兼并收购与机构申设并举、物理网点与电子渠道并举的方式，创新海外机构扩张模式，实施境内外业务"内外连动"策略，深化重点分行发展战略，重点推进国际业务的产品创新和市场运作，使工商银行成为国内国际化程度较高的商业银行之一。

第八，创立牡丹卡业务品牌。"积极推行信用卡，减少现金流通量"是国家提出的"金卡工程"的要求，根据这一要求，工商银行把推行牡丹卡作为利国利民的大工程，制定和实施了一系列策略。1994年，工商银行牡丹卡工作会议提出了把牡丹卡办成"使用方便，功能完善，信誉良好"的国际化信用卡的指导思想，工商银行员工发扬"勇于开拓、锲而不舍、艰苦奋斗、无私奉献"的精神，基本确立了牡丹卡在国内同业的领先地位。1999年，工商银行提出了"全面实施牡丹卡名牌战略，用5～10年时间，将牡丹卡发展为服务品质一流、业务处理手段先进、全面实现国际化、得到全社会普遍认可的著名金融服务品牌"的新时期牡丹卡业务发展指导思想，大力整合牡丹卡产品系列，开发和推广"一卡双币，全球通用"的品牌式产品，在国内同业中率先成立了银行卡专业化经营机构——牡丹卡中心，实现了牡丹卡经营向集约化、效益型、国际化的战略转变。

第九，拓展创新中间业务。工商银行自成立起就开展了一定范围的中间业务。1995年《中华人民共和国商业银行法》颁布后，工商银行开始把中间业务作为一项业务来发展，并将中间业务列入工商银行《"九五"发展规划》。可以说，工商银行中间业务的实践要早于中间业务概念的形成。就业务主导思想而言，工商银行中间业务的发展可分为两个时期：一是1995～1999年的负债主导型时期。在"存款第一"

思想的指导下，中间业务的定位是服务于存款业务，作为存款竞争工具，中间业务的拓展创新主要集中在与存款比较密切的业务领域，规模拓展很快，但年收入仅维持在 20 亿元的水平。二是 2000 年以后的收入主导新时期。2000 年工商银行调整经营发展战略，树立了以效益为中心的发展观，对中间业务的认识由辅助性业务向主营业务转变，经营目标由稳定客户、增加存款向提高收入、取得综合效益转变，业务品种由传统的代收代付向新兴业务、品牌业务、高技术含量和高收益品种转变，呈现出高效快速的发展局面。到 2004 年，工商银行形成了结算、代理、银行卡、信息咨询、担保承诺、投资银行、资产托管、金融衍生工具交易、电子银行、银行保险 10 类中间业务，涵盖 400 多种产品。

2004 年 3 月，工商银行被《亚洲货币》杂志评选为 2003 年度"中国最佳托管银行"，成为国内首家获此殊荣的托管银行，这也是国内托管银行首次登上国际舞台。2005 年，工商银行托管服务被国际著名媒体《全球托管人》（*Global Custodian*）评为 2004 年度"中国最佳托管银行"。

9.5.4 股份制改革

从 2004 年开始，工商银行进入第四个发展阶段。

2003 年 9 月，国务院国有独资商业银行股份制改革试点工作领导小组成立。10 月，党的十六届三中全会通过了《中共中央关于完善社会主义市场经济体制若干问题的决定》，明确提出选择有条件的国有商业银行实施股份制改革，加快处置不良资产，充实资本金，创造条件上市。2005 年 4 月 18 日，国家正式批准了工商银行的股份制改革方案，工商银行股份制改革工作正式展开，财务重组随之进入了实质性阶段。工商银行财务重组包括资本重组和不良资产的处置，其中资本重组以国家注资和发行次级债两种方式进行。4 月 21 日，国家通过中央汇金公司动用外汇储备向工商银行注入资本金 150 亿美元（折合人民币 1240 亿元）。同时，财政部保留与中央汇金公司等额的原拨资本金 1240 亿元作为工商银行资本金，从而使工商银行核心资本金达到 2480 亿元，核心资本充足率达到 6%。为了补充附属资本，进一步改善资本结构，提高资本充足率，同年 8 月，工商银行以组建承销团的方式成功发行了首期 350 亿元的次级债券。在进行资本重组的同时，工商银行部署实施了不良资产的第二次剥离工作。在国家有关部门的支持和配合下，经过全行上下周密安排，工商银行最终顺利完成了 2460 亿元损失类资产的剥离和 4590 亿元可疑类贷款的转让工作。

引入合格的境内外战略投资者，促进股权结构的多元化，使公司治理机制更加完善合理，是工商银行股份制改革的重要内容。工商银行对引入战略投资者问题高度重视，成立了由总行股份制改革办公室牵头的战略引资工作小组，进行了大量的前期准备工作，并与潜在的战略投资者进行了广泛而深入的接触。经过综合权衡和艰苦谈判，工商银行最终确定由美国高盛集团、德国安联集团和美国运通公司组成的高盛投资团作为战略投资者。2006年1月27日，工商银行与高盛投资团在北京成功签署了战略投资与合作协议。根据协议，高盛投资团将出资37.8亿美元入股工商银行。随后，工商银行又成功引入了全国社会保障基金理事会作为股东。6月19日，工商银行与全国社会保障基金理事会成功签署了战略投资与合作协议。高盛投资团和全国社会保障基金理事会的成功引入，是工商银行改制重组的重要成果，为工商银行公开发行上市进而迈向国际资本市场打下了坚实的基础。

2006年3月至10月，工商银行为首次公开发行做了大量前期准备工作。3月22日，工商银行上市项目准备工作会议召开，标志着发行上市准备工作正式启动。6月29日，工商银行A股主承销商选聘会议召开。7月20日，工商银行A股发行工作启动大会召开。自7月中旬以后，工商银行A+H股同步发行上市方案进入报批程序。9月，工商银行完成了招股说明书的审定与披露，随之进入境内外路演阶段。从9月底至10月中旬，工商银行管理层分红、蓝、橙三队路演团，分别由姜建清董事长、杨凯生行长和李晓鹏副行长带领，先后在境内外展开了预路演、路演活动。境外路演前后历时9天，行程遍及亚洲、欧洲和美国的18个重要城市。北京时间10月18日，工商银行红、蓝、橙三队路演团成员分别在美国洛杉矶、荷兰阿姆斯特丹和北京进行了大型网上路演，这是国内首次在境内外三地同时进行网上路演。在境内外路演过程中，各地投资者表现出了积极的态度，对工商银行的介绍材料和管理层的专业表现比较满意，并普遍认为工商银行作为中国银行业的龙头企业，风险管理能力突出，经营稳健，对认购工商银行股份表现出较大的兴趣，多方投资者表达了与工商银行合作的愿望。

2006年10月16日，工商银行股票开始面向内地和香港的公众投资者公开发售，两地市场机构和散户投资者积极认购。A股网上发行锁定资金超过6500亿元，创A股网上锁定资金最高纪录。香港公开发行首日申购场面热烈，此次发行是香港历史上申购人数（申请份数）最多的发行项目，共吸引资金近4250亿港元（约合546亿美元），成为香港历史上公开发行部分冻结资金规模最大的项目。随着境内外路演活动的圆满结束，10月20日，工商银行以视频会议的形式，在北京、香港和旧金山三地同时召开了首次公开发行上市定价和股票配售工作会议，股票统一定价与配售工作随之展开。在此基础上,工商银行决定在上海证券交易所和香港联合交易所挂牌上市。10月23日,工商银行选定了在沪、港两地交易所公开挂牌上市的股票代码,A股股票代码为601398,H股股票代码为1398,公司中文简称为"工商银行",英文简称为"ICBC"。10月27日,工商银行在沪、港两地同时公开上市,开创了A+H股同步上市的先河。按照上市当日A股收盘价和H股收盘价对应的市值计算,在A股和H股全额实行超额配售选择权后,工商银行A+H股总市值达到1419亿美元,成为当时全球排名第五位的上市银行。工商银行首次公开发行上市创造了资本市场上的多个历史之最,刷新了28项纪录,被时人誉为"世纪IPO"。

2005~2007年,工商银行创造了2496.11亿元的税前利润,净利润的增长速度连续三年保持在40%以上的高水平。在保证效益、质量持续提升的基础上,从2005年起,工商银行开始了历史性的经营模式和经营结构的战略大转型,制定了转型发展的十年纲要和三年规划。

从2006~2007年的实施情况来看,全行深入贯彻三年规划的战略指导思想,扎实推动战略转型,稳步调整业务结构和转换经营模式,三年规划的各项阶段性目标顺利完成。到2007年底,工商银行信贷资产占比降到46%以下,手续费及佣金收入占营业厅收入的比重提升至13%以上,规划提出的多项结构调整指标提前一年完成。

2006~2007年,工商银行以11%左右的贷款增长、18%左右的总资产增长,实现了40%以上的净利润增长,表明工商银行的增长模式已初步实现了由规模扩张向效益质量拉动和结构优化的转变,转型价值日趋显现,转型的成长性良好。

2005~2014年是工商银行改制上市后的第一个十年转型期。工商银行在股改上市后,建立起由股东大会、董事会、监事会及高级管理层组成的现代公司治理架构,形成了"三会一层"的现代公司治理架构。同时,工商银行不断优化现代公司治理制度体系,完善信息披露管理体制机制,先后制定了公司章程以及股东大会、董事会、监事会议事规则,董事会、监事会专门委员会工作准则,股东大会对董事会权利授权方案,董事会对行长授权方案等一系列制度规范,并根据监管要求和实践需要适时修订,进一步明晰权力机构、决策机构、监督机构和执行机构之间的职责。

工商银行坚持以市场为导向、以风险控制为目标,不断改革授信审批体制,完善信贷经营管理体系;再造和优化资产负债管理框架,全面深化全额资金集中管理改革;建立健全统一的产品创新管理体制;构建现代财务会计管理体系;打造集约、统一的价值型运行管理体系;改革集团法律风险管理体系,加强消费者权益保护工作;推动集团安全管理体系向服务型转变,为全行经营结构与发展模式的调整转型提供了有利的体制机制条件。

2005～2014年，工商银行按照现代商业银行的风险治理要求，以建立健全集团全面风险管理组织架构与制度体系为目标，构建并完善了集团并表风险、国别风险等管理体系，逐步建立起声誉风险管理体系；持续推进风险量化体系建设与应用，贯彻资本约束及风险收益相平衡的经营理念；改革创新内部审计体系，探索发展内控合规管理体系；建设集团市场风险管理体系，全面提升市场风险管理水平，为全行经营转型战略的顺利实施提供了有效保障。

2005～2014年是工商银行国际化快速推进的"黄金十年"。十年间，工商银行国际化发展战略日趋完善，境外机构布局基本完成，境内国际业务迅猛发展，代理行业务取得突破，跨境人民币业务从无到有、阔步前行，国际化支持保障基础逐步稳固。经过十年的探索，工商银行走出了一条适合自身特点、独具时代特色的国际化发展道路。

工商银行通过创新推动综合化经营，主动适应市场需求，不断完善综合化经营战略，积极审慎推进综合化经营。经过十年的努力，工商银行基本建成了跨市场、多元化的综合金融服务平台，多元业务互促发展格局逐渐形成。工银瑞信、工银租赁、工银国际及工银安盛等综合化子公司的经营规模不断扩大，对集团利润贡献不断提升。利润中心改革取得重大进展，"分行＋专业产品线"双支撑的盈利格局基本形成，工商银行可持续发展能力逐步增强。

十年间，工商银行资产负债总量持续平稳较快增长，同业业务稳健发展；资产结构不断优化，客户存款基本稳定，各项业务保持较快发展态势。为构建多元、均衡的盈利格局，工商银行积极实施收益结构调整战略，大幅提高非信贷利差收入占比。经过十年的经营发展，工商银行盈利规模迅速增长，成为全球最盈利的银行；盈利来源构成日趋多元化，全行可持续增长的盈利格局逐渐形成。

工商银行坚持转型发展战略，针对国际金融危机后宏观经济金融和监管环境的变化，不断加强资本管理，完善资本管理的各项举措；实施符合集团转型发展需要的全面风险管理战略，强化重点领域风险管控，多项措施并举稳定信贷资产质量。经过不懈努力，工商银行资本净额逐年上升，资本充足率连续多年处于国内外同业较高水平。自2013年起，工商银行一级资本已居于全球可比银行之首；不良贷款余额和不良贷款率基本保持"双降"态势，贷款质量处于国际同业先进水平。

工商银行坚持经营结构和模式的战略转型，先后制定了一系列渠道发展规划，优化渠道结构，积极打造新兴渠道，稳步推进集约化经营，逐渐探索出一条具有自身特色的渠道发展模式与建设路径，构建了营业网点、自助银行、电子银行、客户经理四大类渠道之间联动互补的多层次、立体化的营销服务渠道体系。十年间，工商银行电子银行渠道服务体系不断完善，服务功能日趋健全；物理渠道布局持续优化，运营和服务效率逐步提升，经营效益显著提高；客户经理队伍规模不断壮大，结构进一步优化。

工商银行全面发展各项业务，推动公司金融业务转型发展，深化机构金融业务发展层次，创新零售金融业务发展模式，推动资产管理业务跨越式发展，夯实金融市场交易业务基础。股改上市以后，工商银行持续完善基础设施与运营保障体系，坚持抓好信息化建设，大力打造优秀金融企业文化，在建设世界一流现代金融企业的征程中，全面履行好公司的经济责任和社会责任，让所有利益相关者和全社会分享工商银行改革发展的成果。

2014 年工商银行实现净利润 2763 亿元，同比增长 5.1%；实现基本每股收益 0.78 元，同比增加 0.03 元；每股净资产增至 4.33 元，较上一年增加 0.7 元，同比增长 19.3%。根据董事会决议，工商银行 2014 年度预计现金分红金额为 910.26 亿元人民币，即每 10 股税前分红 2.554 元。上市以来，工商银行一直坚持长期稳定的现金分红机制，2006～2014 年为股东累计创造了 5633.48 亿元现金分红回报，2008～2014 年连续七年的现金分红率高于同期一年期定期存款利率，在全球上市公司中处于领先水平。

9.5.5　股改十年后

2015 年伊始，工商银行积极把握"一带一路"建设、京津冀协同发展、长江经济带发展三大战略的机遇，全方位服务重点项目和重大工程建设，累计发放项目贷款 8168 亿元。累计支持"走出去"项目 170 个，合计承贷金额 427 亿美元。创新成立了网络融资中心和个人信用消费金融中心，运用互联网思维和大数据技术，将线下专业化经营与线上标准化运营相结合，积极服务大众创业、万众创新和消费扩大升级。全年小微企业贷款净增 1617 亿元，增幅 9.4%，高于各项贷款平均增幅，贷款余额达到 1.88 万亿元；个人消费贷款和住房按揭贷款增加 4365 亿元，占各项贷款增量的 55.4%。

2015 年，工商银行在多层次资本市场发展和金融双向开放中不断壮大起来的新型零售金融业务、金融市场业务、资产管理业务、投资银行业务增长势头强劲，日益成为重要的盈利支撑。其中，零售金融作为传统优势业务，经过几年的持续创新实现了较快发展，在经济周期性波动中发挥了盈利稳定器的作用；个人客户金融资产达到 11.6 万亿元；银行卡发卡量达到 7.5 亿张，其中信用卡发卡 1.09 亿张，稳居亚太第一；私人银行业务客户数达到6.2万户，增幅45%，管理资产规模首破万亿元；资产管理业务作为重点创新发展的战略领域，发展稳健、前景广阔，营业贡献持续提升；理财产品余额增长32%，达到2.62万亿元，规模为同业最大；托管资产11.5万亿元，增长近100%，继续保持同业第一；贵金属业务交易额、交易量分别达到1.25万亿元和15.9万吨，增幅分别达到21%和38%；投行业务结构持续优化，影响力持续提升，在汤森路透并购排名中，工商银行取得了并购交易量亚太区首位、中国企业海外收购交易数量全球首位等多项第一。

2016年，面对内外部环境的复杂变化，工商银行坚持聚焦本源，专注主业，严守底线，保持了稳健的发展态势。年末境内人民币存款新增12 802亿元，同比多增6102亿元，创三年来最好水平。收益结构持续改善，实现手续费及佣金净收入1450亿元，占营业收入的比重提升了1.15个百分点至22.6%。严格控制各项经营成本，成本收入比为27.4%，继续保持同业最优水平。面对资产质量下行压力，深化新常态下信贷基础管理和质量管理两大"工程"，重点把好新增入口、存量管控、不良处置三道"防线"，标本兼治，综合施策，年末不良率为1.62%，资产质量基本稳定并出现积极变化，贷款劣变率同比下降，不良贷款额、不良贷款率增速同比放缓，拨备覆盖率四季度环比上升。

2017年，工商银行上市已十个年头，自上市以来，工商银行连续十年保持A股年度现金分红总额最高的上市公司地位，为股东累计创造超过8000亿元的现金分红回报；连续五年位居英国《银行家》全球银行1000强、美国《福布斯》全球企业2000强首位，品牌价值蝉联全球金融业第一。工商银行面对利率市场化深化、各类风险多发、金融脱媒加快、同业和跨界竞争加剧等多重影响，始终保持清醒的头脑与战略定力，统筹抓好服务实体经济、防控金融风险、深化改革创新等工作，取得了好于计划、好于同期、好于预期的经营业绩，保持了稳中有进、稳中向好的发展态势。

2018年，工商银行实现净利润2987亿元，保持全球银行业最好水平，同比增长3.9%，增幅较上年同期提升了0.9个百分点；反映经营成长性的拨备前利润达到5340亿元，同比增长8.4%；实现手续费及佣金净收入1453亿元；净利息收益率NIM为2.3%，同比提升了8个基点。资产质量更加洁净，不良贷款率较年初下降了0.03个百分点至1.52%，连续8个季度下降；逾期贷款与不良贷款的剪刀差下降46%，连续10个季度下降；拨备覆盖率升至175%以上。市场竞争力持续提升，全年新增个人客户4000万户，创近年来最好水平。客户群的持续成长和服务的持续改善，带动全行一般性存款增加1.45万亿元，存款余额及增量均稳居市场第一。大零售营业贡献占比进一步提升，大资管和大投行在落实资管新规中平稳推进转型，境外机构税前利润增长5%。自上市以来，工商银行累计为股东创造了超过9000亿元的现金分红回报，连续11年蝉联A股年度现金分红总额最高的上市公司。基于稳健良好的表现，工商银行连续6年位居英国《银行家》全球银行1000强、美国《福布斯》全球企业2000强首位，连续3年蝉联全球银行品牌价值榜首。

工商银行始终将公司治理作为增强核心竞争力的基础工程，围绕公司价值可持续增长和卓越股东回报的经营目标，积极借鉴公司治理国际领先实践和原则，构建完善由股东大会、董事会、监事会和高级管理层组成的现代公司治理架构，修订完善《中国工商银行股份有限公司章程》等公司治理规章制度，不断提高董事会的独立性和运作效率，形成了权力机构、决策机构、监督机构和执行机构之间权责分明、各司其职、相互协调、有效制衡的组织架构和运作机制（见图9-5）。

工商银行高度重视发展战略的制定与执行，坚持以战略指导业务发展。经营转型是工商银行发展战略的核心。自股改以来，围绕这一战略主线，工商银行已编制并实施了四个三年规划，取得了突出成就，印证了转型战略顺应经济金融发展趋势和客户需求、符合其经营发展实际是正确和有效的。

9.5.6 新的征程

1. 工商银行战略

经过一系列的改革与重组，工商银行提出了一段时期的企业使命：提供卓越金融服务，服务客户，回报股东，成就员工，奉献社会。公司的愿景是：打造价值卓越、坚守本源、客户首选、创新领跑、安全稳健、以人为本的具有全球竞争力的世界一流现代金融企业。同时，工商银行奉行"工于至诚，行以致远"的价值观，高度重视发展战略的制定与执行，坚持以战略指导业务发展。

自股改上市后，工商银行在国内经济发展模式转型的历史机遇中，努力克服了国际金融危机的不利影响，坚定不移推进结构调整和发展模式转变，初步走出了一条资产与资本相平衡、质量与效益相兼顾、成本与效率相统筹的集约化、可持续发展之路；较好地推进了结构调整和发展模式转型，基本构筑起可持续的经营架构；深入推进体制机制和流程改革，为转型发展构建起良好的管理架构与基础；国际化、综合化实现了新突破，跨境跨市场服务能力不断增强；竞争力明显提升，在国内同业中保持了综合竞争优势地位，主要竞争指标也跻身国际先进银行之列，市场影响力不断增强。

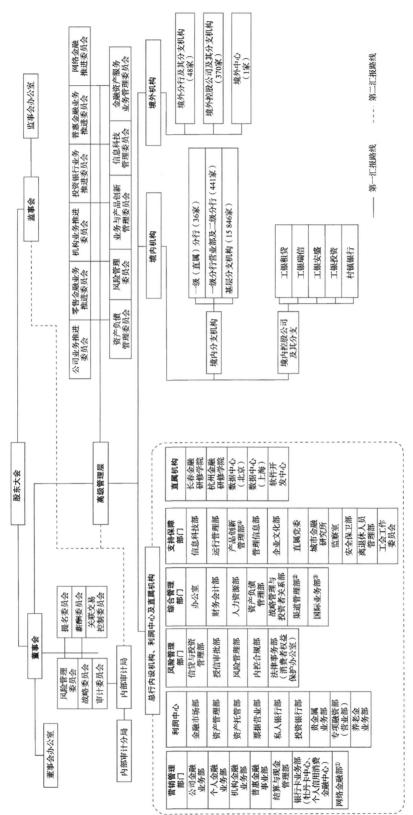

图 9-5 工商银行的组织架构和运作机制

① 网络金融部包含金融创新研究中心、用户发展中心和运营支持中心。
② 渠道管理部包含运程银行中心。
③ 国际业务部包含国际结算单证中心。
④ 产品创新管理部包含产品研发中心。

今后一段时期，国内外经济金融环境仍具有较大的不确定性和复杂性，工商银行在新时期的战略导向下，以实体经济为依托，以稳质量、调结构、求创新、促改革为着力点，审时度势，主动作为，确保继续实现提质增效发展。一是实施信贷管理基础再造、不良贷款综合治理和全面风险管理提升三大工程，把好转型质量关；二是实施资产、负债、收益和渠道四大结构调整，构建与新市场、新业态相匹配的新型经营架构；三是实施信息化银行、零售金融、对公金融、大资管与综合化、国际化等五大领域的创新转型，构筑起在新常态和利率市场化大背景下稳定盈利增长和扩大核心竞争优势的战略基础；四是深化体制机制改革，夯实转型发展的管理基础。

2. 跨国并购业务

在金融全球化迅猛发展的今天，跨国并购已经成为国际大银行进行全球扩张和增强核心竞争力的战略手段。银行通过跨国并购可以构筑多方面的优势，如进入和占领新的市场、扩大业务领域、增强竞争实力、增加盈利能力等。近年来，国际银行业的跨国并购活动十分活跃。作为国有四大银行之一的工商银行，在发展跨国并购业务、开展海外业务方面，拥有远大于其他银行的优势和必要性。

进行跨国并购、开展海外业务，是工商银行自身发展和国内外金融市场的共同要求。工商银行具有绝对的大银行地位，这有利于其在银行国际化中发挥优势，抢占金融市场。由于历史和国情原因，大银行本身具有一定的弊病，工商银行应正确分析自身形势，发挥优势，将负面影响降至最低，把握好机遇，走好跨国并购、开展海外业务的每一步。

由于我国银行的世界化进程刚刚展开，未免还有种种不足，另外，由于历史原因，我国国有商业银行存在集中度相对过高、对存款的占有份额过高、经营规模相对于其各项指标显得过大等问题，这些都使得我国市场结构呈现出一种国有独资商业银行行政型的高度垄断状态，造成了金融资产配置结构与经济结构的严重不对称，从而也影响到了国有银行的发展和相关业务的拓展。这就要求工商银行在进行跨国并购和开展海外业务的过程中，从自身实际出发，认识自己的优势和劣态，扬长避短，对将要面对的问题有科学的预测和分析，运筹帷幄、积极面对，扎实稳妥地走好跨国经营的每一步。

3. 三大金融业务

2012年9月公布的《金融业发展和改革"十二五"规划》指出，我国将积极推动金融市场协调发展，显著提高直接融资比重，特别是将稳步扩大债券市场规模，以更好地为实体经济发展服务。与其他金融机构相比，商业银行在从事投资银行业务方面占据了先天优势：一是商业银行已有的信誉优势有助于顺利介入新业务和新市场；二是发展投资银行业务需要强大的资金来源作为保障，而商业银行恰恰在这方面具备了充分实力；三是在微观信息资源方面，商业银行拥有遍布城乡的机构网络以及庞大的客户群体，可以获得大量第一手资料；四是在宏观信息资源方面，从事投资银行业务必须及时了解经济金融信息和政策动向，而我国一些大型商业银行在这方面也拥有广泛的人脉和较强的政策研究能力。此外，国内银行非利息收入增长存在巨大空间。长期以来，我国商业银行的营业收入主要来自存贷款利差，非利息收入比重较低。近年来，随着投行业务、私人理财等业务的蓬勃发展，这一比重有所提升，但多数仍停留在10%～20%左右，相较国际先进银行特别是美国大型商业银行高达80%～90%的非利息收入水平，仍有较大差距。因此，大力发展包括投资银行业务在内的中间业务、提升非利息收入比重将是我国商业银行转型发展的重要方向之一，所以投资银行业务有较好的前景。

由于商业银行个人金融业务发展前景好、拓展空间广、盈利效果佳，因此其在银行业务中的比重越来越大。随着中国经济的发展，国内各大商业银行在个人金融业务领域展开了激烈的竞争，个人金融业务已成为商业银行的战略性业务。由于起步晚和外部因素的阻碍，个人金融业务发展缓慢，不足之处尚多。特别是在加入世界贸易组织后，竞争更加激烈。在内忧外患下，我国商业银行个人金融业务迫切需要完善。

金融资产服务是银行为客户持有的、以金融工具承载的资产所提供的服务。这类服务针对客户金融资产的筹集和形成、交易和管理、保值和增值等需求，提供包括投行、理财、交易、融资、结算、托管等一揽子金融服务。通过对金融资产的服务和管理，达到保值增值的目的。随着客户经济资源的丰富和金融市场的发展，金融资产已经成为客户管理资源的重要工具，金融市场成为客户运作资源的重要领域，金融机构也成为客户金融资产服务的综合平台，所以金融资产服务的发展前景也很可观。

第 10 章

房地产

郭　政　北京大学光华管理学院 1993 级本科、1997 级硕士，北京嘉德融地产服务集团董事长

陈　滔　北京融策房地产顾问有限公司总经理

10.1　产业概述

自 1998 年中国房地产开启市场化以来，产业发展迅速，取得了一些成就，也存在一些亟待解决的问题。第四次科技浪潮席卷、产业高端化升级加速、消费升级、人口老龄化和劳动力人口下降、供给侧改革深入执行、"房住不炒"的中央精神贯彻和房地产长效机制探索的新形势、新特征，对中国房地产发展提出了更多要求，需要我们更加透彻地了解房地产，寻找产业发展的健康、长久之路。

放眼中国，一条庞大的产业链已然显现，房地产处于该产业链的中间环节，向上连接水泥、钢材，向下连接居民生活、商业运营空间、产业运营空间，产业核心价值在于为下游提供更良好的空间服务基础设施，为上游提供消费市场。同时，房地产属于资金密集型产业，对资金高度依赖，其本质是一个资源整合平台、社会经济和人民生活的基础服务平台，具有较强的公共服务功能，因此，房地产产业是一个具有金融属性、公共服务属性、资源整合平台属性的综合性服务产业。

在市场化与保障体系两条线中，过度市场化、对市场化考量偏重、缺乏对公共属性的考量导致了一系列问题，正在对社会、国民经济的各个方面产生不利影响，其副作用正在逐步显现，如以"高房价"为代表的市场问题正在对其他消费形成挤压，降低其他消费支出，同时增加创业成本，不利于企业尤其是初创企业的发展。

对此，我们将从产业结构、行为和绩效方面进行深度分析，以期寻找顺应形势、

解决问题、求得产业可持续发展的突破点。

10.2 产业结构

依托改革开放以来的城镇化建设,中国房地产产业作为城市发展的先决推手,在四十余年的发展中迅速崛起。国家统计局的数据显示,1949 年新中国成立时,我国常住人口城镇化率仅为 10.64%。在之后的近三十年间,常住人口城镇化率增长缓慢,到改革开放伊始的 1978 年,城镇化率仅为 17.9%。随着改革开放的推进,中国城镇化进程加速,2011 年底,城镇化率已突破 50% 关口,2018 年城镇化率近 60%。伴随着城市开发建设的脚步,中国房地产产业迅速扩张,2019 年中国商品房市场规模达到 15 万亿元。中国快速城镇化下产生的大量新增住房需求,在很大程度上决定了当下以"开发—建设—销售"模式为主导的产业特征。

20 世纪中期,美国政府组建了房利美、房地美两家贷款融资公司,房地产市场加入了杠杆。这一里程碑事件大幅刺激了市场需求,大大降低了购房门槛,民众以低成本实现了住房自主。不仅如此,这也在一定程度上抵御了战后婴儿潮对住房需求的重大冲击,美国家庭住房保有率从 1969 年的不足 64% 上升到 1981 年的 65.5% 以上。

美国近年城镇化率稳定在 82% 左右,房地产产业在经历近 200 年的发展后,产业结构已相对成熟稳定。高度的城镇化让美国房地产市场从最初的以"开发—建设—销售"模式为主导的新增型市场,走向了证券化的存量型市场,同时也成就了美国当下"由政府监管、社会资本主力推动"的产业关系。

从中美两国房地产产业在国民经济中的比重看,2018 年中国住房市值 321 万亿元,2018 年 GDP 为 92 万亿元,住房市值是 GDP 的 3.5 倍。美国住房市值约为 26 万亿美元,GDP 约为 21 万亿美元,住房市值是 GDP 的 1.2 倍。

根据 GICS-Wind 截至 2018 年 8 月的分类标准,房地产作为一级和二级产业,下分为房地产管理和开发、股权房地产投资信托 2 个三级产业,并细分成 12 个四级产业,其中,房地产管理和开发下分为 4 个四级产业,股权房地产投资信托下分为 8 个四级产业(见表 10-1)。

表 10-1 房地产 GICS-Wind 产业分类

二级产业	三级产业	四级产业
房地产	房地产管理和开发	房地产开发
		房地产服务

（续）

二级产业	三级产业	四级产业
房地产	房地产管理和开发	多样化房地产活动
		房地产经营公司
	股权房地产投资信托	特种房地产投资信托
		零售业房地产投资信托
		住宅房地产投资信托
		医疗保健地产投资信托
		酒店及娱乐地产投资信托
		办公房地产投资信托
		工业房地产投资信托
		多样化房地产投资信托

10.3 中美房地产发展深层逻辑对比

10.3.1 中美土地开发及利用逻辑对比

土地为房地产开发的起点，是房地产产业的载体，也是房地产产业的核心。房地产产业的前期开发、中期建设、后期运营均围绕土地展开，在这三个阶段中，受限于具体国情及形势，中美两国形成了各具特色的开发逻辑。

美国形成了产业驱动的土地开发逻辑，房地产承担辅助角色。以资本为核心和主导的美国社会，其土地开发受资本控制，受资本发展需求推动，资本发展要求土地等要素服从整体发展。随着美国内战以北方工业资本的胜利而结束，工业资本取得了主导地位，成为美国社会经济发展的核心动力，各项其他要素为工业资本发展服务，以土地为代表的房地产开发也需要配合工业资本的发展。工业发展带来的人口集聚产生了住房需求，推动了住宅房地产市场的兴起和发展，芝加哥为其中代表。芝加哥所在的区域是美国最大的谷物种植和畜牧养殖区，五大湖地区还蕴藏丰富的铁矿、煤炭及有色金属，大量资本进入开发。1836年密歇根湖区和密西西比河的水运快捷通道建设，加速了芝加哥的运河贸易发展，推动了人口的快速聚集和土地价格的迅速升值，随后运河快捷通道的竣工以及私人资本投资的铁路建设，最终奠定了芝加哥崛起的基础，加速了运河贸易的迅速崛起。同样，现代美国的发展依然是以产业资本为主导，美国硅谷即是其中的代表。随着美国积极参与科技创新，科技产业成为美国的支柱。在资本的推动下，借助斯坦福的教育科研资源，旧金山湾区硅谷的高科技产业崛起，吸引了众多高科技人才及相关服务人员和产业进入，进而产生了多样化的房地产需求，带动了房地产产业的发展。与之相似的还有华盛顿州的西雅图、得克萨斯州的奥斯汀等。

美国实行自下而上制定土地利用管控规则的制度。美国的土地主要掌握在私人手中（私人持有的土地占58%，联邦政府持有的土地占32%，州及地方政府持有的土地占10%），加之宪法对私有财产的保护，这在很大程度上促使美国实行多元化的资本主义土地所有制。土地的开发利用从基层的社区、城区做起，逐步向上归并，主要通过公告、听证会等形式，让专家、学者、社区公众反复讨论协商，尽量达成一个多方都能接受的方案，最终形成了美国的土地利用分区规划，以此作为美国土地开发利用的约束规则。同时，出于公众利益的需要，政府也可以征用、收购私人的土地，前提是按该土地的市场价格给予合理的补偿，或提供新的土地，政府要让土地所有者的处境与征地前基本无差别。

美国严格的土地利用分区管控对未来的二次开发和利用造成了阻碍。严格的土地利用分区管控严格地划分了居住区、商业区、工业区等各区的位置，一旦确定，后续修改就需要经历繁杂而冗长的程序，最终还将面临难以批准的问题，这在很大程度上对美国未来物业存量的再开发与利用造成了阻碍，在很大程度上影响了地区的长久发展，也是造成地区陷落的原因之一。对此，积极做出适当改变的地区将有更多机会迎来发展，纽约长岛即是其中的典型。与曼哈顿一河之隔的长岛曾经被规划为工业区，具有非常方便的公共交通，乘坐地铁到曼哈顿只要5分钟，但是在工业衰落后，这里沦落为城市问题的集中地。之后，经过开发商们长期的努力，纽约市政府终于通过了新的分区规划，把长岛改为居住商业混合区，长岛才终于重获新生。

中国形成了在政府管控和引导下的土地开发逻辑。政府掌控土地未来的开发方向和导向，引导未来的土地开发节奏，制定各项土地开发管理规则，以深圳为代表的新城市开发即为代表。改革开放初期，深圳经济特区经国务院批准设立，政府倾注大量优惠政策和各项其他资源，大大加快了深圳的开发。受此带动，房地产获得迅速发展，商业地产、商务地产、产业地产、住宅地产等市场迅速发育成长。同时，在旧城改造、新区建设中，政府依旧为重要的引导者和管控者，集中城市资源进行开发，最终形成了具有中国特色的城市经济开发区、高新开发区、城市新区等。在此期间，房地产在政府的引导和管控下获得了快速成长。

中国实行自上而下的土地利用管控规则。中国实行土地国有制，国家为土地所有人，因此，我国从全国土地利用总体规划到省、市、县、乡土地利用总体规划分别由各级人民政府编制，报请上级部门审核，然后房地产商再根据审核后的土地利用总体规划进行开发建设。

中国人口进城催生了以满足人口需求为驱动力的土地开发逻辑，房地产被动应对，同时，中国房地产的发展深深根植于中国人口红利需求，并因人口红利带来的一系列变迁而出现了新的变化。改革开放后，大量人口进城，形成了巨大的流动人群，中国城镇化启动并迅速发展，为中国经济社会发展提供了充分的人力资源。中国经济社会发展迎来人口红利，推动中国逐步成为世界工厂、世界制造大国，中国产业经济崛起，而产业经济的崛起推动了收入水平的快速提高，较高收入的吸引进一步拉动了人口集聚，释放了更多需求，这一系列变迁为房地产发展提供了机遇。人口大量进入城市，催生了大量居住需求、消费需求、公共产品需求，进而推动了住房市场和商业市场的发展，这是中国城市房地产市场发展的普遍逻辑路径。同时，随着产业经济的崛起，对产业园区和商务办公的需求迅速增加，进而推动了产业地产和办公地产市场的起步、发展，这在沿海经济发达城市更为明显。另外，随着以上一系列的变化，人们的收入水平逐步提升，温饱问题得到解决，对精神消费更加重视，推动了旅游地产的迅速发展，一线城市周边及西南区域旅游地产获得快速发展，最终走向全国。有关中国城镇化发展和住宅商品房市场变化的数据如表10-2所示。

表10-2 中国城镇化发展与住宅商品房市场变化

年份	中国城镇人口		中国住宅商品房	
	城镇人口净增加（万人）	城镇化率净增长（%）	销售规模（万平方米）	销售规模增长值（万平方米）
2000年	2 158	1.44	16 570	—
2001年	2 158	1.44	19 939	3 368
2002年	2 148	1.43	23 702	3 764
2003年	2 164	1.44	29 779	6 077
2004年	1 907	1.23	33 820	4 041
2005年	1 929	1.23	49 588	15 768
2006年	2 076	1.35	55 423	5 835
2007年	2 345	1.55	70 136	14 713
2008年	1 770	1.10	59 280	-10 856
2009年	2 109	1.35	86 185	26 905
2010年	2 466	1.61	93 377	7 192
2011年	2 101	1.32	96 528	3 152
2012年	2 103	1.30	98 468	1 939
2013年	1 929	1.16	115 723	17 255
2014年	1 805	1.04	105 188	-10 535
2015年	2 200	1.33	112 412	7 225
2016年	2 182	1.25	137 540	25 128
2017年	2 049	1.17	144 789	7 249
2018年	1 790	1.06	147 929	3 140

资料来源：中国国家统计局。

10.3.2 中美供给制度对比

房地产的健康、有序、长远发展是建立在有效、合理的供给制度基础之上的。供给制度围绕着供给管控、供给渠道、供给主体、供给产品四大关键点运转。囿于中美两国房地产发展背景的不同，中美两国在供给制度四大关键点方面存在明显的差异。

在供给管控上，美国实行宽松的管控，侧重法律法规管控，如制定各类土地建设及入市交易规则、规范，并设定各类税法等，对市场的长期调控效果明显，但短期对市场有效调节力度弱，需要配合临时性调控措施，平抑短期市场的大幅波动或冲击。

中国更多地执行行政管控，侧重通过通知文件等形式管控，如各级政府和部门出台的各类商品房交易、中介治理、商品房工程建设、预证审批等通知文件，以及年度土地供应计划等，对供给的管控较为严格，能够更有效地实现市场供给的增加与减少，但对市场调节具有滞后性和临时性，更有利于平抑短期市场的大幅波动。

在供给渠道上，美国形成了政府直接投资建设的公共住房供给渠道（这类公共住房的服务对象是符合条件的低收入家庭、年长者以及残疾人），政府补助、私人机构或非营利机构开发所有的低收入住宅（这种鼓励私人机构参与的模式有效提高了低收入住宅的供应量，但在20世纪70年代中后期也暴露出成本高、质量不佳等弊病。随着保障从补贴供给方向补贴需求方转变，80年代起，联邦政府对低收入住宅开发补贴的力度减小）和各类企业自由投资开发的供应渠道，以及个人置地建设形成的供应渠道等，搭建了政府兜底保障、企业提供改善居住空间、个人自主灵活置业的格局，其供应渠道多元化，层次分明，实现了全方位覆盖，满足各类需求。

中国的土地供给方式主要有四种：招标、拍卖、挂牌和协议出让。招标、拍卖和挂牌为经营性用地主要的供给方式，是中国房地产市场的主要供给渠道。受政府调控影响，又细分为保障房供给渠道、商品房供给渠道、产业用房供给渠道。另外，随着部分城市商业用房的过量供给，部分城市支持商业用房出租，因而又初步小范围地出现了租赁房供给渠道的萌芽。

在供给主体上，美国存在多重土地及产品供给主体，既包括联邦政府，又包括企业，同时还存在个人，各自分工明确，相互补充。各方持有的土地在法律和法规范围内可以自由买卖交易，政府不干涉私人土地用途，这使得美国房地产土地市场化，保障了房地产上游土地资源的充足供给，有助于实现市场化自动调节。同时，美国对土地购买方不设限制，交易完全自由，只要资金足够、符合联邦政府和土地所在地政府的相关法规，就可以在私人之间或者通过中介达成买卖合同，完成产权交接，若有争议，可直接到当地法院进行诉讼，美国的政府部门不参与私人间的土地纠纷问题。

中国更多以国土资源局为唯一供给方；在二级新房市场中，各类企业为主要供给方；三级市场供给方以居民个人为主，也有少量投资机构，供给主体呈现递接关系，之间相对独立。由于国土资源局为唯一供给方，因此市场土地供给受限明显，加之国土资源局的政府机构特征，对房地产市场的行政干预强，且其组织行为逻辑与房地产市场逻辑偶有出入，市场土地供应端不确定性增加，在实际中，形成了部分城市土地供给过量而北京等城市土地供给短缺的现状，对于平稳房地产价格产生了不利影响。而在租房市场中，政府引导管控不足，市场发育缓慢，企业、个人等各主体参与积极性不高，有效供给不足，推动租房价格尤其是一线城市及周边租房市场价格上涨过快，增加了人民居住成本，也对实现租售平衡产生了阻碍。例如，近年来长租公寓迅速发展并快速沉寂，入局玩家无序竞争，大大推升了租房价格水平，而对租房供给的贡献有限，更多是以挤占现有房源为主。随着金融市场收紧以及疫情的冲击，众多长租公寓品牌退出，对租房市场的长远发展敲响了警钟。

此外，中国正在积极探索供给主体扩容，集体土地入市和国有企业参与供给正在积极探索中，未来或将成为供给主体之一。

在供给产品上，美国房地产产品拥有所有权、使用权和收益权，可分拆转让出售或出租。以美国土地发展权制度为例，美国土地发展权在保护耕地、生态环境和历史建筑等方面具有明显的价值，是一项可与土地所有权分割而单独处分的财产权，是以法律确定的未来土地使用类型的权利，其运作方式主要为：以签约获得法律认可的形式，确认并锁死区域未来可利用的类型，如按原用途、按商业用途开发等，通过对比锁死的用途类型同现有的用途类型的经济收益，根据二者的收益差额，计算确定经济补偿额度，由政府资金或捐助资金进行补偿。另外，这种土地发展权可以独立出售，不受土地所有权转让的约束。

由于土地国有，中国房地产产品主要享受经营权和收益权，并在转让出售过程中，根据产品的不同出现分化。一般性住宅更多采取经营权和收益权整体转让为主的形式，而旅游地产和其他投资性地产则部分采取经营权和收益权分离的形式，将经营权转让给专业公司，仅保留收益权。例如，以云南古滇名城项目为代表的旅游地产在出售后，购房者将经营权转让给专业酒店经营公司，以委托管理的方式转让，按照约定的收益给付。

10.3.3 中美房地产管控制度对比

中美房地产的产业分类和税法认定有明显差异。在中国，房地产产业与金融产业为并行产业，尚缺少专门的房地产税法，房产税仅有个别城市试点。美国的商业不动产与金融业同隶属于"金融和不动产"大类，且有专门的房地产综合税费管理法律和法规。这造成了中美两国在房地产管控方式和制度上的明显差异。

美国房地产以持有环节税费管控为特征，将房地产视为收益性财产。美国房地产管控集中于持有环节的税费管控，交易环节要求较为宽松，对购房资质、购房套数等要求较低。根据美国税制，联邦税以个人所得税、社会保险税、公司所得税为主，而地方税以财产税为绝对主力（从 2015 年美国地方政府的财政统计数据来看，财产税占 50%～75%）。美国各州把财产分为动产、不动产和无形财产三大类，其中不动产包括土地和土地上的永久性建筑物和构筑物。在不动产、动产构成的财产税收入中，不动产是财产税的主要贡献方，其中住宅物业、商业物业的税收收入占了绝大部分。因此，在美国，房屋持有税费成本是房地产调控的重要手段，也是打击房地产投资、支持自住购房的主要手段。美国对于特殊群体和用途会减免税费，如政府部门、慈善机构、教育机构等拥有的专门用于公益目的的房地产，以及低收入和弱势群体像盲人、老人、退伍军人、烈士遗孀等自住的房地产。由于美国执行严格的房地产税，且房地产税是国家财政收入的主要途径之一，因此美国降低了对其他产业的经济税赋压力，有利于其他产业的发展。

美国税收立法权归属于联邦政府和州政府，地方没有立法权，只能在各州制定的税法约束下征税。房产税的征收主体为地方政府（郡政府、市政府和学区），主要用于提供消防、治安、交通、教育、环境改善等公共服务。

美国房产税税率一般会"以需定收"，全美各州总体在 0.2%～2.5% 的区间内。税基以房地产评估价值为主（乘以一定的征税比例），评估方式主要包括市场比较法、重置成本法、入息收入法等，不同州采取的方式不同。美国各个地区征收的房产税会根据税率、税基的调整而变化，在房价上涨较快的时候也会动态调整税负压力，已经成为居民在住宅消费上的主要支出。

另外，美国征收高额所得税。短期持有或持有不到一年转售，适用美国公民和居民的常规分级所得税税率，分级所得税税率最低为 10%，最高为 35%；长期持有一年以上，适用房地产长期资本利得税税率，最低为 10%，最高 25%（一般在 15%～25% 之间），当住宅符合一定规则时，则可减免，如在出售之前的五年内至少拥有或使用该房屋两年，可申报减税。

中国房地产以交易环节管控为特征，将房地产视为类消费品性产品。由于中国更多将房地产以类贵重消费品的形式认定，对其采用针对贵重消费品的税费管控方式，因此中国更多的是采取契税、印花税等，以行政手段干预为主，仅2019年调控次数就达620次，2018年调控次数也有450次之多，调控范围涉及全国主要热点城市，调控手段多样化，覆盖了房地产交易的各环节和主体，有如购房资格限制、房屋属性限制、购买套数限制、首付比例限制、贷款资格限制等短期措施。这种行政干涉过多，虽然在短期实现了市场平稳，但是在长期将对市场产生复杂影响，不利于市场的长远发展。

以北京为代表的部分城市，在土地出让过程中明确提出70/90政策（即新建住宅项目的户型比，套型建筑面积为90平方米以下的户型必须占到整个项目的70%以上），这直接改变了市场结构，使得90平方米以下的刚需产品成为绝对主力，而90平方米以上的户型尤其是120平方米以上的户型大幅减少。考虑到北京市场改善住宅的需求较为强烈，这将导致改善住宅需求强而供应弱的矛盾，催生大面积住宅紧缺局面，不利于大面积住宅市场的稳定。不过，大量刚需住宅入市，将在很大程度上缓解市场供求矛盾，从供应端稳定市场。

另外，多城市执行限房价政策。以北京为例，限房价直接打断了价格大幅上涨的可能。大量限房价房源入市，将直接冲击现有市场价格，大大降低市场价格上涨动力，稳定市场价格，不过这种对市场价格的稳定作用主要依赖限房价产品的大量供应。同时，限房价政策对未来价格的提前锁定降低了房企对价格的调节能力，将迫使区域新房价格趋向统一，将市场竞争推入白热化。加之拿地成本走高将在很大程度上降低项目利润率，并提高对企业的财务管控要求，房企进入地区市场的难度大大增加。

针对房地产调控方式产生的一系列问题、限制和不可持续性，中国启动了以房产税为核心的房地产长效调控机制，全国房地产信息联网业已完成，但房产税尚未到来，仍处于立法阶段。

2018年，中美贸易战开启，中国房地产迎来了发挥"压舱石"作用的新起点。虑及中国房地产在国民经济中扮演的角色和地位，随着"压舱石"作用的显现，中国房地产迎来了新的变局。政策调控呈现长期化、常态化，这对于长期稳定房地产市场发展是极为必要的。中国房地产的新机遇和新挑战，对中国房地产管控提出了更多更新的要求，在坚持并深入推进"一城一策"的基础上，将催生更灵活、有效、多样的高水平管控。

10.3.4 中美房地产与城市发展、城市生活对比

房地产产业是城市建设的重要参与者与执行者，在城市建设发展过程中，因承担角色、功能、地位的不同，其市场发展立足点也有所不同，进而造成中美两国房地产不同的发展路径，对中美两国城市发展和城市生活产生了深远影响。

强调市场化的美国房地产占据市场主体地位，更加关注经济效益。美国房地产的开发呈现明显的市场化、资本化特征，因而形成了明显的趋利性，房地产市场发展更加注重经济收益，对社会效益关注度不足。以美国城市内城更新为例，房地产商更加倾向于收益更高的区域开发，而忽视弱势地区，尤其是忽视弱势地区的运营管理，这在一定程度上助推了弱势地区的颓势，弱势地区成为美国城市问题集中的区域，成为城市顽疾，更加难以解决。再加上政策引导性不足，有效执行性遭遇难题，使得城市内部分化明显。以美国内城衰落为例，随着美国开发重点向郊区转移，房地产商对内城的关注度迅速降低，更是大大减少了运营管理，原先内城运转良好的社区直接降低了运营管理水平，加速了社区的衰落，并进一步降低了社区的关注度，形成不良循环，最终加速形成城市治理难点。

美国需要以自下而上的自发管理修正房地产后期运营的缺失。在美国，保障公共利益或团体利益的新方式正在出现，用诺贝尔经济学奖得主埃莉诺·奥斯特罗姆（Elinor Ostrom）的话说就是："除了政府和私企之外，民众和社区之间既有的社会凝聚力和约定俗成的'软规则'也可以化解公地悲剧"。"公地悲剧"由英国的加勒特·哈丁（Garrett Hardin）教授于1968年首次提出，他指出：公地作为一项资源或财产有许多拥有者，他们中的每一个都有使用权，但都没有权利阻止他人使用，从而造成了资源的过度使用和枯竭。过度砍伐的森林、过度捕捞的渔业资源及污染严重的河流和空气，都是"公地悲剧"的典型例子。对于"公地悲剧"，纽约的社区花园进行了有益探索。社区花园由市场多方主体主动参与构建，解决了遍布街区的废弃建筑、烂尾楼和空地再利用问题，在这个过程中，政府并不插手，社区花园也不收费。这些社区花园许多都得到了使用者自下而上的自觉维护，管理得当，运作良好，成为城市内的特色景观。之后，为了使社区花园稳定运营，减少拆迁风险以及被他人买走后用作他途的风险，自2017年3月起，纽约市公园局在当地居民、自治组织以及布鲁克林区长的支持下，开始积极申请从现有土地所有者手中买下这类土地，将土地由私有变为公有，其用途变为公园用地。

强调市场化与社会化的中国房地产，需要经济效益与社会效益并行。中国房地产建设正在越来越多地参与到社会公共服务设施的建设和运营中，正在越来越多地承担起社会服务功能。以新城开发为例，万达地产开发的万达商业广场，不单单是商业综合体，还是新城商业中心，承担起城市商业功能，并服务于周边常住人口的日常消费生活。同时，中国房地产也正在参与城市图书馆、文化馆等城市公共服务场馆的建设，以及城市的更新改造，是城市更新改造的主力军。另外，依托国家出台的各类社区建设标准，房地产正在致力于建设功能完备、卫生水平较高、治安状况良好、文化繁荣、环境优美的综合性宜居社区。

中国城市更新正在引入市场化机制，利用经济效益赋能，加速城市更新。以北京为例，北京城市更新进入 2.0 阶段，较之前传统的城市更新，现阶段的城市更新更加注重调动社会资本参与，通过将社区地下空间等公共性空间转为投资方经营空间，弥补更新费用，实现了社区空间更高效的利用，也为社区生活提供了更多的服务空间，同时实现了社区环境的美化与投资收益的平衡。

10.3.5　中美房地产新科技革命融入对比

以人工智能为首的一系列新技术拉开了第四次工业革命的序幕，科技全面融入人们的生活。房地产作为国家的核心产业以及与生活品质息息相关的产业，深度融合了科学技术，将物联网、大数据、云计算、人工智能、智能控制等高新科技智能融入整个开发链条，中美双方在建设技术、营销技术、运营技术三大技术层面均出现了新的动向。

在房地产建设技术方面，随着科技的发展和施工工艺的改进，以及对节能环保等要求的日益重视，中国房地产产业新的建设技术和要求正在呈现普及化趋势。中国绿色建筑、节能建筑、装配式建筑正在加速发展，国家标准《装配式建筑评价标准》已正式出台。

与此同时，美国房地产产业也在加速推进科技化进程，并在建设技术方面取得了重大突破，实现了较好的经济效益，如通过采用模块化和预制建筑等创新科技，大幅削减建筑成本和人工成本，施工过程也更加自然环保，住房负担能力提高了 16%。该领域的代表公司有 Katerra 和 Method Home。

在房地产营销技术方面，科技深度融入房地产营销环节，VR 看房、电子沙盘、无人机看房、大数据选址、客户分析技术、虚拟选房系统等迅速兴起，逐渐成为房地产开发的标准动作。例如，万科和龙湖地产同百度慧眼合作，依托百度地图数据资源和技术手段进行客流分析等研究。

在房地产运营技术方面，中国房地产运营技术正在努力实现体系化，通过智能车库、智能通行、智慧安防、智慧物业等多点突破，最终实现了三大方向的智慧化升级：首先是房屋管理技术获得加速推动，如能源管理技术、智能家居技术、数字孪生技术；其次是物业管理技术得到普及，如 IP 可视对讲、车辆管理、安防监控、电子围栏等；最后是社区服务技术平台化的构建，如社区服务应用程序等。

美国房地产运营技术的发展更为深入。在交易层面，美国房产经纪公司 Compass 基于独有的搜索技术，利用自主开发的算法和大数据平台简化并改善了传统房地产交易流程，减少了人们找到房屋的时间；在产品层面，WeWork、Edge 等智能建筑公司通过人工智能挖掘共享办公空间的巨大潜力，帮助改进产品，重新设计空间布局。

10.4　中美房地产发展水平分析

美国商业不动产与金融业同隶属于"金融和不动产"大类，房地产俨然已成为资本市场的实体化触手，房地产开发管理与多元化房地产投资信托构成了美国房地产细分领域的前后端市场。而在中国，房地产与金融为并行产业，加之较严格的金融管控政策在很大程度上限制了中国房地产金融的发展进程，房地产与金融的关系主要体现在企业间的借贷与金融资本参股房企。

美国于 20 世纪中叶启动的房地产二级金融市场建设，对美国形成当下的房地产市场结构起到了至关重要的作用。1960 年，美国允许公开募集资金用于投资房地产项目，直接推动了房地产投资信托的面世。在经历了 20 余年的被动管理后，1986 年，美国允许房地产投资信托直接经营不动产。这对美国房地产金融的发展起到了制度性支撑作用。

10.4.1　中美房地产产业细分领域分析

在中国快速推进城镇化建设的过程中，房地产作为导入产业，其发展的必要性与重要性日益突出，中国房地产企业也如雨后春笋般崛起并迅猛扩张。在短短 40 年的发展中，中国房地产整体处于发展初级阶段，采取的是以开发商为主导的"开发—建设—销售"模式。如此一来，开发商对高溢价、快速周转的资金表现出极大的渴求。同样，中国房地产的产业细分也是围绕着"开发—建设—销售"展开的。在 GICS 分类标准中，产业细分也毫无悬念的集中在"房地产管理和开发"环节。

在中国的房地产产业细分中，除商品类住房的开发、建设及运营，还出现了诸多"跨界地产"的新模式，其旨在将真正的产业价值附加在房地产之上，以产业强大的运营和收益能力，压缩房地产市场的泡沫。

以龙头房企为例，我国龙头房企纷纷进行了战略转型，在房地产细分领域逐步确立起领导地位。龙头房企的发展重心逐渐由"增量角逐"转向"提质增效"，围绕住宅做服务与运营，通过布局商业地产、长租公寓等相关业务与主业进行协同发展，同时探索在产业及各特色业务领域的多方位合作，整合各方资源及经验优势，逐步确立、巩固行业优势。例如，融创以文旅作为价值增长点，持续提升文旅产品与客户服务；碧桂园以地产、农业、机器人为重点发展方向；恒大形成了以民生地产为基础，以文化旅游、健康养生为两翼，以新能源汽车为龙头的多元产业布局；华侨城作为中国第一批崛起的中央企业，如今已培育出民俗文化村、游乐场、高端酒店等领域的子品牌，成为名副其实的"文旅地产"建设者，其旗下子品牌"欢乐谷"2018年的营收为481亿元，是家喻户晓的休闲旅游胜地。

美国房地产产业侧重房地产金融领域。恒大研究院的统计数据显示，截至2019年5月，美国共有248家上市房企，其中住宅建筑商26家，市值989亿美元，市值占比8%；房地产投资信托174家，市值1.1万亿美元，市值占比86%；房地产开发和管理51家，市值占比6%。这组数据代表着美国房地产产业的开发、运营及服务三大领域的比重，同时表明房地产投资信托模式已成为其高度城市化环境下的绝对贡献者。

具体来说，美国整体较自由的市场政策使产业链条衍生出诸多细分领域，包括：收购和出售物业、管理和出租、装修再定位、新物业开发等。而在信托物业类别上，美国房地产涵盖了住宅房地产投资信托、办公房地产投资信托、工业房地产投资信托、酒店及度假村房地产投资信托、零售业房地产投资信托等多种类型，著名的西蒙地产就是其中的佼佼者，其主要涉足房地产运营管理领域中的零售业房地产投资信托。

西蒙地产是一家从单一百货公司发展而来的全美最大的零售业房地产投资信托公司，诞生于1960年，1993年在纽约证券交易所上市，管理全球222个商业物业。自1995年上市以来，西蒙地产的营运现金流量（funds from operations，FFO）增长了26倍，总计分红超过280亿美元；复权后股价增长了27倍，大幅跑赢标普500指数。

由此可见，房地产投资信托体系已很好地诠释了美国房地产产业的成熟状态，其产业链条中的独立细分领域足以使龙头企业独占市场鳌头，而这一点正是中国房地产在"奔跑式"发展中急需调整的地方。中国房地产产业细分虽在现阶段集中于前段的房地产管理与开发领域，但因需而生的文旅地产、康养地产、产业地产等，使得中国房地产产业展现出特色化发展的契机。

10.4.2 中美房地产企业盈利水平

中国房地产产业呈现产业利润率降低、少部分品牌开发商利润率较高的特征。根据已发布业绩的76家上市房企的数据，2018年我国上市房企的平均净利润率为11.9%，较2017年的12.1%出现小幅下降。

根据中国指数研究院2018年的统计，国内品牌房企净利润率前50的门槛为9.76%，净利润率主要在10%～20%。高利润率房企的主要优势在于其在拿地成本、融资成本以及运营管理三方面有显著优势。

不同规模房企的关注方向存在明显不同，龙头房企在达到产业最大规模的同时，重要关注点在于是否还有继续扩张的可能，扩张的极限在哪里以及未来的企业发展方向在哪里，等等。在达到目前的规模之后，房企正在转向利润和规模并重，利润重视程度明显提升（如万科明确提出要更加关注企业利润），房企规模扩张速度或将趋缓。2019年，在中国政府"稳地价、稳房价、稳预期"的明确目标定调下，市场调控趋于常态化，信贷层面逐渐收紧，房地产市场稳定健康发展。万科作为龙头房企的代表，其2019年销售额突破6300亿元，超额完成当年谨慎制定的6000亿元任务，可即便如此，其销售额涨幅相较2018年同期仍有明显放缓。在严格的调控下，万科能够出色发挥，除了其优越的品牌及充足的货量储备以外，与城市发展及人群消费需求也有着密不可分的关系。归根结底，中国的房地产产业盈利模式高度集中于房地产一级市场（即土地市场）与二级市场（即增量房市场）的开发与销售环节。

美国房企的利润水平较为稳定，2013～2015年，美国房地产产业利润水平维持在9%左右。美国房企的金融业务是其利润的重要来源，仅以住宅建筑商为例，其兼营的按揭贷款、产权保险等金融业务，对其净利润贡献的比重达到了10%左右。

美国住宅开发领域的龙头房企周转速度遥遥领先。美国住宅建筑商"三巨头"霍顿（D.R Horton）、莱纳（Lennar）、帕尔迪（Pulte）2018年总资产周转次数分别达到1.2、1.0、0.9，而中国房企平均仅为0.3。高周转成为美国开发类房企高净资产收益率的来源，一个重要的原因是：美国住宅建筑商推崇沃尔玛模式。前三大房企霍顿、莱纳、帕尔迪主打中低端项目，通过标准化采购降低成本，通过标准化建设缩短项目周期，实现高周转。

10.4.3 中美房地产企业负债率

在看似光鲜的外表下，中国房地产企业实际上背负着巨大的负债。据统计，2017年中国A股上市房企的资产负债率平均高达80%（见表10-3）。由于开发商的发展主要依赖高销售周转率，而资金来源主要是以商业银行贷款为代表的间接融资，因此高负债实则将高杠杆操作的风险播撒向整个市场，乃至波及中国经济。而同期美国上市房企的资产负债率普遍为40%～60%（见表10-4）。虽然在2008年金融危机后，美国房企的资产负债率普遍上升至60%～80%，但是凭借房地产市场的分工明确、产业精专、资产配比合理等因素，负债率很快就恢复到正常水平。通过对比可以看出，中国房企的负债率甚至已经超过了美国2008年金融危机时的平均水平。

表 10-3　中国前 10 家上市房企 2017 年资产负债率一览

排名	股票简称	股票代码	资产负债率（%）
1	万科 A	000002.SZ	83.98
2	保利地产	600048.SH	77.28
3	招商蛇口	001979.SZ	72.11
4	华夏幸福	600340.SH	81.10
5	绿地控股	600606.SH	88.99
6	新城控股	601155.SH	85.84
7	华侨城 A	000069.SZ	69.89
8	金地集团	600383.SH	48.22
9	荣盛发展	002146.SZ	84.68
10	金科股份	000656.SZ	85.79

表 10-4　美国前 10 家上市房企 2017 年资产负债率一览

排名	股票简称	股票代码	资产负债率（%）
1	霍顿	DHI.N	36.41
2	Taylor Morrison	TMHC.N	45.76
3	NVR	NVR.N	46.29
4	Meritage Homes	MTH.N	51.50
5	托尔兄弟	TOL.N	51.96
6	Calatlantic（已退市）	CAA.N	52.16
7	普尔特	PHM.N	57.12
8	莱纳	LEN.N	57.40
9	KB Home	KBH.N	61.79
10	Hovinanian	HOVNP.N	124.22

通过了解中国头部房企的主营业务可以知道，它们大多都以住宅房地产开发及销售为主线。中国头部房企拖着庞大的负债，同时置身于中国政府的强管控下，似乎已经到了"房子不好卖、负债不好还"的两难境地。于是，一些房企不约而同地开始转让储备土地、搁浅开发计划、大规模裁员、降价销售，以缓解市场收紧带来的不适。从中国房企普遍采用的"同业务、拼价格、抢时间"的抢占市场方式来看，能够冲出"红海"的或许寥寥无几。

纵观中国房地产市场，在城镇化进程取得一定成绩的今天，面对高负债、高强度市场压力、低利润率的房地产市场现状，转型对于中国大部分房企来说都是迫在眉睫的事。中国政府 2017 年出台了土地交易环节的"自持"限制措施，限定开发商必须长期持有并运营物业。对此，开发商要面对的是长期持有并运营物业带来的巨大的资金压力。

10.4.4　中美房地产产业集中度分析

中国房企平均资产规模是美国的 10 倍。截至 2018 年末，中国房企前三位恒大、碧桂园、万科的总资产分别为 1.88 万亿元、1.63 万亿元、1.53 万亿元。美国的住宅开发龙头企业霍顿、帕尔迪的资产规模分别约合人民币 969 亿元、698 亿元，商业地产龙头西蒙地产的资产规模约合人民币 2106 亿元。在营业收入方面，2019 年中国龙头房企权益收益金额均超 4000 亿元，美国住宅开发龙头企业的营业收入约合人民币 1000 亿元。数据显示，以万科为代表的头部中国房企的营业收入虽然已经远远超过美国头部房企，达到美国房企的 5.3 倍，但是市场份额仍相差较多，中国三大房企的市场份额总占有量为 15% 左右，而美国龙头企业则占据市场份额的 57%。可见，我国房地产龙头企业在市场份额上有较大增长空间，营业收入规模也有较大增长空间。

中国房地产产业集中度偏低，仍有较大提升空间。在中国沪深上市的 104 家房企中，排名前 10 的企业总市值占全产业的比重仅为 8.9%，而美国前 10 家房企的市场集中度超过 30%。

中国房地产主力消费群体呈现缩减趋势。结婚登记规模持续快速下降，已经从峰值 2013 年的 1347 万对，下降至 2018 年的 1014 万对，减少 333 万对，降幅达 25%；出生人口走低，2018 年仅有 1523 万人，较 2017 年少 200 万人；劳动人口比例和绝对值加速下降（见表 10-5），中国劳动人口峰值出现在 2013 年，当年 15 ~ 64 岁的劳动人口为 10.06 亿人，2014 ~ 2016 年年均减少 100 万人，2016 ~ 2018 年分别减少 500 万人、400 万人。各大房企都以同质化的发展模式迅速发展，以同样的模式抢夺既定容量的房地产开发市场的份额。未来，在城镇化建设增速放缓后，房地产市场供需将接近平衡，或出现供过于求的情况，众多房企的规模势必会出现缩减。届时，市场将面临更为激烈的竞争，市场集中度将加速提升。

表 10-5　中国劳动人口结构变化

年份	人口总数（亿人）	人口总数变化（亿人）	人口占比（%）	人口占比变化（%）
1999	8.52	—	67.70	—
2000	8.89	0.38	70.15	2.45
2001	8.98	0.09	70.40	0.25
2002	9.03	0.05	70.30	-0.10
2003	9.10	0.07	70.40	0.10
2004	9.22	0.12	70.92	0.52
2005	9.42	0.20	72.04	1.12
2006	9.51	0.09	72.32	0.28
2007	9.58	0.08	72.53	0.21
2008	9.67	0.08	72.80	0.27
2009	9.75	0.08	73.05	0.25
2010	9.99	0.25	74.53	1.48
2011	10.03	0.03	74.43	-0.10
2012	10.04	0.01	74.15	-0.28
2013	10.06	0.02	73.92	-0.23
2014	10.05	-0.01	73.45	-0.47
2015	10.04	-0.01	73.01	-0.44
2016	10.03	-0.01	72.51	-0.50
2017	9.98	-0.05	71.82	-0.69
2018	9.94	-0.04	71.20	-0.61

资料来源：中国国家统计局。

10.5　中美头部房地产企业对比

10.5.1　万科——中国核心房企的与时俱进

万科是中国房地产界最具影响力的企业之一，是中国房地产的领航者和活化石，是最早涉足房地产产业的企业之一，历经中国房地产各个重要时期，从"黄金时代"到"白银时代"，从"招保万金"（即招商地产、保利地产、万科、金地集团）到"碧万恒融"（碧桂园、万科、恒大、融创），其发展策略和发展方向具有明显的前瞻性，对研究中国房地产发展历程具有重要的参考作用，具体可以从以下几个方面对其进行观察。

1. 企业业务布局的变迁

1）1988～1990年，万科的业务起步于广东，发展平稳。1984年，万科的前身（即现代科教仪器展销中心）在广东注册成立，1988年在其发源地广东首次拿地，正式进军房地产领域。

2）1991～1994年，万科的业务布局进入全国扩张阶段。1991年，万科A股在深圳证券交易所挂牌上市交易，1993年发行B股，两次融资均主要投向房地产领域，这在很大程度上助推了万科的第一轮扩张。截至1994年，万科已经布局了北京、天津、上海、深圳、成都、武汉、鞍山等13个城市。

3）1995～2000年，万科的业务布局进入收缩阶段。在1997年亚洲金融危机的冲击以及高速扩张带来的人力短缺、资金分散、对子公司控制力偏弱等问题的影响下，万科进行了战略收缩，业务布局以北京、天津、上海、深圳为主，其中又以深圳为重。

4）2001～2013年，确立、形成"3＋X"区域布局，即以珠三角、长三角、环渤海三大城市圈和几个内陆核心城市为重点发展区域。2003年启动区域布局，2013年最终完成。其中，珠三角以广深为核心，长三角以上海为核心，环渤海以北京为核心，中西部以成都为核心。

5）2014年以来，城市布局下沉，积极拓展海外市场。随着城市群的发展、国家城市群战略的提出以及企业国际化的需要，万科采用深耕核心城市、加速拓展辐射范围内二三线城市的模式，在区域内强化品牌联动，并在2013年之后开始尝试投资海外市场，扩大海外市场品牌影响力。

2. 产品变迁

从满足人的需求到关注城市的发展是万科产品演变的主要脉络。初期，万科以满足人的需求为核心，其产品以住宅为触角，逐步延伸至关系密切的商业地产领域；后期，万科占位"城市配套服务商"，其产品外延至产业地产等更多产品类型。具体来看，万科的产品变迁可分为5个阶段。

1）成立初期，万科产品聚焦明显，确立了以住宅为主的开发方向。

2）1991～1993年，万科首次进入全国扩张阶段，产品品类明显扩增，公寓、别墅、商场、写字楼等均有涉及，但全而不强。

3）1994年，万科提出以城市中档住宅产品为主，产品回归住宅，减弱了对其他产品的关注。随后，为了顺应中国城镇化浪潮，满足巨大的刚需市场需求，确立了以中小面积刚需产品为主的产品特征。随着对客户需求和支付能力的细分，逐步形成了客户导向型的四大产品系（金色系列、城市花园系列、四季系列和高档系列）。

4）2010年，万科在深圳成立商业管理公司，重回商业地产领域，并在接下来的时间里逐步形成了四大商业地产产品线：万科红、万科广场、万科大厦、万科2049。

5）随着城镇化进程的不断加快，部分城市进入存量房时代，少量城市出现增量房向存量房的转变，加之人均住房面积已然有很大程度的提升，房地产市场持续调整。对此，万科进行了多次尝试，采取了更多应对措施。

首先，万科的企业定位从"三好住宅供应商"延展为"城市配套服务商"，进而升级为"城乡建设与生活服务商"。在具体执行上，万科提出"八爪鱼""V-LINK"的战略构想，有序开展对长租公寓、社区营地教育、养老地产、产业地产等新业务的探索。

其次，万科加强了产业内及跨产业拓展，增强了更多细分领域实力。在巩固住宅开发和物业服务固有优势的基础上，万科的业务布局已延伸至商业开发和运营、物流仓储服务、住宅租赁、产业城镇、冰雪度假、养老、教育等领域，并在乡村振兴、文化艺术、健康、安全食品等领域进行了探索。

3. 专业化

专业化贯穿了万科的发展历程，可简单概括为：起步于业务的专业化，发展于产品的标准化，成就于客户分级管理体系的专业化，最终成就了万科的中国龙头地位。

1）业务专业化。最初，万科多元化的发展经营模式带来了集团资源分散、无法形成主导产业和有力竞争优势的问题。因此，万科摒弃了多元化的发展经营模式，开始收缩业务，退出与房地产无关的产业，全身心投入房地产领域。

2）产品标准化。面对企业的快速扩张，万科早在2003年就开启了标准化运动，推动实现生产流程和生产成果两个维度统一的工作标准，最终形成了《万科住宅标准》《规划设计、配套系统、物业管理的标准化设计体系》《室外工程、环境工程标准化设计体系》等标准化规范。

3）客户分级管理体系专业化。随着标准化的深入，万科又加大了客户分级管理体系的专业化进程。对美国普尔特的客户细分与管理模式的学习，使得万科的客户管理走在了产业前沿（2005年，万科成立了客户品类部，对客户进行了细分），支持了万科服务体系的进一步发展，之后更是在"万客会"的基础上，构建了"一路同行""6+2步法""五步一法"等客户服务体系。

4. 拿地方式

万科逆市场周期拿地特征明显，在市场下行周期中利用充足的资金储备积极取地，获得更多优质地块以及区域进入开发资格。

万科拿地具有三大特征，能够应对拿地成本的上升，加快扩张企业，获得大量优质的土地资源，保障业务长期可持续发展。

1）加强联合拿地开发，扩大企业拿地触角，加快拿地规模扩容。2003年起，万科加强了联合拿地开发，效果明显。2004年万科土地储备仅为450万平方米，2005年增加到1101万平方米，2006年更是新增了1000万平方米的土地储备。

2）适时进行股权并购拿地，获得低成本取地优势。在不确定性增加的市场状态下，万科依靠充足的现金储备，加大逆周期操作，并购了华夏幸福环京项目、嘉凯城资产包，通过并购实现了低价拿地，大大降低了企业开发建设成本。

3）与非产业内企业的土地拥有方并购拿地，扩容取地渠道。在核心城市土地供应日益稀缺的情况下，万科携手深圳地铁集团，积极探索包括"轨道+物业"、城市产业升级在内的各类资源获取和开发模式。

5. 万科融资方式和渠道变迁

万科的发展离不开在不同时期对自身条件的良好把握。在初创期，万科并未获得银行贷款和风投资金，但是它利用自身条件实现了上市发展。在成长期，万科积极利用自身信用，大力利用财务杠杆增加发展的资金。在成熟期，万科则积极调整资本结构，充分利用国内与国际资源条件，走向多元化融资的方向，实现国际扩张。

1）初创期：单一股权融资策略。万科在初创期十分有效地把握住了资本市场的兴起，充分发挥了股权融资的优势，在房地产产业站稳了脚跟，同时又合理利用股权股利这一内源融资方式，保留了后续发展所需要的资金。在条件允许的情况下，尽可能利用直接股权进行融资。作为中国资本市场上市的首批公司，万科从1991年的A股到1993年的B股，再到2013年的B股转H股，有效利用了机会和平台。

2）成长期：传统的股权加债券融资策略。在进入成长期后，通过转让旗下非地产业务公司的股权，万科基本实现了非核心业务的分离，从而更好地在专业化方向上谋得了发展。伴随着业务专业化的转变，万科在该阶段采用了股权加债券的融资策略。得益于两次及时配股，万科在诸多公司倒闭的风口，借机获得了许多优质的外部资产资源，进而顺利地扩大了规模，在房地产产业占据了有利位置和重要地位。万科通过债券进行大规模融资，获得了足够的发展资金，同时也合理地利用了财务杠杆。

3）成熟期：国内与国际多元化的融资策略。万科在利用已有融资方式的基础上，不断进行新的探索，创立了国内首只投资房地产投资信托项目的公募基金——鹏华前海万科 REITs，助力万科实现资产轻便化。同时，万科在初创期的单一股权融资方式中不断拓展相关融资渠道，不仅充分利用了国内的融资，而且力争通过各种形式加强与海外资本的联系。在国内监管严格的情况下，万科成功在海外得到了发展所需的资金，并成功实现了市场的扩张和知名度的提升。

10.5.2 普尔特——美国龙头房企的精专发展

普尔特创立于 1956 年，是美国最重要的住宅建筑商，是唯一一个全美客户满意度连续四年排名第一的房企，是美国房地产"三巨头"之一。经过半个世纪的不断尝试与突破，普尔特逐步形成了自身的核心竞争体系，实现了半个世纪的高盈利发展。

尽管中美房企所处的发展环境、发展阶段不同，但美国房企的核心竞争力仍具有很高的参考价值，因此，普尔特的核心竞争体系需要我们重点关注，希望这能够对中国房企应对产业大变局提供更多有益的思考。

普尔特的核心竞争体系可以分为以下几个方面。

1. 细分客户，个性营销和管理

普尔特是世界范围内少有的对客户细分管理较为深入的房企，凭借其客户细分管理，普尔特实现了在成熟市场下的再次增长。普尔特将客户细分为 11 个标准群体（首次置业人士、常年工作流动人士、单人工作丁克家庭、双人工作丁克家庭、有婴儿的夫妇、单亲家庭、成熟家庭、富足成熟家庭、空巢家庭、大龄单身贵族以及活跃长者），依托 CRM 系统，采用定制化、个性化、针对性的营销与产品方案，并将终生服务的理念融入其中，既关注销售过程，又关注房屋后期养护增值等问题，最终满足了客户的不同需求，大大增加了客户基数，拓展、占领了更多细分市场，同时大幅提升了客户满意度，实现了更大程度的口碑传播，客户转介绍数量及占比明显上升，实现了更多收益。

在客户体验方面，普尔特设计了"购房 7 步程序"，客户在开工建设前可以和建筑专家一起设计自己的房子，交房后公司会与客户在每一个环节进行登记确认，并展开后续跟踪服务。这些措施保证了客户的购买体验，提高了客户满意度。

2. 多元化经营，产业链上下游纵向扩张

普尔特的主营业务是居民住房业务，几乎涵盖了所有的居民住房细分市场，同时，其业务还向与房地产联系紧密的相关领域拓展，延伸至产业上下游，涉足房地产金融服务、建筑材料生产、物业服务业务。例如，普尔特 1980 年并购了 ICM 抵押贷款公司，开始涉足房地产金融领域，为客户提供了购房金融方面的服务，也加强了企业资金的安全性；再如 1996 年，公司与通用电气合作，让通用电气成为房屋家用电器设备的首选供应商。

3. 深耕潜力区域市场

普尔特在实现全国布局的情况下，向具有发展潜力的地区布局，深度开发。其中，佛罗里达州、佐治亚州、南卡罗来纳州、北卡罗来纳州、田纳西州等是普尔特重点布局开发的地区，有大量开发项目；在其他地区如中西部、西北部地区，普尔特布局较少。

4. 兼并重组是业务发展的重要手段

自 20 世纪 90 年代后期起，普尔特为了实现细分市场的加强和企业的发展，加快了兼并重组产业内企业的步伐，最终稳固了自己的巨头地位。1998 年，普尔特收购了拉德诺房屋公司和迪佛士住宅建筑公司；1999 年，收购了黑石公司的老年住宅业务；2001 年，收购了以擅长开发老年社区闻名的美国知名房企德尔·韦布建筑公司；2009 年，以 31 亿美元收购了竞争对手 Centex，缔造了美国历史上最大的房地产公司并购。

中国房地产采取的是全程开发模式，从融资、购地到开发、建设、销售的全过程都由一家开发商独立完成。普尔特作为典型的美国房企显现了大部分美国房企的发展特征，即更加精专产业链中的某一块业务，由此进行纵向发散，而非中国传统房企的多点开花。

10.6 发展启示

通过对比中美房地产不同的发展逻辑和路径，可以更加深刻地了解房地产发展的几大重要核心要素，为大变革下的中国房地产指明了未来的发展方向，提供了更多有益的思考。我们获得了以下几个方面的启示。

启示一，要转变思想，将居民纳入土地发展和利用的规划中，创新居民参与方式。提高居民积极性，加强居民参与度，最终实现土地的高效、高质开发，实现土地开发中的以人为本、以人为纲的发展理念，让居民重新参与并更好享受发展带来的价值。

启示二，要以体系化思维分步骤推进重点领域。房地产调控改善是一项体系化工作，涉及国家财税的根本和广泛的利益集团，因此，要分步骤推进重点领域，采纳多方意见，稳步推动。

启示三，政府管控需要创新，以平衡城市开发与耕地保护、城市存量开发与新区开发。加强政府在产权管控、用途管控等方面的创新，实现资源的合理利用与有效保障，降低市场因素与非市场因素的破坏与干扰。

启示四，以政府为引导，强化调动各市场主体，鼓励创新供应产品、拓展渠道。淡化政府直接管控，强化政府调节、引导功能，更多地从政策上支持、鼓励各市场主体进行产品创新，提供更加多样的产品，拓展供应渠道。

启示五，积极跟进国家财税改革，逐步提升房地产持有税收比重。以国家财税改革为契机，逐步发挥稳定剂作用，稳步推进房地产税落地，最终实现房地产税在国家税制中的重要作用，降低土地财政依赖，降低政府风险。

启示六，积极支持、鼓励房地产商分担城市功能及基础服务设施建设。积极调动社会资源，支持、鼓励房地产商投入城市的发展，创新房地产商在其中的投资回报方式，实现更加良好的经济效益、社会效益。

启示七，支持、引导房地产科技研发与应用，建设节能环保、生态健康、宜人宜居的智慧社区。积极推动房地产产业拥抱新科技革命，推动房地产产业科技化、智能化，以此形成对科技产业的带动，同时，注意科技安全，强化个人信息保护。

启示八，在政府强管控下，分阶段引入社会资本，实现金融安全触达房地产市场，规避市场风险。建立符合中国国情与产业特色的资本模式，并注重国有资产风险防控。

参考文献

［1］彭霞. 房地产开发项目前期成本控制问题与对策［J］. 工程设计与研究，2012（12）.

［2］彭嘉欣. 中国房地产市场集中度演化及其影响因素分析［D］. 山东大学，2018（5）.

［3］霍伊特. 房地产周期百年史：1830～1933年芝加哥城市发展与土地价值［M］. 贾祖国，译. 北京：经济科学出版社，2011.

［4］李茂. 美国土地利用规划特点及其对我国的借鉴意义［J］. 国土资源情报，2009（3）.

第 11 章

公用事业

程　宇　中共福建省委党校副教授、博士，知一书院研究员
陈晓芳　福建农林大学经济学院博士生

公用事业是根据英文"public utility"翻译而来的，也有人译作"公共行业""公用企业""公共事业""公共部门""市政公用行业"或者"公共服务行业"。亚当·斯密（Adam Smith）在其著作《国富论》第五篇中论述到，由于公路、桥梁、运河等具有公共属性，其往往会产生较大的运营成本，但是利润较低，因此私人部门较少愿意去建设或维护它们，"君主或联邦的第三项也是最后一项职能就是建立并维护某些公共机构和公共工程"㊀。在现行的法规和产业研究中，虽然文字表述略有不同，但是关于公用事业内涵及其范围的界定基本相似。美国加利福尼亚州《公用事业法典》第 216 条规定：公用事业包括所有为公众或者公众的一部分提供商品和服务的运输公司（包括铁路、轮船、市内电车和公共汽车公司）、燃气公司、电力公司、电报电话公司、自来水公司、供热公司、石油管道公司、污水处理公司等。关于公用事业一般有两种理解，一是狭义的理解，按照韦氏大词典的解释，公用事业是指提供某种基本的公共服务并且受政府规制的行业。狭义的公用事业是指具有自然垄断特征的为居民或企业提供生活或生产所必需的商品或服务的行业，如电力、管道煤气、电信、供水、环境卫生设施和排污系统、固体废弃物的收集和处理系统。二是广义的理解，即把公用事业理解为"公共领域的一切活动"㊁。广义的公用事业不仅包括狭义的公用事业，还包括铁路、公路、航空邮政以及教育、卫生和医疗等。我国建设部 2002 年颁布的《关于加强市政公用行业市场化进程的意见》将"市政公用事业"界定为"供水、供

㊀ 斯密. 国富论［M］. 孙善春，李春长，译. 沈阳：万卷出版公司，2008.
㊁ 席恒. 公与私：公共事业运行机制研究［M］. 北京：商务印书馆，2003.

气、供热、公共交通、污水处理、垃圾处理等经营性市政设施"以及"园林绿化环境卫生等非经营性设施"。本章所提出的公用事业和建设部文件中的界定是一致的，即狭义的公用事业。

在这个范畴下，公用事业仍然是一个产业集合，是以一定的基础设施为物质载体向现代社会提供普遍服务的产品（包括服务）的公用产业所组成的群体。这些产业普遍具有自然垄断性、社会公益性和明显的网络性，属于传统经济学所说的市场失灵领域，在我国改革开放之后很长一段时间内都由国有企业垄断经营，表现为经济效率低下、投资严重不足、社会效益不足等。公用事业虽然在20世纪90年代中期开始了市场化改革且有所成效，但仍被人们戏称为"社会主义市场经济改革的最后一道堡垒"㊀。进入21世纪，公用事业大规模的市场化改革进程相继启动，各地不仅开辟出一批公用事业领域的市场化改革方案（如"厂网分开、主辅分离、输配分开、竞价上网"新电力体制改革方案、"放开上游+管道独立+定价改革"的天然气改革方案），还涌现出如上海浦东、深圳、兰州、云南水务的跨国并购案，以及上海垃圾分类新政等规模宏大、影响深远的体制变革案例。这些都是改革开放四十多年来公用事业领域改革的重要体制机制创新。

11.1 中美公用事业上市公司对标分析

根据GICS-Wind分类标准，公用事业作为一级产业和二级产业，下辖5个三级产业、6个四级产业（见表11-1）。

表11-1 公用事业产业分级

二级产业	三级产业	四级产业
公用事业	电力	电力
	独立电力生产商与能源贸易商	独立电力生产商与能源贸易商
		新能源发电业者
	复合型公用事业	复合型公用事业
	燃气	燃气
	水务	水务

本节将介绍公用事业作为一级产业（也就是二级产业）的宏观产业情况，并重点分析6个四级产业。

从一级产业指标对比进行宏观分析，可以发现以下现象：虽然从上市公司总数、

㊀ 王艳. 制度变迁背景下中国公用事业运营模式的转型研究［D］. 西北大学，2008.

员工总数方面看，中美公用事业规模相差较小，但是美国公用事业的总市值远大于中国；中国在公用事业领域的平均研发投入高出美国许多，在平均营业收入方面胜过美国，但是在平均净利润方面不及美国（见表11-2）。

表 11-2　公用事业一级产业对比　　（金额单位：亿美元）

指标	中国	美国
公司总数	105	111
员工总数	459 386	691 084
平均资产	55.299	204.466
平均负债	35.962	144.842
平均净利润	1.035	4.013
平均净资产收益率（%）	2.727	8.877
平均资产收益率（%）	4.010	4.113
平均营业收入	106.697	49.659
平均研发费用	0.362	0.065
平均所得税	2.141	0.431
平均市值	21.897	90.145
总市值	2 299.226	10 006.115

鉴于中美一级产业的业务属性和规模差异甚远，我们用市值计算产业集中度指数，中国和美国公用事业一级产业的CR4分别是58.74%和47.72%，这说明中美市场结构均属于竞争型。

中美公用事业市值超百亿美元的公司数量比为3∶33，比例为1∶11，由此可见，中美公用事业资本市场规模差距悬殊。中国的3家百亿美元级公用事业公司属于四级产业中的电力和新能源发电业者（见表11-3）。

表 11-3　中国公用事业百亿美元级公司

公司名称	四级产业	总市值（亿美元）
华能国际	电力	125.909 4
长江电力	电力	529.081 1
中国核电	新能源发电业者	125.456 6

注：数据截至2019年5月17日。

美国的33家公用事业百亿美元级公司的分配较平均，在6个四级产业中覆盖了5个，仅未涉及新能源发电业者产业（见表11-4）。由此可见，美国作为发达国家在公用事业的细分领域已经形成较全面均衡的布局，中国则还在初级阶段，在产业布局和资本偏好方面有"挑食"的情况。同时，这也说明公用事业拥有巨大的"蓝海"待发掘。

表 11-4　美国公用事业百亿美元级公司

名称	四级产业	总市值（亿美元）
Nicholas Financial	复合型公用事业	105.550 9
普立万	电力	107.853 6
爱依斯电力（AES）	独立电力生产商与能源贸易商	108.453 0
Lantheus	复合型公用事业	114.186 7
布鲁克菲尔德公共建设	电力	116.264 2
Vectoiq Acquisition	独立电力生产商与能源贸易商	119.736 8
Atmos 能源	燃气	120.100 1
Hallador 能源	电力	125.609 5
中点能源	复合型公用事业	149.497 2
Avangrid	电力	154.997 0
FTS 国际	电力	159.558 7
CMS 能源	复合型公用事业	160.207 4
阿曼瑞恩（Ameren）	复合型公用事业	183.485 6
Equitrans Midstream	电力	185.919 0
爱迪生国际	电力	195.356 4
美国水业	水务	202.253 3
PQ	电力	215.007 0
四季教育	电力	225.703 5
埃尔迈拉储蓄银行	电力	233.345 6
DTE 能源	复合型公用事业	233.504 2
沃纳企业	电力	255.189 7
爱迪生联合电气	复合型公用事业	284.340 6
Intersect ENT Inc	电力	299.591 3
Pattern Energy Group Inc	复合型公用事业	305.431 6
Seritage Growth Properties	复合型公用事业	357.939 5
NGM Biopharmaceuticals	复合型公用事业	385.120 7
美国电力	电力	423.614 4
伊克力西斯	电力	475.573 7
Sotherly Hotels	电力	559.887 2
道明尼资源（Dominion）	复合型公用事业	606.587 4
杜克能源（Duke Energy）	电力	634.856 9
New England Realty Associates	电力	952.985 5

注：数据截至 2019 年 5 月 17 日。

对比中美两国前 10 家公用事业公司，双方存在以下几个差异：

- **市值规模差异**：美国前 10 家公用事业龙头公司的市值远高于中国，中国市值超过 500 亿美元的公用事业龙头公司仅长江电力 1 家，在其余 9 家中也只有华能国际、中国核电 2 家市值超过百亿美元（见表 11-5）。
- **资本市场经验差异**：超过半数的美国龙头公司在 20 世纪初期至中期便上市成

为"玩家"了，而在中国的 10 家龙头公司中，有 7 家是 2000 年后才上市的，论资本市场经验和赛道规模，美国都胜出中国一大截。

表 11-5　中美两国公用事业前 10 家公司

排名	公司名称	市值（亿美元）	四级产业
美国			
1	New England Realty Associates	952.985 5	电力
2	杜克能源	634.856 9	电力
3	道明尼资源	606.587 4	复合型公用事业
4	Sotherly Hotels	559.887 2	电力
5	伊克力西斯	475.573 7	电力
6	美国电力	423.614 4	电力
7	NGM Biopharmaceuticals	385.120 7	复合型公用事业
8	Seritage Growth Properties	357.939 5	复合型公用事业
9	Pattern Energy Group Inc	305.431 6	复合型公用事业
10	Intersect ENT Inc	299.591 3	电力
中国			
1	长江电力	529.081 2	电力
2	华能国际	125.909 4	电力
3	中国核电	125.456 6	新能源发电业者
4	华能水电	99.594 8	新能源发电业者
5	浙能电力	90.461 9	电力
6	大唐发电	84.128 0	电力
7	国投电力	73.912 2	电力
8	国电电力	71.628 3	电力
9	川投能源	55.491 0	电力
10	华电国际	51.160 8	电力

注：数据截至 2019 年 5 月 17 日。

11.2　产业历史

在第二次世界大战后，西方国家在经济危机和凯恩斯主义的影响下，以及在社会主义阵营国家主导战后大规模经济建设的示范下，对公用事业采用的主要是公有公营的运营模式。不论是在计划经济国家还是在市场经济国家，公用事业的发展都被认为是国家的责任，应由国家投资、建设和经营，是标准的公营事业，并带有公益性质。因此，公用事业采用自然垄断（natural monopoly）理论框架下垄断经营的方式尽管是次优的，但的确是唯一可行的制度安排。但是，随着社会经济的发展，公营企业因效率低下、投资不足、官僚作风严重等问题，受到公众的质疑。于是，20 世纪 70 年代末到 80 年代初，西方各国掀起了一股公用事业的私有化浪潮，在政府公共财政普遍感到有压力的背景下,普通消费者的需求与私营部门的投资冲动共同演绎了公用事业领域的制度变迁与政策演化。在私有化浪潮的大背景下,加上新技术(尤其是新一代信息技术、网络技术)的应用发展、国际与国内资本市场的扩大和完善,由私营部门参与竞争的公共服务和公共产品获得成功的案例越来越多,私营部门参与公共服务和公共产品的提供逐步成为公共服务和各国政府改革的大趋势。从私有化到强制竞争性招标(compulsory competitive tendering),从公共服务的外包(contracting out)到鼓励私人投资行动(private finance initiative),公共部门的理论者、政策改革者和实践者已经逐步探索出一套私人参与重塑公用事业供给制度、模式、结构的全新理念和方法。

在这个过程中,中国也在公用事业领域进行了持续的改革。在改革开放之前,我国公用事业深深刻着计划经济体制的烙印,一直实行政府直接投资、国有企业垄断经营的管理模式。这种公用事业供给模式主张在管理体制上适应高度集权的政企合一、政社合一;在投资体制上,中央政府是单一主体,实行财政预算拨款;在价格形成机制上实行严格的计划控制而不是市场价格形成机制;在运行机制上依靠指令性计划、命令、法令等行政手段;在经营体制上实行严格的国有化管理,管理者、企业的盈亏由政府统一负责。长期实行的高度集中的计划经济体制扭曲了公用事业的市场属性和经济性质,既有公用事业设施质量粗劣、供给不足、分布不均衡,体制臃肿、运营效率低下,经营难以维持,许多城市出现了供电不畅、供水不足、供气紧张、交通拥挤、环境污染等问题,并造成了行政部门机构臃肿、效率低下、机制僵化、财政补贴沉重、服务意识差等诸多难题。基于此,我国公用事业领域持续性的体制改革内容涉及经营方式、国有企业改制、投融资体制、价格形成机制、市场结构重组、管理体制、激励机制等方面。根据制度创新的宏观历程,可以大致把改革分为三个阶段。[一]

1)1978~1992年,进行以实行承包经营和投融资体制改革为主的经营方式改革。一方面,国家实施了企业经理负责制和多种形式的承包经营责任制改革。承包经营是国企改革的主要形式,主旨是所有权和经营权分离,企业内部激励和约束机制由此初步形成。另一方面,政府开始实行对企业投融资体制的"拨改贷"改革,并积极拓展建设资金管道,引导和鼓励企业、集体、个人和外商投资建设市政公用设施。

2)1993~2001年,建立现代企业制度,开始大规模引入外资和民间资本。首先,一批公用企业按照《公司法》的要求实行了改组和改制,成立了国有独资的有限责任公司;其次,市政公用事业服务价格的管理逐步走向法制化、规范化;最后,在这一阶段的后期,各地开始推行经营城市的理念,吸引了大量外资进入公用事业的经

[一] 邹东涛. 中国经济发展和体制改革报告[M]. 北京:社会科学文献出版社,2008.

营和管理。

3）2002年至今，中央政府推动公用事业市场化改革。这一阶段是以中央政府为主导，引导、推动和规范公用事业市场化改革的时期。中央政府先后出台了一系列政策，推动市政公用事业改革不断深化，逐步向投资主体多元化、建设运营市场化、政府监管法制化的方向发展。

在改革的过程中，我们积累了不少经验（见表11-6）。

表11-6 我国公用事业分行业改革的经验总结

行业	改革路径	改革特点
水务	公私合作、股权转让、BOT/TOT	通过资本运作增加对水务行业的基础投资；私人部门的参与增加了水务行业的竞争，增强了对营利性目标的追求；通过政府规制来保证公共性的要求
电力	政企分开、厂网分开、主辅分开	通过在能源领域实现资源最优配置的终极目标，增加对电力行业的基础性投资；通过提高市场化交易比重和加快放开发用电计划，增强对营利性目标的追求；通过深化电力体制改革，降低终端用电成本，提高电力消费者的效益，保证公共性的要求
天然气	市场化总体思路：放开两头，管住中间	气源端和销售端价格管制的放开，体现的是"市场化"和"放开两头"，"管住中间"体现在对各级管网输配价格日益严格的监管
城市公交系统	特许经营	政府拥有所有权能够保障公共性和基础性投资；通过将经营权让渡给私营部门增加行业的效益
垃圾处理	以BOT为主	政府拥有所有权能够保障公共性和基础设施投资；通过将经营权让渡给私营部门增加行业的效益

11.3 产业政策与产业结构

本节试图通过解析中美公用事业中具代表性的水务、电力、天然气和固废等行业的产业政策演进和产业结构变迁，为之后的产业综合分析奠定基础。

11.3.1 水务产业

1. 中美水资源对比分析

我国与美国的水资源总量相当，2017年的一份研究报告[⊖]显示，我国的水资源总量为27 194亿立方米，但人均水资源量只有2003立方米，仅为世界平均水平的1/4，是全球人均水资源最贫乏的国家之一。美国水资源总量为29 702亿立方米，人均水资源量接近10 000立方米，是水资源较为丰富的国家之一。通过对比中美两国的水资源状况可以看出，中国人均水资源量仅为美国的1/5。

⊖ 何昕. 水务行业存在戴维斯双击的机会[R]. 华泰证券研究所.（2017-3-8）.

报告认为，中美用水量的对比可以展现双方的水资源利用程度。中国国家统计局及美国地质调查局（U.S.Geological Survey，USGS）的数据显示，我国1年的用水总量约为6100亿立方米，美国约为5000亿立方米，两国在用水总量上基本相当；在生活用水量方面，我国呈现持续增长态势，美国则相对稳定；在人均生活用水量方面，我国约为57.8立方米，而美国为117.2立方米，美国人均生活用水量为我国的2倍；美国的生活用水占其水资源的比例仅为1.27%，而我国达到了2.92%，为美国的2.3倍。

报告还称，我国生活用水部分的需求量越来越大，水资源的稀缺属性越来越强，需要在价格上有所反应。从两国的数据中可以看出，我国用水总量超过美国，再结合两国的水资源总量，可知我国对水资源的开发利用程度超过美国；我国人均生活用水量远低于美国（见图11-1），且生活用水量在持续增长，说明该增长部分是具备刚性需求的，故该增长会持续，生活用水量还会进一步增长，增强水的资源属性；我国生活用水量占水资源的比例已经远高于美国，如果生活用水量进一步增加，将使得我国水资源较美国进一步紧缺，这更加需要在生活用水的价格上有所体现。若我国人均用水量达到美国的程度，我国将需要1612亿吨的生活用水总量，生活用水总量在水资源总量中的占比将达到5.93%，而该数值为美国的4.65倍。

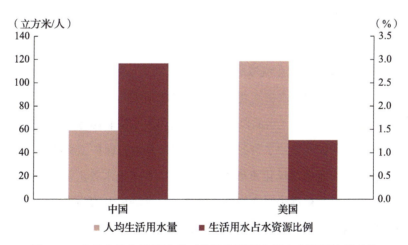

图11-1　中美人均生活用水量对比及生活用水量占水资源比例对比
资料来源：国家统计局，华泰证券研究所。

美国的水价在生活用水总量相对稳定的情况下，依然强势大幅上涨，充分体现了水资源的价值；我国的水价主要受行政因素的限制，涨幅偏低，很多提价要素都未体现，故长期来看，经济要实现软着陆，该类该涨却未涨的刚需消费品将有很强的涨价前景。

2. 中美水务产业结构

总体来看，美国水务产业私有化程度远不如英国，供水系统以公有为主。美国水务产业实行以公有制为主导的所有制结构，㊀尽管很多水务设施起初是私有的，但美国水务公有和公营的历史也很悠久。现在美国多数水务系统是公有的，属于市、县和地方政府。市政当局和其他非私有实体控制了全国 85% 的供水系统，为 80% 的人口提供服务。私有水务公司拥有全美水务资产的 10%，仅占市场份额的 14.3%，为全国 20% 的人口提供服务。全国社区供水系统 43% 属于公有，通常由地方政府负责管理，其余属于私人所有。私人社区供水系统 33% 属于以供水服务为主营业务的公司所有，如投资者所有的公用事业；24% 是辅助供水系统，属于不以供水服务为主营业务的公司所有。按服务人口划分，服务人口超过 1 万的供水系统几乎 90% 是公有的。随着服务人口的减少，私人所有的社区供水系统越来越多。㊁20 世纪 90 年代，私营部门在美国供水和污水处理行业中的作用得到了重视。

在美国水务市场中，供水/污水私有化合同（或称为服务外包合同）的类型是高度多样化的。可以说，几乎没有两个完全一致的私有化项目。这取决于当地不同的法律体系和监管构架、经济和自然环境特征，以及设施和企业的类型。

我国面临着相当严峻的淡水资源条件。一方面，淡水资源相对占有量低，空间分布不均衡，工农业生产用水效率不高，且淡水水环境持续恶化；另一方面，转型期工业化升级的需要对水资源的需求量、需求结构和水环境产生了不小的压力。我国主要依靠行政手段来协调和处理在流域水资源开发、利用、保护以及管理中出现的问题，经济手段（水价定价机制、水务市场、流域水资源补偿等）、法律手段（水务的法律、法规、规章等）及科技手段（水质监测、废水循环、水物联网等智慧水务技术）等的使用明显滞后，这就容易导致水资源管理手段单一和地方保护主义的问题。

伴随着我国城市水务市场化改革的不断深入，在传统水务企业改制的基础上，市场竞争机制和价格机制被逐步引入城市水务市场，这种以城市为中心的市场化改革促进了城市及区域内部水务产业的形成与发展，提高了城市内部水资源的配置效率和使用效率，也在一定程度上改善了城市的水环境质量。2000 年浙江东阳义乌水权交易是用水权市场理论配置水资源的探索，是采用经济手段作为行政指令对分水调水的一种补充。但总体上我国水市场发育还很不完善，最受关注的市场化手段如明晰水权、

㊀ 杜红，杜英豪. 美国水务行业所有制结构及其成因分析 [J]. 中国给水排水. 2004.
㊁ Environmental Protection Agency. The Drinking State Revolving Fund Program financing America's Drinking Water from the Source to the Tap Report to Congress [R]. 2003.

确定水价、形成水市场、开发水产品等实践尚处于起步阶段。

根据国家发改委和住建部对城镇污水及再生水方向的"十三五"规划（见表11-7），城市污水处理率要从2015年的91.9%提升至95%，需要新建污水处理设施规模达5022万立方米/日，提标改造4220万立方米/日。再生水利用率在全国范围内要得到提升，缺水地区由2015年的12.1%提升至20%以上，其他城市由4.4%力争达到15%；新建再生水设施规模达1505万立方米/日。在污水管网方面，新增12.59万公里，老旧管网改造2.77万公里，合流制管网改造2.87万公里。各项出台的指标较征求意见稿均有所修订，故可行性有所提升，为"十三五"带来较大的市场空间。

表11-7 城镇污水及再生水方向的"十三五"规划目标

指标		2015年	2020年	"十三五"新增
污水处理率（%）	城市	91.9	95，地级及以上城市建成区基本实现全收集、全处理	3.1
	县城	85	≥85，东部地区县城力争达到90	—
	建制镇	—	70，中西部地区建制镇力争达到50	—
污泥无害化处置率（%）	城市	53	75，地级及以上城市90	22
	县城	24.3	力争达到60	35.7
	重点镇	—	提高5个百分点	5
再生水利用率（%）	京津冀地区	35	大于等于30	—
	北京	65.9	68	2.1
	天津	28.5	30	1.5
	河北	27.7	30	2.3
	缺水地区	12.1	≥20	7.9
	其他城市和县城	4.4	力争达到15	11.6
污水管网新增规模（万公里）		29.65	42.24	12.59
老旧管网改造（万公里）		—	—	2.77
合流制管网改造（万公里）		—	—	2.87
污水处理设施新增规模（万立方米/日）		21 744	26 766	5 022
提标改造污水处理能力（万立方米/日）		—	—	4 220
污泥无害化处置设施规模（万吨/日）		3.74	9.75	6.01
再生水生产设施规模（万立方米/日）		2 653	4 158	1 505

资料来源：《城镇污水及再生水"十三五"规划》，华泰证券研究所。

城镇污水的新增和提标改造空间达1938亿元。在城镇污水新增部分方面，根据规划，"十三五"的城镇污水处理能力将从2.17亿立方米/日提升至2.68亿立方米/日，规划新增规模排名前五的省份为山东、湖北、浙江、广东、陕西，东部、中部、西部需求都比较强，是全国性的需求。根据规划，新增污水处理设施所需投资金额达

1506亿元，投资额需求量前五位为山东、浙江、广东、重庆、湖北，分别为120亿元、114亿元、98亿元、85亿元、84亿元。

在环保领域内，水务产业的发展相对成熟，经过长时间的发展，产业链的环节不断增加，各环节中的类型不断丰富（见图11-2）。水务产业已基本形成循环化的框架体系，增量包括增加环节、增加类型、提标改造等。在增加环节方面，起初主要是完善供水，城市用水普及率达到98.1%；近20年污水处理得到较大发展，城市污水处理率达到92.0%；对污泥、回用水、水环境修复、管网等的要求开始加强，为产业带来增量。在增加类型方面，给水由原来的自来水细化拓展到直饮水、工业给水等；从原水上看，在原来的地表地下水基础上增加了海水、苦咸水、污废水处理出水等作为水源；污水处理从对城市提出要求，逐步深化到对农村环境提出要求。在提标改造方面（包括给水和污废水处理），主要是针对污废水的提标改造，以及对再生水回用品质要求的提升等。从长期的行业增长逻辑来看，由于行政因素限制了水价的上行，水的资源属性尚未充分体现；随着用水总量控制、排污权等的建立，水的资源属性将凸显。故长期来看，水价将存在持续上行的动力。

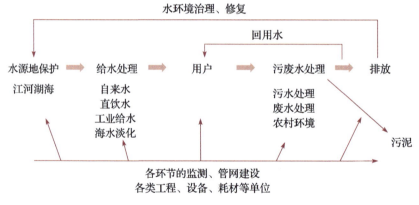

图11-2　水务产业链循环化思路

资料来源：何昕. 水务行业存在戴维斯双击的机会［R］. 华泰证券研究所.（2017-3-8）.

11.3.2　电力产业

1. 中美电力体制改革进程

（1）美国电力体制改革进程

美国电力产业发展相对较为成熟，其电力体制历经了多轮改革，改革经验和方向值得参考借鉴。美国多年来的电力体制改革（下称电改）主要围绕打破一体化、放开发电和配售电端管制、实现自由竞争、保持输电端垄断等思路进行。美国电改始于 1978 年《公用事业监管政策法案》（Public Utilities Regulatory Policy Act，PURPA）的颁布，该法案允许企业建立热电联产及利用可再生能源电厂，并出售电力给地方公用电力公司。其目标是通过自由市场刺激电力公司以更低的成本提供更广泛的产品。PURPA 取消了电力公司按照第三方采购能源成本进行定价的规则，强制要求垄断电力公用事业公司从高效率发电厂购买电力以降低成本。1992 年《能源政策法案》出台，该法案原则上同意开放电力输送领域，但仅限于数量大的买方和卖方，而不允许个人消费者进入，并要求在电力批发市场引入竞争。《能源政策法案》及后续相关法令要求，所有拥有输电资产的公用事业公司都必须允许所有市场参与者根据公布的输电费率不受歧视地使用其输电设施。随着之后独立系统运营商（Independent System Operator，ISO）和区域输电组织（Regional Transmission Organization，RTO）的相继成立，美国电力市场化改革进一步加速。然而，21 世纪初，加利福尼亚州电力市场危机⊖在一定程度上挫伤了其他州政府推动电改的积极性。之后，联邦能源管理委员会（Federal Energy Regulatory Commission，FERC）鼓励订立长期交易合同，以减轻对现货市场的依赖。作为美国直接的电力监管机构，FERC 承担的监管职能绝大部分是对电力产业的市场准入、价格、竞争和交易进行监管，属于经济性监管职能；少部分职能是对电力产业的安全保障监管，属于社会性监管职能。FERC 不承担环境保护、普遍服务义务等社会性监管职能。

由于各州的规定及进展不同，美国电力市场相对较为复杂。总的说来，由 RTO 负责运营的电力市场已实现输电环节与发电环节、配电环节分离。负荷服务公司（Load-Serving Entities，LSEs）作为发电侧和售电侧中间的纽带，在批发市场从生产商处购买电力并在零售市场出售给消费者。在一个竞争相对充分的电力市场下，电力生产商可以基于自身的运营成本和电力供需状况进行合理报价，整体盈利能力保持相对稳定。

（2）我国电力体制改革进程

长期以来，我国电力产业始终由国有经济发挥主导作用，电价、电量和新建机组的决定权高度集中，市场需求无法承担价格发现的任务。在改革开放初期，由于下游用电需求快速增长，中央财政集中办电资本严重匮乏，中央政府开始鼓励地方政府、

⊖ 2000 年 6 月起，美国加利福尼亚州的批发电价飞涨，配售电公司濒临倒闭，联邦和州政府不得不出面干预。加利福尼亚州的电力交易以现货为主，再加上天然气压缩机爆炸、海带被吸进核电站冷却系统等偶发问题，发电侧供应下滑，电力市场价格产生了巨大波动，进一步诱发了大范围停电的能源危机。

企业和外国企业投资发电侧（输配电环节未放开），这可以视作我国电改的萌芽阶段。集资办电形成了多元投资主体，推动了我国电力产业的快速发展。1996年《国家电力公司组建方案》出台，我国成立了国家电力公司，我国电力产业从行政部门向国有企业转变。2002年，电改第三阶段拉开帷幕，国务院发布了《关于印发电力体制改革方案的通知》，制定了"厂网分开，主辅分离，输配分开，竞价上网"的改革方针。厂网分开虽然实现了国企的专业化分工，但并未从根本上形成垄断环节与竞争环节的分离。

2015年，中共中央、国务院发布《关于进一步深化电力体制改革的若干意见》（行业内称9号文），我国电改再次提速。9号文及之后的相关配套文件对输配电价、交易机制、发用电计划、售电侧改革等重点领域进行了详细部署。

随着市场化电量占比不断提升（2018年占电网企业销售电量比重为37.1%），国家级和省级电力交易中心逐步完善，电力的商品属性在市场化竞价过程中逐步得到体现。增量配电改革也在进一步深化，再加上输配电价的持续核定监管，电网企业的改革优化成效显著。

综合而言，我国电改与美国、英国及日本的电改有较多相似之处。各国电改均从发输配售分离入手，在推动市场化进程时将着力点放在发电侧和售电侧，即"放开两头，管住中间"；对输电网络监管较为严格，核心思路是打破输电网络垄断地位，实现公平开放。此外，美国和英国的电改均从部分区域开始推行，并以区域为单位开展相关电力规划。从美国、英国和日本的改革效果来看，市场供需关系对于电力的价格发现开始起到主导作用，相关辅助机制的设计也能确保电力供应的稳定性和发电企业的合理收益率。

未来，随着我国电改的进一步深化推进，市场化电量占比将不断提升，我国电力价格最终也将由市场供需关系、发电企业经营成本等市场因素决定。届时，我国火电行业有望真正走出"市场煤、计划电"⊖的怪圈，盈利能力保持相对稳定，回归公用事业属性。

2. 中美电力产业对比⊜

电力产业作为国民经济的基础性支柱产业，与国民经济发展及产业结构变化息息相关，不同的经济发展阶段势必对应着不同的电力产业需求。考虑到我国的经济发展阶段、电力产业历程及发用电量结构，以美国为代表的发达国家电力产业发展演变历

⊖ 多年来，在我国火力发电领域一直有"市场煤、计划电"的说法，即煤炭可以根据市场波动抬高价格，而电价却只能被调控。

⊜ 万炜. 过去、现在和未来——中美电力行业对比及估值探讨[R]. 中信建投证券.（2019-4-18）.

程对我国电力产业未来发展有一定的借鉴作用。

我们首先分析中美历史发电量的变化情况，以期对两国电力产业当前所处阶段做出初步判断。从美国近 70 年的净发电量数据来看，尽管年际间发电增速起伏不定、波动较大，但以 10 年为一个周期，美国的复合发电增速呈现稳步下降的趋势。

为方便分析不同阶段的电力产业发展，我们将发电增速在 8% 左右的阶段定义为快速增长期，将发电增速稳定在 3% 左右的阶段定义为稳定成长期，将发电量基本无增长的阶段定义为成熟期。从美国电力产业复合发电增速的数据来看（见图 11-3），1949～1969 年美国的 10 年复合发电增速分别为 9.2% 和 7.3%，电力产业处于快速增长期。1970～1999 年美国的 10 年复合发电增速分别为 4.5%、2.8% 和 2.2%，发电增速降档明显，基本上围绕 3% 波动，处于稳定成长期。2000～2018 年美国的 10 年复合发电增速分别为 0.7% 和 0.1%，发电量基本无增长，美国电力产业步入成熟期。

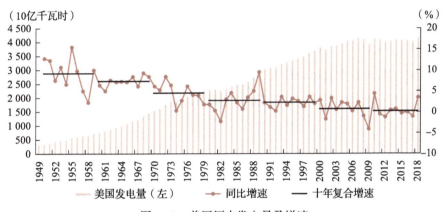

图 11-3　美国历史发电量及增速

资料来源：EIA，中信建投证券研究发展部。

从中国的发电量数据来看，虽然发电增速有所波动，但我国发电量整体保持稳健增长。如果剔除 1998 年亚洲金融危机时期我国发电增速回落的数据，那么 1985～2011 年我国发电量基本上保持了 8%～14% 的高增长，复合发电增速也在 8%～10%，可以认为处于快速增长期（见图 11-4）。单从发电增速的角度出发，这一阶段我国电力产业的情况与美国 1949～1969 年的快速增长期较为类似。2011 年之后，我国复合发电增速逐步回落，分别为 6.7% 和 5.2%。考虑到我国已经步入经济发展新常态，经济增长开始转型换挡，发电增速也在逐步回落，未来高耗能产业对经济增长的拉动效应将逐步弱化。我们判断，如无特殊因素扰动，我国电力产业或将进入稳定成长期，发电增速围绕 5% 波动，可能与美国 20 世纪 70 年代到 90 年代的情况较为相似。

图 11-4　中国历史发电量及增速

资料来源：BP，Wind，中信建投证券研究发展部。

接下来我们从发电量及电力装机结构等角度对比中美电力供应侧的不同。2018年中国火电发电量为 49 231 亿千瓦时，同比增长 7.3%（中电联口径，与国家统计局口径不同），占总发电量比重为 70.4%。虽然火电仍然为最主要的发电电源，但其占比已从 2009 年的 81.8% 下滑了 11.4 个百分点。水电发电量受气候因素影响存在一定波动，但占比相对较为稳定。核电、风电、太阳能发电等新能源发电增速及发电占比提升较快，对火电的替代效应十分明显（见图 11-5）。

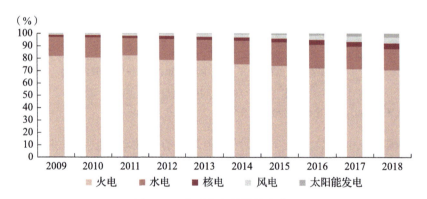

图 11-5　中国发电量结构变化

资料来源：中电联，中信建投证券研究发展部。

美国发电量结构变化情况与中国较为类似，火电发电量占比从 2001 年的 71.7%下降到 2018 年的 62.1%。核电、水电分别是美国的第二和第三大发电电源，两者占比相对稳定。风电及太阳能发电对火电的替代效应较为明显（见图 11-6）。

中美发电量数据的不同之处在于，美国火电及核电的发电量多年来几乎维持零增长，风电及太阳能发电以抢占少量的新增用电需求为主，而中国各项发电电源在占比上虽然有所分化，但各自仍然维持正增长。

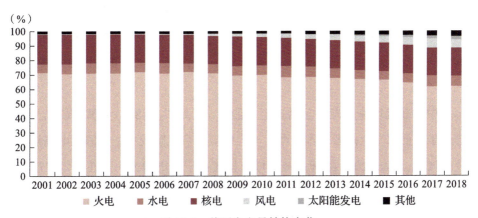

图 11-6 美国发电量结构变化

资料来源：U.S.Energy Information Administration，中信建投证券研究发展部。

中国发电装机结构变化趋势与发电量结构变化趋势一致，风电及太阳能发电的替代效果明显（见图 11-7）。从 2017 年中美发电装机对比来看，尽管中美电力装机均以火电为主（美国燃煤及燃气装机占比 68%，中国火电装机占比 59.5%），但细分发电装机情况仍有很大的不同。美国燃气发电装机达 52 505 万千瓦，占比 44%，是美国最主要的电源；中国发电机组仍以燃煤为主，煤电装机占比达 55%。受美国页岩气革命影响，再加上燃气轮机发电技术的不断进步，美国燃气发电成本大幅下降，燃煤机组受制于相关环保政策的要求，运营成本无法与燃气、风能、核能等清洁能源正面竞争。据相关新闻报道，过去 10 年美国关闭了近一半的燃煤电厂。

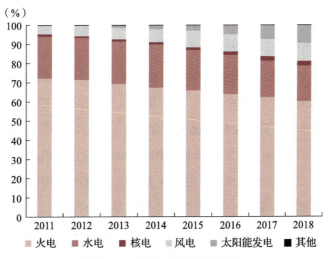

图 11-7 中国发电装机结构变化

资料来源：国家能源局。

除火电装机结构分化外,中国第二大发电电源为水电,装机占比19.3%,较美国水电装机占比高出12.6个百分点。在美国,核电为第三大发电电源,装机达10 479万千瓦,占比8.8%,较中国核电装机占比高出6.8个百分点。中国风电、太阳能发电装机占比分别为9.2%和7.3%,较美国风电、太阳能发电装机占比分别高出1.7和5.1个百分点。

从中美装机增速及发电量增速上也能看出(见图11-8),美国的装机及发电增速均处于较低水平,两者基本匹配,电力供应过剩风险较小。中国发电装机始终保持较快增长,且从2012年开始装机增速持续高于发电增速,这在一定程度上加剧了我国煤电产能过剩的风险。不过随着国家化解煤电产能过剩风险的相关政策陆续落地,我国发电装机增速有所回落。此外,我国风电、太阳能发电的新增装机占比显著提升,等效装机增速已低于发电增速,我国发电机组过剩的局面正得到有效缓解。

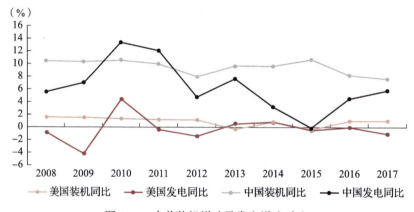

图11-8 中美装机增速及发电增速对比

资料来源:Wind,EIA,中信建投证券研究发展部。

在分析中美电力产业所处阶段之后,接下来通过一系列细化的发用电指标,进一步对比中美电力产业发展的异同。先从用电量角度出发,观察中国的GDP增速、用电增速和电力弹性系数的变化情况(见图11-9)。从历史数据来看,中国用电量在2003~2011年保持了两位数的高增长(剔除2008年金融危机的影响),之后用电增速持续回落,至2015年触底回升。整体来看,中国GDP与用电增长趋势较为同步,用电增速波动幅度相对较大。从电力弹性系数的角度分析,当经济增速下滑时,用电增速下滑幅度往往大于GDP增速,导致电力弹性系数偏小(图11-9中A-1、A-2两阶段);当经济有所回暖时,用电增速的反弹幅度同样大于GDP增速,导致电力弹性系数偏大(图11-9中B-1、B-2两阶段)。我们判断,中国用电增速波动大的主要原因在于第二产业用电占比较高，而第二产业对于经济增长更为敏感。

图 11-9　中国用电增速、GDP 增速

资料来源：Wind，中信建投证券研究发展部。

从美国的 GDP 增速、用电增速和电力弹性系数的变化情况来看（见图 11-10），美国作为发达国家，其经济增长与用电增长相对较为稳定，波动幅度远小于中国。2011~2017 年，美国 GDP 增速保持在 2% 左右，而用电增速基本上在 -1% 到 1% 的区间内窄幅震荡，用电量增长和经济增长基本没有明显相关性。从电力弹性系数看，美国电力弹性系数较为无序，说明其经济增长对电力消费推动的影响明显较小。

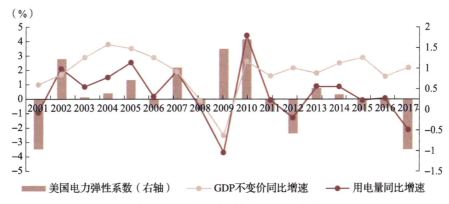

图 11-10　美国用电增速、GDP 增速

资料来源：Wind，中信建投证券研究发展部。

接下来对比分析中美用电量结构情况。2018 年中国全社会用电量为 68 449 亿千瓦时，同比增长 8.49%；第二产业用电量为 47 235 亿千瓦时，同比增长 7.17%。从中国的用电量结构变化来看（见图 11-11），第二产业用电占比由 80% 下滑到 70% 左右，其释放出的用电空间主要由第三产业用电及城乡居民生活用电瓜分。随着中国经济结构持续转型，高耗能产业对用电增长的拉动效应有望逐步弱化，第二产业用电占比仍将持续小幅下降。

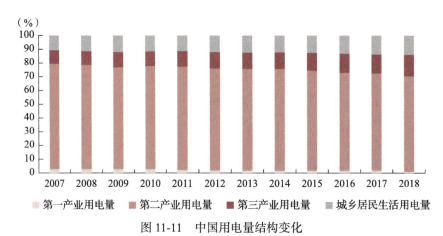

图 11-11　中国用电量结构变化

资料来源：Wind，中信建投证券研究发展部。

美国用电量基本上稳定在 37 000 亿千瓦时（不考虑 1400 亿千瓦时的厂用电及线损）左右。美国用电量结构与中国有所不同，其用电划分为居民用电、商业用电、工业用电及交通用电，2017 年分别占总用电量的 37%、36.3%、26.4% 和 0.2%（见图 11-12）。从趋势上看，工业用电占比有小幅下滑，但整体用电量结构保持相对稳定。

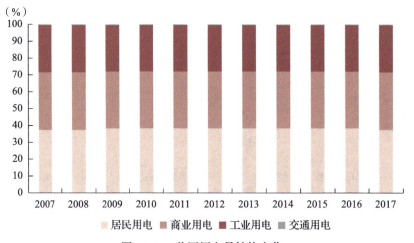

图 11-12　美国用电量结构变化

资料来源：U.S. Energy Information Administration，中信建投证券研究发展部。

总览中美用电侧数据，可以看出，美国电力需求已进入成熟期，无论是用电量、用电增速还是用电量结构均变化较小。而中国电力需求虽然度过了增速 10% 以上的快速增长期，但是仍处于稳定成长期。从用电量结构来看，中美之间差异较大。美国居民用电占总用电量的比例达 37%，较中国居民用电 14.1% 的占比高出 22.9 个百分点。此外，尽管美国统计口径中的工业用电和中国统计口径中的第二产业用电有一定差别，但从整体结构上能看出，美国电力需求受大工业等高耗能产业影响较小。以民用及商业需求作为电力支撑的美国电力体系相比以工业需求为支撑的中国电力体系更加稳定。

考虑到中国人均用电量仍远低于西方发达国家，居民生活及第三产业用电需求仍有较大的潜力待挖掘，在一个相对较长的时间段（10～15 年）内，中国用电需求仍有望维持 5% 左右的稳健增长。或许当中国第二产业用电占比低于 50% 的时候，中国会像美国一样进入成熟期。

11.3.3 天然气产业

截至 2017 年底，全球油气剩余经济可采储量 2121 亿吨，剩余技术可采储量 3849 亿吨；其中天然气剩余经济可采储量 107 万亿立方米，剩余技术可采储量 195 万亿立方米（见表 11-8）。分地区看，美洲地区、中东地区、中亚－俄罗斯地区的天然气剩余经济可采储量分别为 35 万亿、26 万亿、26 万亿立方米，而亚太地区、非洲地区、欧洲地区分别仅为 11 万亿、7 万亿、3 万亿立方米。

表 11-8　全球油气剩余可采储量

地区	原油（亿吨）		天然气（万亿立方米）		油气当量（亿吨）	
	剩余经济可采储量	剩余技术可采储量	剩余经济可采储量	剩余技术可采储量	剩余经济可采储量	剩余技术可采储量
中亚－俄罗斯地区	163	260	26	49	383	678
中东地区	543	827	26	61	762	1 341
非洲地区	70	127	7	18	126	277
美洲地区	381	893	35	41	673	1 240
亚太地区	35	56	11	21	124	230
欧洲地区	25	39	3	5	54	83
合计	1 216	2 203	107	195	2 121	3 849

资料来源：《2017 年全球油气开发形势回顾与趋势展望》，财通证券研究所。

全球一次能源消费量占比稳定在 23% 左右（见图 11-13）。2017 年世界一次能源消费量为 135.11 亿吨油当量，同比增加 1.91%，其中天然气消费 31.56 亿吨油当量，占比 23.36%，同比增加 0.18%。1965～2000 年，天然气消费占一次能源比重由 15.75% 提升至 23.28%，21 世纪以来该比重趋于稳定。近几年受发展中国家天然气消费提升影响，全球天然气占一次能源比重稳中略涨。

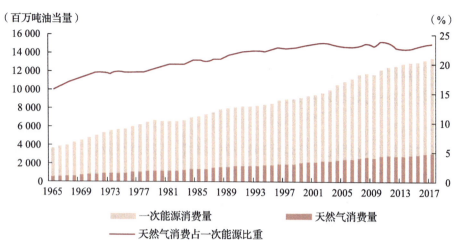

图 11-13　全球一次能源消费量及天然气消费占比

资料来源：Wind，财通证券研究所。

1. 中美天然气产业政策供给

从国外天然气产业发展历程看，各国都离不开政策推动，如美国就出台了《天然气法》《清洁空气法》《清洁电力计划》等；俄罗斯1989年成立了天然气工业部，提出了气代油政策；英国在1952年为治理雾霾出台了《清洁空气法》，伦敦市区及郊区设禁煤区，1974年颁布《污染控制法》，严格限制煤炭大气污染物排放，鼓励用气；日本从能源安全的角度，提出替代石油的能源政策，发展天然气。这些成功的国际经验值得我们去借鉴。与此同时，20世纪70～80年代，美英两国政府认为垄断经营模式阻碍了经济的发展，为了提振本国经济，先后发起声势浩大的供给侧改革，具体体现为改变管理体制、放松规制和引入竞争。美英两国政府通过改革天然气产业供给链，加强了对管道经营的政府规制，放松了对生产商、批发商、销售商的经济规制，允许独立法人垄断经营具有自然垄断性质的输配管网，以放松规制为基础，构建了激励性规制，推行了管道第三方准入政策，构建了公平竞争的市场环境。

在20世纪80年代初期，美国里根政府为了摆脱经济滞涨，提出了"经济复兴计划"，推行供给经济学政策和供给侧改革。美国天然气产业在推行供给侧改革时期，逐步实行了放开井口气价、准入第三方、解除捆绑式销售等供给侧方面的改革措施，为天然气产业的发展建立了一个可竞争的市场环境。

（1）美国天然气政策

随着社会和经济的发展，建立在美国1938年《天然气法》上的规制模式导致了极大的供需问题。因此，美国国会于1978年颁布了《天然气政策法》，取消了价格差异,放开了部分气价,制定了放开全部气价的框架,打开了运输市场的大门,为建立可自由竞争的、开放的天然气市场奠定了法律基础。

1989年,美国颁布了《天然气井口价格解除控制法》,要求从1993年1月1日起,解除天然气井口价格规制,全部放开天然气井口价格,同时废止按照《天然气法》规定颁发的销售许可证。

1)美国《联邦规制规则》 美国联邦能源管理委员会管道改革规制的内容体现在《联邦规制规则》第18部分里。在《联邦规制规则》颁布前,天然气产业管道经营基本上是线性的,各市场主体没有交叉交易,管道处于中间环节,且具有天然垄断的特性,因此管道商控制着生产商、销售商和其他用户的交易。只有市场主体平等的市场才会产生有效竞争,《联邦规制规则》第18部分改变了天然气产业的传统规则,规定管道商不再具有购气、管输和销售的垄断权,输气管道也要对外开放。管道的建设具有自然垄断性质,属于自然垄断领域;管道运输具有竞争性质,属于竞争领域。因此,《联邦规制规则》规定,管道可以将多余的运力对有输气需求的客户开放。美国联邦政府认为,有资质的批发商、销售商可以申请跨州管道输气服务,州内的管道也要开放管输业务,为具有输气需要的天然气销售商服务。

2)美国联邦能源管理委员会436号法令 1985年,美国联邦能源管理委员会颁发436号法令,该法令给予管道商在第三方准入政策上的执行自主,鼓励开放和无歧视的管道运输业务,收取运费,不强制执行管道第三方准入的规定。436号法令为美国天然气管网改革提供了法律依据,但是仍为管道商留有空隙,管道商还可以通过对自己的下属天然气销售企业给予优惠,滥用市场权,损害管道第三方用户的利益。为此,联邦能源管理委员会1988年颁布了497号法令。497号法令为管道商设立了一个公平、无歧视的运输服务法则。

3)美国联邦能源管理委员会636号法令 1992年,美国联邦能源管理委员会颁布了636号法令,该法令在美国天然气产业发展史上被认为是一道"重组法令",带来了美国天然气产业最为关键的一次改革。该法令要求管道商将储、运业务与销售业务分离,开放管道运量和储存容量,强制实行第三方准入,禁止管道商销售天然气。允许用户自行从生产商处购买天然气、自行选择管道商运输,管道商只管运输。改革增加了销售商之间的公平竞争,减少了管道垄断。销售商自行选择管道商运输刺激了管道商的投资意愿,管网不断完善,用户选择机会增多,市场结构发生变化。636号法令的成功应该说是井口气价放松规制的结果,因为1989年就立法规定天然气井口价格从1993年1月1日起解除规制、全面放开。至此,美国完成了对天然气产业的调整与改革，新的天然气价格机制形成，从 1993 年起，美国天然气价格由市场决定。从里根政府开始，美国对天然气供给侧采取了一系列改革措施——分离管输和销售业务，管道只经营运输业务不得经营天然气销售业务，强制执行管道第三方准入等；放开管道上游井口价，允许批发商与生产商直接签约购气等；允许下游销售商自行售气等。美国天然气产业形成了上游的自由竞争批发市场和下游的可独立销售交易市场。不过，美国天然气主干管道仍然属于垄断性质，所以管道竞争强度要弱于英国。

（2）中国天然气政策

中国的天然气发展也离不开政策的支持。中国曾出台了多项政策（见表 11-9），涉及价格监管、生产进口、天然气存储、冬季取暖、价格机制改革和产业发展规划等多个方面，推动了天然气消费需求的快速增长。

表 11-9　中国天然气市场主要政策

价格监管	2016 年 8 月	《关于加强地方天然气输配价格监管降低企业用气成本的通知》
	2016 年 10 月	《天然气管道运输价格管理办法（试行）》和《天然气管道运输定价成本监审办法（试行）》 《关于明确储气设施相关价格政策的通知》
	2017 年 6 月	《关于加强配气价格监管的指导意见》
	2017 年 8 月	《关于进一步加强垄断行业价格监管的意见》 《关于核定天然气跨省管道运输价格的通知》 《关于降低非居民用气天然气基准门站价格的通知》
	2018 年 5 月	《关于理顺居民用气门站价格的通知》
生产进口	2017 年 6 月	《矿业权出让制度改革方案》
	2017 年 12 月	《关于调整天然气进口税收优惠政策有关问题的通知》
	2018 年 3 月	《关于对页岩气减征资源税的通知》
天然气储存	2016 年 10 月	《关于明确储气设施相关价格政策的通知》
	2018 年 5 月	《关于统筹规划做好储气设施建设运行的通知》
冬季取暖	2017 年 9 月	《关于北方地区清洁供暖价格政策的意见》
	2017 年 12 月	《北方地区冬季清洁取暖规划（2017-2021 年）》
价格机制改革	2016 年 9 月	《关于做好油气管网设施开放相关信息公开工作的通知》
	2017 年 5 月	《关于深化石油天然气体制改革的若干意见》
	2017 年 7 月	《加快推进天然气利用的意见》
	2018 年 9 月	《关于促进天然气稳定协调发展的若干意见》
产业发展规划	2016 年 9 月	《页岩气发展规划（2016-2020 年）》
	2016 年 12 月	《天然气发展"十三五"规划》
	2017 年 5 月	《中长期油气管网规划》

资料来源：CNKI，各政府网站，知一书院整理。

根据《中长期油气管网规划》，中国 2025 年天然气管道将达 16.3 万公里。随着大气污染防治工作的持续推进，重点地区天然气替代步伐将加快，天然气发电、供热、调峰等规模将持续扩大。同时，城镇化带动用气人口快速增加，需求层次不断提升。为更好满足市场需求，提供清洁能源，国家持续推进天然气管网建设，扩大管网规模和覆盖范围，从 2014 年开始，相继出台了《能源发展战略行动计划（2014—2020 年）》《天然气发展"十三五"规划》《中长期油气管网规划》等政策，以加快我国天然气管网建设进程（见表 11-10）。

表 11-10 天然气管网建设相关政策

时间	文件名称	主要内容
2014 年 11 月	《能源发展战略行动计划（2014-2020 年）》	大力发展天然气，推进能源替代，到 2020 年，天然气在一次能源消费中的比重提高到 10% 以上
2016 年 12 月	《天然气发展"十三五"规划》	在"十三五"期间，新建天然气主干及配套管道 4 万公里，2020 年总里程达到 10.4 万公里，干线输气能力超过 4000 亿立方米/年，地下储气库累计形成工作气量 148 亿立方米
2017 年 5 月	《中长期油气管网规划》	到 2020 年，全国油气管网规模达到 16.3 万公里，其中天然气管道里程为 10.4 万公里；到 2025 年，全国油气管网规模达到 24 万公里，其中天然气管道达 16.3 万公里；网络覆盖进一步扩大，结构更加优化，储运能力大幅提升
2018 年 2 月	《2018 年能源工作指导意见》	建立天然气调峰政策和分级储备调峰机制，明确政府、企业和大用户的储备调峰责任与义务
2018 年 4 月	《关于加快储气设施建设和完善储气调峰辅助服务市场机制的意见》	构建以地下储气库和沿海 LNG 接收站储气为主的多层次储气调峰系统。到 2020 年，供气企业要拥有不低于合同年销售量 10% 的储气能力，城镇燃气企业要形成不低于年用气量 5% 的储气能力
2018 年 5 月	《关于深化石油天然气体制改革的若干意见》	针对石油天然气体制存在的深层次矛盾和问题，深化油气勘查开采、进出口管理、管网运营、生产加工、产品定价体制改革和国有油气企业改革，释放竞争性环节市场活力和骨干油气企业活力
2018 年 9 月	《关于促进天然气协调稳定发展的若干意见》	强化天然气基础设施建设与互联互通。加快天然气管道、LNG 接收站等项目的建设，集中开展管道互联互通重大工程，加快推动纳入环渤海地区 LNG 储运体系实施方案的各项目落地实施；构建多层次储备体系

资料来源：知一书院整理。

2. 中美天然气产业发展对比[一]

美国天然气产业发展超百年，已成为全球最大天然气消费国，其发展经历了启动期（20 世纪初～20 世纪 50 年代中期）、快速发展期（20 世纪 50 年代中期～70 年代后期）、稳定发展期（20 世纪 70 年代后期～20 世纪末）、成熟期（20 世纪末至今）

[一] 张兴宇. 中国进入行业发展快车道，有望迎来 30 年高速发展期[R]. 财通政券，2019.

四个发展阶段。1945～1970年是美国天然气市场的快速发展期，天然气消费量年均增长194亿立方米，年均增速为7.1%。

1945年美国天然气消费量突破1000亿立方米，1950年天然气消费年度增量首次超过200亿立方米。20世纪70年代后期，由于天然气勘探难度逐渐增大，天然气成本不断上升，美国政府制定的进口价格开始让天然气生产商亏损。由于呼吁政府放开井口价格管制未果，很多天然气生产商开始削减产量。而较低的天然气价格刺激了消费，在1973年创下6240亿立方米的消费量纪录。天然气消费量不断攀升，产量却不断下降，一些地区开始出现供应短缺现象。进入21世纪，美国页岩气革命成功，使天然气生产成本大幅下降，页岩气产量迅速攀升，天然气价格一路走低，进一步刺激了天然气消费。2015年美国天然气产量达到7673亿立方米，消费量达到7780亿立方米，成为世界上最大的天然气生产国与消费国。

美国的天然气储量、产量和消费量均比较大。2017年美国天然气消费量为7394.5亿立方米，同比下降1.44%；天然气产量7345.2亿立方米，同比增长0.72%。

从中美天然气消费对比来看，中国天然气消费量及消费增速约为美国20世纪50年代的水平，对应美国快速发展期早期阶段（见图11-14）。

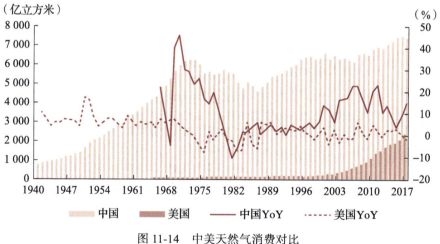

图11-14　中美天然气消费对比

各国天然气市场发展的客观规律均可以为中国天然气市场提供借鉴。从国外成熟天然气市场的发展历程看，各国天然气市场的发展主要可以分为启动期、发展期和成熟期三个阶段，对资源相对丰富的国家来说，在启动期和发展期，天然气市场主要立足于国内天然气资源；在成熟期，则会主动参与国际贸易（进口或出口）。三个阶段的主要特征见表11-11。

表 11-11 天然气市场不同发展阶段的主要特征

特征类别	启动期	发展期	成熟期
显著特点	天然气探明资源量较少，产量较低，缺乏管道等基础设施，天然气在能源结构中的地位较低	基础设施、市场结构及消费需求快速发展，天然气在能源结构中的地位也快速提升，天然气消费量逐渐趋于稳定，形成相对完善的天然气市场	天然气成为国家主要能源之一，天然气产业基础设施发展成熟，形成了一个相对稳定的天然气市场
基础设施建设情况	勘探能力较弱，基础设施薄弱，没有跨越地区的天然气长输管道，下游储气设施建设不健全	勘探技术有所提高，天然气探明储量快速增加，基础设施建设加快，区域间管道和输配网络建成，储气设备向大容量发展	基础设施高度发达，输气干线、配气管线形成网络，储气设施完善。建成了多气源、多用户的全国性天然气管道网络
消费情况	消费市场容量有限，城市民用和商业用户仍以煤气或者其他燃料为主，市场行为不规范，政府监管水平低下或力度不够	天然气消费量迅速增长，用途逐渐扩大，在城市逐渐取代煤气；制定了全国统一的天然气法律法规，政府监管加强	天然气消费结构合理，消费量基本保持平稳或略有增加，天然气成为主要能源之一

资料来源：CNKI。

对于中国而言，1949～2004 年为启动期。[一]在这个时期内，石油是主要开采对象，天然气只是石油开采的副产品。后来，随着天然气资源的优势日益明显和全球对环境污染的日益重视，天然气才被列为重要发展对象。中国天然气资源的探明程度较低，根据国土资源部[二]2011 年 11 月 24 日发布的《全国油气资源动态评价 2010》，中国天然气资源量为 52 万亿立方米，其探明程度为 18%。

2005～2030 年为发展期，天然气市场进入发展期以西气东输工程为标志。西气东输一线工程于 2002 年 7 月正式开工，2004 年 10 月 1 日全线建成投产。

2031～2050 年为成熟期，天然气将成为能源领域的支柱型产业之一。届时，消费量将会稳定增长，消费结构将会趋于稳定；天然气将成为城市燃气的主要燃料；天然气将以多种方式销售，买卖双方可以自由协定；天然气的价格将完全由市场决定；政府将主导对天然气工业的监管。

中国天然气消费快速增长，进口依赖度不断提高，消费量增速高于产量增速。2008～2017 年中国天然气消费量年均复合增长率达 13.36%，对外依存度持续攀升（见图 11-15）。2018 年 11 月，中国天然气表观消费量达到 2536.26 亿立方米，较 2017 年增长了 17.91%，对外依存度创 43.30% 的新高。

中国天然气产业链包括上游供给端、中游中转环节和下游需求端（见图 11-16）。

[一] 李杰. 中国天然气现货交易市场构建思路——基于美国天然气交易市场的经验[R]. 重庆大学，2012.

[二] 国土资源部于 2018 年 3 月被撤销，另组建自然资源部。

供给端为自采天然气、进口管道气和进口液化天然气（LNG），其中自采天然气包含常规的油气藏天然气和非常规的页岩气与煤层气。下游需求端主要为城镇燃气、天然气发电、工业燃料和化工用气。

图 11-15　中国天然气供需情况

资料来源：Wind，财通证券研究所。

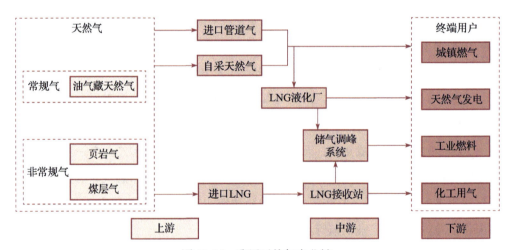

图 11-16　我国天然气产业链

11.3.4　固废产业

1. 美国固废产业发展历程

美国固废产业伴随着美国经济的发展变化经历了"缺乏认知"（两次工业革命～20世纪30年代）、"行业起步"（20世纪30年代～第二次世界大战结束）、"蓬勃发展"（第二次世界大战结束～20世纪80年代）和"趋于平缓"（20世纪80年代至

今)四个阶段。[一]

在第二次世界大战后,美国新技术革命的推动极大地刺激了经济的增长,美国居民生活水平持续提高,个人消费增速明显,进而带动固废量持续走高。由于美国地广人稀,历史上垃圾填埋是其主要的垃圾处理方式。1990年美国垃圾填埋占垃圾处理的比重为69%,2015年仍超过50%。美国固废领域的纲领性法案《固体废物处置法》于1965年正式颁布。作为固废领域的指导性文件,该法案不仅为未来该领域法律法规的制定搭好了框架,更重要的是,它大幅提高了垃圾收集和处理行业的标准。

1976年出台的《资源保护和回收法案》对美国的市政固废处置行业来说是有分水岭意义的政策,使得美国的固废产业从简单的填埋向回收利用发展。20世纪90年代末期,美国的废物填埋场爆发了一系列环境污染问题。1991年,用于监管非危废填埋场的《资源保护与回收法》颁布,大幅提升了废物填埋场的运营标准,使得美国废物填埋场的倾倒费大幅上涨,大量运营不标准的废物填埋场被关停。根据美国环境保护局(EPA)的统计,美国市政废物填埋场的数量自1988年的7900座下滑至2009年的1900座。垃圾处置能力不足引发了"垃圾危机",拥有废物填埋场的私人企业在垃圾处置成本和效率上的优势开始显现,而小型公司只有通过不断地合并,才能通过规模效应承担标准提高带来的高额投资和运营费用。20世纪90年代后,美国正式进入固废综合管理阶段。

固废产业的产业链通常包括上游的装备制造、中游的收集和分类,以及下游的处置回收(见图11-17)。

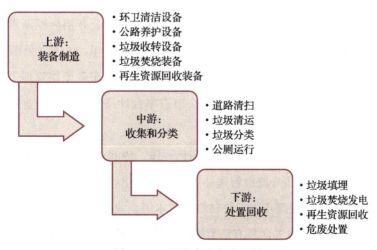

图11-17 固废产业的产业链

[一] 姚键. 固废处置产业国际比较,全产业链是必然趋势[R]. 国信证券,2018.

美国的垃圾清运量在2000年左右达到顶峰，之后有所下降，大致是我国的3倍。从20世纪60年代开始，美国城市固废产生量以年化1.5%的速度快速增长了近40年，总城市固废产生量从1960年的8800万吨增长到2000年的2.55亿吨（见图11-18），人均城市固废产生量也从2.68磅/天增加到4.75磅/天。在2000年左右达到顶峰后，由于回收比例的提升和人们环保意识的增长，人均城市固废产生量有所下降。2014年美国城市产生了约2.58亿吨固体废弃物，人均每天产生4.5磅左右的固体废弃物，与2000年的峰值4.75磅相比下降不少。近20年，美国GDP增速稳定，居民可支配收入变化不大，城市固废产生量比较稳定。

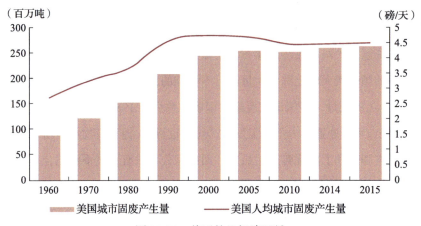

图11-18 美国的垃圾清运量

资料来源：EPA，国信证券经济研究所整理。

美国固废市场比较成熟，市场化率高。为了减轻财政压力，20世纪90年代前期，美国出台了多项支持环卫市场化的政策，环卫业务公开招标逐渐常态化。美国环卫行业市场化率也从1988年的18%迅速提升至1992年的65%（见图11-19）。到2017年，美国环卫市场化率已达78%，政府下属企业在市政废物管理市场中的影响力较小，行业高度市场化。三大环卫龙头市占率合计高达44%，行业寡头垄断格局已形成。

财政赤字和PPP模式推动了环卫市场化运作。19世纪后期，美国经济飞速发展，城市化进入鼎盛时期，部分城市管理体制实行企业化"城市经理制"，具备更多自主权。20世纪70年代，美国步入经济转型期，本国企业在与国外企业竞争中表现出很强的竞争力，政府开始思考向具有活力的企业学习，重视引入竞争和市场机制。再加上1978年美国大多数城市都出现了财政危机，地方政府不得不考虑节省财政预算，在市政工程和市政服务领域引入竞争机制。到20世纪80年代，美国政府财政赤字愈加严重,美国联邦政府期望在公用事业领域实行私营化以进一步减少财政预算。1986年,300多个商人及社团组织在华盛顿发起了"美国私营化联盟",私营化进程加速。

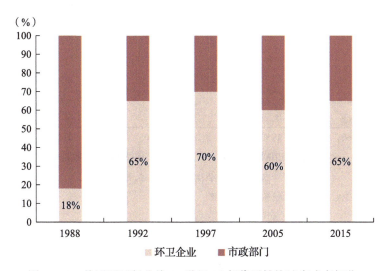

图 11-19　美国环卫行业从 20 世纪 90 年代开始快速完成市场化

资料来源：A historical context of municipal solid waste management in the United States，国信证券经济研究所整理。

21 世纪以来,美国公用事业私营化得到进一步发展,监管也愈加完善。由于市场化改革历史悠久,PPP 模式在美国应用得非常广泛。2015 年 12 月,圣路易斯华盛顿大学对全美各地方政府采取 PPP 模式情况进行了调查。在所有受访政府中,61% 的政府会选择与私营企业进行合作,其中占比最大的是垃圾收运领域,高达 82%。在环卫方面,各地区政府机构往往出于财政压力,将原来由政府负责的业务以外包模式交给私营企业运营,这样可以为政府节约很大一部分开支。

受环卫行业市场化的影响,为减少垃圾填埋量,提高利润率水平,垃圾处置企业都加大了对于市政固废的回收力度,美国城市的固废回收量和回收再利用率从 20 世纪 90 年代起快速增长,2010 年之后趋于稳定,2015 年美国城市固废回收再利用率在 35% 左右(见图 11-20)。

美国主要采取市场化收费机制,固废产业 60% 的收入来自垃圾收集(见图 11-21),垃圾收费体系以使用者付费为主,政府主要以税收减免、税收优惠等形式对环卫公司提供间接补贴。商业用户直接与固废公司签合同,一般按照产生的垃圾量收取费用;城市公寓居民每月向市政管理部门缴纳垃圾处理费,市政管理部门与固废公司签订合同;城市自建房用户一般会直接与固废公司签订合同,按月或者按季度交费,固废公司派人收集垃圾。

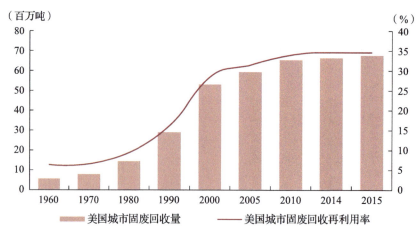

图 11-20 美国的固废回收情况

资料来源：EPA，国信证券经济研究所整理。

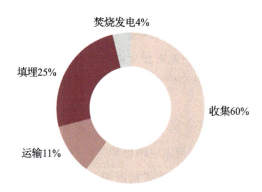

图 11-21 2016 年美国固废处置市场构成

资料来源：*Waste Business Journal*，国信证券经济研究所整理。

在中国是主要收费来源的道路清扫业务在美国规模很小，几乎可以忽略不计，主要原因是美国对乱扔垃圾的处罚很严，街道清扫需求小，而且清扫业务一般由区域性的小型私营垃圾清扫公司专门负责，大型的固废公司基本不会介入清扫业务市场。

美国市政环卫行业机械化率高，人均产值高，生活垃圾的清扫与收集机械化率普遍在 75% 以上。美国市政垃圾的收集主要是居民先实施垃圾的源头分类放置，环卫工人再驾驶专用收集车收集社区住户附近垃圾桶内的废弃物，所以美国的环卫行业基本上告别了人力作业，劳动力成本仅占总成本的 30% 左右。以废物管理公司（Waste Management）为例，员工数量和车辆数量大体维持在 2∶1 的水平，劳动力成本在公司运营成本中的占比稳定在 28%～30% 的区间内，显著低于中国环卫行业接近 70% 的劳动力成本占比。因此，持续不断的机械化替代，可以有效降低劳动力成本占比。

2. 中国固废产业发展历程

相对于美国，中国的固废产业仍处在产业链分散经营的阶段，城市垃圾清运量仍在快速增长。从 1979 年开始，中国城市垃圾清运量以每年 5.7% 的速度快速增长了近 40 年，且增长态势仍未见放缓。城市人均垃圾产生量在 1995 年达到顶峰后，开始出现下降，2013 年后有所提升，可能是消费水平提升和快递包装带来的增量（见图 11-22）。

图 11-22 中国的垃圾清运量

资料来源：住建部、国家统计局，国信证券经济研究所整理。

从 2016 年的数据来看，美国人均每日 4.5 磅（合 2.04 千克）的城市人均垃圾产生量是中国（0.7 千克）的 3 倍，这表明中国的垃圾清运量仍有较大的提升空间。从近几年的趋势来看，随着生活水平的提高，城市人均垃圾产生量仍有提升空间。同时，中国农村的垃圾清运占比一直不高，而从 2016 年农村人口占总人口 43% 的数据来看，农村的人均垃圾产生量和垃圾清运占比有巨大的提升空间。因此，考虑到经济发展和农村垃圾清运占比的提升，中国环卫市场的未来空间十分广阔。

以上海为例，根据《上海市生活垃圾全程分类体系建设行动计划（2018-2020 年）》，上海明确新增运输车辆和中转设施，湿垃圾分类处理量要从 2018 年的 3480 吨/日以上增加到 2020 年的 6300 吨/日以上；可回收物资源回收利用量要从 2018 年的 660 吨/日以上增加到 2020 年的 1100 吨/日以上。按计划，2019 年上海湿垃圾专用收运车辆要达到 780 辆，2020 年达到 920 辆。

中国固废产业链的中下游情况大体上如图 11-23 所示。处在产业链下游的垃圾焚烧、再生资源回收行业，由于国家的补贴政策和大力推动，最先在中国得到发展。而处在中游的垃圾分类与环卫行业的市场化在 2015 年左右才开始，导致中国固废产业链上、中、下游都存在比较具有代表性的公司，产业链整合度不高。

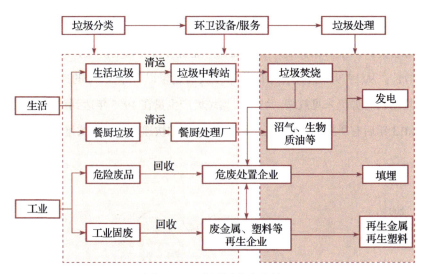

图 11-23 我国固废产业链

资料来源：中国产业信息网。

总体上看，中国环卫行业市场化率不高，机械化率低下，还停留在人力时代，单位员工创造的产值与国外企业相比差距巨大，整体盈利能力不强，还有很大的发展空间。随着中国城市化快速推进，垃圾焚烧市场的规模预计会有可观的增长。

长期以来，由于环卫服务的公用事业属性，中国大部分城市的市政环卫一直由各省市环卫、园林绿化和市政管理部门等事业单位负责管理和实施，行业具有典型的政府垄断性质。环卫服务行业从新中国成立以来经历了三个阶段。

- **政府主导管理阶段（1949～2003 年）**。在这个阶段，城镇环卫设施的投资、建设、服务管理等主要由政府环卫部门负责，兼具垄断效应和规模效应。国有体制给环卫服务行业的发展带来了诸多问题——政企不分、管干合一、运营效率低、缺乏竞争、监管缺位。环卫服务质量、环境质量无法满足城市生活要求。
- **市场化试点阶段（2003～2013 年）**。2002 年住建部印发《关于加快市政公用行业市场化进程的意见》，开放市政公用行业市场，将政府管理方式从直接管理转变为宏观管理。2006 年《关于印发中国城乡环境卫生体系建设的通知》和《中国城乡环境体系建设》白皮书等文件明确提出要加快环境卫生市场化运作步伐。这个阶段的环卫服务市场化的形式一般是服务外包，特点表现为服务合同期限短（一般不超过 3 年）、服务区域范围较小（小范围分割，多家企业服务）、服务内容较单一（如道路清扫、厕所维护等单项服务内容承包），行业竞争近乎白热化，同时也出现了行业难以形成规模效应、环卫企业短线作战不敢投入、服务质量难有质的提升、行业发展受限等问题。
- 市场化推广发展阶段（2013年下半年后）。2013年十八届三中全会通过了《中共中央关于全面深化改革若干重大问题的决定》，指出在公共服务领域可利用社会力量，加大政府购买公共服务项目的力度，原则上通过合同、委托等方式向社会购买。2015年开始，在PPP模式的推动下，环卫市场化进入了大发展阶段，市场化水平快速提升。

2014年9月，财政部下发《财政部关于推广运用政府和社会资本合作模式有关问题的通知》，首次正式提出"政府和社会资本合作"的标准说法，首次专门就PPP模式发布了框架性指导意见。

2015年4月，财政部、发改委、住建部等六部委联合发布《基础设施和公用事业特许经营管理办法》。

2017年7月，财政部、住建部、农业部、环境保护部印发《关于政府参与的污水、垃圾处理项目全面实施PPP模式的通知》，拟对政府参与的污水、垃圾处理项目全面实施PPP模式。

环卫服务具有公用事业属性，其行业发展与国家政策的推动密不可分。各中央部委、各省市相继出台了政府和社会资本合作的相关政策，这一系列政策为环卫服务行业的市场化发展提供了支持，环卫服务方式面临转型升级，环卫市场随着公共服务市场化改革快速发展。

行业市场化的加速推进促使监管方与执行方向监管方与业主的角色转换，管理压力减小，且容易问责。将垄断业务转化成竞争性业务，将使企业不断优化环卫各环节，利于提高行业平均水平。环卫市场化项目招标增多，范围扩大，相关环卫企业也在抓紧"跑马圈地"，行业也从分散的格局逐渐整合，跨地区的综合性环卫服务大企业将会出现并逐渐成长。

人民日益增长的对美好生活的需求预示着环卫服务行业潜在的巨大需求空间。经过近30年的快速发展，中国道路里程数已经达到可观的规模。根据《中国交通年鉴》的统计，2016年中国城市道路清扫面积为79亿平方米，县城道路清扫面积为25.1亿平方米，逐年攀升。随着中国城镇化进程的不断加快，全国道路总里程数与道路面积预计将不断增加，这意味着市容环卫专用车辆需求量的增加，环卫服务行业需求空间仍十分巨大。

生活垃圾不断增加，清洁压力大。据中国城市环境卫生协会统计，我国每年产生垃圾9亿吨左右，其中生活垃圾约4亿吨，建设垃圾约5亿吨，此外还有餐厨垃圾

1000万吨左右。2016年中国共清运城市生活垃圾2.04亿吨、县城生活垃圾0.67亿吨,城市垃圾年产量正以每年8%～10%的速度增长。随着垃圾量的不断增长,以及中国对卫生清洁要求的不断提高,环卫市场也将随之扩容。

公厕数量平稳增长。2015～2016年城市公厕数量增幅明显,2016年达到12.98万座,县城公厕数量也在平稳上升,2016年达到4.36万座。公厕的清洁管理逐渐成为城乡环卫的重要内容。总体来看,在深入推动城镇化以及人民日益增长的对美好生活的追求的背景下,高质量的环境卫生服务仍然大有潜力可挖,结合环卫市场化的趋势,将保持高速增长。

环卫行业的支出来自政府财政拨款,属专项经费,是刚性财政支出,保障性高,受经济和政策影响小。随着中国城镇化的发展,政府在市容环境卫生方面的投入逐年加大。2016年中国城乡环境卫生的财政支出为1915.03亿元,7年复合增速约为20%。再考虑到国家对环境保护重视程度的加深,行业将持续保持高增长。

11.4　产业综合分析

区别于其他产业要素的资本导向、自然资源导向、技术导向和劳动力导向等,公用事业具有很强的公共价值和公共利益导向的特点,表现为公共规制导向和市场化导向。

11.4.1　产业要素分析

1. 公共规制导向

1907年,美国电话电报公司总裁西奥多·牛顿·韦尔(Theodore Newton Vail)在公司年度报告中首次提出了"普遍服务"概念,并以"One Network, One Policy, Universal Service"(一套网络,一种政策,普遍服务)作为广告词。普遍服务要求对任何人都要提供无资费、无地域歧视且能够使人们负担得起的产品服务,现已成为世界多数国家网络型公用事业(如邮政、电力、交通、供水、供热等)的社会责任和重要义务。让全体国民享受最基本的普遍服务已成为一项极其重要的公共政策。1986年,世界环境发展委员会公布了《布伦特兰报告》,其对能源与贫困之间的关系进行了深入阐述,并首次强调了能源普遍服务的重要性,呼吁全世界行动起来为所有人提供能源服务。能源服务属于一国"必要的社会服务"范畴,世界许多国家已把获得能源服务权纳入了生存权体系,并由国家予以积极保障,承担推行能源普遍服务的义务。公共事业"大致而言是指为公众或不特定的多数人提供产品或服务,或由他们使用的业务或行业",包括给排水、电力、能源、邮政、通信、交通等行业。基于其基础性、公益性、公共性和不可或缺性,公用事业必须受到政府的有效规制。

公用事业具有自然垄断性质,早在19世纪80年代,国外一些学者对自然垄断就有了一些研究。随着经济社会的不断发展,各界学者对自然垄断的研究也不断深入,推动了自然垄断理论的发展。自然垄断的含义是:当社会生产经营过程中只有一家企业可以提供社会所需要的产品的生产和服务时,所付出的社会总成本最低,又由于社会经济发展存在范围经济效益、规模经济效益和资源稀缺性的特征,因此这种由一家企业独揽社会需求的经济运行方式就称为"自然垄断"。

自然垄断行业一般具有以下几方面的特点:一是市场垄断性。自然垄断行业一般都存在生产规模愈大生产成本愈低的现象,这是规模经济效益较为突出的行业。此外,该行业有较高的"沉淀成本",投资资金在短时间内很难收回,其生产用途也很难改变。如果有多家企业同时从事一项工程,那么势必会导致重复建设现象而造成巨大的资源浪费。因此,一般具有垄断性质的工程都只由一家企业进行承揽。二是公益性。自然垄断行业一般都是一些基础性行业,它们为公众提供各种公共服务如电力、水力、交通、铁路等,其社会边际效益要远大于私人边际效益。三是不可选择性。由于自然垄断行业一般只有一家企业为社会服务,所以消费者没有办法对商品进行选择性消费,消费者要么干脆不与企业交易,要么就只能接受垄断企业提出的交易条件。这样的垄断行为不仅使垄断企业产生了妄自尊大的狂妄心理,还严重侵害了消费者自由交易的权利。四是部分业务的可竞争性。在一些具有自然垄断性质的行业中,并非所有环节都是具有垄断性质的,一般而言,自然垄断行业是由部分具有竞争性质和部分具有垄断性质的环节共同组合而成的,如中国的电力行业。表11-12所示的是自然垄断行业中的自然垄断性业务和非自然垄断性业务。

表11-12 自然垄断行业中的自然垄断性业务与非自然垄断性业务

行业	自然垄断性业务	非自然垄断性业务
电信	有线通信网及本地电话	长话、移动和增值业务
自来水	输水管道经营业	水生产和供应
电力	输配电网络	电力生产和供应
铁路	路网、车站	客货运输服务
天然气	高压气的输送、天然气的本地配送	天然气生产、储存、交易业务
海运	港口设施	港口服务、引航
航空	机场	航线
邮政	非紧急的普通邮件业务	紧急邮件业务、邮件的运输

资料来源:知一书院整理。

2. 市场化导向

从公共产品理论的角度来分析，公用事业普遍存在一定程度的供求缺口问题，这在学理上有其依据性。如图 11-24 所示，假设 D1、S1 和 D2、S2 分别代表私人物品与公共物品的需求与供给曲线，P 和 Q 分别代表物品的价格与产销量，那么，在公共物品短缺阶段，就会出现公共物品供不应求的缺口（Q21 和 Q22 之间的部分），价格就会由 P21 上升至 P22。政府在公共资本投入不足的情况下会出台各种政策鼓励私人资本的进入，即牺牲一定的私人物品提供增量转而增加公共物品的提供量，尽管高质量、低价位的私人物品供给也出现了短缺（Q12 和 Q11 之间的部分），价格也由 P12 涨到 P11。这样一来，就出现了"民营化"改革后公共物品的"私人提供"、混合供给。

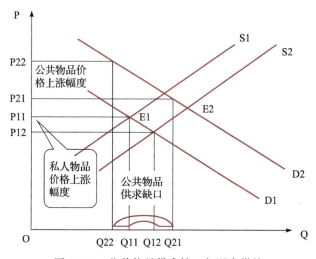

图 11-24　公共物品供求缺口与混合供给

资料来源：知一书院整理。

在市场化的宏观政策层面，国家先后出台了一系列政策法规，推动、指导和规范公用事业市场化改革。在微观层面，重点进行企业投融资体制和运营模式的改革。为解决政府单一投资主体财力不足的问题，投融资体制从主要由政府直接投资建设和经营管理，转变为政府贷款、国际金融组织贷款、外资合作经营、BOT 和 TOT 项目融资、产权转让等市场化融资形式。

从发展模式来看，公用事业逐步从政府垄断型转为市场发展型，并最终转化为公共服务型，这三种发展模式的对比见表 11-13。在企业运营方面，产运一体化的公用事业型公司成立，特别是部分公用事业单位改为企业，将部分行政事业性收费改成了企业经营性收费。企业逐步成为独立的市场运营主体，合理优化资源配置，实施投资主体多元化，按照现代企业制度规范运营。

表 11-13　公用事业发展模式比较

比较维度	政府垄断型	市场发展型	公共服务型
核心关注点	政府承担公用事业责任	公用事业提供的生产效率	公用事业的有效性、责任性和回应性
价值导向	公众利益导向	顾客导向	公众利益导向
责任要求	政府提供的数量和质量	选择最佳的企业主体；规制与监督实施	寻找最佳提供者；规制、监督；实现其他社会价值
政府角色	政府划桨	政府掌舵	政府服务
市场作用	无	全面且以市场为主体	包括市场在内的多元运作方式
政府与社会的关系	无合作	较少合作	全面合作

来源：知一书院整理。

11.4.2　产业综合分析——以电力产业 ISCP 分析为例

1. ISCP 分析框架

新中国成立以来，特别是改革开放以来，"电力是国民经济的先行官"这一理念逐渐为社会大众所认识和认可。从 20 世纪 80 年代电力极度短缺到如今电力供应平衡有余，数十年间我国电力发展速度惊人，电源、电网、用户规模惊人，电力技术进步和管理水平提升惊人。在这些惊人的发展和变化的背后，电力体制改革起到了决定性推动作用，也是电力产业取得巨大发展的根本动力。

行政垄断是我国电力产业的典型特点，电力产业的市场结构、产权结构、企业行为和市场绩效深受行政垄断的影响。在行政垄断下的电力产业，传统产业组织理论 SCP 范式下的市场结构、企业行为、市场绩效之间的关系被扭曲和阻断，三者在市场成熟的国家内较为明确的传导机制和互相影响关系不复存在，政府对市场准入的控制和行政垄断行为成为影响市场结构、企业行为、市场绩效的深层制度性因素。

为解决上述问题，我们构建了 ISCP 研究框架，并以此框架为基础研究电力体制改革对组织成长的影响。ISCP 研究框架与产业组织理论中的 SCP 范式有较大差异：在 ISCP 框架中，I（institution）表示行政垄断得以形成和持续的制度性因素；S（structure）表示反映行政垄断程度的市场结构、产权结构、规制结构等结构类因素；C（conduct）表示政府和厂商的行政垄断行为；P（performance）表示电力产业的绩效，包括微观层面的效率、产业层面的效率和宏观层面的效率。

2. 电力产业 ISCP 分析

（1）制度改革

基于公用事业的基础性、公益性、公共性和不可或缺性等特性，包括电力在内的公用事业必然需要政府的有效规制。我国电力体制改革（下称电改）大体分为三个阶段：第一阶段是 20 世纪 80 年代电力投资允许多家办电，改变了过去独家办电的模式，初步扭转电力短缺问题；第二阶段是 2002 年 2 月《关于印发电力体制改革方案的通知》启动的电改，实现了厂网分开、主辅分离；第三阶段是 2015 年 3 月《关于进一步深化电力体制改革的若干意见》启动的新一轮电改，吸取了之前改革的经验和教训，进一步推进电力市场化进程。

- 1980 年之前，我国电力产业基本上实行集中统一的计划管理体制，全国长期缺电。1987 年，国务院提出"政企分开，省为实体，联合电网，统一调度，集资办电"，极大促进了电力产业发展。根据《改革开放以来我国电力体制改革总体进展情况》，1985～1992 年发电装机年均复合增长率约为 10%。1997 年，国家电力公司成立，负责电力产业商业运行的管理，加快了电力产业政企分开的步伐。

- 2002 年电改的主要任务是"厂网分开、竞价上网"，同时还建立了东北、华东等区域电力市场试点，进行了主辅分离、节能发电调度、大用户直接交易、发电权交易等探索。发输配售"大一统"的国家电力公司被拆成"5+2+4"的电企新格局，即 5 大发电集团、2 大电网企业、4 大辅业集团（后又整合为 2 个），市场竞争格局显现。

- 2015 年电改的主要内容是"三放开、一独立、三强化"，即：有序放开输配以外的竞争性环节电价，有序向社会资本放开配售电业务，有序放开公益性和调节性以外的发用电计划；交易机构相对独立；深化对区域电网、输配电体制的研究，强化政府监管、统筹规划、安全可靠供应，构建"管住中间，放开两头"的体制架构。

从国际上看，各个国家或地区对自然垄断行业的规制改革（见表 11-14 和表 11-15）尽管有不同，但却有共同的经验，这对于我国自然垄断行业的规制改革有重要的启示意义。

表 11-14　其他国家电力产业规制改革

国别	内容
美国	1978 年联邦政府颁布法令后，由能源部组织进行自由化、放松规制、打破垄断和引入竞争机制
英国	1989 年由英国政府组织实施民营化改革方案，推行"竞价上网、输配费规制和竞价零售"政策
澳大利亚	1991 年由联邦政府工业委员会、初级产品与能源部对电力部门提出《国家电力战略》方案，由政府组织实施，内容包括将电网从零售中分离出来，在发电和供电中引入竞争机制
新西兰	1987 年新西兰工党政府将电力部公司化，改组为国有企业新西兰电力公司（ECNZ）；1992 年供电局改组为地区配电公司，并成立了独立的电网公司；1996 年后开始在发电领域全面引入竞争

资料来源：知一书院整理。

表 11-15　部分发达国家或地区电改梳理

国家/地区	电改目的	电改历程	当前经营模式	电价模式	交易模式
英国	打破垄断，引入竞争	• 垄断经营； • 电力联合运营中心（即电力库）：交易库统购统销、实时电价； • 新电力交易协议（NETA）：双边交易、合约电价	发、输、配分离，电力资产私有化	市场化	双边交易
北欧	提升电力市场竞争力	• 一体化经营； • 电力局改组，发售配完全竞争，各国国家电网垄断； • 跨国交易体系	发、输、配分离，电力资产国有化	市场化	双边交易
美国	放松管制，提高效率，引入竞争，降低电价	• 私有一体化垄断经营； • 厂网分开，发、售、输自由化竞争； • 六大交易市场	发、输、配分离，电力资产私有化	市场化	多边协调交易

资料来源：《双边交易模式下的电力定价研究》，华泰证券研究所。

我国 2002 年的电力体制改革方案明确了"厂网分开、主辅分离、输配分开、竞价上网"四大改革任务。在 2002 年底实施厂网分开时，原国家电力公司的资产被拆分为电网资产、发电资产及辅业资产，并划分给九大公司，这一次分离仅实现了中央层面的主辅分离，而原国家电力公司系统内网省层面的辅业仍保留在电网企业内。

2011 年，在国务院国资委的主导下，国家电网公司和中国南方电网公司进行了主辅分离重组。两家电网公司将其所拥有管理的火（水）电施工、电力勘探设计和电力修造企业剥离，同时将剥离出的辅业资产与原四大辅业集团重新组合，成立了中国电力建设集团有限公司（简称中国电建）和中国能源建设集团有限公司（简称中国能建），共涉及 130 多家企业、60 多万名员工，重组后的中国电建和中国能建都是资产总额上千亿元的大型辅业集团。中国电建和中国能建是按照《中华人民共和国公司法》注册成立的国有独资公司，由国务院国资委代表国务院履行出资人职责。两家新集团公司的组建实现了规划设计、工程施工、项目运营的一体化整合，使我国电力建设企业具备了全产业链国际竞争能力，有效增强了电力建设企业的综合实力和国际市场开拓能力。这次改革标志着历时多年的电网主辅分离改革重组取得重大进展。

在新一轮电改中，体制设计是基础，电价改革是核心。新一轮电改是 2015 年电价改革思路的一个缩影，加大了政府定价减、放、改力度，完善了主要由市场决定价格的机制。按照 2015 年电改方案，体制设计是基础即要通过合理的体制设计来推动发电端和电力销售端的市场化交易，电价改革是核心即核定合理的输配电价以及构建市场化的销售电价。

"基准电价+浮动机制"有望成为重要的电价定价机制，火电盈利模式迎来根本性好转。2018年7月，发改委等部门发文，明确提出对于煤炭等4个高耗能行业率先全面放开发用电计划试点，进一步扩大交易规模，并鼓励采用"基准电价+浮动机制"的定价机制。

（2）市场结构

市场结构一般指产业内企业间市场关系的表现形式及其特征，包括市场参与者的买方和卖方以及正在进入市场或可能会进入市场的买方和卖方之间在买卖数量、规模和利润分配等方面的关系与特征，及由此决定的市场竞争形式。市场主体的相互关系决定了市场的竞争和垄断关系，市场集中度和进入壁垒等多种因素影响市场结构。

我们从市场集中度、进入壁垒等方面对电力产业的市场结构进行分析。

1）市场集中度。市场集中度又称为产业集中度、行业集中度，是反映特定产业或市场卖方或买方相对规模结构的指标，反映了特定市场的集中程度。它是某一具体行业内规模最大的前几家企业的有关数值（如产值、产量、销售额等）占整个行业的份额。根据其定义，电力行业市场集中度的公式表示为：

$$CRn = \sum_{i=1}^{n}(X_i/X)$$

式中，CRn指电力行业中规模最大的前n家企业的市场集中度；X_i指电力产业第i家企业的装机容量；X指整个电力产业的装机容量；n指企业数量。因为我国有五大发电集团（中国华能集团公司、中国大唐集团公司、中国华电集团公司、中国国电集团公司、中国电力投资集团公司），所以我们取n=5。从上式可以看出，市场集中度与产业中的企业数量、规模等密切相关，企业越多，竞争越激烈，市场集中度就越低；企业越少，前几家企业规模越大，所占比例越高，市场集中度就越高。

我们选取我国五大发电集团的装机容量数据来分析电力市场的集中度，2003～2016年五大发电集团装机容量份额见表11-16。

表11-16 2003～2016年五大发电集团装机容量份额

年份	2003	2004	2005	2006	2007	2008	2009
CR5（%）	38.14	36.99	37.59	39.07	41.98	44.93	47.7
年份	2010	2019	2012	2013	2014	2015	2016
CR5（%）	49.28	48.75	48.03	46.62	45.32	44.13	42.43

资料来源：北极星电力网，知一书院搜集整理。

从表中可知，2003～2010年五大发电集团的装机容量份额呈逐渐上升的趋势，装机容量占比从38.14%增加到49.28%，主要原因是此段时间大型企业集团的并购重组提高了五大发电集团的装机容量份额。2010 年之后，五大发电集团的装机容量份额呈逐年下降的趋势。从市场集中度来看，通过多年的电力市场化改革、放宽市场准入主体、引入社会资本，市场参与主体增多，我国电力产业有了较为清晰的市场格局，市场化程度有了一定的提高。2010 年以来，五大发电集团的装机容量份额逐年下降，但是依然稳定在全国总装机容量的四成以上，占比依然较高，表明我国电力市场存在一定的垄断竞争。

2）进入壁垒。电力产业是资本密集型的自然垄断产业，需要大量的投资，其进入壁垒主要表现为政府管制、进入需要大量的资本投资。对于电力产业进入壁垒进行分析能够很好地反映我国供电侧放开的改革效果。

20 世纪 80 年代，由于电力投资不足，电力供应紧张，国家出台了政策鼓励社会资本办电，我国在政策层面逐渐放松电力产业进入管制，电力产业进入壁垒也逐渐被打破。2002 年，《国务院关于印发电力体制改革方案的通知》指出，"在厂网分开的重组完成以后，允许发电和电网企业通过资本市场上市融资，进一步实施股份制改造"，民间资本进入电力产业。2015 年，国务院发布《关于进一步深化电力体制改革的若干意见》，明确提出我国要建立分布式电源发展新机制，主要采用"自发自用、余量上网、电网调节"的运营模式，全面开放用户侧分布式电源市场。我国电力产业准入机制日益放松，投资环境得到改善，电力产业进入壁垒逐渐放开。

要坚持深化供给侧结构性改革，提高清洁高效电力供给能力。按照"巩固、增强、提升、畅通"八字方针，重点加强清洁能源消纳、电网调节和供给保障能力等工作。一是全力以赴、多措并举实现清洁能源消纳目标。创新市场交易机制，推动清洁能源发电企业与用户直接签订中长期交易合约，以发电权交易等方式灵活执行，鼓励清洁能源积极参与电力现货市场；统筹可再生能源配额制、绿色电力证书和碳排放交易等机制；打破省间壁垒，推进跨省区发电权置换交易。二是挖掘潜力，着力提升电网调节能力，促进供需平衡。完善调峰辅助服务补偿机制，提高机组改造积极性，全面推动煤电灵活性改造和运行；确定科学、合理的峰谷分时电价比，加大对需求侧管理的政策支持力度，引导用户有序用电，实现削峰填谷、移峰平谷，促进电力供需平衡。三是提高电网保障电力供应和资源优化配置能力。加快特高压配套电源核准建设，提高现有特高压通道的利用率；着力解决城乡区域电网发展不平衡问题，继续推进配电网、中西部地区农村电网的建设，提升电网供给保障能力。

（3）市场行为

1）电力市场化。随着我国电力市场化交易的日渐成熟，各市场主体的交易方式呈现出了多样化的态势。我国电力市场化交易方式大致可分为长期交易（年度交易）、中期交易（月度交易）和短期交易（电力辅助服务），见表 11-17。

表 11-17　我国主要电力市场化交易方式

方式	内容
长期交易	电力交易中心根据交易主体需求，按双边协商的方式组织年度交易，每年开放一次或多次年度交易，交易主体可签订一年或多年双边交易合同
中期交易	中期交易（以云南市场为例）采用双边协商、集中撮合、挂牌等方式进行，电力交易中心依次组织省内优先购电量挂牌交易、省内电量市场双边协商交易、省内电量市场集中撮合交易、省内电量市场挂牌交易和框架协议外的"西电东送"电量挂牌交易（跨省跨区交易）
短期交易	短期交易主要为电力的辅助服务。所谓辅助服务，是相对于电能生产、输送和交易的主市场而言的，是指为保证电力系统安全、可靠运行和电力商品质量，电力市场的成员为维护频率及电压的稳定而提供的服务； 在我国现阶段的电力市场中，辅助服务有日前交易、日内交易、实时市场、调频辅助服务： ● 日前交易：售电主体与用户之间进行次日发用电量交易； ● 日内交易：为市场主体提供在日前市场关闭后对其发用电计划进行微调的交易平台，以应对日内的各种预测偏差及非计划状况； ● 实时市场：在小时前组织实施，接近系统的实时运行情况，真实反映系统超短期的资源稀缺程度与阻塞程度，并形成与系统实际运行契合度高的发用电计划； ● 调频辅助服务：指发电机组能够自动跟踪调度机构指令，按照一定调节速率实时调整发电出力，以满足电力系统频率和联络线功率控制要求的服务

资料来源：北极星售电网，365power，华泰证券研究所。

美国电力市场是世界上规模最大的电力市场之一，也是能源市场化程度较高、最早进行电力市场化改革的国家，其完备有效的监管体系也为他国所称道，我国电力市场化改革在一定程度上正是借鉴了美国电力市场化改革的经验。根据华泰证券研究所的研究，[⊖]选取中美火电龙头华能国际、华电国际、美国电力、美国南方电力四家企业进行对比，2006～2017 年美国电力、美国南方电力的 ROE 在 3%～14% 区间波动，ROA 在 2%～8% 区间波动；华能国际、华电国际的 ROE 在 -23%～18% 区间波动，ROA 在 0%～11% 区间波动（见图 11-25、图 11-26）。美国火电龙头企业盈利稳定性显著优于我国。

对中国而言，要着力坚持推进电力市场化改革，提高电力消费服务水平。要深入推进电力体制改革，一要着力推动增量配电业务改革试点项目落地。加大对重点联系项目的支持和引导，发挥示范带动作用；尽快出台操作细则，保障试点项目全面推进；加快制定增量配电业务改革试点项目建设、安全、接入等方面的行业标准，尽快形成适应增量配电业务发展的标准管理体系。二要推动建立市场化的电价传导机制。鼓励电力用户和发电企业自主协商，推行"基准电价＋浮动机制"，签订电力市场化

⊖　王玮嘉. 市场电：从哪里来，又去向何方 [R]. 华泰证券研究所.（2019-03-03）.

交易合同,形成煤价、电价和终端产品价格联动的顺畅传导机制;各地方根据本地电力市场建设情况,深入研究并适时推出相关管理和监督细则。三要全面落实供电营业区内转供电主体的电价政策。认真排查、加快清理在国家规定销售电价之外向终端用户收取的不合理价格,确保国家各项降价红利全部传导到终端转供电用户。四要进一步加大电能替代力度。将电能替代工作纳入地方和行业发展规划,科学合理可持续高质量推进;进一步完善峰谷分时电价机制,以及居民阶梯电价等相关政策,持续扩大电力消费市场,不断提高电力占终端能源消费比重,全力推进再电气化进程。○

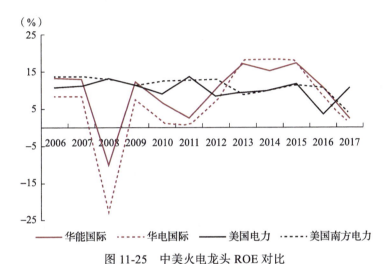

图 11-25　中美火电龙头 ROE 对比

资料来源:Wind,Bloomberg,华泰证券研究所。

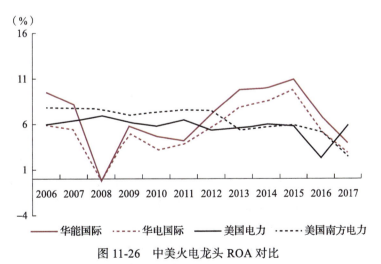

图 11-26　中美火电龙头 ROA 对比

资料来源:Wind,Bloomberg,华泰证券研究所。

○ 中电联. 2018-2019 年度全国电力供需形势分析预测报告 [EB/OL]. http://www.cec.org.cn/yaowenkuaidi/2019-01-29/188578.html.

2）参与主体的数量。我国电力市场经过多年市场化改革，市场结构发生了巨大变化，市场绩效也逐年提高，越来越多的企业进入电力市场。

新电改之后，向社会资本放开售电业务使大量民营售电公司纷纷成立，政策明确允许现有供电公司、大型发电公司、工程建设公司、节能服务公司、大型工业园区、有条件的社会资本成立独立售电公司，第一家售电公司于 2015 年在深圳注册成立。截至 2017 年底，全国注册的售电公司超过 12 000 家，其中在电力交易中心注册生效的售电公司超过 3200 家。

从市场行为来看，随着市场结构的变化和市场绩效的提升，越来越多的企业进入电力产业，这表明我国电改在放开市场竞争方面取得了重大进步。

2016 年，全球能源互联网发展合作组织主席刘振亚首次提出建设"全球能源互联网"的理论构想，指出清洁替代和电能替代将成为全球能源发展的必然趋势。全球能源互联网是世界能源可持续发展的"中国方案"，是以特高压电网为骨干网架、全球互联的坚强智能电网，是清洁能源在全球范围大规模开发、配置、利用的基础平台，用于系统性解决当前面临的能源、气候和环境约束问题。

（4）市场绩效

经济增长是用电量增长第一驱动力。1991～2016 年历史数据的线性拟合显示，不变价 GDP 每增加 1 亿元，驱动发电量增加约 0.08 亿千瓦时，二者正相关（见图 11-27）。

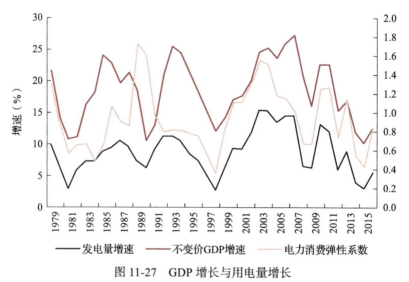

图 11-27　GDP 增长与用电量增长

资料来源：Wind，知一书院整理。

从 GDP 电耗强度来看，虽然中美两国每万美元 GDP 电耗都在下降，但是我国目前的能耗结构和美国 20 世纪 80 年代类似，已经过了快速下滑的时期（见图 11-28）。

由此可见，电力与经济增长关系的紧密程度与产业结构及经济发展的程度有关，产业用电量对产业经济的发展起促进作用。产业经济进入转型升级阶段，电力产业对经济的增长发挥了强有力的促进作用，尤其是在第二产业与第三产业，电力经济价值更大。

图 11-28　中美每万美元 GDP 用电量对比

资料来源：CEIC，中信建投证券研究发展部。

随着电改的进行、供求关系的变化、市场结构的调整，我国电价的形成机制经历了多轮调整。我国电价构成主要包括上网电价、输配电价、输配线损和政府性基金及附加。根据发改委 2017 年电力价格监管相关通告数据，电网企业平均含税电价为 0.6091 元/千瓦时（不含政府性基金及附加）。对于下游用户综合用电电价而言，上网电价为 0.3763 元/千瓦时，输配电价为 0.2107 元/千瓦时，输配线损为 0.0221 元/千瓦时，政府性基金及附加为 0.0366 元/千瓦时，合计 0.6457 元/千瓦时。从占比来看，上网电价、输配电价、输配线损和政府性基金及附加分别占 58%、33%、3% 和 6%（见图 11-29）。

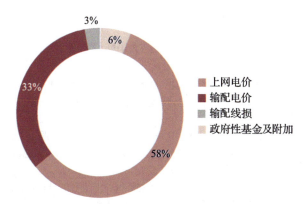

图 11-29　2017 年中国电价结构

资料来源：国家能源局，知一书院整理。

据 2018 年《财富》世界 500 强数据披露，共有 23 家电力企业上榜，合计营收达 13 871 亿美元，同比增长 6.56%；合计净利润为 529 亿美元，同比增长 66.08%。中国上榜电力企业达 7 家，位居榜首，占全部上榜电力企业的近 1/3。

从经营业绩来看（见表 11-18），国家电网的营收和净利润规模处于第一位，分别达到 3489.03 亿美元和 95.33 亿美元，远超过同行业其他企业（如国家能源集团、南方电网、华能集团等），但其净利润率仅为 2.7%，低于上榜电力企业的加权平均水平 3.8%。整体而言，中美电力企业在利润率方面有不同表现，多年享有"美国最佳核电运营企业"称号的爱克斯龙（Exelon）净利润率高达 11.2%，远高于我国代表电力企业 1%～3% 的低净利润率。我国的国家能源集团受益于煤炭价格高位运行，净利润率表现略好，达 3.3%。

表 11-18 中美世界 500 强上榜电力企业对比

排名	公司名称	主营业务	国别	营业收入（百万美元）	净利润（百万美元）	净利润率（%）
2	国家电网	输配电	中国	348 903	9 533	2.7
101	国家能源集团	煤炭、常规发电及新能源	中国	75 522	2 495	3.3
110	南方电网	输配电	中国	72 787	1 938	2.7
289	华能集团	发电（火电、水电）	中国	38 872	216	0.6
356	爱克斯龙	核电运营、能源供应	美国	33 521	3 770	11.2
395	国家电投集团	发电（火电、水电）	中国	29 727	199	0.7
397	华电集团	发电（火电、水电）	中国	29 612	333	1.1
468	大唐集团	火电、煤化工	中国	25 299	342	1.4

资料来源：《财富》，国网能源研究院，知一书院整理。

不仅如此，我国电力产业已经形成"五大发电集团"（华能集团、大唐集团、华电集团、国家能源集团、国家电投集团）、"四小豪门"（国投电力、国华电力、华润电力、中广核）、"两大电网公司"（国家电网、南方电网）的格局。仅以五大发电集团及两大电网公司旗下的上市公司为例，可以大致窥见我国电力产业市场的巨大和广阔（见表 11-19）。

表 11-19 五大发电集团及两大电网公司旗下上市公司

发电集团及电网公司	旗下上市公司
华能集团	华能国际、华能水电、内蒙华电、ST 新能、长城证券
华电集团	华电国际、黔源电力、金山股份、华电福新（H 股）、华电重工、国电南自、华电能源
大唐集团	大唐发电、大唐环境（H 股）、大唐新能源（H 股）、桂冠电力、华银电力
国家能源集团	国电电力、长源电力、龙源技术、中国神华、国电科环（H 股）、龙源电力（H 股）、平庄能源、英力特
国家电投集团	上海电力、吉电股份、远达环保、中国电力（H 股）、东方能源、露天煤业
国家电网	国电南瑞、平高电气、许继电气、置信电气、广宇发展、明星电力、岷江水电、西昌电力、涪陵电力
南方电网	文山电力

资料来源：知一书院整理。

11.5 经典企业案例

11.5.1 首创股份

北京首创股份有限公司（简称首创股份）是一家大型国有控股上市公司，由北京首都创业集团（简称首创集团）在1999年联合北京市国有资产经营公司、北京旅游集团公司、北京市综合投资公司、北京国际电力开发投资公司共同成立。公司于2000年4月27日在上海证券交易所主板市场挂牌上市，募集资金26.94亿元。成立至今，公司发展迅猛，已经成为我国水务市场三大龙头企业之一（另外两家是北控水务、威立雅）。

2014年，首创股份收购苏州嘉净环保公司，进入村镇污水处理市场和环保设备制造领域。2015年收购新西兰BCG NZ公司（100%持股WMNZ公司，新西兰废弃物处理行业排名第一）和新加坡最大的危险废弃物处置商ECO公司。2016年投资浙江开创环保公司，介入工业废水及工业园区污水处理、再生水和膜法水处理技术领域。

公司业务以传统市政供水和污水处理为主，逐步涉及水源、再生水、海水淡化、水环境综合治理、污泥处理与处置、固废及资源化等全产业链，并由城市环境治理逐步延伸至农村污水和环卫领域，业务区域由国内市场向全球迈进。截至2018年6月，首创股份在全国23个省、自治区和直辖市的一百多个城市拥有项目，基本形成了全国性布局；在湖南、山东、安徽等省份实现了规模效应，具备区域优势，并向乡镇深化拓展。

1. 公司股权结构情况

首创股份的实际控制人为北京市国有资产监督管理委员会，为国企属性。首创股份一直以来都有明确的市场定位——根植于我国环境产业，专注于城市供水和污水处理两大领域，主营业务为基础设施的投资及运营管理。公司的业务遍布全国，截至2018年6月，公司水处理能力达到每日2400万吨，服务总人口超过5000万。公司是水务产业的佼佼者，拥有良好的社会声誉以及品牌影响力、逐渐完善的水务产业链、不断提高的综合能力。在始于2003年的"水业十大影响力企业"评选活动中，首创股份每年都位列前十，尤其是近几年，一直紧随北控水务之后，稳居行业第二的位置。

2. 公司发展特点

（1）公司水处理能力占据行业龙头地位

首创股份是我国最早从事水务投资运营的公司之一，现在已经是行业的龙头公司。首创股份的水处理规模曾经一度位居全国第一，近年来被北控水务赶超，但仍稳居第二，在 A 股市场上仍然排在第一位。如图 11-30 所示，在 2013 年 A 股上市水务公司中，首创股份的水处理能力高达每日 642 万吨，远高于兴蓉投资、重庆水务、创业环保等公司。2013 年首创股份的水处理收入也保持在 A 股上市公司的前列，达到了 29 亿元（见图 11-31）。公司强大的水处理能力展现出公司强大的水务经营能力以及丰富的水处理经验，这也是首创股份能够快速发展的关键。

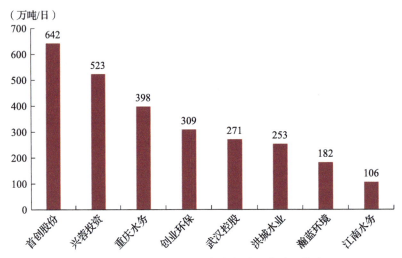

图 11-30　2013 年 A 股上市水务公司水处理能力

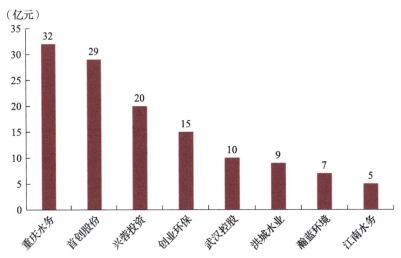

图 11-31　2013 年 A 股上市水务公司水处理收入

（2）污水处理始终是公司主营业务收入的主力

首创股份已经形成了全国性布局，且全国大部分地区的经营情况都一致向好，取得的营业收入每年都在不断增加。2013 年年报显示，公司主营业务收入按照地区情况分别为：华北地区 19.5 亿元，较上年增加 29.48%；华东地区 11.5 亿元，较上年增加 8.1%；中南地区 3.76 亿元，较上年增加 2.34%；东北地区 6.3 亿元，较上年增加 141.56%；西南地区 0.59 亿元，较上年下降 39.52%。

在公司的主营业务收入中，污水处理产生的营业收入始终占据最大的比重。2009～2013 年，首创股份的营业收入不断增加，2013 年实现营业收入 42.3 亿元，是 2000 年公司刚上市时的 25 倍，其中污水处理、自来水生产与供应分别实现营业收入 13.55 亿元、9.26 亿元，占比分别为 32%、21.9%。从毛利结构看，污水处理、自来水生产与供应分别实现毛利 6.46 亿元、2.05 亿元，占比分别为 41.7%、13.2%。

随着公司的扩张，给公司创造丰厚利润的污水处理业务必然会成为公司横向扩张的主方向之一。并且国家大力支持环保水务行业，尤其是污水处理行业，所以污水处理不仅会是首创股份发展的主方向，也会是整个水务产业未来发展的重点领域。

3. 公司扩张发展历程

首创股份逐步发展成了我国水务产业的"旗舰"，但这个过程是饱经风雨的。通过不断的探索、创新与拼搏，公司业务规模不断扩张，企业价值不断提升，行业地位稳步提高。从最初的成立、上市到现在，首创股份的发展和扩张经历了四个阶段，每走过一个阶段，公司就会蜕变升华一次。

第一阶段，准确定位发展方向。2000 年，公司在上市之初比较缺乏资源，盈利状况不佳。经过对我国环保、水务、通信产业的调查研究，再结合自身的优劣势，公司于 2001 年准确定位水务产业为发展方向，致力于水务市场的投资与运营管理。

第二阶段，开展投资布局。在确定了核心战略之后，公司开始通过投资、兼并收购等多种方式努力开拓市场、扩张规模，加快占据市场资源，增强公司在行业内的控制力，实现了主营业务的快速增收。2003 年，公司通过投资一系列水务项目，塑造了"首创水务"品牌；2004 年完成了第二次战略转型与升级。公司与国内外多家水务企业合作成立了公司，或通过参股的形式控股了多家水务公司。通过一系列兼并收购、合资、BOT 等手段，首创股份快速占领了市场，成为国内水务产业的领头羊。

第三阶段，运营管理。在经历了快速的扩张之后，公司将运营管理作为重点，通过提高管理效率来提高公司的综合实力。公司在做大之后必须要做强，在产能不断扩大的基础上延伸产业价值链，才能实现利润的快速增长。

第四阶段，资本运作。对于如此大规模的一家水务公司而言，资本无疑是公司的灵魂，只有以水务资产为依托灵活运作好资本，才能实现公司价值的最大化。首创股份在国际以及国内资本市场上都有强大的优势，凭借这些优势，再结合资产重组、金融创新、资本运营等手段，公司的资本实力不断壮大，为快速发展提供了强有力的支撑。

4．公司扩张发展新趋势

首创股份以水务为核心扩张发展，加速水务产业链的横向和纵向整合，同时加速在农村水务、固废处理领域等新兴市场的发展，积极开拓国际市场，以成为国际上有影响力的综合环境服务商为终极目标。

（1）延伸水处理产业链

首创股份利用自身强大的水务处理综合能力，将公司的产业链从自来水供应延伸到污水处理、污泥处理、再生水领域，使公司具备了完整的水务产业链，为公司发展成水务龙头做好了充分的准备。

（2）进驻农村水务市场

随着城市水务市场的逐渐饱和，农村水务市场成为水务公司布局的战略焦点，同时，财政资金的逐步到位也为水务公司开拓农村水务市场提供了支持。首创股份在2014年7月以1.27亿元收购了苏州嘉净环保51%的股权，嘉净环保专业从事村镇分散污水处理成套设备的研发、制造、销售、安装、运营、维护，是国内唯一一家在分散污水市场覆盖了20多个省市的水务公司，产品遍及近2000个自然村。这次收购标志着首创股份全面进入农村污水处理市场。

（3）介入固废处理领域

首创股份逐步将业务拓展至固废处理领域，其在湖南省的垃圾处理业务从2013年开始就得到了快速发展。此外，公司通过增资首创（香港）收购控股了首创环境。首创环境的综合固废处理业务处于我国领先水平，这样的合作使公司具备了开拓固废处理业务的实力。

（4）拓展海外市场

2014年初，首创股份中标收购了新西兰最大的固废处理公司TPI NZ公司，收购对价为9.5亿新西兰元，2014年6月30日正式签约，成立首创新西兰环境治理有限公司。TPI NZ公司是新西兰垃圾处理领域排名第一的龙头公司，在新西兰市场占有率超过30%，市场份额是第二名的近2倍，是新西兰仅有的两家业务贯穿垃圾处理整个产业链、实现上下游协同效应的垃圾处理服务商之一。此次收购表明，首创股份已经将业务拓展至海外市场，并且其海外合作目标公司本身具有先进的技术和完善的管理经验，有助于进一步提升首创股份的实力和运营效率。

11.5.2 启迪桑德

启迪桑德是我国固废处置领域的龙头企业，长期致力于废物资源化和环境资源的可持续发展。公司秉承"持续创新、追求完美、诚信至上、永担责任"的核心价值观，向成为具有国际影响力的综合环保公司迈进。

启迪桑德的产业布局经历了七个重要的阶段。

- 2002年12月，公司收购国投原宜60.6%的股权，次年将水务资产与化工产品资产置换，公司主营业务变为自来水及污水处理；
- 2005年，公司承接北京奥运会配套工程"北京阿苏卫生活垃圾处理项目"及上海世博会配套工程"青浦生活垃圾综合处理项目"，进入固废处理领域，之后开始了固废产业链横向及纵向拓展；
- 2008年，公司定增募集4.47亿元，建设湖北咸宁设备生产基地，进入环保设备领域；
- 2011年，经过多次并购，公司进入再生资源领域；
- 2014年，公司建立互联网环卫云平台，实现环保业务平台化；
- 2015年，公司引入启迪科服（清华控股旗下公司），使其成为公司第一大股东；
- 2016年，公司定增46.5亿元获证监会批准，公司开始新征程，推动五大业务板块协同发展（见图11-32）。

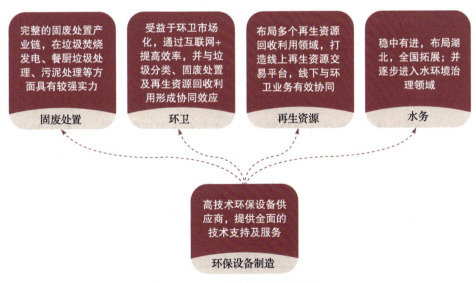

图11-32 五大业务板块协同发展

资料来源：公司公告，光大证券研究所整理。

启迪桑德是环保业务综合服务商,通过互联网及云平台技术实现了环保业务的平台化、协同化发展。公司主营业务涵盖固体废弃物处置系统集成、环保设备研发制造与销售、城乡环卫一体化、再生资源回收与利用及特定区域市政供水、污水处理项目的投资运营服务等诸多领域,下辖重点子公司有:北京桑德新环卫投资有限公司、桑德(天津)再生资源投资控股有限公司、湖北合加环境设备有限公司等。

经过多年布局,启迪桑德的业务集投资、研发、咨询、设计、建设、运营、设备制造于一体,已成为A股中能够在环卫、固废处置及市政环境PPP等领域为客户提供全面的"一站式"服务及环境整体解决方案的供应商。

启迪桑德作为国内老牌的环保公司,很早就开始布局固废产业链网络,积极打造环卫一体化创新模式,借助互联网+环卫,以再生资源回收和生活垃圾分类业务为依托,以期建立固废大循环新模式。

公司战略格局高远,业务版图清晰,坚持固废产业链网络化布局。其目前涉足包括环卫服务、垃圾焚烧发电建设和运营、再生资源回收、环保工程设计和建设、污水处理厂建设和运营等多项业务。2018年上半年,其运营收入已占公司整体收入的一半,营业收入趋于稳健,各业务毛利率水平也稳步提升。

(1)聚焦环卫领域,布局已成规模,具有国内前二的环卫项目运营体量

公司自身具备环卫高端机械生产水平,互联网环卫理念行业领先,云平台管理能力出色,有助于提高环卫利润率水平。

在政府决心下大力气推广普遍性垃圾分类的背景下,环卫进社区前端分类是解决办法,公司借助强制垃圾分类抢先布局社区环卫。公司以再生资源回收和生活垃圾分类业务为依托,整合体系内固废产业链。

(2)对标国际巨头,"环卫—固废—再生资源"路线明晰

启迪桑德对标的国际巨头是废物管理公司(两者的业绩对比见表11-20)。废物管理公司是美国最大的废物综合处理公司,也是最大的环保公司,成立于1968年,1971年在纽交所上市,主营业务包括废品收运、中转、填埋和循环再利用等。

表11-20　2016年废物管理公司与启迪桑德业绩对比

指标	废物管理公司	启迪桑德
营业收入(亿元)	994.00	69.17
毛利率(%)	37.64	32.88
净利润(亿元)	82.00	10.81

资料来源:Wind。

纵观废物管理公司的发展史(见图11-33),20世纪70年代是公司上市后迎来的重要发展机遇期——美国居民生活水平提高，固废产生量大幅增加。这与中国20世纪90年代到2010年左右的情况较为相似。

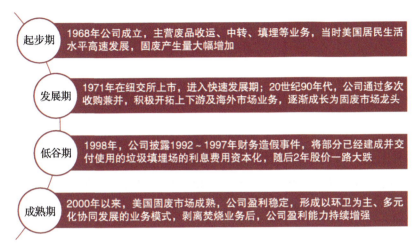

图 11-33　废物管理公司发展史

废物管理公司在上市后，经过20年的积累、布局以及拓展上下游产业链，逐步发展成固废龙头公司。随着行业集中度的提高及固废行业逐渐精细化，公司迎来了难得的历史机遇，在20世纪90年代后进行了上百次固废资产的收购，完成了固废全产业链布局。这也正是启迪桑德当前所处的历史阶段。

1998年更是废物管理公司发展的重要转折点，公司与美国废物服务公司（USA Waste Service）合并重组，获得了垃圾收运30%的市场份额，使得公司成为美国最大的固废管理公司，业务遍及美国、加拿大。

新时期，启迪桑德致力于发展成为一流的全产业链综合环境服务商。主营业务广泛涉及固废处置、互联网环卫、再生资源回收与利用、水务、环卫专用车辆及环保设备制造等诸多领域，借助互联网平台对环卫、垃圾分类收运、再生资源回收利用等进行智能化管理，通过各产业链之间的有机协同、关键环节的有效掌控形成整体核心竞争力。

第 12 章

材 料

季玉恒　北京大学光华管理学院 2000 级 MBA，中国钢铁工业协会原高级工程师

12.1　中美材料产业的综合比较

12.1.1　关于 GICS-Wind 目录下材料产业的分类

在 GICS-Wind 分类原则下，材料产业有四个级别的目录，前三级是：材料；材料；化工，建材，金属、非金属与采矿，容器与包装，纸与林木产品。其第四级目录与中国通行的产业分类存在较多区别。其中，在本章重点关注的"金属、非金属与采矿"项下，黄金、白银、铝、钢铁、金属非金属、贵金属和矿石共同组成了第四级目录，而中国冶金业则习惯使用金属非金属、黑色金属、有色金属、稀有金属、贵金属以及小金属的概念。

需要特别指出的是，GICS-Wind 目录将材料产业中的矿业与贵金属合并了，这与中国产业分类方式有极大区别。中国大多数冶金类公司都是"矿业+冶炼+金属加工"的一体化企业形态，比如鞍钢股份、中国铝业、紫金矿业、山东黄金等。这种分类方式显然反映出中美材料领域的产业形态以及企业组织形态上的重大区别。以本章所聚焦的钢铁公司为例，中国的钢铁公司通常涉足铁矿的采选业务，而美国的钢铁公司更多是"电炉+冶炼+钢材加工+多元化金属生产加工和贸易"的形态。

由于分类方式的不同，在 GICS-Wind 四级目录以及更细分的行业和公司领域进行的研究必须首先着力于建立具有说服力的比较基础。

表 12-1 显示的是在 GICS-Wind 目录下，材料产业一级到四级产业的基本构成，以及中美两国有代表性的上市公司（2018 年底市值在 100 亿美元以上的）。例如，在容器与包装三级产业内，中国还没有百亿美元以上的高市值公司，而美国有著名的国际纸业和波尔公司。

表 12-1　GICS-Wind 目录下材料产业的分类

一级行业	二级行业	三级行业	四级产业	中国代表公司	美国代表公司
材料	材料	金属、非金属与采矿	黄金、白银、铝、钢铁、金属非金属、贵金属和矿石	宝钢股份、紫金矿业	纽柯公司、钢动力
		化工	基础化工、多元化工、化肥与农用化工、工业气体、特种化工、化纤	万华化学、荣盛石化	杜邦公司、美国雅宝
		容器与包装	纸包装、金属与玻璃容器	—	国际纸业、波尔公司
		建材	建材	海螺水泥	CRH 水泥
		纸与林木产品	纸制品、林木产品	—	—

资料来源：Wind, 2019 年 9 月。

在本章中，公司的市值均以 2018 年底上市公司在证券交易所的收盘价计。

在 GICS-Wind 分类标准中的材料产业下，在美国上市公司市值排名前 50 位的公司中，以杜邦公司（市值 1213.45 亿美元）、林德公司（市值 853.92 亿美元）为代表的化工类企业给出了市值边界，在可预见的将来，这一高度其他公司很少有机会触及。

在金属、非金属与采矿二级产业，力拓（市值 811.96 亿美元）、必和必拓（市值 775.42 亿美元）、淡水河谷（市值 676.15 亿美元）显示了它们无可动摇的资源价值，但它们应当区别于其他国别或资本构成意义上的美国公司。

如果以 50 亿～ 100 亿美元市值为标准选择样本，则中美两国材料产业前 50 家上市公司的排列相对稳定，化工产业和金属、非金属与采矿产业各占 20 家左右。由宝钢股份（市值 210.89 亿美元）、安赛乐米塔尔（市值 209.50 亿美元）领跑的钢铁公司则密集出现在 30 亿～ 50 亿美元市值范围内。

此外，在美国，以国际纸业（市值 161.68 亿美元）、波尔公司（市值 154.15 亿美元）、美国包装（市值 78.87 亿美元）为代表的容器与包装类公司有巨大市值。中国同类公司的市值在 30 亿美元以下，这似乎是中美两国在消费层级上存在显著区别的重要证明。

中美材料产业市值领先的上市公司如表 12-2 所示。

表 12-2　中美材料产业市值领先的上市公司概况

股票代码	公司名称	所属四级产业	员工数（人）	总资产（亿美元）	营业收入（亿美元）	净利润（亿美元）	ROA（%）	市值（亿美元）
DD.N	杜邦公司	多元化工	98 000	1 880.30	859.77	38.44	3.68	1 213.45
LIN.N	林德公司	工业气体	80 820	933.86	149.00	43.81	11.36	853.92
RIO.N	力拓	金属非金属	47 458	909.49	405.22	136.38	19.98	811.96
BHP.N	必和必拓	金属非金属	27 161	1 119.93	436.38	37.05	14.25	775.42
600585.SH	海螺水泥	建材	43 884	225.99	194.04	46.30	28.74	233.68

（续）

股票代码	公司名称	所属四级产业	员工数（人）	总资产（亿美元）	营业收入（亿美元）	净利润（亿美元）	ROA（%）	市值（亿美元）
600019.SH	宝钢股份	钢铁	56 158	506.45	461.22	35.18	8.94	210.89
MT.N	安赛乐米塔尔	钢铁	209 000	912.49	760.33	51.49	6.42	209.50
NEM.N	纽蒙特矿业	黄金	12 400	207.15	72.53	3.41	4.42	184.68
IP.N	国际纸业	纸制品	53 000	335.76	233.06	20.12	8.45	161.68
NUE.N	纽柯公司	钢铁	26 300	179.21	250.67	23.61	20.09	158.33
BLL.N	波尔公司	金属与玻璃容器	17 500	165.54	116.35	4.54	5.57	154.15
601899.SH	紫金矿业	黄金	19 226	170.56	160.17	7.07	7.27	105.91
WRK.N	西石公司	纸包装	45 100	253.61	162.85	19.06	5.27	96.36
002493.SZ	荣盛石化	化纤	11 710	183.48	138.16	2.97	3.55	92.49
600547.SH	山东黄金	黄金	16 032	67.92	82.79	1.42	4.85	90.55
ARNC.N	奥科宁克	铝	43 000	186.93	140.14	6.42	6.66	81.48
PKG.N	美国包装	纸包装	15 000	65.70	70.15	7.38	16.73	78.87
601600.SH	中国铝业	铝	65 211	303.56	272.37	2.43	3.30	69.38

资料来源：Wind，2019 年 9 月。

12.1.2 钢铁产业的全球格局

钢铁作为主要的结构材料被写在人类工业文明史的首页，钢铁产业在全世界以国家或地区的粗钢产量排定座次，这一指标至简、至大。

1990～2016 年，中国粗钢产量保持了 10% 左右的年均复合增长率，从 6 千万吨级（1990 年为 6603.8 万吨）增长到超过 8 亿吨（2016 年为 8.10 亿吨），占全球粗钢产量的份额从 10% 以下（1990 年为 9%）提升至 50% 以上（2016 年为 50.5%）。在此期间，全球粗钢产量只增加了 8.55 亿吨（1990 年为 7.73 亿吨，2016 年 16.28 亿吨），中国贡献了全球粗钢增量的 87.0%。

2013 年以来，在国内严格限制新增钢铁产能的政策背景下，中国粗钢产量占全球总产量的份额仍然保持在接近 50% 的水平上，2019 年这一比例大幅上升为 53.3%。

根据世界钢铁协会（World Steel Association，WSA）发表的研究报告《世界钢铁统计数据 2020》（*World Steel in Figures 2020*），2019 年全球粗钢产量为 18.70 亿吨，产量进入全球十强的国家包括中国（9.96 亿吨，不含台湾地区）、印度（1.11 亿吨）、日本（9930 万吨）、美国（8780 万吨）、俄罗斯（7190 万吨）、韩国（7140 万吨）。十强中的德国（3970 万吨）、土耳其（3370 万吨）、巴西（3220 万吨）的粗钢产量与中国的鞍钢股份（3920 万吨）、建龙钢铁（3120 万吨）以及印度的塔塔集团（3015 万吨）相当。位列第十的伊朗（2520 万吨）的粗钢产量则与美国纽柯公司（2309 万吨）相当。

按照中国国家统计局和中国海关的统计，2019年中国钢铁产量12.05亿吨，净出口约5199万吨（出口6429万吨，进口1230万吨），这意味着中国生产的钢铁绝大多数是在中国国内市场消费的。2016年以来，中国钢材消费的主要领域有建筑业（约占60%）、机械行业（约占18%）、汽车行业（约占9%）、造船业（约占2%）。

在观察中国钢铁产业的基本状况时，必须充分注意中国粗钢的产品构成，即以"铁矿石—生铁—粗钢"技术路线的"长流程"钢为主，这是中国钢铁产业区别于欧美发达国家的重要技术特征和产业特征。世界钢铁产业的平均铁钢比在0.7左右，以2019年中国生铁产量8.09亿吨估算，中国的铁钢比超过0.9。正因如此，中国是全球铁矿石的主要买家。中国进口铁矿石从2000年的约7000万吨增加到2019年的10.7亿吨（6.65亿吨来自澳大利亚，2.29亿吨来自巴西），钢铁产业对进口铁矿石的依赖度接近80%。

表12-3所示的是中美两国钢铁产业主要的上市公司。

表12-3 中美以市值排序的钢铁产业上市公司

股票代码	公司名称	员工数（人）	总资产（亿美元）	营业收入（亿美元）	净利润（亿美元）	ROA（%）	总市值（亿美元）
VALE.N	淡水河谷	70 270	881.90	365.75	68.60	8.54	676.15
600019.SH	宝钢股份	56 158	506.45	461.22	35.18	8.94	210.89
MT.N	安赛乐米塔尔	209 000	912.49	760.33	51.49	6.42	209.50
NUE.N	纽柯公司	26 300	179.21	250.67	23.61	20.09	158.33
600010.SH	包钢股份	29 097	224.86	101.53	5.03	4.50	98.30
STLD.O	钢动力	8 200	77.04	118.22	12.58	23.99	67.67
TX.N	特尔尼翁钢铁	20 660	125.48	114.55	15.07	16.53	54.33
000898.SZ	鞍钢股份	35 517	136.04	158.91	12.02	12.71	53.45
SIM.A	Group Simec	3 767					47.78
RS.N	Reliance S&A	15 600	80.45	115.35	6.34	12.75	47.60
000709.SZ	河钢股份	35 723	315.45	182.79	6.62	4.18	43.94
600808.SH	马钢股份	28 454	116.17	123.84	10.67	12.16	37.72
000825.SZ	太钢不锈	19 468	108.54	110.23	7.42	8.72	34.36
X.N	美国钢铁	17 000	109.82	141.78	11.15	9.40	31.83
002110.SZ	三钢闽光	11 607	42.64	54.78	9.85	34.80	30.46

资料来源：Wind，2019年9月。

1. 产能和产量：钢铁产业的全球排行榜

全世界的钢铁公司以"大者为王"，但不是指销售额或者利润额的大，而是指粗钢的产能、产量之大。钢铁业通常"以大为强"，这既与历史习惯有关，也与钢铁产业相对的稳定态有关。在一般情况下，大型钢铁公司具备相对稳定的收益能力，少数公司甚至全行业的短期盈亏难以对全球钢铁产业的基本格局造成重大影响。

在最近的十多年中，由于众多中国公司的加入，全球钢铁公司排行榜不得不逐渐从 20 家拉长到 50 家甚至 100 家以上。英国《金属通报》(Metal Bulletin) 公布的"全球钢铁公司排名（2019 年）"率先把参与排名的公司增加到了 130 家。

2016 年以来，在以粗钢产量排名的各种榜单中，中国领先的钢铁公司稳定保持在第 10~20 名的行列，美国有四五家企业可以勉强进入前 80 强名单。在 80~100 名的公司中，中国还有几十家公司，美国公司则集体缺席很多年了。

应当特别说明的是，在中国上市或不上市的采矿、冶炼、加工一体化的"联合钢铁公司"通常会在公开信息中强调各自的生产规模，即粗钢或者钢材的产能、产量，以此来确认公司规模和行业地位，而美国钢铁公司的相关数据则往往需要通过专门的钢铁行业咨询机构才能取得。

按照老资格的英国行业研究机构《金属通报》2020 年 6 月公布的数据（见表 12-4），2019 年中国宝武集团的粗钢产量（9311.9 万吨）超过了总部设在卢森堡的安赛乐米塔尔（8980.9 万吨），成为全球最大的钢铁公司。此外，进入该榜单前 10 的还有河北钢铁集团等 4 家中国公司，以及日本的日本制铁（Nippon Steel）、JFE 钢铁、韩国的浦项制铁（POSCO）、印度的塔塔集团 4 家公司，它们的粗钢产量在 3000 万~5000 万吨之间。全球共有 136 家钢铁公司的粗钢产量超过 200 万吨，它们是通常意义上的大型钢铁公司。榜单新增的 16 家公司均为中国钢铁公司。

表 12-4　2019 年以粗钢产量排名的全球主要钢铁公司　　（万吨）

2019 年世界排名	2018 年世界排名	公司名称	2019 年粗钢产量	2018 年粗钢产量	所属国家
1	1	中国宝武集团	9 311.9	6 742.9	中国
2	2	安赛乐米塔尔	8 980.9	9 250.0	卢森堡
3	3	日本制铁	4 705.0	4 784.0	日本
4	4	河北钢铁集团	4 465.9	4 489.4	中国
5	5	浦项制铁	4 290.0	4 290.0	韩国
6	6	江苏沙钢集团	4 110.2	4 066.0	中国
7	7	鞍钢集团	3 920.4	3 735.9	中国
8	10	北京建龙重工集团	3 118.5	2 788.5	中国
9	9	塔塔集团	3 056.0	2 919.0	印度
10	8	JFE 钢铁	2 978.5	3 231.0	日本
11	11	首钢集团	2 934.3	2 734.2	中国
12	12	山东钢铁集团	2 757.7	2 320.9	中国
13	13	湖南华菱钢铁集团	2 430.8	2 301.2	中国
14	14	纽柯公司	2 335.6	2 245.6	美国
20	21	辽宁方大集团	1 565.9	1 551.2	中国
22	24	包头钢铁集团	1 546.4	1 524.5	中国

（续）

2019年世界排名	2018年世界排名	公司名称	2019年粗钢产量	2018年粗钢产量	所属国家
25	22	美国钢铁	1 389.1	1 534.6	美国
44	42	钢动力	988.7	990.0	美国
67	80	工商五金	530.3	405.0	美国
73	69	AK钢铁	484.6	515.6	美国
100		山东泰山钢铁集团	332.8	360.1	中国

资料来源：《金属通报》，知一书院整理，2020年6月。

按照粗钢产量排名，2019年全球排名前50的美国公司包括纽柯公司（2335万吨，第14位）、美国钢铁（1389万吨，第25位）和钢动力（988万吨，第44位）3家公司，产量合计占美国粗钢总产量的51%左右。

2.《财富》500强：中美钢铁公司的影响力和竞争力

2019年《财富》500强排行榜中的金属类公司共53家，中国公司入选19家，其中钢铁公司13家。卢森堡的安赛乐米塔尔、韩国的浦项制铁、日本的日本制铁和JFE钢铁、德国的蒂森克虏伯（ThyssenKrupp）、美国的纽柯公司与中国宝武集团5家公司一同入选。值得一提的是，中美各有一家公司首次上榜：美国的纽柯公司是老牌钢铁公司；中国的青山控股成立于1988年，其不锈钢产能高达900万吨以上，规模惊人。此外，中国的正威国际集团（销售收入763.6亿美元，排名119位）在世界500强的排名甚至领先于安赛乐米塔尔，其"金属材料工业园"模式的开拓极具传奇色彩。2019年《财富》500强前11家钢铁公司的相关信息见表12-5。

表12-5　2019年《财富》500强前11家钢铁公司2018年的数据统计

公司名称	国别	粗钢产量（万吨）	销售收入（亿美元）	利润（亿美元）	500强排名
安赛乐米塔尔	卢森堡	9 642	760.33	51.49	120
中国宝武集团	中国	6 743	663.10	21.68	149
浦项制铁	韩国	4 286	592.23	15.56	171
日本制铁	日本	4 922	557.20	22.65	186
河北钢铁集团	中国	4 489	509.21	-0.77	214
蒂森克虏伯	德国	—	508.56	0.095	215
江苏沙钢集团	中国	4 066	364.41	18.69	340
JFE钢铁	日本	2 915	349.37	14.75	356
青山控股	中国	929	342.42	5.79	361
鞍钢集团	中国	3 736	326.19	-2.54	385
纽柯公司	美国	2 246	250.67	23.61	496

资料来源：《财富》，世界钢铁协会（WSA）等，知一书院整理，2019年9月。

2019年6月，世界钢动态公司（WSD）发布了《世界级钢铁企业竞争力》排行榜。这一榜单以资源、规模、市场、技术、管理、人工、财务、环境、地区风险等23项指标赋权打分（满分为10分）进行排名。在2019年入围榜单的35家公司中，韩国的浦项制铁（8.37分）自2010年以来连续第九年排第一位；中国5家（中国宝武集团7.19分，第17位；台湾中钢公司7.09分，第18位）、印度5家、俄罗斯4家、美国（纽柯公司7.97分，第2位）和巴西各3家入选。

世界钢动态公司的这一排行榜只公布"赋权因素"的权重构成，外界并不了解其打分方法，因此对其公允性存在很多质疑的声音。但至少从感观上看，这是目前关于全球主要钢铁公司最全面的竞争力评价体系。

3. 安赛乐米塔尔：全球规模领先的钢铁公司

尽管2019年中国宝武集团以粗钢产量计成为全球最大的钢铁公司，但安赛乐米塔尔仍然是在研究全球钢铁产业时必须重点关注的对象。

安赛乐米塔尔成立于2006年，长期保持着全球最大钢铁制造商的地位，在60多个国家雇用了近30万名员工，2018年粗钢产量约1.3亿吨，占世界钢铁总产量的10%左右，其产品覆盖汽车、建筑、家用电器、包装等领域，在2019年《财富》世界500强排行榜中列第120位。

安赛乐米塔尔的前身是2002年2月欧洲三大钢铁制造商（法国Usinor、卢森堡Arbed、西班牙Aceralia）合并而成的阿塞洛（Arcelor）钢铁集团（下称阿塞洛）。2004年10月，米塔尔（Mittal）钢铁公司（下称米塔尔）以45亿美元收购美国国际钢铁公司及其下属企业，之后在2006年以约270亿美元的对价收购了阿塞洛，组建了安赛乐米塔尔，并在2007年以粗钢产量1.164亿吨首度成为全球最大的钢铁生产商。

2005年1月，米塔尔曾以26亿元的价格收购中国华菱管线（000932.SZ）37%的股份，成为其第二大股东（后于2016年退出）。2005年后，米塔尔以及后来的安赛乐米塔尔曾就入股中国包钢股份（600010.SH）进行过深入谈判，而包钢股份是中国稀土资源储量最大的公司。此外，2007年11月，安赛乐米塔尔曾以6.47亿美元（约14%的溢价）高价收购了一家中国民营钢铁企业中国东方（0581.HK）29.61%的股份。

需要注意的是，中国2005年颁布的《钢铁产业发展政策》对外商投资中国钢铁产业的企业资质、不控股、不布新点做出过明确的原则性规定。

4. 中国钢铁产业：创造历史的规模扩张

1927～1937年是中国近代工业发展的重要时期，1942～1943年曾经出现过阶段性峰值，包括东北三省在内，当时中国具备大约年产生铁180万吨、粗钢90万吨左右的能力。

1949年中国有确切记录的钢产量为15.8万吨，居世界第26位。1952年基本恢复到新中国成立前的最高水平（1952年产钢135万吨）。

中国钢产量在"一五"期间（1953～1957年）有大幅度增长（1957年达到535万吨），其后虽然经历过重大波折，但在20世纪70年代中后期形成了3000万吨粗钢的产能基础。

1957年之后，中国用了近30年的时间，终于在1986年使钢产量首次超过了5000万吨（1986年5221万吨）。

20世纪50年代～20世纪末，产品短缺一直是中国钢铁产业需要解决的根本性问题。在20世纪中叶，中国可以自给自足的钢材品种极其有限，在石油、采矿、路桥、建筑、工厂、机器、船舶等领域，大量使用进口钢材是必然选择。1978～1992年，中国每年平均进口钢材874万吨。1993年以后，钢材进口量持续增长了10年到2003年的3717万吨的峰值，后才逐步回落，又经过15年才减少到2018年的1317万吨。

迄今为止，在人类钢铁产业的发展史上，只有美国、苏联、日本、中国、印度的年钢产量达到过亿吨级别。1996年是中国钢铁产业创造纪录的年份，中国粗钢产量首次超过1亿吨（10 124万吨），成为世界第一大产钢国（占世界钢产量的13.5%）。

中国粗钢年产量在2003年突破2亿吨，之后大约每2年增加1亿吨（相当于2000年美国的年产量），在2003年（2.22亿吨）、2006年（4.22亿吨）和2014年（8.23亿吨）3次实现亿吨级别上的产量翻番。

2019年，中国生产粗钢9.96亿吨，占全世界总产量的53.3%。按照中国国家统计局的统计，2019年底，中国日均粗钢产量271.8万吨，大约相当于19世纪90年代初期美国全年的钢产量（美国1888年294.6万吨）。

5. "三大五中十八小"：中国钢铁产业结构的形成

1949年新中国成立时，陆续接收的日伪和国民党政府的钢铁企业有30多家，包括鞍山钢厂、唐山钢厂（只有炼钢）、本溪钢厂、石景山钢厂（只有炼钢）、太原钢厂、宣化钢厂（只有炼铁）、汉阳钢厂、北满钢厂等。

"二五"计划（1958～1962年）初期，钢铁产业的发展围绕设计规模年产钢300万吨的鞍钢、武钢、包钢三大钢铁基地的建设展开。依托苏联的经验和技术能力支持，集中力量建设大型钢铁基地是当时的必然选择。

20世纪60年代，中苏关系趋冷，小型铁矿地理上分布广泛的特点促使中国发展钢铁产业的思路迅速转变——在中央组织大型钢铁基地建设外，动员和鼓励地方政府就地取得和利用资源，发展中小型钢铁企业以满足区域性钢材需求。

真正对中国钢铁产业结构影响深远的是"二五"期间形成的地理分布和规模结构上的"五中十八小"钢铁公司雏形，这一结构甚至决定了之后几十年中国钢铁产业基本格局的演化。

在之后的近20年中，中国发展钢铁产业的战略转向"扩建和新建五个有前途的中型钢铁基地"（年产能30万～100万吨），这就是后来的山西太原、四川重庆、北京石景山、安徽马鞍山、湖南湘潭五个目标公司的由来。在此基础上，逐步形成了在更广泛的省区建设小型钢铁厂的规划（年产能10万～30万吨），这就是所谓的"十八小"。

在20世纪60年代之后，中国钢铁产业"三大五中十八小"的发展模式对于中国更广泛意义上的原材料工业领域（包括钢铁、有色金属、建筑材料、矿业）的发展，对于它们所在省区的经济和社会发展，甚至对于20世纪90年代后中国证券市场国企板块的形成都产生了深远影响。

正因如此，本文不避其烦地将中国钢铁产业的"十八小"一一列出：河北邯郸、山东济南、山西临汾、江西新余、江苏南京、广西柳州、广东广州、福建三明、安徽合肥、四川江油、新疆八一、浙江杭州、湖北鄂城、湖南涟源、河南安阳、甘肃兰州、贵州贵阳、吉林通化。

"钢铁企业不一定越大越好"，中国为取得这一现在看来简单得如同常识一样的认知付出了巨大的努力和高昂的代价，其中既包括1957年前后"大炼钢铁"的模式性探索，也包括近20年来引起广泛讨论的对于"提高产业集中度"的尝试。

6. 攀钢和宝钢：改变中国钢铁产业结构的两个项目

20世纪60年代～20世纪末，除了1965年建设的攀枝花钢铁（简称攀钢）基地和20世纪80年代建设的宝山钢铁（简称宝钢）总厂外，中国几乎全部的钢铁企业都是依托"三大五中十八小"形成的骨干钢铁企业发展起来的。至1983年，中国钢铁产业形成了以"三大五中十八小"为骨干的100多家重点钢铁企业，遍布全国的中小钢铁企业增加到1000家以上。

在着力发展"三大五中十八小"、形成钢铁产业基础的同时，中国一直有立足国内铁矿资源、选择有利时机在适当地方再建设一两个大型钢铁厂的规划，其中在河北冀东地区建设年产千万吨的钢铁基地是重点考虑的方案。在当时的情况下，中国对在上海、天津这样的大城市发展钢铁产业有所规划，而对在沿海地区甚至内地具有较好铁矿资源基础的省区发展钢铁产业尚无暇顾及。

20世纪60年代中后期，由于极为特殊的国际政治环境，中国决定集中全国人力、物力，在具有丰富钒钛磁铁矿资源的四川攀西地区建设千万吨级别的钢铁基地。

尽管攀西地区的钒钛磁铁矿在20世纪被国际冶金界认为是无法冶炼的"呆矿"，甚至在规划厂址时都找不出完整的平坦地块布置主厂区，但攀钢基地用时五年（1965～1970年）即开始投产，之后逐步成为中国第四大钢铁基地。

攀钢是中国在计划经济时代发展钢铁产业的最后一个重大项目尝试，在2010年7月并入鞍钢集团时，其具有超过800万吨的产能。

攀钢的建设所起到的作用无法从经济角度估量，但攀钢与先期建设的包头、新疆、西宁等钢铁基地大大加强了钢铁产业甚至国家意义上的产业安全。同时，也由于攀钢的建设，中国钢铁产业向原料产地靠近的格局进一步清晰。

20世纪70年代末期，中国发展钢铁产业的思路出现了历史性变化，一个重要背景是，日本钢铁产业的钢铁产量自20世纪60年代中期起与中国相差无几。到1980年产钢超过1亿吨，日本只用了短短十几年时间。

上海宝钢基地的建设以日本新日铁公司为样板，从1978年起，历时近20年，一期和二期工程分别在1985年和1989年建成投产，主体设备以进口为主，形成了800万吨以上的现代化钢铁产能，成为具有世界先进水平的特大型钢铁企业。

按照一般说法，宝钢基地最初的建设预算约为300亿元人民币，而1978年中国全部财政收入约为800亿元人民币。宝钢一期和二期工程总投资约为245亿元（其中外汇约48亿美元），1993～2000年完成了的宝钢三期工程的全部自筹建设资金超过600亿元。

2016年12月，宝钢集团、武钢集团宣布合并，新成立的中国宝武集团拥有员工22.8万人，资产总额约为7300亿元，具备年产钢7000万吨的能力（2015年宝钢集团产量3493.8万吨，武钢集团2577.6万吨）。

2018年，中国宝武集团实现钢产量6725万吨，资产规模7395亿元，营业收入4386.2亿元，利润总额338.37亿元。2018年末，宝钢股份总市值210.9亿元。

2019年6月，中国宝武集团取得原属安徽省国资委的马钢股份51%的股权，此项并购涉及马钢集团粗钢产能近 2000 万吨。

2019 年，以粗钢产能计，中国宝武集团以 9547 万吨的产能成为规模略小于安赛乐米塔尔（9731 万吨）的世界第二大钢铁公司。

2020 年 8 月，山西省国资委同意向中国宝武集团无偿划转太原钢铁集团 51% 的股权。在收购太原钢铁集团后，中国宝武集团将新增约 1100 万吨粗钢产能，其中不锈钢产能约 420 万吨。

7. 中国钢铁产业"沿海建大厂"在新世纪的实践

沿中国东部、东南部海岸线分布了若干适合建设大型钢铁企业的重要港口，包括辽宁鲅鱼圈、河北曹妃甸、山东日照港、江苏连云港、广东湛江港、广西防城港、福建宁德等，都曾在国家和地方政府规划的建设范围内，也是日本、韩国等钢铁发达国家曾经重点考虑进行合作投资的区域。

21 世纪头 10 年，投资钢铁产业带来的良好经济效益和对地方经济发展巨大的推动作用促使中国相当多的省市地方政府和大型钢铁企业在上述地区积极展开了新建项目的前期准备工作，所形成的建设计划和投资方案都雄心勃勃。

随着中国宝武集团的成立，多年来争论甚多的广东湛江港项目和广西防城港项目的发展规划、市场定位、产品方案等问题应当有条件在更理性的层面上取得共识。

21 世纪头 10 年陆续在沿海建设的其他重大项目还包括鞍钢新区项目（辽宁鲅鱼圈）、山东钢铁项目（山东日照港）、首钢新区（河北曹妃甸）项目等，这些沿海项目的突出特点在于对世界最先进的钢铁生产技术的广泛采用。

此外，众多在"三大五中十八小"时代建成的特大企业或者大型企业的规模也有了成倍的扩大，但它们大多选择了在原址扩建或另选新址建设新厂区，从老的城市郊区搬迁到了新的城市郊区而不是沿海。

进入 21 世纪以来，中国在沿海发展钢铁产业的另一个重大项目是首钢近千万吨产能向河北曹妃甸的整体搬迁，这一项目的意义远远超过了"中国钢铁产业结构调整"的研究范围，更多地体现了北京作为中国首都需要在新时期进行重新定位的要求。

需要特别说明的是，一直没有能力实施的"冀东大厂"方案在 2000 年后由众多原本极不起眼的中国乡镇企业着手神奇地完成了。众多企业集中在河北唐山市周边地区，具有超过一亿吨以上的钢铁产能，成为中国钢铁产业结构中的重要一极。

近 20 年来，中国民营钢铁企业的产生、发展和取得的重要成就令人瞠目，就算只从产业结构角度分析，也需要安排极大篇幅才能进行，本文无法更多涉及了。

8. 中国钢铁产业上市公司

中国钢铁产业以"三大五中十八小"为历史背景的众多公司在各省经济中都占有重要地位。以 1993 年马钢股份的设立为起点，这些公司在 20 世纪 90 年代至 20 世纪末陆续通过各省市的安排在中国 A 股市场上市（其中马钢股份发行过 H 股，本钢板材发行过 B 股）。

2005 年后，《钢铁产业发展政策》规定，企业申请首次公开发行股票或在证券市场融资，募集资金投向于钢铁产业，必须符合钢铁产业发展政策，并需向证券监管部门提供由国家发展和改革委员会出具的募集资金投向的文件。

《钢铁产业发展政策》公布后，中国钢铁公司很少从证券市场直接融资的机会。在严格的政策限制下，钢铁公司在金融机构、投资机构甚至地方政府的招商引资中往往不受欢迎，甚至随时要面对来自银行的政策性抽贷压力。

从这个意义上说，中国钢铁公司在最近十多年中是在近乎严酷的资本市场压力下，以极高的资金成本生存发展的，这使得在迅速度过 2015～2016 年异常艰难的市场严冬后，中国钢铁产业在 2017 年后进入十年来效益最好的时期这件事就显得更加引人注目。

至 2018 年末，在中国证监会行业目录下的钢铁类上市公司共有 56 家，其中 12 家是 2018 年《财富》500 强公司。2018 年，中国前 10 家钢铁产业上市公司（见表 12-6）的粗钢产量大约占全国总产量的 30%。

表 12-6　2018 年中国钢铁产业上市公司总资产前 10

（金额单位：亿美元）

股票代码	公司名称	粗钢产量（万吨）	总资产	总市值	员工总数（人）	销售收入	净利润
600019.SH	宝钢股份	6 743	506.45	210.89	56 158	461.22	35.18
000709.SZ	河钢股份	4 489	315.45	43.94	35 723	182.79	6.62
600010.SH	包钢股份	1 525	224.86	98.30	29 097	101.53	5.03
000959.SZ	首钢股份	2 734	204.17	28.75	17 862	99.40	5.03
000898.SZ	鞍钢股份	3 736	136.04	53.45	35 517	158.91	12.02
600808.SH	马钢股份	1 964	116.17	37.72	28 454	123.84	10.67
000932.SZ	华菱钢铁	2 301	113.69	26.63	22 801	138.07	13.00
600022.SH	山东钢铁	2 321	108.66	25.04	18 881	84.49	3.53
000825.SZ	太钢不锈	1 070	108.54	34.36	19 468	110.23	7.42
000761.SZ	本钢板材	1 590	90.11	18.08	18 436	75.83	1.57

注：马钢股份总股本含 H 股 17.33 亿股，本钢板材总股本含 B 股 4 亿股。

资料来源：各公司 2018 年年报，知一书院整理，2019 年 6 月。

12.2 重新认识美国钢铁产业

12.2.1 美国钢铁产业集中度

根据世界钢铁协会发布的《世界钢铁统计数据2020》，2019年美国粗钢产量为8780万吨，其中纽柯公司（2309万吨）、美国钢铁（1389万吨）、钢动力（859万吨）3家最大的公司合计占美国粗钢总产量的51.9%。

近20年来美国的粗钢产量稳定在接近1亿吨的水平上（2009年极端低点值5819.6万吨），波动很小，2017～2018年连续2年同比6.2%的高增长是极其罕见的。

中国国内关于美国钢铁产业的研究很多，所采用的资料和观点大都相似。我们有理由对这些研究给予充分的尊重，因为中美两国在类似的发展阶段出现某种相似性是顺理成章的，但也应当允许对同样的现象和数据加以不同的解读。比如，20世纪70年代美国环境立法期间，钢铁产业率先被列入高能耗、高排放、高污染的产业，在废气排放、废水排放、固体废弃物处理、噪声污染等方面有明确的法律标准。环境污染意味着严重的法律后果，相关法案要求钢铁产业建设资金的15%用于环保工程。在这些方面，中国当然有必要认真借鉴美国的经验，至少可以少走弯路。

19世纪90年代，美国钢铁产业开始了大并购，当时的卡内基、美国钢铁动辄合并几百家小公司。美国前10名钢铁公司的钢铁产量占全美钢铁总产量的75%以上。2018年，纽柯公司、美国钢铁、钢动力、AK钢铁和工业五金5大主要钢铁公司合计粗钢产量为5690万吨，占全美粗钢总产量的65.7%。

很多中国分析师认为，两次石油危机重创了美国钢铁产业。对这样的分析应当给予严重的质疑。更广为流传的"石油危机曾导致一半以上的美国钢铁公司关闭"的说法也缺少数据支持。

与中国有很大不同，美国大量的钢铁公司实际上是金属加工或者金属贸易公司，而中国的钢铁公司多数是从采矿到炼钢的联合钢铁企业。这种公司形态上的区别还暗含着一个重要的产业特点：能耗、运输等对中国钢铁产业生死攸关的问题并不是美国钢铁产业最重要的成本构成因素。

在美国，年产能几十万吨的钢铁公司大量存在，还有很多公司只做钢材的后段加工。以美国钢铁协会（AISI）的数据为例，1985年，在美国规模较大的300多家钢铁公司中也只有1/3的公司有粗钢产能。换言之，很多经历了"并购时代"或者"关闭时代"的美国钢铁公司只是专业的金属加工公司，比如几十个人的五金件厂或者几个人的弹簧厂，而不是中国通常理解的钢铁公司。在这种差异上计算出来的产业集中度无益于对比、研判中国钢铁产业的结构形成和演变趋势。简单地以美国为参照，认定其为国际钢铁产业的发展指出了必由之路，从而成为中国必须及早动手提高产业集中度的依据，认为这将有利于中国公司提高竞争力是极其武断的，否则就无法解释在政策执行过程中遭遇的广泛旁观、非议甚至抵制。

以纽柯公司和美国钢铁为代表的为数不多的上市公司只覆盖了美国钢铁产量的一半左右，因此一定有数量众多的美国钢铁公司支撑着美国的钢铁产量，其平均粗钢产量应当在几十万吨甚至更少，与中国的钢铁公司相比属于"迷你"级。

由于美国的研究机构似乎并不热衷于以钢铁产能或产量来给这些公司排定座次，使得研究者查找这些公司的产能或产量分布变得异常困难。

当然，还需要特别注意到，主要采用电炉工艺的美国钢铁公司在关闭或者重启设备时所具有的高度灵活性。

12.2.2　美国钢铁产业发展的新动向

将钢铁产业定义为"夕阳产业"太过草率了。

1973 年，美国钢铁产量达到历史最高点 1.36 亿吨，并在之后的近 50 年中，始终保持了接近 1.5 亿吨的产能以及 75% 以上的产能利用率，年产量稳定在 8500 万～9500 万吨。2017～2018 年，美国粗钢产量连续实现超过 6% 的年度增长，行业景气度极高。2018 年下半年后，在国际资本市场，有众多机构罕见地建议投资人大量买入美国钢铁类公司的股票。

2018 年对美国钢铁产业是极为重要的一年，其间就有 3 月宣布的对进口钢铁产品征收 25% 关税的决定。但更引人注目的是，据美国钢铁协会的测算，2019 年上半年，美国钢铁产业的产能利用率上升至十多年来从未见过的 80% 以上。

位列北美第一的纽柯公司 2018 年的财务报告显示，2018 年的钢材发货量、每股收益和营业收入都创下历史新高。主要钢铁类上市公司的财务业绩均有所改善，这些公司密集宣布的生产设施重启、改造、升级、并购和股票回购以及高达数十亿美元的新厂建设计划则是多年来未曾有过的。

实际上，创新的技术总是在第一时间应用到钢铁产业上。比如，美国钢铁有两个重要的项目——APEX 项目和 AMEX 项目。APEX 是指所有员工、所有产品、所有工艺最佳化，AMEX 是指所有设备维修数据最佳化。考虑到钢铁公司结构的复杂程度，支撑如此项目的技术基础必定是大数据。

美国钢铁产业非常重视的人均钢产量指标在1980～2016年间提高了5倍。2008年金融危机时期，美国粗钢产量出现了近50年最低的开工率水平（2009年粗钢产量5800万吨，当时钢铁产业从业人员为4.9万人）。如果不是技术进步起到了决定性作用，很难相信当美国钢产量再次接近1亿吨（2018年9500万吨）时，从业人员只有1.7万人，相当于人均约5500吨。

2016年中国宝武集团成立时，共涉及超过21.8万名员工，如果将2019年并入的马钢集团也包括在内，中国宝武集团大体上以25万左右的员工数对应约1亿吨粗钢产量。尽管不应当将中美两国的钢铁产业从业人员进行统计学意义上的对比，但人均钢产量水平的差异仍然非常显著。

2018年中国10家最大的钢铁产业上市公司员工总数约为28.2万人，生产粗钢2.85亿吨，人均产钢约1000吨。

12.3 中国钢铁产业政策的形成

12.3.1 《钢铁产业发展政策》出台的背景

2005年《钢铁产业发展政策》的制定是以产业界、智库层和决策层对中国钢产量开始出现过剩的危险和人均消费量即将达到拐点的初步思考为依据的，也是在对美日韩钢铁产业发展的历史轨迹、经验进行了深入研究和多年讨论后提出的。

实际上，在1996年中国钢产量首次达到1亿吨后，就有不少钢铁产业的智库学者开始思考中国钢铁产业未来发展的总体态势，包括中国更大规模利用进口铁矿石的可行性、发达国家人均钢材消费量出现拐点的规律，美国、日本、韩国等在沿海发展钢铁产业的经验。

2003年，中国经济进入新一轮高速增长期，钢产量在1996年的基础上翻了一番（2.22亿吨），2004年实现钢产量（2.72亿吨）连续两年以20%以上的速度增长，钢材市场火热，投资规模巨大，也激发了周边国家大型钢铁公司的投资热情。

虽然中国政府三令五申，连续出台政策，希望抑制钢铁产业的过热投资，但效果并不明显。2004年5月，中国政府严厉查处了江苏铁本钢铁公司违规投资项目的诸多相关方，司法力量罕见地介入其中。

2003年之后，国际铁矿石价格持续上涨。2004年末国际铁矿石主要供应商提出新年度价格继续大幅上涨的要求，并在 2005 年初与日本新日铁公司率先达成长协矿涨价 71.5% 的协议，在中国钢铁业界引起巨大震动。

正是在这样的背景下，把钢铁产业定义为产能严重过剩、投资过热、高能耗、高污染产业的舆论最终成为主流判断，而钢铁产业投资行为的混乱也给必须大力提高产业集中度提供了新的证据。

《钢铁产业发展政策》希望中国钢铁产业形成"与资源和能源供应、交通运输配置、市场供需、环境容量相适应"的"比较合理的产业布局"，通过产业结构调整，实施兼并、重组，扩大具有比较优势的骨干企业集团规模，提高产业集中度，到 2010 年前 10 家钢铁企业钢产量占全国产量的比例达到 50% 以上，2020 年达到 70% 以上。国家支持和鼓励有条件的大型企业集团进行跨地区的联合重组，到 2010 年形成两个 3000 万吨级、若干个千万吨级的具有国际竞争力的特大型企业集团。

出于对中国钢铁已有产能总体满足需要的判断，《钢铁产业发展政策》特别提出了"新增生产能力要和淘汰落后生产能力相结合，原则上不再大幅度扩大钢铁生产能力、不再单独建设新的钢铁联合企业"的总体方针。

同时，《钢铁产业发展政策》明确要求从矿石、能源、资源、水资源、运输条件和国内外市场考虑，大型钢铁企业应主要分布在沿海地区；内陆地区钢铁企业应结合本地市场和矿石资源状况，以矿定产，不谋求生产规模的扩大。

因此，在中国粗钢产量接近 3 亿吨时，2005 年发布的《钢铁产业发展政策》的首要政策目标在于控制钢铁产业的总体规模。

12.3.2　中国对钢铁产业历史发展的基本认识

2005 年发布的《钢铁产业发展政策》影响了中国钢铁产业、广义的原材料产业，甚至影响了包括稀土在内的特殊材料和矿业的政策制定和调整。深刻理解《钢铁产业发展政策》形成的背景和政策实践是解读中国近 20 年材料产业发展的钥匙。

在最近 20 多年中，"调整优化产业结构"一直是中国钢铁业界乃至广义的材料产业领域重要的产业政策，其政策思路涉及钢铁、有色金属、建材、化工、造纸等诸多行业，这些行业在发展历史、地域分布、资本结构、产业影响力等方面都具有很高的相似度。例如，关于中国钢铁产业发展思路的讨论一直围绕着产量峰值判断、需求拐点判断和产业集中度三大问题展开，其立论基础是中国钢铁产业产能严重过剩，或者至少已经出现了产能严重过剩的现实危险,并且发展模式不可持续。

在最近10多年中,除了在精明的企业家中,发展钢铁产业在社会各界备受争议,偏重抑制性的产业政策导向与庞大的投资规模、良好的投资收益水平形成显著反差,很难使人相信,一个产能严重过剩的产业会保持高速增长近20年。

成立于1901年的美国钢铁公司、其创始人安德鲁·卡内基(Andrew Carnegie)的商业成长史甚至是在中国畅销不衰的《安德鲁·卡内基自传》一书都深刻影响了中国钢铁产业的发展思路。美国钢铁公司在20世纪初期由卡内基钢铁公司等几十家企业合并而成,曾经占美国钢产量的65%,这一事实经常成为中国产业界关于中国钢铁产业必须大规模重组的重要案例支撑。

影响中国钢铁产业政策导向的另一个美国人是通用电气的传奇董事长和CEO杰克·韦尔奇(Jack Welch)。在自1981年起的20年间,通用电气的市值从130亿美元提升到4800亿美元。"六西格玛"、全球化和电子商务几乎重新定义了现代企业的思维方式。尽管通用电气从来没有进入过钢铁产业,但通用电气在投资方向选择和行业角色取舍上所坚持的"数一数二"原则正好与中国钢铁产业特别是2000年后央企、国企重组的思路高度契合,从而广泛影响了中国钢铁产业结构的调整。

在最近10多年中,中国很大程度上是在追求"数一数二"的思路下制定和调整钢铁产业政策的,特别是在企业重组方面,先后尝试组建了超大规模公司,包括鞍本钢铁集团、河北钢铁集团、山东钢铁集团、华菱钢铁集团、东北特钢集团、渤海钢铁集团以及2016~2019年完成组建的中国宝武集团。

12.3.3 中国钢铁产业评述之一:产业集中度的边界

中国钢铁产量在10亿吨的规模上保持着高速增长,这在人类的产业发展史上绝无仅有。

如前所述,中国钢铁产业是在20世纪60年代的"三大五中十八小"的产业结构基础上发展起来的,产业内的企业曾经都是重要的大型地方国有企业,在当地经济和社会发展中扮演着举足轻重的角色。近20年,大量中小型钢铁企业出现在原有企业的附近,在强大的市场需求和更具竞争力的经营中不断扩大规模。

错误的指导思想对某个产业的发展甚至地区经济发展的打击往往是灾难性的。对于中国的钢铁产业,解决老厂的问题比新建企业要麻烦得多。20世纪90年代,原本"部属"的钢铁企业大都成为地方国有企业,属于央企的只有宝钢、武钢、鞍钢、攀钢四家。但是在"数一数二"思路的指导下,决定只保留三家央企。2010年,在国资委决定将其并入鞍钢之前，排名第四的攀钢曾经一时无人愿意接手。

90年代中后期，上海的十多家地方国有钢铁企业（约有20万员工）主要由宝钢负责重组，其中多数企业进入钢材加工行业的细分领域，比如钢帘线、易拉罐等领域，数量众多的员工告别了原有企业甚至远离了钢铁行业。

与上海相似，天津也有众多钢铁企业，包括著名的天津大无缝，其建设过程与宝钢相似——全套引进国外的设备，生产国内极为短缺的产品。不同的是，天津大无缝全部是由银行贷款投资建设的，在财务上始终无法实现盈利。在与天津众多小型企业陆续合并为渤海钢铁后不久，其经营陷入困境，2018年申请破产。

20年前，这些参与重组的企业在所属省区内都是"数一数二"的大型企业，员工动辄几万，靠钢吃钢、以钢立市的情况极为普遍，典型的所在地有攀枝花、酒泉、马鞍山、鞍山、本溪等。从另一个方面看，它清楚地显示，合理的"经济半径"是形成中国钢铁产业地理结构的根本要素，地域上的分散布局是中国总体产业环境进行的"适应性选择"。

2005年7月发布的《钢铁产业发展政策》从产业发展规划、产业布局、技术政策、企业组织、投资管理、原材料政策、钢材节约等各方面对2005～2020年中国钢铁产业发展做出了总体规划。

为促进企业重组、提高产业集中度，2009年的《钢铁产业调整和振兴规划》进一步提出推动鞍本集团、广东钢铁集团、广西钢铁集团、河北钢铁集团和山东钢铁集团"完成集团内产供销、人财物统一管理的实质性重组"，推进鞍本与攀钢、东北特钢，宝钢与包钢、宁波钢铁等跨地区的重组，推进天津钢管与天铁、天钢、天津冶金公司，以及太钢与省内钢铁企业等区域内的重组。

10多年来，对于提高产业集中度的表述集中在"国内排名前10位的钢铁企业钢产量占全国产量的比例"这一首选指标上，对这些企业使用过"大型""特大型""超大型"等定义，先后有过"达到50%以上""不低于60%""2020年达到70%以上"等不同表述，目标企业的合理生产规模有1000万吨、3000万吨、5000万吨几种说法。2015年3月，中国工信部就《钢铁产业调整政策（2015年修订）》向全社会征求意见，其表述是"2025年，前10家钢铁企业粗钢产量占全国比重不低于60%，形成3～5家在全球范围内有较强竞争力的超大型钢铁企业集团"。

在最近20年中，中国钢铁产业确实存在野蛮生长的情况，巨大的市场需求、敏锐的市场感觉、可观的利润率催生了大量设备和技术世界一流的计划外项目，其中不少项目在质疑声中成长为500万吨以上级别的大型企业。

如果如同有些专家认定的,并购和行业集中是钢铁产业发展的高级阶段,那么中国就正好落后美国 100 年。中国钢铁产业经历了太多,但鲜有并购的成功案例。在中国钢铁产业倍数级增长的过程中,来自上层的并购、重组、"数一数二"的政策似乎不起作用。

始于 20 世纪 90 年代的中国钢铁企业的合并重组主要由政府主导,成百上千的非国有钢铁企业对并购和提高产业集中度并未表现出太多兴趣,即使在国有资本控制范围内推动的企业重组也困难重重。

在评价钢铁企业跨地区、跨所有制重组的合理性和可行性时,有极大的必要审视 10 多年来在鞍本集团、华菱集团组建和运作过程中出现的超越企业经营层面的问题,而东北特钢集团、渤海钢铁的破产案例则具有重要的警示意义。

就广义的规模而言,宝武集团、河北钢铁、山东钢铁在世界上都算得上"数一数二"。就地域集中程度而言,中国的河北、辽宁、山东、江苏等省区的钢产量都相当于欧美一国的产量或者多国的总和。

中国钢铁产业已有的企业重组实践当然可以带来"数一数二"理念的外在展示,但未必是提高产业集中度经济意义的内核体现。已有的重组活动尚未提供具有财务显著性的成功案例,反而在几次重大的经济波动中出现了全行业亏损的情况,甚至很难在统计学意义上找到收益能力与企业规模的正相关性。

中国宝武集团有必要以具有足够说服力的经营业绩,给中国在近 20 年中为形成世界"数一数二"的大型钢铁企业所经历的艰苦努力做出注解。而 2017 年规模巨大的鞍钢集团所遭遇的严重经营困难、鞍钢股份一度进入 ST 行列在中国钢铁业界和资本市场引起的巨大震动则发人深省。

12.3.4　中国钢铁产业评述之二:过剩产能的出路

在中国《钢铁产业发展政策》发布后的 10 多年中,对于产业的政策制定和调整一直存在许多争议,除了"中国钢铁产业如何提高产业集中度"外,争议的焦点集中在"如何理解中国钢铁产业的产能是否过剩""如何界定中国钢铁产业的落后产能"上。后两个问题实际上是同一个问题:中国是不是需要生产占全世界一半甚至更多的钢铁?

在最近 20 年中,优化中国钢铁产业的产业结构一直是重要的话题和重要的产业政策,其立论基础是中国钢铁产业"产能严重过剩",或者至少是已经出现了"产能严重过剩"的现实危险。但事实证明,对这种"过剩"或者"危险"的程度进行评估是极其困难的。

2008年后，在国际金融危机的冲击下，中国国内钢材的市场价格一路下跌到1994年的水平，一度出现了连续4个月全行业亏损的局面。在此特殊背景下，2009年3月公布的《钢铁产业调整和振兴规划》对中国钢铁产业做出了如下判断：

钢铁产业长期粗放发展积累的矛盾日益突出。一是盲目投资严重，产能总量过剩。截至2008年底，我国粗钢产能达到6.6亿吨，超出实际需求约1亿吨……四是产业集中度低，粗钢生产企业平均规模不足100万吨，排名前5位的企业钢产量仅占全国总量的28.5%。

《钢铁产业调整和振兴规划》把2009年的即期政策目标设定为：

2009年我国粗钢产量4.6亿吨，同比下降8%；表观消费量维持在4.3亿吨左右，同比下降5%。到2011年，粗钢产量5亿吨左右，表观消费量4.5亿吨左右，工业增加值占GDP的比重维持在4%的水平。

而实际上，2009年中国粗钢产量为5.68亿吨，同比增长13.8%。5年后的2014年，中国粗钢以8.23亿吨的产量再次实现翻番（2006年4.22亿吨）。

在这20年左右的时间中，中国钢铁产业的发展并没有按照设想的方案呈现出产业集中度提高、产能向沿海集中的总体态势，而是在原有的钢铁基地周边，实现了企业数量的激增、单体规模的扩大，全球最先进的钢铁生产技术扩散至中国内陆的广大地区。

在这一过程中，江苏、山东成为中国重要的钢铁产区，沿海、沿江甚至西南、西北地区的钢铁企业也逐步加大了进口铁矿石的使用量，强大的市场需求甚至抵消了进口铁矿石价格倍数级的上涨以及超长距离运输带来的高昂成本。

大约从中国钢产量突破1亿吨开始（1996年），中国产业界的专家们就不无忧虑地测算着中国钢材需求可能的峰值，结论从原本认为绝不可能达到的人均钢材消费量260千克一路攀高至300千克、380千克。

世界钢铁协会统计，2018年世界人均钢铁表观消费量（生产＋进口－出口）为224.5千克，以韩国（1047.2千克）为最高，英国、法国、德国、奥地利、加拿大、意大利和瑞典等发达国家的人均钢铁表观消费量处于150～500千克的超长跨度内，美国为306.5千克，中国大陆为590.1千克（见表12-7）。

表 12-7　2018 年世界人均钢铁表观消费量　（单位：千克／人）

国家／地区	表观消费量	国家／地区	表观消费量	国家／地区	表观消费量
韩国	1 047.2	波兰	390.9	墨西哥	194.4
中国台湾	753.3	比利时－卢森堡	383.3	大洋洲	170.9
捷克共和国	703.0	土耳其	373.4	英国	162.3
中国大陆	590.1	西班牙	308.5	埃及	111.4
日本	514.1	美国	306.5	阿根廷	108.0
德国	495.5	俄罗斯	285.9	乌克兰	105.6
奥地利	474.1	荷兰	272.2	巴西	100.0
加拿大	469.0	伊朗	238.5	南非	81.3
意大利	445.0	罗马尼亚	235.0	印度	70.9
瑞典	409.1	法国	215.9	委内瑞拉	5.0

资料来源：世界钢铁协会，知一书院整理，2019 年 9 月。

很显然，长期以来，以人均钢铁表观消费量衡量和判断国际钢铁产业结构发展变化的规律进而预测中国钢铁产业所处发展阶段和发展趋势的合理性值得高度怀疑。

中国国家统计局数据显示，2019 年中国钢材产量 12.05 亿吨。据中国海关统计，2019 年中国钢材净出口 5199 万吨（出口 6429 万吨，进口 1230 万吨），出口量只占中国年度钢材产量的 5.3%。结果就是 2019 年中国人均钢材表观消费量接近 600 千克。

正因为中国钢材表观消费量长期保持着稳定的增长，2019 年中国钢铁工业协会曾以"中国钢铁产业在国民经济体系中的整体表现无可厚非，钢铁增量的 98% 用于满足国内钢铁消费需求"来回应外界关于产能过剩的种种质疑。

12.3.5　中国钢铁产业评述之三：产业政策前瞻

自 2005 年《钢铁产业发展政策》发布以来，在调整钢铁产业结构的过程中，中国政府在"淘汰落后产能"的方向上一以贯之，其过程极为艰苦，监管措施涉及行业管理、国土资源、金融、环保、工商、质检等诸多部门。

在钢铁产业的投资政策方面，2005 年后一直执行严格的项目核准政策，钢铁产业新建和扩建项目在项目核准、扩大产能审批、新增用地申请、取得生产许可等各环节面临严格审查。

2009 年 3 月公布的《钢铁产业调整和振兴规划》可以理解为是对《钢铁产业发展政策》的一次中期调整，是在 2008 年国际金融危机的冲击下，在中国钢铁产业出现巨大困难时公布的，具有强烈的应急色彩。

与 2005 年《钢铁产业发展政策》不同的是，《钢铁产业调整和振兴规划》明确提出不再核准和支持单纯新建、扩建产能的钢铁项目，所有项目必须以淘汰落后产能为前提。规划还从技术意义上严格定义了"落后产能"的概念，规定了 2011 年前必须淘汰的设备种类和相应产能。

此外,在淘汰落后钢铁产能方面,按照相关行业管理部门的要求,钢铁企业必须严格遵守《产业结构调整指导目录》(2005～2019年)、《部分工业行业淘汰落后生产工艺装备和产品指导目录》(2010年)的规定,淘汰落后生产工艺、装备和产品。

对未按规定限期淘汰落后产能的企业,会按照《国务院关于进一步加强淘汰落后产能工作的通知》的规定采取极其严厉的惩罚措施,其中,对违反规定的企业"银行业金融机构不得提供任何形式的新增授信支持"无疑是最为致命的。

与2005年的《钢铁产业发展政策》、2009年的《钢铁产业调整和振兴规划》相比,2015年3月的《钢铁产业调整政策(2015年修订)》的思考显然更为长远和宽广,显示了中国钢铁业界、智库以及决策层从提高产业集中度的表象追求向思考如何提高钢铁企业在全球范围内有较强竞争力这一核心产业结构问题的转变。

《钢铁产业调整政策(2015年修订)》对"加强海外矿产资源开发,通过控股、参股、收购、合作等多种方式掌控资源,建立铁矿、铬矿、锰矿、镍矿、废钢及炼焦煤等生产供应基地,提升权益资源量"的无比紧迫性有更深刻的认识,对在国际贸易中"加强国内钢铁企业与铁矿石供应商的协调,建立长期稳定的铁矿石进口渠道,充分利用期货、指数等金融工具,推进和构建公开透明的铁矿石市场价格机制"以应对钢铁产业正在增加的"金融属性"和来自资本市场的重大挑战有更直观的感受。

通过国际化发展,中国将构建开放型经济新体制,放开对外商投资国内钢铁领域的限制,全球钢铁产业将会受益,外资将有机会参与中国钢铁企业的兼并重组,从技术、资源、品牌、营销渠道、管理理念和融资服务等共享机制各环节加强与中国钢铁产业的深度合作。

与"责令关闭或撤销企业、吊销营业执照、吊销排污许可证、停止供电"相比,人们当然更乐于见到中国"大中型钢铁企业新产品销售收入占企业销售收入比重超过20%",以及"在工业化和信息化的融合中,重点突破智慧钢铁、两化融合、产业升级"。

在深刻反思钢铁产业发达国家兼并重组历史经验的同时,更加务实的设备监控技术、数字化车间、智能工厂、物联网等新兴技术与钢铁业的融合必将推动中国钢铁产业向高效节能、绿色环保、环境友好方向的深刻转变。

我们有理由相信,在不久的将来,拥有全球一半产能的中国钢铁产业会是充满生机、高效经营的优秀企业集群,无论规模大小,都有足够的能力从容应对全球经济波动和产业变迁,而不会脆弱到一损俱损。

我们有更多的理由期待大数据、云计算与数字化制造系统、物流系统和营销系统的广泛运用,"加速生产商向服务商转变,实现用户价值最大化,共创共享产业链价值"将成为中国钢铁产业新的经营理念,尽管产业界和智库层面在使用这些全新概念时还比较生疏。

12.4 稀土产业：中美贸易中的奇葩

在材料领域,中国冶金业通常以有色金属和黑色金属来进行产业分类。中国冶金业的行业管理机构、高校专业设置、产业研究取向深受这一分类原则的影响,而两大产业领域的从业者和管理者所折射出的人才体系、语言习惯、行为方式甚至价值取向都体现出明显的相似性,这是在深入理解中国材料领域特别是广义的金属采选和加工业的产业特点、政策导向时应当特别重视的。

在有色金属领域,与金、银等稀有金属和铜、铝等大宗商品不同,尽管中国对稀土的重要战略资源地位早有认识,但稀土成为中国重要的产业部门只有大约 30 年的历史。与中国占全球一半以上的钢铁产能相比,中美之间一亿美元左右的年度稀土贸易额的含金量更无法简单以产业的概念来理解。

2018 年以来的中美贸易摩擦使人们更多地了解了稀土,也更加清楚地看到,在稀土领域,中国的优势在于矿产资源丰富和提炼、加工环节完整。美国正在多方动员,希望能迅速弥补现有资源开采能力欠缺的短板,优化其稀土资源供应链。不过,在稀土产品的尖端应用方面,美国的实力在世界上仍首屈一指。

对于稀土产业,真正重要的是理解中美不同的产业背景、发展阶段、政策取向的差异以及可能的变化方向。在企业层面,则应重点关注中国整合完成的六大稀土集团与美国必将重启或新建的新一代稀土企业的合作和竞争方式的演变。

12.4.1 关于稀土威胁论

2019 年 3 月 21 日,在中美贸易摩擦不断升级的重要时点上,美国《国防》月刊(*National Defense*)发表的一篇文章,引起了广泛关注,文章介绍了美国产业界和防务界对过分依赖中国稀土供应的情况及相关观点的争议和变化。

文章的作者是美国重要的智库人物、美国钍与稀土元素咨询公司(ThREE)总裁詹姆斯·肯尼迪(James Kennedy)。文章的标题为《中国巩固稀土加工统治地位》(*China Solidifies Dominance in Rare Earth Processing*),其强调的关键内容是：美国在国防技术领域的领先地位相对下降反映的正是稀土资源保障能力方面的衰落。

文章称，美国的稀土供应链在1980年首次遭到破坏。美国核管理委员会和国际原子能机构对相关规定的修改，无意间导致美国稀土产业的方方面面都向中国转移。现在，美国国防承包商和技术公司使用的所有稀土金属、合金和磁铁都可以追溯到中国。

文章还称，1994～1998年，美国政府出售了全部战略稀土储备，国防后勤局的战略储备只剩下少量稀土氧化物和镝金属，而这些材料也需要通过中国的供应链加工才能被利用。

与此同时，中国的进步主要源于其在稀土资源生产、精炼、材料科学、冶金、知识产权、研发以及商业与国防应用方面为取得世界领先地位而付出的超乎寻常的努力。

文章不无感性地表示："美国的决策者们几乎都不明白这些问题的复杂性。如果告诉他们，中国只要选择禁运这些材料，就有可能关停其他国家所有的汽车、计算机、智能手机和飞机装配线，他们必然目瞪口呆。同样的情况也可能发生在美国和北约所有依赖稀土的武器系统上。这些供应链是可以切断的。因此，西方的军事采购处于中国的控制之下。"

文章还说："（美国）在2012年上市的400多家稀土初创企业中，只有不到5家达到生产阶段，在这些企业中，只有2家有了一定的产量。"而这2家企业，"一家在破产后因中国的融资而复活，另一家则在一段较短的时期内失去了运营许可"。与此同时，"中国从这类在美国已经失败或风雨飘摇的项目中获取了重大股权和债务头寸。一旦项目启动，中国将掌握控制权"。

文章透露，美国政府问责局（United States Government Accountability Office, GAO）2016年2月曾经发布过一份题为《稀土材料：制定全面措施有助于国防部更好地管理供应链中的国家安全风险》的报告，报告估计美国可能需要15年以上的时间"重建国内稀土供应链"。美国政府问责局认为，"在过去的40年里，不论是在制造业报告还是在工业基础政策报告、递交给国会的中国威胁论报告、信息采集报告里，美国国防部都未把中国的稀土生产和稀土专利数量作为严肃关切的对象"。

文章称，白宫下令撰写了一份报告，名为《评估并加强美国制造业和国防工业基础以及供应链弹性》，这意味着白宫终于承认了这个问题的严重性："中国对某些材料的供应构成了巨大且不断增加的风险，而这些材料对美国国家安全至关重要，具有战略意义。"

本节直接引述来自美国的这篇文章的内容全面体现了美国国内的"中国稀土威胁论"的核心以及美国调整其稀土产业政策方面的关注重点。

2019年3月26日，中国具有广泛影响力的媒体《参考消息》首先摘译了这篇文章。有意思的是，中国的大众媒体在转载时显然更喜欢把标题修改得更加感性，比如《中国稀土加工：扼住美国命运的咽喉》。

12.4.2 认识真实的稀土产业

中国是矿产资源大国，主要矿业资源的自然赋存量都有较高的保障程度，而稀土是中国具有绝对优势的资源品种。2006 年以前，中国长期承担着全球 90% 以上的稀土供应，从而在国际产业格局中具有重大的战略影响力。

2018 年中美之间的双边贸易量应当在 3500 亿～4000 亿美元之间，其中，稀土贸易额虽然大约只有 1.5 亿美元，但是在中美贸易甚至在中美关系中举足轻重。为理解这一点，只需要回顾一些简单的事实。

- 新中国成立初期，中国直接领导、协调稀土研究和开发的主要机构是中国国防科工委，与发展"两弹一星"的机构一样。美国 2017 年以来出台的关于稀土的一系列重要政策的主题都首先着眼于"确保国防和军工领域的关键材料有安全可靠的供应链"。
- 1992 年，邓小平在南方谈话中说："中东有石油，中国有稀土。"
- 2009 年，奥巴马在竞选美国总统时指责中国控制全球稀土及新能源和军工产业战略资源。
- 2010 年，中国政府否认因钓鱼岛领土争端限制了对日本稀土的出口。
- 2012 年，中国政府发布《中国的稀土状况与政策白皮书》。
- 2014 年，WTO 裁定中国限制稀土出口的政策违规，美国、欧盟、日本胜诉。
- 2017 年，特朗普对美国不能实现稀土等战略资源自给感到吃惊和愤怒。
- 2019 年，美国商务部发布《确保关键矿物安全可靠供应的联邦战略》。

按照国务院 2012 年 6 月发布的《中国的稀土状况与政策白皮书》，中国稀土储量约占世界总储量的 23%，承担了世界 90% 以上的市场供应。该白皮书对中国稀土资源的总体评价是"成矿条件十分有利、矿床类型单一、分布面广而相对集中"。

需要说明的是，迄今为止，中国政府针对国际贸易规模量较小的细分产业领域发布的政策白皮书仅稀土一例。

最近十多年来，来自不同国家的研究机构对于全球稀土资源储量有不同的统计或者估算，相应地，关于中国稀土资源占世界资源总量比例的数据有 20%～70% 各种版本。

一般认为，除非有大规模的新矿产发现，否则在未来相当长的时期内，中国占全球稀土储量 30%～40% 的比例是可以肯定的，其他稀土储量大国分别为越南、巴西、俄罗斯，以上四国的储量合计占全球储量的约 80%。

根据美国地质调查局 2020 年 2 月公布的数据，2019 年全球稀土资源总储量（折算为稀土氧化物 REO）约为 1.2 亿吨，其中中国（4400 万吨）约占 36.7%，越南（2200 万吨）约占 18.3%，巴西（2200 万吨）约占 18.3%，俄罗斯（1200 万吨）约占 10.0%，四国合计占全球总储量的近八成，资源集中度较高。引人注目的是，数据公布的美国稀土资源储量为 140 万吨，这与多年来外界估算的美国占全球稀土资源储量 15% 左右有极大差异。美国地质调查局在取得俄罗斯、加拿大、越南、缅甸等重要稀土资源国的储量数据方面也遇到了极大的困难，甚至需要特别注明"俄罗斯方面的数据来自官方"的字样。此外，马达加斯加、布隆迪、丹麦格陵兰岛等国家和地区的稀土资源和生产情况引起了美国方面的高度关注。

2016 年之前，中国稀土及其氧化物产量占全球 80% 以上，2018 年之后，这一比例降低至 60% 左右。同样采用美国地质调查局 2020 年 2 月公布的数据，2019 年全球稀土产量 21 万吨，其中，中国稀土产量 13.2 万吨，是全球最大的稀土生产国。

就产业集中度而言，2019 年，在稀土资源开采和初级加工方面，中国（62.8%）、美国（12.4%）、缅甸（10.5%）、澳大利亚（10.0%）占全球的超 95%。

应当强调的是，2018 年以来，美国迅速强化了在保障稀土供应链方面的努力并取得了实质性进展，在 2016～2017 年连续两年未报告稀土生产情况后，2019 年美国国内重要的稀土精矿产量达到 26 000 吨，同比增幅超过 44%。

表 12-8 所示为全球稀土产量和储量的构成情况。

表 12-8 全球稀土产量和储量的构成 （万吨）

国家/地区	产量				储量
	2016 年	2017 年	2018 年	2019 年	
美国	—	—	1.8	2.6	140
澳大利亚	1.5	1.9	2.1	2.1	330
巴西	0.22	0.17	0.11	0.1	2 200
缅甸	—	—	1.9	2.2	—
布隆迪	—	—	0.063	0.06	—
加拿大	—	—	—	—	83
中国	10.5	10.5	12	13.2	4 400
丹麦（格陵兰岛）	—	—	—	—	150
印度	0.15	0.18	0.29	0.3	690
马达加斯加	—	—	0.2	0.2	—
俄罗斯	0.28	0.26	0.27	0.27	1 200
南非	—	—	—	—	79
坦桑尼亚	—	—	—	—	89

(续)

国家/地区	产量				储量
	2016年	2017年	2018年	2019年	
泰国	0.16	0.13	0.1	0.18	—
越南	0.022	0.02	0.092	0.09	2 200
其他	—	—	0.006	—	31
总计	12.832	13.16	18.931	21.3	11 592

资料来源：美国地质调查局，知一书院整理，2020年9月。

12.4.3 资源和应用并重：中国在稀土产业中的地位

2010年9月，中国发布了《关于加快培育和发展战略性新兴产业的决定》，把节能环保、信息、生物、高端装备制造、新能源、新材料、新能源汽车等作为重点发展的战略性新兴产业，涉及的永磁电机、激光、光纤通信、贮氢能源、高温超导材料等都跟稀土材料的应用紧密相关。

中国产业界普遍认为，信息技术的迅猛发展正在推动一次新的产业革命，新材料是新世纪产业革命的战略制高点之一，有能力主导未来，而稀土的作用生死攸关。无论是在产业领域还是在大国角力领域，没有了稀土就意味着退出竞争。

在稀土方面，中国有原料优势，并且中国对稀土的技术开发与美国是大体同时（20世纪50年代）展开的，中国已经基本掌握了所有稀土化合物的提取工艺。2017年以后，不断有报道称，中国在对南方发现的独有的离子型稀土矿的高纯度稀土提纯技术、清洁生产、高质量利用技术方面的研究不断取得重要进展。

詹姆斯·肯尼迪在美国《国防》月刊的文章特别提醒人们注意，对包括8万多项国际稀土专利的详尽检索显示，截至2018年8月，中国累计稀土专利申请量超过美国2.3万余件，自2011年以来，中国每年稀土专利申请量始终超过世界其他国家的总和。美国从1950年就开始申请国际稀土专利了，而中国是在1983年才首次申请的。

近几年的中美贸易摩擦使稀土的重要性广为人知，但实际上，中美两国以及包括欧洲各国、日本在内的众多稀土应用大国在全球稀土供应方面的争论和摩擦至少有20年的历史。美国在20世纪90年代后逐步停采了本国稀土，从把本国稀土加工业转移到中国转向从中国进口半成品保证国内供应，确实在很大程度上形成了对中国稀土的依赖。

事实上，由于稀土资源极端的战略重要性，对于稀土应用方面的研究，美国、日本等发达国家与中国有同样的重视程度。不同的是，中国稀土产业始终是资源与应用并重的。20世纪80年代后，中美在资源开发方面的此消彼长，使中国形成了世界上独一无二的稀土产业,并逐渐影响了世界。

中国也在少数材料领域有世界领先水平的研究成果,比如钕铁硼永磁材料、高温超导材料、硅芯片材料等,但其中很多是实验室级别的,尚未形成产业。与美、日、德等高端制造业先进的国家相比,中国在新材料的工艺、设备、应用方面差距更大,并不具备全面的领先优势(见表12-9)。比如,在重型燃气轮机技术(美国、日本、德国、意大利有优势)、高铁钢轨养护整形材料(德国、奥地利有优势)、高端CT机(美国、荷兰、德国有优势)、超高温或者超高硬度合金材料方面,中国虽有多年努力,但取得的进展还十分有限。

表12-9 稀土在高端新材料领域的应用举例

产业领域	技术领先国家	产品领域	重要应用示例
航空材料	俄罗斯、美国、英国、法国	超强纯净钢	航空发动机
重型燃气轮机	美国、日本、德国、意大利	燃气轮机叶片	热端部件制造
超硬合金材料	德国、奥地利	高铁钢轨	仿形铣刀
半导体加工	荷兰、日本、德国	芯片加工	光刻机和镜头
电子化学品	日本	芯片加工	光刻胶
半导体元件	日本	分立器件	陶瓷电容器
高纯度材料	日本、德国、瑞士	人工智能产品	触觉传感器
稀有金属应用	美国、日本、韩国	电动汽车	锂离子电池
高端钢铁冶金	美国、瑞典	轴承钢	高端轴承钢
高端机械制造	德国、日本	数控机床	高端机械加工
高铁建设	德国、瑞典	隧道开拓机	掘进机主轴承
特殊合金和靶材	日本、韩国	真空蒸镀机	液晶显示屏

资料来源:知一书院整理,2019年7月。

在稀土领域真正具有长远和战略影响力的当然是稀土在信息技术产业和军工领域的高端应用,因为稀土可以大幅度提高用于制造坦克、飞机、导弹核心部位的钢材、铝合金、镁合金、钛合金的战术性能。在这些方面,美国仍然远远领先于世界。

美国有足够的理由对稀土资源过分依赖中国感到不安,至少从稀土资源品种齐全的角度看,中国略优于美国;中国在稀土开采和加工方面有完整的产业链,在稀土应用方面具备与美国相比的竞争能力。美国恢复国内稀土资源开采、加工或者寻求与其他国家的合作并取得成效在客观上需要比较长的时间。

12.4.4 中美在稀土领域的产业格局演变

美国拥有丰富的稀土资源,其储量占全世界的15%左右。20世纪60~80年代,美国是全球最大的稀土供应国,稀土开采、冶炼(分离)、加工、应用、研发供应链完整。从经济角度看，稀土本身的商业价值很有限，全球稀土及其初级加工品的总贸易额不超过 10 亿美元。

主要由于环境保护方面的压力，20 世纪 80 年代末起，美国企业逐渐停止了对本国稀土的开采，随后稀土分离与加工业也日渐式微。2017～2018 年，美国企业甚至没有生产稀土的记录，因而中美之间失去了在企业层面上进行产业结构对比的可能。

1990～2005 年，中国实行的是宽松的矿产开发政策。与其他资源领域的情形相似，中国数量众多的民营矿业部门进入稀土开采领域，10 多年间稀土出口量增长了近 10 倍，其间国际市场稀土平均价格下降了 50% 与中国稀土的大量供应有直接关系，这在一定程度上使美国企业愈加坚决退出稀土开采和加工领域。

中国用了近 20 年时间，填补了美国留下的市场空白。在稀土全球贸易中，中美两国的地位历史性地互换了。也正是在这 20 年中，信息技术产业迅速发展，形成了对新材料开发应用的庞大需求，从而把稀土的战略资源地位推升到前所未有的高度。

也许是美国曾经的优势意识过于强烈，利用中国矿产资源或在中国进行半成品加工显然比高成本开采本国资源更有吸引力。2009 年，美国最重要的稀土资源商莫利矿业（Molycorp）和冶炼厂麦格昆磁（Magnequench）先后被中资背景的企业收购。这两起收购案在当时都曾招致很多美国人的反对，美国钢铁工人联合会（United Steelworkers）主席里奥·杰拉德（Leo Gerard）给时任总统小布什专门写信，希望他就美国外资投资委员会（CFIUS）的审批权和该收购案进行调查。

小布什并没有阻止该收购案，麦格昆磁的生产设备最终迁到了中国。这一收购案的背景太过复杂，美国方面似乎也并没有对收购案进行更多调查，但中美产业界都确切地知道麦格昆磁在中国设立了多家独资或合资企业生产稀土永磁材料。

12.4.5　审计和问责：美国在稀土领域的政策调整

2017 年以来，在中美贸易摩擦升级的过程中，美国政府问责局为大众所熟知，它是服务于美国国会的独立、无党派机构，2004 年由原"审计总署"更名"政府问责局"，其使命是"协助国会实现宪法责任、提高联邦政府绩效和保证联邦政府对美国公民的责任"。

2010 年 4 月，美国政府问责局向国会提交了题为《国防供应链中的稀土原材料》的报告，基本上是关于稀土供应情况的常规性分析，并无太多实质内容，也没有引起更多的关注。报告列举了重建美国稀土供应链面临的困难：资金需求庞大、投资者对投资美国稀土产业信心不足、现有企业加工技术能力缺乏、环保标准过于严格、缺乏与中国竞争的新技术、取得专利困难等。

2016年2月，政府问责局再次提交了题为《稀土材料：建立一套有助于国防部应对供应链中的国家安全风险的综合方法》的报告，称政府问责局"采纳了国防部、商务部和内政部等诸多部门的技术性建议"，完成了对"国防供应链中的稀土材料"的绩效审计。

报告对美国的稀土供应形势做了深入的评估，明确表示"美国国防产业在稀土供应链的诸多环节仍受中国产品支配，这种情形对美国国防安全构成风险"，并毫不客气地表示，"国防部维护稀土供应链安全的绩效不能令人满意"。

正是这份报告透露美国国防部负责评估稀土对国家安全重要程度的有三个部门：物流及战略物资局，采购、技术和物流办公室，制造业和工业基础政策办公室。在2011~2015年的5年间，这三个部门分别认定了7种、8种和11种稀土元素"对国家安全至关重要"。

此前，不断有国会议员指责美国国防部政出多门、缺乏协调。此次政府问责局更是评价国防部识别和减缓稀土风险的机制"支离破碎"，"没有充分认识到其重大责任，更别提忠实履行职责了"。

美国的危机感是显然的。据报道，特朗普在就任总统后，对美国不能实现稀土等战略资源的自给感到吃惊和愤怒。2017年12月20日，特朗普曾签署一项行政令，要求增加关键矿物原料在美国本土的产量，其中就包括稀土等23种关键矿物。

2019年5月，澳大利亚矿业公司莱纳斯（Lynas）与总部位于美国得克萨斯州的化学品公司蓝线（Blue Line）在美国建立稀土分离厂，试图"填补美国供应链的关键空白"。《华尔街日报》称，莱纳斯是除中国公司以外全球最大的稀土生产商，而该项目将成为除中国以外仅有的中重稀土分离项目。

12.4.6 美国地质调查局：立足国防的美国稀土供应链保障

近几年，由于稀土成为中美贸易摩擦的焦点问题，媒体中不断出现的各种报道所采用的基础材料往往没有经过认真核对，关于稀土资源、技术、贸易等方面的数据错误甚多。本节主要采用美国地质调查局的资料梳理美国产业界对稀土资源供应形势的判断以及政策制定的指导意义。

从1996年起，美国地质调查局会在每年第一季度发布一份《年度矿产品摘要》。该摘要由美国国家矿产信息中心编撰，主要是对非燃料矿产工业的数据统计和估算，涵盖美国矿产工业结构、政府计划、关税状况和超过90种独立矿产品的资源情况。

相对而言，美国地质调查局的统计资料比其他来源的数据更为翔实和及时。在稀土领域，想取得其他国家持续、可靠的统计数据比在其他任何产业都更为困难。而这些资料的可贵之处就在于其包括相对连续的统计数据，其信息采集方式和调整依据有迹可循。

表 12-10 清楚地显示，2017 年以来，美国稀土和类稀土产品几乎都靠进口，其中进口依赖度超过 95% 的产品有 20 多种，稀有金属类矿产品全部靠进口。

表 12-10 美国稀土和类稀土产品的来源

产品	主要进口国家和地区	2017 年	2018 年	2019 年
稀土	中国、爱沙尼亚、日本、马来西亚、法国	100%	100%	100%
金属钇	中国、日本、朝鲜、爱沙尼亚	>95%	>95%	100%
金属钪	欧洲、中国、日本、俄罗斯	—	100%	100%
金属钍	印度、英国	—	100%	—
独居石	加拿大	—	100%	—
钍化合物	印度、英国	—	100%	100%

资料来源：美国地质调查局，知一书院整理，2020 年 2 月。

2018 年美国进口的稀土化合物和金属的总金额约 1.6 亿美元（2017 年为 1.37 亿美元），终端领域消费主要包括催化剂（60%）、陶瓷和玻璃（15%）、冶金应用及合金（10%）、抛光材料（10%）及其他（5%）。

2018～2019 年，美国稀土化合物和金属主要进口国相对稳定，主要是中国（80%）和爱沙尼亚（6%）。此外，日本、马来西亚、法国大约各占美国稀土类产品进口份额的 3%～5%，但从爱沙尼亚、日本和马来西亚进口的稀土化合物和金属，其原料也多来自中国或者其他地区的精矿和中间产品。

美国 2015 年进入维护状态的加利福尼亚州芒廷帕斯（Mountain Pass）矿在 2019 年第四季度部分恢复开采，并且加强了与澳大利亚方面在稀土领域的合作。2019 年，澳大利亚明确出现在美国重要稀土来源国的名单上。

2010 年 10 月 31 日，彭博新闻社引用美国国防部工业政策办公室的一份未公开报告称，奥巴马政府与日本等国一起，就中国限制稀土出口起诉至世界贸易组织，而美国国防部认为这"不会威胁到美国的国家安全""不会影响武器的生产"。

美国国会方面曾批评，"国防部内部有 3 个负责稀土的部门，却没有采取全面的跨部门措施，来确定哪种稀土对国家安全起决定性的重要作用"，并认为"美国从稀土的开采到冶炼、加工的供应链都依赖中国，这让国防部可持续利用稀土变得困难"。不过，当时五角大楼发言人对此说法称"无法苟同"。

但从这些真假难辨的表态中还是可以看到，美国长期存在的某种乐观情绪正在消失，更多的声音认为中国已不再是普通的交易国，美国必须改变稀土对中国的依赖现状。特别是国防部，要保证稀土供应产业链安全。

2011～2019年，美国专门出台的针对稀土的政策、法案仍然有清楚的政策指向，对重要的几十种战略关键材料的供应形势有准确的判断，对稀土作为重大战略计划的来源进行了切实部署，从加强研发、情报搜集、国内生产、战略储备、回收利用以及灵活的外交政策等方面全方位保证了美国重要战略资源的供应。有议员呼吁建立国家稀土储备，要求国防储备中心从中国直接购买足够5年使用的稀土。

2018年10月，美国国防部发布题为《评估和强化制造与国防工业基础及供应链弹性》的报告。报告称，"中国在供应对于美国国家安全来说具有战略性和致命性的武器原材料，这种危险性越来越明显且在不断增大"。这份报告也谈到了稀土的问题。报告在2017年9月完成，直到2018年10月才对外发布。

表12-11列出的是2008～2019年美国国会和政府部门发布的有关稀土的若干重要文件，包括2019年美国商务部的一份重量级政策指引《确保关键矿物安全可靠供应的联邦战略》。

表12-11　2008～2019年美国有关稀土的重要政策性文件

时间	文件来源	文件名称或主要内容
2008年	国家研究委员会	《21世纪军用材料管理》
2008年	国家研究委员会	《矿物、危急矿物与美国经济》
2008年	国防部	《国家战略安全储备重新配置报告》
2008年	能源部	《稀土供应的战略计划》
2010年	国会	《2011财政年度国防授权法案》
2010年	政府问责局	《国防供应链中的稀土原材料》
2011年	能源部	《2011年关键材料战略》
2011年	国会	《2011年关键元素复兴法案》
2013年	国会	《2013年国家战略与关键矿物生产法》
2016年	政府问责局	《稀土材料：建立一套有助于国防部应对供应链中的国家安全风险的综合方法》
2017年	总统令	《确保关键矿物安全和可靠供应的联邦战略》（13817号）
2018年	国防部	《评估和强化制造与国防工业基础及供应链弹性》
2019年	商务部	《确保关键矿物安全可靠供应的联邦战略》

资料来源：知一书院整理，2019年9月。

12.4.7　WTO规则：中国对稀土开采和出口的管制

20世纪80年代起，出口导向成为中国经济发展的总体思路，矿业领域的产业政策被简单表述为"有水快流"。稀土资源适合小规模开采的特点和强烈的商业利益追求推动中国主要的稀土产地出现了数量众多的小型矿点和初级产品加工企业。2005 年，中国全国范围内发放的合法的稀土矿开采许可证共 67 本，仅江西赣州一地就有 45 本。

1998 年，中国政府开始对稀土产业实行出口配额许可证制度，并将稀土原料列入加工贸易禁止类商品目录，取消其进口保税政策。但事实上，直到 2001 年中国加入 WTO 时，中国对于稀土所具有的特殊重要战略地位的认知仍然极其有限，《中国加入 WTO 议定书》附件规定的 84 种可以适用例外条款的指定税率产品甚至并未包括稀土。

2006 年，中国开始停发新的稀土矿开采许可证，对稀土开采、生产、出口实行"指令性计划"，希望逐步减少出口配额，之后又通过《稀土行业准入条件》（2012 年）对稀土产业发展的各个方面做了细致的规定。

这一系列政策都是围绕稀土资源的保护性开采制定的，包括停止受理新的勘查、开采登记申请，停止核准新建和扩建冶炼分离项目，实施稀土开采和冶炼的配额管理、稀土矿产品收购资质管理、出口配额（后改为出口许可证）、出口关税，加强环保核查，组建集团型企业等。

2011 年国务院发布《国务院关于促进稀土行业持续健康发展的若干意见》，主要针对稀土行业非法开采、冶炼分离产能扩张过快、生态环境破坏、资源浪费严重、高端应用研发滞后、出口秩序混乱等问题提出解决办法。意见计划用 1～2 年的时间，形成以大型企业为主导的行业格局，特别强调要提高中国南方离子型稀土资源生产加工方面的产业集中度。

中国认为，自己在国际市场"以 23% 的稀土资源承担世界 90% 以上的市场供应"的格局难以长期保持，但对于中国加强对稀土出口控制的努力，美国、欧盟、日本多有指责，并曾多次向 WTO 提出申诉，要求中国必须保证国际市场的稀土供应。

2012 年 3 月，美国联合欧洲、日本就中国对稀土、钼、钨三种原材料实施的限制措施向 WTO 提起诉讼。为此，中国政府于 2012 年 6 月发表了《中国稀土状况和政策白皮书》，全面介绍了中国稀土方面的产业政策和国际贸易原则。

2014 年 8 月，WTO 裁定中国败诉，中国政府于 2015 年取消了稀土"出口配额管理"，改为执行与 WTO 规则适应的"出口许可证"制度。

表 12-12 所示为 2014～2019 年中国稀土开采与出口情况。根据中国海关的数据，2019 年中国稀土出口量为 4.63 万吨（出口金额 4.40 亿美元），同比减少 12.6%，为 2015 年以来的最低水平。

表 12-12　2014～2019 年中国稀土开采与出口统计

项目	2014 年	2015 年	2016 年	2017 年	2018 年	2019 年
稀土开采量（万吨）	10.50	10.50	10.50	10.50	12.01	13.21
轻稀土	8.71	8.71	8.71	8.71	10.09	11.29
中重稀土	1.79	1.79	1.79	1.79	1.92	1.92
稀土出口量（万吨）	2.80	3.48	4.67	5.12	5.30	4.63
稀土出口额（亿美元）	2.38	3.73	3.42	4.16	5.15	4.40

资料来源：工信部，中国海关等，知一书院整理，2020 年 9 月。

2019 年中国稀土产品出口 60 个国家和地区，其中出口日本约 1.65 万吨（2.16 亿美元），金额占比 49.1%；出口美国约 1.53 万吨（0.79 亿美元），金额占比 18.0%。此外，荷兰、韩国、意大利是中国重要的稀土出口国，合计金额约占 18.5%。

应当指出，自 2018 年起，中国同时也是世界第一大稀土进口国，而美国就是中国重要的稀土产品进口来源国。2019 年，中国从美国进口的稀土化合物约 1.93 万吨，进口金额约为 845.5 万美元（金额占比 3.1%）。

2019 年中国实际进口稀土化合物约 4.1 万吨（金额 2.7 亿美元），来自缅甸、马来西亚、越南三国的稀土矿物和稀土分离产品（合计 3.9 万吨）的进口金额占比为 96.8%，但进口的稀土金属量只有 2.68 万吨（金额约 181 万美元）。

由于中美两国稀土资源条件、产业链形态和技术水平的影响，中美稀土贸易形态仍将长期保持原有的基本特征，即美国将稀土矿销往中国进行分离、提炼，并购回稀土初级加工品在美国本土进行应用级的加工。数据显示，2019 年美国国内生产的 2.6 万吨稀土精矿全部出口。

美国稀土产业具有良好的矿产资源支撑，美国的短板主要表现为近 20 年来，在稀土产业重心向中国转移的过程中，不仅其本土资源开采陷入停顿，而且其稀土分离、提炼和中间产品的加工短期内无法形成完整链条。

12.4.8　中国稀土产业的集约化努力

1986 年，中国颁布了《矿产资源法》，之后在 1996 年和 2009 年进行过两次修正。2005 年后，中国政府将稀土开采审批权收归国土资源部。2006 年后，开始实行稀土开采总量控制指标管理制度。

中国"对特定矿种实行保护性开采，从开采、选冶、加工到市场销售、出口等各个环节实行有计划统一管理"的政策是逐步完成的，而离子型矿最早是被纳入特定矿种范围的。

中国南方的离子型矿占全球 70% 以上，广泛应用于航天、军事、国防及新材料等领域。2014年国土资源部在江西省赣州市划定设立了"稀土国家规划矿区",将离子型稀土作为重要的战略资源进行重点保护。

2010年,中国将稀土确定为"战略稀缺资源",以国家收储、削减出口配额、提高出口关税的方式对稀土总量进行控制,这些措施直接引发了稀土价格的大幅上涨。2011年底,稀土平均价格相当于2005年初的30多倍。

2011年5月,国务院发布《国务院关于促进稀土行业持续健康发展的若干意见》,对国内稀土开采、冶炼总量进行有效控制,并着手对开采、冶炼企业进行整合。

2014年,工信部发布《大型稀土企业集团组建工作指引》,以"资源开采、冶炼分离、加工应用、技术研发"集于一体的方案,组建六大稀土集团(见表12-13),整合全国稀土矿山和冶炼分离企业。2016年底,六大稀土集团组建完成。

表12-13 配额管理下的中国六大稀土集团(2017年)

稀土集团	采矿证(个)	下属企业(家)	开采配额(万吨)	冶炼配额(万吨)	主要资源地	资源分类
中国北方稀土集团	2	16	5.950	5.008 4	内蒙古、甘肃、山东	轻稀土
中国铝业股份公司	7	13	1.235	1.629 4	广西、江苏、山东、四川	重稀土
福建稀土集团	7	1	0.194	0.266 3	福建	重稀土
中国五矿集团	3	9	0.214	1.010 4	湖南、云南、福建、江西、广西、广东	重稀土
广东省稀土集团	3	4	0.220	0.520 8	广东	重稀土
中国南方稀土集团	6	10	2.675	1.519 7	江西、四川	重稀土、轻稀土

资料来源:工信部,自然资源部,知一书院整理,2019年9月。

2014年后,中国将"稀土生产指令性计划"改为"稀土生产总量控制计划",由工信部和自然资源部每年分两次向各集团下达稀土开采、冶炼分离总量控制计划,原则上任何企业和个人不得无计划和超计划生产。

按照工信部2016年9月公布的《稀土行业发展规划(2016–2020年)》的要求,为了保护国内稀土资源,2020年前的国内稀土开采总量要控制在14万吨以内。

近几年,由于政策的频繁颁布以及政策执行效力的大幅提升,稀土的非法开采得到有效控制。稀土矿非法产量显著下降(2016年估计接近4万吨左右),2016年稀土矿实际产量为12.85万吨,连续两年下降。

2016年,中国稀土矿产量比配额高出50%,高出的部分业内俗称"黑稀土",其中一部分来自盗采盗挖,近年来还大量增加了来自缅甸、越南等地的稀土矿资源,这也使国内有关稀土储量、勘探、开采、分离的各种信息和数据更加复杂。

2019年,中国稀土开采、冶炼分离总量控制计划分别为13.2万吨和11.5万吨,约占全球稀土年度总产量的 63% 左右。需要特别指出的是，许多国外研究报告会把中国的"稀土年度产量控制计划"错误地理解为"实际产量"。

2020 年初，中美贸易谈判第一阶段协议的签署是令人欣慰的，至少为国际稀土生产、贸易进入正常轨道提供了更好的基础，使产业界、企业、资本市场在面对这一规模很小却影响重大的产业领域时，可以有更加理性的角色定位和行为方式。

2020 年 2 月，美国地质调查局《年度矿产品摘要》公布的数据显示，2019 年美国国内重要的稀土精矿产量（2.6 万吨）出现了显著增长（同比增长 44%），迅速结束了 2016～2017 年接近停产的状态，美国成为中国以外最大的稀土精矿生产国。

美国地质调查局局长吉姆·赖利（Jim Reilly）在同时发表的一份媒体声明中表示："我们今天公布的数据对了解哪些矿物容易受到供应链中断的影响至关重要，并为特朗普总统制定更广泛的战略提供了分析基础，有利于保障我们的经济和国防安全。"

12.5 结语

虽然中国占全球一半的 10 亿吨钢铁产能还不足以确切地反映中国钢铁产业在全球经济中的地位，但是中国相当于 100 多年前美国全年总产量的近 300 万吨日均钢产量足以告慰曾经"以钢为纲"追逐"中国梦"的至少三代前辈。

人类史就是材料发展史，其演进过程上下几千年。与铜铁相比，新材料几乎是突然间出现在人类史中的。掌控新材料发展的"计数器"所允许的误差必须以毫厘计，否则就不能担当起任何一个"新"字。细小如尘的稀土神奇到不仅见所未见，其应用指向更是闻所未闻。

本章选取了钢铁和稀土，对中国广义的材料产业的历史、政策、行为、绩效展开了反思，把代表规模之大和数字之小的两类材料融入历史和当下，所进行的观察当然也包括世界的多样性。

美国作为经历了因钢铁而生的全部工业文明时代的"巨人"，始终坚定维护着 1 亿吨以上看似无用的钢铁产能。正在创造人类进步史的中国人在面对材料的同时必须保持足够的理性，稍有懈怠就可能在产业变迁和大国博弈中面对如同缺少稀土一样的尴尬处境。

正是在这样的意义上，数以亿计的中国人以勤劳智慧所奠基建造的材料丰碑没有一星半点是多余的，其中所包含的深层意义更是大数据和云计算所无法完成的估值课题，与中国的绿水青山等高、等重、等长。

后　　记

（一）

在本书出版的过程中，我用全球主要股票市场数据进一步研究分析了全球163个产业的产业老大和领军企业。我想用一个全球综合的角度看2020年末全球产业领军企业的比较。之所以用"全球"，是想超越一下中美比较，以更大的视野来看待产业，来看待中国的产业与全球各国的比较，并顺便表达，这个研究不是针对某个国家的。何况这个研究的起点是2016年，中美比较的初衷是为了对标而非对抗，今后也如是。需要说明的是，参照经济学C4的概念，我们将全球产业里的前四名命名为"领军企业"，第一名命名为"产业老大"。我们排名的方法是以市值排名占比0.5、营收排名占比0.25、利润排名占比0.25的权重进行加权计算。我们把产业前四名都是某国企业的产业以及产业老大和第二至四名企业中的2个是某国企业的产业称之为该国的优势产业。本文涉及全球89个股票市场、78个国家及地区的57 442个上市公司。我们对全球领军企业的描述如下。

1. 全球各国的优势产业

前四名都是美国企业的产业有13个，产业老大和剩余3个领军企业中的2个是美国企业的产业有23个，共计36个。产业前四名都是中国企业的有7个产业，产业老大和剩余领军企业中的2个是中国企业的有4个产业，共计11个。需要注明，如果考虑中国台湾，则中国的优势产业将增加3个。产业前四名都是日本企业的有1个产业，产业老大和剩余3个领军企业中的2个是日本企业的有3个产业，共计4个。产业前四名都是法国的产业有1个。产业老大和剩余3个领军企业中的2个是英国企业的有1个。从以上现象可以看出，具有产业优势的国家只有3个：美国、中国、日本，而具有明显产业优势的国家只有美国和中国。法国在奢侈品领域具有绝对优势，英国在金属非金属领域有较大优势。即使把欧洲算作一个整体，其优势产业也只有 6 个。具体见下表。

中国优势产业

序号	四级产业	综合第 1 名	综合第 2 名	综合第 3 名	综合第 4 名
1	化纤	恒力石化	荣盛石化	恒逸石化	华峰化学
2	中药	云南白药	白云山	片仔癀	步长制药
3	煤炭与消费用燃料	中国神华	陕西煤业	中煤能源	兖州煤业股份
4	海港与服务	上港集团	宁波港	青岛港	招商港口
5	房地产开发	万科 A	碧桂园	保利地产	中国恒大
6	燃气	中国燃气	新奥能源	中华煤气（中国香港）	昆仑能源（中国香港）
7	多样化房地产活动	新鸿基地产（中国香港）	恒基地产（中国香港）	新世界发展（中国香港）	越秀地产（中国香港）
8	家用电器	美的集团	格力电器	海尔智家	—
9	酒店、度假村与豪华游轮	中国中免	华侨城 A	—	锦江酒店
10	建筑与工程	中国建筑	中国中铁	—	中国铁建
11	白酒与葡萄酒	贵州茅台	—	五粮液	洋河股份
12	公路与铁路	台湾高铁（中国台湾）	江苏宁沪高速公路	浙江沪杭甬	招商公路
13	纺织品	福懋兴业（中国台湾）	儒鸿（中国台湾）	百宏实业	罗莱生活
14	电子制造服务	鸿海（中国台湾）	工业富联	—	环旭电子

美国优势产业

序号	四级产业	综合第 1 名	综合第 2 名	综合第 3 名	综合第 4 名
1	抵押房地产投资信托	喜达屋不动产信托	奇美拉投资	黑石抵押贷款信托	阿伯房地产信托
2	资产管理与托管银行	贝莱德	纽约梅隆银行（BNY Mellon）	普信金融（Price T Rowe）	道富公司
3	消费信贷	美国运通	第一资本金融（Capital One）	同步财务（Synchrony Financial）	探索金融服务
4	特殊金融服务	标普全球	洲际交易所	芝加哥交易所集团	穆迪公司
5	互助储蓄与抵押信贷金融服务	便士金融服务	人民联合金融	纽约社区银行	MGIC 投资
6	广播	康卡斯特	特许通讯	迪什网络	天狼星 XM
7	管理型保健护理	联合健康	信诺保险	安森	哈门那
8	航天航空与国防	洛克希德·马丁	霍尼韦尔	诺斯罗普－格鲁曼	通用动力
9	特种房地产投资信托	美国电塔	冠城国际（Crown Castle）	大众仓储信托	易昆尼克斯（Equinix）

（续）

序号	四级产业	综合第1名	综合第2名	综合第3名	综合第4名
10	住宅房地产投资信托	公平住屋	艾芙隆海湾社区	埃塞克斯信托	MAA房产信托
11	医疗保健地产投资信托	医疗不动产信托	Sabra保健信托	国家健康投资者	医疗保健房地产信托
12	酒店及娱乐地产投资信托	VICI不动产	米高梅国际酒店集团	沃那多房产信托	苹果酒店信托
13	办公房地产投资信托	数字房地产信托	波士顿地产	亚历山大房地产	吉劳埃地产
14	投资银行业与经纪业	摩根士丹利	高盛集团	嘉信理财	—
15	家庭装饰品	莫霍克工业	—	地板装饰	泰普尔丝涟国际
16	住宅建筑	莱纳房产	霍顿房屋	—	普尔特房屋
17	餐馆	麦当劳	星巴克	—	墨式烧烤（Chipotle）
18	特殊消费者服务	美国国际殡葬服务	光华贝斯特	布洛克税务	—
19	综合货品商店	塔吉特	达乐	美元树	—
20	汽车零售	奥莱利汽车	—	汽车地带（AutoZone）	车美仕（Carmax）
21	金属与玻璃容器	波尔公司	皇冠控股	博瑞国际	丝艾包装
22	农产品	阿彻丹尼尔斯米德兰	科迪华	—	邦吉
23	软饮料	可口可乐	百事	克瑞格绿山胡椒博士	—
24	家庭用品	宝洁	高露洁	金佰利	—
25	生物科技	安进	—	福泰制药	再生元
26	生命科学工具和服务	赛默飞世尔科技	—	因美纳	安捷伦科技
27	保健护理设施	美国医院集团	环球健康服务	—	康博思
28	综合类行业	通用电气	—	3M	丹纳赫
29	工业机械	伊利诺伊工具	—	派克汉尼汾	史丹利百得
30	综合支持服务	信达思（Cintas）	科帕特	—	铁山公司
31	技术产品经销商	CDW集团	艾睿电子	—	新聚思
32	系统软件	微软公司	甲骨文	威睿	—
33	应用软件	奥多比	—	赛富时	财捷公司（Intuit）
34	数据处理与外包服务	Visa	万事达卡	Paypal	—
35	零售业房地产投资信托	西蒙地产	不动产收益（Realty Income）	—	金克地产（Kimco Realty）
36	工业房地产投资信托	安博	—	美冷信托（Americold Realty Trust）	斯塔格工业（STAG Industrial）

日本优势产业

序号	四级产业	综合第1名	综合第2名	综合第3名	综合第4名
1	多样化房地产投资信托	大和房屋工业	三井不动产	三菱房地产	住友房地产开发
2	休闲用品	万代	禧玛诺	—	雅马哈
3	休闲设施	东方乐园	—	富士急行线	第一轮（Round One）
4	贸易公司与工业品经销商	三菱	伊藤忠商事	三井物产	

2. 全球产业老大和领军企业的分布

我们用市值占 0.5、销售收入占 0.25、利润占 0.25 为权重，在全球股市的基础上，排出 163 个产业中产业老大（第一名）和领军企业（前四名）的数量分布表（见下表）。

全球产业老大和领军企业分布

序号	国家和地区	综合第一	综合第二	综合第三	综合第四	合计
1	美国	73	61	62	56	252
2	中国大陆	23	32	35	36	126
3	日本	19	12	17	23	71
4	英国	7	9	8	11	35
5	法国	5	9	5	5	24
6	荷兰	5	1	0	2	8
7	德国	4	7	6	3	20
8	中国台湾	4	3	1	2	10
9	加拿大	4	3	5	5	17
10	瑞士	3	4	1	3	11
11	爱尔兰	2	6	3	1	12
12	西班牙	2	1	0	0	3
13	丹麦	2	0	1	0	3
14	印度	2	0	0	0	2
15	澳大利亚	1	3	4	5	13
16	瑞典	1	3	2	2	8
17	新加坡	1	1	1	0	3
18	挪威	1	1	1	0	3
19	巴西	1	0	1	1	3
20	芬兰	1	0	0	1	2
21	沙特	1	0	0	0	1
22	卢森堡	1	0	1	0	2
23	韩国	0	3	2	1	6
24	墨西哥	0	1	1	1	3
25	百慕大	0	0	1	2	3
26	意大利	0	1	1	0	2
27	马恩岛	0	1	1	0	2
28	俄罗斯	0	0	1	1	2
29	南非	0	0	0	2	2
30	比利时	0	1	0	0	1
	合计	163	163	162	162	650

我们可以看到，全世界有一个以上产业老大的国家和地区只有 22 个，有一个以上企业进入产业前四名的国家和地区只有 30 个，这个排名与国家和地区的 GDP 或者小而富的国家和地区人均 GDP 之间的相关性较高。在领军企业数量排名前 10 的国家和地区中，有瑞士、荷兰、中国台湾这样 GDP 总量排名并不高但是人均 GDP 排名很高的国家和地区。这样的现象从第 10 名到第 20 名的名单中也能够看出。

我们也可以看到，这个排名的马太效应显著。美国、中国两个国家占了 61%，其他全部加在一起，只占总量的 39%。

如果只看产业老大数量排名前四的国家，美国 73 个、中国 27 个、日本 19 个、英国 7 个，共计 126 个，占总量的 77%。因此我们可以说世界产业老大的国家集中度是 0.77。

3. 全球产业老大中的四类企业分析

我们把市值第一、营收第一、利润第一的企业称为绝对第一企业。在 163 个产业中，这样的企业有 49 家。例如，苹果公司在电脑硬件产业绝对第一，微软在系统软件产业绝对第一，雅马哈在摩托车制造产业绝对第一，美的在家用电器产业绝对第一。在这 49 家企业里，美国企业 31 家，中国大陆企业 7 家，日本企业 3 家，丹麦企业 2 家，加拿大企业 2 家，法国企业 1 家，英国企业 1 家，中国台湾企业 1 家。

我们把在产业中综合排名第一，但三项指标中只有两项排名第一的企业称为优胜第一企业，共有 61 家。其中美国企业 28 家，日本企业 10 家，中国企业 6 家。例如，美国 Visa 公司在数据处理与外包服务产业中市值第一、营收第一、利润第二，日本三菱电机在重型电气设备产业中市值第一、营收第一、利润第二，美国可口可乐公司在软饮料产业中市值第一、营收第二、利润第三，中国茅台在白酒与葡萄酒产业中市值第一、营收第二、利润第一，中国万科在房地产开发产业中市值第一、营收第四、利润第一。

以上两类企业共 110 家，涉及产业占 163 个产业的 67.5%，超过 2/3。这说明，以三项指标按照市值 0.5、营收 0.25、利润 0.25 的权重进行产业内企业的排名基本合理。在该口径下的绝对第一和优胜第一企业中，美国企业有 59 家，占 54%；中国企业有 13 家，占 12%；日本企业有 14 家，占 13%。这再一次提醒我们注意，中国产业中的优质企业与美国甚至与日本的差距。

我们把在三项指标中只有一项第一但综合指标第一的企业称为相对第一企业，共有 38 家。例如，在多元化银行产业中，美国摩根大通银行市值第一、营收第二、利润第五；在半导体产品产业中，中国台湾台积电市值第一、营收第二、利润第二；在保健护理产品经销商产业中，中国国药控股市值第七、营收第四、利润第一；在中药产业中，中国云南白药市值第二、营收第二、利润第一。

最后一类是三项指标都不是第一名但综合指标计算是第一名的企业，称之为微弱第一企业，共有15家。例如，日本全日空公司在航空产业中综合排名第一，但市值第十、营收第二、利润第五；中国中公教育在教育产业中排名第一，但市值第二、营收第五、利润第二。中国产业老大中的四类企业及所属产业如下表所示。

中国产业老大中的四类企业及所属产业

类别	序号	四级产业	证券简称	市值排名	营收排名	利润排名
绝对第一	1	化纤	恒力石化	1	1	1
	2	海港与服务	上港集团	1	1	1
	3	多元化保险	中国平安	1	1	1
	4	家用电器	美的集团	1	1	1
	5	摄影用品	凯鑫光电	1	1	1
	6	石油天然气钻井	中海油田服务	1	1	1
	7	煤炭与消费用燃料	中国神华	1	1	1
优胜第一	8	建筑与工程	中国建筑	2	1	1
	9	人寿与健康保险	中国人寿	2	1	1
	10	白酒与葡萄酒	贵州茅台	1	2	1
	11	独立电力生产商与能源贸易商	中国广核	1	3	1
	12	房地产开发	万科A	1	4	1
	13	电子设备和仪器	海康威视	1	7	1
相对第一	14	多样化房地产活动	新鸿基地产	2	2	1
	15	中药	云南白药	2	2	1
	16	酒店、度假村与豪华游轮	中国中免	1	5	2
	17	办公服务与用品	晨光文具	1	7	2
	18	保健护理产品经销商	国药控股	7	4	1
	19	燃气	中国燃气	3	9	1
微弱第一	20	石油天然气勘探与生产	中国海洋石油	3	2	2
	21	新能源发电业者	中国核电	4	2	2
	22	电影与娱乐	腾讯音乐	3	4	2
	23	教育服务	中公教育	2	5	2

4. 中国落后的重要产业分析

我们在分析产业领军企业时，重点把产业成分几类：

（1）中国是产业老大的23个产业；

（2）中国企业进入前四的 52 个产业；

（3）中国企业不在前四名领军企业中，但是产业较为重要的 18 个产业；

（4）其余的 49 个产业。

我们挑选了 18 个中国落后但是重要的产业（见下表）。

中国落后的重要产业

序号	四级产业	综合第 1 名	中国企业（排名）
1	金属非金属	力拓	洛阳钼业（6）
2	金属与玻璃容器	波尔	奥瑞金（11）
3	特种化工	信越化学工业	浙江龙盛（20）
4	生物科技	安进	药明生物（12）
5	生命科学工具和服务	赛默飞世尔科技	药明康德（6）
6	西药	罗氏控股	恒瑞医药（14）
7	管理型保健护理	联合健康	—
8	医疗保健用品	强生	威高股份（10）
9	医疗保健设备	雅培制药	迈瑞医疗（8）
10	航天航空与国防	洛克希德·马丁	航发动力（9）
11	工业机械	伊利诺伊工具	三花智控（25）
12	半导体产品	台积电	隆基股份（9）
13	半导体设备	阿斯麦	信义光能（9）
14	家庭娱乐软件	任天堂	三七互娱（6）
15	系统软件	微软	中科创达（12）
16	应用软件	奥多比	用友网络（15）
17	数据处理与外包服务	Visa	中国民航信息网络（25）
18	信息科技咨询与其他服务	塔塔咨询（TSC）	千方科技（25）

可以看到，在这些产业中，中国企业排名在 5～10 名的有 8 个产业，在 10 名以外 20 名之内的有 6 个产业，在 20 名之外的有 3 个产业，在管理型保健护理产业没有上市公司。

我们看到，中国在医疗保健一级产业下的生物科技、生命科学工具和服务、西药、医疗保健设备产业里，已经出现了药明生物、药明康德、恒瑞医药、迈瑞医疗等企业。正在努力迈向世界领军企业。

在航天航空与国防、工业机械、特种化工以及信息技术的部分四级产业中，中国企业的差距都相当大。

5. 日本的产业老大分析

我们一再强调，这个研究的初衷并不是针对美国，不是想与美国对抗。从产业老大的企业数量看，日本的数量与中国差不多，中国有24家，日本有19家，中日之比是1∶0.79。前四名企业的总量则差距大一些，中国有127家，日本有72家，中日之比为1∶0.57。可参照的是中日GDP之比为1∶0.34，这说明日本领军企业的实力是较强的。

日本全球产业老大的分布状况如下表所示。

日本全球产业老大

序号	四级产业	综合第1名
1	机动车零配件与设备	日本电装
2	汽车制造	丰田汽车
3	摩托车制造	雅马哈
4	消费电子产品	索尼
5	休闲用品	万代
6	休闲设施	东方乐园
7	售货目录零售	爱速客乐（ASKUL）
8	家庭装饰零售	似鸟控股
9	特种化工	信越化学工业
10	多元化工	三菱化学控股
11	建筑产品	大金工业
12	重型电气设备	三菱电机
13	贸易公司与工业品经销商	三菱
14	商业印刷	凸版印刷
15	人力资源与就业服务	雇佣（Recruit）
16	航空	全日空控股
17	电子元件	日立
18	家庭娱乐软件	任天堂
19	多样化房地产投资信托	大和房屋工业

我们注意到：

（1）日本全球龙头企业的品牌的知名度、美誉度都相对较高，历史积淀较厚，有不少是明治维新时代的产物，是所谓的"百年老店"。

（2）前四名领军企业全部是日本企业的产业只有一个：多样化房地产投资信托。第一名大和，第二名三井，第三名三菱，第四名住友。

（3）龙头企业是日本企业，二至四名中有2个是日本企业的产业共有3个，分别是休闲用品、休闲设施、贸易公司与工业品经销商（日本叫作综合商社）。在另2个产业中，日本企业占据第一、第二名，分别是航空（全日空控股、日本航空）、商业印刷（凸版印刷、大日本印刷）。

（4）在日本企业占据优势的19个产业中，前四名领军企业中很少有中国企业的身影。

总之，我们的研究还是要瞻前顾后，重点看前面的美国，也要看后面的日本。或者说既要学习美国，也要学习日本。

在本书截稿后，我们还会对全球世界领军企业进行更多视角的分析，这种分析超越了中美比较的范围，能够更加认清中国产业和世界各国的比较，它会是本书第二版的主要内容之一，在此管中窥豹仅供读者先睹为快。

（二）

本书是知一书院师生合作的结果。

2016年，在我从教20周年之际，我指导过的博士后、博士生、硕士生、本科生们发起成立了知一书院，其宗旨之一是配合、帮助老师开展研究工作。中国古代的书院素有门户之见，大多师承一种学说或一个观点，然后发展成为一个学派，独树一帜。书院只管一花独放，然后由多个学派在社会上百花齐放。其实在西方也是如此，例如柏拉图学园（Plato Academy）创办于公元前387年，至公元529年被查士丁尼大帝封闭，前后延续了916年。

中国历史上的书院往往受儒家积极入世哲学的影响而入世太深，因而容易引发政权对书院的打击，从而存续的时间不长。书院的山长（即院长）本人往往就是经世济国的政治家，因此在残酷的政治斗争中很难置身事外，这样的例子在中国历史中比比皆是。所谓的中国几大书院，能够存活至今的仅有岳麓书院，自公元976年创办时算起，至今已有1045年的历史。而其他的几所书院几乎都成了旅游景点，不在几大书院之列的紫阳书院亦是如此。

中国的新型书院如何办？谁也没有经验。能够办多久？谁也不知道。我想随心所欲不逾矩地办一办，边走边看，心不要太累，身也不要太累。至于能办多久，那能办多久就办多久。2019年7月，稻盛和夫因健康原因，以视频的方式向其创立的"盛和塾"的全球数千名"塾生"宣布，自1983年成立、有36年历史的"盛和塾"就此解散。这里面有一种凄美，像花一样，到了时点就随风而去，落"樱"缤纷，不追求长久，更不追求永恒。可见，书院，只要存在过即可。

夸张一点说，知一书院有这样一项成果亦足矣。如果与时俱进，年年有这样一项成果更足矣，到哪一年是哪一年。也许到了人生的落樱时节，我也愿意用视频的方式宣布，知一书院到此圆寂。

不过，此时正是知一书院步入成熟的季节，我因为有众多学生，而使这项庞大的研究成为可能。学生们因为有我，可以使自己在各产业里的知识和经验汇聚成为一个整体，而且可能年复一年地服务于国家发展和社会需要。

本书第 1 章由我撰写，占全书的 20%，其余 80% 的内容由我的学生们撰写。以下是本书其他章节的作者和有贡献的同学：能源一章的陈正惠、邬曦、王科宇，医疗保健一章的盘仲莹、白馥萍，信息技术一章的宗华、杜波，电信服务一章的袁初成、丁奕文，日常消费一章的黄向平、邬曦，可选消费一章的陈伟、魏民，工业一章的罗常青、曾涛，金融一章的邬曦、叶晨，房地产一章的郭政、陈滔，公用事业一章的程宇、陈晓芳，材料一章的季玉恒。

在上述学生中，我要特别感谢季玉恒同学，他除了撰写材料一章外，还为研写组做了大量的组织协调工作。

我也要感谢新瑞学院的叶晨、陈志鹏、肖春梅。叶晨在数据分析方面，陈志鹏在图形设计与优化方面，肖春梅在文字编辑方面，给了我不可或缺的帮助。尤其是叶晨，功不可没。

我还要感谢曾经参与过本书构思、讨论或做过一些工作的学生：曾涛、丁伟、张鼎扉、曹映芬。

我必须要感谢机械工业出版社华章公司的王磊副总经理和编辑王颖女士对本研究的理解和远高于其他人的认同。本书编辑王颖女士正好是我 16 年前在北京大学出版第一本管理学文集《管理的交响》时的责任编辑，这种合作的缘分必有一种冥冥中的安排。

最后，我用我们师生为知一书院写的对联作为结束语：为一大事抱朴守一知行合一万法归一方解知一，用心传承天地立心诚意正心师生同心必成初心。